INSTITUTUM CARMELITANUM

TEXTUS ET STUDIA HISTORICA CARMELITANA

VOLUMEN 32

Rev. James Boyce, O. Carm.
(1949 – 2010)

INSTITUTUM CARMELITANUM
TEXTUS ET STUDIA HISTORICA CARMELITANA

We sing a hymn of glory to the Lord

Preparing
to Celebrate Seven Hundred Years
of Sibert de Beka's Ordinal
1312-2012

Proceedings of the Carmelite Liturgical Seminar
Rome
6-8 July 2009

Edited by
KEVIN ALBAN, O. Carm.

Edizioni Carmelitane

All rights reserved.
No part of this publication may be reproduced, stored in a retrieval system, transmitted in any form or by any means, electronic, mechanical, photocpying, recording, or otherwise, without the prior written permission of the publisher.

Copyright ©   *Edizioni Carmelitane*, Roma 2010

Edizioni Carmelitane
via Sforza Pallavicini, 10
00193 Roma (Italia)
edizioni@ocarm.orrg

Cover: ANONYMOUS, *Pantocrator*, Chelmsford Cathedral, UK
Photo: Chelmsfordblue (CC BY)

Photograph of Fr James Boyce by Janet Sassi, Fordham University, NY.

ISBN: 978-88-7288-115-6
ISSN: 0394-7793

Finito di stampare nel mese di luglio 2010 dall Tipografia Città Nuova della P.A.M.O.M.
via San Romano in Garfagnana, 23 – 00148 Roma

INDEX

KEVIN ALBAN, *Preface* 7

Seminar Programme 9

Participants 11

Abbreviations 13

KEVIN ALBAN
    Sibert de Beka – The Man and his Times 17

ARIE KALLENBERG
    The Ordinal of Sibert de Beka:
    Manuscripts, Dissemination and Rule 25

† JAMES BOYCE
    The Ordinal of Sibert de Beka
    and the Development of Carmelite Liturgical Identity 45

CRISTINA DONDI
    La Liturgia del Santo Sepolcro di Gerusalemme:
    origine, adozione da parte degli ordini religiosi (e militari)
    e sopravvivenze 71

PAUL CHANDLER
    Reflections on the Ordinale of Sibert de Beka (1312) 85

CHRISTOPHER O'DONNELL
    Carmelite liturgical studies: a way ahead.
    Seminar conclusions 115

APPENDIX

Ordinaire de l'Ordre de Notre-Dame du Mont-Carmel par Sibert de Beka (vers 1312) publié d'aprés le manuscrit original et collationé sur divers manuscrits et imprimés par le R. P. Benedict Zimmerman, Prieur des Carmes de Saint-Luc, à Wincanton, Paris, Alphonse Picard et Fils 1910 [facsimile copy]

Preface

The General Chapter of the Carmelite Order held in September 2007 decided to set up a Task Force for Carmelite liturgy, one of whose responsibilities would be to organise seminars and conferences. Building on the success of the seminar held in S. Felice del Benaco in June 2006, whose proceedings were published in 2007 in a volume entitled *Fons et culmen vitae Carmelitanae* (Rome: Edizioni Carmelitane), the Liturgy Task Force decided to hold another seminar for specialists devoted to the figure of Sibert de Beka († 1332) and his liturgical *Ordinal*.

The reason for choosing to study Sibert's *Ordinal* is that it will be 700 years old in 2012 and it was thought worthwhile to hold a seminar and publish a volume of papers as a way for preparing for this anniversary. This is not, however, merely an excuse for indulging in liturgical nostalgia. The principal purpose behind the *Ordinal* was to give Carmelites from the fourteenth century onwards a way of expressing their identity in a uniformly recognizable way in all their celebrations of the Eucharist and the Divine Office.

No one today would seriously propose an *Ordinal* for use by the Order, yet there is still a desire to offer those whom we serve and to whom we minister a liturgical celebration that is in some sense distinctively Carmelite. One of the reasons for studying Sibert's *Ordinal* is to expose and understand the mechanisms by which this text was able to achieve its purpose of unifying the Order in its liturgical life. Again, no one today would suggest introducing a totally uniform way of celebrating across the five continents where the Order is present. Nevertheless, there is a feeling in many quarters that the way we celebrate liturgy should be recognizably Carmelite. This is a subject for a much larger assembly of the Order and the Liturgy Task Force intends to organise a Pastoral-Liturgical Congress in the next couple of years. This book is offered as a way of appreciating Sibert's achievement and the impact the *Ordinal* had on the Order in the hope that some of the techniques and methods, as well as the content, might have some relevance and bearing on present concerns.

By a happy coincidence this year sees the 100th anniversary of the publication of Benedict Zimmerman's 1910 edition of Sibert's Ordinale. Many Carmelites will have heard of this text, but since it is a relatively rare book, perhaps few have actually seen or read it. It is therefore both fitting and useful that a facsimile copy of the Ordinal has been included as an appendix to this volume. It will be a helpful stimulus to further research in the field of Carmelite liturgy as the Order prepares to celebrate Sibert de Beka's achievement in 2012.

One of the authors in this collection is Father James Boyce, a noted US musicologist and member of the Carmelite Province of the Most Pure Heart of Mary: this was his last contribution to the academic and liturgical life of the Order, for he died on February 21, 2010, after a relatively brief illness. It was typical of his professionalism and dedication that he handed in his contribution right on schedule in December 2009. There is no need to elaborate on his comittment to scholarship or to the Carmelite Order for this shines through everything he wrote, and no less in this final article. This volume is dedicated to Jim as a mark of recognition by the Order he loved so much and for which he worked so hard pastorally and academically.

Kevin Alban O. Carm.
Curia Generalizia
Rome
25 March 2010

Preparing to Celebrate Seven Hundred Years of Sibert de Beka's Ordinal 1312 – 2012

Programme and Timetable

Monday 6 July
08.00   Morning Prayer and Mass
09.45   *First session*
        Christian Körner (Vice Prior General), *Welcome*
        Kevin Alban, *Sibert the man in his time*
11.30   *Second session*
        Arie Kallenberg, *The Ordinal of Sibert de Beka: Dissemination of Manuscripts*
16.30   *Third session*
        James Boyce, *The Ordinal of Sibert De Beka and the Development of Carmelite Liturgical Identity*
19.15   Evening Prayer

Tuesday 7 July
08.00   Morning Prayer and Mass
09.45   *Fourth session*
        Cristina Dondi, *The Liturgy of the Holy Sepulchre of Jerusalem: origin, adoption by religious and military orders and survival*
11.30   *Fifth session*
        Discussion of papers
16.30   *Sixth session*
        Paul Chandler, *Future Plans*
19.15   Evening Prayer

WEDNESDAY 8 JULY
08.00   Morning Prayer and Mass
09.45   *Seventh session*
        CRISTOPHER O'DONNELL, *Summary of work*
11.30   *Eighth session*
        Various Recommendations for General Council

Participants

Giovanni GROSSO, *Praeses* Carmelite Institute, Rome
James BOYCE, Professor of Musicology, Fordham University
Paul CHANDLER, Carmelite Institute, Rome
Cristina DONDI, Secretary, Consortium of European Research Libraries & Faculty of History, University of Oxford
Arie KALLENBERG, Carmelite Institute, Rome
Cristopher O'DONNELL, Emeritus professor Milltown Institute, Dublin
Kevin ALBAN, General Curia, Rome & Pontifical Beda College
Edmund CARUANA, Secretary Vatican Publishing House & Pontifical Faculty "Teresianum"
John KEATING, General Curia, Rome
Giuseppe MIDILI, Pontifical Institute Sant'Anselmo, Rome
Desiré UNEN ALIMANGE, General Curia, Rome

ABBREVIATIONS

AOC — *Analecta Ordinis Carmelitanum*

BOYCE — BOYCE, JAMES, *Praising God in Carmel. Studies in Carmelite Liturgy* (Washington: 1999).

Carmelus — *Carmelus. Commentarii ab Instituto Carmelitano editi* (1954-   ).

DONDI — DONDI, CRISTINA, *The liturgy of the canons regular of the Holy Sepulchre of Jerusalem: a study and a catalogue of the manuscript sources* (Turnhout: Brepols, 2004).

KALLENBERG — KALLENBERG, PASCHALIS, *Fontes Liturgiae Carmelitanae. Investigatio in Decreta, Codices et Proprium Sanctorum* (Rome: Carmelite Institute, 1962)

SMET I-IV — SMET, JOACHIM, *The Carmelites: a story of the Brothers of Our Lady of Mount Carmel* (Illinois: Carmelite Spiritual Center, 1976-1988). 1. Ca. 1200 until the Council of Trent – 2. The post tridentine period, 1550-1600 – 3. pt. 1 The Catholic Reformation, 1600-1750; pt. 2 The Catholic Reformation, 1600-1750 – 4. The modern period, 1750-1950.
Spanish: *Los carmelitas. Historia de la Orden del Carmen* (Madrid, BAC 1987-1995). 1. *Los orígenes. En busca de la identidad (ca. 1206-1563)*

– 2. *Las reformas. En busca de autenticidad (1563-1750)* – 3. *Las reformas. Personas, literatura, arte (1563-1750)* – [4. *El Carmelo español (1260-1980)*] – 5. *Supresiones y restauración (1750-1959)*.
Italian: *I Carmelitani. Storia dell'Ordine del Carmelo* (Roma: Institutum Carmelitanum 1989-1996). 1. *Dal 1200 ca. fino al Concilio di Trento* – 2. *Periodo post-tridentino (1550-1600)*. 3 a-b. *La riforma Cattolica 1600-1750*.

ZIMMERMANN   ZIMMERMANN, BENEDICTUS, *Ordinaire de l'Ordre de Notre-Dame du Mont Carmel per Sibert de Beka (vers 1312)* (Paris: 1910).

We sing a hymn of glory to the Lord

**Preparing
to Celebrate Seven Hundred Years
of Sibert de Beka's Ordinal
1312-2012**

*Proceedings of the Carmelite Liturgical Seminar
Rome
6-8 July 2009*

Sibert de Beka
The Man and his Times

The world into which Sibert was born in approximately 1260 and the Carmelite Order which he entered around 1280 were undergoing significant changes. The thirteenth century had been marked by a series of shifting patterns of political power and influence in which Church and secular states had vied with each other for ascendancy. The fact that Boniface VIII issued *Unam sanctam* in 1302, setting out the principles of Church unity and papal dominion, might be viewed not so much as a tribute to the success of the papacy in staking its claims but as a testimony to its continued difficulties in maintaining its power and influence over European states.

The birth and growth of the mendicant orders, as well as the later debate over the nature of Christ's poverty and that of the Church, raised questions about its identity and mission. By the same token, the Carmelite Order itself had also undergone a series of important modifications in which it was transformed, at least in public perception, from an eremetical community on the top of a mountain or in the wilds of Northumbria, to an active, urban group engaged in ministry among the people. These changes had prompted a reaction at least on the part of Nicholas the Frenchman as he tried to draw Carmelites back to their true contemplative identity, as he saw it. Doubts about the origins and purpose of the Carmelites led to the Second Council of Lyons in 1274 suspending judgement over whether to approve the Rule of St. Albert or not. It was Boniface VIII who "reinstated" the Carmelites as an approved Order in 1298, only a few years before Sibert went to Paris to study theology.

In the realm of ideas too, the end of the thirteenth century was a time when the principles behind the world view of the schoolmen of the previous one hundred years gave way to a new framework which in the search for a purity of language and logic called into question the reality of existence itself. The rise of "nominalism" placed an emphasis on the way reality could be known, the limits of that knowledge and the way of expressing it, rather than on the content and extent of reality itself. The Carmelites came relatively late to academic life in the univerisities and initially made little or no contribution to philosophical and theological debate, as far as we can judge. By the late thirteenth and early fourteenth centuries, however, a few figures such as Guy Terrena, Gerard of Bologna and Sibert de Beka leave much more substantial evidence of their engagement with contemporary intellectual discussions.

Questions of mission, identity and ministry, as well as those connected with the nature of reality and the way it can be known form the background in which Sibert lived and worked in the fourteenth century. As noted above, Sibert seems to have been born around the year 1260 in Beek (Beka), near Nijmegen in the Low Countries. He entered the Carmelite Order in about 1280 in the house of Cologne, that being the nearest house to where he lived. He studied in Paris in the first decade of the fourteenth century under his confrere Guy Terreni, and possibly under the Fransciscan theologian, Peter Auriol, although this has been recently disputed.[1]

While in Paris studying, Sibert began to be involved in the affairs of the wider Order in drawing up a series of regulations that all houses were to follow in their liturgical celebrations. The General Chapter of 1281 had set out some initial guidelines on the ringing of bells, on the gathering of the brothers in church and on the way the office was to be recited. That same Chapter also laid down how the feasts of certain saints were to be celebrated liturgically. It was evident that a more comprehensive and detailed series of instructions was needed and that was what

---

1. C. SCHABEL, "Carmelite *Quodlibeta*" in C. SCHABEL (ed.) *Theological Quodlibeta in the Middle Ages: The Fourteenth Century*. (Leiden: Brill, 2007), p. 525.

Sibert oversaw in the late 1300s and early 1310s. At the General Chapter held in London in 1312 Sibert's *Ordinal* was approved and promulgated for use in the whole Order. So that there would be no doubt regarding the intentions of the Chapter, the *Ordinal* was approved again in subsequent chapters.[2] As the papers in this volume will make clear, the impact of the *Ordinal* was considerable and wide ranging across the whole Order. To this extent it can be viewed as part of the strengthening of the Order's identity in the wake of the Second Council of Lyons and Boniface VIII's rehabilitation of the Carmelites among the approved mendicant orders of the Church.

As part of Sibert's involvement in the affairs of the Church and of the Order, there is also a possibility that Sibert attended the Council of Vienne (1311-1312) which had been summoned, among other things, to suppress the Knights Templar.[3] The prior general, Gerard of Bologna, and another friar William Rading were certainly present.

Around 1315-1316 Sibert incepted as the fourth Carmelite and first German master of theology in Paris, where he continued to teach for two or three years after. At the same time he appears also to have been prior of Cologne, having previously held the office of prior of the Paris house from 1314. In the provincial chapter of 1317 Sibert was elected prior provincial of the German province, which a year later was divided into two parts and Sibert became the superior of the Lower German province. Sibert did not break his ties with the Paris faculty, however, continuing to teach there until 1318 or 1319. He remained provincial of Lower Germany until 1327 when it was reunited with Upper Germany to form one province again and thereafter was provincial of the unified Germany until his death in 1332.

It is worth noting at this point that the dates of Sibert's student days at Paris and subsequent career as a regent master are

---

2. The liturgical provisions of the General Chapters are conveniently set out in KALLENBERG, pp. 22-56.
3. B. XIBERTA, "De magistro Siberto de Beka" in *De scriptoribus Scholasticis saeculi XIV ex Ordine Carmelitarum*. (Louvain, 1931), pp. 142-166. See p. 145 for the suggestion Sibert was at Vienne.

conjectural at best and based on the assumption that there was a set period for studying and completing the lecturing requirements for the various degrees he took.[4] The view that students from religious orders moved from one level of the university system to another in an unbroken sequence has been challenged in recent studies. It seems that those who took degrees were often destined for positions of leadership in their order or in the wider church and their academic progress was interrupted by periods of administrative experience.[5] Given that Sibert was a student and prior at the same time in Paris, this feature of mendicant educational systems renders all career reconstructions speculative at best.

Sibert's contribution to academic life is to be seen in a series of exercises in theolgical and philosophical reasoning which dealt with "open" issues and which were customarily debated by new masters in Advent and Lent each year. Since they treated of a wide range of topics from which the masters could freely choose, they were called "quodlibetal" questions. It seems that Sibert taught in Paris from around 1316 to 1318 and his two surviving sets of quodlibetal questions are found in the same manuscript collation as those of his master, Guy Terreni. Sibert's questions deal with the nature of eternity, relations within the Trinity,[6] truth and the intellect,[7] love and reason, the cognitive nature of faith, actual sin, sensory and intellectual appetites, priestly power, involuntary acts, the beatific vision,[8]

---

4. A. COBBAN, *English University Life in the Middle Ages*, (London: University College London, 1999), especially pp. 165ff for a description of the studies and exercises required in the medieval faculty of theology in Oxford.
5. See W. COURTENAY, 'Academic Formation and the Careers of Mendicant Friars. A Regional Approach' in *Studio e 'studia': le scuole degli ordini mendicanti tra il XIII e il XIV secolo*, (Spoleto: Centro Italiano degli Studi sull'Alto Medioevo, 2002).
6. Edited by R. FRIEDMAN and C. SCHABEL, *The Filioque in Passion Theology*, forthcoming.
7. Edited by B. Xiberta, "Duo 'quelibet' inédita Siberti de Beka", *Analecta Ordinis Carmelitarum* 4(1922)305-341.
8. Edited by L. NIELSEN and C. TRIFOGLI, "Questions on the Beatific Vision by Thomas Wylton and Sibert de Beka" in *Documenti e Studi sulla tradizione filosofica medievale* 17(2006)511-584.

meritorious acts, charity and condemnation of the innocent to death. These texts show clear signs of editorial emendation and revision and therefore it is unlikely that Sibert argued them in their exisiting form. They represent perhaps what he would have ideally said in a more organised and considered way. It is perhaps worth noting that at least one of Sibert's questions went beyond the philosophical and speculative and dealt with an aspect of spirituality. In question six of the first set of *quodlibeta* that have survived, Sibert writes that prayer is friendship with God. He maintains that the union of the soul with God consists in perfect love joined to a "sweet and flavoursome" knowledge of divine goodness.[9]

Other Carmelites working and teaching at Paris at the same time as Sibert included Guy Terreni, Gerard of Bologna, Simon of Corbie and John Baconthorpe. It is possible that Baconthorpe was attended lectures by Sibert since he quotes several of Sibert's quodlibetal questions and also a now lost commentary on the *Sentences*. At Oxford in the same period, Carmelite scholars of note such as Peter Swanington and Robert Walsingham were at work. There are very few Carmelite *Sentence* commentaries that survive, making an assessment of the contribution to theological and philosophical debate at this time problematic. It is fairly clear, however, that Carmelites did not form a "school" as such. They were divided among themselves over the Immaculate Conception of Mary and they had no permanent allies among the Franciscans and Dominicans; they cannot be described as Thomists or Scotists, although they espoused some of their positions some of the time. The fluid nature of Carmelite authors makes them an interesting group to study precisely because they do not follow one school or master consistently. Their refusal to ally themselves with one point of view on all issues makes it more probable that the view of Carmelite authors is based on the merits of the case, rather than its origins or affiliations.

---

9. E. BOAGA, 'Dal secolo XII al secolo XVI: la teologia spirituale nella tradizione carmelitana pre-teresiana' in *La Teologia spirituale: Atti del Congresso internazionale*, (Rome: Edizioni OCD, 2001), pp. 67-94. See p. 83 for the reference to Sibert.

In 1319 Sibert was named member of a theological commission in the university of Paris which had been set up to answer various questions posed by the Duke of Brabant.[10]

As prior provincial Sibert continued his active support of academic life by first sending three friars from his province to Paris in 1319 and then in two General Chapters he supported the choice of Cologne as a centre for international study. In the Chapter of 1321 each province was asked to send students to London, Cologne or Bologna in order to strengthen their standing as centres for study, or *studia generalia*.[11] The request for support for these three *studia* was renewed in the following General Chapter held in Barcelona in 1324. Each province was to assign at least two students, which Sibert did and in addition sent another five students to Paris and two Avignon. He also supplied a regent master to Cologne to reinforce the staff there.[12]

The year 1327 saw Sibert participating in a session in an enquiry into Meister Eckhart's teachings, along with several other Carmelites, who were graduates of Paris and presumably known to Sibert.[13] The That same year he was consulted by John XXII as part of the proceedings against Marsilius of Padua and his work *Defensor pacis*. Sibert identified six errors in Marsilius' writings which have been preserved in a Vatican manuscript, Vat. Lat. 5709.[14]

Sibert also seems to have taken an interest in Carmelite matters, other than the liturgy. He made some notes and observations on

---

10. F. LICKTEIG, *The German Carmelites at the Medieval Universities*. Textus et Studia Historica Carmelitana, 13. (Rome: Institutum Carmelitanum, 1981), p. 34.
11. G. WESSELS, *Acta capitulorum generalium ordinis fratrum B.V.M.*, vol. 1, 1318-1593. (Rome: General Curia, 1912), p. 22.
12. LICKTEIG, *German Carmelites*, p. 35.
13. The proceedings and evidence are edited in G. THÉRY, *Édition critique des pièces relatives au procès d'Eckhart contenues dans le ms. 33b de la Bibliothèque de Soest*, (Paris, 1926), vol. 1, pp. 129-268.
14. Edited by R. SCHOLZ, *Unbekannte kirchenpolische Streitschriften aus der Zeit Ludwigs des Bayern (1327-1354)*, (Rome, 1911), vol. 2, pp. 3-15.

General Chapters from 1264.[15] He also wrote on the emendations and modifications made to the rule of St. Albert by Honorius III, Gregory IX and Innocent IV. This work was included by Ribot in the *The Ten Books*.[16]

The Order at large if it remembers Sibert at all, does so mainly for his *Ordinal*. He was in fact a considerable figure among the early fourteenth century Carmelites just for the fact of being prior provincial for fifteen years. In addition he had a respectable academic career: pupil of Guido Terreni and master to John Baconthorpe, both highly rated theologians, still remembered today for their achievements. There are good reasons then for celebrating the publication of the *Ordinal* in 2012, not only to mark a highly important step in the liturgical history of the Order, but to remember a man who otherwise might well be forgotten. In celebrating Sibert de Beka the Order looks forward with confidence and hope that its identity and charism will continue to be relevant to the Church and with gratitude to those who preserved and promoted that identity in the past, and without whom there would be no future to look forward to.

Kevin Alban
Curia Generalizia
Rome

---

15. *Annotatio capitulorum generalium* in Siena Biblioteca comunale MS G XI 45. The list of houses in the Holy Land, which is part of Sibert's notes, has been edited by A. STARING, "The List *Domus in Terra Sancta*", *Medieval Carmelite Heritage. Early Reflections on the Nature of the Order*. Textus et Studia Historica Carmelitana, vol. 16. (Rome: Institutum Carmelitanum, 1989), pp. 262-266.
16. *De consideratis super carmelitarum regula* in *Decem libros*, VIII, 5-6. Translated by R. COPSEY, *The Ten Books on the Way of Life and Great Deeds of the Carmelites*. (Faversham: St. Albert's Press and Rome: Edizioni Carmelitane, 2005), pp. 118-124.

THE ORDINAL OF SIBERT DE BEKA MANUSCRIPTS, DISSEMINATION AND RULE

Up until now we know 8 manuscripts of the Ordinal, one of which, that of London, Lambeth Palace Library ms. 193, is published by Benedict Zimmerman.[1]
Besides the original ordinal of Sibert de Beka, two of these manuscripts provide, a kind of supplement on the Ordinal, namely the manuscript of Koblenz, Staatsarchiv, ms. Abt. 701, Nr. 120 and that of Dijon, Bibliothèque Municipale, ms. 121 (88).

The eight surviving manuscripts[2]

1. Modena, Biblioteca Estense, ms. Y W 5 17 (48)[3]

This manuscript of 96 ff. was compiled between 1321 and 1339 in Italy, probably in Parma. About the amanuensis Antonius de Bologna (f.93) nothing can be said for certain. Perhaps he is the same friar who was present in the Provincial Chapter of Venice in 1329[4] and who in 1332 was nominated Prior of the convent of Imola.[5]

---

1. *Ordinaire de l'Ordre de Notre-Dame du Mont-Carmel* / par Sibert de Beka (vers 1312); publié d'après le manuscrit original et collationné sur divers manuscrits et imprimés par le R.P. Benedict Zimmerman, Prieur des Carmes de Saint-Luc, à Wincanton. Paris: Picard, 1910.
2. For a detailed description see my study on the sources of Carmelite Liturgy: KALLENBERG, 105 ss.
3. KALLENBERG, 105.
4. *AOC*, 3(1914-16)161.
5. *AOC*, 3(1914-16)237.6

On f. 93 the name of Sibert is explicitly mentioned in the *Explicit*: *Ending of the Ordinal compiled and corrected by friar Sybertus, German, most honorable Master in Sacred Theology, friar of the Order of Blessed Mary of Mount Carmel.*[6]

The *Incipit (f.7)* of the manuscript is as usual: *Beginning of the ordinal of the friars of the Order of Blessed Virgin Mary of Mount Carmel, extracted and excerpted in accordance with the approved customs of the Holy Sepulcher Church of Jerusalem in which borders the religion of the mentioned friars had its origins. In order that in this Ordinal items to be searched for can be found easily and correctly, first are given some rules and prescriptions, needed for the Divine Office and taken partly from the above mentioned customs and partly from elsewhere according to what appears useful to the friars and the Order. Nevertheless, when some elements of the already mentioned customs appear insufficient, they are added and completed with elements of the approved customs of other Churches.*[7]

The integral *Incipit* is important because Sibert de Beka gives a justification for the choices made by him and describes extensively the sources on which he based the Liturgy as set out in his Ordinal. Firstly, it has its foundation in the Liturgy of the Church of the Holy Sepulcher in Jerusalem (cfr *Incipit... in accordance with the approved customs of the Holy Sepulcher Church of Jerusalem...*). The reason why the Liturgy of the Ordinal had its foundation in the Rite of the Holy Sepulcher, is due to the fact that the Order had its origin in the Church of the Holy Sepulcher in Jerusalem, as Sibert explicitly confirms in the same *Incipit*

---

6. KALLENBERG, 106.
7. *Incipit ordinale fratrum ordinis beate Marie de Monte Carmeli extractum et excerptum de approbato usu Dominici Sepulchri sancte Jerosolimitane ecclesie, in cuius finibus dictorum fratrum religio sumpsit exordium. In quo quidem ordinale ut querenda quaeque facilius et promptius reperiri valeant, quaedam generales regule et ordinationes circa diviunum cultum necessarie, partim de uso predicto, partim aliunde, prout fratribus ipsis et eorum ordini congruit, per certos rubricarum titulos premitttuntur. Quedam vero que in sepe dicto usu deficere videbantur, ex aliarum ecclesiarum approbata consuetudine adduntur et supplentur.*(text taken from the manuscript of the Ordinal of Koblenz, Staatsarchiv, ms. Abt. 701, Nr. 120).

(Incipit...customs of the Holy Sepulcher Church of Jerusalem in which borders the religion of the mentioned friars had its origins).

When these foundational elements of the Holy Sepulcher Church are insufficient, Sibert based his Liturgy on elements of the approved customs of other churches (cfr. *Incipit.... when some elements of the already mentioned customs appear insufficient, they are added and completed with elements of the approved customs of other Churches*). We don't know exactly to which *approved customs of other Churches* Sibert refers. As he uses the term *Churches* in plural we can suppose that he did not refer to the approved customs of the Universal Church but to those of local churches either in the Holy Land or in Europe where Sibert elaborated his Ordinal.

Furthermore for a better understanding, Sibert added general rules and prescriptions taken from the Liturgy of the Holy Sepulcher or from elsewhere according to what appears useful to the friars and to the Order (cfr. *Incipit... first are given some rules and prescriptions, needed for the Divine Office and taken partly from the above mentioned customs and partly from elsewhere according to what appears useful to the friars and the Order*).

Again we can pose the question what does Sibert mean using the term 'elsewhere'? Does he refer again to the customs of local churches in the Holy Land and Europe? It is interesting that in some cases he refers to the opinion of the friars or to customs of the Order as he mentioned in the *Incipit* (*...according to what appears useful to the friars and the Order*). An example of this could be the introduction to Carmelite Liturgy of the Solemn Commemoration of the Resurrection of the Lord on the last Sunday before Advent as Sibert de Beka alluded explicitly to the approbation by the **forefathers** with these words: *On the last Sunday before the Advent there must be a solemn celebration of the Commemoration of the Resurrection of the Lord in accordance with the customs of the Holy Sepulcher Church in Jerusalem,* **approved by early Fathers**.[8]

---

8. *Dominica proxima ante Adventum fiat solemniter commemoratio Resurrectionis dominicae juxta consuetudinem ecclesiae Sepulchri Jerosolymitani ab antiquis patribus approbatam*, cfr. ZIMMERMANN, 205.

2. London, Lambeth Palace Library, ms. 193[9]

Manuscript of 79 ff, copied in Ireland or England between 1321 and 1339.

This manuscript was published by Benedict Zimmerman in 1910[10]. Notwithstanding the fact that Zimmerman compared this Ordinal with two other manuscripts, namely the Ordinal existing in the *Biblioteca Nazionale Centrale* in Florence[11] and that of the *Bibliothèque Municipale* of Dijon[12] and consequently corrected some elements in accordance with these manuscripts, there is nothing regarding a critical edition of the Ordinal of Sibert de Beka.

The *Incipit (f.2)* of the manuscript is as usual: *Beginning of the ordinal of the friars of the Order of Blessed Virgin Mary of Mount Carmel, extracted and excerpted in accordance with the approved customs of the Holy Sepulcher Church of Jerusalem in which borders the region of the mentioned friars had its origins.*

Zimmerman[13] is of the opinion – without producing elements of evidence – that the manuscript belonged to the Carmelites of Norwich or to another Carmelite friary situated on the east coast of England. But the presence, in the Ordinal, of the feast of St. Patrick on March 17th and numerous paleographic signs seem to indicate that the manuscript had its origin in Ireland[14].

3. Firenze, Biblioteca Nazionale Centrale, ms. II. IX. 68[15]

Manuscript of 72 ff, copied in Italy (Florence?) between 1321 and 1339.

The *Incipit (n°.2)* of the manuscript is as usual: *Beginning of the ordinal of the friars of the Order of Blessed Virgin Mary of Mount Carmel, extracted and excerpted in accordance with the approved customs of the Holy Sepulcher Church of Jerusalem in which borders the religion of the mentioned friars had its origins.*

---

9. KALLENBERG, *106.*
10. *see footnote 1.*
11. ms. II.IX.08 and ms. B.9.1795, cfr KALLENBERG,108-111.
12. ms. 121 (88), cfr KALLENBERG, 115-118.
13. ZIMMERMANN, V.
14. KALLENBERG, 108.
15. KALLENBERG, *108*

The presence (on other hand) of the feast of St. Zenobius on May 25th in the calendar could be an indication that the document was in use in Florence. Saint Zenobius (337 – 417) is venerated as the first bishop of Florence[16].

4. Firenze, Biblioteca Nazionale Centrale, ms. B. 9. 1785[17]

Manuscript of 77 ff, transcribed in 1446 in Italy, Florence, from a prototype between 1321 and 1339.

The *Incipit (n°. 4)* of the manuscript is as usual: *Beginning of the ordinal of the friars of the Order of Blessed Virgin Mary of Mount Carmel, extracted and excerpted in accordance with the approved customs of the Holy Sepulcher Church of Jerusalem in which borders the religion of the mentioned friars had its origins.*

On the inside of the book cover is an inscription (by hand 16th century) with the text: *This book pertains to the convent of Santa Maria delle Selve in the diocese of Florence.* And further on we find an attached paper on which we read: *This manuscript seems to be copied by friar Baldino de Francia in the year 1446.* This information is confirmed on the last page of the document where we find the text: *In the Year of Our Lord fourteen hundred forty six friar Baldinus de Francia was here.* Nothing is known about this Baldino de Francia.

5. Koblenz, Staatsarchiv, ms. Abt. 701, Nr. 120[18]

Manuscript of 124 ff., copied in Germany (Boppard?) between 1321 and 1339. The document belonged to the Carmelite friary of Boppard.

The *Incipit (n°. 1)* of the manuscript is as usual: *Beginning of the ordinal of the friars of the Order of Blessed Virgin Mary of Mount Carmel, extracted and excerpted in accordance with the approved customs of the Holy Sepulcher Church of Jerusalem in which borders the religion of the mentioned friars had its origins.*

It is remarkable that at the end of the Ordinal, there is a supplement to the same Ordinal, done after 1478 and based on the decrees of the previous Constitutions and General Chapters.

---

16. From Wikipedia, the free encyclopedia.
17. KALLENBERG, *109*.
18. KALLENBERG, 112.

6. Bamberg, Staatliche Bibliothek, ms. lit. 120 (Ed. II 13)[19]

Manuscript of 102 ff., transcribed in 14th century, after 1369, in Germany (Bamberg?), from a prototype between 1321 and 1339. This document pertained to the library of the Carmelites in Bamberg.

The *Incipit (f. 5)* of the manuscript is as usual: *Beginning of the ordinal of the friars of the Order of Blessed Virgin Mary of Mount Carmel, extracted and excerpted in accordance with the approved customs of the Holy Sepulcher Church of Jerusalem in which borders the religion of the mentioned friars had its origins.*

On f. 97v. is written down, by a later hand, *Flos Carmeli* in plainchant.

7. Palermo, Biblioteca Nazionale, ms. Dep. Mus. 2[20]

This manuscript of 393 ff is partly (from f. 12 till f. 78v) an Ordinal and partly a breviary. It was transcribed between 1382 and 1389 in Italy, perhaps in Bologna or Modena. The document pertained to the library of the Carmelites of Sutera (Caltanisseta).

The *Incipit (f. 12)* of the manuscript is as usual: *Beginning of the ordinal of the friars of the Order of Blessed Virgin Mary of Mount Carmel, extracted and excerpted in accordance with the approved customs of the Holy Sepulcher Church of Jerusalem in which borders the religion of the mentioned friars had its origins.*

On f. 392v. is the following text: *...completed on September 18th by the hand of friar Mathew de Bologna of the same Order and professor in theology 1389'.* This Mathew de Bologna was, during the Western Schism, Prior General for the Roman part from 1405 till 1411[21].

8. Dijon, Bibliothèque Municipale, ms. 121 (88)[22]

This manuscript of 137 ff is transcribed in 1468 in France (Semur?). The document pertained to the Carmelite friary of Dijon.

On f. 2 is the following text, written by hand from the 16th / 17th century: *Ordinal of divine offices of the Carmelites, composed in the*

---

19. KALLENBERG, 113.
20. KALLENBERG, 115 and 157.
21. KALLENBERG, 160.
22. KALLENBERG, 115.

General Chapter of Paris, celebrated in 1456 under the presidency of Most Reverend Father Ioannes Soreth, Prior General and member of the convent of Caen in Normandy.

The *Incipit (f. 10)* of the manuscript is as usual: *Beginning of the ordinal of the friars of the Order of Blessed Virgin Mary of Mount Carmel, extracted and excerpted in accordance with the approved customs of the Holy Sepulcher Church of Jerusalem in which borders the religion of the mentioned friars had its origins.*

Contrary to other manuscripts which have 56 general rubrics, this Ordinal has only 55. The difference is due to the fact that in other manuscripts rubric 35 is divided in two parts, namely rubric 35 and 36.

On f. 15v. is the following text: *End of this Ordinal, copied by me, friar D. de No^a in the year of the Lord 1468 on July 6th.* Nothing is known about friar D. de No^a.

What is remarkable is the fact that after the *Explicit* there are many additional instructions which were issued by later Constitutions and General Chapters (see f.15v., 55v., 56, 88v. of the manuscript).

Remarks about the manuscripts of the Ordinal

A first inspection tells us that there are no relevant discrepancies in the content of the above-mentioned manuscripts as far as they refer to the Ordinal of Sibert de Beka. But as I mentioned already above, we are missing a critical edition of the Ordinal, nothing can be said with absolute certainty. Nevertheless, there is an exception for the *Proper of the* Saints which I presented in my study of the sources of the Carmelite Liturgy and which can be considered as a kind of critical edition, a common base from which it clearly appears that the *Propers of the Saints* of all 8 manuscripts are essentially identical.[23]

In spite of the fact that there are differences relating to the period in which the documents were copied, most of them stem from the time between 1321 and 1339 or are transcribed, and in a later

---

23. KALLENBERG, Table I, 270 ss.

period, from a prototype of the same time, except the manuscript ms. Dep. Mus. 2 of Palermo[24] (between 1382 and 1389) and ms. 121 (88) of Dijon (1468).

As Sibert de Beka completed his Ordinal before 1312, the year in which it was accepted and approved by the General Chapter of London, we must conclude that no one of these manuscripts is the original compiled by Sibert himself. Probably we have lost the original manuscript.

It is also remarkable that there are important differences relating to musical annotation in the manuscripts. Generally speaking, all musical annotations refer only to the *Incipit*, namely to the first words of a hymn, a responsorial, an antiphon and so on. But in some manuscripts whole hymns or responsories are written down in plainchant, for instance, *ms. Abt. 701, Nr. 120 n° 9* of Koblenz, *Staatsarchiv and ms. lit. 120 (Ed. II 13)*, f. 87v. of *Bamberg, Staatliche Bibliothek*.

Also remarkable is the Ordinal / Breviary of Palermo (1382-1389) in which rubric XI deals with, on f. 13, the daily hours of Blessed Virgin Mary as prescribed by Sibert de Beka, but in this manuscript not only the *Incipit's* are given but also the full texts.[25] The same occur also in other rubrics of the manuscript.

This could be – amongst others – an argument to promote a critical edition of the Ordinal of Sibert de Beka.

Spreading

Of the above mentioned manuscripts 4 originate from Italy, 2 from Germany, 1 from Ireland (or England?) and 1 from France. Looking at the period in which most of the manuscripts are copied, namely between 1321 and 1339, we see that the internationalization of the Ordinal occurred rapidly. Only 9 or some more years after the approbation of the Ordinal by the General Chapter of London in 1312, the same was introduced in various countries of Europe, like Ireland (or England), Italy and Germany.

---

24. KALLENBERG, 105 ss.
25. KALLENBERG, 158.

In these countries and also in many others the spread of the Ordinal occurred also by means of the compilation of new missals and breviaries based on the instructions of the new Ordinal. Generally speaking, almost all manuscripts always refer explicitly to this new ordinal as we can see, for instance, in a missal of Paris copied in the period from 1342 till 1393 (Paris, Bibliothèque Mazarine, ms.428[26]) where the *Incipit* is slightly different from that of the Ordinal of Sibert: after the usual text: *Beginning of the ordinal of the friars of the Order of Blessed Virgin Mary of Mount Carmel, extracted and excerpted in accordance with the approved customs of the Holy Sepulcher Church of Jerusalem in which borders the religion of the mentioned friars had its origins*, is added: *corrected and organized in accordance with the **new** ordinal*. Also in the *Explicit* of the same manuscript there is a reference to the new ordinal. *End of the offices of the Proper of the Saints in accordance with the **new** Ordinal*[27]. This reference to the *new* Ordinal can be found in many other manuscripts originated in the period between 1342 and 1472[28].

In order to illustrate on which level the Ordinal of Sibert was introduced throughout the Order, I will now present, in chronological order, the missals and breviaries which have the usual (or slightly different) *Incipit* from the new Ordinal of Sibert de Beka or which have in the *Incipit* at least a reference to the Liturgy of the Holy Sepulcher and which, therefore, must be considered based on the Ordinal of Sibert. Obviously there are more liturgical documents based on the Ordinal of Sibert de Beka which have, for instance, the Solemn Commemoration of the Resurrection of the Lord on the last Sunday of the liturgical year, prescribed by the Ordinal of Sibert. But as they do not have the usual *Incipit* of the Ordinal, they are not mentioned in the following elenchus:
- 1321-1339, missal, France, Toulouse[29].
- 1339-1342 (1369), breviary, France[30].

---

26. KALLENBERG, 124.
27. KALLENBERG, 125.
28. See KALLENBERG, 124, 171, 192, 130, 259.
29. KALLENBERG, 120.
30. KALLENBERG, 153.

- 1342-1393, missal, France (Paris?)[31].
- 1375-1393, breviary, England (Kent?)[32].
- 15th century (prototype 1324-1339), missal, Italy[33].
- 15th century, votive missal, Italy, Genoa[34].
- 15th century, Psalter, Italy[35].
- 15th century after 1411, breviary, Italy[36].
- After 1440 (1472), diurnal, Germany. The *Incipit* runs as follows: *Beginning of the diurnal of the friars of the Order of Blessed Mary of Mount Carmel in accordance with the new Ordinal, corrected by Master Sibert*[37].
- 1440-1478, breviary, Belgium, Bruges. The *Incipit* is slightly different: *Here begins the breviary in accordance with the customs of the Holy Sepulcher*[38].
- 1450, missal, France, Nantes[39].
- 1456-1478, missal, France (Marseille?)[40].
- 1456-1478, breviary part I, Portugal, Lisbon[41].
- 1456-1478, breviary part II, Portugal, Lisbon[42].
- 1458 (prototype 1324-1339), missal, Ireland, Kilcormic[43].
- 15th century (1471?), Psalter, Italy, Florence[44].
- 1461-1478, missal, France, Tours. The *Incipit* is different and runs as follows: *Here begins the missal in accordance with the customs of the Holy Sepulcher and the Order of Carmel and of the convent of Tours*[45].

31. KALLENBERG,124.
32. KALLENBERG,155.
33. KALLENBERG,127.
34. KALLENBERG,150.
35. KALLENBERG,220.
36. KALLENBERG,171.
37. KALLENBERG,192.
38. KALLENBERG,174.
39. KALLENBERG,130.
40. KALLENBERG,135.
41. KALLENBERG,179.
42. KALLENBERG,180.
43. KALLENBERG,138.
44. KALLENBERG,223.
45. KALLENBERG,140.

- After 1469 (prototype 1396-1425), breviary, Germany (?)[46].
- 1469-1478, breviary, Germany (Bamberg?)[47].
- 1478-1498, breviary, Germany[48].
- 1479-1481, missal, France, Rouen[49].
- 1490-1491, lectionary, Italy, Florence[50].

Also the first printed breviaries of 1480, 1481 and 1487 have the usual *Incipit* of the Ordinal of Sibert de Beka, although with a slight modification of the original text[51].

Looking at the above mentioned *elenchus* we can conclude that the diffusion of the various liturgical documents, based on the Ordinal of Sibert de Beka, took place in a period of time of about 150 years all over Europe: 7 documents in France, 6 in Italy, 4 in Germany, 2 in Portugal, 1 in Ireland, 1 in Belgium and 1 in England.

Despite the presence of a major number of documents in France, one cannot conclude that the diffusion was more extensive in France than in other countries. The reason is obvious: it is quite possible that in France more documents survived accidentally the storm of times than in other countries. The amount of documents is only a slight indication of dissemination and not a strong argument.

This is what happens with the diffusion of documents and their acceptance when we look exclusively at the surviving documents, archived in various libraries of Europe and elsewhere. However, sometimes the Constitutions and General Chapters offer a different image. For instance, the General Chapter of Ferrara in 1357 insists that the Province of England is obliged to observe always the Ordinal. It also insists that the Superiors of all Provinces must take care that there are enough copies for all convents[52]. Why the English Province was reluctant to introduce the ordinal in their liturgy is not clear. Some say that the Province

---

46. KALLENBERG, 186.
47. KALLENBERG, 189.
48. KALLENBERG, 202.
49. KALLENBERG, 144.
50. KALLENBERG, 219.
51. KALLENBERG, 261-262.
52. KALLENBERG, 34.

was attached to the former Ordinal of the 13th century[53] but there is no evidence for this point of view.

The General Chapter of Montpellier in 1369 urges that the Ordinal of Sibert de Beka - of blessed memory - which is approved by various previous General Chapters, must be strictly observed by all convents without additions or modifications. It repeats that the Province of England is always obliged to use the Ordinal of Sibert de Beka and that all Provincial Priors must take care that there are sufficient copies for all cloisters in the Province. In case of nonobservance there are severe punishments[54].

About a hundred years later the General Chapter of Brussels warns that all the instructions of the Ordinal must be observed strictly and that all approved additions and corrections, ordered by former constitutions must be integrated into it[55]. Finally, the General Chapter of Aureillac, held in 1469, insisted again that the Priors Provincial must oblige the friars to observe uniformity and that they must force them to observe all instructions of the Ordinal related to chant and ceremonies. Also they must take care that all bad habits, existing in many convents of the Order, are erased and that the friars who opposed the Ordinal must be punished as rebellious[56].

Concluding we can say that the diffusion of the Ordinal was realized in a relatively rapid space of time but that the observance of the same encountered serious local problems in some provinces and convents of the Order till the end of the 15th century. It seems that locally there was a strong opposition against the Ordinal. The reason of this opposition escapes me.

The period before the Ordinal

For certain, nothing can be said about the immediate reason for the compilation of the Ordinal. Certainly nostalgia for the place

---

53. *Antiquum Ordinis Carmelitarum Ordinale saec. XIII* / édité par Patrick de Saint-Joseph, Carme Déchaussé, Tamines, 1912.
54. KALLENBERG, 40.
55. KALLENBERG, 51.
56. KALLENBERG, 52-53.

of origin must have played an important role as well as the remembrance of the Holy Sepulcher of the Lord in Jerusalem.

As universally is accepted, Sibert composed his Ordinal in the period before 1312 as it was approved by the General Chapter of London, held in the same year. However, it seems that Sibert did not compose a new Ordinal but that he corrected an existing ordinal as the General Chapter of Bordeaux of 1294 alluded to the **correction** of an Ordinal: *We entrust our Reverend Prior General with the approbation and correction of **our** Ordinal*[57]. I draw the attention to the fact that the General Chapter spoke about the correction of **our** Ordinal. Apparently there seems to have existed already in 1294 an Ordinal so familiar to the Order that the General Chapter of that year could speak about "**our**" Ordinal. Which Ordinal was that? As the General Chapter wished that this Ordinal should be corrected and not abolished, it is clear that there was a liturgical tradition that the Order wished to conserve. Also the General Chapter of Barcelona, held in the year 1324, mentioned an Ordinal, ordered and *corrected* by Master Sibert de Beka[58]. Being so, we can pose the question which Ordinal was corrected by Sibert de Beka.

Four Carmelite liturgical documents of the time before the Ordinal of Sibert de Beka came to us. One of these documents is a lectionary, compiled in France on the end of the thirteenth century and now existing in Paris, Bibliothèque Mazarine, ms. 396. It belonged to the Carmelites of Paris. This is one of the most ancient manuscripts, composed in the same period in which Sibert de Beka was correcting his Ordinal. It is remarkable that on f.176s occurs, as far as I know, for the first time the Solemn Commemoration of the Resurrection, as prescribed in the Ordinal of Sibert de Beka. As I

---

57. *Approbationem autem et correctionem nostri ordinalis reverendo patri nostri priori generali committimus*, cfr. Acta Capitulorum Generalium Ordinis Fratrum B.V. Mariae de Monte Carmelo (Constitutiones capituli Burdigalensis anni 1294, ed. L.Saggi) XVIII(1953)184.

58. *Ordinale autem jam dudum per magistrum Sibertum ordinatum et correctum et per quatuor precedentia nostri Ordinis generalia capitula confirmatum unanimi sensu approbamus et per totum ordinem ab omnibus praecipimus observari*, cfr KALLENBERG, 27.

could not establish definitively the Carmelite signature of this document neither if it was compiled before or after the Ordinal of Sibert, I leave it now out of consideration.

The most important of the remaining three documents is the well known Ordinal[59] of the thirteenth century (1263-1294/98) which was probably used in England. Cristina Dondi is of the opinion that too little is known about it to say with certainty whether, in fact, it goes back to the Rite of the Holy Sepulchre[60]. I agree with her principally because until now there has been no serious study of this document. On the other hand, there are a number of strong arguments supporting the hypothesis that this Ordinal is based on the Rite of the Holy Sepulchre as it prescribes a daily commemoration of the Resurrection and orders the celebration of Palestinian feasts as defined in my study about the sources of the Carmelite Liturgy[61], namely the feast of Abraham, Isaac and Jacob, Mathias, Alexander, Quiriacus, Cleophas and Narcissus. However, the Solemn Commemoration of the Resurrection of the Lord on the last Sunday before Advent is missing despite the fact that it is characteristic of the Liturgy of the Holy Sepulchre. Besides the fact that this Ordinal is probably based on the Rite of the Holy Sepulchre, it can be sustained that it belongs really to the Carmelite Liturgy of that time. In my study about the sources of Carmelite Liturgy I compared the *Proper of the Saints* of this Ordinal with that of the ordinal of Sibert de Beka and I came to the conclusion that there are no essential differences between the two.[62]

Going back to the question about the Ordinal that Sibert de Beka might have corrected, we can not exclude the possibility that in compiling his *Ordinale*, Sibert de Beka had the *Ordinale of the 13th century* in front of him[63]. But that is a mere hypothesis and nothing can be said with certainty.

A second important document before the Ordinal of Sibert de Beka is a missal from Paris which was compiled sometime

---

59. *Antiquum Ordinis Carmelitarum Ordinale...*, 251.
60. DONDI, 26.
61. KALLENBERG, 88-89.
62. KALLENBERG, 84.
63. *ibidem*.

between 1297 and 1306.⁶⁴ There is no room for doubt that it is a Carmelite Missal⁶⁵ following the usages of the Holy Sepulchre Rite, despite the fact that the Solemn Commemoration of the Resurrection on the last Sunday of the liturgical year is also missing from this missal.

A third relevant Carmelite document before the Ordinal of Sibert de Beka is a thirteenth century manuscript⁶⁶ until now known as a Templar breviary and analyzed by Father James Boyce. In his study⁶⁷ Boyce demonstrated that it may be a Carmelite manuscript, forming a bridge between the liturgical practices of the Carmelites in the Holy Land and the later Ordinal of Sibert de Beka. Also in this manuscript the Solemn Commemoration of the Resurrection on the last Sunday before Advent, which was essential for the Holy Sepulchre liturgy and later for the Carmelite liturgy, is missing.

I fully appreciate that a theory based on only three documents is not very strong. Nevertheless, I pose the question about the lack of the Solemn Commemoration of the Resurrection on the last Sunday before Advent in the three above mentioned documents before the Ordinal of Sibert de Beka. What was going on? Why this Solemn Commemoration is missing from manuscripts before the compilation of the Ordinal of Sibert de Beka and why it does appear in all liturgical documents compiled after the conclusion of the Ordinal? The answer is, in my opinion, obvious. There is no doubt that before the compilation of the Ordinal of Sibert de Beka it was general practice in the Order to use the Holy Sepulcher Liturgy. This can be concluded from the instructions of the General Chapters of London in 1281 and Bordeaux in 1294 which both order that *all clerics (1281) or all friars (1294) come together in the church for all hours and there pray, as far as possible, humbly, devoutly and*

---

64. Paris, Bibliothèque Nationale, ms. lat. 884, see , KALLENBERG, 118-120.
65. KALLENBERG, ARIE, *From Gallican, to Sepulchre, to Carmelite Rite*, in: *Fons et culmen vitae carmelitanae*, Roma 2007, 62.
66. Paris, Bibliothèque National, fonds latin 10478.
67. BOYCE, JAMES, *Praising God in Carmel: The Search for the Early Carmelite Liturgy: a Templar Manuscript reassessed*, 299ss.

uniformly the Divine Office in accordance with the customs of the Sepulcher Church of the Lord[68]. Based on the three documents known until now before Sibert de Beka and on the Constitutions of the above mentioned General Chapters, it can be said that the Liturgy of the Carmelites was indeed somewhat organized according to the Rite of the Holy Sepulcher. Nevertheless, in that time the Solemn Commemoration of the Resurrection on the last Sunday before Advent was still missing in early Carmelite Liturgy, in spite of the fact that it was very important in the liturgy of the Holy Sepulcher in Jerusalem as we can conclude from an Ordinal of 1160[69], used in the same Sepulcher Church. In the relevant passage we read:

> «In the year in which the commemoration of the resurrection of the Lord occurs on November 21st, namely on the Sunday before Advent when others celebrate [the mass of] Trinity and we, in the church of the Sepulcher of the Lord, the commemoration of the glorious resurrection of the Lord, we celebrate it, out of respect for the resurrection, in the same way as on the feast of Eastern».[70]

Due to lack of documents, we don't know exactly what happened in other churches of the Latin Kingdom which also were committed to the Liturgy of the Holy Sepulchre neither if they celebrated the Solemn Commemoration of the Resurrection on the last Sunday before Advent. It is hard to believe that they celebrated the feast without explicit prescriptions laid down in Ordinals or other liturgical documents. With regard to the liturgy of the early Carmelites there is no doubt that Sibert prescribed

---

68. KALLENBERG, 22-23.
69. *Breviarium abbreviatum secundum antiquam consuetudinem institutionum ecclesiae Dominci Sepulcri*, Roma, Bibl. Vatic.,, ms. Barberini Lat 659; cfr KALLENBERG, 286.
70. cfr. ms. Barberini Lat 659, f. 18r: "In anno quo commemoratio resurrectionis dominice evenerit XII Kl, decembris scilicet illa Dominica ante adventum domini qua alii faciunt de trinitate nos autem in ecclesia dominici sepulchri ob gloriose resurrectionis eiusdem reverentiam in ipsa Dominica eandem gloriosam sollemnitatem sic in die pasche recolimus".

explicitly the Solemn Commemoration of the Resurrection on the last Sunday before Advent in his Ordinal[71]. It was the merit of Sibert de Beka that he introduced or reintroduced this Solemn Commemoration into the Carmelite liturgy where it remained for many centuries. Doing so, Sibert not only fell back on an ancient custom, as he himself declared speaking about the *custom approved by the ancient fathers, of the Church of the Holy Sepulchre of Jerusalem*[72] but also made a link with the Rule and Carmelite spirituality.

Ordinal and Rule

Looking at the way in the Rule the obligation to pray the Divine Office is formulated, it is interesting to note that Sibert seems to have presented a kind of new interpretation of the relevant passage. In the version of the Rule of Innocent IV in 1247 we read: *Those who know how to say the canonical hours with those in orders should do so, in the way those holy forefathers laid down, and according to the Church's approved custom*[73]. When Sibert in his Ordinal prescribes that on the last Sunday before the Advent there must be a solemn celebration of the Commemoration of the Resurrection of the Lord he restricts the sense of the text of the Rule and uses the terms: **according to the custom of the Sepulcher Church of Jerusalem**[74]. Also in the *Incipit* of the Ordinal the same terms are used: **in accordance with the approved customs of the Holy Sepulcher of Jerusalem**[75]. I think that it is not only a limitation of the text of the Rule (from the Universal

---

71. ZIMMERMANN, 37, 205
72. ZIMMERMANN, 205: juxta consuetudinem ecclesiae Sepulchri Jerosolymitani ab antiquis patribus approbatam.
73. Hii, qui horas canonicas cum clericis dicere norunt, eas dicant secundum constitutionem sacrorum patrum et ecclesie approbatam consuetudinem (*Rule*, paragr. 11).
74. ZIMMERMANN, 205: juxta consuetudinem ecclesiae Sepulchri Jerosolymitani.
75. ZIMMERMANN, 1: *de approbato usu dominici Sepulcri sanctae Jerosolimitanae ecclesiae.*

Church to the Holy Sepulcher Church) but an explication of what already was embedded in the Rule and in the mind of the Legislator when they refer to what the holy forefathers laid down. With this interpretation Sibert brings us back to what is essential in Carmelite liturgy: the eschatological aspects of the Rule represented by the Resurrection of the Lord. The Resurrection of the Lord is the theme which continually returns throughout the entire liturgical year. That is the reason why the restructuring of the liturgy by Sibert de Beka, in the context of an eschatological dimension, is so important, even for us in these modern times because it has to do with our spiritual identity as Carmelites. James Boyce has defined it in this way in his book *Praising God*:

> «The unique shape of the Carmelite liturgy suggests that it was one among several thrusts to associate the religious practices of the Carmelites with their unique identity... their liturgy became a part of their life and helped define them as religious»[76].

In the course of centuries many Carmelites were aware of the impact of the Resurrection Liturgy on their spirituality. Already John Baconthorpe spoke not long after 1312, the year in which the Ordinal of Sibert de Beka was prescribed for the entire Order, of a direct relation to the liturgy of the Carmelites who more than others celebrate, in their liturgy, the Resurrection of the Lord exhibiting openly, in their white mantles, the eternal peace and glory of the Resurrection to the believers[77]. Also John of St. Samson (1571-1636) in his *The Holy Sepulchre Canticle*[78] and Maur

---

76. BOYCE, JAMES (O.Carm), *Praising God in Carmel: Studies in Carmelite Liturgy*, Washington: The Carmelite Institute, 1999, 34.
77. ADRIANUS STARING, *Medieval Carmelite Heritage*, Roma Institutum Carmelitanum 1989, 251: ut sic pacem aeternam et resurrectionis gloriamY palam ostenderent fidelibus.
78. STEFANOTTI, ROBERT (OCarm), *"The Holy Sepulchre Canticle" of John of St. Samson (1571-1636): A synecdochical study of his spiritual imagery, language and style*, Roma: Tipografia Poliglotta della Pontificia Università Gregoriana, 1991.

de l'Enfant-Jésus (†1690)[79], both mystical authors of the Reform of Touraine, integrated the Resurrection in their spirituality and mystique[80]. Furthermore, also the Feast of Our Lady of Mount Carmel had a relation with the eschatological aspects of the Carmelite Resurrection Liturgy as I demonstrated in my study about the origins of this feast[81].

Summarizing we can say that the eschatological aspects of the Rule are picked up by Sibert and translated into a Resurrection Liturgy. This eschatological dimension does not refer only to the Resurrection of the Lord but also to our own resurrection after our death. Unfortunately the Resurrection Liturgy did not survive but its profound eschatological significance still exists in the Feast of our Lady of Mount Carmel and in the Brown Scapular with the promise of final protection by Our Lady of Mount Carmel. In this way there is a direct link between the Resurrection Liturgy of Sibert de Beka and the Feast of Our Lady of Mount Carmel and Carmelite Scapular. Eschatological aspects link all elements.

---

79. MAUR DE L' ENFANT-JÉSUS (O.Carm), *L'Entrée à la Divine Sagesse comprise en plusieurs traités spirituels qui contiennent les secrets de la Théologie mystique et augmenté de nouveau d'un traité de la fidélité de l'âme à son Dieu / composés par le R. P. Maur de l'Enfant-Jésus, Exprovincial des Carmes réformés de la Province de Gascogne* (+1690); [édités de nouveau par] P. Pascal du T.S. Sacr., Carme déchaussé, Soignies : Éditions des "Chroniques du Carmel", [1921-1933].
80. KALLENBERG, ARIE, *A Ressureição na antiga Liturgia e Espiritualidade dos Antigos Carmelitas*; in: FERNANDO MILLÁN ROMERAL (Eidtor), *In Labore Requies*, Roma Edizioni Carmelitane, 2007, 399 – 407.
81. KALLENBERG, ARIE, *The Feast of Our Lady of Mount Carmel in the Liturgical Tradition of the Order*, Carmelus - Roma - 47 (2000)6-18. See also: KALLENBERG, ARIE, *From Gallican, to Sepulchre, to Carmelite Rite: A short reflection on the origins of the Carmelite Liturgy*, in: *Fons et culmen vitae Carmelitanae; Proceedings of the Carmelite Liturgical Seminar San Felice del Benaco 12-16 juni 2006*, Roma Edizioni Carmelitane 2008, 55-73.

Final remarks

From this short overview result some spontaneous conclusions.

First, the need for a critical edition of the Ordinal of Sibert. I am aware of the impact of this suggestion: who is going to do that and who pays? But I think that it is inevitable for further analysis of the Ordinal.

Furthermore, also a profound analysis of the Ordinal of the 13th century seems necessary in order to establish its relationship with or dependency from the Liturgy of the Holy Sepulcher in Jerusalem and to find out if this Ordinal was universally used in the Order before the Ordinal of Sibert de Beka.

After the compilation of a critical edition of the Ordinal of Sibert de Beka a comparison of this critical edition with the Ordinal of the 13th century can clarify if there is a relationship between both and furthermore if this was the Ordinal that Sibert corrected.

Concluding it is important to insist that an overall study of the Ordinal should not be restricted to mere historical dates and facts. It is more important to demonstrate that Carmelite spirituality and identity are concerned with the eschatological aspects of the Resurrection Liturgy which came to us through the Ordinal of Sibert de Beka and which is still up to date in our time. The Resurrection Liturgy give us the hope of which the *Rule* speaks: *Your strength will lie in silence and hope*[82].

Arie Kallenberg
Carmelite Institute
Rome

---

82. *In silentio et spe erit fortitudo vestra*, Rule paragraph 21.

The Ordinal of Sibert de Beka and the Development of Carmelite Liturgical Identity

In the year 2012 the Carmelite Order will celebrate the 700th anniversary of the Ordinal of Sibert de Beka, first promulgated by the General Chapter of London of 1312.[1] For most of these seven hundred years this single book has been the guiding principle in shaping a distinctive liturgy and through it in giving the Carmelites a unique sense of liturgical identity. This paper will discuss the Ordinal and the Carmelite identity it promoted as follows:
1. the definition and significance of an ordinal;
2. ordinals or liturgical books which influenced Sibert's Ordinal;
3. Sibert de Beka and his Ordinal;
4. the Ordinal and medieval Carmelite choir books;
5. the Ordinal and the early modern Carmelite liturgy;
and
6. reflections on the Ordinal and its importance for Carmelite self-understanding.

---

1. *Ordinaire de l'Ordre de Notre-Dame du Mont-Carmel par Sibert de Beka (vers 1312) publié d'aprés le manuscrit original et collationé sur divers manuscrits et imprimés par le R. P. Benedict Zimmerman, Prieur des Carmes de Saint-Luc, à Wincanton*, Paris, Alphonse Picard et Fils 1910

1. The Definition and Significance of an Ordinal

An ordinal is a book of rubrics that outlines the general format of a liturgy. It often includes a calendar and instructions for when to celebrate specific feasts, then lists in thorough detail all the chants and prayers to be used for the Divine Office and the Mass for the entire church year.[2] A study of ordinals necessarily depends on their availability, and the vast majority of medieval liturgical manuscripts, including ordinals, has been lost. Surviving medieval liturgical books constitute only a small fraction of the manuscripts that were used even in a single century of the middle ages. Medieval ordinals are normally smaller in size and plainer in decoration than other liturgical manuscripts, so that they generally attract less scholarly attention and discussion than their more elaborate counterparts, the choir books. Ordinals are also far fewer in number than breviaries, missals and other liturgical manuscripts.

The ordinal is not commonly known in monastic usage, although it may have existed alongside other books such as tonaries, that helped to determine what was to be performed and when it was to be done. The influence of an ordinal in a monastery necessarily would be substantially less than in other settings, since each monastery was independent and had resident monks trained as liturgists who could decide how the Divine Office and, to a lesser extent, the Mass, were to be celebrated.

The cathedral liturgy was used in all the dioceses of medieval Europe and, with the advent of the mendicant orders, among them as well.[3] All the mendicant orders adopted the cathedral liturgy, probably because it was somewhat briefer and therefore

---

2. MARY BERRY, "Ordinal [Ordo romanus]," *The New Grove Dictionary of Music & Musicians*, Edited by Stanley Sadie, 13 (London: Macmillan Publishers Limited, 1980), p.701.
3. This is also known as the Roman *cursus*, as opposed to the monastic *cursus*; cf. RUTH STEINER, "Divine Office, "*The New Grove Dictionary of Music & Musicians* 5, (1980), pp. 508-09. For a discussion of the structure of the cathedral and monastic office liturgies, cf. DAVID HILEY, *Western Plainchant, A Handbook* (Oxford: Clarendon Press, 1993), pp. 25-30.

more practical for their life style, which included active ministry among the faithful, at least on the part of the appropriately trained friars. Modern editions of medieval ordinals are rather sparse but, in addition to the edition of Sibert's ordinal, there is a published edition of the ordinals of Laon cathedral,[4] as well as comparable books for the Franciscans and Dominicans. Most ordinals, however, remain in manuscript form. Thus Florence, Biblioteca Medicea-Laurenziana, Edili manuscripts 117 and 119 are two examples of a medieval ordinal used in the diocese of Florence.[5] The Edili collection of manuscripts in the Medicea-Laurenziana library all come from the cathedral of Florence, and therefore reflect the diocesan liturgy. A comparison of any cathedral manuscript against this ordinal usually indicates that the choir books themselves followed the prescriptions of the ordinal in detail. After the flood of the 1960s when most of the cathedral's choir books began a long period under restoration, these ordinals were virtually the only sources one had for determining which chants and prayers were used in the medieval Florentine diocesan liturgy. All the parish churches of the diocese followed the cathedral format for the liturgy, so that each diocese in the middle ages had its own distinctive liturgy, usually venerating local saints that were not honored elsewhere. Thus the Edili ordinals contained detailed rubrics for the feasts of St. Reparata, in whose honor the original cathedral was dedicated, and St. Zenobius, saints who generally were unique to this diocesan liturgy.[6] In all these cases the ordinals gave the local churches a unique sense of identity since they standardized the liturgy and indicated all the chants to honor their distinctive saints.

---

4. ULYSSE CHEVALIER, éd., *Ordinaires de l'église cathédrale de Laon (xiie et xiiie siècles), suivis des deux mystères liturgiques*, Bibliothèque liturgique, 6 (Paris: Alphonse Picard, 1897), pp. 306ff.
5. These manuscripts are discussed in BOYCE, "The Carmelite Choirbooks of Florence and the Liturgical Tradition of the Carmelite Order," *Carmelus* 35 (1988), 67-93, now chapter 4 of *Praising God in Carmel*, pp. 115-150.
6. The rhymed offices for St. Zenobius and for St. Reparata are incomplete in Florence, Biblioteca Medicea Laurenziana, Edili ms. 148, a fifteenth-century an-

2. Ordinals or liturgical books which influenced Sibert's Ordinal

As a lay hermit group founded in the Latin Kingdom the first Carmelites followed the local rite of the Holy Sepulchre of Jerusalem[7] for Mass while they prayed the psalms in their individual cells on virtually a continuous basis. As they progressively became a recognized clerical and Euroe-wide religious order their liturgy necessarily became more formalized as well. As the Carmelites began to include clerics in their ranks these members automatically were obligated to recite or chant the Divine Office. Once the Carmelites accepted the mendicant way of life both their clerical and lay members who could read Latin chanted the Divine Office, so that their standardized liturgy became an integral part of their spiritual identity.[8]

The thirteenth century was a time of liturgical codification as the Carmelites went through the transition from hermits to mendicants, adopted the choral recitation of the Divine Office and formulated a distinctive liturgy for it. At the same time they began the process of migrating westward around 1238, one that ended in 1291 when the last Carmelites left Mount Carmel itself.[9] By mid-century those who migrated westward had to take

---

tiphonal; chants for St. Zenobius begin on f. 58v while chants for St. Reparata begin on f. 80v of the manuscript. Chants for these two feasts are listed in Florence, Biblioteca Medicea Laurenziana, ms. Edili 119, a fifteenth-century ordinal for Florence, where chants for the feast of St. Zenobius are listed on f. 151v, for his translation on f. 131v and for St. Reparata on f. 186v. These manuscripts are discussed in BOYCE, "The Carmelite Choirbooks of Florence".

7. The manuscript tradition of the Holy Sepulchre liturgy has been discussed in DONDI. Cf. also HUGO BUCHTHAL, *Miniature Painting in the Latin Kingdom of Jerusalem*, with Liturgical and Palaeographical Chapters by Francis Wormald (Oxford: Clarendon Press, 1957).
8. This question of liturgy shaping spiritual identity is discussed extensively in JAMES BOYCE, *Carmelite Liturgy and Spiritual Identity: The Choir Books of Kraków* (Turnhout, Belgium: Brepols, 2008), especially in chapters 1 and 2, pp. 7-96.
9. SMET I, pp. 10, 25.

liturgical books along with them since the revised rule of 1247 enjoined upon them the mendicant obligation to chant the Divine Office,[10] an activity in which the deacons and priests among them already were engaged.

The primary influence on the Carmelite liturgy was the rite of the Holy Sepulchre of Jerusalem, the local rite used in the Latin Kingdom, where the Carmelites originated. In his 1910 edition of the Ordinal of Sibert, Benedict Zimmerman compared an ordinal from the rite of the Holy Sepulchre, Vatican Library, ms. Barbarini 659, against the Ordinal of Sibert de Beka to show the influence of the rite of the Holy Sepulchre upon the Carmelites.[11] In more recent times Christina Dondi has discussed the rite of the Holy Sepulchre in great detail, including manuscripts copied in the area for other local religious houses.[12] While William R. Bonniwell, O.P. emphasized the influence of Dominican practices upon the Carmelite rite,[13] in such items as the priest celebrant extending his arms in the form of the cross to say the *Unde et memores* prayer after the consecration during Mass and numbering the Sundays after Trinity rather than after Pentecost, Dominican influences are secondary to Holy Sepulchre ones and probably stem from 1247 when two Dominicans, William, Bishop

---

10. For a discussion of the rule and the liturgical life of the Carmelites, cf. BOYCE, "The Liturgical Life of the Early Carmelites," *The Carmelite Rule, 1207-2007, Proceedings of the Lisieux Conference, 4-7 July 2005*, eds. EVALDO XAVIER GOMES, PATRICK MCMAHON, SIMON NOLAN, VINCENZO MOSCA, *Institutum Carmelitanum Textus et Studia Historica Carmelitana*, Vol. 28 (Roma: Edizioni Carmelitane, 2008), 359-379; cf. also, BOYCE, "From Rule to Rubric: The Impact of Carmelite Liturgical Legislation upon the Order's Office Tradition," *Ephemerides Liturgicae*, 108 (1994), 262-298, now chapter 6 of *Praising God in Carmel, Studies in Carmelite Liturgy* (Washington, D.C., The Carmelite Institute, 1999), pp. 180-230.
11. ZIMMERMAN, the comparative tables are on pp. 353-366.
12. DONDI.
13. WILLIAM R. BONNIWELL, O.P. makes this argument that the Carmelite rite was based on the Dominican one, a position with which I disagree, in *A History of the Dominican Liturgy, 1215-1945*, 2nd edition, revised and enlarged (New York: Joseph F. Wagner, Inc., 1945); pp. 196-199.

of Antarados and Cardinal Hugh of Saint-Cher, were enlisted to help revise the Carmelite rule.[14]

In addition to the Holy Sepulchre and Dominican liturgies, isolated manuscripts originating from the Holy Sepulchre but used in Western Europe may have influenced Sibert's Ordinal. These manuscripts are

1. a noted breviary described as being from the Temple in Jerusalem, one of the holy sites staffed by Augustinian canons, now Paris, Bibliothèque Nationale de France, ms. latin 10478, which contains numerous occasions that are very similar to but in some cases less developed than feasts in the Ordinal of Sibert;[15]
2. a thirteenth-century missal, also in the BNF, ms. latin 884, once owned by the Carmelites of Paris,[16] that contains Holy Sepulchre feasts such as the entrance of Noah into the Ark

---

14. Hugh of Saint-Cher and William, bishop of Antarados, are mentioned by name as the persons responsible for clarifying some parts of the Albertine Rule and mitigating others in the apostolic letter "Quae honorem conditoris" promulgating the revised rule by Innocent IV in 1247; the text of this letter has been edited in M.-H. LAURENT, O.P. (ed.), "La lettre 'Quae honorem Conditoris' (1er octobre, 1247): Note de diplomatique pontificale," *Ephemerides Carmeliticae*, 2 (1948), 5-16.
15. This manuscript is discussed in ABBÉ VICTOR LEROQUAIS, *Les bréviaires manuscrits des bibliothèques publiques de France* (Paris, 1934), 3, pp. 189-92; LÉOPOLD VICTOR DELISLE, *Inventaire des manuscrits latins conservés à la Bibliothèque nationale sous les numéros 8823-18613, et faisant suite à la série dont le catalogue a été publié en 1744* (Paris: Auguste Durand et Pédone-Lauriel, 1863-71), p. 4. This breviary is HS[14] in DONDI's study where she discusses it on pp. 88-90 and describes its contents on pp. 224-229. The references to date and provenance are on p. 86. Cf. also JAMES BOYCE, "The Search for the Early Carmelite Liturgy: A Templar Manuscript Reassessed," *Revista de Musicología* 16 (1993), 957-981, reprinted in *Praising God in Carmel*, chapter 9, pp. 299-327.
16. A reference on f. 1v of the manuscript states: "Ce livre est pour les carmes de Paris"; the manuscript is discussed in VICTOR LEROQUAIS, *Les sacramentaires et les missels manuscrits des bibliothèques publiques de France* (Paris, 1924) 2, pp. 214-216.

and his exit from it, celebrated as feasts in the Holy Sepulchre liturgy but no longer part of the Carmelite rite;
and
3. a late-thirteenth-century ordinal, now Dublin, Trinity College Library, ms. 194, edited by Fr. Patrick of Saint-Joseph Rushe,[17] which is, at least in its chant incipits, almost identical in detail with the Ordinal of Sibert de Beka.

3. Sibert de Beka and his Ordinal

The task of composing an ordinal was a significant one, since it had a huge impact on the subsequent liturgical life of the religious community for which it was written. Sibert de Beka proved an ideal candidate to produce such an ordinal. Born between 1260 and 1270, he entered the Carmel of Cologne in 1280[18] and was among the first students from Germany to be sent to the *studium generale* in Paris for studies (1310-12),[19] receiving the doctorate in 1317.[20] Described by the historian Joannes Trisse as outstanding in eloquence, knowledge, conversation and personal habits, ["Hic erudicione, scientia, conversacione et moribus insignis fuit"],[21] he was well respected both for his erudition as a writer and for his administrative abilities. He served as prior of Gelden (1308-10) and later of Cologne (1315-17)[22] before being elected provincial

---

17. This ordinal has been edited by PATRICK DE SAINT-JOSEPH (Rushe), O.C.D., "Antiquum Ordinis Carmelitarum Ordinale, Saec. XIII," *Études Carmélitaines*, 2 (1912-13), pp. 5-251.
18. BARTHOLOMAEO MARIA XIBERTA, O. Carm., "De scriptoribus scholasticis saeculi XIV ex ordine Carmelitarum," *Bibliothèque de la Revue d'histoire ecclésiastique*, fasc. 6 (Louvain, 1931), pp. 142-66.
19. SMET I, p. 30.
20. ADALBERT DECKERT, "Sibert de Beka," *Biographisch-Bibliographisches Kirchenlexikon*, http://www.bautz.de/bbkl/s/sibert_d_b.shtml
21. HEINRICHE DENIFLE, "Quellen zur Gelehrtengeschichte des Carmelitenordens im 13. und 14. Jahrhundert," *Archiv für Literatur- und Kirchengeschichte des Mittelalters* 5 (1889), 371, f. 5.
22. ADALBERT DECKERT, *cit.*

of Germany in 1317, remaining as provincial of Lower Germany after the province was split into two in 1317; he was again provincial of the reunited German province from 1327 until his death[23] on 29 December 1332 in Cologne, where he is buried in the local Carmelite church.[24] As one of the first Germans to matriculate at Paris Sibert had the appropriate academic credentials to compile an ordinal. He was well into middle age by the time he was sent there, suggesting that his intellectual gifts were highly respected in his own province. After receiving the doctorate in 1317 he remained provincial until his death. As a student in Paris he would have studied in Latin, conversed in French and probably interacted with other students from his native Germany and other countries as well. He probably would have used the missal that is now Paris, BNF ms. latin 884 when he celebrated Mass and have been thoroughly conversant with the choir books used by the local Carmelites of the Place Maubert.

As one who entered the Carmelites only in 1280 Sibert had no experience of the Holy Land and no direct experience of the liturgy of the Holy Sepulchre as practiced in the church of the Holy Sepulchre or among the Carmelites in the Latin Kingdom. The promulgation of Sibert's ordinal by the General Chapter of London happened in 1312, when he was still a student in Paris and before he received the doctorate in 1317. It thus counts among his earlier works although it probably is now considered his most famous one. Sibert's understanding of the Holy Sepulchre rite, however, was very much from the point of view of the Carmelites as mendicants established in western Europe rather than from personal experience on Mount Carmel.

The contents of Sibert's Ordinal are twofold: first there is a series of general instructions for celebrating the liturgy and then there are complete rubrics for every day in ordinary time and for every feast day. Included in this section are instructions for the replacement of one feast by another or the

---

23. SMET I., p. 33.
24. BARTHOLOMAEO MARIA XIBERTA, *cit.*, pp. 142ff.

transfer of a given feast to a different day, should there be a conflict with another feast or with a holy day in ordinary time that preempts it.

The general rubrics are important for understanding the importance of the liturgy to the Carmelites. The second rubric of his ordinal illustrates this point:

> Ante terminationem ultimi signi fratres sint in choro, quilibet secundum gradum et locum suum, et omnia quae in divino officio cantanda vel legenda fuerint secundum usum dominici Sepulcri prout infra suis signatur locis devote prosequantur. Omnes horae canonicae tam diei quam noctis cum nota dicantur. Psalmodia dicatur distincte et perfecte ac cum pausa plena in medio versuum, et hoc praecipue in horis canonicis observetur. Similiter ea quae in divino officio cantanda fuerint modo mediocri, non festinando, nec nimis protrahendo cantentur, neque unus ante alios praevolet, aut post alios trahat, sed simul et uniformiter omnes cantent.[25]

> Before the end of the last signal [i.e., bell], let the brothers be in choir, each according to his rank and place [i.e., seated in order of seniority in the community], and let them devoutly follow all the things that are to be sung or read in the divine office according to the use of the holy Sepulchre as indicated in the places below. Let all the canonical hours both of the day and the night be recited with music. Let the psalmody be said distinctly and perfectly and with a full pause in the middle of the verses, and let this be observed especially in the canonical hours. Similarly let those things which are to be sung in the divine office be sung in a moderate manner, not rushing, nor dragging them out, neither should one [singer] race ahead of the others, or drag behind the others, but rather let everyone sing together and in uniformity.

The simple reference *"cum nota"* indicates that all the antiphons and responsories were to be chanted. Surviving Carmelite antiphonals and graduals indicate that the music was always done in square Roman notation, not the *Hufnagelschrift* script that was normative in German-speaking and central European countries.

---

25. ZIMMERMAN, p. 4.

The very fact of chanting increases the formality and length of the services. The hierarchical seating order according to seniority in the community also enhanced the formality of the liturgy. The reference to chanting the psalmody distinctly and perfectly indicates that great care was expected in rendering the offices. Given the human condition, one can imagine that much attention was required in order to maintain a high quality of the liturgies. Finally, Sibert makes clear that the liturgy of the Holy Sepulchre is the foundation on which the Carmelite liturgy is built.

Other rubrics in the Ordinal prescribe punishments for infractions of the liturgy, penalties that were supported by the legislation of General Chapters throughout the fourteenth and fifteenth centuries.[26] Such penalties defined the religious orders as distinct from canons. The regular maintenance of the Divine Office and Mass in the cathedral was a primary function of its chapter of canons, who usually received a handsome salary for their services. Absence from choir was penalized by fines; careful accounts document both what was owed by the canons to the chapter for absence from choir and what was owed by the chapter to the canons for their attendance at extra services or on solemn feast days and other occasions that went beyond their regular duties. Thus canons who might be derelict in their duties were punished financially.[27] Mendicants, however, had a vow of poverty, thus precluding financial compensation for performance of duties or fines for dereliction of them. The punishments meted out for absence from choir or bad behavior in it were much more likely to be in the form of shaming rituals, special food regimens or even incarceration in their own cell or in the priory jail cell for a day or longer. Thus the expectation of attendance and punishment of absence were consistent with life in a mendicant priory rather than in a cathedral chapter.

---

26. For a detailed discussion of this legislation, cf. chapter 2 of JAMES BOYCE, *Carmelite Liturgy and Spiritual Identity*, especially pp. 82-91.
27. For a discussion of the role of the canons in the cathedral, cf. R. LATRÉ-MOUILLE and J. GILCHRIST, "Canons, Chapter of," *New Catholic Encyclopedia*, 2nd edition, 3:66-67; cf. also LESTER K. LITTLE, *Religious Poverty and the Profit Economy in Medieval Europe* (Ithaca, New York: Cornell University Press, 1978), especially pp. 99-112.

The heart of Sibert's Ordinal, however, is its detailed listing of chant, prayer and reading incipits for every day of the year. This precision was much more important for mendicant orders than for either monasteries or cathedrals, since monasteries by definition represented a stable community and cathedrals governed the liturgy for only a single diocese. By the fourteenth century mendicant friars, including the Carmelites, were widely scattered across Europe. Mendicant friars, unlike monks and canons, had to be mobile since they frequently could be transferred from one convent to another, often across international borders. For mendicants who were transferred into priories in far-flung cities and even in distant countries, a stable and clearly understood liturgy was essential. The friars as mendicants had to engage in pastoral work and the upkeep of the priory, unlike the monk who concentrated primarily on prayer and manual labor. Mendicant friars therefore had less time for choir practice and other activities associated with the performance of the liturgy, an added reason why the easily readable square Roman notation was an essential and universally accessible component of their liturgical books.

Sibert's formulation of the liturgy differed radically from the Dominican approach, since Humbert of Romans in his codex of 1256 promulgated standardized music as well as texts for all the liturgies of the Divine Office and Mass.[28] In promulgating only text incipits Sibert was closer to the spirit of the Franciscan Haymo of Faversham, although Haymo's ordinal,[29] like the Franciscan liturgy, was generally a development of the local liturgy of Assisi in Umbria

---

28. C. LOZIER, "Humbert of Romans," *New Catholic Encyclopedia*, 2nd edition, 7:198-199. Cf. also RAYMOND W. BONNIWELL, O. P., *A History of the Dominican Liturgy, 1215-1945*, 2nd edition, revised and enlarged (New York: Joseph F. Wagner, Inc., 1945); the fourteen books comprising Humbert's codex are the ordinary, the antiphonary, lectionary, psalter, collectarium, martyrology, processional, gradual, conventual missal, book of Gospels, books of Epistles, small missal, pulpitary and the portable breviary; cf. chapter 9, pp. 83-97 for this discussion.

29. S. J. P. VAN DIJK, *Sources of the Modern Roman Liturgy: the Ordinals by Haymo of Faversham and Related Documents (1243-1307)* (Leiden, 1963).

rather than based on a liturgy as distant as the Holy Sepulchre of Jerusalem. After 1291 and the departure of the Carmelites from the Latin Kingdom when they relocated to Cyprus, the Carmelites' contact with the Holy Sepulchre liturgy probably was restricted to the choir books they already had brought with them to other places in western Europe. This means that Sibert had to make his own interpretation of the Holy Sepulchre liturgy from whatever manuscripts were available to him.

Relying on the liturgy of the Holy Sepulchre as the basis of his Ordinal, Sibert codified a liturgy that was radically different from that of the Franciscans and Dominicans and from every diocese wherein the Carmelites found themselves. The liturgy thus gave the Carmelites a sense of identity that was markedly different from their mendicant and diocesan neighbors. Unlike the Franciscan, Dominican and diocesan traditions, the Carmelites by 1312 were too young as a community to have any particular saints of their own to venerate. Their struggles throughout the thirteenth century to compensate for their lack of a specific founder were dealt with through the *rubrica prima* attached to the chapter acts of 1281, but probably dating to the years 1238-47,[30] that formed the basis for the progressive development of the Elijan legend, questions that have been thoroughly discussed elsewhere.[31] The same thirteenth century that saw the development of a Carmelite self-understanding in terms of historical origins and that saw the adoption of a new and more acceptable habit in 1287,[32] making the Carmelites visually distinctive, also saw the progressive development of a distinctive liturgy that it culminated in Sibert's Ordinal.

---

30. For a discussion of the earlier dating of this document, cf. ADRIANUS STARING, O. Carm., *Medieval Carmelite Heritage, Early Reflections on the Nature of the Order*, Critical Edition with Introduction and Notes (Roma: Institutum Carmelitanum, 1989), p. 34.
31. JAMES BOYCE, *Carmelite Liturgy and Spiritual Identity*, especially pp. 18-30; ANDREW JOTISCHKY, *The Carmelites and Antiquity, Mendicants and their Pasts in the Middle Ages* (Oxford: University Press, 2002), especially pp. 106-150.
32. By the Chapter of Montpellier, cf. BOYCE, *Carmelite Liturgy and Spiritual Identity*, p. 26.

4. The Ordinal and Medieval Carmelite Choir Books

With the adoption of square Roman notation in place of diastematic notation and the interim styles that were part of the 11th and 12th centuries[33] liturgical manuscripts became music oriented rather than text oriented. This was a fundamental shift in the concept of a liturgical codex: music rather than text became the predominant feature of a manuscript, with only seven to ten staves of music and their accompanying text occupying each folio. Moreover manuscripts now were much larger in size than before, so that a choir book included fewer liturgical occasions than its earlier counterpart. From a practical point of view far more sheep were sacrificed for the manufacture of a given codex, with the result that the expense of producing such manuscripts increased dramatically. With the new larger size of liturgical manuscripts opportunities presented themselves for decoration, especially historiated initials, thereby requiring the services of illuminators who were specifically trained artists, with the commensurate expenses that their services incurred. Such artistic decoration could in turn reinforce a particular theological viewpoint of either the artist, the patron or the religious community who commissioned the liturgical book, so that artistic decoration could reinforce liturgical identity in the manuscripts.[34] By the time of Sibert's Ordinal, therefore, the concept of the liturgical manuscript itself had fundamentally changed, opening the door for the production of more luxurious manuscripts that could serve devotional purposes beyond their specific liturgical function.

---

33. DAVID HILEY / JANKA SZENDREI, "Notation," section 3 "History of Western notation," *Grove Music Online*, http://www.grovemusic.com/shared/views/article.html?from=search&session_search_id=1017676438&hitnum=1&section=music.20114.
34. A striking, if late, example of this is the Gradual produced in the Carmelilte convent of Kraków under the direction if not by the single hand of the local friar, Stanisław de Stolec, whose one hundred ten historiated initials illustrate Gospel themes and values significant for the Carmelite Order. Cf. BOYCE, *Carmelite Liturgy and Spiritual Identity*, especially pp. 306-17 for this discussion, as well as Tadeusz Chrzanowki and Tadeusz Maciejewski, *Graduale Karmelitański z 1644 roku O. Stanisława ze Stolca* (Instytut Wydawniczy Pax, 1976).

The Ordinal of Sibert de Beka is the fundamental text of the medieval Carmelite liturgy, one that governed every aspect of the friars' liturgical celebrations and spiritual life throughout the Middle Ages. Liturgical legislation of general chapters specifically required that all the houses in all the provinces of the order enforce its observance and that liturgical books be made using it as their exemplar. Every Carmelite priory was required to have a scriptorium and the copying of the appropriate liturgical books and their regular use for liturgical observance were an intrinsic part of the spiritual life of every medieval Carmelite house.[35] The single Ordinal of Sibert de Beka thus assumed enormous importance, comparable to Humbert's codex for the Dominicans and Haymo's ordinal for the Franciscans. Emendations or corrections to this fundamental text could be made only with the approval of a General Chapter and once promulgated were, like the ordinal itself, universally binding on the membership.[36] This legislation thus guaranteed the stability of the liturgy and the liturgical identity of those who observed it.

The Ordinal of Sibert was especially important for a mendicant order that had no particular convent with central authority over the other houses comparable to Assisi for the Franciscans or the priory of St. Jacques in Paris for the Dominicans. Unlike the monastery or even the cathedral, where the stable community of monks or canons could rely at least to some extent on oral custom for celebrating the liturgy, the mendicants by definition were required to rely on a written text and to exercise uniformity in their liturgical observance, even across international boundaries.[37] Thus Sibert's Ordinal, as

---

35. JAMES BOYCE, *Carmelite Liturgy and Spiritual Identity*, p. 88.
36. *Ib.*, especially pp. 82-91.
37. While reliance on oral transmission of chant melodies obviously diminished once a fixed notational system was established, the memory of how chants ought to be sung may still have had some influence in monastic and cathedral practice. Susan Boynton has discussed this question of oral transmission and memory in chant in "Orality, Literacy, and the Early Notation of the Office Hymns," *Journal of the American Musicological Society* 56 (2003), 99-168 and also addresses the question in *Shaping a Monastic Identity, Liturgy & History and the Imperial Abbey of Farfa, 1000-1125* (Ithaca and London: Cornell University Press, 2006), especially pp. 16-17.

the archetypal text, was the single authoritative document defining Carmelite liturgical practice. The imposition of Sibert's Ordinal for liturgical observance on the entire order marked the continuation of the Holy Sepulchre rite in a distinctively Carmelite manner, no longer relying on isolated manuscripts from the Latin Kingdom or on the memory of how services might have been celebrated, but now officially promulgated as a detailed text for standard observance according to a Carmelite rite and carefully maintained on an ongoing basis through the legislation of General Chapters.

Sibert's Ordinal prescribed the chants, readings and prayers for each liturgy in such detail that it required very little interpretation by the Carmelites who performed it. Thus, for instance, Sibert indicated the level of solemnity for a feast, such as *totum duplex*, *duplex* or of nine lessons, but then in addition prescribed each of the chants and readings to be used in its celebration. This was particularly useful for a mendicant community, since even a small and presumably very busy community could easily determine which texts to use for any given liturgy.

Sibert's ordinal is extremely thorough in its detail and comprehensive in its scope: its various chapters include rubrics for summoning the friars to choir,[38] with both general norms for officiating in choir and specific details for the performance of each of the canonical hours. The section "de festivitatibus et translationibus extraordinariis" (on feasts and extraordinary translations)[39] allowed for the chanting of particular *historiae* or saints' lives for special feasts, even when such texts were not necessarily part of the Carmelite liturgy. This gave considerable latitude for the celebration of feasts or the translation of relics of saints who had not yet become part of the Carmelite rite. For instance, the Kraków Carmelites included in their antiphonals the Bohemian saints Wenceslaus and Ludmila, proper to the founding tradition of the Prague Carmelites.[40] Sibert's ordinal

---

38. ZIMMERMAN, p. 81.
39. ZIMMERMAN, pp. 58-59.
40. The feasts of Sts. Ludmila and Wenceslaus are discussed in BOYCE, *Carmelite Liturgy and Spiritual Identity*, pp. 227-33.

prescribed the celebration of the feast of St. Anne in general terms, from any proper *historia* or from a sermon,[41] leading Carmelites from Mainz to use one rhymed office for the feast and Carmelites from Kraków to use an entirely different one.[42] Sibert discusses the conventual Mass and its prayers in minute detail;[43] as the size of individual convents increased and as Carmelites proliferated in cities at a considerable distance from each other, precise instructions for celebrating the conventual Mass became increasingly valuable. Sibert's ordinal was comprehensive both in its scope and in the detail of its prescriptions for every liturgy, thereby making it invaluable to the Carmelites who used it.

Sibert's ordinal as text is of paramount importance for regulating every aspect of the Carmelite liturgy and, in the process, for structuring the liturgical life of every Carmelite convent. The rubrics for special ceremonies such as the anointing of the sick and the rituals for the dying[44] are particularly important, since such occasions are by definition infrequent and unpredictable; the norms for how to perform these rituals thus had to be stipulated very clearly. Rituals for giving spiritual benefits to special benefactors[45] probably became more frequent once a Carmelite priory was firmly established in a particular city and had garnered a list of patrons to the community;[46] they also reflect the Carmelite ties to the local community that were integral to their successful ministry.

---

41. The reference is "de aliqua propria legenda vel de sermone." ZIMMERMAN, p. 236.
42. BOYCE, "The Office of St. Anne in the Carmelite Liturgy," *Carmelus* 52 (2005), 165-184; the Mainz version of the office has been edited in BOYCE, *Cantica Carmelitana: The Chants of the Carmelite Office* II, pp. 126-153.
43. ZIMMERMAN, pp. 62-63.
44. ZIMMERMAN, pp. 101-104.
45. ZIMMERMAN, pp. 92-94.
46. While the establishment of a confraternity is rather late, one can still presume patronage to the convent by selected individuals from very early in its history; cf. O. PIOTR SPILLER, O. Carm. i Genowefa Zań-Ograbek. *Arcybractwo Szkaplerza Świętego przy kościele Karmelitów w Krakowie "Na Piasku", Historia, duchowość, ikonografia* (Kraków, 2001).

After the promulgation of Sibert's ordinal, Carmelite General Chapters continued to meet regularly and to enact liturgical legislation, thus ensuring that the ordinal of 1312 remained a current and a viable instrument for regulating liturgical practice throughout the middle ages. From at least as early as 1318 the acts of the General Chapters were preserved in a separate book, known as the *Liber Ordinis*, which contained all the legislation of the chapters, including their liturgical precepts. This book traveled from place to place along with the General Chapters, so that it could readily be consulted and then emended by new legislation as the need arose.[47] Perhaps because of its literary integrity, Sibert's ordinal was not adapted in later years to reflect these new changes; instead, its wording remained exactly the same throughout the middle ages as in its first promulgation in 1312.[48] As a result, the ordinal had to be used alongside this book of chapter constitutions in order to remain current. Chapter acts could increase the solemnity of any established feast: thus, for instance, the General Chapter of Lyon of 1342 added solemn

---

47. Cf. PAUL F. ROBINSON, O. Carm., *The Carmelite Constitutions of 1357, a critical edition with introduction and notes* (Romae: Pontificia Studiorum Universitas A S. Thoma Aq. in Urbe, 1992), p. 89 for this discussion. The Chapter Acts have been edited by GABRIEL WESSELS, O. Carm., *Acta Capitulorum Generalium, 1318-1902*, 2 vols. (Roma: apud Curiam Generalitiam, 1912-1934). Those constitutions enacted by the general chapters between 1327 and 1362 and omitted from the *Liber Ordinis*, are found in the manuscript London, British Library, Add. 16372 and published by BENEDICT ZIMMERMAN, O.C.D., *Monumenta historica carmelitana* (Lérins, ex Typis Abbatiae, 1905-1907), pp. 115-189.

48. Thus, for instance, the manuscript Dijon, Bibliothèque municipale, ms. 121, a French Carmelite ordinal from the year 1468, includes the liturgical prescriptions from the chapters of Montpellier of 1369 (f. 55v), Frankfurt of 1393 (p. 56, given as 1394) and Paris of 1456 (p. 56), concerning the feast of the Three Marys, and refers to the feast in the calendar but contains no rubrics for celebrating the feast itself; cf. BOYCE, "From Rule to Rubric: The Impact of Carmelite Liturgical Legislation upon the Order's Office Tradition," p. 219 of *Praising God in Carmel*, for this discussion.

octaves to the feasts of Corpus Christi, All Saints and St. Michael.[49]

These chapters also could add new feasts to the liturgy, usually replacing older ones of lesser importance, which then were reduced in liturgical rank; specific prescriptions detailed which chants of the older feast would continue to be used and which ones would be eliminated. One of the most famous of these newer feasts is that of the Three Marys, honoring the sisters of the Virgin Mary, accepted by the General Chapter of Lyon in 1342 to supplant the feast of St. Urban (25 May).[50] Carmelite choir books are so far the only manuscripts to contain this office with a full *Haec est dies gloriosa* rhymed office, found in Florence, Carmine, ms. O, Mainz, Dom- und Diözesanmuseum, codex E and Kraków, Carmelite convent, ms. 3.[51] The Carmelites of Kraków named their convent in honor of the Visitation of the Virgin Mary, a feast promulgated by Pope Boniface IX specifically with the hope of ending the western schism.[52] The Carmelites' acceptance of this office in the version composed by the Prague archbishop John of Jenstein rather than the version written by Adam Easton which

---

49. JEAN TRISSE, "Sequuntur capitula generalia ordinis fratrum beatae Mariae de monte Carmeli ab anno Domini 1259 usque ad annum Domini 1361," in ADRIANUS STARING, O. Carm., *Medieval Carmelite Heritage*, pp. 305-311; the discussion about the chapter of 1342 occurs on pp. 309-310; PAUL F. ROBINSON, O. Carm., *The Carmelite Constitutions of 1357*, p. 105; KALLENBERG, pp. 30-31.
50. MICHAEL T. DRISCOLL, O. Carm., "'L'histoire des Trois Maries' by Jean de Venette, O. Carm.," *Cahiers de Joséphologie*, 23 (1975), 231-54; DRISCOLL, "'L'histoire des Trois Maries' by Jean de Venette, O. Carm.," p. 235, gives the date for the Chapter as 1341; the Acts of the General Chapters published by ZIMMERMAN in *Monumenta Historica Carmelitana* give the date of 1342, which is likely the more official version.
51. The two versions of this office, in Florence, Carmine, ms. O from the 1390's and Mainz, Dom- und Diözesanmuseum, codex E from the 1430's have been edited in BOYCE, "The Office of the Three Marys in the Carmelite Liturgy," *Journal of the Plainsong & Mediaeval Music Society*, 12 (1989), 1-38.
52. For a discussion of this naming of the convent and its implications, cf. BOYCE, *Carmelite Liturgy and Spiritual Identity*, especially pp. 41-44.

the pope recommended[53] identified them as allies of the Prague archbishop as well as of the Roman pope. Thus the *Exurgens Maria* office found in the Kraków Carmelite convent, manuscripts 1 and 3, and later used in Mainz Carmelite convent (now Dom- und Diözesanmuseum), codex C[54] had political as well as liturgical implications and reinforced the Carmelites' spiritual identity as allies of both a Roman pope and a Bohemian archbishop.

5. The Ordinal and the Early Modern Carmelite Liturgy

While the Council of Trent (1545-63) imposed the Roman liturgy on the universal church, it also allowed dioceses and religious orders with a liturgical tradition already established for two hundred years or more to revise their medieval liturgy, seek approval for it from Rome and continue to practice it throughout the early modern period.[55] The advent of printing made Sibert's ordinal unnecessary, since printed liturgical books in effect standardized the ordinal, now with complete texts and still with no music, consistent with the medieval practice of the Carmelites. One such example, a breviary printed in Venice in 1495 and used by the Bamberg Carmelites, is now in the incunabula collection of the library of Amherst College in Massachusetts.[56] I have argued

---

53. BOYCE, *Carmelite Liturgy and Spiritual Identity*, pp. 183-193.
54. This office has been edited in BOYCE, *Cantica Carmelitana: The Chants of the Carmelite Office*, II, pp. 82-125.
55. P. RAPHAEL MOLITOR, *Die Nach-Tridentinische Choral-Reform zu Rom: Ein Beitrag zur Musikgeschichte des XVI. und XVII. Jahrhunderts*, 2 vols. (Leipzig: Leuckart, 1901-1902; repr. Hildesheim: G. Olms, 1976); ROBERT F. HAYBURN, *Papal Legislation on Sacred Music, 95 A.D. to 1977 A. D.* (Collegeville, Minn.: Liturgical Press, 1979), p. 34.
56. *Breviarium de camera secundum usum carmelitarum...* [per... fratrem Ioannem Mariam de Poluciis seu Prandinis de Novolario ... emendatum ... Quod in florentissima Venetorum civitate: impensa sua et arte Andreas de Torresanis de Asula ad finem usque produxit, 1495]. The incunabulum is described

elsewhere[57] that the Carmelites, through their careful revision of their medieval liturgy and its implementation after the Council of Trent, were successful in continuing their distinctive liturgical tradition throughout the early modern period and, through the incorporation of specifically Carmelite saints into the liturgy, even reinforced a specifically Carmelite liturgical identity in a way that the medieval liturgy never had permitted.

It remains a question as to when the actual revisions of the Carmelite liturgy were implemented, even though technically speaking the reform took place in the years shortly after it was mandated by the General Chapter of 1580.[58] In the case of the Polish Carmelites the liturgical books in Kraków were revised around the year 1740 under the direction of Fr. Bonaventura Kiełkowicz,[59] while those of Lwów were compiled around the same time under the direction of Fr. Marcin Rubczyński.[60] Thus it is entirely possible that for almost two centuries after the Council of Trent the Carmelites continued to celebrate the

---

in *Gesamtkatalog der Wiegendrucke* (Leipzig: Karl W. Hiersemann; Stuttgart: Anton Hiersemann; Berlin: Akademie-Verlag; 1926-94), 5, cols. 120-121. A copy of this incunabulum is now in the Amherst College Library, with the shelfmark "xRBR Incun 1495 B7". Cf. FREDERICK R. GOFF, *Incunabula in American Libraries: A Third Census of Fifteenth-Century Books Recorded in North American Collections*. Reproduced from the annotated copy maintained by Frederick R. Goff, compiler and editor (Millwood, New York: Kraus Reprint Co., 1973), p. 137.

57. BOYCE, *Carmelite Liturgy and Spiritual Identity*, chapter 4; "The Carmelite Choirbooks of Krakow: Carmelite Liturgy before and after the Council of Trent," *Studia Musicologica Academiae Scientiarum Hungaricae* 45 (2004), 17-34; "The Carmelite Office in the Tridentine Era," *The Past in the Present; Papers Read at the IMS Intercongressional Symposium and the 10th Meeting of the CANTUS PLANUS Budapest & Visegrád* (Budapest: Liszt Ferenc Academy of Music, 2003), 2, 353-387.
58. SMET II, pp. 230-231.
59. BOYCE, *Carmelite Liturgy and Spiritual Identity*, pp. 301-305.
60. WACŁAW KOLEK, "Rubczyński, Marcin," in *Polski Słownik Biograficzny*, 32, *Polska Akademia Nauk Instytut Historii* (Wrocław, 1989-1991), pp. 561-562. Cf SMET III/2, p. 447.

Divine Office according to medieval rather than early modern usage.

After the Council of Trent the Carmelites accepted some of the Roman chants to celebrate Marian feasts, since they specifically mentioned the terms *conceptio, visitatio* and other words specific to the Marian feast being celebrated; the Carmelites still preserved the Vespers antiphon *Haec est regina* and its series that defined all medieval Carmelite Marian feasts.[61] This compromise position allowed them to preserve a distinctively Carmelite celebration of Marian feasts in the early modern period, just as they had done throughout the middle ages. Other feasts, such as St. Mary Magdalene, continued to be as distinctively Carmelite in the early modern period as they had been in the middle ages.[62]

Carmelite liturgical identity in the early modern period was specifically reinforced by the inclusion of late medieval feasts, namely, the Solemn Commemoration of the Virgin Mary, St. Elias, St. Eliseus and St. Albert of Sicily, that are found only in early modern choir books.[63] Of these feasts only the Solemn Commemoration of the Virgin Mary, with its *Haec est regina* series of first Vespers antiphons and other chants compiled from the common of the Virgin Mary, can be said to have its roots in the ordinal of Sibert de Beka. One can argue, however, that the spirit of maintaining a distinctive identity came to fruition in the celebration of St. Albert, the first specifically Carmelite saint, complete with a versified office written by Johannes de Poluciis and hymn texts written by Baptist of Mantua, two Carmelites identified as the authors of these texts.[64] Such a spirit continued throughout the early modern period with the feasts of St. Angelus, the first Carmelite martyr, St. Simon Stock, the thirteenth-century prior general whose Marian vision inspired Carmelite devotion to the

---

61. BOYCE, *Carmelite Liturgy and Spiritual Identity*, pp. 339-346.
62. *Ib.*, pp. 333-335.
63. *Ib.*, pp. 346-373.
64. BOYCE, "Making a Saint Orthodox: Honoring St. Albert of Sicily," forthcoming in the Proceedings of Cantus Planus.

scapular, St. Andrew Corsini, the Florentine Carmelite bishop of Fiesole, St. Teresa of Avila and St. Mary Magdalen de' Pazzi, the Florentine Carmelite mystic.[65]

6. Reflections on the Ordinal and its Importance for Carmelite Self-Understanding

Sibert de Beka's Ordinal was promulgated in 1312, at a time when stability as a religious order had finally been established for the Carmelites. The fourteen liturgical books that comprise the Dominican Codex of Humbert of Romans, promulgated in1256, enshrined Dominican charisms into a mendicant way of life and a stable tradition, no longer consisting of itinerant preaching missions in the south of France but now an established international order. The Franciscan ordinal of Haymo of Faversham established a universal Franciscan liturgy out of the hastily borrowed *regula* breviaries that the Franciscans had initially used. Sibert's Ordinal, like those of these two other mendicant orders, represents a stability in the liturgy and in the order, one that was much more difficult to achieve for mendicant international orders than it ever was for a single monastery or a diocese and one that was much more difficult to achieve for the Carmelites who experienced such tumultuous change and growth in the thirteenth century than it ever was for the Franciscans and Dominicans, each founded by a charismatic leader in a relatively stable locale. The thirteenth century for the Carmelites was a tumultuous time as the initial group of lay hermits received a *formula vitae* from the local patriarch Albert of Jerusalem, whose death on 14 September 1214[66] occurred within the year of the opening of the Fourth Lateran Council[67] that

---

65. BOYCE, *Carmelite Liturgy and Spiritual Identity*, pp. 376-390.
66. V. L. BULLOUGH, "Albert of Jerusalem, St.," *New Catholic Encyclopedia*, 2nd edition, I, p. 222.
67. DE LANGE, NICHOLAS "Lateran Councils III, IV." *Encyclopaedia Judaica*. Eds. Michael Berenbaum and Fred Skolnik. Vol. 12. 2nd ed. Detroit: Macmillan Reference USA, 2007. 505-506. 22 vols. *Gale Virtual Reference*

challenged the right of any mendicant order even to exist. The legislation of the council was compounded by Carmelite westward migrations, beginning around 1238, that saw the initial group of lay hermits expand into an international religious community following a mendicant way of life and numbering ten provinces by the General Chapter of 1281.[68] This same century saw the Carmelites adopt a revised rule in 1247[69] that firmly enshrined their charisms within the mendicant framework and adopt a uniform habit and white cloak in 1287 that further defined them as distinct from the other mendicant orders. Their development of the stories of their relationship to Elijah the prophet and to the Virgin Mary set the Carmelites off as distinct from the other mendicant orders and from local monks and diocesan clergy.

The ordinal of Sibert codified the liturgy for the Carmelites and guaranteed that all Carmelites throughout western Europe prayed the same prayers and chants and observed the same feasts, regardless of where they were located. The ordinal recalled for the Carmelites their origins in the Latin Kingdom and internationalized the otherwise local rite of the Holy Sepulchre of Jerusalem. In its celebration of specifically Holy Sepulchre feasts such as the patriarchs Abraham, Isaac and Jacob on 6

Library. Thomson Gale. Fordham University Libraries. 6 Apr. 2007 http://find.galegroup.com/gvrl/infomark.do?&contentSet=EBKS&type=retrieve&tabID=T001&prodId=GVRL&docId=CX2587511919&source=gale&userGroupName=nysl_me_fordham&version=1.0.

68. "In .X. ad presens ordinamus provincias. Quarum prima est terra sancta, secunda cicilia, tercia anglia, .IIII. provincia, .V. tusia, .VI. lombardia, .VII. francia, .VIII. alemania, .IX. aquitania, .X. hyspania."; cited in LUDOVICUS SAGGI, O. Carm., "Constitutiones Capituli Londinensis, Anni 1281," *AOC*, 15 (1950), 244.

69. The text of the apostolic letter promulgating the revised rule is contained in the Vatican Archives, Reg. Vat., no. 21, folios 465v-466; quoted from M.-H. LAURENT, OP. (ed)., "La lettre `Quae honorem Conditoris' (1er octobre, 1247): Note de diplomatique pontificale," *Ephemerides Carmeliticae*, 2 (1948), 5-16; the text of the revised rule is contained on pp. 10-16. Cf. BEDE EDWARDS, O.D.C., "Editorial Note" in HUGH CLARKE, O. Carm. and BEDE EDWARDS, O.D.C., *The Rule of Saint Albert* (Aylesford and Kensington, 1973), p. 75.

October[70] the ordinal gave the Carmelites a sense of a distinctive liturgical identity while offering the local people in the cities that the Carmelites now inhabited a view into an entirely different liturgical tradition. By keeping the ordinal intact long after additional feasts had been added to the rite the Carmelites maintained it as a distinctive and important document, one that was never revised even after the addition of numerous other feasts to the rite. Thus the Ordinal maintained its own proper character as a liturgical document.

7. Conclusions

The celebration of the seven hundredth anniversary of the promulgation of the Ordinal of Sibert de Beka offers a good opportunity for reexamining this important document and for reflecting on its significance for Carmelite liturgy throughout the middle ages and even up to the present day. The Ordinal gave structure and shape to the Carmelite liturgy, carefully organizing the chants and prayers for the Divine Office and Mass that occupied approximately four hours of any Carmelite's day for his or her entire life. While the Rule and Constitutions gave structure to the life of a Carmelite in terms of his or her manner of life and while the habit identified the Carmelite as a religious in a distinctive order, the liturgy provided an ongoing daily expression of this unique vocation. The visitor to any Carmelite church in any city or town of medieval Europe knew instantly that what was being celebrated there was very different from comparable celebrations in any other church of the town. The Carmelites who performed the liturgies knew that their tradition was unique in terms of the liturgical tradition of the local diocese. All Carmelite choir books were carefully produced according to the prescriptions of this single document, so that the ordinal was a basic foundational text that gave unity and purpose to the Carmelite liturgy throughout medieval Europe.

---

70. This feast is discussed in BOYCE, *Carmelite Liturgy and Spiritual Identity*, pp. 155-158.

The early modern period saw a revision of the liturgy that sought to continue the standardized Ordinal of Sibert de Beka while adding feasts for particularly Carmelite saints. Their new liturgy still had Sibert's Ordinal as its foundation, even though it looked and sounded very different, through conformity to the new regulations of the Council of Trent for music, through some feasts it had suppressed and through the distinctive new feasts it had added. In the twentieth century with the renewal of chant by the Solesmes Benedictines in France the Carmelites celebrated liturgy in much the same way as other religious orders, although still with their distinctive organization of the liturgical year and their distinctive feasts.

The twenty-first century presents new challenges to the Carmelites in celebrating the liturgy. Certainly no one needs to return to a medieval way of celebrating nor to seek to reinstitute an ordinal that served its purpose for centuries but could never be adapted to the needs of the present day. Still, the Ordinal of Sibert continues to remind us of the importance of the careful celebration of the liturgy as a vehicle for expressing who we are as Carmelite religious. The dutiful celebration of specifically Carmelite feasts continues to renew and inspire both the members of the order and the communities they serve. The celebration of the liturgy remains a preeminent vehicle for worshipping the living God who, after the example of Sibert's Ordinal, has inspired Carmelites for seven centuries and continues to do so today.

† *James Boyce*
Fordham University
New York

La Liturgia del Santo Sepolcro di Gerusalemme: Origine, adozione da parte degli ordini religiosi (e militari), e sopravvivenze

Il periodo crociato è caratterizzato, in ambito ecclesiastico e liturgico, dalla espansione dei modi e usi della Chiesa cattolica occidentale nei territori man mano riconquistati ai Turchi[1]. La Prima Crociata, lanciata il 17 novembre 1095 da Papa Urbano II per la liberazione della Terra Santa, culmina nella conquista di Gerusalemme il 15 luglio 1099 e nella successiva instaurazione del dominio latino su Palestina e Siria per circa due secoli.

Instaurata la Chiesa cattolica occidentale in tutto il territorio riconquistato, aspirazione del clero cattolico, pienamente appoggiato dal laicato Franco, fu quella di «fare della Gerusalemme terrena un simbolo della città ultraterrena»[2]. Così, poiché la maggior parte dei luoghi santi era in rovina, un sostanzioso programma di ristrutturazione immediatamente venne intrapreso. Il servizio liturgico fu ripreso nelle grandi chiese

---

1. La prima parte di questo contributo è apparsa col titolo di "Custodi del canto" in *Jerusalem*, numero speciale della rivista *Amadeus*, curato da G. Baroffio, Dicembre 2005, pp. 29-31. Per informazioni più dettagliate e riferimenti bibliografici precisi rimando al mio volume DONDI.
2. B. HAMILTON, "The Impact of Crusader Jerusalem on Western Christendom", in *Catholic Historical Review*, 80, 1994, p. 695-713, at 698ss.

di Gerusalemme meta di pellegrinaggio, alla basilica di Nazareth e in altri santuari. In congiunzione con questo programma edilizio andò la dotazione del clero affinché fosse assicurata la celebrazione regolare del servizio liturgico. Così il numero di diocesi latine nel patriarcato di Antiochia crebbe da cinque nel 1110 a quattordici nel 1135, anno della morte del suo primo patriarca, Bernardo di Valence. Mentre alla fine del primo regno di Gerusalemme, nel 1187, tredici diocesi franche erano state create nel patriarcato di Gerusalemme. Bernard Hamilton giustamente nota come «lo svolgimento pubblico della liturgia latina nelle chiese di Siria era la giustificazione del movimento crociato»[3].

Ulteriore dato fondamentale per comprendere l'assetto ecclesiastico della Terra Santa in generale, e la formazione degli ordini religioso-militari in particolare, è l'aderenza della chiesa latina di Gerusalemme ai principi di vita regolare, secondo la regola agostiniana. La chiesa patriarcale di Gerusalemme, la chiesa del Santo Sepolcro, dal 1099 officiata da venti canonici secolari, nel 1114 viene riformata dal patriarca Arnolfo di Cocques: i canonici devono vivere in comune senza ricchezza personale, ideali di vita comunitaria in questi anni promossi in tutto l'Occidente con nuovo vigore dal papato riformato. Regola e statuti degli ordini militari, fondati entro la diocesi di Gerusalemme, dimostrano che anch'essi ricevono la stessa organizzazione canonicale; inoltre i loro manoscritti liturgici testimoniano l'adozione dell'uso del Santo Sepolcro.

La liturgia del Santo Sepolcro è la pratica adottata dai cattolici latini dopo essersi stabiliti a Gerusalemme in seguito alla Prima Crociata, nel 1099. Poiché nessuna delle tradizionali fonti storiche per la storia dell'oriente crociato riporta alcuna specifica informazione sull'uso liturgico del Santo Sepolcro, è una fortuna che possiamo affidarci alla testimonianza di diciotto manoscritti liturgici composti ed usati in Terra Santa. Manoscritti vari nella loro tipologia, luogo e data di produzione, e provenienza, ma assolutamente uniformi quanto all'uso liturgico in essi preservato.

---

3. Sull'istituzione della chiesa latina ad Antiochia cfr. HAMILTON p. 18-51; T. ASBRIDGE, *The Creation of the Principality of Antioch, 1098-1130*, Woodbridge, 2000, p. 195-213; per Gerusalemme cfr. HAMILTON p. 52-85.

Possiamo solo supporre che durante i primi anni dall'arrivo a Gerusalemme patriarca e clero secolare abbiano usato i libri liturgici portati con loro dall'occidente. Nessuno dei manoscritti liturgici che conserviamo oggi dal Santo Sepolcro fu tuttavia tra quelli che arrivarono con i primi crociati. Ciò che oggi conserviamo fu scritto a Gerusalemme, o Acri, dal 1130 in poi, e dimostra che già da questa data un particolare uso liturgico era stato elaborato nella forma tipica che avrebbe conservato per secoli. Tale uso è completamente occidentale ed era inteso ad essere praticato da, e per, occidentali. Nel repertorio di canto per l'Avvento e nella serie dei versetti alleluiatici delle ventitré domeniche dopo l'ottava di Pentecoste, ci sono elementi comuni alla diocesi normanna di Évreux. L'officio di Pasqua invece, così come quello per la dedicazione della chiesa, presenta l'uso di Chartres. L'officio di Ognissanti (1 novembre) mostra identità con quello celebrato nelle diocesi normanne di Sées e di York, una variante dell'uso parigino. L'officio dei defunti (2 novembre), infine, corrisponde a quello celebrato nella diocesi normanna di Bayeux.

La testimonianza dei manoscritti liturgici conferma che Arnolfo di Cocques, primo patriarca di Gerusalemme, ebbe ruolo fondamentale nella formulazione liturgica poiché mi pare molto probabile che la componente risalente ad Évreux e Bayeux all'interno della liturgia del Santo Sepolcro sia stata estratta da manoscritti che Arnolfo aveva con sé a Gerusalemme.

La componente risalente a Chartres è di più complessa interpretazione, poiché la liturgia di Chartres, come ho potuto recentemente dimostrare, fu quella adottata all'interno del patriarcato di Antiochia, dove vi giunge tramite la mediazione del sud d'Italia normanno, introdotta dal seguito di Boemondo di Taranto (1098-1111) che dal 1098 governava il principato di Antiochia. È difficile stabilire se la presenza della liturgia di Chartres a Gerusalemme sia un indizio dell'influenza di Antiochia su Gerusalemme, o invece derivi dall'operato a Gerusalemme di Fulcherio di Chartres, il famoso storico che dal 1114 era diventato canonico del Santo Sepolcro.

L'ultima componente, quella risalente agli usi di Sées e York, pure deve risalire a un altro membro del Santo Sepolcro: Anselmo de Turre, dal 1112 al 1138 cantore della cattedrale, giunto a Gerusalemme da Parigi, dove era stato membro della chiesa di

Nôtre-Dame. Poiché la chiesa di Sées venne riformata dai canonici regolari di San Vittore di Parigi nel 1131, è a Parigi che si deve ricondurre l'influenza riscontrata nell'officio di Ognissanti.

Questa la complessa organizzazione della liturgia di Gerusalemme nel periodo crociato, rito che sarà adottato dai Carmelitani e dai nascenti ordini militari: Ospitalieri e Templari. Ad entrambi, fondati a Gerusalemme rispettivamente nel 1113 e nel 1120 per rispondere a problemi di assistenza e di sicurezza dei pellegrini come della popolazione residente negli stati crociati, venne data un'organizzazione canonica. Dal punto di vista liturgico, entrambi gli ordini adottarono la liturgia del Santo Sepolcro in Terra Santa, ma ebbero un approccio molto diverso nei loro stanziamenti europei: mentre i manoscritti templari usati nelle commende europee dimostrano come nelle chiese dell'ordine si praticasse la liturgia locale, le fonti ospitaliere presentano un'assoluta concordanza con il repertorio di canto praticato al Santo Sepolcro. La conformità con la pratica liturgica di Gerusalemme ancora nel quindicesimo secolo viene consolidata e diffusa con la pubblicazione, nei primi anni della stampa a caratteri mobili, del breviario e messale dell'ordine[4]. Nonostante quindi la chiesa del Santo Sepolcro fosse ufficialmente deceduta con la caduta di Acri nel 1291, la sua liturgia sopravvisse non solo per un altro secolo grazie all'emigrazione dei capitoli delle varie chiese di Terra Santa in Europa, rilocati nelle sedi che da tempo possedevano a Cipro, in Sicilia, Puglia e altrove, ma soprattutto grazie alla custodia che di questo rito fecero Ospitalieri e Carmelitani fin quasi, con dovute modificazioni, ai nostri giorni.

Vorrei ora soffermarmi sul periodo compreso tra la nascita della stampa e il Concilio di Trento, che include all'incirca cento anni. In particolare, in ambito liturgico, il periodo rimane circoscritto fra la pubblicazione del primo Breviario Romano, stampato a

---

4. Questa seconda parte del contributo è apparso in "Liturgical Policies of the Hospitallers Between the Invention of Printing and the Council of Trent: the Evidence of the Early Printed Breviaries and Missals", in *The Military Orders Volume 3 History and Heritage*, ed. V. Mallia-Milanes (Aldershot, Ashgate, 2008), 63-71.

Venezia nel 1474[5], e del primo Messale Romano, tradizionalmente assegnato a Milano e allo stesso anno[6], e l'edizione del primo Breviario Romano Tridentino, stampato a Roma nel 1568[7], e Messale, stampato pure a Roma nel 1570[8].

L'avvento della stampa ebbe importanza fondamentale per l'unificazione e standardizzazione dei libri liturgici, e così venne immediatamente riconosciuto dai contemporanei.

Secondo i dati forniti dal Incunabula Short-Title Catalogue (=ISTC), il database quasi esaustivo delle edizioni a stampa del quindicesimo secolo, dal 1474 al 1500 furono prodotte 444 diverse edizioni di breviari e 370 di messali. Tra i breviari, 373 edizioni di uso diocesano, fra cui 84 Romane, e 71 edizioni per ordini religiosi. Tra i messali, 354 edizioni di uso diocesano, fra cui 94 Romane, e solo 25 messali per ordini religiosi. Il sedicesimo secolo vede una sostanziosa crescita di entrambi.

È spesso possibile analizzare il processo che ha portato alla stampa del testo di un dato ordine religioso o diocesi e scoprire il contesto storico e religioso che lo circonda. Il mandato per la pubblicazione, generalmente stampato all'inizio di una edizione liturgica, contiene informazioni circa la persona che ha ordinato l'edizione, generalmente l'abate di una casa-madre di un ordine religioso o l'arcivescovo o vescovo di una diocesi. Il mandato contiene pure le motivazioni che hanno spinto alla pubblicazione

---

5. *Breviarium Romanum* (OFM), Venezia: Jacobus Rubeus, 1474. 8o. ISTC no.: ib01117000.
6. *Missale Romanum*, Milano: Antonius Zarotus, 6 Dec. 1474. Folio. ISTC no.: im00688450. Questa edizione fu preceduta da tre edizioni senza data, un *Missale Fratrum Minorum*, [Italia Centrale?: n.pr., c.1472?]. Folio. ISTC no.: im00643000; un *Missale speciale*, [Basilea: Stampatore del Missale Speciale (Johann Meister?), c.1473?]. Folio. ISTC no.: im00732500; e un *Missale speciale abbreviatum*, [Basilea: Stampatore del Missale Speciale (Johann Meister?), c.1473?]. Folio. ISTC no.: im00735500.
7. *Breviarium Romanum ex decreto ss. Concilii Tridentini* (Roma: Paulus Manutius, 1568).
8. *Missale Romanum ex decreto ss. Concilii Tridentini restitutum, Pii V Pont. Max. jussu editum* (Roma: apud heredes Bartholomei Faletti, Joannem Variscum, 1570).

e talvolta anche altre informazioni più dettagliate sul processo editoriale, quali la persona incaricata della revisione del testo, o il manoscritto usato quale esemplare per preparare la stampa. Fra i più entusiasti sostenitori e fruitori della nuova invenzione vanno certo annoverati i Cistercensi e l'abate di Citeaux in particolare Jean de Cirey (d. 1503), il quale commissionò all'abate di Baumgarten, Nicolas de Saliceto, l'edizione del breviario Cisterciense stampato a Basilea nel 1484[9], e a Strasburgo intorno al 1487[10], il messale Cisterciense stampato a Strasburgo nel 1487[11], e che pure curò personalmente una collezione di privilegi dell'ordine, stampati poi a Digione nel 1491[12].

Ci sarebbe molto di più da dire sul coinvolgimento immediato delle istituzioni religiose con le prime stamperie e il mondo della stampa. Il punto più importante rimane che fin dagli inizi fu chiaro ai più il grande potenziale che essa offriva di unire comunità separate da notevole distanza geografica tramite la produzione di libri che avrebbero potuto finalmente offrire una liturgia davvero uniforme[13].

Talvolta la pubblicazione di un messale di dato uso risale al lavoro di stampatori itineranti, che vagavano da luogo a luogo

---

9. *Breviarium Cisterciense*, Basilea: Peter Kollicker and Johann Meister, 4 Nov. 1484. 8o. *ISTC* no.: ib01135000.
10. *Breviarium Cisterciense*, Strasburgo: Johann (Reinhard) Grüninger, [non prima del 1487]. 8o. *ISTC* no.: ib0113600.
11. *Missale Cisterciense*, [Strasburgo: Johann (Reinhard) Grüninger], 4 Sett. 1487. Folio. *ISTC* no.: im00635000.
12. *Privilegia ordinis Cisterciensis*, Digione: Petrus Metlinger, 4 Luglio 1491. 4o. *ISTC* no.: ip00976000. Un libro d'ore ad uso Cisterciense fu stampato a Parigi da Philippe Pigouchet per Simon Vostre nel *c.*1500 (8o; *ISTC* no.: ih00343500), un esempo molto raro di libro d'ore ad uso di un ordine religioso.
13. RUDOLPH HIRSCH, *Printing, Selling and Reading 1450-1550* (2a ed. Wiesbaden: Harrassowitz, 1974), 54; Lotte Hellinga, "The Codex in the Fifteenth Century: Manuscript and Print", in *A Potencie of Life: Books in Society, The Clark Lectures 1986-1987*, ed. Nicolas Barker (London: British Library, 1993), 63-88; BARBARA FRANK, "Tipografia monastica sublacense: per una confederazione benedettina", *Il Sacro Speco*, 74 (1971), 69-72.

offrendo i propri servigi. Molto più spesso, però, la stampa di testi liturgici era accompagnata da un processo di analisi ed emendazione della tradizione testuale di un dato uso liturgico, monastico o diocesano: la stampa dei testi degli Ospitalieri appartiene a questa interessante categoria.

Ma prima ancora di esaminare come gli Ospitalieri reagirono alla possibilità offerta dalla stampa vorrei sottolineare un fatto relativo all'uso della stampa nel quindicesimo secolo.

Come per l'edizione di altri testi, classici, letterari, o altro, le edizioni liturgiche del quindicesimo secolo non sempre, e non necessariamente, rappresentano l'inizio di una tradizione omogenea, moderna, ma semplicemente la fase finale di una tradizione particolare, medievale. E questo fatto è chiaramente esemplificato dalle differenze fra le edizioni del quindicesimo e del sedicesimo secolo del breviario e messale degli Ospitalieri.

Il breviario apparve prima a Magonza nel 1480[14], poi a Spira nel 1495[15]. Nel secolo successivo la terza edizione venne stampata a Lione nel 1517[16], la quarta a Saragozza nel 1547[17], e infine una quinta a Lione nel 1551[18]. Per il messale le edizioni cominciano

---

14. [*Breviarium Hierosolymitanum*, Magonza: Stampatore del 'Darmstadt' Prognostication, c.1480]. 8o. *ISTC* no.: ib01143300; Dondi, *Hospitaller Liturgical Manuscripts*, 248 no. B.81.

15. *Breviarium secundum consuetudinem domus hospitalis Hierosolymitani s. Johannis*, Spira: Peter Drach, 1495. 8o. *ISTC* no.: ib01143310; Dondi, *Hospitaller Liturgical Manuscripts*, 248-50 no. B.82, con una trascrizione del mandato per la pubblicazione.

16. *Breviarium secundum consuetudinem domus hospitalis Hierosolymitani s. Johannis*, Lione: Cyriacus Hochperg, 1517. 8o. DONDI, *Hospitaller Liturgical Manuscripts*, 250-51 no. B.83, con una trascrizione del mandato per la pubblicazione.

17. *Breviarium secundum ritum Sixene monasterij: Ordinis sancti Joannis Hierosolymitani sub regula beati Augustini*, Saragozza: George Coci, [industria vero Petri Bernuz], 4 Nov. 1547. 8o. DONDI, *Hospitaller Liturgical Manuscripts*, 251-2 no. B.84.

18. *Breviarium secundum usum ordinis s. Joannis Hierosolymitani*, Lione: Cornelius a Septemgrangiis expensis Haeredum Jacobi Junctae, 1551. 8o. DONDI, *Hospitaller Liturgical Manuscripts*, 252-3 no. B.85.

con la stampa di Strasburgo nel 1505[19], poi Saragozza nel 1528[20], infine Lione nel 1551[21] e 1553[22].

Le due edizioni spagnole, preparate per le sorelle Ospitaliere di Sigena, nella provincia di Huesca, eccezionalmente nella storia dell'ordine presentano delle varianti liturgiche locali[23].

L'unica copia oggi esistente della prima edizione del breviario degli Ospitalieri non è completa. La copia, oggi alla British Library[24], contiene solo la parte estiva, per cui non sappiamo chi abbia commissionato il lavoro, informazione che, se presente, sarebbe apparsa presumibilmente all'inizio della parte invernale, come si può vedere nella seconda edizione, del 1495. Il contenuto dell'edizione rivela comunque che deve essere stata preparata su un esemplare manoscritto proveniente da una casa tedesca dell'ordine, poiché in addizione alle feste del Santo Sepolcro si trovano nel calendario, santorale, e litanie santi venerati in area germanica: Lubenzio (13 ottobre) e Massimino (29 maggio) di Trier, Bonifacio (5 giugno) e Albano (21 giugno) di Magonza, Gereone e compagni (10 ottobre) e le 11,000 Vergini (21 ottobre) di Colonia,

---

19. *Missale secundum institutionem ordinis hospitalis s. Johannis Ierosolymitani*, Strasburgo: Johannes Prüss zum Thiergarten, 1505. Folio. DONDI, *Hospitaller Liturgical Manuscripts*, 253-4 no. B.86, con una trascrizione del mandato per la pubblicazione.
20. *Missale secundum ritum Sixene monasterij: Ordinis sancti Joannis Hierosolymitani sub regula beati Augustini*, Saragozza: George Coci, 1528. Folio. DONDI, *Hospitaller Liturgical Manuscripts*, 254 no. B.87.
21. *Missale sacri ordinis s. Joannis Hierosolymitani*, Lione: Cornelius a Septemgrangiis, 1551. Folio. DONDI, *Hospitaller Liturgical Manuscripts*, 254 no. B.88.
22. *Missale sacri ordinis s. Joannis Hierosolymitani*, Lione: Sumptibus haeredum Jacobi Juntae speciosis characteribus apud Cornelium a Septemgrangiis excusum, 1553. Folio. DONDI, *Hospitaller Liturgical Manuscripts*, 254-5 no. B.89.
23. DONDI, 40-4; si veda sopra alle note 17 e 20; KNUD OTTOSEN, *The Responsories and Versicles of the Latin Office of the Dead* (Aarhus: Aarhus University Press, 1993), 169 and 320. Nel prologo all'inizio del Breviario la madre priora della comunità, Elisabeth de Alagon, afferma lo scopo della pubblicazione e ne fissa il prezzo a 32 "solidi".
24. Londra, British Library, IA.322; si veda sopra nota 14.

Gingulfo (13 maggio) venerato a Bonn, Lamberto (17 settembre) di Liegi, Servazio (13 maggio) di Maastricht, Arbogasto (21 luglio) e Fiorenzo (7 novembre) di Strasburgo, Ulrico (4 luglio) e Afra (7 agosto) patroni di Augusta, e Kiliano (8 luglio) di Wurzburg.

La seconda edizione del breviario è il frutto del Capitolo Provinciale dell'ordine tenuto a Strasburgo nel 1495 da Pierre d'Aubusson; venne commissionata da Rudolf Graf von Werdenberg († 1505), Priore della Germania (1481-1505) e *Commendator* di Heitersheim[25].

Il mandato per la pubblicazione specifica che il testo era stato curato dai *Commendatores* di Strasburgo. A questo periodo di influenza tedesca sulle prime edizioni a stampa può ascriversi pure la pubblicazione del primo messale, stampato a Strasburgo nel 1505 da Johannes Prüss zum Thiergarten[26]. Il mandato per la pubblicazione specifica che un membro della casa ospitaliera di Strasburgo, il cui nome non è specificato, mosso dall'esiguo numero di messali conformi all'uso dell'ordine, e dalla necessità che un ordine religioso professi la medesima pratica liturgica al suo interno, preparò un testo conforme all'ordinale dell'ordine e lo passò allo stampatore. Questo curatore era conscio dell'inclusione di alcune feste tipicamente tedesche, che giustifica ricorrendo alla "devotio terre" e "provincie observantia". L'edizione apparve con il patronato di Emery d'Amboise, Gran Maestro dell'ordine durante gli anni 1503-12, Rudolf Graf von Werdenberg, Priore della Germania, Johann Heggenzer, Grand Bailiff di Rodi e in seguito Priore della Germania (1505-1512), e Erhardus Kienig da Ettlingen, *Commendator* di Strasburgo. Il mandato si chiude con un appello ai *preceptores* e *locatenentes* dell'ordine affinché comprino l'opera, e di usarla come esemplare per correggere ed emendare i libri in uso fino a quel momento.

Con il secolo successivo, ma soprattutto sotto il magistero di Emery d'Amboise, avviene un sostanziale cambiamento in ambito liturgico. Al Capitolo Generale dell'ordine tenutosi a Rodi il primo febbraio 1510 si fa sentire la necessità di ristabilire l'uniformità dell'osservanza liturgica entro le case dell'ordine che avevano celebrato fino a quel momento il loro officio secondo usi diversi, letteralmente "sub vario stilo".

---

25. Si veda sopra nota 15.
26. Si veda sopra nota 19.

Con la morte di Rudolf Graf von Werdenberg, Priore della Germania, nel 1505, l'uomo che aveva chiaramente realizzato l'importanza della stampa per l'unità dell'ordine, ma che si era concentrato solo sulla componente continentale, e principalmente germanica, di essa, la preoccupazione per una unità davvero internazionale investe il quartier generale degli Ospitalieri.

Ora, per precisione deve essere sottolineato che l'uso liturgico proprio degli Ospitalieri, quale offerto dal repertorio di canto delle feste principali, e derivato da quello del Santo Sepolcro di Gerusalemme, non fu mai modificato. I dati che io ho raccolto da ottanta manoscritti liturgici usati dagli Ospitalieri dal tredicesimo al sedicesimo secolo in varie parti d'Europa, insieme alle prime edizioni a stampa, dimostrano che tutti condividono lo stesso repertorio di canto. Occorse, in effetti, una qualche variazione locale, identificabile nei calendari, santorali, e litanie, in quelle parti del testo cioè dove è più facile adattarsi a una qualche influenza locale. E ciò si materializza, in pratica, nella celebrazione dell'officio per santi differenti in certi giorni del calendario liturgico. È a questo tipo di variazione, superficiale, che il capitolo generale si riferisce e che vuole eliminare, per conformarsi alla pratica antica dell'ordine che aveva adottato la liturgia della chiesa del Santo Sepolcro di Gerusalemme.

Nel mandato per la pubblicazione dell'edizione del breviario del 1517[27] leggiamo che il Gran Maestro dell'ordine Emery d'Amboise, insieme agli altri membri del capitolo generale tenutosi a Rodi il primo febbraio 1510, notificano di essere stati informati che in varie chiese dell'ordine l'officio delle ore canoniche era celebrato in stili differenti, così generando confusione quando membri di quelle case partecipavano al servizio liturgico nella chiesa conventuale dell'ordine a Rodi. Per questa ragione il Capitolo ordinava l'istituzione di una commissione che investigasse la questione. La commissione era composta da Leonardo Balestrieri, O.F.M. Obs., arcivescovo Latino di Rodi (1506-39), lo spagnolo Ramon Riolx, Priore della chiesa conventuale del Collachio di Rodi (1507-1519 almeno), e da Guillaume Quignon, *helemosinarius*

---

27. Si veda sopra nota 16.

di Emery d'Amboise[28], Precettore di Arnhem, nei Paesi Bassi (1510-27)[29], e "Stamparum generalis Hospitalis Militiae per Galliam Procurator"[30].

La commissione riportava al Capitolo che il breviario dell'ordine era confuso e mancante in varie sue parti. Su consiglio della commissione e richiesta del capitolo, ad Antonius Beriat veniva assegnato il compito di trascrivere un buon esemplare del breviario estratto dall'ordinale della chiesa conventuale di Rodi che potesse essere poi dato allo stampatore, Cyriacus Hocperg di Lione. Infine il capitolo decretava e ordinava che questo breviario dovesse essere adottato da tutte le case dell'ordine per ristabilire ovunque la giusta tradizione liturgica. Il risultato è un breviario che, mentre è stato ripulito di quasi tutte le feste tedesche, ora include alcune feste Carmelitane, quali Cirillo (6 marzo), il profeta Eliseo (14 giugno), Foca (14 luglio) vescovo di Sinope, le cui reliquie erano venerate a Costantinopoli e ad Antiochia, ed Elia (1 dicembre).

Questa presenza chiaramente suggerisce come l'esemplare usato per preparare l'edizione debba essere stato un breviario del Santo Sepolcro precedentemente usato da Carmelitani. Nulla di sorprendente, se consideriamo che i Carmelitani, come gli Ospitalieri, avevano adottato la liturgia del Santo Sepolcro di Gerusalemme, e che più di un manoscritto liturgico del Santo Sepolcro, scritto a Gerusalemme, Acri, o Cipro nel dodicesimo o tredicesimo secolo finì per essere usato da comunità carmelitane dopo la perdita della Terra Santa[31]. L'unica

---

28. JOANNA M. VAN WINTER, *Sources concerning the Hospitallers of St John in the Netherlands 14th-18th centuries*, Studies in the History of Christian Thought, 80 (Leiden, 1998), 77.
29. *Ib.*, 77-80.
30. Secondo la prefazione indirizzata a lui da Jean Quintin, prefazione che apre l'opera di ANTOINE GEOFFROI, *Estat de la court du Grand Turc, l'ordre de sa gendarmerie, et de ses finances* (Anversa, 1542); si veda ANTHONY LUTTRELL, "The Hospitallers' Historical Activities: 1530-1630", *Annales de l'Ordre Souverain Militaire de Malte*, 26 (1968), 57-69; repr. in A. LUTTRELL, *Latin Greece, the Hospitallers and the Crusades 1291-1440* (Londra: Variorum Reprints, 1982), III, 58.
31. Il Breviario del S. Sepolcro ora a Parigi, BnF, ms. lat. 10478 (1256-61) è stato usato dai Carmelitani di Piacenza. Il Breviario del S. Sepolcro che ora è a St Wandrille, Bibliothèque de l'Abbaye, ms. P. 12 (1308-15) nel 1465 si trovava presso il convento carmelitano di Bologna; cfr. DONDI, pp. 86-88 e 95-98.

variante liturgica introdotta a questo punto, probabilmente tramite l'esemplare carmelitano, si rinviene nel piccolo officio della Vergine, dove il capitolo a Nona ora presenta una forma comune all'uso Romano. Questa variante, non presente in precedenti edizioni del breviario degli Ospitalieri basate su esemplari tedeschi, si può trovare anche in alcuni manoscritti dell'ordine, precedentemente di origine ignota, che possono ora essere assegnati a Rodi o discendenti da un esemplare composto a Rodi[32].

L'edizione del messale del 1551 pure introdusse lo stesso calendario trovato nel breviario del 1517 revisionato dal capitolo di Rodi del 1510.

Per riassumere un punto fondamentale, mentre le prime edizioni del quindicesimo secolo rappresentano la parte finale della tradizione manoscritta delle grandi ed influenti case tedesche dell'ordine, risale agli inizi del sedicesimo secolo, e in particolare alle chiare politiche liturgiche definite dal capitolo generale di Rodi nel 1510, la produzione di un breviario e messale davvero uniformi da essere usati in tutte le case dell'ordine, e più rappresentativi del loro legame con la Terra Santa.

Ciò che l'avvento della stampa nel tardo quindicesimo secolo innegabilmente portò fu una generale ricerca di ordine. La liturgia Romana era all'avanguardia in questo rispetto e l'apparizione dei breviari e messali Romani a stampa stimolò una fra due reazioni possibili: la facilità del loro reperimento ampliò il raggio della loro utenza a quei luoghi nei quali non si procedette a stampare i testi liturgici propri; secondo, le edizioni Romane dovettero essere state prese ad esempio di ciò che si poteva fare per preservare l'identità liturgica a beneficio del presente e del futuro, e nel fare

---

32. *Liber horarum*, inizi del XIV secolo (dopo il 1309), Londra, BL, MS Additional 41061. Probabilmente scritto a Rodi per un ospitaliere inglese; si veda DONDI, *Hospitaller Liturgical Manuscripts*, 237-8 no. A.57. Psalterium-Liber horarum, 1455-88, Oxford, St John's College, MS 131. Probabilmente scritto per John Weston (d. 1489), Castellano di Rodi 1470-71, Turcopoliere 1471-76, Priore di Inghilterra 1477-89; si veda Dondi, *Hospitaller Liturgical Manuscripts*, 247-8 no. A.80. Liber horarum, *c.*1460, Parigi, BnF, MS lat 1400. Con uno stemma non identificato al f. 29r; si veda DONDI, *Hospitaller Liturgical Manuscripts*, 239 no. A.62.

ciò furono fatti sforzi per portare ordine in una tradizione liturgica talvolta disordinata. Entrambi i processi, l'adozione dell'uso Romano e la revisione filologica dei riti non Romani (intendo cioè diocesani o appartenenti a ordini religiosi) cento anni dopo vennero a costituire i preeminenti principii emanati dal Concilio di Trento sul soggetto dell'osservanza liturgica.

Il mio auspicio e suggerimento agli storici dell'Ordine Carmelitano è dunque quello di condurre una simile analisi dei primi testi a stampa dell'ordine, poiché insieme ai tempi riconosciuti di grande importanza sull'evoluzione del rito carmelitano (Gerusalemme, Siberto de Beka, e successiva legislazione in materia), è fondamentale conoscere come l'ordine abbia risposto agli stimoli offerti dalla stampa[33], e le conseguenze che ne sono derivate.

Cristina Dondi
Consortium of European Research Libraries & Faculty of History
University of Oxford

---

33. Per le edizioni a stampa del breviario carmelitano si vedano *Gesamtkatalog der Wiegendrucke*, ed. Kommission für den Gesamtkatalog der Wiegendrucke, vols 1-7 (Leipzig, 1925-40), ed. Deutsche Staatsbibliothek zu Berlin, vols 8- (Stuttgart-Berlin-New York, 1972-) nos 5192-5196 (solo quindicesimo secolo), HANNS BOHATTA, *Bibliographie der Breviere (1501-1850)*, Leipzig, 1937, no. 1539-74 e ROBERT AMIET, *Missels et bréviaires imprimés, (supplément aux catalogues de Weale et Bohatta), Propres des saints (édition princeps)*, Paris, 1990, no. 1539-1574N; per le edizioni del messale Carmelitano si vedano GW nos M24129-M24131 (solo quindicesimo secolo), WEALE-BOHATTA no. 1884-1912* e AMIET, *Missels et bréviaires*, no. 1884-1912D; anche PANCRATIUS LENFERINK, *Bibliography of the Printed Carmelite Breviaries and Missals*, Rome, 1955; per le edizioni a stampa del libro d'ore Carmelitano H. BOHATTA, *Bibliographie des Livres d'heures (Horae B.M.V.), Officia, Hortuli animae, Coronae B.M.V., Rosaria und Cursus B.M.V. des XV. und XVI. Jahrhunderts*, 2nd rev. edn, Vienna, 1924, no. 1460 (Gent: Arend de Keysere, c.1487) = *GW* no. 13412; no. 1461 (Lyons: [San Busignan Gorgoni], 18 May 1516; copia in San Marino, California, Huntington Library, RB 108773); no. 1462 (Lyons: Bern Lescuyer, 1516). Infine, per edizioni dei *Propria* Carmelitani si veda AMIET, *Missels et bréviaires*, no. P2610-P2678.

REFLECTIONS ON THE ORDINALE OF SIBERT DE BEKA (1312)

The aims of this paper are quite modest: to present some of the leading principles of the *Ordinale* of Sibert de Beka (1312) in a way which might make them accessible to a non-specialist audience, and to suggest some lines of reflection for contemporary and future Carmelite liturgical practice, based on the tradition which springs from the Ordinal.[1]

It is not necessary here to set out in detail the biography or achievements of Sibert de Beka (1260/70–1332), for they are well-enough known.[2] It is worth recalling, however, that he was a distinguished member of the first generation of Carmelites to

---

1. This paper may be seen as a continued reflection on some of the questions raised in an earlier paper: "Liturgy and the Carmelite Constitutions, 1281-1930," in *Fons et culmen vitae carmelitanae: Proceedings of the Carmelite Liturgical Seminar, S. Felice del Benaco, 13-16 June 2006*, Textus et Studia Historica Carmelitana, vol. 30 (Rome: Edizioni Carmelitane, 2007), 75-104. I hope the reader will forgive some repetition.
2. BARTOLOMÉ MARÍA XIBERTA, O.Carm., *De scriptoribus scholasticis saeculi XIV ex ordine Carmelitarum*, Bibliothèque de la Revue d'Histoire Ecclésiastique, fasc. 6 (Louvain: Bureaux de la Revue, 1931), 142–66; JAMES BOYCE, O.Carm., *Carmelite Liturgy and Spiritual Identity: The Choir Books of Kraków*, Medieval Church Studies, vol. 16 (Turnhout: Brepols, 2009), 76–82; FRANZ-BERNARD LICKTEIG, *The German Carmelites at the Medieval Universities*, Textus et Studia Historica Carmelitana, vol. 13 (Roma: Institutum Carmelitanum, 1981), 34-36, 122-29, 174-78.

undertake higher studies, a near contemporary of such famous men as Gerard of Bologna, Gui Terreni and John Baconthorpe. He served as prior provincial of either all of Germany or, when the province was temporarily divided, of Lower Germany, for all but three years between 1317 and his death in 1332, which included the turbulent period of the conflict between Pope John XXII and Ludwig of Bavaria. He was a respected theologian at the papal court in Avignon, and among the first asked to provide a preparatory theological opinion for the condemnation of Marsilius of Padua's *Defensor pacis*, a work which would eventually be published as *Reprobatio sex errorum*.[3] Modern scholars have characterised him as a moderate, careful, and critical thinker.[4]

Recently Thomas Turley has drawn attention to Sibert's critical methodology, oriented not to speculative philosophical reasoning but to textual analysis of relevant historical sources. Sibert was unusual among contemporary papal theologians in developing an anti-Marsilian argument from evidence for the continuity of historic belief and practice in the Church.[5] Turley attributes his historical, patristic and textual consciousness to the influence of his Carmelite master, Gui Terreni, and to the experience he gained in constructing his Ordinal.[6] Indeed, Turley characterises Sibert, Terreni and John Baconthorpe as the pioneers of a "new mode of ecclesiological argument" in the 1320s, which would be reflected in turn in the documentary approach of Thomas Netter in the following century.[7]

Sibert had a lively interest in the history and traditions of the Carmelites, and published a list of the general chapters and a collection of bulls and *privilegia* of the Order.[8] Staring thinks

---

3. THOMAS TURLEY, "Sibert of Beek's Response to Marsilius of Padua," *Carmelus* 52 (2005): 81–104.
4. *Ibid.*, 83 and n. 10.
5. *Ibid.*, esp. 87–94.
6. *Ibid.*, 94, 102.
7 *Ibid.*, 103.
8. ADRIANUS STARING, O.Carm., *Medieval Carmelite Heritage: Early Reflections on the Nature of the Order*, Textus et Studia Historica Carmelitana, vol. 16 (Rome: Institutum Carmelitanum, 1989), 293–305; and IDEM, "Four Bulls of Innocent IV: A Critical Edition," *Carmelus* 27 (1980): 273–85, at 275–76.

him also the likely author of the seminal Carmelite text *Universis christifidelibus*, perhaps dating to 1289.⁹ If this is so, he was the formulator of a number of elements which became central to the developing legendary-symbolic history of the Order, by which Carmelites sought to explain their links to the prophet Elijah and ancient monastic tradition, to the Holy Land and to the Saviour himself, who lived, died and rose there.

In a perceptive comment, Andrew Jotischky has remarked that it would be no coincidence if *Universis christifidelibus* were indeed the work of the liturgist Sibert, for the early Carmelite historical narrative "may be seen as a kind of extended commentary on a liturgical tradition [the Rite of the Holy Sepulchre of Jerusalem] that sought to preserve elements of the order's origins in the Holy Land".¹⁰ In fact, this small treatise not only makes the claim that the Carmelites are descended from the Old Testament prophet and his disciples on Mount Carmel, but also asserts that from A.D. 30 some of them lived in Jerusalem, where they heard the promised Messiah preach and saw his miracles.¹¹ In this way *Universis christifidelibus* brings the imagined history of the Carmelites and the mystery of Christ's presence celebrated in the liturgy to a symbolic meeting-point within a Christocentric and mystically-oriented spirituality. Like the legends in which Carmelites claimed that their ancestors on Mount Carmel had been visited by the

---

9. See the comments by STARING, *MCH*, 79–80, with the text at 81-90; and also RUDOLF HENDRIKS, O.Carm., "La succession héréditaire," in *Élie le Prophète*, 2 vols, Études Carmélitaines (Paris: Desclée de Brouwer, 1955), 2: 34–81.
10. ANDREW JOTISCHKY, *The Carmelites and Antiquity: Mendicants and Their Pasts in the Middle Ages* (Oxford: Oxford University Press, 2002), 336.
11. "Et anno ab incarnatione Domini 30, baptizato Domino Iesu Christo a Ioanne et docente, multi fratres eiusdem ordinis ascenderunt Ierusalem et habitaverunt iuxta portam, quae postea secundum quosdam dicebatur beatae Annae, ut eum, quem de libris patrum suorum in carnem venturum didicerant, audirent docentem et viderent miracula facientem. De quibus legitur in Actibus apostolorum: 'Erant in Ierusalem habitantes viri religiosi' [Ac 2.5], etc."; STARING, *MCH*, 82.

Virgin Mary,[12] this story is a projection into the past of the theological conviction of the presence of Jesus in the present day.

Sibert is also the putative author of a *Tractatus de consideratis super Carmelitarum regula*, which is known only from the inclusion of an extract in Felip Ribot's *Decem libri* in the last quarter of the fourteenth century.[13] This work provides an explanation of why the prohibition of new religious rules by the Fourth Lateran Council in 1215 does not apply to the Carmelite Rule, presents documentary evidence of papal bulls for its subsequent approval by Honorius III and Gregory IX, and adds a detailed account of its emendation under Innocent IV. It is consistent with Sibert's interests and normal working method, but scholars are generally sceptical of the attribution to him, mainly on the grounds that there is no reference to such a work elsewhere.[14] This is not, however, a completely decisive argument. Ribot evidently had access to detailed and accurate information about the revision of the Rule in 1247 which is also not known to us from any earlier source, and it is not impossible that his information was drawn, as he claims, from a work of Sibert's which is otherwise unknown. However, in the absence of new evidence this is an issue likely to remain unresolved.

Sibert is mainly now remembered for his Ordinal, adopted by the Order in 1312, which for centuries remained the fundamental document for Carmelite liturgical practice, being replaced only in the liturgical reforms after the Council of Trent.[15] It was edited for its sixth centenary by Benedict Zimmerman.[16]

---

12. JEAN DE VENETTE, Chronicle "Qualiter respondendum sit', par. 4; in STARING, *MCH*, 158.
13. Lib. 8, cap. 5 and perhaps 6; DANIEL OF THE VIRGIN MARY, O.Carm., *Speculum Carmelitanum, sive Historia Eliani Ordinis Fratrum Beatissimae Virginis Mariae de Monte Carmelo…*, 4 vols (Antwerp: Michael Knobbari, 1680), 2:83–88.
14. See, for example, Copsey's comments in Felip Ribot, *The Ten Books on the Way of Life and Great Deeds of the Carmelites*, trans. RICHARD COPSEY, Early Carmelite Spirituality, vol. 1 (Faversham: Saint Albert's Press, 2005), xiii.
15. The first printed Ordinal (Venice, 1544) is still largely dependent on Sibert's work of 1312; SMET I, 185.
16. ZIMMERMAN. It is cited parenthetically below by rubric and page number: e.g., (rub. 1: 3).

Sibert's Ordinal is explicitly a guide to the usages of the Holy Sepulchre of Jerusalem, insofar as they had been adopted by the Carmelites, "in which territory the Order of the said Brothers had its origin".[17] It is not only an attempt to standardise the international liturgical practice of the Order, but is also an expression of the Carmelites' desire to retain distinctive rituals and practices of prayer which linked them to their ancestral home in the Holy Land and to the spirituality of the pilgrimage to Jerusalem and the tomb of the Lord.[18]

At the same time it is worth noting that from its first words Sibert's Ordinal resists inflexibility or an absolutisation of the rite and allows for adaptation to place and circumstances: those things which prove to be lacking from the Rite, he says, are to be made up from the approved custom of other churches.[19]

Nevertheless, the response to the new Ordinal was apparently not everywhere enthusiastic. The Constitutions of 1324 obliged its use everywhere in the strongest terms, noting that it had

---

17. The incipit of the manuscript edited by Zimmerman (London, Lambeth Palace ms. 193) states that the Ordinal is "extractum et exce[r]ptum de approbato usu dominici Sepulcri sanctae Jerosolimitanae ecclesiae in cujus finibus dictorum fratrum religio sumpsit exordium"; ZIMMERMAN, 1.
18. Cf., for example, CARLO CICCONETTI, O.Carm., *La Regola del Carmelo: origine, natura, significato*, Textus et Studia Historica Carmelitana, vol. 12 (Rome: Institutum Carmelitanum, 1973), 72–78, 458–68. On the particular importance of the Resurrection in the Rite of the Holy Sepulchre see ARIE KALLENBERG, "The Resurrection in the Early Carmelite Liturgy and Carmelite Spirituality," *Carmelus* 44 (1997): 5–20; and on Carmelite liturgy and identity in general, the important studies of JAMES BOYCE, *Praising God in Carmel: Studies in Carmelite Liturgy* (Washington, D.C.: Carmelite Institute, 1999); and IDEM, *Carmelite Liturgy* (2009). For the Marian elements, see EDMUND CARUANA, *The Ordinal of Sibert de Beka, with Special Reference to Marian Liturgical Themes: An Historical-Liturgical-Theological Investigation* (Rome: Anselmianum, 1976).
19. The conclusion of the incipit of Zimmerman's ms. reads: "Quaedam vero quae in saepe dicto usu deficere videbantur ex aliarum ecclesiarum approbata consuetudine addunt[ur] et implentur"; ZIMMERMAN, 1.

been mandated by the four previous general chapters.[20] Provincials are enjoined to see "efficaciously" and under pain of deposition to its copying, distribution and observation. The severity of the penalty is no doubt a sign that the Ordinal was meeting with resistance. The negligence of the English provincial is singled out, and the prior general is enjoined to depose him from office if it continues. Those who contradict or avoid this legislation may be absolved from their disobedience only by the prior general.[21]

Sibert's was not the Order's first Ordinal. Though the extent of its use has not been established, the so-called *Antiquum Ordinale* preceded Sibert's compilation of 1312,[22] and it is possible that an active attachment to the older work, rather than mere resistance to liturgical change or the expense of copying and distributing the new Ordinal, may explain the need for the repeated legislation and heavy sanctions. However, it seems that such differences as there are between the two works have not yet been systematically studied.

James Boyce has remarked that the differences between the *Antiquum Ordinale* and Sibert's are only slight: "If the English Carmelites preferred an earlier Ordinal, now in the library of Trinity College, Dublin, over Sibert's, the differences were minimal."[23] This may be true for the detailed prescriptions of prayer texts in the second half of the work, but comparison of the two Ordinals shows that there are, in fact, substantial differences in organisation and content in the more general and systematic rubrics of the first part, as the following table should

---

20. *Constitutiones* 1324 3:7: "Ordinale jam dudum per Magistrum Sibertum ordinatum et correctum et per quatuor precedentia nostri Ordinis generalia capitula confirmatum unanimi sensu approbamus et per totum ordinem ab omnibus praecipimus observari"; in BENEDICT ZIMMERMAN, OCD, ed., *Monumenta Historica Carmelitana* (Lérins: ex typis Abbatiae, 1907), 25.
21. Ibid. 3:9; *Monumenta,* 25–26.
22. Edited from the ms. in Trinity College, Dublin by PATRICK OF ST JOSEPH RUSHE, OCD, *Antiquum Ordinis Carmelitarum Ordinale saec. XIII* (Tamines: Duculot-Roulin, 1912); also in *Études carmélitaines* 2 (1912-13): 5-251.
23. BOYCE, *Carmelite Liturgy,* 88.

make clear.[24] It would be desirable now to undertake a closer study of these differences. It would perhaps explain why Sibert's Ordinal was not immediately embraced, but more importantly it would enable a clearer and more accurate evaluation of the precise nature of Sibert's contribution to the development and standardisation of the medieval Carmelite liturgy, and perhaps a better understanding of what the Order hoped to achieve by the publication of the new ordinal in 1312. Further comparison of these two works with the Rite of the Holy Sepulchre itself, and perhaps with other contemporary monastic liturgies – of the Carthusians, Cistercians, Premonstratensians, and Dominicans – may help create a more focused picture of any elements distinctive to Carmelite practice.[25]

Table: Antiquum Ordinale and Sibert's Ordinale

Antiquum Ordinale	Sibert's Ordinale
1. De pulsationibus	1. De pulsationibus et modo pulsandi ad divinum officium et ad alios actus solemnes.
2. De gestu fratrum et qualiter cantandum fuerit vel psallendum.	2. De modo officiandi chorum in generali.
3. De vesperis et aliis horis inchoandis et finiendis.	3. De officio prioris in choro et ipsius hebdomadarii.

---

24. The titles in the accompanying table are taken from the respective lists of contents in RUSHE, *Antiquum Ordinale*, 15-17, and Zimmerman, *Sibert*, 1-3. The headings in the latter are unnumbered, and the rubric numbers in the text are inconsistent, but they have been supplied from the text when they are given there.
25. There is still disagreement on the relationship between Carmelite and Dominican rites; cf. ARIE KALLENBERG, "From Gallican, to Sepulchre, to Carmelite Rite: A Short Reflection on the Origins of the Carmelite Liturgy," in *Fons et culmen vitae carmelitanae: Proceedings of the Carmelite Liturgical Seminar, S. Felice del Benaco, 13–16 June 2006*, Textus et Studia Historica Carmelitana, vol. 30 (Rome: Edizioni Carmelitane, 2007), 55–73.

Antiquum Ordinale	Sibert's Ordinale
4. De completorio et confiteor et de modo dicendi preces ad completorium.	4. De officio sacristae sive secretarii. De officio cantoris sive succentoris De officio lectoris in choro. Versicularii et ministrorum in eodem [et in] refectorio. De prostrationibus in choro faciendis. De inclinationibus. Qualiter et quando standum sit in choro et quando sedendum. De XV psalmis ante matutinum dicendis. De horis cotidianis beatae Mariae virginis.
5. De matutinis et ad ipsas pertinentibus.	
6. De prima et de modo dicendi preces ad ipsam.	
7. De pretiosa quomodo et qualiter dicendum.	
8. De tertia sexta et nona.	
9. De modo dicendi preces per ferias ad matutinas et vesperas et horas.	
10. De prostrationibus et precibus.	
11. De modo dicendi XV psalmos et quando.	
12. De officio cotidiano beatae Mariae et quando intermittitur.	12. De matutinis diei in generali.
13. De officio beatae Mariae in sabbatis vel quando et quomodo faciendum.	13. De disciplinis post matutinum recipiendis.
14. De antiphonis ad Benedictus et Magnificat in officio vel ad memorias beatae Virginis et quando dicendae.	14. De prima et ad ipsam pertinentibus.
15. De memoria Resurrectionis et quando debet fieri et etiam de angelus.	15. De III, VI et IX et ad ipsas pertinentibus.
16. De memoriis in feriis et festis III lectionum ad vesperas et matutinas per totum annum.	16. De vesperis.
17. De officio defunctorum cotidiano et quomodo et quando dicendum.	17. De completorio et ad ipsum pertinentibus.
18. De quo missa sit in conventu diebus singulis facienda.	18. De memoriis communibus etiam in dominicis et festis ix lectionum dicendis, scilicet de Resurrectione, de beata Virgine et de angelis.

Antiquum Ordinale	Sibert's Ordinale
19. Quando plures missae in conventu sunt celebrandae et quomodo.	19. De memoriis seu suffragiis ferialibus per totum annum.
20. In quibus horis missae sunt celebrandae in conventu.	20. De memoriis aliis specialiter supervenientibus tam de tempore quam de sanctis.
21. De introitu missae.	21. De commemoratione beatae Virginis cum ix lectionibus in sabbatis facienda.
22. De Gloria in excelsis et quando dicenda fuerit.	22. De officio defunctorum.
23. De numero orationum in missa.	23. De officio commemorationis dominicae Resurrectionis.
24. De orationibus dicendis in missa conventuali, nisi quando celebratur pro defunctis.	24. De in anno. Qualiter scilicet a commemoratione Resurrectionis dominicae usque ad Nativitatem Domini secundum diversa tempora officium sit dicendum.
25. De orationibus dicendis defunctorum in missis in conventu.	25. Qualiter officia dominicalia post octavam Epiphaniae et ante Adventum secundum diversa tempora sint dicenda.
26. De modo dicendi Gradualis, Alleluia, et Benedicamus in missa.	26. De translatione festivitatum ordinaria per totum annum.
27. De Credo in unum et quando fuerit dicendum.	27. De concomitantia festivitatum ad invicem et cum dominicis.
28. De officio ministrorum altaris in missa.	28. De diverso modo diversas festivitates celebrandi.
29. De sacra communione quo modo et quando fuerit facienda.	29. De thurificationibus.
30. De missis privatis et circumstantiis ad illas.	30. De octavis solemnibus.
31. De officio faciendo in receptione novitiorum solempni.	31. De festivitatibus et translationibus extraordinariis.
32. De officio professionis faciendae.	32. De omeliis concurrentibus.
33. De officio faciendo in electione prioris generalis.	33. De officio Dedicationis.

Antiquum Ordinale	*Sibert's Ordinale*
34. De benedictione itinerantium [et] eorum receptione.	34. De missis conventualibus et de orationibus earum in communi.
35. De orationibus itinerantium.	35. De quo et cum quibus orationibiis missa conventualis ab Adventu Domini usque ad Pascha sit singulis diebus celebranda.
36. De orationibus dicendis in capitulo.	36. De quo et cum quibus orationibus missa conventualis a festo Paschae usque ad Adventum sit singulis diebus celebranda.
37. De modo recipiendi ad beneficia.	37. De missis et orationibus pro defunctis specialiter.
38. De processionibus quando et quomodo faciendis.	38. De Gloria in excelsis, Credo in unum, et Ite missa est.
39. De processionibus emergentibus.	39. De introitu, graduali et prosa in missis dicendis.
40. De solempni receptione legatorum sive episcoporum sive secularium principum.	40. De praefationibus totius anni.
41. De benedictione mensae et gratiarum actionibus.	41. De modo celebrandi missam conventualem et officio ministrorum altaris.
42. De disciplinis recipiendis post matutinas.	42. De aqua benedicta et ejus aspersione.
43. De communione infirmi.	43. De Deus venerunt gentes quando et quomodo dicendum.
44. De officio unctionis infirmorum.	44. De conservatione sacramenti eukaristiae.
45. De transitu fratris et commendatione dicenda.	45. De modo in communione fratrum in generali observando.
46. De receptione corporum extraneorum ad sepulturam.	46. De missis privatis.
47. De sepultura facienda.	47. De benedictione itinerantium et orationibus.
48. De modo legendi kalendas et pronuntiandi lunam.	48. De modo recipiendi ad beneficia.

Antiquum Ordinale	Sibert's Ordinale
49. De modo scribendi tabulam per totum annum martilogio.	49. De processionibus quando et quomodo faciendis.
50. De officio cantoris.	50. De solemni receptione legatorum sive episcoporum sive saecularium principum.
	51. De benedictione mensae et gratiarum actionibus.
	52. De communione infirmi.
	53. De officio unctionis infirmorum.
	54. De obitu fratris et commendatione dicenda.
	55. De receptione corporum extraneorum ad sepulturam.
	56. De sepultura facienda.
Tituli rubricarum infra ordinale:	
1. De quo officium sit agendum per totum annum.	
2. De responsorio in primis vesperis dominicae.	
3. De oratione dominicali.	
4. De divisione hystoriarum per ebdomadam.	
5. De Adventu ubi celebrandus sit.	
6. De officio dedicationis ecclesiae.	
7. De festis in communi.	
8. De concomitantia festivitatum.	
9. De translatione festivitatum.	

Antiquum Ordinale	*Sibert's Ordinale*
10. De festo trium lectionum.	
11. De festis IX lectionum et semiduplicibus.	
12. De festo duplici.	
13. De festo toto duplici.	
14. De turificatione.	
15. De octavis sanctorum.	
16. De festis in dominicis contingentibus et de memoriis in genere.	
17. De ordine memoriarum.	
18. De festivitatibus extraordinariis.	
19. De matutinis in sero post completorium dicendis.	
20. De orationibus in vigiliis sanctorum et de omeliis legendis.	
21. De his quae requirenda sunt in communi sanctorum.	
22. De translatione festivitatum pascalis temporis.	
23. De Deus venerunt quando et quomodo dici debet.	
24. De aqua benedicta qualiter benedicenda et de officio aspersionis.	

Some comments on Sibert's Ordinal

In the remainder of this paper I wish to make some comments and reflections on the Ordinal of 1312, particularly on its first sections, which set out more general principles and procedures for Carmelite liturgical practice. I leave it to those who are more expert to comment on the detailed provisions in the Ordinal's second half, which meticulously prescribe the texts to be used in the various offices and feasts. It is not my intention to make a running commentary on each rubric, but simply to pick out some elements which seem to me striking or worthy of further reflection.

Rubric 1: Ringing the bell

Sibert's Ordinal begins with the ringing of the bell – which happens throughout the year with the sole exception of the Sacred Triduum. The bell is rung for conventual Mass and the day and night hours, according to varied modes of ringing which are meticulously described. The sound of the bell, however, calls not only to liturgy, but also to lectures in theology, to sermons given to the people, to processions with relics, to the reception of prelates, to funerals and to other public events (rub. 1: 3–4).

As I have remarked elsewhere with regard to the liturgical provisions of the medieval Constitutions, the place given to the bell at the very beginning of the Ordinal is deeply symbolic:[26] the bell is not only a timing and co-ordinating device, but also has a function of symbolic integration. Its sound is a symbol of the shared sacrality of the various activities of the day. On one level it marks the organisation of ordinary time, but at a deeper level it functions as a repeated call to a reorientation of the self to God within the context of the Christian mystery, celebrated in liturgical time and meant to overflow into the whole of life.

Rubric 2: General organisation

In the second rubric, Sibert gives some general principles for the celebration of the liturgy. As the bell ceases to ring the brothers are

---

26. CHANDLER, "Liturgy and the Carmelite Constitutions," 77–78.

to be in the choir, each according to his proper rank, ready to celebrate the liturgy devoutly (*devote*) according to the use of the Holy Sepulchre. All the hours, both day and night, are to be recited with music (*cum nota*). The psalms are to be recited "distinctly and perfectly, and with a full pause in the middle of the verses". Sung parts are to sung with moderation, neither rushed nor dragged out, and everyone is to sing together, neither ahead of nor behind the others. Those with special roles on major feasts and memorials of the "Glorious Virgin" should be competent to perform them. The subprior or sacristan is to organise a roster for the various offices, which is to be read out on Saturdays after Terce. The reader and servers in the refectory are to be similarly organised (rub. 2: 4–5).

In a certain sense these are merely the organisational norms one might expect, but they are also the first principles of a contemplative aesthetic which is meant to inform the whole liturgical practice of the community, and to ensure that it can serve to lift the minds and hearts of the participants to genuine worship without distraction. This aesthetic is based on moderation, a rejection of fuss and excess, a level of organisation and planning which permits things to run smoothly, practicality about talent, the beauty and solemnity which comes from music, a sensibility to the course and the logic of the liturgical feasts and seasons, and a self-awareness and self-discipline which discourages the individual from asserting himself against the community.

In a brief phrase whose significance might be easily missed – *secundum usum dominici Sepulchri* – Sibert calls to mind the deeper foundations on which such a contemplative aesthetic is to be built. Carmelites celebrate not according to the local rite, but according to the rite which they have inherited from their original, now lost, foundation: the use of the Holy Sepulchre, the place of the burial and resurrection of the Lord, which once brought them as pilgrims to the Holy Land. The paschal mystery remains the centre of their spiritual life and the model of the inner transformation which is the fruit of a life lived according to the Rule *in obsequio Jesu Christi*. The feasts of their patron the Glorious Virgin receive special mention, calling to mind a tradition of devotion focused on the beauty of Mary, the image of the possibilities of divine grace at work in humanity.[27] And the liturgy is to be celebrated *devote*, a key liturgical word,[28] whose importance in this context should not be underestimated. It calls to mind an entire spirituality of the pure heart open to the transforming power of grace, the precondition for true prayer. As inheritors of monastic tradition, Carmelites knew that the practices of religion, including liturgical prayer itself, called for an ongoing effort of interiorisation and inner transformation: this was a constant spiritual theme since antiquity, which we can presume was present in their minds.[29]

Rubrics 3-9: Various offices; body language

The following rubrics regulate various offices in the liturgy, such as the hebdomadarian, whose function also extends to the refectory, another reminder that our usual notions of "liturgy" are not reflected with such defined boundaries in the Ordinal (rub. 3: 5) but expand into the ordinary activities of daily life, which are sacralised through prayer and through their contact with the formal liturgy.

The sacristan is charged with keeping the church neat, the candles in order, the Blessed Sacrament cared for, cloths and vestments clean, holy water fresh, books ready, and rods for receiving the discipline in chapter provided (rub. 4: 6–7). The cantor and subcantor, one on either side of the choir, must be able to perform their duty of guiding the singing and reading in the moderate way already specified (rub. 5: 7–8). The duties of lectors,

---

27. On this theme see especially John Baconthorpe's nearly contemporary work *Laus religionis carmelitanae*, in Staring, *MCH*, 218–253; and for a recent overview: CHRISTOPHER O'DONNELL, O.Carm., "The Formative Years in Carmelite Marian Devotion, 1247–1324," in *Carmel and Mary: Theology and History of a Devotion*, ed. John Welch (Washington, DC: Carmelite Institute, 2002), 23–46.
28. Cf. ALBERT BLAISE, *Le vocabulaire latin des principaux thèmes liturgiques* (Turnhout: Brepols, 1966), 159 § 47.
29. Cf., for example, TERRENCE KARDONG, OSB, "John Cassian's Evaluation of Monastic Practices," *American Benedictine Review* 43 (1992): 82–106; and for a Carmelite perspective, JOSEPH BAUDRY, OCD, "Pureté du coeur et parole de Dieu selon Nicolas le Français," *Carmel* 34 (1984): 93–105.

versicularians and other ministers are all described: books are to be brought to and fro as required, candles are lit and extinguished, holy water and incense provided (rub. 6: 8–9). Nothing is improvised.

Rubric 7 prescribes in detail the *prostrationes sive genuflectiones communes* (i.e. kneeling) which are practised for most of the year, except in Paschaltide. There are also prescriptions for bowing: the bow is a deep one (so that the crossed hands can touch the knees) directed to the altar on coming in and going out of the choir or crossing it, when intoning psalms or antiphons, and, when not kneeling, at certain prayers such as the Pater, Credo, Confiteor, Gloria Patri, and the collect of the Mass. Lesser bows are made for the names of Jesus and Mary, and so on (rub. 8: 10-11). There are various ways of standing: facing the altar at the beginning of the hours, for various blessings and prayers, for the *Salve regina*, for parts of the Mass; facing one another across the choir for the sung parts of the Mass, for hymns, responsories and antiphons. The psalms of the Office of the Virgin Mary are said standing, while for those of the canonical hours the two sides of the choir alternate sitting and standing, except for the final psalm. They sit for readings (rub. 9: 12–13).

These provisions are detailed and would be tedious to recount in full. What is worth noting, I think, is that the Ordinal presumes and tries to regulate an active physical involvement of the body in worship. It presumes that posture and gesture are integral parts of the world of liturgical prayer, which aims to involve the whole person and all the senses.[30]

Rubric 11: The Hours of the Virgin Mary

The hours of the Blessed Virgin are said before the canonical hours (but after canonical Compline), standing and without singing. They are omitted on the great feasts, in the Christmas season, in Holy Week and the Octave of Easter and on some other

---

30. JEAN-CLAUDE SCHMITT, *La raison des gestes dans l'occident médiéval*, Bibliothèque des histoires (Paris: Gallimard, 1990); ELOCHUKWU E. UZUKWU, *Worship as Body Language: Introduction to Christian Worship: An African Orientation* (Collegeville, MN: Liturgical Press, 1997).

days. These provisions, too, are very intricate and detailed, but two aspects are perhaps worth reflection. The first, of course, is the obvious importance of devotion to the Blessed Virgin; the second, it seems to me, is that such devotion must not be allowed to override a sensitivity to the logic of liturgical time (rub. 11: 15-16). There is a hierarchy of values which must be respected, so that the great mysteries are not overshadowed by the lesser ones.

Rubric 18: Memorials of the Resurrection, the Virgin, and the Angels

On most days of the year outside the Easter season there was a commemoration of the Resurrection. Arie Kallenberg has written eloquently about the devotional and spiritual significance of the constant memory of the Resurrection in the Holy Sepulchre liturgy preserved by the Carmelites.[31] From an early time the spiritual and mystical outlook of the Order appears to have been largely constructed around a Pauline mysticism of the paschal mystery,[32] and this was no doubt strongly affected by the influence of the Jerusalem liturgy. The centrality of the Resurrection was again emphasised in the further feast of the Commemoration of the Resurrection on the Sunday before Advent, characteristic of the Jerusalem liturgy, as Sibert notes explicitly: *secundum usum et consuetudinem approbatam eclesiae sepulcri Hierosolymitanae* (rub. 23: 37–39). This commemoration recalled the memory of the Resurrection once more at the conclusion of the liturgical year. In this way, no doubt, the Jerusalem clergy sought to emphasise the eschatological aspect of the expectation of the Risen One, before beginning a new liturgical cycle in Advent, with its memory of the Israel's long expectation of the coming of the Messiah.[33]

The commemoration of the Virgin also had an important part in the liturgy of Matins and Vespers on many days of the year, a

---

31. KALLENBERG, "Resurrection"; and again in "From Gallican to Sepulchre".
32. As pointed out by ERNEST LARKIN, O.Carm., "Carmelite Spirituality Today," *Ascent* 1 (1965): 3–8; see also PAUL CHANDLER, O.Carm., "The Book of the First Monks: A Workbook," (Rome: Centro Internazionale S. Alberto, 1992).
33. Cf. KALLENBERG, "From Gallican to Sepulchre", 55–73.

further expression of the Marian consciousness of the Order.[34] Linked to the Marian commemoration is another of the angels (rub. 18: 28-29). Moreover, a nine-lesson commemoration of the Virgin is prescribed for Saturdays (rub. 21: 33–35).

Rubrics 34, 41: On conventual Mass

I skip over much other detailed matter in the Ordinal to make some comments about the sections pertaining to the conventual Mass. A community Mass was prescribed for every day in the year, and on Sundays, *duplex* feasts and some other days two conventual Masses *cum nota* were prescribed. In addition, two Masses were encouraged also in Lent *propter temporis sacri devotionem*. These Masses were said variously after Prime, Terce, Sext or None, depending on the season and the fasting regime (rub. 34: 62).

The conventual Mass of Sibert's Ordinal is a solemn affair. While the community sings the introit the procession approaches the altar. Acolytes in surplices (albs on feast-days), bearing candles in "worthy" candle-sticks, precede the subdeacon bearing the gospel book and the deacon with the missal, the books held to the breast with the left hand supporting from underneath and the right from the side (rub. 41: 75). The priest follows with his hands joined. And so it goes: each gesture and movement described in minute detail. Everything is prescribed: the acolytes should take care not to pass between the deacon and subdeacon; the corporal is to have two creases along its width and three along its length; the

---

34. JAMES BOYCE, O.Carm, "The Virgin Mary in the Medieval Carmelite Liturgy," in *Carmel and Mary: Theology and History of a Devotion*, ed. John F. Welch (Washington, DC: Carmelite Institute, 2002), 143–64; REDEMPTUS VALABEK, O.Carm., "Mary in the Carmelite Rite," in *In Communion with Mary: Our Heritage and Prospects for the Future: Proceedings of the Carmelite Mariological Seminar Held to Celebrate the 750th Anniversary of the Brown Scapular, Promoted by the General Council of the Brothers of the Blessed Virgin Mary of Mount Carmel and of the Order of Discalced Carmelites, Sassone, Italy, 14–21 June 2001*, ed. Edmondo Coccia, Institutum Carmelitanum Collationes Mariales, vol. 4 (Rome: Edizioni Carmelitane, 2003), 147–86.

movements of the thurible are described in detail (rub. 41: 77, 79). There are similarly detailed instructions for the blessing and sprinkling of holy water and its accompanying antiphons on Sundays (rub. 42: 85–86).

Rubrics 44-56: The Blessed Sacrament and other matters

The Blessed Sacrament is to be preserved under lock and key in a pyx of silver or ivory, and to be frequently renewed. On days of general communion, so that the orderly nature and hierarchical structure of the community can be manifested ritually, the brothers are instructed in precise detail how to approach the sacrament: first the ministers in their order, and then the others two by two, approach the altar step in order of seniority. So great is the concern for the visible manifestation of order that if the number of communicants is odd, another should come to accompany the last in the procession. If any lay members of the friars' household wish to communicate, they are to do so at a separate altar (rub. 44: 86–88).

Other matters covered by the Ordinal include blessings and prayers for friars who are travelling, rituals for processions in the cloister (on Palm Sunday, Ascension, Purification and Assumption), the honouring of benefactors, the reception of bishops and princes, grace before and after meals, the communion and anointing of the sick, and funerals (rub. 47–56). In this way Sibert's Ordinal extended to almost all the circumstances of life.

As already mentioned above, the second part of the Ordinal contains comprehensive instructions for the celebration of the liturgy through the seasons and on the feasts of saints according to their rank, and specifies in exact detail the texts to be used. The presence of Palestinian saints in the sanctoral cycle has been often noted, another link to the Order's origin and to the calendar of the Holy Sepulchre.[35]

---

35. For example, JAMES BOYCE, O.Carm., "Carmelite Liturgical Spirituality," in *Praising God in Carmel: Studies in Carmelite Liturgy* (Washington, D.C.: Carmelite Institute, 1999), 329–69.

Some contemporary questions and reflections

These few comments on parts of Sibert's Ordinal will probably be of small interest to liturgical specialists, who will already be familiar with such material both from the *Ordinale* and from other such works, with which it has, of course, much in common. I hope, however, that they will give some small taste of Sibert's important work to the non-specialist reader, and more importantly, that they may raise some questions and reflections worth considering in a contemporary context.

1) The Resurrection of the Lord

The Rite of the Holy Sepulchre was, of course, intimately associated with the Resurrection, and, because of the proximity of the church to the holy places of Jerusalem, also to other incidents in the life of Jesus, Mary, and the apostles. The devotion of the Carmelites to the Jerusalem rite was not merely a fact of geography, but an expression of spiritual affinity. In the context of the medieval spirituality of pilgrimage in which the Order had its origins – in which the journey to the earthly Jerusalem with the Sepulchre at its centre was an image of the journey through death and resurrection to the heavenly city – the Rite's emphasis on the Resurrection of Jesus must have had a powerful symbolic resonance for those who sought spiritual transformation in a life dedicated to the *obsequium Jesu Christi*.

Long ago, in a brief but thought-provoking article, Ernest Larkin argued that at its core all Carmelite spirituality is shaped by the Pauline mysticism of the paschal mystery, of sharing in Christ's death in order to share his resurrection, of surrendering the old person to death in order to allow the birth of the new.[36] This seems to be the underlying dynamic of the fundamental work of medieval Carmelite spirituality, the 14th-century *Liber de institutione primorum monachorum*, where identification with Christ leads the Carmelite on a spiritual journey into the paschal mystery, where asceticism and mysticism, spiritual practice and the experience of transforming grace, parallel death and

---

36. LARKIN, "Carmelite Spirituality Today".

resurrection.[37] One could make a similar argument, I think, especially about John of the Cross, and perhaps many other Carmelite mystical writers.

Unfortunately, however, the Order lost its special sense of the liturgical centrality of the Resurrection centuries ago. Can something of this consciousness, which would fit perfectly with the doctrinal and liturgical directions of Vatican II, be recaptured? Arie Kallenberg has made a number of constructive suggestions.[38] Particularly worthwhile, I think, is his proposal to re-introduce a daily commemoration of the Resurrection into our prayer. How could that be done, and what form might it take? Are there elements in the texts and music of our tradition which might serve again? Can some of the Order's liturgists be charged with making some suitable concrete proposals?

Would it be far-fetched to consider reviving some other elements of the Jerusalem liturgy once dear to Carmelites, for example, the feast of Abraham, Isaac and Jacob? This could be of profound ecumenical and inter-faith significance for the twenty-first century, in which relations between the Abrahamic faiths are likely to be of major significance. In fact, since Abraham is mentioned in the Martyrology (9 October), there is nothing to prevent a Mass in his honour: it would merely require encouragement, but even better, in my opinion, would be to seek authorisation for a revival of the former feast and the provision of appropriate texts.

2) The sound of the bell

Sibert's Ordinal begins with a bell whose sound does not so much divide the day into parts as suggest its unity, and which calls the brothers to an often-repeated reorientation of themselves

---

37. PAUL CHANDLER, O.Carm., "Princeps et Exemplar Carmelitarum: The Prophet Elijah in The Liber de Institutione Primorum Monachorum," in *A Journey with Elijah: Carmelite Seminar on the Prophet Elijah. Whitefriars Hall, Washington DC, 3–9 April 1991*, ed. Paul Chandler, Carisma e Spiritualità, vol. 2 (Rome: Institutum Carmelitanum, 1991), 111–34; IDEM, "The Book of the First Monks: A Workbook," [Lecture notes] (Rome: Centro Internazionale S. Alberto, 1992).
38. KALLENBERG, "From Gallican to Sepulchre".

to God. Worship, study, preaching, interaction with visitors, the routines of daily life and the finality of death are all marked by the church bell, which also creates a public quality to the life of the community and inserts it into the midst of the people. The smaller bell in the refectory imitates it as the body is fed with food and the mind with the Word.

Our lives today are quite different, and we are not always close to the sound of bells, but it seems to me that the bell as a historic symbol of the call to prayer and to community activity raises a number of issues worth thinking about. How can our busy, rather secularised, lives be more nourished by the rhythms of the liturgy? What initial and ongoing formation do we need in order to introduce and maintain ourselves in a world view radically open to the transcendent in our largely materialistic cultures?

In general we live in quite small religious communities, usually with burdensome pastoral responsibilities. We are as likely to be exhausted by our liturgical responsibilities as refreshed by them, and in our own communities – sometimes for understandable reasons – we are often liturgical minimalists. What does it mean for us, then, to be called to forms of prayer which have a certain public quality to them?

Although our Constitutions speak of us as a contemplative fraternity "in the midst of the people", much of our liturgical life has been privatised. We have to a large extent, unlike, say, the Dominicans, abandoned the choir of the church for a chapel in the convent,[39] and in some convents have largely abandoned the chapel in favour of private recitation of the office and private meditation. For reasons of pastoral commitment, the conventual or community Mass can be a rarity.

Should there be a more communal and even public dimension to much of our liturgical life as Carmelite friars? If so, what kinds of community would make it possible? What kinds of formation would support it? In what kinds of contemporary pastoral situations would it be meaningful? In what ways might our commitment to regular liturgical prayer function for ourselves and others as an invitation to contemplative community and as a school of prayer?

---

39. See my previous remarks in "Liturgy and the Carmelite Constitutions," 96–99.

3) Worship and the immobile body

Thomas Merton was once asked – this was in the early 1950s – to describe what the Mass is about and replied that it is a kind of ballet. Sibert's meticulous choreography, in which every movement and gesture is precisely described, may give a similar impression, one likely to severely test the patience of the modern reader. In general, we are no longer much interested in complex prescriptive ritual, which seems to us dessicated and alienating. The sheer concentration it requires seems to us counter-productive to genuine prayer.

Yet Sibert and his contemporaries seem to have been convinced that the very formality and structure of their ritual life was a way of harnessing mind and body in a transformative service of God, its precisely prescribed gestures both an expression and a source of inner harmony.[40]

Today, however, our liturgical practice has been considerably deritualised. "... Our liturgical and prayer practice inhabits an intellectualised, post-Cartesian realm where the body is a truncated and marginalised semi-participant in the 'spiritual' life, which we have redefined almost to the exclusion of the physical. From a vast eloquent vocabulary of gesture and symbol, we have reduced ourselves to a few phrases".[41]

Do we have anything to learn from the medieval "age of the gesture"? Could we learn, for that matter, from the bodily practices of other religions and cultures, or from new contemporary practices? Might we think again about bodiliness in worship? Could a gestural aesthetic be profitably recovered or re-invented for today's worship? Would a reflection on contemporary spiritual/physical practices and "technologies of the body" help us to identify what is likely to be spiritually useful for us? Is there any way in which we might adopt any resultant insights as an expression of the corporate (bodily!) practice of the Order?

---

40. In the creation of this mentality Hugh of St Victor's *De institutione novitiorum* was especially influential; cf. SCHMITT, *La raison des gestes*.
41. CHANDLER, "Liturgy and the Carmelite Constitutions," 101–02.

4) Mary, decor Carmeli, and the contemplation of beauty

Carmelite writings more or less contemporary with Sibert's Ordinal show a striking sensitivity to beauty, both of nature and of grace, and to the role of beauty in the contemplative life. Nicholas the Frenchman, in one of the most lyrical descriptions of nature in the Middle Ages, claims the natural elements as the companions of Carmelites in their worship and contemplation:

> In the desert all the elements work to favour us. The firmament, marvelously adorned with planets and stars in their wondrous order, attracts us by its beauty and invites us to wonder at still higher things. The birds, assuming an almost angelic nature, sweetly measure out the delightful melody of their song to soothe us. Even the mountains, according to the prophecy of Isaiah (cf. Joel 3.18), drip down a marvelous sweetness for us, and our companions the hills flow with milk and honey, the like of which foolish lovers of this world will not taste. When we sing the psalms in praise of the Creator, the mountains about us, our brother conventuals, echo the sound of our voices, and their tongues, as if elegantly plucking on strings, repeat the verses harmoniously in the air, praising the Lord together with us in united harmony. Roots put forth, vegetation turns green, and the leafy boughs and trees, applauding in their way, rejoice for us. Wonderful flowers, abounding in marvelous fragrance, set themselves to laughing for the consolation of us solitaries (cf. Is 55.12). Sunbeams, though tongueless, speak saving counsels to us. Shady berry bushes offer us their delightful favours, and all the creatures which we see and hear in solitude renew and comfort us as our companions; indeed, even though they do not speak they proclaim wonders, and rouse our inner selves to the praise of a wonderful Creator.[42]

Mount Carmel itself was considered the epitome of the beauty bestowed by God, because of its fertility and its suitability for contemplation. The Order's early Marian writers soon transferred the biblical images of the beauty of the mountain to the Virgin Mary. John Baconthorpe's *Laus religionis carmelitanae* is particularly

---

42. *Fiery Arrow* 11.2; ADRIANUS STARING, O.Carm., ed., "Nicolai prioris generalis Ordinis Carmelitarum Ignea sagitta," *Carmelus* 9 (1962): 237–307.

attentive to "the splendour of beauty", which he associates above all with Mary, as the spouse of the Song of Songs, but also with the capacity for contemplative wonder. In a enchanting story, which he attributes to an apocryphal life of Mary but which he has perhaps invented himself, he tells of an angel taking the young Mary to Mount Carmel. She is so struck by its beauty that she asks if it is Paradise. "No, it's not", the angel replies; "but the beauty of this mountain has been given to you, so that you may remain the spouse of my Lord in the flower of virginity, and so, finding peace, he may bring people to Paradise".[43]

We expect that Carmelite liturgy will have a Marian dimension, but we perhaps do not consider it profoundly enough if we consider it only expressed on a devotional level. In a deeper sense, a Marian liturgy in our tradition would be one focussed on a contemplative openness to the Word of God and to the beauty of creation however it is expressed. This must include the natural elements which are used in worship: the liturgy should be an ecology of beauty. This is a challenge today, when the dominant aesthetic in many cultures tends toward immediacy of sensation or to the fractured and transgressive.

Beauty in the liturgy is more than aestheticism and more than "good taste", though it may include it. It is in the service of "the transparency of the divine". A contemporary challenge for us is to create in our liturgical settings and practices, in our various cultures, a contemplative aesthetic – a Marian dimension of the liturgy, if you like – which invites us to focus on the essential, to be receptive to grace and sensitive to beauty, and ready to be drawn into the mystery which is celebrated in the liturgy.

5) Speaking and listening

Liturgy is in some ways a speaking built on silence, and its elaborate movements are meant to draw to inner stillness. Sibert is much concerned for the speaking and moving parts of the liturgy, the selection of texts, the arrangement of prayers, the exact performance of rubrics, the direction of music, the harmony of recitation and singing. He has little to say about silence, even less

---

43. 1.4; in STARING, *MCH*, 220–21.

about inner attitudes. Nevertheless, it is clear that he wishes a liturgy which achieves an equilibrium in which the community is in communion and not in contention, in which egoism and particularity are surrendered to the common task. *Devote* is the word which for him sums up the inner attitudes which put body and mind in harmony and on which liturgical practice must be built. In such a context, as in a choir or a chorus, one cannot speak or sing without also listening, without attention to God, to one's inner self, and to one's fellows.

Worship is meaningless without attention to God, but a harmonious liturgy cannot be achieved without attention to others. It is a common act and a group performance. In this sense liturgy is a school of listening: its contemplative aspect is seen not only in orientation to God but also in a generous attitude to the other. Together a liturgical community attempts to form in itself a new receptivity to the unexpectedness of grace.

Dom Adrian Nocent already proposed to the Carmelite Congress on Prayer in 1974 that an emphasis on listening to the Word could be a special characteristic of the Carmelite approach to liturgy.[44] How do we form worshipping communities that truly allow themselves to be addressed by God, and so shaped by the Word? This cuts to the very heart of Carmelite spiritual traditions: about Elijah, the prophet and contemplative, about Mary, who received the Word of God in her heart, about the religious who "meditate day and night on the Law of the Lord", about *lectio divina* as a fundamental spiritual practice. How can such values best find a place in our contemporary liturgical and pastoral praxis?

6) A sense of discretion

Sibert's Ordinal mandates numerous prayers in honour of the Virgin Mary, including the daily recitation of the Little Office of Our Lady in addition to the canonical office, along with various Marian commemorations at Matins, Vespers and on Saturdays. As already noted above, however, many such devotions are suspended in the Christmas season, in Holy Week and the Octave

---

44. ADRIEN NOCENT, OSB, "Actualisation et personnalisation de la prière liturgique," *Carmelus* 22 (1975): 119–34.

of Easter, on great feasts, and on some other days. In part this is no doubt to avoid an excessive burden of prayer on the days when the Office is long. However, it also seems to reflect a sense of liturgical discretion, a deliberate choice to allow the great feasts to assume their central character without distraction.

Do we have the same discernment today? How well have we implemented the post-conciliar guidelines about progressive solemnity in the liturgy,[45] where the more important parts of the rites and the more important feasts are to be given proportionately greater solemnity than those of lesser importance? Is our expression of Marian devotion, however heartfelt it may be, given a properly secondary place in our liturgical practice, or is it allowed to unbalance the proper Trinitarian equilibrium of worship?

7) Uniformity and diversity

A principal concern of Sibert's Ordinal, as of other such works, is to achieve uniformity of observance. As in our constitutional texts on liturgy, diversity and variety, at least for the most part, are simply presumed to be undesirable ills which require eradication and replacement by the correct texts and actions. For Sibert and his contemporaries, uniformity of observance symbolised the unity of the Order and its fidelity to its liturgical ideal, and was a measure of its spiritual health. Even if uniformity often remained an unachieved ideal, tempered as it was by circumstance and local custom, it remained for centuries a powerful ideal.

Today, on the other hand, we are inclined to see here merely the evidence of a sterile rubricism. We have chosen instead a path of cultural adaptation and personal and community freedom, one which, in general, is regarded as having borne much pastoral and spiritual fruit in the years since Vatican II.

However, it surely is not unthinkable to ask if there have been losses as well as gains. Indeed, it seems to be a "sign of the times" that such questions are being raised more frequently. Is it not time to re-evaluate our liturgical experience over the last few decades? In local pastoral contexts such reflection has usually

---

45. E.g. *General Instruction on the Liturgy of the Hours*, n. 273.

been an ongoing process. In the global context of the Order, however, as an international, cross-cultural religious community, reflection on and study of liturgical matters seems to have been comparatively scarce.[46]

International meetings are more common than ever, but it has become more difficult than ever to celebrate the liturgy in ways which effectively symbolise the unity dimension of our unity-in-diversity. Even to recite the Lord's Prayer together has become a virtual impossibility. Almost the only prayers every Carmelite has in common are now the *Flos Carmeli* and perhaps the *Salve Regina*. Do we need to rediscover or re-invent effective ways to give expression to what we have in common? Do we need to find ways in which processes of inculturation might operate not only as adaptations to local cultures, but also to a Carmelite culture, as a sort of international meta-culture shared across linguistic and cultural boundaries? How might such a dimension find liturgical expression for Carmelites in the 21st century?

Much of our particular musical and textual heritage of prayer was abandoned along with the liturgical use of Latin and the renunciation of the Carmelite Rite. In the process many expressions of the characteristic spiritual and mystical outlook of the Order seem to have been lost or obscured. Some, indeed, were already lost in the unsympathetic reforms after the Council of Trent. The place of the Resurrection in our Rite – not merely as a series of commemorations, but as the expression of a whole spiritual and theological outlook – is a case in point.

Of course, recent decades have also seen many worthwhile innovations, including many which have given more vital liturgical expression to the very qualities which are highly prized in the Carmelite spiritual tradition. One thinks, for example, of the notably reflective approach to the Liturgy of the Word in many of our communities and parishes. But is it opportune now to reconsider whether some of our historic liturgical and quasi-liturgical traditions might serve us again, even on the pragmatic level of providing some common texts which can be shared across

---

46. In the historical field the extensive writings of James Boyce on the medieval Carmelite liturgy are, of course, a notable exception.

linguistic boundaries? Is there a turning of the tide toward a re-appropriation of some of the treasures of the past?

As we enter the second decade of the twenty-first century, unlike in some other groups, there does not seem to be in the Order much nostalgia for the liturgical past or much sign of reactionary attitudes to the liturgical renewal of recent generations. It goes without saying, therefore, that there is no desire for any sort of liturgical antiquarianism or restorationism.

The Order continues to devote great effort to the study of its history and to many of its principal spiritual writers, as the *Bibliographia Carmelitana Annualis* makes clear. There has been relatively little study, however, and most of it two generations ago, of our liturgical tradition, despite a theology which suggests that the liturgy is the high point of the spiritual life.

Is it worth undertaking, then, a considered, modern, systematic, interdisciplinary study of our historic liturgical texts, including the *Ordinale* of Sibert de Beka, now approaching its seventh centenary, with a view to putting their spiritual, theological and even mystical dynamism at the service of the Order in the modern age?

It would be worthwhile to make a critical edition of Sibert's Ordinale, for which we now have numerous manuscripts (see above pp. 25-31). I propose a electronic edition. As well as recording textual variants and mapping the relationships of the manuscripts, a modern electronic text would provide many possibilities which were barely imaginable only a few years ago. If digital texts of the medieval Carmelite Missal and Breviary are also prepared, the incipits throughout the Ordinal could be linked to the full text of the prayers, hymns, antiphons and other elements to which they refer. The Latin text could be linked to translations. The possibility of searching and concordancing would facilitate textual analysis and theological, historical and liturgical study of the texts. As other texts of Carmelite interest are scanned they could all become part of a searchable open-ended corpus of Carmelite texts adapted to the new techniques of 21st-century textual scholarship. So long as a well-planned and technically-adequate framework is in place, the project could proceed gradually as resources allow.

Paul Chandler
Carmelite Institute
Rome

CARMELITE LITURGICAL STUDIES: A WAY AHEAD
SEMINAR CONCLUSIONS

The seminar, which prepared for the anniversary of the approval of the *Ordinale* of Sibert de Beka's by the General Chapter in 1312, began with two shared convictions: Sibert was very important; his centenary was worth celebrating. As one moved from these strong convictions, unanimity became less apparent or easy to grasp.

The opening paper by Kevin Alban, "Sibert de Beka: The Man and His Times" was a useful contextualisation of Sibert (ca. 1260-1332). He took the Carmelite habit at Cologne a decade after the death of Albert the Great (d. 1290). He arrived in Paris within thirty years of the death of Thomas Aquinas (d. 1274). He was regarded as a serious theologian and an important administrator. He was about fifty years old and had not incepted as master when he undertook revision of the Carmelite *Ordinale*. His life stretched over a period when the Carmelite Order was becoming more secure, a time of great intellectual ferment in the Order. But there were still two issues: the existence of the Order and its identity.

During the course of the seminar various ideas surfaced which are worth recording as areas of possible research to mark the approval of Sibert de Beka's *Ordinale*. This brief summary of topics, ideas and conclusions that emerged does not attempt a classification in terms of importance, or immediate urgency. The seminar participants from their own fields of study and expertise would each prioritise differently the various ideas. The ideas are grouped under three headings. Firstly, there is liturgical history centred on Sibert de Beka and his work. Secondly, there are contemporary issues especially concerning liturgical spirituality and formation. Thirdly, there were some practical projects suggested. These attracted attention and some initial approval; they are gathered at the end for greater emphasis.

Liturgical History from Sibert de Beka's time

The seminar began with the issue of the Order's existence and identity. A general question was posed several times: how might liturgy have shaped our identity? Though the question, urgent in Sibert's time of the right of the Order to exist was solved by the later Middle Ages, the issue of identity has to be answered in each generation.

At various points in the seminar the need for interdisciplinary studies of liturgy and more generally of our heritage was highlighted. Some examples of areas that might feature in interdisciplinary approaches were noted: bible, theology, spirituality, canonical legislation, symbolism, gestures, music, oral transmission, popular religiosity, folklore, myth and legends, the liturgy of other orders (especially Dominican and Franciscan), homiletics, art, poetry etc.

Sibert and his Ordinale

The background and starting point of Sibert need careful study. He had three main sources: the Rite of the Holy Sepulchre; Carmelite customs and at least one pre-existing *Ordinale*; some elements of approved customs of other Churches (*Ordinale, incipit*).

The question arose about a critical edition of Sibert's *Ordinale*. There was a general consensus that, though this would indeed be desirable, it was not at this time a priority. A more important matter would be comparative studies of three groups of liturgical texts: the 13th century *Ordinale*; Sibert's text; and the printed texts of the 16th century, especially that of 1554. Again, our liturgical manuscripts as well as our pre-Tridentine printed liturgical books could all be compared with Sibert's *Ordinale* in the Zimmerman edition and later versions.

Several papers noted contemporary and later resistance to Sibert's *Ordinale*. More analysis is needed of the insistence on, and imposition by, the General Chapters of 1312 and 1369 and effects of their decrees. More broadly, some attention is needed to questions about the reception of Sibert's *Ordinale* in the houses and provinces of the Order.

The liturgy of the Holy Sepulchre and the Resurrection

Right from the beginning there was a focus on the liturgy of the Holy Sepulchre. It became a dominant theme of the seminar. It quickly emerged that readable and quasi-popular studies on the Holy Sepulchre liturgy and its effects in the Order are very desirable. People are used to hearing about this rite, but have no clear idea about it. There already exist important studies, such as academic and popular contributions by Arie Kallenberg, but further popular studies are needed in the main languages of the Order for the Carmelite Family and for formation personnel.

A key feature of the Holy Sepulchre liturgy was the centrality of the Resurrection. We can search out this theme in Mass and Divine Office texts such as prayers, sequences, hymns, readings; sermons might also prove fruitful.

We can to ask if Carmelite theologians had special insights or teaching on the theology and spirituality of the Resurrection. One source would be Carmelite commentaries on Lombard, *In 3 Sent*, d. 21 and *In 4 Sent* d. 43; and on St. Thomas, *Summa theologiae* 3a, qq, 53-56 with *Supp.* qq. 75-85. We should also study the theme of resurrection in our spiritual writers and mystics.

Contemporary issues

There should also be integrated study of liturgy and spirituality, especially of the resurrection texts.

Liturgical spirituality

We need to ask about relevance of Sibert de Beka's work today. There is no desire to return to Sibert's kind of *Ordinale*. In his time Sibert faced three major challenges: respect for a heritage; the need for liturgical unity (uniformity?); a deep commitment to a high standard of liturgical celebration.

Seven hundred years later we have other challenges. In Sibert's time excellence in liturgy could be achieved by following the norms of the *Ordinale* and its choice of texts. For our time we have the General Instructions for each of the liturgical books revised after Vatican II. There are steps needed, especially in formation programmes. Communities would need to study these various General Instructions in order to appropriate more deeply the liturgical practice and spirituality that have been emerging since the Council. More important still may be the integration of liturgy with pastoral life, spirituality.

Liturgy is a major source for theology (*fons theologicus*). It is also is a key to transformation. Liturgy is to bring us to another place, God's, so that we are where God is speaking and acting and where we are taught how to speak to, and about God. It has, moreover, a key place in community life. The text on the bell in Sibert (*Ordinale, prima rubrica*) recalls the urgency of doing God's work in St. Benedict (*Regula* 43). We are still in the grip of legalism about community celebration, so that for example at the time of Evening Prayer people can remark, "I can say it later [i.e. alone]." The issue of the priority of community prayer can thus arise.

It can be recalled the tension that existed in the 16th century at Avila, when some five hours were devoted to magnificent singing of the Office and Mass. As a result there was no possibility of personal individual prayer. St. Teresa retained a chanted office without much singing except on great feats, so that she released two hours for personal prayer (*Constitutions* n. 2). St. Teresa's spirituality was profoundly Eucharistic, but not markedly liturgical as we would understand the idea today.

At various times in the seminar discussion arose about the eschatological dimension of the liturgy. It was noted that there is also an eschatological aspect of religious and hence of Carmelite life (Vatican II, *Church* LG 44; *Religious Life* PC 12). In one sense the Vatican II liturgical reform was an attempt to lead to "full, conscious and active participation of the whole faithful." (*ut fideles universi ad plenam illam, consciam atque actuosam liturgicarum celebrationum participationem ducantur*—SC 14). The article went on to state that "pastors of souls in all their pastoral activity should energetically set about achieving it through the requisite formation." What has not been so firmly adopted from the Council is an article on the eschatological dimension of the liturgy.

> In the earthly liturgy we take part in a foretaste of that heavenly liturgy which is celebrated in the holy city of Jerusalem towards which we journey as pilgrims, where Christ is sitting at the right hand of God...With all the hosts of heaven we sing a hymn of glory to the Lord; venerating the saints we hope to share their company; we eagerly await the Saviour, Our Lord Jesus Christ, until he our life shall appear and we too will appear with him in glory (*Phil* 3:20; *Col* 3:4 – *Liturgy* SC 8).

In various liturgical texts we find this eschatological dimension, as in the prayers *super oblata* over the gifts and post-communion. The eschatological aspect of liturgy is closely related to the Resurrection.

Liturgical formation-liturgy and formation

It might be useful to think about two related issues that arise when we use two words, "liturgy-formation." There is firstly a need for liturgical formation demanded by the reforms of Vatican II. We all need this so that we can continue to obey and appropriate more deeply the Council's vision. This liturgical formation should have three dimensions: community life; pastoral ministry; the personal spiritual journey of each to union with God.

Secondly, liturgy has a major role for formation, that is, in both initial and in that ongoing formation which is necessary for authentic Carmelite life. We need spirituality and a pastoral approach that are drawn from and supported by the celebration and texts of the liturgy. Again, our major contemporary texts should be read also in a liturgical key. Thus the synthesis of our charism as "contemplative fraternity in the midst of the people" (see *Constitutions* 1995, n. 14-24) should be re-read and explored through the optic of liturgy. What enrichment can we get by new considerations and explorations such as: contemplation and liturgy; fraternity and liturgy; being in the midst of the people and liturgy.

In addition Part One of the *Ratio institutionis vitae carmelitanae* should be read with liturgy in mind so that we continually ask how liturgy can support the values of initial formation.

Projects

The seminar participants were convinced that 2012, the anniversary of the *Ordinale*, should be a special moment in the renewing of the liturgical life of the Order. A number of projects were mentioned.

The seminar participants saw the value of big and smaller projects. In the short space of a few days the details and boundaries of projects could not be formulated with any great clarity. However the seminar participants were sure about their importance.

In liturgical studies as with all matters pertaining to our heritage, we need scholarly investigations by members of the Order and others. We also need popularisation of the results of such academic work that can be communicated to members of the Carmelite Family, to those involved in formation and to the wider Church.

Major projects

Two areas were identified.

Firstly, a major study of the period from Sibert to the first printed 16th century printed editions of the *Ordinale* is desirable. This study would focus on the resurrection theme in our heritage.

Secondly, we need an interdisciplinary study of Carmelite identity in three periods with particular emphasis on liturgy:
i) pre-Trent;
ii) Trent to Second Vatican Council;
iii) After Vatican II.

Thus for example in the period from Trent to Vatican II such a study might look at O.Carm. claims to, and understanding of, a Marian identity and at the OCD claims to a contemplative identity. It might examine reform movements in terms of liturgical life and aims. It might look at what the decades immediately after Trent achieved. Several of the areas of interdisciplinary scholarship noted above will be relevant to such studies, e.g. bible, theology, spirituality, canonical legislation, symbolism, gestures, music, oral transmission, popular religiosity, folklore, myth and legends, the liturgy of other orders (especially Dominican and Franciscan), homiletics, art, poetry etc.

Smaller projects

A number of lesser projects were also noted and recommended which might be taken up by individual scholars, groups, seminars or conferences.

1. An *ad hoc* group might look at the possibility of having resurrection commemorations daily or weekly. In this context the Saturday Station might be re-examined and perhaps revised.
2. Selections of chants from our musical heritage could be published.
3. Contemporary musical settings of Carmelite texts could be gathered.
4. Information or bibliography of Carmelite composers, recordings and articles about them. The books and articles by James Boyce and the articles by Simon Nolan in *Carmel in the World* were noted and commended.
5. There could be a study of liturgical dimensions or liturgical consequences of the newer understanding of contemplation in the *Ratio institutionis vitae carmelitanae.*
6. Any and all of the reform movements could be studied to establish facts and their interpretation.

Conclusion

The participants at the seminar were convinced of the need for development of liturgical research and studies of the highest academic quality. Popular works too are needed which should aim at appropriate excellence at another level. The seminar members also saw that liturgy can no longer be seen in narrow terms, so that only scholarly liturgists classically trained would have a contribution of seriousness and value. Those attending the seminar themselves represented a certain interdiscplinarity, but would each recognise the limitations of their own expertise. The development of the Order is throwing up new challenges in all aspects of our life, not least in liturgy. The centenary in 2012 will be a suitable launching pad for new visions and energy in the area of Carmelite liturgy.

Christopher O'Donnell
Milltown Institute
Dublin

ORDINAIRE

DE L'ORDRE

DE

NOTRE-DAME DU MONT-CARMEL

BIBLIOTHÈQUE LITURGIQUE

PUBLIÉE PAR

ULYSSE CHEVALIER

TOME TREIZIÈME

ORDINAIRE

DE L'ORDRE

DE

NOTRE-DAME DU MONT-CARMEL

par SIBERT DE BEKA (vers 1312)

*publié d'après le manuscrit original et collationné
sur divers manuscrits et imprimés*

PAR

Le R. P. Benedict ZIMMERMAN

Prieur des Carmes de Saint-Luc, à Wincanton.

PARIS

ALPHONSE PICARD ET FILS, LIBRAIRES

82, rue Bonaparte, 82

1910

PERMISSU SUPERIORUM

INTRODUCTION

I. Le Manuscrit.

Le *Manuscrit 193 de la bibliothèque du palais archiépiscopal de Lambeth* (Londres) renferme l'Ordinaire des Carmes composé vers l'an 1312 et déclaré obligatoire par plusieurs chapitres généraux de l'ordre. Cet ouvrage, que nous publions ici, forme un volume in-4° (mm. 236×190, écriture 213×128) composé de quatre-vingts feuillets de parchemin : le premier et le dernier sont des feuillets de garde, dont l'un a servi à des essais d'écriture et l'autre à une énumération des jours « égyptiens », et de certaines messes auxquelles on attribue une efficacité spéciale. Le texte commence à la page 2 et se termine à la page 79. Chaque page présente deux colonnes, contenant chacune 39 lignes. Le manuscrit remonte environ à l'an 1320 : l'absence de colophon ne permet pas d'en préciser davantage la date. La collection à laquelle il appartient à présent fut commencée par l'archevêque Laud (mort en 1645), et provient des bibliothèques monastiques anglaises dispersées sous Henri VIII. Il est probable que le manuscrit que nous étudions ait appartenu au couvent des Carmes de Norwich ou à quelque autre couvent du littoral oriental de l'Angleterre.

Du commencement à la fin du volume, l'écriture, de grandeur variable, est d'une seule main et devient, en avançant, de plus en plus serrée. Les initiales, aux encres rouge et bleue, sans être d'une exécution très artistique, sont bien dessinées et se perdent parfois en des arabesques, voire même en des figures grotesques. Les trois derniers feuillets étaient destinés à contenir l'intonation des hymnes et des autres morceaux de chant, mais la notation musicale n'ayant jamais été insérée, ils ne présentent aucun intérêt : nous les avons donc omis dans cette édition.

Le copiste s'est montré assez négligent. En quelques endroits, il semble avoir mal lu l'exemplaire qui lui servait de modèle ; d'autres fois, il a sauté des mots et même des bouts de phrase, ou il s'est embrouillé dans des pièces commençant par les mêmes mots qui terminent les pièces précédentes. Plusieurs de ces bourdons se retrouvent dans les autres manuscrits que nous avons eu l'occasion de consulter, et même dans l'édition imprimée à Venise en 1544 : ils doivent donc s'être glissés dans le texte presque dès l'origine. Le correcteur, tout en signalant un certain nombre de fautes en marge, en a laissé passer beaucoup d'autres. Nous avons corrigé les simples lapsus de plume, mais lorsqu'une erreur nous semblait avoir quelque importance, nous avons attiré sur ce point l'attention du lecteur et proposé la correction. Celles qui nous avaient échappé au cours du travail ont été rapportées dans la table synoptique, comme, par exemple, lorsque le manuscrit semble indiquer femina au lieu de festina : au même endroit ont été signalées quelques erreurs d'impression.

L'édition d'un pareil ouvrage serait impossible à moins d'avoir l'original constamment sous les yeux pendant l'impression et la correction des épreuves. Nous avons donc volontiers profité de la permission accordée par Sa Grâce le Primat de l'Eglise Anglicane de faire photographier le manuscrit entier, afin de pouvoir collationner le texte à plusieurs reprises et tout à notre aise. La photographie du manuscrit nous était d'autant plus nécessaire que ce *travail, commencé il y a huit ans à Londres, et continué dans un petit bourg de l'Angleterre, loin de toute bibliothèque, par suite de circonstances imprévues, dut être achevé pendant un voyage prolongé en Italie et en Espagne. Nous espérons que le lecteur voudra bien tenir compte de ces circonstances pour excuser les erreurs qui, en dépit de tous nos soins, auraient pu nous échapper. Le voyage dont nous parlons n'a d'ailleurs pas été infructueux par rapport à notre travail, car il nous a mis à même de collationner tout le manuscrit de l'Ordinaire avec le prototype du rite Carmélitain, l'Ordinaire du Saint-Sépulcre de Jérusalem, qui est contenu dans le manuscrit Barberini 659 (au Vatican), écrit en 1160 ; il nous a encore permis de prendre connaissance de plusieurs manuscrits liturgiques de l'Ordre des Carmes, notamment de deux autres exemplaires de notre Ordinaire conservés à la bibliothèque Magliabecchienne de Florence B 9. 1795 et II. ix. 68 ; tous les deux sont incomplets et moins bien écrits que celui de Lambeth, mais ils nous ont servi pour la vérification de plusieurs endroits douteux. Il en existe un autre à la bibliothèque de Dijon (N. 121) écrit en 1468, dont jusqu'ici nous n'avons pu prendre personnellement connaissance ; il est possible qu'il s'en trouve encore plusieurs en d'autres bibliothèques.*

Outre ces manuscrits de l'Ordinaire, nous avons consulté un nombre considérable de manuscrits liturgiques, bréviaires et missels, et nous avons soigneusement collationné tout l'ouvrage avec l'Ordinaire imprimé en 1544, avec les bréviaires de 1480, 1490, etc., ainsi qu'avec les missels de 1490, 1509, etc. Si toutes ces sources avaient été à notre portée à la fois et dès le commencement de notre travail, nous aurions indiqué toutes les variantes. Tel n'étant pas le cas, force était de nous contenter de signaler les divergences les plus saillantes. Au reste, en publiant ce manuscrit, nous nous étions proposé non pas de faire une compilation de toutes les sources liturgiques de l'Ordre, mais de publier le document qui forme la base de la liturgie carmélitaine.

Cette tâche présentait de très grandes difficultés. Outre les con-

tractions familières à tous ceux qui travaillent sur les manuscrits du Moyen âge, le copiste de celui qui nous occupe s'est servi d'un système particulier d'abréviations. Ce qui lui importait, c'était de faire connaître la suite des antiennes, répons et autres formules liturgiques ; le texte devant être familier à ses lecteurs, il n'avait pas besoin de le reproduire en toutes lettres. Il se contentait donc de l'indiquer brièvement, très souvent par une seule lettre pour chaque mot, comme par exemple P. q. o. D. (Praesta, quaesumus, omnipotens Deus). Pour nous, au contraire, les formules importent beaucoup plus que l'ordre dans lequel elles se présentent. Il fallait donc éclaircir le sens de toutes ces contractions, et c'est précisément là que nous avons rencontré les plus grandes difficultés. Lorsque l'Ordinaire indique à la fin de matines T. D. l. tout le monde comprend qu'il s'agit du Te Deum laudamus ; mais lorsqu'il écrit Se. Me. on ne devinerait pas, sans une connaissance intime de la liturgie Carmélitaine, qu'il veut parler de l'antienne Sebastianus Mediolanensium. C'est justement pourquoi nous ne nous sommes jamais lassé de collationner le manuscrit avec toutes les sources à notre portée, et nous osons espérer que ce côté de notre travail, du moins, n'est pas trop imparfait. Il était parfois presque impossible d'arriver à une conclusion exacte. Ainsi, l'Ordinaire écrit Deus tu conver. Offertoire du second dimanche de l'Avent) : l'un des manuscrits de Florence concorde, tandis que l'autre met seulement Deus tu con. Le manuscrit Barberini a convertens, comme aussi les bréviaires et missels imprimés, mais dans l'Ordinaire de 1544 et dans certains manuscrits, on lit Deus tu conversus. Quelle formule fallait-il adopter ? Des cas aussi embarrassants sont rares, mais des exemples moins saillants abondent. Il va sans dire que partout où notre manuscrit contenait la moindre indication de la leçon voulue, nous l'avons suivie scrupuleusement, pourvu qu'il n'y eût pas une erreur de plume manifeste, car dans ce cas nous avons signalé le fait.

De plus, notre copiste n'a pas été très systématique : assez souvent il traite la même formule de deux manières différentes. Ainsi il écrit parfois Summi largitor, et d'autres fois Summe largitor ; en un endroit, Erant Joseph (et Maria), et en un autre Erat Joseph. En pareils cas, il ne nous a point paru nécessaire de le suivre dans tous ses caprices.

Nous aurions aimé à distinguer partout le texte du manuscrit de l'interprétation donnée par nous aux contractions, et en effet, nous avions commencé à le faire, mais des difficultés typographiques nous obligèrent à abandonner ce système. Pour la même raison, nous ne pouvions adopter l'orthographe de l'original. Il aurait sans doute mieux valu écrire Tercia, omelia, ympnus que Tertia, homilia, hymnus, etc., mais nous n'aurions été guidé que pour les mots écrits en entier dans le manuscrit, et pour résoudre les contractions, il aurait fallu ou bien inventer une orthographe archaïque, ou présenter au lecteur un mélange arbitraire d'orthographe ancienne et nouvelle : il nous a donc paru préférable de sacrifier l'orthographe du Moyen âge et de nous en tenir tout simplement à l'orthographe ordinaire. Les cas où il peut en résulter quelque petite différence sont du reste excessivement rares. On ne saurait guère citer que le commencement de l'hymne Summe Deus clemencie, où le Moyen âge nous laisse dans le doute s'il faut prendre le premier mot pour un vocatif du genre masculin ou un génitif du genre féminin. Toutefois, avant de nous décider à abandonner l'antique orthographe de notre manuscrit, nous avons tenu à consulter quelques autorités en ces matières : elles n'ont fait que confirmer notre opinion.

Nous avons ajouté en Appendice quelques offices, etc., appartenant au rite Carmélitain et tirés des manuscrits et des premiers livres imprimés.

II. Le Rite du Saint-Sépulcre.

Ainsi que l'indique le titre de notre Ordinaire, le rite des Carmes est tiré de celui de l'église patriarcale du Saint-Sépulcre de Jérusalem. Peu de jours après la conquête de la sainte cité par Godefroy de Bouillon, le clergé qui avait accompagné les Croisés et célébré chaque jour les divins offices, fut constitué en deux chapitres, celui du Temple et celui du Saint-Sépulcre ; ce dernier obtint la préséance sur le premier. Séculier d'abord, il embrassa ensuite la règle de saint Augustin. Quoiqu'il représentât plusieurs nations, l'élément français paraît y avoir dominé : on rencontre même parmi les premiers chanoines des noms parisiens. On est donc en droit de s'attendre à une parenté étroite entre le rite du Saint-Sépulcre et celui de Paris, tel qu'il nous est connu par Jean Beleth. Le rite du Saint-Sépulcre subit cependant des influences étrangères, comme on peut s'en convaincre en parcourant le calendrier où figure un saint d'Angers, saint Aubin, ou en examinant les proses dans lesquelles des connaisseurs ont constaté un élément plus méridional. Du reste, les Supérieurs, priores praedictae ecclesiae (S. Sepulchri), valde probabiles viri [1], *comme s'exprime le manuscrit Barberini, ne tardèrent pas à adapter la liturgie aux exigences locales. Se trouvant sur les lieux mêmes où presque tous les mystères de notre Rédemption s'étaient déroulés, il convenait de marquer les grandes fêtes par des processions et autres fonctions solennelles en rapport avec les événements de l'année ecclésiastique. Le même esprit qui avait jadis inspiré les cérémonies que nous connaissons, du moins en partie, par le pèlerinage d'Etheria, présida à la rédaction des rubriques de l'Ordinaire du XII*e *siècle. Les fêtes de Bethléem au jour de Noël, les scènes dramatiques à Jérusalem pendant la Semaine Sainte et à Pâques ; les processions au Temple à la fête de la Chandeleur, au Mont des Oliviers le jour de l'Ascension, revê-*

---

1. Ms. Barberini 659, fol. 26ᵛ.

taient une splendeur que l'imagination éprouve de la difficulté à concevoir. Le patriarche de Jérusalem représentant Notre-Seigneur, le saint Bois de la vraie Croix [1], les rues par lesquelles le Christ avait passé, l'endroit où il s'était assis, la sainte montagne d'où il s'était élevé au ciel, et par-dessus tout, le Sépulcre d'où il était sorti triomphant — Surrexit Dominus de hoc sepulchro — tout cela donnait aux cérémonies de Jérusalem une signification que l'on chercherait en vain ailleurs. Aussi l'église du Saint-Sépulcre ne se lassait-elle jamais de proclamer ses souvenirs glorieux et de redire les paroles de l'Evangile. Tous les samedis depuis Pâques jusqu'à l'Avent, on faisait une procession à la chapelle de la Résurrection, et tous les dimanches, à moins qu'il n'y eût fête solennelle, on récitait à matines l'Evangile de Pâques avec un répons correspondant et l'on chantait la messe de Pâques à l'heure de la grand'messe, tandis que la messe du dimanche était célébrée de bonne heure et moins solennellement. Au dernier dimanche après la Pentecôte, immédiatement avant le commencement de l'Avent, on faisait une commémoraison solennelle de la Résurrection au rite le plus élevé.

Sous d'autres rapports, l'Ordinaire du Saint-Sépulcre donne des preuves incontestables de son antiquité. Ainsi on y trouve encore les messes des mercredis et de la plupart des vendredis de l'année ; les offertoires ont deux ou trois versets ; aux jours de fête, on ajoute des Tropes aux Kyrie, Sanctus et Agnus Dei ; les proses et séquences sont fort nombreuses. Par contre, l'Ordinaire donne très souvent le choix entre plusieurs antiennes, répons, petits chapitres, etc. et fait de même pour des évangiles : on remarque une grande irrégularité dans les antiennes des cantiques pendant les octaves : tantôt elles sont très nombreuses, le choix en étant laissé au directeur du chœur, tantôt elles sont en nombre insuffisant, nécessitant des répétitions. De même, les offices et les messes des martyrs et des confesseurs sont à peine distingués les uns des autres, et le

---

[1]. Crux vera deferatur, dit le Ms., fol. 110ᵛ, à propos de la procession de l'Exaltation de la Croix, nisi rex vel patriarcha pro aliqua necessitate secum detulerint.

Commun des Saintes Femmes manque complètement. On dirait que le rite du Saint-Sépulcre, tel qu'il est présenté par cet Ordinaire, dénote un état de transition, un compromis entre plusieurs usages particuliers. Pourtant, il avait déjà passé par diverses phases, car on y trouve souvent des allusions à l' « ancienne coutume » et aux mandements des patriarches successifs ; il est important de noter que cette « coutume ancienne » n'était vieille que d'un demi-siècle.

Remarquons ici une fois pour toutes que ni le rite du Saint-Sépulcre ni celui des Carmes ne semblent avoir subi d'influence orientale (grecque, arménienne, syrienne, etc.), à l'époque des Croisades. A part les cérémonies nouvellement introduites en honneur des souvenirs locaux, tout y est français, à une seule exception près, à savoir les leçons qui précèdent la messe du Samedi-Saint et qui, au Saint-Sépulcre, sont purement romaines, absolument les mêmes que nous trouvons encore aujourd'hui au missel romain ; la seule différence est qu'on les chantait dans les deux langues, latine et grecque. Quelques auteurs du XVIIe siècle crurent trouver un vestige d'influence grecque dans le **Kyrie** eleison solennel par lequel, aux rites du Saint-Sépulcre et des Carmes, commencent les vêpres de Pâques et des jours suivants, et aussi dans les fêtes de la Conception de la sainte Vierge et de saint Joseph que, d'après eux, les Carmes auraient apportées d'Orient et introduites en France. Nous savons maintenant que le **Kyrie** de Pâques est, au contraire, le dernier vestige de la procession qu'on faisait autrefois à Rome au baptistère (procession que l'Ordinaire du Saint-Sépulcre prescrit encore), et que les deux fêtes susmentionnées furent adoptées par les Carmes, l'une au commencement du XIVe siècle et l'autre vers la fin du XVe. Les liturgies orientales n'y sont donc pour rien.

III. Le Rite des Carmes.

Les ermites du Mont-Carmel étant tenus par leur règle, datant de 1210 environ, de dire « les psaumes qui, par l'institution des Pères et la coutume de l'Eglise, sont assignés aux diverses heures canoniales [1] » adoptèrent naturellement l'office en usage dans le patriarcat de Jérusalem, mais non sans quelques modifications. Vivant loin de la sainte Cité, et étant en petit nombre, il va sans dire que les cérémonies grandioses ne pouvaient aucunement se pratiquer chez eux : d'autant moins que la règle leur prescrivait seulement une réunion journalière dans l'oratoire, pour la célébration de la sainte messe ; quant à l'office, il dépendait des circonstances de le faire réciter en commun ou bien par chacun en son particulier. Plus tard, lorsque l'Ordre se répandit en Europe et se constitua selon le modèle des autres Ordres mendiants, le service du chœur devint obligatoire chez les Carmes non moins que chez les Franciscains ; il fut même introduit au Mont-Carmel. Les chapitres généraux commencèrent à se préoccuper des questions liturgiques, comme celui de Messine en 1259, dont malheureusement nous ne possédons pas les actes détaillés. Il nous manque également des renseignements sur plusieurs autres points, car nous n'avons retrouvé qu'un seul manuscrit liturgique Carmélitain antérieur au XIVe siècle, encore est-il incomplet [2]. Nous savons cependant que les Carmes avaient apporté en Europe la fête de sainte Anne, mère de la Sainte Vierge : elle avait été introduite par les religieuses bénédictines de l'abbaye établie dans la maison traditionnelle des saints Joachim et Anne ; les Carmes ayant occupé ce couvent pendant quelque temps adoptèrent la fête et continuèrent à la célébrer, même après avoir été contraints de quitter Jérusalem [3]. Ils introduisirent

---

1. Bullar. Carmelit., Rome, 1715, t. I, p. 2.
2. *Un Epistolaire écrit environ 1270 et appartenant à la Magliabecchienne à Florence,* D. 6, 1787.
3. Zimmerman, Monumenta historica Carmelitana, Lérins, 1907, t. I, p. 293. *Au début du XIe siècle, elle était célébrée à Winchester, mais disparut dans la suite.*

à une époque inconnue l'octave de la Nativité de la Sainte Vierge, et en 1306 adoptèrent la Fête-Dieu, la fête de saint Louis (auquel ils devaient leur couvent de Paris), et celle de la Conception de la Sainte Vierge avec les réserves alors en usage [1].

Notre Ordinaire fut composé peu de temps après par Maître Sibert de Beka qui, pendant longtemps, remplit la charge de provincial de l'Allemagne Inférieure, et mourut à Cologne le 29 décembre 1332 [2]. Ainsi qu'il nous l'apprend, il suppléa à ce qui paraissait manquer à l'ancien Ordinaire maintenant perdu à l'aide des coutumes approuvées d'autres églises. Il ne dit pas au juste ce qu'il a emprunté ni d'où il a tiré ses emprunts, mais on ne peut douter qu'outre les fêtes que nous venons de nommer, il faut ranger dans cette catégorie le Commun des saintes femmes et plusieurs messes votives, puisqu'on ne les trouve pas encore dans le rite du Saint-Sépulcre. Il paraît aussi probable qu'il a remanié les rubriques générales en les augmentant.

Les deux points saillants de ce nouvel Ordinaire sont la simplicité et le caractère archaïque, qui rangent le rite des Carmes à peu près à moitié chemin entre les institutions des Chartreux d'une part, et celles des Dominicains de l'autre. Les églises des Carmes étaient presque toujours pauvres, le personnel généralement peu nombreux et les sacristies assez mal fournies. Aussi l'auteur prend-il tout cela en considération, et donne-t-il des instructions sur la manière de remplir les fonctions d'une façon convenable en dépit de ces circonstances. Le côté archaïque ressort en maints endroits, par exemple, par l'absence de toute allusion aux couleurs liturgiques. On sait par les inventaires de sacristie, entre autres par celui du couvent de Hulne, près Alnwick [3], que, même à la fin du XIV° siècle, il

---

1. Zimmerman, Op. cit., p. 293. Pour les réserves, voir au texte, p. 267, et le traité du R. P. Doncœur S. J. « Les premières interventions du Saint-Siège relatives à l'Immaculée-Conception » (Revue d'Histoire ecclésiastique, t. IX, p. 281).

2. Voir la notice biographique sur Sibert de Beka dans Monumenta histor. Carmelit., l. c., p. 189.

3. Ms. Harley 3897 (au Musée Britannique). Voir Chroniques du Mont Carmel. Soignies, 1903-1905, où, dans une série d'articles, sous le titre Le Cérémonial de Maître Sibert de Beka, nous avons expliqué le rite entier.

aurait été impossible encore en certains couvents d'en tenir compte, et, de fait, on ne trouve aucune règle écrite à ce sujet avant 1551, bien qu'on puisse supposer que, du moins dans les églises principales, on ait suivi le courant général longtemps avant cette époque. Encore aujourd'hui, les Carmes Chaussés conservent quelques particularités, comme l'usage du rouge à la fête de la Circoncision, du blanc aux fêtes des vierges et non vierges martyres, ainsi qu'à la procession des Rameaux, l'usage facultatif du violet pour le noir. C'est là le fait d'une évolution à part qui ne dérive pas du rite du Saint-Sépulcre, lequel suivait un système complètement différent [1].

Le luminaire était également d'une grande simplicité. Aux messes basses, on se contentait d'un seul cierge ; aux messes chantées, on en plaçait deux ou quatre, non pas sur l'autel, mais sur les marches du presbyterium, ainsi qu'on le voit encore chez les Chartreux et en quelques églises espagnoles. A certaines occasions, on allumait de plus un grand cierge au milieu du chœur. Ces cinq cierges — quatre au sanctuaire et un au milieu du chœur — servaient aussi pour la cérémonie de l'extinction aux Ténèbres de la Semaine-Sainte. L'usage de l'encens était fort limité, l'éventail pour chasser les mouches pendant la messe n'a jamais entièrement disparu ; en quelques endroits, on s'en sert encore aujourd'hui. En passant devant le Saint-Sacrement enfermé dans le tabernacle, on ne faisait qu'une inclination profonde, comme c'est encore la coutume chez les Chartreux et chez les Cisterciens.

L'Ordinaire de Sibert reproduit, à quelques variantes près, celui du Saint-Sépulcre de 1160. Ainsi, il garde la double répétition — avant et après le Gloria Patri — de l'Introït aux jours de fête ; la double leçon — prophétie et épître — à la messe des jours solennels ; les versets à la fin des antiennes des fêtes de saint Paul, de saint Laurent et de la Trinité [2] ; la mémoire de la Résurrection aux Suffrages des Saints ; la commémoraison solennelle de la Résur-

---

1. *Voir l'article de* Ch. KOHLER : Un Rituel et un Bréviaire du Saint-Sépulcre de Jérusalem (Revue de l'Orient latin, Paris, 1900-1901, t. VIII, p. 39-383).
2. *Voir* CABROL, Dictionnaire d'Archéologie chrétienne et de Liturgie, t. I, 2317.

rection de Notre-Seigneur au dernier dimanche après la Pentecôte, avec office à neuf leçons et messe de Pâques : la neuvième leçon tirée de l'office pascal avec un répons correspondant et la grand'messe de Pâques tous les dimanches entre Pâques et l'Avent, à moins qu'il n'y eût en ce jour quelque fête, la messe dominicale, au contraire, étant chantée sans solennité après Prime. Si le chapitre général de 1539 renversa cet ordre, reléguant la messe de la Résurrection au grand matin et prenant la messe dominicale pour grand'messe, c'est un signe qu'on avait perdu le souvenir historique se rattachant à l'ancienne coutume.

Les différences entre l'Ordinaire du Saint-Sépulcre et celui de Sibert concernent, outre le nombre des leçons du Samedi-Saint cinq selon le rite des Carmes , premièrement les Proses, qui ne sont presque jamais les mêmes. On dirait que Sibert a adopté toute une collection homogène qu'on retrouve dans tous les missels, manuscrits et imprimés, jusqu'au milieu du XVIe siècle quand le général Nicolas Audet, pour une raison que nous ignorons, abolit toutes les proses, sauf les quatre ou cinq en usage commun. L'Ordinaire ne parle pas des Tropes, mais comme quelques bibliothèques conventuelles possédaient des Tropaires, il faut en conclure que certains couvents avaient la coutume de les chanter. Partout où l'Ordinaire du Saint-Sépulcre donne des latitudes pour l'office ou la messe, celui des Carmes a fait un choix : cependant, pour une raison qui nous échappe, l'ordre des petits chapitres et versets est souvent interverti.

Ce n'est pas du Saint-Sépulcre que l'Ordre des Carmes tira sa grande dévotion envers la Sainte Vierge. Étant consacré à elle d'une manière spéciale, il tenait à l'honorer en chantant tous les samedis à moins qu'il n'y eût fête son office et sa messe sous le rite de neuf leçons, et à partir de 1339, sous le rite double, avec Gloria et Credo ; pendant le Carême, on n'omettait pas la messe, quoiqu'on ne pût alors chanter l'office. L'antienne Salve Regina, encore inconnue en 1160, était chantée chaque soir après Complies dès le XIIIe siècle ; le chapitre de 1321 ou de 1324 en prescrivit la *récitation après chaque Heure canoniale, même quand une autre Heure suivait immédiatement, et à la fin de la messe conventuelle* [1]. *Le texte était* : Salve regina misericordiae, vita (ou vitae), dulcedo et spes nostra. Ad te *etc. Ces usages ont été maintenus chez les Carmes Chaussés, tandis que les Carmes Déchaussés d'Espagne, après les avoir perdus par suite de l'adoption du rite romain en 1586, reprirent en 1766, avec quelques variations, la récitation du* Salve Regina *à la fin de la messe, ce qui fut accordé en 1854 à tout l'Ordre par Pie IX.*

Les cérémonies de la messe décrites en notre Ordinaire correspondent assez exactement à celles du rite Gallo-romain [2]. *Chaque jour, on chantait la messe de la Sainte Vierge avant Prime, sinon dans l'église, au moins dans la chapelle du noviciat* [3]. *Les dimanches et fêtes, on célébrait une messe matinale après Prime, laquelle correspondait ordinairement à quelque commémoraison, tandis que la messe conventuelle se chantait après Tierce ou après Sexte.*

Arrivés à l'autel, les acolytes — généralement des clercs qui devaient aussi réciter certains versets, — dépliaient les nappes, et à la fin de la messe, ils les repliaient : ils se tenaient ordinairement à côté du diacre, de façon que le célébrant, les ministres et acolytes étaient placés en forme de croix. Au Lavabo et après la Communion, le prêtre quittait l'autel pour se rendre à la piscine ; avant la Consécration, il faisait un mouvement comme pour rompre l'hostie [4] : *la formule de Consécration dans le manuscrit anglais de l'Ordinaire est* Hoc est enim corpus, *mais dans les manuscrits italiens* Hoc est corpus; *le missel de 1509 contient une rubrique curieuse à ce*

---

1. Monumenta, *l. c., p. 25 — Les rédacteurs de l'Ordinaire imprimé en 1544, ayant sous les yeux les Constitutions de 1369, attribuèrent par erreur au chapitre célébré en cette année toutes les ordonnances liturgiques contenues dans ces Constitutions, entre autres celles sur le* Salve Regina. *La publication des actes des chapitres a mis les choses au point sur cette matière.*

2. *Ce qui suit est tiré (avec permission de l'éditeur) de notre article sur la liturgie des Carmes dans le* Dictionnaire d'Archéologie chrétienne et de Liturgie, *t. II, 2166.*

3. Constitutions de 1524, ch. VIII, § 4.

4. *Voir* J. Wickham-Legg, Tracts on the Mass (Henry Bradshaw Society), *Londres, 1904, t. XXVII, p. 259.*

propos. Le prêtre ne faisait aucune génuflexion après la Consécration, mais seulement une inclination, et le thuriféraire devait s'arranger de manière que la fumée de l'encensoir n'empêchât pas la vue du Saint-Sacrement ; l'élévation du calice cependant n'était pas plus haute que celle qui précède le Pater. A la prière Unde et memores, le prêtre tenait les bras en forme de croix ; après le Pater, on récitait aux jours fériaux les prières pour la délivrance de la Terre Sainte : les Carmes Chaussés gardent cette coutume. Les prières avant la Communion avec la belle salutation de la Sainte Hostie, Salve salus mundi, sont celles qu'on retrouve dans les autres livres gallo-romains. Le Domine non sum dignus fut introduit en 1568. La messe finissait par Dominus vobiscum, Ite missa est (ou son équivalent), Pater noster tout bas et Salve Regina ; la bénédiction n'était donnée que lorsque la coutume du pays l'exigeait. Pour l'action de grâces, on disait la messe sèche du jour ou de la Sainte Vierge (c'est-à-dire tout le propre avec Kyrie, Gloria, Sanctus, Agnus Dei, en omettant tout le Canon, ou bien l'Evangile In principio, que le missel de 1490 considère déjà comme partie intégrante de la messe.

On gardait au tabernacle seulement deux petites hosties pour les malades et « la dévotion du chœur ». Aux communions générales, qui étaient fixées à dix ou douze par an, il fallait en consacrer un nombre suffisant. Il semble que la communion sous les deux espèces se maintint jusque vers le commencement du XIV° siècle, sans qu'on puisse établir la date de sa suppression.

Les autres cérémonies ne demandent qu'une mention rapide. Les processions étaient au nombre de quatre : celles de la Chandeleur, du dimanche des Rameaux, de l'Ascension et de l'Assomption, auxquelles furent ajoutées en 1362 celle du jour des Trépassés[1], et à la fin du XV° siècle celle de la Fête-Dieu. Le chant de la Généalogie de Notre-Seigneur aux matines de Noël et de l'Epiphanie se faisait fort solennellement : les Tropes à l'issue des Ténèbres (chan-

---

[1]. Monumenta, l. c., p. 181.

tées à minuit sont ceux qui nous sont connus par le traité de Jean Beleth ; le chant de la Passion était confié au seul diacre, mais le missel de 1490 admet trois diacres : au mercredi de la Semaine-Sainte, aux mots Velum templi, on enlevait le voile qui pendant tout le Carême avait caché à la vue le maître-autel. Au jour des Morts, on récitait avant la messe la Recommandation des Ames du Purgatoire Ps. 113-119), dont déjà Sibert ne connaissait plus la vraie signification. L'Office des Morts n'ayant point de petites Heures, la Recommandation devrait en prendre la place, ainsi qu'on peut s'en convaincre en examinant le rite des Dominicains. Mais Sibert prescrit la récitation des Petites Heures de l'Octave de la Toussaint, qui font double emploi avec la Recommandation, tandis que, d'après lui, les Matines et Laudes des Morts prenaient parfaitement la place de celles de l'Office canonial.

Le rite de l'Extrême-Onction diffère entièrement de celui en usage au Saint-Sépulcre.

Une table synoptique renseigne sur les fêtes célébrées au Saint-Sépulcre et celles contenues dans notre Ordinaire.

IV. Développements.

L'Ordinaire de 1312 ne resta pas longtemps sans subir des modifications. Les chapitres généraux y apportèrent des changements, comme celui de 1312 qui ajouta la seconde moitié du Confiteor, lequel jusqu'alors finissait par les mots : mea culpa, ou celui de 1411 qui introduisit la commémoraison quotidienne de sainte Anne, à laquelle le chapitre de 1498 joignit celles de deux saints de l'Ordre, Ange et Albert ; mais celui de 1503 les transféra toutes de l'office canonial au petit office de la Sainte Vierge. En 1440, on changea le titre de saint Lazare, confesseur-pontife, en évêque et martyr.

Beaucoup plus importantes sont les additions apportées au Sanctoral. Pour n'en mentionner que les principales, nous voyons le chapitre de 1339 introduire la fête de saint Martial, « disciple de Notre-Seigneur et compagnon inséparable des apôtres » ; celui de 1342 établir la fête des « Trois Maries » avec l'office rythmique en usage en France, et celui de 1391 adopter les fêtes de la Visitation, de Notre-Dame des Neiges et de la Présentation. Entre 1376 et 1387, tombe l'institution de la Commémoraison solennelle de la Sainte Vierge au 16 juillet, qui se répandit pendant le siècle suivant et fut déclarée par le chapitre général des Carmes Chaussés en 1609 la fête principale de l'Ordre, sous le titre de Notre-Dame du Mont-Carmel ; elle fut étendue à toute l'Eglise en 1726. Le chapitre de 1399 établit les fêtes de saint Elisée (dont on avait en vain essayé d'obtenir le corps en 1369) et de saint Cyrille de Constantinople, prieur du Mont-Carmel au commencement du XIIIe siècle et réputé docteur de l'Eglise. Saint Albert, quoique non encore canonisé, obtint une fête ex devotione en 1411 et saint Ange en 1456. Le chapitre de 1478 accorda les fêtes des martyrs dont les corps reposent en l'église de Saint-Martin-des-Monts à Rome, nouvellement acquise à l'Ordre. Deux ans plus tard, fut publié à Bruxelles le premier bréviaire imprimé. Il contient plusieurs fêtes territoriales, comme saint Joseph, les Dix-Mille Martyrs, la Division des Apôtres, sainte Gertrude, saint Alexis. Les éditions suivantes le prenant comme modèle, toutes ces fêtes obtinrent droit de cité. On a souvent disputé sur l'antiquité de quelques-unes d'entre elles, mais l'examen des manuscrits comme des premiers livres imprimés a tranché la question. Le chapitre de 1498 autorisa le culte de saint Joseph, en le complétant par celui de saint Joachim [1]. De plus, on aima à perpétuer la mémoire des villes qui avaient accordé l'hospitalité aux chapitres généraux, par l'insertion de leurs patrons au calendrier de l'Ordre. C'est ainsi que saints Faustin et Jovite s'y trouvent en honneur de Brescia (1478), saint Janvier à cause de Naples (1510), saint Vincent pour rappeler Vicenza (1539), l'octave de saint Marc en souvenir de Venise

---

1. Monumenta, l. c., p. 512.

(1548). Le missel de 1551, imprimé en cette dernière ville, introduit le culte des saints de l'Ancien Testament (d'abord seulement comme messes votives), Moïse, Job et les prophètes. Le chapitre de 1564 apporta un grand nombre de nouvelles fêtes, dont beaucoup avec la désignation Ordinis nostri : Basile (pater Carmelitarum), Télesphore pape, Pierre-Thomas (honoré déjà depuis 1509 comme confesseur-pontife, depuis 1564 comme évêque et martyr), Euphrasie, Jean, évêque de Jérusalem (un décret de l'Inquisition d'Espagne du 9 déc. 1639 défend de lui donner le titre de saint), Denis pape, Anastase martyr, Cyrille d'Alexandrie avec octave (en Angleterre depuis la fin du quatorzième siècle), Euphrosyne, Avertan, Cyrille de Constantinople, Berthold, Albert patriarche de Jérusalem (législateur de l'Ordre), Ange avec octave, Simon-Stock (à Bordeaux et en Angleterre en 1440), André Corsini (4 juin), Elisée avec octave, Commémoraison de la Sainte Vierge, Albert de Sicile avec octave, Brocard, Gérard, Théodoric, Eutyche (prior Montis Carmeli), Hilarion, Sérapion. A ceux-ci il faut ajouter les saints Grégoire de Nazianze et de Nysse, Jean et Joseph réputés frères de saint Ange, Onuphre et sainte Cyrille, laquelle, selon la légende, aurait été fille de l'empereur Dèce ; puis les sept diacres apostoliques, et enfin, le roi David. Les bréviaires de 1568, 1575 et 1579, et le missel de 1574 introduisirent de nouvelles modifications avec une extension considérable du calendrier, de sorte qu'en 1579 il ne resta plus qu'un seul jour libre. Pourtant les Constitutions de 1524 avaient prescrit qu'on ferait au moins deux fois par mois l'office férial. La fête du prophète saint Elie (20 juillet) se trouve pour la première fois au Sanctoral du missel de 1551 avec renvoi aux messes votives, mais le calendrier ne la contient pas encore, pas plus que celui de plusieurs éditions postérieures. Toutefois, quelques provinces de l'Ordre avaient célébré la fête de l'enlèvement du prophète (17 juin) dès le quinzième siècle, sans qu'elle fût devenue générale ou obligatoire. On remarquera que l'office imprimé dans l'Appendice est tiré en bonne partie de deux offices différents de saint Elisée.

Afin d'assurer l'uniformité dans le culte, le chapitre de 1532 avait nommé une commission de religieux des couvents de Rouen, Meaux, Gand, Cologne, Bruxelles et Malines, qui, sous la présidence du provincial de l'Allemagne Inférieure, devaient examiner et corriger l'ancien Ordinaire, c'est-à-dire celui de Maître Sibert de Beka. Leur travail fut approuvé par le chapitre de 1539, et vit le jour en 1544. Les modifications concernent principalement le Sanctoral, tandis que les Rubriques générales et le Temporal restèrent presque intacts. Cependant une autre réforme devint indispensable. Le Concile de Trente avait décidé la révision de la liturgie romaine et quoique le rite Carmélitain, remontant au Saint-Sépulcre, fût vieux de quatre siècles, et par conséquent nullement atteint par le décret de Trente, un remaniement général s'imposa. Le Général Jean-Baptiste Rossi de Ravenne en chargea le prieur de Treviso, François de Turcis, qui publia le missel corrigé en 1574 et le bréviaire (après la mort de Rossi) en 1579. Mais cette réforme était loin de satisfaire les exigences du temps. Le chapitre de 1580 nomma donc une nouvelle commission sous la présidence du Général Jean-Baptiste Caffard, dont le travail fut approuvé par le Saint-Siège, le 4 août 1584. Dorénavant, tout pouvoir liturgique fut enlevé tant au Général qu'au Chapitre général. La bulle d'approbation nous renseigne sur la nature des changements survenus en 1584 : on enleva les légendes apocryphes ou douteuses, on rejeta les sermons et homélies de provenance suspecte, tandis qu'on restituait les antiennes, répons et leçons selon l'ordre du nouveau bréviaire romain, autant que la différence du rite le permettait. La classification des fêtes fut également revue et le calendrier réduit aux fêtes alors obligatoires, auxquelles on associa quelques fêtes propres à l'Ordre : Cyrille de Constantinople, Ange, Elisée avec octave, l'octave de la Visitation, la Commémoraison solennelle de la Sainte Vierge sans octave, Elie avec octave, Albert de Sicile avec octave, et quelques autres appartenant au rite du Saint-Sépulcre ou en usage depuis longtemps. Il faut cependant regretter que cette révision ait sup-

primé trois fêtes qu'on aurait dû garder, afin de sauver l'intégrité du rite, à savoir celles de saint Lazare et des patriarches Abraham, Isaac et Jacob qui appartenaient au rite du Saint-Sépulcre, et celle des Trois Maries qui était d'institution ancienne.

Peu après l'introduction des nouveaux livres liturgiques, les Carmes Déchaussés qui formaient alors une province de l'Ordre des Carmes, abandonnèrent l'ancienne liturgie en la remplaçant par la liturgie romaine.

Avant de clore cette Introduction, nous nous faisons un devoir d'exprimer à l'éditeur de la **Bibliothèque liturgique**, Monsieur le chanoine Ulysse CHEVALIER, Correspondant de l'Institut, notre vive gratitude pour les soins qu'il a bien voulu donner à la préparation de cette édition et l'intérêt avec lequel il en a suivi l'impression. Il nous eût été agréable, en profitant de ses intelligentes largesses, de satisfaire plus tôt sa légitime impatience de livrer au public ce nouveau texte liturgique : nous le prions d'agréer nos regrets pour les lenteurs apportées à cette publication et d'en rejeter la responsabilité sur des empêchements que nous ne pouvions prévoir.

Prieuré de St-Luc,
Wincanton (Somerset) Angleterre.
16 mai 1910.

Benedict ZIMMERMAN
Fr. Benedictus-Maria a S. Cruce
Prieur, C. D.

ORDINALE

ORDINIS B. M. DE MONTE CARMELI

[*Fol.* 2ᵃ.] Incipit ordinale Fratrum ordinis beatae Mariae de monte Carmeli extractum et exce[r]ptum de approbato usu dominici Sepulcri sanctae Jerosolimitanae ecclesiae in cujus finibus dictorum fratrum religio sumpsit exordium. In quo quidem ordinali ut quaerende[1] quoque facilius et promptius reperiri valeant quaedam generales regulae ac ordinationes circa divinum officium necessarie pertinendae usu praedicto partim aliunde prout fratribus ipsis in eorum ordine congruit rubricas per certas praemittuntur. Quaedam vero quae in saepe dicto usu deficere videbantur ex aliarum ecclesiarum approbata consuetudine addunt[ur] et implentur.

De pulsationibus et modo pulsandi ad divinum officium et [2] ad alios actus solemnes.

De modo officiandi chorum in generali.

De officio prioris in choro et ipsius hebdomadarii.

De officio sacristae sive secretarii.

De officio cantoris sive succentoris [3].

De officio lectoris in choro.

Versicularii et ministrorum in eodem [et in] refectorio.

De prostrationibus in choro faciendis.

De inclinationibus.

Qualiter et quando standum sit in choro et quando sedendum.

De xv psalmis ante matutinum dicendis.

De horis cotidianis beatae Mariae virginis.

De matutinis diei in generali.

De disciplinis post matutinum recipiendis.

---

[1] *Lege :* quaerenda, *deinde :* partim de usu : *sic habet edit.*
[2] *Inter lineas.*
[3] *Ms. habet fere semper :* succensoris.

De prima et ad ipsam pertinentibus.
De III. VI. et IX. et ad ipsas pertinentibus.
De vesperis.
De completorio et ad ipsum pertinentibus.

De memoriis communibus etiam in dominicis et festis ix lectionum dicendis, scilicet de Resurrectione, de beata Virgine et de angelis.

De memoriis seu suffragiis ferialibus per totum annum.

De memoriis aliis specialiter supervenientibus tam de tempore quam de sanctis.

De commemoratione beatae Virginis cum ix lectionibus in sabbatis facienda.

De officio defunctorum.

De officio commemorationis do[2ᵇ]minicae Resurrectionis.

De in anno. Qualiter scilicet a commemoratione Resurrectionis dominicae usque ad Nativitatem Domini secundum diversa tempora officium sit dicendum.

Qualiter officia dominicalia post octavam Epiphaniae et ante Adventum secundum diversa tempora sint dicenda.

De translatione festivitatum ordinaria per totum annum.

De concomitantia festivitatum ad invicem et cum diversis.

De diverso modo diversitates celebrandi.

De thurificationibus.

De octavis solemnibus.

De festivitatibus et translationibus extraordinariis.

De omeliis concurrentibus.

De officio Dedicationis.

De missis conventualibus et de orationibus earum in communi.

De quo et cum quibus orationibus missa conventualis ab Adventu Domini usque ad Pascha sit singulis diebus celebranda.

De quo et cum quibus orationibus missa conventualis a festo Paschae usque [ad] Adventum sit singulis diebus celebranda.

De missis et orationibus pro defunctis specialiter.

De *Gloria in excelsis, Credo in unum,* et *Ite missa est.*

De introitu, graduali et prosa in missis dicendis.

De praefationibus totius anni.

De modo celebrandi missam conventualem et officio ministrorum altaris.

De aqua benedicta et ejus aspersione.

De *Deus venerunt gentes* quando et quomodo dicendum.
De conservatione [1] sacramenti eukaristiae.
De modo in communione fratrum in generali observando.
De missis privatis.
De benedictione itinerantium et orationibus.
De modo recipiendi ad beneficia.
De processionibus quando et quomodo faciendis.
De solemni receptione legatorum sive episcoporum sive saecularium principum.
De benedictione mensae et gratiarum actionibus.
De communione infirmi.
De officio unctionis infirmorum.
De obitù fratris et commendatione dicenda.
De receptione corporum extraneorum ad sepulturam.
De sepultura facienda.

PRIMA RUBRICA. DE PULSATIONIBUS ET MODO PULSANDI AD DIVINUM OFFICIUM ET AD ALIOS ACTUS SOLEMNES.

Ad horas tam diei quam noctis et ad missam conventualem per totum [2^e] annum excepto solo triduo ante Pascha quando consuevit fieri lignorum sonitus, fiat campanae pulsatio et in pulsando modus iste servetur. Ad vesperas et ad matutinum regulariter cum bono intervallo fiat bina [2] plena pulsatio. In festis vero duplicibus et praecipue totum duplicibus modo consimili ter pulsetur. Ad alias autem horas primo fiat brevis pulsatio sex vel octo ictuum, et post competens intervallum completa pulsatio. Cum autem una hora immediate post aliam dicenda fuerit, ad secundam horam non pulsetur praeterquam ad vesperas in XL^{ma} ad quas modo prius dicto semper pulsandum est. Dum vero immediate post missam matutinalem tertia dicatur ad illam non pulsetur. Sed ad sextam et ad nonam dum immediate post altam missam dicuntur circa *Agnus Dei* solum una et plena pulsatione pulsetur. Porro ad laudes diebus dominicis et in festis ix lectionum et supra, dum cantatur *Te Deum laudamus* vel nonum responsorium resumitur, similiter pulsetur, et in vigilia Pas-

---

[1] *In marg. additur :* et renovatione.
[2] *Ms. habet :* bona.

chae quamdiu cantatur *Gloria in excelsis* in missa. Aliis vero temporibus ad missam conventualem trina brevis pulsatio fiat cum minimo intervallo. Ad lectionem etiam theologiae pulsetur similiter, et pro sermonibus qui in loco fratrum fiunt ad populum, et in receptionibus publicis et solemnibus processionum reliquiarum, praelatorum majorum et funerum, et dum frater decedens in loco fratrum de infirmaria portatur ad ecclesiam et etiam dum funus apud fratres sepeliendum exportatur et actu sepelitur, nisi forte propter contrariam consuetudinem patriae vel aliam rationabilem causam aliqua de praemissis omittenda viderentur.

Secunda. De modo officiandi chorum in generali.

Ante terminationem ultimi signi fratres sint in choro, quilibet secundum gradum et locum suum, et omnia quae in divino officio cantanda vel legenda fuerint secundum usum dominici Sepulcri prout infra suis signatur locis devote prosequantur. Omnes horae canonicae tam diei quam noctis cum nota dicantur. Psalmodia dicatur distincte et perfecte ac cum pausa plena [2^d] in medio versuum, et hoc praecipue in horis canonicis observetur. Similiter ea quae in divino officio cantanda fuerint modo mediocri, non festinando, nec nimis protrahendo cantentur, neque unus ante alios praevolet, aut post alios trahat, sed simul et uniformiter omnes cantent. Nullus duplicet aut triplicet nisi competenter sciat et honeste possit, et hoc in majoribus festis et in missis ac memoriis Virginis'gloriosae. Chorus autem ad incipiendum sive cantaria regulariter per unam hebdomadam [1] et primo sit in dextra parte chori et per aliam hebdomadam in sinistra. Vocatur autem pars chori dextra illa quae fratribus est dextra dum stant versis vultibus ad altare. In festis vero duplicibus et totis duplicibus semper cantaria sit in choro dextro praeterquam in hebdomada Nativitatis Domini, Paschae et Pentecostes, tunc enim vicissim per dies hebdomadae de choro in chorum modo praedicto transferatur, et officium fiat primo die per priorem et post eum a senioribus descendendo.

In quolibet autem conventu tabula communis habeatur in qua singulis septimanis secundum exigentiam temporum et conditiones conventuum fratres ad diversa officia ad chorum praecipue necessaria per suppriorem vel sacristam deputentur. Tabula quoque illa

---

[1] *Desideratur aliquid. Edit. tamen concordat.*

diebus sabbatis in capitulo post tertiam legatur. Incipiunt autem officia praedictae tabulae sabbato in vesperis et terminantur in sequenti sabbato dicta nona, nisi quod tempore jejunii quadragesimalis hebdomadarius praecedentis septimanae in sabbato benedicet mensam et dicet gratiarum actiones. Similiter lector mensae et servitores hebdomadae praecedentis officium suum ad prandium facient ipso die.

TERTIA. DE OFFICIO PRIORIS IN CHORO ET IPSIUS HEBDOMADARII.

Prior praecipue sit intentus ne in officio divino defectus aliquis accidat vel negligentia, et ut quilibet frater officium ad quod deputatus est debite exequatur. Faciat autem prior officium in omnibus festis duplicibus et totum duplicibus, exceptis illis quae infra octavam Nativitatis Domini, Paschae et Pentecostes post principalem diem festi veniunt, [3ª] quando ut supra dictum est seniores post priorem per ordinem descendendo debent chorum officiare. Prior etiam faciat officium in die animarum et in die Cinerum et in triduo ante Pascha, et pro fratre in suo conventu decedente. Prior insuper vel praelatus superior si praesens fuerit dicat *Confiteor* in prima et completorio et *Fidelium animae* quando dicendum fuerit. Similiter det benedictionem post completorium. Faciat etiam signum super stallos vel formas dum dicto *Pater noster* vel *Credo* horae fuerint incipiendae. Ad quod signum fratres se debent erigere. Et idem fiat post horas et missam et gratias in choro dictas. Dum vero prior vel superior praelatus in choro non fuerit hebdomadarius sive ille qui facit officium dicat *Confiteor* et *Fidelium* et det benedictionem et signum faciat modo supradicto. Ad ipsum etiam hebdomadarium pertinet facere officium in choro per suam hebdomadam, scilicet cantare missam conventualem, incipere horas et antiphonas ad *Magnificat* et ad *Benedictus*, dicere capitulum, preces et collectas, dare benedictiones in matutino, dicere versum sacerdotalem in matutino. Similiter incipere *Te Deum laudamus* et *Salve regina*. Pertinet etiam ad ipsum hebdomadarium benedicere mensam in refectorio et dicere gratias in choro, similiter et dare disciplinas post matutinum, et facere aspersionem aquae benedictae post completorium et diebus dominicis in missa. Quando autem hebdomadarius lecturus est lectionem in matutino tunc det benedictionem hebdomadarius praecedentis septimanae. Qui etiam vices hebdomadarii supplere debet quandocumque hebdomadarius in choro praesens non fuerit; similiter debet cantare nissam matutinalem quando plures missae in conventu occurrerint celebrandae, nisi ad illam aliquis alius sit per communem tabulam deputatus.

QUARTA. DE OFFICIO SACRISTAE SIVE SECRETARII.

Sacrista sit intentus ut convenienti tempore pulsetur ad divinum officium et ut fratres ad matutinum excitentur. Advertat etiam diligenter ut sacramentum altaris frequenter renovetur et quod in choro ob ejus reverentiam lampas semper incensa teneatur, et quod [*3*ᵇ] cerei accendantur et extinguantur temporibus et horis opportunis. Ad vesperas autem diei et ad completorium et ad matutinum in feriis et in festis III lectionum unus cereus et aliis temporibus magis solemnibus et omni tempore ad missam conventualem et ad *Salve regina* duo cerei ad minus accendantur. In festis vero duplicibus et totum duplicibus ad omnia praedicta cerei quatuor habeantur. In quolibet insuper conventu cereus honestus in medio chori decenter appendatur, qui ad omnes horas et ad missas beatae Virginis et ad *Salve regina* ad honorem ejusdem Virginis accendatur semper etiam ad elevationem dominici corporis in missa conventuali duo magni cerei seu torcisii a ministris altaris accensi teneantur. Provideat etiam sacrista ut secundum exigentiam festivitatum et fratrum possibilitatem altaris ornamenta et necessaria ad celebrandum tempore debito parata habeantur. Similiter intendat ut juxta generale praeceptum Ecclesiae oratorium ipsum, vasa, corporalia, pallae altaris et alia sacra vestimenta munda et nitida conserventur. Pannos sacros seorsum ab aliqua persona devota faciat ablui, sed corporalia et pannum ad detergendum calicem ipsemet sacrista vel aliquis diaconus primo diligenter lavet et lotionem in piscinam fundat, et postea poterunt dari alicui devotae personae ut bene nitida reddantur. Phialae etiam seu ampullae ubi ponitur vinum et aqua pro missis sic sint distinctae quod per errorem unum pro alio nullatenus ministretur. Procuret insuper sacrista ut sacrum oleum pro fratribus inungendis quolibet anno renovetur, et illud cum reverentia debita in vase apto et loco honesto teneatur; qualibet etiam septimana aqua benedicta innovetur. Virgas quoque pro disciplinis recipiendis sive post matutinum sive in capitulo conventuali vel post tertiam ad aliqua certa loca ponat. Libellos similiter processionum [1] et scholas funerales, thus et

---

[1] *In marg. add.:* et commendationum.

pruinas in hieme cum aliis [3ᶜ] ad suum officium necessariis in prompto habeat temporibus et locis suis.

De officio cantoris sive succensoris.

Cantor praecipue scire tenetur quae in divino officio cantanda vel legenda fuerint; similiter succentor, ut secundum hoc possint chorum debite regulare. Debent autem attendere ut ea quae cantanda fuerint prout temporis major vel minor solemnitas requiret sic moderate cantentur, quod fratres communiter et convenienter ad ipsa prosequenda possint attingere, et ut modus supra in secunda rubrica positus observetur in legendo et cantando. Cantor etiam et succentor regulariter stantes in suis locis unus ex una parte chori et alter ex altera debent vicissim in suo choro psalmos intonare, antiphonas post psalmos reincipere, et ipsas antiphonas ad incipiendum imponere, quando plures dicendae fuerint. Impositiones vero antiphonarum semper ab inferioribus incipiantur, nisi ad utrasque vesperas et matutinum in festo Omnium Sanctorum, et nisi in primis vesperis Nativitatis Domini in quibus a superioribus debent inchoari. De principio autem antiphona inchoari debet usque ad primas duas virgulas simul junctas. Fratres [1] ea quae per cantores ipsis injuncta fuerint ad incipiendum, legendum vel cantandum sine contradictione exequantur. Quandocumque autem antiphona et suus psalmus unum habent initium in plena dictione dissillaba vel supra, v. g. ut in psalmo *Benedictus*, ille qui intonat psalmum ipsum prosequatur hoc modo *Dominus Deus meus*, et cetera. Cantor insuper incipiat omnes hymnos praeterquam *Veni creator* ad tertiam per septimanam Pentecostes. Similiter incipiat versum sine psalmo et *Gloria Patri* de antiphona quae cantatur diebus dominicis ad aspersionem aquae benedictae. Item introitum missae, psalmum, *Gloria Patri*, *Kyrie eleison*, *Et in terra*, graduale, ℣ *Alleluia*, tractum, sequentiam, *Patrem omnipotentem*, offertorium, *Sanctus sanctus sanctus*, *Agnus Dei* et communionem; similiter et omnes antiphonas de memoriis quibuscunque, responsoria in matutino et horis. Postquam [3ᵈ] etiam ille qui facit officium inceperit antiphonam ad *Benedictus* et ad *Magnificat*, et *Asperges me*, et hujusmodi poterit cantor in proximo versu sic incepta prout expediens pro communi choro fuerit moderari. Quando vero invitatorium et versus de responsoriis ad matutinum a

---

[1] *In marg. add.*: vero.

duobus ad pulpitum, vel ab uno cantari debeant, dicetur inferius in rubrica xii de matutino. Quomodo etiam graduale, *Alleluia* et tractus dici debeant dicetur infra in rubrica xxxix. Similiter de responsorio in vesperis dicendo infra rubrica xvi. Quando autem conventu sedente cantor vel quicumque alius aliquid habet incipere surgat et stando illud incipiat; et hoc praecipue in missis observetur et in solemnibus vigiliis defunctorum. In omnibus vero duplicibus et totum duplicibus festis per duos cantores regatur chorus qui ad utrasque vesperas, ad matutinum et ad missam magnam sint in superpeliciis, et omnia supradicta quae inchoanda fuerint in medio chori simul stantes inchoant, et hoc versis vultibus ad altare. Simul etiam dicunt *Benedicamus* ad vesperas et ad matutinum, et simul intonent *Benedictus*, *Magnificat* et *Nunc dimittis*. Alios autem psalmos poterit quilibet in suo choro intonare, nisi propter majorem solemnitatem aliud interdum faciendum videretur.

De officio lectoris in choro, versicularii et ministrorum.

Lector in choro sit praevisus ad legendum prophetiam si aliqua occurrerit legenda. Similiter et martilogium in prima; dicat etiam lectionem illam *Gratia Domini nostri* etc. infra *Preciosa*, et lectionem *Fratres sobrii estote* ante completorium. Similiter et invitatorium et *Venite* in diebus communibus quando haec ab uno tantum dicantur, nisi aliquis sit ad hoc per tabulam specialiter deputatus; legat etiam ad refectorium. In vigilia autem defunctorum sine nota et in matutino beatae Virginis magister novitiorum poterit ipsis committere lectiones ad legendum, sed ad lectiones legendas cum nota sive in matutino diei seu defunctorum et dum plures prophetiae sunt dicendae fratres per communem[1] tabulam vel per ipsius cantoris ordinationem deputentur. Versicularius [4ª] dicat omnia responsoria ad horas de die et de beata Virgine, dicat etiam versus de responsoriis quae per ferias Adventus et Quadragesimae dicuntur ad vesperas et versus de responsorio ad completorium in Quadragesima, nisi cantor in majoribus solemnitatibus aliud ordinaret. Similiter dicat versiculos in matutino, vesperis et completorio et in vigiliis defunctorum et in memoriis seu suffragiis, exceptis illis versiculis qui ad dicendum hebdomadario assignantur. Debet insuper dicere *Benedicamus* ad vesperas et ad matutinum nisi in festis quando cantores hoc habent di-

---

[1] *Ms. habet :* communionem.

cere. Incipiat etiam versicularius omni tempore antiphonam ad primam, tertiam, sextam, nonam, completorium et ad *Nunc dimittis*, similiter in matutino, laudibus et vesperis incipiat antiphonam si sola sit dicenda, quando autem plures dicendae fuerint cantor et succentor quilibet in suo choro eas ad incipiendum injungant prout superius fuerit dictum. In festis vero duplicibus et totum duplicibus ad dicendum responsoria horarum et dictos versiculos in medio chori duo versicularii deputentur.

Illi ministri chori sive acoliti exportent et reportent libros quibus in choro fuerit opus, et candelas circa altare tempore debito accendant et extinguant. Lumen etiam ad matutinum vel alibi prout oportebit in absconsoriis paratum habeant quilibet in choro suo, et illud ad cantandum teneant et per totam psalmodiam. Ille qui primo scriptus est ad ministrandum portet aquam benedictam pro aspersione post completorium et diebus dominicis facienda. Alter vero ignem ad thurificandum quaerat et nutriat secundum quod opus erit. In parvis autem conventibus et praecipue diebus ferialibus primus minister per tres primos dies et secundus per alios tres dies sequentes, vel etiam unus per totam septimanam poterit ministrare. Ministri etiam chori ad ministrandum cum hoc in refectorio deputentur. Qualiter autem praedicti ministri infra magnam missam, in processionibus et consimilibus ministrare debeant, similiter diaconus, subdiaconus et thuriferarius infra in suis locis invenies assignatum.

De prostrationibus in choro faciendis.

Prostrationes sive genuflectiones communes fiant in choro [4^b] diebus ferialibus per totum annum nisi in tempore paschali, scilicet a Pascha usque ad Trinitatem, et nisi feria IV in Adventu quando dicitur evangelium *Missus est,* tunc enim ad matutinum, ad missam et ad horas prostrationes non fiant. Similiter neque illis feriis ad vesperas tantum quando dicuntur antiphonae quae *O* nominantur, nec in vigilia Nativitatis Domini ad matutinum et deinceps. Praedictis etiam prostrationum feriis non fiant prostrationes in nona quando in crastino fuerit ix lectionum in conventu. Porro propter festum iii lectionum veniens in crastino non omittuntur praedictae prostrationes in nona, sed solum in vesperis, et quamdiu de ipso fit officium plenum. In die vero Parasceves et deinceps usque ad nonam in vigilia Paschae fiant etiam prostrationes supra dictae. Temporibus ergo praedictis quando prostrationes sunt faciendae fratres sint prostrati ad omnes preces de horis canonicis cum suis orationibus usque ad *Per Dominum,* similiter et infra *Preciosa,* dum post *Kyrie eleison* dicitur *Pater noster,* et deinceps usque ad *Per Dominum* de oratione *Dirigere et sanctifi[care],* et ad preces de xv psalmis. Similiter et in vigilia defunctorum a *Pater noster* post *Magnificat* et *Benedictus* usque ad finem orationum. Sint etiam prostrati quotienscumque eisdem ferialibus diebus a conventu dicitur *Pater noster,* praeterquam in gratiis; similiter cum dicitur *Credo in Deum, Confiteor* in prima et ad completorium, et ad orationes in horis beatae Virginis et ad *Gloria Patri* post *Deus in adjutorium* usque *Sicut erat.* Idem fiat ad principalem orationem cujuslibet missae ferialis praedicti temporis et ad ejus complendam, et quando dicitur oratio pro Ecclesia, scilicet *Ecclesiae tuae* cum sua complenda. Omni etiam tempore dum fit elevatio dominici corporis in missa conventuali et deinceps usque ad *Per omnia saecula,* et in feriis usque dum incipitur *Agnus Dei* fratres sint prostrati; similiter et dum corpus dominicum vel ad altare vel de altari portatur. Dum etiam in matutinis cotidianis beatae Virginis a conventu incipitur invitatorium *Ave Maria* ante *Venite,* et post *Gloria Patri* fratres uniformiter et omni tempore flectant genua. Item etiam quandocumque [1] incipitur introitus *Salve sancta parens* et versus de alleluia *Veni sancte Spiritus* extra hebdomadam Pentecostes, et quandocumque incipitur hymnus *Veni creator;* dum autem incipitur hymnus *Ave maris stella* in vesperis fratres prosternent [4ᶜ] vel inclinant pro tempore, sed ad antiphonam *Salve regina* post completorium semper genuflectent ad primas duas dictiones, nisi in festis duplicibus et totum duplicibus, et nisi per octavam Nativitatis Domini, Paschae, Pentecostes, Assumptionis et Nativitatis beatae Virginis; tunc enim ad inceptionem hujus antiphonae tantum inclinamus. In receptionibus etiam disciplinarum per totum annum fratres sint prostrati. De aliis autem prostrationibus non ita generalibus in suis locis invenies assignatum. Quae etiam sint missae feriales ad quas prostrandum sit infra in rubrica xxxiv continetur.

De inclinationibus.

Cum inclinandum fuerit fratres regulariter ita profunde debent inclinare ut manus cancellatae possint genua contingere. Inclinant autem reverenter versus altare intrando et exeundo chorum, et de

---

[1] **Ms. habet :** quandocumque fiat incipitur.

choro ad chorum transeundo. Similiter et illi qui antiphonas incipiunt et qui psalmos intonant similiter post primum versum ejusdem psalmi inclinent versus altare. In aliis vero postquam frater solus ad horas canonicas aliquid pronuntiaverit statim versus altare inclinet et idem similiter faciant qui aliquid ad gradus simul cantant; dum autem totus conventus inclinat debet chorus ad chorum versis ad invicem vultibus inclinare. Sciendum ergo quod dum prostrationes non fuerint fratres inclinare debent quotienscumque a conventu dicitur *Pater noster*, *Credo in Deum*, *Confiteor* in prima et completorio, *Gloria Patri* post *Deus in adjutorium*, et dum dicuntur collectae sive orationes principales in horis canonicis et in horis beatae Virginis, et ad principalem orationem in missa, cum sua complenda usque ad *Per Dominum*, et similiter si extra tempus prostrationum contingat dici orationem pro Ecclesia cum ejus complenda. Semper etiam inclinent dum in Quadragesima in fine missae dicitur oratio super populum. Omni insuper tempore fratres tantum inclinent dum dicitur *Gloria Patri* in fine psalmorum de horis quibuscumque et de gratiis et de [1] quocumque, vel de introitu, et ad penultimum versum cantici *Benedicite* et ad ultimum versum hymni cujuscumque, similiter et ad *Te Deum* [4ᵈ] *laudamus* dum dicitur *Quos pretioso sanguine redemisti*, et ad *Gloria in excelsis* cum dicitur *Jesu Xpe*, et cum dicitur *Suscipe deprecationem nostram*, et ad *Credo in unum* cum dicitur *Ex Maria virgine* [2] *facius est*. Similiter inclinent se aliqualiter et statim [3] erigant dum in orationibus ad quas non inclinamus vel prosternimus nomen Jhu Xpi vel beatae Mariae Virginis nominatur, et hoc praecipue in missarum solemniis observetur. Dum etiam infra *Salve regina* secundo dicitur *Salve*; et quando benedictio in choro datur semper inclinent, et idem fiat ad *Pater noster* infra gratias [4] non obstante quod prostrationes fiant in horis. Post missam vero ad *Pater noster* [5] fratres conformiter ipsi missae prosternent vel inclinent. De inclinationibus autem sacerdotis et ministrorum in missa quaere infra in rubrica xli de modo celebrandi.

[1] *In marg.*: responsorio.
[2] *In marg.*: homo.
[3] *In marg.*: se.
[4] *In marg.*: et post gratias.
[5] *I. e.* Pater noster *quod dicitur secreto a choro in gratiarum actionem post missam.*

Qualiter et quando standum sit in choro et quando sedendum.

Fratres versis vultibus stent ad altare dum in inceptione horarum quarumcumque dicitur *Domine labia*, *Converte nos* et *Deus in adjutorium*, et ad invitatorium et per totum *Venite*, et ad benedictiones primae, quartae et septimae lectionis, et post benedictionem lectionis de evangelio usque ad *Et reliqua*. Attendat autem quicumque legit primam lectionem, quartam vel septimam quod non prosequatur lectionem quousque strepitus sedium conquiescat. Idem observetur de omnibus lectionibus, epistolis ac kalendis. Similiter stent versus altare ad omnes antiphonas et collectas suffragiorum, ad omnia capitula, versiculos et responsoria horarum, et ad *Per Dominum* principalium orationum usque *Amen* post *Fidelium*; et ad preces primae et completorii et de xv psalmis quando sine prostratione dicuntur, et dum cantatur antiphona *Salve regina*. Similiter et ad orationes quae sine prostratione vel inclinatione dicuntur, tam in missis quam in vigiliis defunctorum, quam infra *Preciosa*, et ad orationem de Salve regina *Omnipotens sempiterne Deus*, et de aspersione aquae benedictae *Exaudi nos*. Stent etiam versus altare quandocumque sacerdos et diaconus aliquid cantant vel alte legunt in missa, et dum conventus eis respondet, nisi fratres sint prostrati vel inclinent. Similiter etiam dum fratribus stantibus [5a] nihil cantatur in missa. Illi etiam qui legunt lectiones in matutinis cotidianis beatae Virginis et in vigiliis sine nota versus altare in suis stallis stare debent; omni quoque tempore sive conventus inclinet sive sit prostratus hebdomadarius vel ille qui facit officium dum dicit orationem principalem ad quascumque horas stet verso vultu ad altare, sic tamen quod conventus ipsum possit distincte intelligere. In aliis vero quae hebdomadarius, cantor vel quicumque alius in suo choro manentes habent dicere vel incipere conventui se debent conformare, ita quod si conventus sit versis vultibus ad invicem vel ad altare et ipsi sint eodem modo. Fratres vero stent versis vultibus ad invicem quandocumque extra ea quae prius excepta sunt aliquid stando communiter cantatur a conventu, scilicet ad introitum missae, *Kyrie el.*, *Et in terra pax* usque ad finem de *Gloria in excelsis*, ad *Allel.* ℣ et tractum quando haec stando dicuntur, ad sequentiam sive prosam, et ad *Patrem omnipotentem* usque ad finem de *Credo in unum*, ad offertorium, *Sanctus*, *Agnus Dei* et communionem, ad omnes hymnos, ad responsoria in vesperis et ad omnes antiphonas in quibuscumque horis exceptis suffragiis; sint etiam versis vultibus ad invicem quandocumque psalmodia aliqua a conventu dicitur, et dum dicitur antiphona cum v̊ infra aspersionem aquae benedictae, et in consimilibus. Psalmodia in horis cotidianis beatae Virginis semper stando dicatur, sed in horis canonicis una pars chori stet ad psalmodiam quae sub uno *Gloria Patri* concluditur et alia pars chori stet ad aliam praeterquam ad psalmos *Laudate Dominum de coelis*, et ad *Laudate Dominum omnes gentes* propter ejus brevitatem, et ad *Benedictus* et *Magnificat* et ad *Te Deum laudamus*. Dum autem legitur epistola et prophetia quaecumque et martilogium fratres sedeant, similiter et ad graduale [1] resumitur loco *Alleluia*. Sedeant etiam dum versus de graduali aut de *Alleluia* vel de tractu in missis vel de responsorio in vesperis a duobus cantatur ad gradus, similiter et post offertorium missae poterunt sedere donec sacerdos se convertens dicat: *Orate fratres pro me*. Sedeant etiam in matutinis quibuscumque dum dicuntur responsoria et lectiones praeterquam in responsoriis quando reincipiuntur in Adventu et infra Septuagesimam. Et praeter [5ᵇ] quam ad *Gloria Patri* et suam resumptionem; xv quoque psalmi et vigiliae defunctorum sedendo dicantur exceptis vigiliis in die animarum.

De xv psalmis ante matutinas dicendis.

Dum fratres ad matutinum convenerint finita pulsatione si xv psalmi dicendi fuerint dicat hebdomadarius: *Adjutorium nostrum*, etc. Et respondeat chorus: *Qui fecit coelum et terram*. Deinde utroque choro sedendo prosequatur alternatim ps. *Ad dominum cum tri-[bularer], Levavi oculos, Laetatus sum, Ad te levavi, Nisi quia Dominus*. In fine cujuslibet psalmi dicatur *Gloria Patri*. Deinde dicatur *Kyrie el., Xpe el., Kyrie el., Pater noster* inclinando vel prostrando pro tempore, *Et ne nos, Memento nostri Domine in beneplacito, Memor esto congregationis tuae, Domine exaudi orationem, Dominus vobiscum*, oratio. *Deus cui proprium est*. Ps. *Qui confidunt, In convertendo, Nisi Dominus aedificaverit, Beati omnes, Saepe expugnaverunt*, singuli cum *Gloria Patri, Kyrie el., Pater noster* ut prius, *Et ne nos, Domine salvos fac reges, Salvos fac servos tuos et ancillas, Domine exaudi orationem, Dominus vobiscum*, oratio *Praetende Domine*. Ps. *De profundis, Domine non est, Memento Domine, Ecce quam bonum, Ecce nunc benedicite*, isti quinque

---

[1] *In marg.*: cum versu, nisi dum graduale.

psalmi sub uno *Requiem aeternam* terminentur. Deinde absque *Kyrie el.*, dicatur *Pater noster, Et ne, A porta inferi, Requiescant in pace, Domine exaudi, Dominus vobiscum,* or. *Absolve Domine*, et terminentur tres praedictae orationes cum *Per Xpistum Dominum nostrum*. Et sciendum quod dum in matutino die[i] fiunt prostrationes tunc ad *Pater noster*, ℣ et orationes de xv ps. fratres debent esse prostrati. Quando autem in matutino prostrationes non fiunt tunc ad *Pater noster* tantum inclinent, ad ℣ vero et orationes stent versus altare, prout etiam supra fuit dictum. Modo supradicto xv Ps. sunt dicendi per ferias totius anni etiam paschalis temporis, et in festis III lectionum et per octavas Epiphaniae, Ascensionis, Trinitatis, Johannis Baptistae, Petri et Pauli, Mariae Magdalenae, Laurentii, Martini et Dedicationis ecclesiae et in die animarum. Diebus vero dominicis et in festis IX lectionum [vel][1] supra et per octavas Nativitatis Domini, Paschae, Pentecostes, Assumptionis et Nativitatis beatae Mariae et quando de ipsa fiunt IX lectiones in conventu, et in octavo die festi solemnes octavas [5ᶜ] habentis, in vigilia Epiphaniae et in triduo ante Pascha xv ps. in choro non dicantur.

De horis cotidianis beatae Virginis Mariae.

Horae beatae Virginis ante canonicas horas dicantur excepto completorio, quod semper post completorium diei dici debet; dicantur etiam stando et sine nota, et quantum ad inclinationes et prostrationes conformitas ad horas canonicas observetur. A Purificatione usque Adventum dum dicendae fuerint dicantur hoc modo. Finitis xv ps. pro tempore si dici debeant, dicat hebdomadarius *Ave Maria gratia*. Chorus respondeat *Benedicta tu* etc. Hoc modo incipiantur omnes horae beatae Virginis per totum annum. Deinde *Domine labia* etc. tam in matutino quam in aliis horis sicut horae diei communiter incipi consueverint. Invitatorium *Ave Maria*, ad quod dum primo incipitur et dum ultimo post *Venite* resumitur fratres omni tempore genuflectant. Ps. *Venite.* Hymnus *Quem terra.* Diebus dominicis, feria II et V. dicatur antiph. *Benedicta tu* cum ps. *Domine Dominus, Coeli enarrant, Domini est terra.* Feria III et VI ant. *Specie tua* cum ps. *Eructavit, Deus noster, Fundamenta.* Feria IV et Sabbato ant. *Gaude Maria* cum ps. *Cantate* Iᵐᵒ, *Dominus regnavit, Cantate* IIᵃ. ℣ *Diffusa est gratia* omnibus diebus dicatur, *Pater noster, Jube*

---

[1] *Ms. habet :* ut.

domne, benedictio *Alma virgo virginum*, lectio I *Sancta Maria virgo*, ℞ *Sancta et immaculata*, ℣ *Benedicta tu*, II benedictio *Nos cum prole*, lectio II *Sancta Maria piarum*, ℞ *Beata es Maria*, ℣ *Ave Maria*, III benedictio *Sancta Dei genitrix*, lect. III *Sancta Dei genitrix*, ℞ *Felix namque*, ℣ *Ora pro populo*. *Te Deum* semper dicatur praeterquam in Adventu et a LXX^{ma} usque ad Pascha et tunc etiam in festis IX lectionum in quibus *Te Deum* dicitur consimiliter dicatur. Dum autem *Te Deum* non dicatur ℞ *Felix namque* propter hoc non resumatur. Sacerdotalis ℣ *Ora pro nobis sancta*. In laudibus ant. *Assumpta est*, ps. *Dominus regnavit* et ceteri cum hac sola, capitulum *In omnibus requiem*, hymnus *O gloriosa*, ℣ *Elegit eam;* ad *Benedictus* ant. *O gloriosa Dei*, or. *Deus qui de beatae Mariae*. Ad primam hymnus *Memento salutis, Maria mater, Gloria tibi Domine qui natus*, et dicatur ad tertiam, sextam, nonam; ant. *Assumpta* [5ᵈ] *est*, ps. *Deus in nomine*, ps. *Laudate Dominum omnes gentes*, ps. *Confitemini*, cap. *Ab initio et ante saecula*, ℞ *Sancta Maria mater*, ℣ *Et impetratam, Gloria*, ℣ *Sancta Dei genitrix*, or. *Concede quaesumus omnipotens Deus*. Ad tertiam ant. *Maria virgo*, ps. *Ad dominum cum tribularer*, ps. *Levavi oculos*, ps. *Laetatus sum*, cap. *In Syon firmata*, ℞ *Sancta Dei genitrix*, ℣ *Intercede pro, Gloria*, ℣ *Ora pro nobis*, or. *Deus qui salutis*. Ad sextam ant. *In odorem*, ps. *Ad te levavi*, ps. *Nisi quia Dominus*, ps. *Qui confidunt*, cap. *Et radicavi*, ℞ *Ora pro nobis*, ℣ *Ut digni efficiamur, Gloria*, ℣ *Post partum*, or. *Deus qui virginalem*. Ad nonam ant. *Pulchra es*, ps. *In convertendo*, ps. *Nisi Dominus*, ps. *Beati omnes*, cap. *Sicut cinnamomum*, ℞ *Post partum virgo*, ℣ *Dei genitrix, Gloria*, ℣ *Speciosa facta*, or. *Famulorum*. Ad vesperas ant. *Beata mater*, ps. *Dixit Dominus, Laudate pueri, Laetatus sum, Nisi Dominus, Lauda Jerusalem*, cap. *Beata es Maria*, hymn. *Ave maris* ad cujus inceptionem fratres pro tempore genuflectant vel inclinent, ℣ *Diffusa est*, ad *Magnif.* ant. *Sancta Maria succurre*, or. *Concede nos*. Ad completorium ant. *Cum jocunditate*, ps. *Usquequo*, ps. *Judica me Deus*, ps. *Saepe expugnaverunt*, ps. *Domine non est*, cap. *Felix namque*, hymnus *Virgo singularis*, ℣ *Ecce ancilla*, ad *Nunc dimittis* ant. *Sub tuum praesidium*, or. *Gratiam tuam*

In Adventu Domini[1] ad laudes et ad sextam dicatur cap. *Egredietur*

---

[1] *Desiderantur hic aliqua. Edit. habet :* In Adventu Domini usque ad diem Nativitatis Domini exclusive, ad laudes, ad primam et ad vesperas ant. *Prophetae praedicaverunt.* Ad tertiam ant. *Angelus Domini ;* ad sextam ant. *Orietur ;* ad nonam ant. *Maria autem conservabat.* Ad laudes et ad sextam, etc., ut supra.

virga. Ad primam et ad nonam cap. *Rorate coeli*. Ad tertiam et ad vesperas cap. *Ecce virgo*, et or. *Deus qui de beatae Mariae* ad omnes horas dicatur, cetera omnia sicut jam supra sunt signata. Post Nativitatem Domini usque ad Purificationem in laudibus dicatur sola ant. *O admirabile*, ad *Benedictus* ant. *Virgo verbo*. Ad primam ant. *O admirabile*. Ad tertiam ant *Quando natus*. Ad sextam ant. *Rubum quem*. Ad nonam ant. *Ecce Maria*. Ad vesperas ant. *O admirabile*, ad *Magnif*. ant. *Nesciens mater*, or. ad omnes horas *Deus qui salutis*. Cetera omnia sicut prius post Purificationem usque ad Adventum sunt signata. Hoc supradicto modo cotidianum beatae Virginis officium agatur ad omnes horas per annum, sed intermittitur in choro in vigilia Nativitatis Domini [6ᵃ] ad matutinum et deinceps usque in crastinum Circumcisionis et in vigilia Epiphaniae ad matutinum et ad alias horas et in quarta feria ante Coenam Domini in vesperis et deinceps usque ad peractas octavas Paschae. Similiter in vigilia Pentecostes in vesperis et deinceps usque in crastinum Trinitatis. Item in omnibus festis duplicibus et totum duplicibus in primis vesperis et per totum diem festi. Item intermittitur in vigilia Assumptionis ad matutinum et ad alias horas. Similiter in die animarum ad primam et deinceps usque ad vesperas, et quandocumque de ipsa totum officium agitur. Intermittitur etiam in choro feria quarta Quatuor temporum in Adventu propter evangelium *Missus est*, et hoc tam in matutino quam in horis usque ad vesperas. Si qui tamen in praedictis temporibus quando dictae beatae Virginis horae non dicantur in choro eas ex devotione dicere voluerint ad partem et submisse ipsas dicant.

De matutinis diei in generali. XII.

Circa matutinum et alias horas diei hoc primo notandum est quod *Pater noster* dicatur ante singulas horas canonicas et etiam post missam, sed quando duae vel plures horae immediate una post aliam fuerint dicendae, tunc inter eas unum tantum *Pater noster* dicatur. Ante matutinum vero et primam [et] post completorium finita oratione *Exaudi nos* cum *Pater noster* et *Credo* dicatur. Dum tamen post horam aliquam officium defunctorum dicendum fuerit, illo finito et non ante *Pater noster* dicatur, et idem fiat de VII psalmis in XL^{ma} post matutinum. Dictis ergo ante matutinum *Pater noster* et *Credo* inclinando vel prosternendo pro tempore, ad signum prioris vel hebdomadarii fratres se erigant, signo crucis se signantes, quod et fiat in inceptione omnium horarum et hebdomadarius sive qui facit officium incipiat *Domine labia mea.* Respondeat conventus *Et os meum annuntiabit.* Deinde subjungat ille qui incepit *Deus in adjutorium*, et prosequatur conventus *Domine ad adjuvandum, Gloria Patri, Sicut erat, Alleluia.* Sed ab hac regula excipitur triduum ante Pascha et matutinum defunctorum et quod [6ᵛ] *allel.* post *Sicut erat* non dicitur a dictis vesperis sabbati ante dominicam LXX^{mae} usque ad completorium sabbati Paschae, tunc enim loco *allel.* post. *Sicut erat* dicitur *Laus tibi Domine rex aeternae gloriae.* Invitatorium semper dicatur ad matutinum nisi ipsa die Epiphaniae et nisi in triduo ante Pascha et in matutino defunctorum. Dominicis autem diebus et in festis ix lectionum et supra, et per octavas illas in quibus solas horas diei dicimus, invitatorium a duobus cantetur ad gradum. Aliis vero diebus ab uno stante in suo stallo dicatur. Hymnus etiam semper dicatur post invitatorium quando invitatorium dicitur, sola septimana Paschae excepta. Cetera quoad antiphonas, psalmos, versiculos, lectiones et responsoria fiant sicut suis locis signatur.

Dicto *Pater noster* ante lectiones dicat ille qui facit officium *Et ne nos* etc. Deinde ille qui lecturus est lectionem dicat *Jube domne*, et detur benedictio ab eo qui facit officium, et hoc observandum est ad omnes lectiones nisi in triduo ante Pascha et nisi in officio defunctorum. Benedictiones quando non agitur de beata Virgine in i nocturno *Benedictione perpetua, Unigenitus Dei, Spiritus sancti gratia.* In ii noct. *Deus pater omnipotens, Xps perpetuae, Ignem sui amoris.* In iii noct. *Sancti evangelii, Doceat nos Dominus, Ad societatem.* Per septimanam autem quando solum fiunt tres lectiones et non dicitur evangelium sic dividantur benedictiones : feria II et feria V dicantur benedictiones primi nocturni, Feria III et feria VI benedictiones ii noct. Feria IV et sabbato dicantur hae : *Ille nos benedicat, Doceat nos Dominus, Ad societatem civium.* Dum vero fiunt tres lectiones et evangelium dicendum fuerit, tunc dicatur prima benedictio *Sancti evangelii lectio :* aliae duae secundum ordinem dierum et turbarum sicut prius. Quando de beata Virgine fiunt ix lectiones dicantur istae benedictiones : in primo noct. *Alma virgo, Nos cum prole, Sancta Dei genitrix ;* in ii noct. *Precibus suae matris benedicat nos Filius Dei Patris, Sanctae Mariae virginis filius, Filius virginis Mariae ;* in iii noct. *Fons evangelii, Verba Redemptoris, In omni tribulatione.* Per octavas autem beatae Virginis benedictiones primi nocturni dicantur II et V feria, benedictiones II noct. III et VI feria, quarta autem feria et sabbato dicantur istae benedictiones [6ᶜ] *Castitatem mentis, Ab hoste maligno, In omni tribulatione*. Dum vero de beata Virgine agitur si quocumque casu¹ aliud evangelium quam de ipsa ad matutinum dicendum fuerit, benedictiones de beata Virgine propter hoc non mutentur.

In vigilia Assumptionis dicantur benedictiones de tempore, in nocte Nativitatis Domini ad tria evangelia dicantur benedictiones sicut suo loco assignantur.

Pro lectionibus ad matutinum legendis praecipue in festis fratres per communem tabulam deputentur. In omnibus festis duplicibus et totum duplicibus ille qui legit primam lectionem cum illo qui leget secundam cantet ᵥ primi responsorii, et sic deinceps successive lectiones separatim legant et ᵥ cantent. Ultimum autem ᵥ ambo cantores assumptis sibi duobus aliis simul cantent. In semiduplicibus vero festis versus III et VI respons. cantentur a duobus qui proximo ante et post lectiones legunt, ᵥ autem de IX respons. cantet ille qui IX lectionem legit et aliquis de senioribus cum illo. Porro in festis aliis tam IX lect. quam trium, per octavas et in diebus dominicis ac in feriis ille cantet ᵥ qui leget lect. sequentem, sic quod ultimum ᵥ aliquis de senioribus cantet. Similiter in festis semiduplicibus praeter ultimum ᵥ cujuslibet turbae alios versus soli cantent qui lectiones sequentes legere debent. Lectiones de evangelio legere debet diaconus qui pro evangelio per hebdomadam scriptus est; ultimam vero lectionem legat hebdomadarius, nisi in majoribus festis quando prior eam legere debet, et tunc hebdomadarius legat penultimam lectionem. Si vero in communi tabula pro lectionibus aliis legendis fratres non fuerint annotati, cantor ipsas ad legendum fratribus ad hoc aptis assignet. Sint tamen praevisi ii omnes qui lectiones habent legere in conventu.

Circa divisionem vero historiae alicujus per hebdomadam² certa rubrica suis locis non signatur, tunc II et V feria dicantur respp. de Iᵒ noct. historiae quae pro tempore dicenda fuerit; III et VI feria de II noct.; IV feria et sabbato de III noct. *Te Deum laudamus* dicitur in omnibus diebus dominicis praeterquam in dominicis Adventus et in dominicis a LXXᵐᵃ usque ad Pascha. Dicatur etiam in omnibus festis IX lectionum et [6ᵈ] supra, nisi in festo Innocentium cum extra

---

¹ *Ms. habet :* cantant.
² *In marg. add. :* Notandum quod quando per hebdomadam.

dominicam evenerit. Similiter etiam dicatur *Te Deum* per omnes octavas de quibus plenum officium facimus, praeterquam in vigiliis quae infra ipsas octavas evenerint. Porro in praedictis dominicis et in festo Innocentium quando *Te Deum* non dicitur loco ejus ultimum resp. a capite resumatur.

Ps. *Dominus regnavit, Jubilate, Deus Deus, Benedicite Dominum, Laudate Dominum de coelis* dicantur omni die ad laudes a festo Paschae usque ad octavam Trinitatis de quocumque agatur. Similiter in diebus dominicis a Trinitate usque ad LXX^{am} et quandocumque per totum annum de aliquo sancto vel festo fit officium in conventu. Antiphonae in laudibus, cap., hymn., $\dot{v}$ ps. *Benedictus* cum ant. et collecta dicantur semper secundum quod tempus dictaverit, hoc excepto quod cap. hymn. et $\dot{y}$ non dicantur in nocte Nativitatis Domini dum laudes cum missa finiuntur et in die Coenae ad matutinum et deinceps usque ad octavam Paschae et in officio mortuorum. $\dot{v}$ omnes ad matutinum et ad vesperas et ad memorias quascumque per totum tempus paschale cum *allel.* finientur. Aliis vero temporibus non terminentur cum *allel.* nisi in vigilia Nativitatis Domini ad matutinum, et nisi in festis totum duplicibus et duplicibus, in quibus versiculi de festo cum *allel.* et $\dot{v}$ de memoriis si occurrant sine *allel.* finiantur, nisi memoria esset de totum duplici vel duplici. Finita oratione et *Dominus vobisc.* dicatur a versiculario *Benedicamus Domino* vel a cantoribus in festis duplicibus et totum duplicibus et idem fiat in vesperis, sed in hoc excipitur triduum ante Pascha. In aliis autem horis dicatur *Benedicamus* ab illomet qui facit officium. Et notandum quod in omnibus festis duplicibus [1] praeterquam a LXX^{ma} usque ad Pascha ad matutinum et utrasque vesperas dicatur primum *Benedicamus domino* cum duplici *allel.* et idem fiat in dominicis et festis ix lectionum paschalis temporis et per octavas Ascensionis et Pentecostes et in sabbato LXX^{mae} ad vesperas quando *allel.* dimittitur ; sed eisdem praedictis temporibus secundum *Benedicamus* quod post memorias dicitur semper cum uno *allel.* dicatur. In feriis quoque et festis iii lect. paschalis temporis dicatur utrumque *Benedicamus* cum uno *allel.* tantum. Et dicto *Benedicamus* ultimo dicatur 7^a *Fidelium animae,* quod et semper dicendum est post quamlibet horam canonicam, nisi ad matutinum in nocte Nativitatis Domini quando cum missa finiuntur, et nisi in nona et vespe-

---

[1] *In marg. add. :* et totum duplicibus.

ris quando immediate post de mortuis dicitur, et nisi ad matutinum in XL^ma quando statim post ipsas VII ps. dicimus. Excipitur etiam triduum ante Pascha in quo fiat sicut suo loco signatur.

De disciplinis post matutinum recipiendis. XIII.

Ferialibus diebus per totam XL·^m post VII ps. fratres accipiant disciplinas ; similiter et in triduo ante Pascha statim post matutinum lumine reportato. Aliis vero temporibus per annum feriis secundis, quartis et sextis quando de feria cum prostrationibus agitur, dicto *Fidelium* post matutinum similiter accipiantur disciplinae. Dum ergo recipiendae fuerint disciplinae fratribus prostratis super formas et convenienter denudatis dicatur alternatim ps. *Miserere mei Deus, Gloria Patri*, quo dicto dicatur a conventu *Confiteor* et hebdomadarius subjungat *Misereatur nostri, Indulgentiam, In nomine Patris*, etc. Dum autem ps. et *Misereatur*, etc., dicuntur circumeat hebdomadarius dando cum virgis disciplinas. Postea ille qui dedit disciplinas et si qui alii tenentur vel ex devotione voluerint plures recipere quam unam ab hebdomadario praecedentis septimanae modo praedicto dicendo ps. *Deus misereatur*, etc., sicut prius recipiant disciplinas.

De prima et ad ipsam pertinentibus. XIV.

Prima cum aliis horis diei usque ad vesperas inchoetur cum *Deus in adjutorium*, eo modo sicut de matutino dictum est, praeterquam in Coena Domini et deinceps usque ad VI feriam post Pascha exclusive. Hymn. *Jam lucis* et cap. *Domine miserere* dicantur per totum annum ad primam nisi in Coena Domini et deinceps usque ad octavam Paschae. Ps. *Deus in nomine, Beati immaculati* et *Retribue* dicantur per totum annum ad primam. Dominicis vero diebus per totum annum de quocumque agatur cum praedictis psalmis ⁻7ˑ⁻ addatur [1] ps. *Quicumque vult* solo die paschali excepto. Ps. *Deus Deus meus, Dominus regit me, Gloria Patri*, ps. *Domini est terra, Ad te Domine levavi, Gloria Patri*, ps. *Judica me, Deus in nomine, Gloria Patri*, ps. *Confitemini, Gloria Patri*, ps. *Beati immaculati, Gl. P.*, ps. *Retribue, Gl. P.*, ps.*Quicumque vult, Gl. P.* dicantur ad primam diebus dominicis in Adventu quando de tempore agitur praeterquam dominica IV dum illa est in vigilia Nativitatis Domini.

[1] *In marg. add. :* in fine.

Dicantur etiam dicti psalmi dominica I^{ma} post octavam Epiphaniae et deinceps in dominicis quando de tempore agitur, usque ad Pascha etiam in die Palmarum, et in dominica prima post Trinitatem et deinceps diebus dominicis quando fit de tempore usque ad proximam dominicam ante Adventum cum agitur commemoratio Resurrectionis dominicae, hoc solo excepto quod a LXX^{ma} usque ad Pascha loco ps. *Confitemini* dicitur ps. *Dominus regnavit decorem*. Aliis vero temporibus praedicti ps. *Deus Deus meus*, etc., non dicantur. Ps. tamen *Confitemini* dicatur post *Deus in nomine* singulis diebus per octavam Paschae et deinceps diebus dominicis usque ad Ascensionem Domini quando de tempore agitur, et dominica proxima ante Adventum quando fit commemoratio Resurrectionis dominicae. Dominica autem post Ascensionem Domini, in die Pentecostes et Trinitatis, similiter in vigilia Nativitatis Domini dum in dominica evenerit, et deinceps in subsequentibus dominicis usque ad octavam Epiphaniae et aliis diebus dominicis per annum quando non agitur de tempore, non dicatur ps. *Confitemini* ad primam, sed solum ultra ps. consuetos dicatur ps. *Quicumque vult*, sicut et prius fuit dictum. Resp. *Jesu Xpe* semper dicatur ad primam, nisi per Adventum usque ad vigiliam Nativitatis Domini, et a LXX^{ma} usque ad octavam Paschae quando de tempore agitur. Dum vero iisdem temporibus de festis ix lectionum fit, etiam *Jesu Xpe* dicatur. ỹ *Qui sedes* semper dicatur ad *Jesu Xpe*, praeterquam in die Nativitatis Domini et deinceps usque ad octavam Epiphaniae inclusive, et nisi in toto tempore paschali, scil. a Pascha usque ad Trinitatem, et diebus dominicis post Trinitatem usque ad Adventum quando horae sunt de Resurrectione, et nisi quando fit de beata Virgine et de sancta Cruce. ỹ *Exsurge Domine* semper dicatur ad primam nisi a die Coenae [7^e] usque ad octavam Paschae. Notandum autem quod resp. *Jesu Xpe* et cetera responsoria ad horas dici debeant cum duplici *allel*. In vigilia Nativitatis Domini et deinceps usque ad octavam Epiphaniae inclusive, similiter et per totum tempus paschale de quocumque agatur, et diebus dominicis post Trinitatem usque Adventum, quando horae dicuntur de Resurrectione et in omnibus festis duplicibus [1] extra LXX^{am} et per octavam Trinitatis, Johannis Baptistae, Petri et Pauli ac Dedicationis ecclesiae quando de tempore agitur. Similiter et cotidie per octavas Assumptionis et Nativitatis beatae Virginis. Per octavas vero

---

[1] *In marg.* : et totum duplicibus.

beatae Mariae Magdalenae, Laurentii, Martini et aliis temporibus anni responsoria horarum cum *allel.* non dicantur. Versiculi ad horas numquam cum *allel.* dicantur, sed eorum responsiones finiantur cum *allel.* quando ipsa respon. cum *allel.* dicuntur, excepto ℣ *Exurge Domine* ad primam, qui numquam cum *allel.* terminatur. Finito ℣ *Exurge Domine*, cantore incipiente voce humili [1] prosequatur chorus *Kyrie el., Xpe el., Kyrie el., Pater noster*, quo dicto hebdomadarius dicat *Et ne nos* et omnes ℣ sequentes. Et conventus respondeat. ℣ *Vivet anima mea, Erravi sicut ovis, Credo, Carnis resurrectionem, Et ego ad te, Verba mea auribus, Intende voci deprecationis, Quoniam ad te orabo, Repleatur os, Domine averte faciem tuam, Cor mundum crea, Ne projicias me, Redde mihi laetitiam, Eripe me Domine ab homine malo, Eripe me de inimicis, Eripe me de operantibus, Sic psalmum dicam, Exaudi nos Deus, Deus in adjutorium, Sanctus Deus, Sanctus fortis, Benedic anima mea, Benedic anima mea, Qui propitiatur omnibus, Qui redimit de interitu, Qui replet in bonis, Confiteor* etc., *Dignare Domine die, Miserere nostri, Fiat misericordia tua, Domine Deus virtutum, Domine exaudi, Dominus vobiscum, Oremus, Domine Deus qui nos ad principium, Per, Dominus vobiscum, Benedicamus Domino.* Preces cum oratione dicta modo praedicto dicantur ad primam per totum annum nisi a Coena Domini usque ad octavam Paschae, hoc solum addito quod tempore prostrationum statim post ℣ *Fiat misericordia* subjungatur *Exaudi Domine*, ps. *Miserere mei, Gloria Patri, Exurge Domine, Domine Deus virtutum*, etc., sicut prius. [7ᵈ] *Benedicamus Domino* numquam dicatur ad primam cum *allel.* Dum vero *Confiteor* dicendum fuerit sive in choro sive extra, tam in horis quam in missa, prior vel qui facit officium etiam uno solo astante dicat sic : *Confiteor Deo et beatae Mariae et omnibus sanctis et tibi pater quia peccavi nimis cogitatione, locutione, opere et omissione, mea culpa. Ideo precor beatam virginem Mariam et omnes sanctos Dei et te pater, orare pro me ad Dominum Jhm Xpm.* Ille vero sive illi qui respondent semper dicere debent etiam praelato : *Misereatur tui omnipotens Deus et dimittat tibi omnia peccata tua, liberet te ab omni malo, et conservet et confirmet in omni opere bono et perducat ad vitam aeternam. Amen.* Quo dicto subjungatur ab eodem vel ab eisdem *Confiteor Deo* etc. *et tibi pater* etc. *et te patrem* etc.

---

[1] *In marg. add. :* post.

sicut prius. Et ille qui primo dixit *Confiteor* subjungat etiam si unus solus sit cui dicit *Misereatur vestri omnipotens Deus* etc. sicut prius et responso *Amen*, dicat *Indulgentiam, absolutionem et remissionem omnium peccatorum nostrorum tribuat nobis omnipotens et misericors Deus. Amen.* Quando autem ille qui incipit horas non est sacerdos respondeatur *Confiteor* etc. *et tibi pater* etc. Dum vero frater solus dicit primam vel completorium dicat sic : *Confiteor Deo et beatae Mariae*[1] *et omnes sanctos Dei* etc. [2] *Misereatur mei omnipotens Deus* etc. Similiter *Indulgentiam* suo modo. Finita oratione de prima semper legatur martilogium in choro nisi in triduo ante Pascha, tunc enim in capitulo legatur. Sic autem pronuntietur. *Decimo nono* vel *XVIII* vel *XVII* vel *XVI* vel *XV* vel *pridie nonas, idus* vel *kalendas* talis vel talis mensis. Dum vero absolute et per se absque numero haec fuerint pronuncianda dicatur *kalendis, Nonis, Idibus* talis mensis, *Luna prima, sexta decima, XVII, XVIII* etc. In fine dicatur : *Et aliorum plurimorum sanctorum martyrum, confessorum atque virginum.* Et legatur illo modo quo lectio et prophetiae legi consueverunt. Finito martilogio subjungat hebdomadarius *Pretiosa in conspectu* [8*] *Domini;* respondeat conventus : *Mors sanctorum ejus.* Deinde hebdomadarius sine *Dominus vobisc.* vel *Oremus* dicat orationem *Sancta Maria* etc. qua finita et responso *Amen* dicat ꝟ *Deus in adjutorium* ter et respondeatur *Domine ad adjuvandum, Gloria Patri, Sicut erat* sine *allel., Kyrie el., Xpe el., Kyrie el., Pater noster, Et ne nos, Et veniat super nos, Et respice Domine in servos tuos, Et sit splendor Domini*, sine *Dominus vobisc.* et sine *Oremus, Dirigere et sanctificare, Adjutorium nostrum, Sit nomen Domini, Benedicamus Domino.* Deinde dicat lector *Jube domne.* Hebdomadarius respondeat *Divinum auxilium.* Deinde lector *Gratia Domini nostri.* Dicto *tu autem,* et responso *Deo gratias,* subjungat lector *Commemoratio fratrum.* Hebdomadarius : *Requiescant in pace.* Responso *Amen,* dicatur ps. *Laudate Dominum omnes gentes* alternatim incipiendo ubi chorus est, *Gloria Patri, Sicut erat.* Hebdomadarius *Ostende nobis Domine, Oremus* sine *Dominus vobisc., Actiones nostras, Per Xpm Dominum, Fidelium, Pater noster.* Hoc modo sine nota semper dicatur *Pretiosa.* Quando non fiunt prostrationes ad solum *Pater noster* et ad *Gloria Patri* incli-

---

[1] *In marg. add. :* et omnibus sanctis quia peccavi nimis etc.
[2] *In marg. add. :* orare pro me ad Dominum Jesum Xpum. Et dimittat mihi omnia peccata.

namus, ad residuum autem nisi dum ps. *Laudate Dominum* dicitur, stamus versis vultibus ad altare. Tempore vero prostrationum dum dicitur *Kyrie el., Pater noster* etc. usque ad *Per Dominum nostrum* de oratione *Dirigere* fratres sint prostrati; in aliis se habeant sicut prius.

DE TERTIA, SEXTA ET [1] ET AD IPSAS PERTINENTIBUS XV.

Circa tertiam, sextam et nonam diei sciendum quod hymni *Nunc sancte, Rector potens* et *Rerum deus* in suis horis debent dici per totum annum præterquam in Coena Domini et deinceps usque ad octavam Paschae exclusive, nisi quod in hebdomada Pentecostes ad tertiam loco hymni *Nunc sancte* dicitur hymnus *Veni creator spiritus*. Sciendum etiam quod ultimus versus de hymnis praedictis et de hymno *Jam lucis* ad primam et etiam de aliis hymnis ejusdem metri mutantur interdum et quandoque aliqui versus apponuntur secundum quod diversa tempora et festa requirunt, prout suis locis invenies assignatum. Ps. *Legem pone, Defecit* et *Mirabilia* dicantur ad horas per totum annum. Notandum etiam quod quandocumque antiphonae Laudum dicantur ad horas semper [8°] quarta antiphona intermitti debet et aliae per ordinem ad horas debent dici. Capitulum semper dicatur ad horas nisi a die Coenae usque ad octavam Paschae. Similiter responsoria et versiculi semper dicantur nisi per octavam Paschae. Oratio autem omni tempore dicatur ad horas. *Benedicamus Domino* ad horas numquam dicatur cum *allel.* nisi in tempore paschali; quando autem responsoria horarum debeant dici cum *allel.* in praecedenti rubrica de prima fuit dictum. Finito versiculo si preces dicendae fuerint cantore incipiente chorus prosequatur *Kyrie el., Xpe el., Kyrie el., Pater noster, Et ne nos, Ego dixi Domine, Convertere Domine, Fiat misericordia tua, Sacerdotes tui induantur, Domine salvos fac reges, Salvum fac populum. Fiat pax, Oremus pro fidelibus, Requiescant in pace, Pro priore nostro, Pro fratribus nostris absentibus, Pro amicis et benefactoribus nostris, Pro afflictis et captivis, Mitte eis Domine, Esto nobis Domine. Exaudi Domine vocem*, ps. *Miserere mei*, in XL^{ma} post ℣ *Mitte eis*, addatur *Pro iter agentibus, Pro peccatis et negligentiis, Adjuva nos, Esto nobis, Exaudi Domine*, ps. *Miserere, Gloria Patri, Sicut erat, Exurge Domine, Domine Deus virtutum, Domine exaudi, Dominus*

---

[1] *In marg. add.:* nona.

vobiscum, oratio qualis evenerit et terminentur horae sicut de matutino dictum est. Preces praedictae in voce humili et mediocri cum nota fa re dicantur hebdomadario praedictos versus incipiente et conventu respondente. Notandum autem quod dictae preces dicendae sint ad horas praedictas, ad matutinum et ad vesperas per totum annum quando fiunt prostrationes communes, nisi in die Parasceves et in sabbato sancto Paschae. Quando vero prostrationes fieri debeant aut etiam intermitti supra in principio VII rubricae fuit dictum.

Post tertiam vero vel post primam dum convenientior hora fuerit fratres ad capitulum simul vadant ubi recommendatis benefactoribus ac aliis quos prior vel ejus locum tenens habuerint recommendare dicatur ps. *Deus misereatur, Gloria Patri, Ad te levavi, Gloria Patri, De profundis, Requiem, Kyrie el., Xpe el., Kyrie el., Pater noster.* Quo finito [8°] dicat hebdomadarius *Et ne nos,* ꝶ *Memor esto,* ꝶ *Salvos fac servos tuos* et ꝶ *Ora pro nobis sancta Dei genitrix,* ꝶ *Oremus pro fidelibus defunctis,* ꝶ *Requiescant in pace,* ꝶ *Domine exaudi, Dominus vobiscum.* or. *Ecclesiae tuae,* or. *Omnipotens sempiterne Deus qui facis mirabilia,* or. *Protege Domine,* or. *Miserere quaesumus,* or. *Absolve.* Hae quinque orationes incipiantur sub uno *Oremus* et sub uno *Per Xpum Dominum* terminentur. Deinde qui praeest capitulo fratrum culpas corrigat et praecipue ad officium divinum pertinentes.

De Vesperis. Rubrica XVI.

Vesperae semper inchoentur cum *Deus in adjutorium* etc. eo modo quo dictum est de matutino, praeterquam in triduo ante Pascha et nisi in die Paschae cum tribus diebus sequentibus. Ps. et antiphonae prout tempus dictaverit semper dicantur, capitulum quoque, hymnus et ꝶ etiam semper dicantur nisi a die Coenae usque ad octavam Paschae. De responsorio dicendo in vesperis hoc notandum est, quod singulis diebus per Adventum et per XL^{am} usque ad diem Coenae dicendum est responsorium in vesperis de quocumque agatur. In omnibus etiam festis duplicibus et totum duplicibus per totum annum et in dominicis LXX^{ae}, LX^{ae} et L^a: ad utrasque vesperas responsorium dicatur. Extra Adventum vero et XL^{am} in festis semiduplicibus et IX lectionum et in octavis festivitatum habentium solemnes octavas [1] praedictas et quando de beata Virgine fiunt novem lec-

---

[1] *In marg. add. :* in dominicis infra octavas.

tiones, ad primas vesperas tantum vel si illas non habuerint, ad secundas vesperas reponsorium dicatur. In omnibus insuper dominicis a Pascha usque ad Pentecosten quando de tempore agitur, et quandocumque aliqua historia extra praedicta tempora inchoanda fuerit sive in sua prima dominica inchoetur, sive postea in primis vesperis si eas habuerit, responsorium dicatur ; non autem in secundis. Aliis autem temporibus ad vesperas responsorium non dicatur.

Sciendum etiam quod quando responsorium in vesperis aliquibus dicendum fuerit, si in Ordinali ipsum non exprimatur, tunc dicatur III vel VI, vel IX responsorium principale historiae de qua officium agitur. Quando autem in vesperis extra ferias Adventus et XL^{mae} responsorium dicitur, illud a duobus ad gradum dicatur. Post responsorium et ejus [8^d] ℣ semper *Gloria Patri* dicatur, nisi dominica in Passione in primis vesperis et deinceps usque ad Pascha quando de tempore agitur. *Magnificat* cum antiphona et oratione secundum quod tempus dictaverit per totum annum dicatur et terminentur vesperae sicut dictum est de matutino. Quando etiam *Benedicamus* de vesperis debeat dici cum *Allel.* ibidem fuit dictum.

De completorio et ad ipsum pertinentibus. XVII.

Cum completorium in choro dicendum fuerit, dicat lector cum nota ℣ *Jub domne benedicere*, et subjungat hebdomadarius vel qui facit officium *Noctem quietam*. Sequatur lectio *Fratres sobrii* etc., *Tu autem ;* tunc ille qui facit officium dicat *Adjutorium nostrum.* Deinde dicto *Pater vester*, prior vel qui facit officium dicat *Confiteor* et *Misereatur vestri, Indulgentiam*, eodem modo sicut supra in rubrica de prima est signatum ; quo facto erigant se fratres, et ille qui facit officium incipiat *Converte nos Deus, Deus in adjutorium* etc. sicut de inceptione matutini supra fuit dictum. Et hoc modo incipiatur completorium per totum annum, nisi ipsa die Coenae et in die Parasceves quando completorium incipitur solum per *Pater noster* et *Confiteor*, et nisi in vigilia Paschae ad completorium et deinceps usque ad feriam VI post Pascha exclusive quando dicitur *Jube domne* etc., sed non dicitur *Converte nos,* neque *Deus in adjutorium.*

Ps. *Cum invocarem, In te Domine speravi* usque ad versum *Odisti observantes, Qui habitat, Ecce nunc,* dicantur per totum annum ad completorium, nisi quod in Coena Domini et deinceps usque ad completorium sabbati in hebdomada Paschae intermittitur ps. *Qui habitat.* Antiph. *Miserere mei* omni tempore anni dicatur nisi a Coena Domini usque ad completorium sabbati ante festum sanctae Trinitatis. Capitulum *Tu in nobis* et ℣ *Custodi nos* semper dicantur nisi in Coena Domini et deinceps usque ad completorium sabbati in hebdomada Paschae. Hymnus *Salvator mundi* dicatur praeterquam a XL^{ma} usque ad Trinitatem in omnibus festis duplicibus et totum duplicibus ad utrumque completorium, et in omnibus festis semiduplicibus, ix lectionum, dominicis, et quando de beata Virgine fiunt ix lectiones ad primum completorium, et cotidie per octavas solemnes. Hymnus *Te lucis* dicatur per praedictum tempus in feriis et festis trium lectionum ad utrumque completorium, similiter et in festis semiduplicibus, ix lectionum, dominicis et in ipsa die octava cujuscumque festi so-[9ª] lemnes octavas habentis ad secundum completorium nisi duplex fuerit vel in crastino festum ix lectionum evenerit. Qui autem hymni per XL^{mam} et per totum tempus paschale ad completorium dici debeant, in suis locis invenies assignatum. Ps. *Nunc dimittis* omni tempore anni dicatur ad completorium. Antiph. *Salva nos* dicatur ad *Nunc dimittis* per totum annum nisi in primo sabbato Adventus et deinceps usque in crastinum octavarum Epiphaniae, et nisi in sabbato ante primam dominicam XL^{ae} et deinceps usque ad sabbatum ante Trinitatem, et nisi festis sanctae Crucis et quando de beata Virgine agitur, et nisi in dominicis post Trinitatem quando horae sunt de Resurrectione ad primum completorium tantum. Quae autem antiphonae his temporibus sint dicendae invenies in suis locis. Finita antiphona post *Nunc dimittis* dicatur *Kyrie el., Xpe el., Kyrie el., Pater noster*. Hebdomadarius *Et ne nos, In pace in idipsum, Credo in Deum;* hebdomadarius *Carnis resurrectionem, Benedicamus Patrem, Benedictus es Domine, Benedicat et custodiat, Dignare Domine nocte, Miserere nostri Domine, Fiat misericordia, Domine Deus virtutum, Domine exaudi, Dominus vobiscum,* or. *Visita nos Domine, Benedicamus Domino*. Preces cum praedicta oratione ad completorium semper sunt dicendae, nisi in Coena Domini et deinceps usque ad completorium sabbati in hebdomada Paschae hoc solum addito quod tempore prostrationum statim post ℣ *Fiat misericordia* dicatur ℣ *Exaudi Domine*, ps. *Miserere, Gloria, Sicut, Exurge Domine, Domine Deus virtutum* etc. sicut prius. *Benedicamus Domino* in completorio numquam dicatur cum *allel.*, nisi in vigilia Paschae et in die Paschae. Dicta oratione, prior vel qui facit officium, si prior praesens non fuerit, det benedictionem dicendo *Benedictio Dei omnipotentis Patris et Filii et Spiritus sancti descen-*

dat super vos et maneat semper. Deinde unusquisque fratrum signo crucis se signet respondendo *Amen*. Statim dicatur completorium de beata Virgine si dici debeat et cereis accensis prout in quarta rubrica de officio sacristae dictum est, ille qui facit officium incipiat antiphonam *Salve regina*. Ad cujus inchoationem conventus genuflectat vel inclinet secundum quod supra in rubrica vii est signatum. Finita antiphona dicat versicularius ℣ *Ora pro nobis* etc. Responsio de hoc ℣ et de ℣ *Custodi nos* et de ℣ post aspersionem aquae benedictae numquam terminetur cum *allel*. Deinde qui facit officium dicat orationem *Omnipotens sempiterne Deus* [9ᵇ] *qui gloriosae* etc. *Per eundem Xpm*. Finita oratione qui facit officium ad gradum altaris genuflectens aspergat aqua benedicta magnum altare dicendo una cum conventu sine nota antiphonam *Asperges me*, ℣ *Miserere mei Deus, Gloria, Sicut;* et interim omnes fratres aspergat et etiam saeculares si praesentes fuerint, servando ordinem qui infra in rubrica xlii est signatus. Post aspersionem stans in choro ante altare dicat ℣ *Ostende nobis*, cum oratione *Exaudi nos, Per Xpm Dominum*. Deinde cum *Fidelium animae* terminetur completorium sicut supra de matutino dictum est. Et notandum quod praedicta antiphona scilicet *Salve regina* cum omnibus quae sequuntur post completorium modo praedicto omni tempore dicenda est, nisi quod in die Coenae et Parasceves sine nota dicatur.

De memoriis communibus in dominicis et festis ix lectionum dicendis, scilicet de Resurrectione, de beata Virgine et de Angelis. xviii.

Memoria de Resurrectione cotidie fiat a dominica prima post Pascha usque ad Rogationes, et a die Trinitatis usque ad Adventum, praeterquam in festis duplicibus et totum duplicibus, et praeterquam infra octavas Assumptionis et Nativitatis beatae Mariae Virginis, quando de ipsis octavis agitur, et nisi in die animarum ad matutinum quando dicuntur matutini defunctorum. Diebus ergo sabbatinis dum facienda est praedicta memoria, sive agatur de feria sive de festo quocumque dicatur ad matutinum antiph. *Surgens Jesus*, ℣ *Surrexit Dominus de sepulcro*, oratio *Praesta quaesumus omnipotens Deus ut qui gratiam, Per eundem Xpm*. Ad vesperas antiph. *Vespere autem sabbati*, ℣ *Surrexit Dominus de sepulcro*, or. *Praesta quaesumus omnipotens et misericors, Per eundem Xpm*. Diebus dominicis de quocumque agatur, ad matutinum ant. *Et valde mane*, ℣ *Surrexit Dominus de sepulcro* or. *Deus qui per unigenitum, Per eundem Xpm.* Ad secundas vesperas dominicae et in festis ix lectionum et per octavas solemnes et quando de beata Virgine extra diem sabbati agitur, ad utrasque vesperas et ad matutinum dicantur ant., ℣ et orationes de Resurrectione sicut in sequenti rubrica per ferias signatur; hoc excepto quod ant. *Surrexit Dominus* ad vesperas dicatur cum nota magis celebri, et quod cum tribus *allel.* finiantur; solo tempore paschali responsiones versiculorum cum *allel.* [9^c] terminentur.

Memoria de beata Virgine cotidie agatur ad matutinum et ad vesp. a Circumcisione Domini usque ad dominicam in Passione, et a dominica prima post Pascha usque ad Pentecosten, et a die Trinitatis usque ad Nativitatem Domini, praeterquam in festis duplicibus et totum duplicibus, et praeterquam in dominica prima Adventus ad utrasque vesperas et ad matutinum, et nisi feria IV in Adventu ad matutinum quando dicitur evangelium *Missus est*, et in vesperis quando antiphonae O dicuntur, et nisi ad matutinum in die animarum; in vigilia Nativitatis Domini, in vigilia Epiphaniae et in vigilia Assumptionis, et nisi quando de ipsa agitur in conventu. Dum ergo memoria beatae Virginis fuerit facienda feriis VI per totum annum de quocumque agatur ad vesperas dicatur ant. *Ave regina coelorum.* Sabbatis ad matutinum ant. *Ave stella matutina.* Ad primas vesperas dominicae tempore paschali ant. *Regina coeli*, aliis temporibus per totum annum *Alma Redemptoris*, vel ant. *Quam pulcra*, vel ant. *Amica mea.* Diebus dominicis et in festis ix lectionum et semiduplicibus et per octavas solemnes per totum annum ad matutinum ant. *Beata Dei genitrix*, vel ant. *Tota pulcra* : ad secundas vesperas dominicae, et ad utrasque vesp. festi ix lectionum et semiduplicis tempore paschali ant. *Regina coeli;* alio vero tempore anni ant. *Descende in hortum*, vel ant. *Quam pulcra;* ℣ et orationes ad praedictas memorias dicantur sicut in sequenti rubrica secundum diversa tempora per ferias assignatur.

Memoria de angelis semper agatur quando de beata Virgine juxta regulam prius dictam fit memoria, et ultra hoc dum de beata Virgine fit commemoratio ix lectionum in conventu, et in vigilia Assumptionis ad matutinum. Per totum autem annum quando fit memoria de angelis sive in feriis sive in festis semper dicatur ad matutinum ant. *Laudemus Dominum*, ℣ *In conspectu angelorum*, or. *Perpetuum nobis.* Ad vesperas ant. *Excelsi regis.* ℣ et or. sicut ad matutinum. Et sciendum quod memoria de Resurrectione praecedit memoriam de beata Virgine etiam si in crastino de beata Virgine facienda esset commemoratio ix lectionum. Similiter memoria beatae Virginis praecedit memoriam de angelis.

De memoriis seu suffragiis ferialibus per totum annum. xix.

Per Adventum singulis diebus ferialibus quando juxta praecedentem rubricam de beata Virgine fit memoria. feriales memoriae dicantur hoc modo. Ad matutinum [9^d] memoria de sancta Maria, ant. *Spiritus sanctus*, ℣ *Egredietur virga*, or. *Deus qui de beatae Mariae, Per eundem Xpm.* Memoria de angelis sicut in fine praecedentis rubricae ponitur. Memoria de omnibus sanctis, ant. *Ecce Dominus veniet*, ℣ *Ecce apparebit*, or. *Conscientias nostras, Per eundem.* Memoria de pace, ant. *Tua est potentia*, ℣ *Fiat pax in virtute*, or. *Deus a quo sancta, Per Dominum.* Ad vesperas, memoria de sancta Maria, ant. *Ave Maria*, ℣ et or. sicut ad matutinos. Memoria de angelis sicut in fine praecedentis rubricae signatur. Memoria de omnibus sanctis eodem modo sicut ad matutinum. Memoria de pace. ant. *Da pacem Domine*, ℣ *Fiat pax*, or. *Deus auctor pacis, Per Dominum.* Subscripto modo dicantur memoriae in feriis et festis iii lectionum ab octava Epiphaniae usque ad Purificationem. Ad mat. memo. de S. Maria, ant. *Germinavit radix*, ℣ *Post partum*, or. *Deus qui salutis ... Dominum nostrum Jesum Xpm filium tuum, Amen.* Memoria de angelis sicut ponitur in fine praecedentis rubricae. Memo. de omnibus sanctis, ant. *Omnes electi*, ℣ *Orate pro nobis*, or. *Omnium sanctorum, Per Xpm.* Memoria de pace ut supra in Adventu. Ad vesperas memo. de sancta Maria, ant. *Rubum quem viderat*, ℣ et or. sicut ad matutinum. Memo. de angelis sicut ponitur in fine rubricae praecedentis. Memo. de omnibus sanctis ant. *Sancti Dei omnes*, ℣ *Laetamini in Domino*, or. *Infirmitatem, Per Xpm.* Memo. de pace ut supra in Adventu. Subscripto modo dicantur memoriae in feriis et festis iii lectionum a Purificatione usque ad dominicam in Passione. Ad matutinum memo. de S. Maria, ant. *Sicut lilium*, vel ant. *Sancta Maria succurre*, ℣ *Speciosa facta es*, or. *Concede nos, Per Xpm.* Memo. de angelis ut supra. Memo. de omnibus sanctis ut supra post Nativitatem. Memo. de pace ut supra in Adventu. Ad vesperas memo de S. Maria, ant. *Sancta Dei genitrix*, vel ant. *Sancta Maria non est tibi*, ℣ *Post partum*, or. *Famulorum tuorum, Per eundem Xpm.* Memo. de angelis ut supra. Memo. de omnibus sanctis ut supra post Natale. Memo. de pace ut supra in Adventu.

Tempore paschali in feriis et in festis III lectionum usque ad Rogationes dicantur hoc modo memoriae ad matutinum. Memo. de sancta Cruce, ant. *Crucifixus surrexit*, ℣ *Dicite in nationibus*, et terminentur versiculi omnium memoriarum in tempore paschali cum *allel.*, or. *Deus qui pro nobis, Per eundem.* [10ᵃ] Memo. de resurrectione, ant. *Surrexit Xps*, ℣ *Surrexit Dominus de sepulcro*, or. *Praesta quaesumus omnipotens Deus ut qui, Per.* Memoria de S. Maria, ant. *Sicut lilium*, vel ant. *Sancta Maria succurre*, et terminetur cum *allel.*, ℣ *Speciosa facta*, or. *Deus qui salutis, Dominum nostrum J. Xpm Filium tuum.* Memo. de angelis ut supra cum *allel.* Memo. de omnibus sanctis, ant. *In coelestibus regnis*, ℣ *Vox laetitiae*, or. *Omnium sanctorum, Per Xpm.* Memo. de pace, ant. *Pacem meam*, ℣ et or. ut supra in Adventu. Ad vesperas memoria de sancta Cruce, ant. *Crucem sanctam*, ℣ *Dicite in nationibus*, or. *Solita quaesumus Domine*, et terminetur *Qui vivis et regnas in saecula saeculorum.* Memo. de Resurrectione, ant. *Surrexit Dominus de sepulcro*, cum uno *allel.*, ℣ *In resurrectione tua*, or. *Praesta quaesumus omnipotens et misericors Deus ut in resurrectione, Per eundem.* Memo. de sancta Maria, ant. *Allel. Sancta Dei*, vel ant. *Sancta Maria non est tibi*, ℣ *Post partum*, or. *Famulorum, Per eundem.* Memo. de angelis cum *allel.* ut supra. Memo. de omnibus sanctis, ant. *Sancti tui Domine florebunt*, ℣ *Vox laetitiae*, or. *Infirmitatem nostram, Per Xpm.* Memo. de pace, ant. *Pax vobis*, ℣ et or. ut supra in Adventu. In Rogationibus quando de feria agitur fiat memo. de sancta Maria, de angelis, de omnibus sanctis et de pace, ut prius. Quando vero de festo IX lectionum agitur solum fiat memo. de Rogationibus, de sancta Maria et de angelis. Subscripto modo dicantur memoriae in feriis et festis III lectionum ab octava Trinitatis usque ad Adventum. Ad matutinum memo. de sancta cruce, ant. *Nos autem gloriari*, ℣ *Omnis terra adoret*, or. *Deus qui Unigenitum, Per eundem.* Memo. de Resurrectione ut prius in tempore paschali, nisi quod ℣ non terminetur cum *allel.* Memo. de sancta Maria ut supra post Purificationem. Memo. de angelis ut supra. Memo. de omnibus Sanctis ut supra post Nativitatem. Memo. de pace ut supra in Adventu. Ad vesperas memo. de sancta Cruce ant. *Salva nos*, ℣ *Omnis terra*, or. *Adesto nobis Domine Deus noster, Per Xpm.* Memo. de Resurrectione ut supra in tempore paschali. Memo. de sancta Maria ut supra post Purificationem. Memo. de angelis ut supra. Memo. de omnibus sanctis ut supra post Nativitatem. Memo. de pace ut supra in Adventu. Advertendum tamen quod in quibusdam feriis ant. de Resurrectione et de beata Virgine mutantur sicut feriis sextis ad vesperas, et sabbatis ad matutinum, prout [10ᵇ] in praecedenti rubrica plene fuit dictum.

De memoriis aliis specialiter supervenientibus tam de tempore quam de aliis. xx.

Quandocumque per ferias Adventus et Quadragesimae et in tribus diebus Rogationum de aliquo festo totum officium agitur, memoria fiat de tempore ; aliis autem feriis per annum memoria de tempore non agitur. Porro sub historia *Domine ne in ira* et ante Adventum dum propter temporis brevitatem homiliae dominicales infra octavas solemnes vel in festis ix lectionum per hebdomadam leguntur memoria de dominica in hujusmodi diebus fiat ad matutinum et ad vesperas. Similiter in crastino S. Thomae post Nativitatem dum extra dominicam venerit memoria de dominica ad matutinum fiat. Dum autem dominica dies propter festum praecedens vel sequens caret vel primis vel secundis vesperis tunc de dominica memoria semper fiat. Sed et dum propter festum quodcumque superveniens de dominica non agitur, memoria fiat de dominica ad utrasque vesperas et matutinum. Sed ab hac regula excipitur crastinum S. Thomae post Nativitatem quando in dominica evenerit, et dominica infra octavam Ascensionis in quibus tantum ad matutinum de dominica fit memoria. Excipiuntur etiam omnes dominicae in vigilia Nativitatis Domini et deinceps usque ad octavam Epiphaniae venientes, in quibus de dominica nulla fit memoria, nisi solum in crastino S. Thomae. Similiter excipitur dominica proxima ante Adventum quando sine memoria de dominica fit commemoratio dominicae Resurrectionis. Praecedunt autem praedictae memoriae tam de dominicis quam etiam de tempore feriali memorias cotidianas et consuetas. De festo iii lectionum quando de ipso facienda est memoria solum ad primas vesperas et ad matutinum memoria fiat, et hoc immediate post memoriam de angelis. Et eodem ordine fiat memoria de octava S. Andreae, ita tamen quod si dictae memoriae concurrant, memoria de festo iii lectionum sequatur illam de octava.

De festis ix lectionum et supra si non habuerint integre primas vesperas vel secundas memoria in utrisque vesperis fiat, sed excipitur festum commemorationis S. Pauli de quo in primis vesperis nulla fit memoria, et festum S. Silvestri de quo secundis vesperis nulla fit memoria 10ᶜ. Quando etiam infra quascumque solemnes octavas non fit officium de octava, facienda est de ipsis memoria, praeterquam in Circumcisione Domini et dum agitur de Corpore Xpi, et in festo apostolorum Petri et Pauli, et in Assumptione beatae Virginis, in quibus ad utrasque vesperas et matutinum de octavis concurrentibus non fit memoria, nisi solum de octava S. Stephani in secundis vesperis Circumcisionis. Praecedit autem memoria de festo ix lectionum et supra memoriam de octava et memoriam de dominica. Similiter memoria de octavis solemnibus praecedit memoriam de dominica. Notandum quoque quod memoria ad vesperas et ad matutinum de festis quibuscumque, similiter et de dominicis et de tempore feriali fieri debet per ant. quae ad *Magnificat* et ad *Benedictus* dicerentur si de ipsis ageretur officium nisi aliae certae ant. in suis locis ad hujusmodi sint signatae. Per octavas etiam solemnes quae non habent proprias ant. per hebdomadam pro hujusmodi memoriis signatas dicantur per ordinem ant. de nocturnis historiae principalis; ad dictas quoque memorias dicantur versiculi qui ad laudes et ad vesperas sui pleni officii dicerentur ubi aliud non signatur. Dum autem de aliquo martyre vel confessore aut de virgine officium agitur seu etiam de pluribus hujusmodi sanctis, si cum hoc de festo consimili sit memoria facienda, ꝟ primi nocturni ad talem memoriam dicatur.

De commemoratione beatae Virginis cum ix lectionibus in sabbatis facienda. XXI.

In sabbatis vel quando de beata Virgine agitur in conventu, ad vesperas ant. et ps. feriales, cap. *Beata es Maria*, resp. *Sicut cedrus*, vel. *Beata es virgo*, hymn. *Ave maris*, ꝟ *Diffusa*, ad *Magnif.* per totum annum ant. *Ave regina*, or. post Nativitatem Domini usque ad Purificationem *Deus qui salutis*, aliis temporibus *Concede nos famulos*. Ad completorium extra tempus paschale hymnus *Salvator mundi. Gloria tibi Domine qui*. In tempore paschali hymn. *Jesu salvator*. Ad *Nunc dimittis* post Nativitatem usque ad Purificationem ant. *Ecce completa sunt*. A Purificatione usque ad diem Cinerum ant. *Sub tuum praesidium*. Aliis temporibus ant. *Allel. Sancta Dei*. Ad matutinum invitatorium *In honore*, ps. *Venite*, hymn., antt. pss. et responsoria sicut in Assump[10ᵈ]tione beatae Virginis. Lectiones sex de sermone *Loquamur aliquid*, ɪɪɪ de evang. post Nativitatem usque ad Purificationem *Erat Joseph*, tempore paschali *Stabant juxta crucem*, aliis temporibus *Loquente Jesu*. *Te Deum laudamus* semper dicatur etiam infra LXX^{am}. Sacerdotalis ℣ *Ora pro nobis*. In laudibus autem post Nativitatem usque ad Purificationem ant. *O admirabile*, etc., aliis temporibus ant. *Assumpta est*, etc., cap. *In omnibus requiem*, hymn. *O gloriosa*, ℣ *Elegit eam*, ad *Bened.* ant. *Ave stella*, quae omni tempore anni dicatur, or. post Nativitatem usque ad Purificationem *Deus qui salutis*, aliis temporibus *Concede nos famulos*. Ad horas in fine hymni *Gloria tibi Domine qui natus;* Antiphonae de laudibus. Prima per totum annum resp. *Jesu Xpe*, ℣ *Qui de Virgine*. Ad alias horas cap. et responsoria sicut in Assumptione. Orationes sicut in horis cotidianis beatae Virginis secundum diversa tempora supra sunt signatae. Haec commemoratio in sabbatis dicta nona terminatur, aliis vero diebus sive crastino ejus festum ix lectionum evenerit omissis in choro cotidianis beatae Mariae vesperis, ant et psalmi erunt de ipsa commemoratione, cap. [*et*] quae sequuntur de festo. Dum autem dicta commemoratione immediate post simplex festum ix lectionum aut extra LXX^{mam} post simplicem dominicam agitur, a capitulo inchoetur, nisi festum vel dominica suis primis vesperis caruisset. Si vero in crastino hujusmodi commemorationis feria fuerit aut etiam festum iii lectionum, tunc secundae vesperae de beata Virgine plene fiant et memoria de festo iii lectionum si assit. Ad secundas ergo vesperas quando eas habere poterit prima ant in laudibus, ps. *Dixit Dominus*, ps. *Laudate pueri* etc , cap., hymn., versic. ut in primis vesperis. Quod si primas vesperas non habuerit et secundas habere possit, in ipsis respon. dicatur. Ad *Magnif.* pro tempore paschali ant. *Regina coeli*, aliis temporibus ant *Alma Redemptoris*, vel ant. *Quam pulcra*, or. sicut in primis vesperis. Completorium ut supra, nisi quod hymnus *Te lucis* cum ℣ *Gloria tibi Domine* dicatur extra tempus paschale. Praedicta commemoratio beatae Virginis cum ix lectionibus fiat omnibus sabbatis vacantibus. Ab octava Epiphaniae usque in capite jejunii postquam semel fuerint respp. ferialia quae pro sabbato sub historia *Domine ne in ira* assignantur II^a, similiter et ab octava Paschae usque ad Rogationes et a *Deus omnium* [1]. Si autem praedictis temporibus festum ix lectionum vel majus aut etiam vigilia in sabbato venerit, vel ipsa dies sabbati infra octavas solemnes aut in iv temporibus evenerit, tunc in aliqua die vacante ejusdem hebdo-

---

[1] Id est dominica secunda post Trinitatem usque ad Adventum.

madae vel si nulla vacaverit in festo III lect. si assit praedicta commemoratio fiat, et memoria de illo festo. Porro propter festum III lect. veniens in sabbato dicta commemoratio numquam ad aliam diem transferatur, sed in ipso sabbato celebretur et memoria de festo fiat. Dum vero propter octavas solemnes vel quaecumque festa IX lect. praedicta commemoratio per hebdomadam aliquam fieri non potest propter hoc in sequenti hebdomada non duplicetur. Quando autem aliunde praeter hanc commemorationem de beata Virgine in aliqua hebdomada solum una die agitur propter hoc dicta commemoratio non omittatur. Sed si propter octavas Assumptionis vel Nativitatis bis vel pluries in una hebdomada de ipsa teneatur tunc praedicta commemoratio tali hebdomada omittatur.

De officio defunctorum. Rubrica XXII.

Vesperae defunctorum sic dicantur. Ant. *Placebo*. Ps. *Dilexi*. Ant. *Heu mihi*. Ps. *Ad Dominum*. Ant. *Dominus custodit*. Ps. *Levavi* [1]. Ant. *Opera*. Ps. *Confitebor* (secundus). Ant. *Audivi*. Ps. *Magnificat*. In fine cujuslibet ps. dicatur *Requiem*. Finita ant. *Audivi*, non dicatur *Kyrie el.* sed *Pater noster. Et ne nos.* Ps. *Lauda anima mea. Requiem aeternam.* ℣ *A porta inferi.* ℟ *Credo videre. Dominus vobiscum.* Or. *Absolve quaesumus. Per Dominum. Requiescant in pace. Amen. Pater noster.* Et ita semper vesperae et matutinum defunctorum terminentur. *Requiescant in pace.* dicat semper [2] qui facit officium. Matutini defunctorum hoc modo dicantur. In primo noct., ant. *Dirige*. Ps. *Verba mea*. Ant. *Convertere*. Ps. *Domine ne in furore*. Ant. *Nequando*. Ps. *Domine Deus meus.* ℣ *A porta inferi. Pater noster. Et ne nos.* Lectio I^{ma} *Parce mihi Domine*. Respons. *Credo quod redemptor.* ℣ *Quem visurus.* Lect. II^{da}. *Taedet animam meam.* Resp. *Qui Lazarum.* ℣ *Qui venturus.* Lectio III; *Manus tuae.* Resp. *Domine quando.* ℣ *Commissa.* ℣ *Requiem.* In II nocturno Ant. *In loco.* Ps. *Dominus regit.* Ant. *Delicta.* Ps. *Ad te Domine.* Ant. *Credo videre.* Ps. *Dominus illuminatio.* [11ᵇ] ℣ *In memoria aeterna. Pater noster. Et ne.* Lectio IV *Quantas habeo.* Resp. *Heu mihi.* ℣ *Anima mea.* Lect. V *Homo natus.* Resp. *Ne recorderis.* ℣ *Dirige.* Lect. VI *Quis mihi hoc.* Resp. *Domine secundum.* ℣ *Amplius.* ℣ *Requiem.* In III noct. Ant. *Complaceat.* Ps. *Expectans.* Ant. *Sana Domine.* Ps. *Beatus qui intelligit.* Ant. *Siti-*

---

[1] *Omittuntur hic ant.* Si iniquitates, *et ps.* De profundis, *quae tamen ad ritum pertinent et habentur tam in editis quam in mss.*

[2] *In marg. add. :* ille.

vit. Ps. *Quemadmodum.* ℣ *Ne tradas bestiis. Pater noster. Et ne nos.* Lect. vii. *Spiritus meus.* Resp. *Peccantem me.* ℣ *Deus in nomine.* Lect. viii *Pelli meae.* Resp. *Requiem.* ℣ *Qui Lazarum.* Lect. ix *Quare de vulva.* Resp. *Libera me.* ℣ *Dies illa.* ℣ *Requiem.* In laudibus, ant. *Exultabunt.* Ps. *Miserere.* Ant. *Exaudi.* Ps. *Te decet.* Ant. *Me suscepit.* Ps. *Deus, Deus.* Ant. *A porta inferi.* Ps. *Ego dixi.* Ant. *Omnis spiritus.* Ps. *Laudate Dominum de.* Ant. *Ego sum.* Ps. *Benedictus,* ℣ *Requiem aeternam. Pater noster. Et ne.* Ps. *Voce mea.* Ps. *De profundis;* ambo sub uno *Requiem.* ℣ *A porta inferi.* ℣ *Credo videre. Dominus vobiscum.* Or. *Deus qui nos patrem.* Or. *Deus veniae.* Or. *Fidelium Deus. Qui vivis et regnas* etc. In praedicto defunctorum officio neque *Deus in adjutorium* dicatur, neque benedictiones petantur vel dentur, neque etiam *Tu autem* dicatur. Prostrationes quoque vel inclinationes fiant pro tempore conformiter horis diei. Sedeant autem fratres in vesperis usque ad *Magnificat* et in matutinis usque ad *Laudate Dominum de coelis*, et tunc surgant. Similiter dum post tertiam ant. de quolibet noct. dicitur ℣ etiam surgant. Legentes lectiones sine nota stent in medio chori, sed cum nota legentes stent in suis sedibus.

Officium praedictum defunctorum sine nota per totum annum dicendum est in choro nisi in sabbatis et quando in crastino est festum ix lectionum, vel semiduplex vel de beata Virgine agitur in conventu. Et nisi in festis duplicibus et totum duplicibus in utrisque vesperis. Similiter non dicatur in choro a Nativitate Domini usque ad octavam Epiphaniae et feria iv ante Coenam Domini et deinceps usque ad octavam Paschae, et a vigilia Ascensionis usque ad octavam Trinitatis, et per omnes octavas solemnes. In his tamen temporibus si funus praesens fuerit officium praedictum pro eo agi poterit, praeterquam in die Nativitatis Domini, Paschae, Pentecostes et in triduo ante Pascha. In Quadragesima [11ᶜ] incipiendo scilicet a Dominica prima XL*ᵃᵉ* dicantur vigiliae cum ix lect. et idem fiat dum ultimo ante vigiliam Nativitatis Domini vigiliae dicantur. Aliis vero temporibus anni dicantur cum tribus lectionibus sic quod dominicis diebus et IV feria dicatur primus noct. In II et V feria II nocturnus. In III et VI feria III nocturnus. Laudes semper continuentur cum vigilia et vesperae praemittantur. De hora autem dicendi vigilias hoc observetur, quod semper extra XL*ᵃᵐ* et etiam diebus dominicis infra XL*ᵃᵐ* vesperae defunctorum immediate dicta Nona dicantur, et dictis vesperis diei matutinum defunctorum. In feriis vero

XL" vesperae defunctorum dicantur post vesperas diei ante prandium, et dictis gratiis post prandium dicantur matutini defunctorum, vel potius post aliquale intervallum ante collationem, ad hoc facto aliquo signo speciali.

Pro fratre cujuscumque provinciae nostri ordinis in quolibet conventu suae provinciae et pro priore generali per totum ordinem dum de obitu ipsorum constiterit vigiliae ix lectionum cum nota solemniter celebrentur. Idem fiat de specialibus patronis in conventibus quibuscumque. Dum autem vigiliae cum nota dicendae fuerint cantor ordinet fratres pro lectionibus legendis et versiculis cantandis, et secundum quod major vel minor solemnitas servanda fuerit, secundum hoc omnes vel aliqui versus cantari poterunt a duobus. Ps. quoque *Lauda anima.* in vesperis et Ps. *Voce mea* et *De profundis* in matutinis dicantur in voce mediocri et in medio versuum et in fine cum nota fa re.

Sciendum etiam quod dum vigiliae fuerint specialiter pro aliquo defuncto sive praesens fuerit sive non, prima oratio si episcopus fuerit dicatur : *Deus qui inter apostolicos.* Si alius : *Inclina quaesumus.* Si femina ; *Quaesumus Domine ;* et hoc tam in matutinis quam in vesperis observetur. Sed in vesperis addatur sub eodem *Per Dominum* or. *Absolve,* et ad matutinum or. *Deus veniae largitor* et or. *Fidelium.* In anniversario autem prima oratio tam pro viro quam pro femina dicatur ad vesperas et ad matutinum : *Deus indulgentiarum,* aliae addantur sicut prius. Ad primas hujusmodi speciales orationes quando non fiunt prostrationes fratres inclinent, ad alias vero cotidianas stent versis vultibus ad altere.

De officio commemorationis dominicae resurrectionis. XXIII.

Dominica proxima ante Adventum Domini fiat festum duplex de commemoratione II⁴ Resurrectionis dominicae secundum usum et consuetudinem approbatam ecclesiae sepulcri Hierosolymitanae. Sabbato ad vesperas ant. *Benedictus,* Ps. ipsum [1] et ceterae antt. ad ceteros psalmos ; nisi ipsa die fuerit festum duplex, quia tunc antt. et pss. erunt de illo festo. Cap. *Xpistus resurgens ex mortuis.* Resp. *Dum transisset.* ℣ *Et valde.* Hymn. *Chorus novae.* ℣ *Surrexit Dominus de sepulcro.* Ant. *Vespere autem.* Ps. *Magnificat.* Or. *Praesta quaesumus omnipotens et misericors Deus ut in Resurrectione.* Be-

---

[1] *Id est ps.* Benedictus *et ceteri feriales sabbati.*

nedicamus cum duplici *allel.* Hic nulla fit memoria nisi solum de festo si aliquod concurrat prout in sequenti rubrica dicetur. Ad completorium ant. *Miserere,* Ps. *Cum invocarem.* Cap. *Tu in nobis.* Hymn. *Salvator.* ℣ *Custodi.* Ant. *Allel. Resurrexit.* Ps. *Nunc dimittis,* etc. ut in aliis diebus. Ad matutinum invitatorium *Allel. Surrexit Dominus vere.* Ps. *Venite.* Hymn. *Aurora lucis,* in fine non dicatur ℣ *Quaesumus auctor;* sed tantum ℣ *Gloria tibi Domine qui surrexisti,* et idem fiat in aliis hymnis. In primo noct. ant. *Ego sum.* Ps. *Beatus vir.* Ant. *Postulavi.* Ps. *Quare fremuerunt.* Ant. *Ego dormivi.* Ps. *Domine quid multiplicati.* ℣ *Resurrexit Dominus.* Lectiones sex de aliquo sermone de resurrectione, vel de homilia evangelii *Maria stabat.* Tres de evangelio *Maria Magdalena.* Responsoria *Maria Magdalena, Congratulamini, Tulerunt Dominum.* In II noct. ant. *Crucifixus.* Ps. *Cum invocarem.* Ant. *Crucem sanctam.* Ps. *Verba mea.* Ant. *Surgens Jesus.* Ps. *Domine Dominus noster.* ℣ *Surrexit Dominus vere.* Respp. *Expurgate, Surgens Jesus, Dum transisset.* In III noct. ant. *Surrexit Dominus de.* Ps. *In Domino confido.* Ant. *Surrexit Xpistus.* Ps *Domine quis.* Ant. *Post passionem.* Ps. *Domine in virtute.* ℣ *Surrexit Dominus de sepulcro.* Respp. *Angelus Domini descendit, Angelus Domini locutus, Et valde mane. Te Deum laudamus.* ℣ sacerdot. *In resurrectione tua Xpiste.* In laudibus ant. *Angelus autem Domini.* Ps. *Dominus regnavit.* et ceterae ad ceteros. Cap. *Xpistus resurgens.* Hymn. *Sermone blando.* ℣ *Gavisi sunt discipuli.* Ant. *Et valde.* Ps. *Benedictus.* Or. *Deus qui per Unigenitum.* Ad Primam. ant. *Angelus autem Domini.* Ps. *Deus in nomine.* Ps *Confitemini.* Ps. *Beati immaculati.* Ps. *Retribue.* Ps. *Quicumque vult.* Cap. *Domine miserere nostri.* ℞ *Jesu Xpiste.* ℣ *Qui surrexisti,* et dicantur responsoria omnia ad horas cum *allel.* et responsiones versiculorum quorumcumque qui sunt de resurrectione terminentur cum *allel.* Missa matutinalis *Dicit Dominus.* Or. *Excita* [1] [12ª] *Domine tuorum fidelium.* II de beata Virgine, vel de festo trium lect. si evenerit. III *A cunctis.* Epistola Jeremiae *Ecce dies veniunt.* Grad. *Liberasti.* ℣ *In Domino, allel.* ℣ *Qui posuit.* Evangelium *Cum sublevasset.* Credo. Offertor. *De profundis.* Communio *Amen dico.* Ad Tertiam ant. *Et ecce.* Cap. *Xpistus resurgens.* Resp. *Resurrexit Dominus.* ℣ *Sicut dixit. Gloria.* ℣ *Surrexit Dominus vere.* Or. *Deus qui per Unigenitum tuum.* Ad magnam missam *Resurrexi* etc. Or.

---

[1] *In marg. add.:* quaesumus.

Deus qui per Unigenitum. Epist. *Expurgate.* Grad. *Haec dies.* ℣ *Confitemini,* allel. ℣ *Surrexit Dominus et occurrens.* Prosa *Victimae.* Evang. *Maria Magdalena. Credo.* Offert. *Angelus Domini.* Praefatio *Te quidem.* Comm. *Surrexit Dominus.* Ad Sextam, ant. *Erat autem.* Cap. *Xpistus semel.* Resp. *Surrexit Dominus vere,* etc. Or. *Praesta quaesumus omnipotens et misericors Deus ut in Resurrectione.* Ad Nonam ant *Respondens.* Cap. *Mortui estis.* Resp. *Surrexit Dominus de sepulcro* etc. Or. *Praesta quaesumus omnipotens Deus ut qui gratiam.* Ad vesperas ant. *Angelus autem.* Ps. *Dixit Dominus* et ceterae antt. ad ceteros pss. dominicales. Cap. *Xpistus resurgens.* Resp. *Et valde.* Hymn. *Ad coenam agni.* ℣ *Mane nobiscum.* Ant. *Et respicientes* Ps. *Magnificat.* Or. *Praesta quaesumus omnipotens Deus ut qui festa.* Completorium ut supra. Post hanc commemorationem usque ad Adventum fiant memoriae consuetae ad vesperas et ad matutinum per omnia sicut prius.

DE IN ANNO, QUALITER SCILICET A COMMEMORATIONE RESURRECTIONIS DOMINICAE USQUE AD NATIVITATEM DOMINI SECUNDUM DIVERSA TEMPORA OFFICIUM SIT DICENDUM. XXIV.

In anno quo Nativitas Domini nostri Jesu Xpisti die dominica evenerit, sunt in Adventu IV septimanae plenae ; nam Adventus numquam potest esse longior. Commemoratio Resurrectionis dominicae hoc anno agetur XII kalendas Decembris, scilicet in die S. Eadmundi regis et martyris. Totum officium de Resurrectione cum missa matutinali fiat sicut in praecedenti rubrica est signatum. Festum vero sancti Eadmundi [1] in II feriam transferatur et in secundis vesperis commemorationis praedictae memoria solum fiat de S. Eadmundo. Feria II totum officium fiat de S. Eadmundo. Ad vesperas resp. *Miles Xpisti gloriose Eadmunde.* Memoria tantum de S. Caecilia. Feria III de S. Caecilia, totum officium sicut est. Ad vesperas Resp. *Cantantibus.* Memoria tantum de S. Clemente. Feria IV de S. Clemente, totum officium sicut est. Ad vesperas Resp. *Dedisti.* Memoria de S Grisogono. Feria [12ᵇ] V. de S. Grisogono III lect. Fer. VI de S. Katerina, totum officium sicut est. In II vesperis memo. de S. Lino. Sabbato fiat de beata Virgine, memo. de S. Lino ad matutin. Ad vesperas totum de Adventu sicut est. Dominica prima Adventus quae tunc est in crastino S. Lini, scil. v. kal. Decembris, totum officium

---

[1] *Ms. habet* : Eadmundi sancti.

sicut est. Similiter et per totam hebdomadam tam de tempore quam
de sanctis sicut suis locis signatur. Dominica II sicut est, similiter et
per hebdomadam tam in festis quam in feriis usque ad diem sabbati.
Sabbato in Laudibus ant. *Intuemini*, cum ceteris propter festum
S. Lazari, quod erit in sabbato IV temporum. Ad Benedictus ant.
Levabit. Ad horas antt. de Laudibus, cum or. dominicali. Ad vesperas sicut in III sabbato Adventus. Dominica III sicut est. Feria IV
sequente, scil. in crastino Luciae, fiat de IV temporibus sicut suo
loco signatur. Fer. V, Resp. *Egredietur Dominus* et cetera duo. In
Laudibus ant. *De Syon* etc. Ad Bened. ant. *Consolamini*. Or. domi-
nicalis quae etiam dicatur ad horas cum antt. de Laudibus. Ad Magnif. ant. *Laetamini*. Feria VI, fiat officium sicut fer. VI quatuor
temporum signatur. Vesperae fiant de S. Lazaro, memo. de Adventu.
Ant. *Hoc est testimonium*. Or. sicut ad matutinum. Sabbato de
S. Lazaro, VI lect. de festo, III de evangelio *Anno quinto decimo*.
Memo. de Adventu. ant. *Omnis vallis*. Or. *Deus qui conspicis*. Prima
missa de festo, post Sextam cantetur missa de Adventu. Officium [1]
Veni et ostende, sicut est. Ad vesperas ant. *Benedictus*, psalm. ipsum
etc. sicut in IV. sabbato Adventus. Ad Magnif. ant. *O Sapientia*,
memo. tantum de S. Lazaro. Dominica IV sicut est. Ad Magnif.
ant. *O Adonai*. Fer. II, Resp. *Canite tuba* et cetera duo. In Laud.
ant. *Ecce veniet* etc. Ad Bened. ant. *Egredietur*, quae ad vesperas assignatur. Ad Magnif. ant. *O radix*. Fer. III. Resp. *Me oportet minui*, et cetera duo. In Laud. ant. *Rorate coeli* etc. Ad Bened. ant. *Tu
Bethlehem*. Vesp. de S. Thoma, memo. de Adventu, ant. *O clavis*.
Fer. IV totum officium de S. Thoma, memo. de Adventu. Ad matutinum ant. *Nolite timere*. Ad vesp. ant. *O Oriens*. or. dominicalis. Fer. V. Resp. *Juravi dicit* et cetera duo. In laud. ant. *De Syon*
etc. non obstante quod superius dictae fuerint. Ad Bened. ant. *Bethlehem*. Ad horas antt. de Laudibus, cum oratione dominicali. Ad
Magnif. ant. *O rex gentium*. Fer. VI lectiones tres de historia, Resp.
Paratus esto et cetera duo quae pro sabbato as[12c]signantur. In
Laud. antt. *Constantes estote* etc. non obstante quod supra fuerint
dictae. Ad Bened. ant. *Dies Domini*. oratio dominicalis quae cum
antt. de Laud. dicatur ad horas. Ad Magnif. ant. *O Emmanuel*. Hic
terminetur officium defunctorum cum IX lectionibus. Sabbato fiat
sicut in vigilia Nativitatis Domini signatur.

[1] Officium, i. e. Introitus.

In anno quo Nativitas Domini feria II evenerit sunt tres septimanae et una dies in Adventu, neque potest umquam Adventus esse brevior. Commemoratio Resurrectionis dominicae hoc anno agetur VI kal. decembris, scil. in die S. Lini. In primis vesperis ant. et psalmi erunt de S. Katerina, cap. et quae sequuntur de Resurrectione, memo. de S. Katerina; similiter de S. Lino fiat memo. ad vesperas et ad matutinum, et in missa matutinali II or. de ipso dicatur. Cetera omnia sicut supra de hac commemoratione sunt signata. Per hebdomadam in feriis dicatur oratio *Excita quaesumus Domine tuorum;* cetera tam in feriis quam de festis sicut jacent in suis locis. Sabbato de beata Virgine. Ad vesperas totum de Adventu sicut in primo sabbato Adventus. Dominica prima Adventus, quae tunc est III nonas decembris, totum officium sicut est. Similiter per totam hebdomadam fiat tam de tempore quam de sanctis sicut suis locis jacet. Dominica II sicut est. Feria II in Laudibus ant. *Ecce veniet* et ceterae, propter festum S. Lazari quod in feriam II transfertur. Ad horas antt. de Laud. cum or. dominicali. Fer. IV de S. Lucia. Fer. V in Laud. ant. *De Syon veniet,* propter festum S. Thomae quod erit in feria v sequenti. Ad Bened ant. *Bethlehem,* quia dies S. Thomae habet specialem ant. pro memo. de Adventu. Ad horas antt. de Laud. cum oratione dominicali. Sabbato Resp. *Egredietur* et cetera duo sicut pro feria V signatur. In Laud. ant. *Intuemini* et cetera, quia in sabbato sequenti dicuntur Laudes de dominica quae est vigilia Nativitatis Domini. Ad Bened. ant. *Omnis vallis,* ad horas antt. de Laudibus cum oratione dominicali. Alia omnia hujus septimanae dicuntur sicut pro II septimana Adventus assignatur. Dominica III fiat totum officium sicut est et festum S. Lazari in crastinum transferatur. In II vesperis ad Magnif. ant. *O sapientia.* Memo. tantum de S. Lazaro. Feria II fiat de S. Lazaro; memo. de Adventu, ant. *Benedicta tu.* Ad vesp. memo. de Adventu ant. *O Adonai.* Feria III legatur evangel. dominicae sequentis, scil. *Miserunt Judaei.* Resp. *Paratus esto,* et cetera duo, quaere in sabbato [12ᵈ] IV temporum. In laudibus ant. *Rorate coeli* etc. ; ad Bened. ant. *Tu Bethlehem ;* or. dominicae sequentis quae etiam dicatur ad horas cum antt. de laudibus. Ad missam officium *Memento* etc. Ad Magnific. ant. *O radix.* Or. ut prius. Feria IV fiat de IV temporibus sicut suo loco signatur. Ad vesperas de S. Thoma, memo. de Adventu, ant. *O clavis David.* Or. *Gratiae tuae.* Feria V de S. Thoma, memo. de Adventu. Ad matutinum ant. *Nolite timere.* Ad vesp. ant. *O Oriens.* Or. dominicae sequentis. Feria VI fiat sicut Feria VI in IV temporibus assignatur. Ad Magnif. ant. *O rex gentium*. or. sicut ad matut. Hic terminatur officium defunctorum cum IX lectionibus. Sabbato lect. tres de evangel. *Anno quinto decimo*. Resp. de III turba dominicae sequentis. In Laud. antt. *Canite tuba*. Ps. *Miserere*. Ant. *Ecce veniet*. Ps. *Bonum est*. Ant. *Erunt prava*. Ps. *Deus, Deus meus*. Ant. *Expectetur,* quaere in laudibus de sabbato. Ps. *Audite*. ant. *Omnipotens*. Ps. *Laudate Dominum;* ad Benedictus ant. *Quomodo fiet*. Or. *Deus qui conspicis,* et dicatur ad horas cum antt. de laudibus. Ad missam *Veni et ostende*. Ad vesperas sicut in IV sabbato Adventus. Ad Magnif. ant. *O Emmanuel*. Or. dominicalis. Dominica IV seu in vigilia Nativitatis Domini. Invitatorium *Hodie scietis*. Hymn. *Verbum supernum*. ant. *Consurge*. Ps. *Beatus vir,* et ceterae ad ceteros. ℣ *Ex Syon species*. Lectiones tres de Ysaia. Respp. *Canite tuba,* et cetera duo de prima turba dominicae. In II noct. ℣ *Egredietur virga*. Lectiones tres de sermone *Licet nobis dilectissimi,* vel de sermone *Laetitia quanta*. Respp. *Me oportet minui,* et cet. duo. In III noct. ℣ *Hodie scietis quia veniet*. Lect. tres de evangelio *Cum esset desponsata*. Resp. *Sanctificamini* et cet. duo de vigilia. IX resp. resumatur. Sacerdotalis ℣ *Crastina erit vobis*. In Laudibus per omnia sicut in vigilia Nativitatis Domini. De dominica nulla fit memoria Ad primam ps. *Deus in nomine*. Ps. *Beati immaculati*. Ps. *Retribue*. Ps. *Quicumque*. Cetera ad horas ut in vigilia Nativitatis Domini. Missa matutinalis *Memento,* sicut est. II or. *Deus qui de beata*. III *Conscientias*. Major missa *Hodie scietis*. Non dicatur *Gloria,* sed propter dominicam dicatur *allel.* et *Credo in unum*.

In anno quo Nativitas Domini Feria III evenerit sunt in Adventu tres septimanae et duo dies. Commemoratio Resurrectionis dominicae agetur hoc anno VII kalendas decembris, scilicet in die beatae katerinae, cujus festum in crastinum transferatur, totum officium [1] de Resurrectione sicut supra est signatum [13ª]. Ad primas vesperas et ad matutinum et ad missam matutinalem memoria fiat de S. Petro. Ad secundas vesp. antt. et pss. de Resurrectione, cap. et quae sequuntur de S. Katerina, memo. de commemoratione Resurrectionis dominicae et de S. Lino. Feria II fiat de S. Katerina. Memoria S. Lini, de quo et missa matutinalis dicatur. Feria IV de beata Virgine, aliis diebus hebdomadae fiat tam de feria quam de sanctis sicut jacet suis

---

[1] *In marg. add.:* fiat.

locis. Sabbato ad vesperas sicut in primo sabbato Adventus; memo. tamen fiat de S. Eligio, non obstante quod primas vesperas non habuit. Dominica prima Adventus, quae tunc est IV Nonas Decembris, scil. in crastino S. Eligii, totum officium sicut est. Similiter per hebdomadam fiat tam de tempore quam de sanctis sicut signatur suis locis. Sabbato erunt II vesperae de Conceptione beatae Virginis, memo. tantum de Adventu. Dominica II sicut est. Fer. II in Laud. ant. *Ecce veniet* etc. propter festum S. Lazari quod erit Fer. II sequenti. Ad horas antt. de Laud. cum oratione dominicali. Fer. VI in Laudibus antt. *Constantes estote* etc. propter festum [1] Thomae quod erit in VI Fer. IV temporum; ad horas antt. de Laud. cum or. dominicali. Cetera hujus hebdomadae tam de tempore quam de S. Lucia sicut jacent suis locis. Dominica III sicut est. Ad vesp. memo. tantum de S. Lazaro. Feria II totum officium de S. Lazaro. Memo. de Adventu, ant. *Dicit Dominus*. Ad vesp. memo. de Adventu, ant. *O Sapientia*. Feria III resp. *Emitte agnum* et cetera duo. In Laudibus antt. *Rorate coeli* etc. Ad Benedictus ant. *Tu Bethlehem* Ad horas antt. de Laud. cum or. dominicali. Ad Magnif. ant. *O Adonai*. Fer. IV sicut feria IV signatur in quatuor temporibus. Ad Magnif. ant. *O radix*. Feria V legatur homilia *Exsurgens Maria*, propter festum S. Thomae quod erit in crastino. Resp. *Egredietur* et cetera duo. In Laud. ant. *De Syon* etc. ad Bened. ant. *Ex quo facta est*. Ad horas antt. de Laud. cum or. dominicali. Vesperae de S. Thoma, memo. de Adventu, ant. *O clavis*. Feria VI de S. Thoma, totum officium. Memo. de Adventu, ant. *Nolite timere*. or. de jejunio: *Excita quaesumus Domine*. Prima missa de apostolo, II missa post sextam de jejunio: *Prope esto*. Ad vesperas memo. de Adventu, ant. *O oriens*. or. de jejunio sicut ad matutinum. Sabbato fiat per omnia sicut signatur in sabbato IV temporum; ad horas antt. de Laudibus cum or. *Deus qui conspicis*. Ad vesperas sicut in IV sabbato Adventus; ad Magnificat ant. *O Rex gentium*. Dominica IV sicut est. Ad Magnif. ant. *O Emmanuel*. Hic finiatur officium mortuorum cum IX lectionibus. Feria II sicut in vigilia Nativitatis Domini.

In anno quo Nativitas Domini feria IV evenerit sunt [13ᵇ] III septimae et III dies in Adventu. Commemoratio Resurrectionis dominicae hoc anno agetur VIII kalendas decembris, scil. in die beati Grisogoni. Ad primas vesperas ant. *Benedictus*, Ps. ipsum, cap. et quae

---

[1] *In marg. add.*: S.

sequuntur de Resurrectione, sola memo. de S. Clemente. Similiter memo. fiat de S. Grisogono ad vesperas et ad matutinum et ad missam matutinalem. Ad II vesperas antt. et pss. de Resurrectione, cap. et quae sequuntur de S. Katerina, memo. de commemoratione Resurrectionis, similiter et memo. fiat de S. Petro ad vesperas et ad matutinum, et missa matutinalis de ipso dicatur. Feria V de beata Virgine, cetera hujus hebdomadae sicut veniunt suis locis assignata. Sabbato ad vesperas antt. et pss. de S. Andrea, capitulum et quae sequuntur sicut in primo sabbato Adventus, propter solemnitatem primae dominicae. Memo. de S. Andrea. Festum S. Eligii in II feriam transferatur. Dominica prima Adventus, quae tunc est Kalendis Decembris, scil. in die S. Eligii, totum officium de dominica sicut est. Ad vesp. memo. tantum de S. Eligio. Feria II de S. Eligio Cetera hujus hebdomadae tam de tempore quam de sanctis sicut jacent in suis locis. Dominica II fiat de dominica sicut est usque ad vesperas et festum Conceptionis, quod illa die venit, transferatur in crastinum. Ad vesperas antt., pss. et cetera omnia de festo Conceptionis. Memoria tantum de dominica. Feria III in Laudibus ant. *Rorate coeli* etc. propter festum S. Lazari quod erit Fer. III sequenti; or. dominicalis quae etiam dicatur cum antt. de Laud. ad horas. Sabbato in Laud. antt. *Intuemini* etc. propter festum S. Thomae quod erit in sabbato IV temporum; or. dominicalis cum antt. de Laud. dicatur ad horas, cetera hujus hebdomadae tam de tempore quam de S. Lucia sicut sunt suis locis. Sabbato ad vesperas sicut in III sabbato Adventus. Dominica III sicut est. Feria II ad Benedict. ant. *Dicit Dominus*. Vesperae de S. Lazaro; meo. de Adventu, ant. *Beatam me dicent*. Feria III de S. Lazaro. Memo. de Adventu, ant. *Tu Bethlehem*. Ad vesp. memo. de Adventu, ant. *O Sapientia*. Feria IV sicut in IV temporibus. Ad Magnificat ant. *O Adonai*. Feria V legatur evangel. *Anno quinto decimo*, propter festum S. Thomae quod erit in sabbato. Resp. *Egredietur* et cetera duo. In Laudibus ant. *De Syon* et cetera. Ad Benedict. ant. *Omnis vallis*; or. dominicalis quae etiam dicatur ad horas. Antt. de Laudibus. Ad Magnif. ant. *O radix*. Feria VI sicut est in IV temporibus suo loco, or. de jejunio dicatur ad horas cum antt. de Laud. Ad Vesp. de S. Thoma; memo. de Adventu, ant. *O clavis*. or. ut prius. Sabbato de S. Thoma; memo. de Adventu, ant. *Nolite timere*. Or. *Deus qui conspicis*. Prima missa de ⌈13ᶜ⌉ apostolo, II post sextam de jejunio. Ad vesperas de S. Thoma totum officium, memo. tantum de Adventu, ant. *O oriens*. oratio dominicalis. Dominica IV sicut est, ad Magnif. ant. *O rex gentium*. Feria II resp. *Paratus esto*, et cetera duo quae signantur in sabbato ; in Laud. antt. *Ecce veniet* etc. ad Bened. ant. *Egredietur virga*. Or. dominicalis. et dicatur ad horas cum antt. de Laudibus. Ad Magnif. ant. *O Emmanuel*. Hic terminetur officium defunctorum cum IX lectionibus. Feria III sicut in vigilia Nativitatis Domini.

In anno quo Nativitas Domini Feria V evenerit sunt in Adventu tres septimanae et IV dies. Commemoratio dominicae Resurrectionis agetur hoc anno IX kalend. decembris, seu in die S Clementis. In primis vesperis ant. *Benedictus*, ps. ipsum, cap. et quae sequuntur de Resurrectione, memo. tantum de S. Caecilia, festum S. Clementis in crastinum transferatur. Officium de Resurrectione ut supra ; in secundis vesperis memo. tantum fiat de S. Clemente et S. Grisogono [1] ad missam ; ad vesperas antt. et pss. de S. Clemente, cap. et quae sequuntur de S. Katerina, memo. de S. Clemente et de S. Petro. Feria V de beata Virgine. Sabbato de vigilia. Cetera hujus hebdomadae sicut jacent suis locis. Sabbato ad vesperas sicut in primo sabbato Adventus. Festum vero S. Andreae, quod est in dominica prima Adventus, ad feriam secundam transferatur, et festum S. Eligii ad tertiam feriam. Dominica prima Adventus sicut est usque ad vesperas. Ad vesperas antt. et psalmi de dominica, cap. et quae sequuntur de S. Andrea, memo. de dominica. Feria II totum officium de S. Andrea ; ad vesperas memo. de S. Eligio [2]. Cetera hujus hebdomadae sicut inveniuntur. Sabbato, scil. in die S. Nicolai, vesperae fiant plene de festo et memo. de dominica, non obstante quod dominica suis secundis carebit vesperis. Dominica secunda sicut est usque ad vesperas. Ad vesperas antt. et pss. et cetera omnia de festo Conceptionis, memo. tantum de dominica. Feria II totum officium de Conceptione, memo. de Adventu. Fer. V. in Laud. antt. *De Syon* etc. propter festum S. Lazari, quod transfertur in feriam V sequentem. Or. dominicalis, quae et dicatur ad horas cum antt. de Laud. Cetera hujus hebdomadae sicut signatur suis locis. Sabbato, scil. in die S. Luciae, ad II vesp. ant. *Benedictus*, ps. ipsum etc. sicut in III sabbato Adventus. Memo. tantum de S. Lucia. Dominica III sicut est. Fer. II in Laud. antt. *Ecce veniet* etc. propter festum S. Thomae, quod transfertur in II feriam sequentem. Or. dominicalis, quae et

---

[1] *In marg. add.* : Feria secunda celebretur festum S. Clementis, memo. ad matutinum de S. Grisogono.

[2] *In marg. add.* : et de Adventu. Feria III de S. Eligio.

dicatur ad horas cum antt. de Laudibus. Cetera de feria [*13ᵈ*] II et III sicut sunt. Feria IV fiat de IV temporibus sicut suo loco signatur. Festum vero S. Lazari, quod ipsa die venit, transferatur in crastinum, et hoc propter evangelium *Missus est*, ob cujus reverentiam prostrationes, preces, suffragia consueta et horas beatae Virginis in choro intermittimus. Ad vesperas de S. Lazaro, memo. de Adventu, ant. *O Sapientia,* or. *Gratiae tuae.* Fer. V. de S. Lazaro, memo. de Adventu; ad matutin. ant. *Bethlehem.* Ad vesp. ant. *O Adonai,* or. dominicalis. Feria VI fiat per omnia sicut feria VI in IV temporibus signatur; or. de jejunio dicatur ad horas cum antt. de Laudibus. Ad Magnif. ant. *O radix,* or. ut prius. Sabbato fiat omnino sicut in sabbato IV temporum signatur, ad horas antt. Laudum cum or. de jejunio. Ad vesperas sicut in IIII sabbato Adventus. Ad Magnif. ant. *O clavis:* festum S. Thomae, quod in IV dominica hoc anno venit, ad II feriam transferatur. Dominica IV sicut est, ad Benedictus ant. *Nolite timere.* Ad vesp. antt. et pss. de dominica, cap. et quae sequuntur de S. Thoma; memo. de dominica, ant. *O Oriens.* Feria II de S. Thoma, totum officium; memo. de Adventu, ant. *Egredietur virga.* Ad vesp. memo. de Adventu, ant. *O rex gloriae*[1]. Feria III resp. *Egredietur* et cetera duo quae feria V ponuntur. In Laud. antt. *Rorate coeli* etc. Ad Bened. ant. *Tu Bethlehem;* or. dominicalis, quae et dicatur ad horas cum antt de Laud. Ad Magnif. ant. *O Emmanuel.* Hic finiatur officium defunctorum cum IX lect. Feria IV sicut in vigilia Nativitatis Domini.

In anno quo Nativitas Domini feria VI evenerit sunt in Adventu tres septimanae et V dies. Commemoratio Resurrectionis dominicae venit hoc anno X kalendas decembris, scilicet in die S. Caeciliae virginis. Totum officium fiat de Resurrectione, sicut supra est signatum. Festum vero S. Caeciliae usque ad tertiam feriam transfertur. Ad II vesperas praedictae commemorationis fiat memo. de S. Clemente. Feria II de ipso fiat totum officium. Ad vesperas resp. *Dedisti.* Memo. de S. Caecilia et de S. Grisogono. Feria III fiat de S. Caecilia. Memo. de S. Grisogono ad matutinum et ad missam. Ad vesperas antt. et pss. de S. Caecilia, cap. et quae sequuntur de S. Katerina; memo. de S. Caecilia et de S. Petro. Feria IV de S. Katerina, totum officium sicut est. Memo. ad matut. de S. Petro, de quo et missa matutinalis dicatur. Ad vesp. memo. de S. Lino. Feria V de S. Lino, III lect. Feria VI de [*14*] beata Virgine. Sabbato de vigilia S. Andreae. Missa de vigilia. Ad vesp. sicut in primo sabbato Adventus. Memo. de S. Saturnino. Dominica prima Adventus, quae tunc est in vigilia S Andreae, totum officium sicut est usque ad vesperas. Ad matut. memo. de [1] Saturnino, similiter et ad missam matutinalem Ad vesperas antt. et pss. de dominica, cap. et quae sequuntur de S. Andrea, memo. de dominica. Cetera hujus hebdomadae sic ut jacent suis locis. Sabbato ad vesperas sicut in II sabbato Adventus. De S. Nicolao hic nulla memo. fiat, sed ad secundam feriam transferatur. Dominica II sicut est. Ad vesp. antt. et pss. de dominica cap. et quae sequuntur de S. Nicolao. Memo. de dominica et de octava Andreae. Feria II de S Nicolao sicut est usque ad vesperas. Memo. de Adventu et de octava S. Andreae. Ad vesperas antt. pss. et omnia quae sequuntur de Conceptione beatae Virginis, quia ejus festum est totum duplex. Memo. de S. Nicolao et de Adventu. Feria III de Conceptione. Feria IV de feria sicut est. Feria V in Laudibus antt. *De Syon,* etc. propter festum S. Lazari quod erit feria V sequenti. Ad Bened. ant. *Tu es qui venturus,* or. dominicalis, quae et dicatur ad horas cum antt. de Laudibus. Ad Magnif. ant. *Qui post me.* Feria VI et sabbato sicut sunt. Festum S. Luciae, quod venit in III dominica, transferatur in crastinum. Dominica III fiat totum officium de dominica sicut est. Ad vesperas tantum memo. de S. Lucia. Feria II fiat de S. Lucia. Memo. de Adventu. Feria III sicut est. Feria IV quatuor temporum sicut suo loco signatur. Ad vesp. de S. Lazaro, memo de Adventu. Feria V de S. Lazaro, memo. de Adventu, ant. *Bethlehem.* Ad vesperas memo. de Adventu ant. *O Sapientia;* or. dominicalis. Fer. VI fiat sicut fer. VI in quatuor temporibus signatur; or. de jejunio dicatur ad horas cum antt. de Laudibus. Ad Magnif. ant *O Adonai,* or. ut prius. Sabbato fiat sicut in sabbato quatuor temporum signatur, or. de jejunio dicatur ad horas cum antt. de Laudibus Ad vesperas sicut in IV sabbato Adventus. Ad Magnif. ant. *O radix* Dominica IV sicut est. Ad vesp. antt. et pss. de dominica, cap. et quae sequuntur de S. Thoma, memo. de dominica, ant. *O clavis.* Feria II de S. Thoma, memo. de Adventu, ad matutinum ant. *Nolite timere.* Ad vesp. ant. *O Oriens.* Fer. III resp. *Egredietur* et cetera duo quae feria V ponuntur. In Laudibus ant. *Ro[14ᵇ]rate* etc. ad Bened. ant. *Tu Bethlehem,* or.

---

[1] *In marg. add. :* Sancto.

dominicalis, quae cum antt. de Laudibus dicatur ad horas. Ad Magnif. ant. *O rex.* Fer. IV lect. III de Isaya, resp. *Juravi* et cetera duo de dominica. In laudibus dicantur antt. quae fer. II signantur, et hoc modo : ant. *Ecce veniet.* Ps. *Miserere.* Ant. *Dum venerit.* Ps. *Te decet.* Ant. *Ecce jam.* Ps. *Deus Deus.* Ant. *Haurietis.* Ps. *Exultavit.* Ant. *Egredietur.* Ps. *Laudate.* ad Bened. ant. *Egredietur* [1] ; or. dominicalis quae dicatur ad horas cum antt. de Laud. Ad Magnif. ant. *O Emmanuel.* Hic finiatur officium defunctorum cum IX lectionibus. Feria V sicut in vigilia Nativitatis Domini.

In anno quo Nativitas Domini in sabbato evenerit sunt in Adventu IV septimanae minus uno die. Commemoratio Resurrectionis dominicae hoc anno est XI kalendas decembris, scil. in crastino S. Eadmundi. Ad primas vesp. ant. *Benedictus*, ps. ipsum, cap. et quae sequuntur de Resurrectione, sola memo. de S. Eadmundo. Ad II vesp. memo. fiat de S. Caecilia. Fer. II de S. Caecilia totum officium. Ad vesp. resp. *Cantantibus.* Memo. de S. Clemente. Fer. III de S. Clemente. Ad vesp. resp. *Dedisti*, memo. de S. Grisogono. Fer. IV de S. Grisogono, III lect. Fer. V de S. Katerina. Fer. VI de S. Lino. Sabbato de beata Virgine. Ad vesp. sicut in primo sabbato Adventus. Dominica prima Adventus, quae venit hoc anno IV Kal. Decembris, totum officium sicut est. Similiter et per totam hebdomadam fiat officium tam de tempore quam de sanctis sicut suis locis signatur. Dominica II sicut est usque ad vesperas. Ad vesperas antt. et pss. de dominica, cap. et quae sequuntur de S. Nicolao. Cetera hujus hebdomadae sicut veniunt et suis locis signatur, hoc excepto quod fer. VI dicantur in Laudibus antt. *Constantes estote*, etc. propter festum S. Lazari, quod erit in VI fer. quatuor temporum, et quod antt. de Laudib. cum or. dominicali dicantur ad horas. Dominica III sicut est. Ad vesp. memo. tantum de S. Lucia. Fer. II de S. Lucia, memo. de Adventu. Fer. III in Laud. antt. *Rorate* etc. propter festum S. Thomae, quod erit fer. III sequenti. Ad Bened. ant. *Tu Bethlehem.* Ad horas antt. de Laudibus cum or. dominicali. Ad Magnif. ant. *Elevare.* Feria IV fiat de quatuor temporibus per omnia sicut suo loco signatur. Fer. V resp. *Egredietur* et cetera duo. In Laudibus antt. *De Syon* etc. Ad Bened. ant. *Conso 14ᵉ lamini.* Ad horas antt. de Laudibus cum oratione dominicali. Ad vesperas de S. Lazaro ; memo. de Adventu, ant. *Laetamini.* Fer. VI de S. Lazaro,

---

[1] *Sic Ed. addit. :* Quae feria secunda signatur ad vesperas.

tres ultimae lectiones de evangelio *Exurgens Maria*; memo. de Adventu, ant. *Ex quo facta est:* or. de jejunio, prima missa de sancto, post sextam missa de jejunio. Ad vesp. memo. de Adventu, ant. *O Sapientia*. or. de jejunio sicut ad matutinum. Sabbato sicut in sabbato quatuor temporum signatur, or. de jejunio dicatur ad horas cum antt. de Laudibus. Ad vesperas sicut in IV sabbato Adventus. Ad Magnif. ant. *O Adonai*. Dominica IV sicut est. Ad Magnificat ant. *O radix*. Fer. II resp. *Emitte*. et cetera duo quae Veneris die ponuntur. In Laudibus ant. *Ecce veniet* etc. Ad Bened. ant. *Egredietur*, ad horas antt. de Laud. cum or. dominicali. Ad vesp. de S. Thoma, memo. de Adventu, ant. *O clavis*. Fer. III de S. Thoma, memo. de Adventu. Ad matut. ant. *Nolite timere*. Ad vesp. ant. *O Oriens*. Fer. IV resp. *Canite tuba* et cetera duo. In Laud. ant. *Prophetae praedicaverunt* etc., non obstante quod superius fuerint dictae. Ad Bened. ant. *Ponam in Syon*. Ad horas antt. de Laudibus cum or. dominicali. Ad Magnif. ant. *O rex gentium*. Fer. V resp. *Me oportet minui* et cetera duo de secunda turba dominicae. In Laud. antt. *De Syon* etc. quamvis superius fuerint dictae. Ad Bened. ant. *Bethlehem*. or. dominicalis, et dicatur ad horas cum antt. de Laudibus. Ad Magnif. ant. *O Emmanuel*. Hic terminetur officium mortuorum cum IX lectionibus. Feria VI sicut in vigilia Nativitatis Domini.

Qualiter officia dominicalia post octavam Epiphaniae et ante adventum secundum diversa tempora sint dicenda.

Quia post octavam Epiphaniae usque ad LXX^{am} et post festum Trinitatis usque ad Adventum tempus variatur sic, quod interdum est longius, interdum brevius, ideo ut secundum exigentiam temporis officia dominicalia ordinate dicantur, sciendum quod post octavam Epiphaniae usque ad LXX^{am}, dum tempus prolixius fuerit, sunt V dominicae cum suis hebdomadibus et tres dies. Dum vero brevissimum fuerit nulla dominica est intermedia, sed tantum quatuor dies; aliis autem temporibus medio modo habet se. Officia dominicalia ergo quae sub historia praedicti temporis, scil. *Domine, ne in ira*, in suis locis signantur 14^d cum suis pertinentiis per ordinem singulis dominicis inter octavam Epiphaniae et LXX^{am} dicantur. Si vero exigente temporis brevitate dominicae non sufficerent, dicantur cum suis expositionibus et antt. ad Benedictus et ad Magnificat et cum suis collectis ad matutinum, ad horas et ad vesperas per proximas ferias vacantes ante LXX^am. Si autem feriae non sufficerent, dicantur per festa III lectionum, et tunc de illis festis fiat tantum memo. ad vesperas, ad matutinum et ad missam et de feria teneatur. Si autem inter octavam Epiphaniae et LXX^am nulla dominica fuerit, tunc in anno quo LXX est in die beatae Priscae evangelium *Cum factus esset Jesus* pronuncietur feria II infra octavam Epiphaniae, et memo. de dominica fiat ad matutinum et ad vesperas, et missa de dominica *In excelso throno*, II or. de Epiphania, III *A cunctis*. Et prima die post octavam dicatur evangelium *Nuptiae*, et cantetur prima turba de historia *Domine ne in ira*, et cetera fiant secundum feriam, sed antt. ad Benedictus et Magnif. erunt de dominica. Ad missam *Omnis terra*, cum suis pertinentiis. Et similiter fiat duobus sequentibus diebus, secundum ordinem feriarum, historiae et officiorum et evangeliorum. Sed in die beati Antonii legatur expositio de evangelio quintae dominicae et memo. de ipsa fiat ad matutinum et ad vesperas, et missa matutinalis cum *Gloria in excelsis* et sine *Credo*. Major vero missa et cetera omnia sicut de festo. In anno autem quo LXX est in crastino sanctae Priscae vel in die S. Fabiani et Sebastiani martyrum, prima die post octavam Epiphaniae pronuncietur evangelium *Cum factus esset*, cum suo officio et pertinentiis, et alia aliis diebus per ordinem sicut prius. Quid autem de festis IX lectionum quae in dominicis post octavam Epiphaniae evenerint agendum sit, in sequenti rubrica dicetur.

Post festum vero Trinitatis usque ad Adventum sunt XXVII dominicae quando prolixius fuerit temporis spatium, et quando brevius XXII. Evangelia autem dominicalia cum orationibus XXV et totidem antt. ad Benedictus, et totidem ad Magnif. Dum ergo XXVII dominicae fuerint tunc homilia penultimi evangelii, scil. *Loquente Jesu*, cum suis pertinentiis dicatur per duas dominicas, scil. dominica XXIV et XXV; et homilia ultimi evangelii, scil. *Cum sublevasset*, in dominica XXVI, et XXVII dominica fiat commemoratio Resurrectionis dominicae. Si tamen in praedicta XXIV dominica festum S. Mar 15^a tini evenerit, homilia dominicae postea repetendae, scil. *Loquente Jesu*, neque in illa dominica neque in aliqua die per hebdomadam dicatur, sed solum in sequente dominica quae est octava Martini ; semper tamen in ipsis dominicis memo. fiat de eis et missa matutinalis. Si vero XXVI dominicae fuerint, tunc quaelibet homilia legatur in sua dominica, et in XXVI fiat commemoratio Resurrectionis dominicae. Omnibus autem aliis temporibus dum pauciores quam XXVI dominicae fuerint, homilia ultima *Cum sublevasset Jesus*, cum suis antt., neque in dominica neque per hebdomadam dicatur, sed solum missa matutinalis in commemoratione dominicae Resurrectionis de illo officio celebretur, et ejus collecta per ferias sequentis hebdomadae si quae fuerint dicatur ad horas. Si ergo fuerint XXV dominicae aliae XXIV homiliae dicantur in suis dominicis, et in XXV dominica fiat praedicta commemoratio de Resurrectione. Si vero fuerint XXIV vel XXIII vel XXII dominicae, tunc homiliae residuae, sive sit una, sive duae vel tres, cum antt. ad Benedictus et ad Magnif. et cum missis suis in ultima hebdomada ante commemor. Resurrectionis dominicae dicantur per ferias aut per festa III lectionum vel [1] si oporteat in festis IX lectionum vel infra octavas S. Martini, eo modo quo jam supra post octavam Epiphaniae fuerit dictum.

De translatione festivitatum per totum annum. XXVI.

Festum quodcumque veniens a commemoratione dominicae Resurrectionis usque ad Nativitatem Domini qualiter [2] celebrari debeat, require supra in rubrica XXIV de *In anno*. Si autem in dominica prima post octavam Epiphaniae festum IX lectionum evenerit, transferatur in primum diem vacantem vel III lectionum, et in ipsa dominica incipietur historia *Domine ne in ira*. Postquam vero praedicta historia prius [3] in aliqua dominica dicta fuerit, in aliis dominicis usque ad LXX^{am} festum IX lectionum superveniens celebretur. Festum Purificationis, si in ipsa dominica LXX^{ae} evenerit, quando mos est sanctae Ecclesiae dimittere *allel.*, transferatur in II feriam et festum S. Blasii, quod tunc est, in III fer. transferatur. Si autem Purificatio in dominicis aliis, scil. LX^{ae} vel L^{ae} evenerit, in ipsis celebretur. Quodcumque vero aliud festum IX lectionum vel majus in dominicis a LXX^{a} usque ad dominicam Palmarum exclusive venerit, transferatur in primam diem vacantem vel III lectionum, excepto festo Annuntiationis de quo statim dicetur. Porro festum IX lectionum simplex, sicut est Agathae et Simonis, in die Cinerum [15^b] veniens, in praecedenti feria III celebretur, sed festum Cathedrae S. Petri vel S. Mathiae si veniat [4] Cinerum in ipsa celebretur. Festum

---

[1] *In marg. add.*: etiam.
[2] *Ms. habet*: qualiter transferatur celebrari. Transferatur *redundat*.
[3] Prius *vel* Primo.
[4] *In marg. add.*: in die.

Annuntiationis beatae Virginis, si in die Palmarum occurrerit, transferatur in crastinum et vesperae in ipsa dominica fiant de Virgine gloriosa. Sed si praedictum festum dominica in Passione vel in aliis dominicis XL^{ae} evenerit, in ipsis celebretur. Similiter si fer. II, III vel IV post dominicam Palmarum venerit, celebretur. Si autem praedictum Annuntiationis festum in die Coenae vel deinceps quacumque die usque ad octavam Paschae evenerit, non celebretur tunc, sed transferatur usque ad feriam II post octavam Paschae; vel, si tunc esset festum beati Ambrosii, ad feriam III ipsa Annuntiatio transferatur. Quodcumque vero aliud festum IX lectionum vel majus in die Palmarum et deinceps usque ad octavam Paschae evenerit, post ipsas octavas in prima die vacante celebretur. De festis III lectionum usque ad Coenam Domini si occurrant, fiat memoria. Deinceps autem venientia usque post octavam Paschae transferantur. Specialiter autem circa quinque translationes a locis[1] quibus Pascha venire potest advertendum, quod si festum S. Georgii III feria infra octavam Paschae evenerit, ipsum transferatur in crastinum S. Vitalis; et festum S. Marci in vigilia apostolorum Philippi et Jacobi celebretur. Si vero festum S. Georgii in crastino Paschae evenerit, transferatur in crastinum apostolorum Philippi et Jacobi; et festum S. Marci in vigilia eorundem celebretur. Si autem festum S. Georgii die Paschae evenerit, transferatur in crastinum apostolorum Philippi et Jacobi, et festum S. Marci in crastinum S. Quiriaci. Si vero festum S. Georgii in vigilia Paschae evenerit, transferatur in crastinum S. Quiriaci, et festum S. Marci in crastinum S. Johannis ante portam latinam, et festum apostolorum Philippi et Jacobi in die S. Athanasii celebretur. Si autem festum beati Marci die Paschae evenerit, tunc festum S. Georgii transferatur in crastinum S. Johannis ante portam latinam et die sequenti festum S. Marci, et festum apostolorum Philippi et Jacobi in crastino S. Quiriaci celebretur. Post octavam Paschae si deinceps in dominicis usque ad Ascensionem festum simplex IX lectionum, sicut est S. Georgii[2] et S. Quiriaci evenerit, in crastinum transferatur; festum vero semiduplex vel duplex in praedictis dominicis veniens celebretur. In tribus diebus Rogationum de festo III lectionum tantum memo. fiat et non transferatur; sed festum quodcumque IX lectionum in ipsis celebretur. Quodcumque autem festum IX lectio-

[1] Ms. habet sic : circa quinque traditores a nos.
[2] Ms. habet S. Gregorii quod est manifestus error.

num vel supra in die Ascensionis evenerit, transferatur in crastinum ; et si tunc sit festum III lectionum, de illo fiat memo. Dum vero festum S. Crucis in die Ascensionis veniens transferatur in crastinum, festum S. Quiriaci in sabbatum transferatur. Festum quoque III lectionum in die Ascensionis veniens transferatur in crastinum, et tunc de ipso fiat meo. Quodcumque vero festum IX lectionum infra octavam Ascensionis vel feria VI post octavam evenerit, celebretur. Sed de festo III lectionum memo. tantum fiat. Similiter et de festo III lectionum in vigilia Pentecostes solum fiat memo. Festum vero IX lectionum tunc et deinceps per octavam Pentecostes et in die Trinitatis [1] celebretur. Similiter et festa III lectionum in die Pentecostes et deinceps per ejus octavam venientia infra octavam Trinitatis, transferantur et tunc de eis per ordinem fiat memo. Post octavam vero Pentecostes usque ad proximam dominicam ante Adventum quando fit commemoratio resurrectionis, si in dominicis intermediis festum IX lectionum evenerit, in ipsis celebratur sive historia tunc fuerit vel non fuerit inchoanda.

De concomitantia festivitatum ad invicem et cum dominicis. XXVII.

Si festum IX lectionum in quocumque sabbato ab octava Epiphaniae usque ad LXX^{am}, et ab octava Paschae usque ad Ascensionem, et a Trinitate usque ad proximam dominicam ante Adventum evenerit et in crastino agatur de dominica, in ipso sabbato ad vesperas antt. et pss. erunt de festo, cap. et quae sequuntur de dominica, nisi festum primis vesperis caruerit, tunc enim secundas plene habebit, et memo. fiet de dominica, etiam si historia aliqua fuerit inchoanda Si vero festum semiduplex in praedictis sabbatis evenerit, vesperae erunt plene de festo et memo. de dominica, nisi forte dominica secundis vesperis careat, et festum illud suas primas vesperas habuisset, tunc enim antt. et pss. erunt de festo, cap. et quae sequuntur de dominica, praecipue si aliqua historia fuerit inchoanda. Quando autem festum IX 15^d lectionum vel semiduplex eisdem praedictis temporibus feria II evenerit, antt. et pss. erunt de dominica, cap. et quae sequuntur de festo. De festis vero IX lectionum vel semiduplicibus in sabbatis a LXX^{ma} usque ad pascha contingentibus, in secundis vesperis fiat tantum memo., etiam si primas vesperas non habuerint. Similiter et si dicta festa in feriis secundis evenerint, ipsae dominicae habebunt plene suas secundas vesperas, et memo. tantum fiet de ipsis festis. Si vero festum duplex vel totum duplex in quocumque sabbato post octavam Epiphaniae et deinceps usque ad proximam dominicam ante Adventum celebretur, habebit totas secundas vesperas et dominica sequens solum memoriam. Et idem fiat si post festum duplex vel totum duplex veniat festum IX lectionum aut semiduplex, vel si post festum totum duplex occurrat festum duplex, vel post semiduplex festum IX lectionum. In omnibus enim his de festo minori quod subsequitur solum fiat memo. et vesperae plene de festo praecedenti. Si vero festum duplex vel totum duplex post dominicam evenerit vel post festum IX lectionum aut semiduplex, sequens festum incipiatur a capitulo vel si proprias antt. sibi pro primis vesperis assignatas habuerit a capite inchoetur, et idem fiat si post festum duplex venerit festum totum duplex. Si autem festum totum duplex, semiduplex aut IX lectionum post aliud consimile festum evenerit, sequens festum a capitulo inchoabitur, nisi primum caruisset primis vesperis, quia tunc habebit secundas et memo. fiat de festo sequenti. Qualiter autem festa et dominicae a commemoratione Resurrectionis dominicae usque ad Nativitatem Domini quantum ad praedictas concomitantias debeant celebrari supra in Rubr. XXIV de *In Anno* distincte pro singulis annis fuit dictum. Similiter et festa post Nativitatem Domini venientia, quia immobilia sunt, in suis locis assignatur.

DE DIVERSO MODO DIVERSAS FESTIVITATES CELEBRANDI [1]. XXVIII.

De festis III lectionum per Adventum et a die Cinerum usque ad Coenam Domini et in tribus diebus Rogationum et in jejuniis quatuor temporum in septembri et in vigiliis sanctorum venientibus, tantum memo. fiat ad primas vesperas et ad matutinum ; similiter et de illis quae veniunt infra quascumque solemnes octavas vel in majoribus festis [16ª]. sic quod non transferuntur, vel in dominicis vel quando de beata Virgine fiunt IX lectiones in conventu. Similiter et in feria VI post octavam Ascensionis et quando post octavam Epiphaniae propter temporis brevitatem homiliae dominicales in festis III lectionum dicantur. Sed a praedicta regula excipiuntur festa SS. Johannis et Pauli, Hippolyti et Briccii, quae infra solemnes octavas veniunt, et tunc de ipsis fit officium sicut in suis locis invenies

---

[1] *Ms. habet :* celebrantur.

assignatum. Dum autem extra praedicta tempora festum III lectionum venerit, ipsum celebretur sic quod si feria vel festum aliud III lectionum praecessit, a capitulo in primis vesperis inchoetur ; aliter de ipso ad vesperas sola memo. fiat. Ad matutinum invitatorium et hymnus sicut pro tempore et secundum diversa festa in suis locis notatur. Antt. et dicta secundum feriam, ÿ et III responss. dicantur de Communi sanctorum secundum ordinem dierum et turbarum. Tres lectiones legantur de vita eorum, vel si propriae non habeantur legatur de communi sanctorum vel de temporali. Or. sicut in suo loco notatur. Cetera omnia de communi sanctorum, nisi quod extra tempus Pascale prima ant. Laudum sola dicitur in Laudibus super psalmos *Dominus regnavit* et ceteros. In tempore Pascali antt. feriales. Similiter et ad horas tunc dicantur antt. sicut in feriis, et nisi de aliquibus festis aliud eis magis proprium signaretur.[1] Dicta autem Nona semper terminantur, exceptis sanctorum festis Johannis et Pauli, Hippolyti et Briccii dum in dominica veniunt. Festum vero IX lectionum et semiduplex semper habebit primas vesperas, incipiendo eas a capitulo. Similiter et secundas vesperas, nisi aliunde propter aliud festum vel propter dominicam impediatur. Lectiones legantur de legenda propria vel communi et de evangelio quale evenerit. Similiter et alia omnia dicantur de proprio officio vel de communi, si proprium non habeat. Quando autem et in quibus festis invitatorium, respons., allel. et hujusmodi a duobus cantari debeant, in suis locis assignatur. Festum duplex fiat de proprio vel de communi sicut suis locis signatur. Incipiatur autem in primis vesperis a capitulo vel si proprias antt. et psalmos habeat vesperae plene de ipso fiant, nisi aliunde propter festum praecedens impediatur, prout in praecedenti Rubrica fuit dictum. Ad *Magnif.* et ad *Benedictus* antt. ante psalmos et post cantentur, et ille qui facit officium ipsas incipiat et reincipiat. Ad *Magnif.* etiam in utrisque vesperis thurificetur altare. Similiter et ad *Benedictus*, ubi fieri poterit bono modo. De hac autem thurificatione in Rubrica [16ᵇ] sequenti dicetur. Responsor. in utrisque vesperis et nonum respons. ad matutinum et allel. ad missam a quatuor cantari poterit, praecipue in magnis conventibus et in majoribus festis. In secundis vesperis dicantur quinque antt. super psalmos. Cetera quae ad cantores spectant quoad festa duplicia, supra in Rubr. V. sunt signata. Similiter et de allel. dicendo ad responss.

[1] *Ms. habet :* Alii dies proprium majus.

horarum et ad *Benedicamus*, supra in suis locis fuit dictum. Festum totum duplex celebretur sicut in suis locis signatur, et ea quae jam supra de festo duplici sunt tacta cum majori solemnitate in festo totum duplici observentur. Similiter et in quibuscumque festis per ordinem ascendendo secundum quod festum majus fuerit, secundum hoc major solemnitas fiat tam in cantu quam in ornamentis ministrorum et altaris.

DE THURIFICATIONIBUS. XXIX.

In festis duplicibus et totum duplicibus prior vel qui facit officium indutus superpellicio vel cappa de serico si habeatur, postquam inceperit ant. ad *Magnif.* in utrisque vesperis praecedentibus primo thuriferario, deinde ceroferariis in superpelliceis procedat ad majus altare; et benedicto thure ad petitionem thuriferarii dicendo : *In nomine Patris et Filii* etc. cum signo crucis thuriferarius illud ponat in thuribulo et ipsum tradat ei qui facit officium, qui accepto thuribulo genibus primo flexis super gradus altaris accedat ad altare et thurificet primo Corpus Domini, deinde dexteram partem altaris superiorem, et ab illa procedendo usque ad sinistram, deinde anteriorem partem procedendo a sinistra ad dextram, et iterum Corpus Domini, postmodum osculato altari redditoque thuribulo thuriferario et praecedentibus ministris ordine praedicto, si alia altaria in ecclesia thurificanda non fuerint, vadat ad sedem suam ; et ceroferarii stent unus ante sedem prioris inferius, et alius in alio choro in consimili loco versis vultibus ad invicem ; et thuriferarius posito incenso non benedicto in thuribulo incenset prius priorem sive illum qui facit officium, si prior officium non fecerit, postea cantores stantes pariter in medio chori, deinde ceroferarios et deinceps chorum utrumque et postea [16ᵉ] fratres conversos si extra chorum fuerint, et alios astantes. Quo facto revertatur ad sacristiam. Prior vero sive ille qui facit officium post reinceptam antiphonam appropinquante fine ipsius accedat ad pulpitum in medio chori et ibi stantibus ceroferariis ante pulpitum versis ad se vultibus ut prius dicat orationes, et dicta ultima oratione si plures sint dicendae cum *Benedicamus* et *Fidelium* et *Pater noster* revertatur ad sacristiam. Iste modus etiam sevetur ad *Benedictus* in matutinis ubi fieri poterit bono modo, et praecipue in festis totum duplicibus. Hoc tamen addito quod, cum dicenda est oratio, tradatur a cantore lumen in absconsorio illi qui facit officium ad videndum orationem. Si vero Dedicatio ecclesiae fuerit, omnia altaria minora in ecclesia thurificentur post thurificationem majoris altaris. Si autem fuerit dedicatio altaris alicujus in ecclesia vel festum sancti habentis altare in ipsa, tunc etiam altare illud tantum thurificetur, alias non thurificentur altaria minora, nisi propter devotionem populi in aliquibus locis aliud sit consuetum. In praedictis etiam festis duplicibus et totum duplicibus prior vel qui facit officium a principio vesperarum debet esse indutus superpellicio vel cappa de serico, et debet stare primus in choro dextro vel sinistro. In magnis tamen conventibus ille qui facit officium circa finem ultimae pulsationis praeparatus, praecedentibus ceroferariis cum cereis accensis poterit venire ad medium chori ante gradus presbyterii et ibidem finita pulsatione et dicto *Pater noster* incipere vesperas et postea sedere in sede sacerdotis juxta altare, donec capitulum dicendum fuerit, quod tunc ut prius in medio chori dicatur. Infra respons. etiam et hymnum poterit ubi prius ire sessum. In parvis vero conventibus, ubi defectus fratrum fuerit, ille qui facit officium stet in choro juxta fratres et ibi incipiat vesperas et dicat capitulum secundum modum supra dictum. Porro circa modum thurificandi instruendi sunt *a* [1] sacristis qui nondum sunt assueti ut decenter illud faciant et cum utraque manu.

De octavis solemnibus [2]. xxx.

Cum octavae solemnes alicujus festi occurrerint et aliis festi 16^d- vitatibus non impedientibus potuerint celebrari subscripto modo celebrentur, nisi aliud in suis locis signetur. Ad matutinum Invitatorium, hymnus ut in die, super IX psalmos [3] prima ant. primi nocturni, ℣ et III responss. secundum ordinem dierum et turbarum, lectiones de ipsis festivitatibus legantur. *Te Deum* cotidie dicatur, nisi vigilia occurrerit, et tunc loco ejus ultimum resp. non resumatur. Sacerdotalis ℣ ut in die. In Laudibus super psalmos prima ant. Laudum, cap., hymnus et ℣ ut in die; ad *Benedictus* ant. de nocturnis prima omissa nisi aliae antiphonae sint ad hoc assignatae; or. et horae ut in die. Quando autem respp. horarum debeant dici cum allel., supra in Rubr. XIV. de Prima fuit dictum. Ad missam officium ut in die, sine prosa cum *Kyrie el.* et *Gloria in excelsis* sicut per octavas. Quando *Credo* dici debeat, infra in Rubrica XXXVIII invenies assignatum. Ad vesperas super psalmos de secundis vesperis festi prima ant. Laudum,

[1] *Ms. habet :* « in ».
[2] *Sic. Ms. habet :* « Solemnitatibus ».
[3] *In marg. add. :* festi.

cap., hymnus et ℣ ut in die, ad *Magnif*. ant. de nocturnis nisi aliae propriae assignentur. Completorium ut in die. Dominica infra octavas sabbato ad vesperas super psalmos de secundis vesperis festi prima ant. Laudum, cap., resp., hymnus, ℣ ant. ad *Magnif*. ut in primis vesperis festi, or., Completorium ut in die. Ad matutinum invitatorium, hymnus, antt. pss., ℣ et responss. sicut in die; lectiones sex de ipsa festivitate legantur, tres de expositione dominicali. In Laudibus antt. quinque cum psalmis, cap., hymnus, ℣ ant. ad *Benedictus* et or. ut in die. Missa matutinalis de dominica, major sicut in die sine prosa. Ad horas et ad vesperas ut in die, nisi quod ad vesperas solum prima ant. Laudum dicatur super pss. et quod non dicatur respons. In octava die festi ad primas vesperas super pss. de octava prima ant. Laudum, cetera ut in primis vesperis festi. Ad matutinum ut in die, sed si dominica fuerit homilia legatur de dominica, horae ut in die, similiter et missa sine prosa tamen, et ad modum festi IX lectionum; ad II vesperas prima ant. Laudum super pss., cap., hymnus, ℣ ad *Magnif*. ant. et or. ut in festo.

De festivitatibus et translationibus extraordinariis. XXXI [1].

Festivitates sanctorum quae solemnes habentur in locis in quibus fratres commorantur possunt ab eis solemniter celebrari et cantari eorum historiae et legendae legi, licet in Ordinali vel in Kalendario ordinis non sint scripta; quorum tamen historiae vel legendae non sunt in Antiphonariis et Legendis ordinis, nec [17ª] orationes vel officia in Missalibus *non sunt* [2] inter alia inserenda, sed in fine librorum poni poterunt vel in quaternis seorsum haberi; in Martilogio vero talium sanctorum nomina nisi alias ibi fuerint in margine suo loco ponantur. Notandum quoque quod licet in rubricis supra positis de *In anno* et de translatione festivitatum certus modus celebrandi et transferendi festivitates sit positus, si tamen in aliquo loco praecipue solemni secundum communem consuetudinem totius villae vel dioecesis festa aliqua majora, sicut est festum S. Andreae, S. Nicolai, S. Thomae, Conceptionis, Purificationis et Annuntiationis beatae Virginis, Marci et similia, vel nullo modo vel forsan aliter transferrentur quam supra sit positum, sic quod convenienter modus supra dictus observari non posset, tunc in celebrando vel transferendo hu-

[1] *Ms. habet*: XXIX.
[2] *Desunt in MS.*

jusmodi festa modus loci teneri poterit; et idem fiat de festis venientibus in die Cinerum, et de officio animarum quando in dominica venerit et in consimilibus. Ubi tamen modus supra dictus convenienter observari poterit, ibi ab omnibus conventibus [1] uniformiter observetur. In omnibus etiam festis duplicibus et totum duplicibus, IX lectionum a nonis maji usque ad festum S. Augustini inclusive venientibus, et commemoratione S. Pauli et in festo Transfigurationis si priori visum fuerit, in sero post completorium cantentur matutinae.

De homiliis concurrentibus. XXXII.

Quando festum IX lectionum, quod nec est duplex nec proprium habens evangelium, in aliqua dominica habente proprium evangelium celebratur, homilia de dominica pronuncietur ad matutinum, et homilia de festo omittatur. Quando vero festum duplex aut totum duplex, aut etiam aliud festum habens proprium evangelium in tali dominica celebratur, homilia de dominica legatur aliqua die per hebdomadam, in qua tamen nulla memo. fiet de dominica, nec de ea missa celebretur nisi alias in tali feria de dominica esset celebrandum. Sunt autem praeter festa duplicia et totum duplicia illa festa quae habent propria evangelia haec quae sequuntur, viz. S. Johannis ante portam latinam, octava apostolorum Petri et Pauli, Martae virginis, ad vincula S. Petri, Transfigurationis [17ᵛ] Domini, et decollationis beati Johannis Baptistae. Dum autem festum IX lectionum vel majus in XL^{ma} celebratur, septima lectio legatur de homilia XL^{ae} et aliae octo lectiones de legenda sancti, solo festo Annuntiationis excepto in quo homilia festi est legenda et homilia de XL^{ma} illo anno omittenda. Quando vero vigilia alicujus sancti in dominica evenerit homilia de vigilia cum ejus missa in praecedenti sabbato dicatur, et si tunc sit festum III lectionum de ipso fiat tantum memo. Si autem festum SS. Philippi et Jacobi vel Inventionis S. Crucis feria II in rogationibus evenerit, feria III pronuncietur evangelium *Quis vestrum habebit amicum*. Et si aliquod eorum in vigilia Ascensionis evenerit evangelium *Sublevatis Jesus*, pronuncietur in feria III praecedenti. Sed si alia festa in praedictis diebus evenerint evangelium de Rogationibus in ipsis dicatur. Dum vero vigilia beati Matthaei in jejuniis quatuor temporum evenerit, homilia de vigilia illo anno

---

[1] *Ms. habet :* convenientibus.

omittatur et prima missa de vigilia cantetur. Si autem festum S. Matthaei vel octava Nativitatis beatae Virginis in ipsis jejuniis evenerit homilia sit de festo et homilia de jejunio II, III vel V feria legatur. Sed si festum S. Mauritii in praedictis jejuniis evenerit homilia de jejunio pronuncietur.

De officio Dedicationis. xxxiii.

Officium Dedicationis ecclesiae in primo anno inchoandum est in missa. In hora vero quae sequitur missam et deinceps in omnibus horis usque ad completorium sequentis diei fiat officium totum duplex, sic quod primae vesperae dedicationis sint in ipsa die qua fit dedicatio, et in nocte sequente matutinum cum ix lectionibus et in crastino vesperae secundae. Octava vero, si celebranda fuerit in hoc primo anno, celebrabitur revoluta hebdomada eo die quo dedicatio facta fuit, et or. *Deus qui invisibiliter*, tam in die quam per octavam, praeterquam ad Primam et ad completorium, ad omnes horas dicatur quando de ipsa dedicatione fit officium. Secundo autem anno et deinceps singulis annis in anniversario dedicationis fiat officium sicut in toto duplici cum or. *Deus qui nobis*, et octavae celebrentur [*17ᶜ*], praeterquam in Adventu, et deinceps usque ad octavam Epiphaniae. Et in LXX^{ma} et deinceps usque ad octavam Paschae et in diebus Rogationum et deinceps usque ad dominicam *Deus omnium*. Quando autem octavae non fiunt, tunc infra octavam non fiat memo. de dedicatione. Quod si hoc festum infra octavam alicujus sancti evenerit, durantibus octavis de sancto fiat memo. de octava dedicationis. Fratres de conventu in quo festum hujusmodi celebratur tam intus quam extra faciant officium de dedicatione, fratres etiam dum hospites sunt praesentes in conventu aliquo faciant officium sicut fit in conventu tam de festis dedicationis quam de aliis, quamvis per ordinem generaliter non fiant. Postquam vero recesserint de conventu, redeant ad officium consuetum.

De Dedicatione ecclesiae.

In Dedicatione ecclesiae et in anniversario ejusdem totum duplex. Ad vesperas super pss. ant. *Sanctificavit*. Ps. *Laetatus*. Ant. *Domus haec*. Ps. *Qui confidunt*. Ant. *Gloriosum*. Ps. *Nisi Dominus*. Ant. *Benedictus es*. Ps. *Confitebor* (secundus). Ant. *In dedicatione*. Ps. *Lauda Jerusalem*. Cap. *Vidi civitatem*. Resp. *Terribilis*. Hymn. *Urbs beata*. ⩒ *Domum tuam*. Ad Magnif. *O quam*. In primo anno, or.

Deus qui invisibiliter. In secundo anno et deinceps, or. *Deus qui nobis.* Completorium modo consueto. Ad matut. Invitator. *Exultemus.* Hymn. *Angulare.* In I noct. ant. *Tollite.* Ps. *Domini est terra.* Ant. *Vidit Jacob.* Ps. *Deus noster refugium.* Ant. *Cum evigilasset.* Ps. *Magnus Dominus.* ℣ *Domum tuam Domine.* Lectiones sex de sermone festi. Resp. *In dedicatione.* ℣ *Obtulerunt. Et in ore.* Resp. *Fundamenta.* ℣ *Venientes.* ℣ *Et dicent.* Resp. *Mane surgens.* ℣ *Vidit Jacob. Vere. Gloria. Et ego.* In II noct. ant. *Non est hic.* Ps. *Quam dilecta.* Ant. *Erexit.* Ps. *Benedixisti.* Ant. *Erit mihi.* Ps. *Fundamenta.* ℣ *Haec est domus.* Resp. *Benedic Domine.* ℣ *Domine si conversus. Exaudi.* Resp. *O quam.* ℣ *Mane. Non est.* Resp. *Orantibus.* ℣ *Domine exaudi. Et da. Gloria. Et da.* In III noct. ant. *Qui habitat.* Ps. ipsum. Ant. *Domum istam.* Ps. *Cantate* (primus). Ant. *Fundata.* Ps. *Dominus regnavit, exultet.* ℣ *Beati qui habitant.* Lectt. tres de homilia evangelii *Ingressus Jesus.* Resp. *Lapides.* ℣ *Haec est domus. Et turres.* Resp. [17ᵈ] *Domus mea.* ℣ *Domum. In ea.* Resp. *Terribilis.* ℣ *Cumque. Vere. Gloria. Et ego. Te Deum. Sacerdot.* ℣ *Domine dilexi.* In Laudibus, ant. *Domum tuam.* Ps. *Dominus regnavit,* et ceteri. Ant. *Haec est domus.* Ant. *Domus mea.* Ant. *Bene fundata.* Ant. *Lapides.* Cap. *Vidi civitatem.* Hymn. *Urbs beata.* ℣ *Domus mea.* Ad Bened. ant. *Mane surgens.* Ad horas antt. Laudum. Ad Tertiam cap. *Ecce tabernaculum.* Resp. *Domum tuam Domine.* ℣ *In longitudinem dierum. Gloria.* ℣ *Haec est domus Domini.* Ad missam officium *Terribilis est.* Ps. *Quam dilecta.* Or. *Deus qui nobis.* Epistola Apocalypsis *Vidi civitatem.* Grad. *Locus iste.* ℣ *Deus cui. allel.* ℣ *Adorabo.* Prosa *Ecce Salomon.* Infra LXXᵃᵐ Tractus *Domus mea.* Tempore ressurrectionis secundum *allel.* [1] ℣ *Ascendens Xpistus.* Evangelium Lucae *Ingressus Jesus.* Credo. Offertorium *Domine Deus in simplicitate.* Secreta *Annue.* Communio *Domus.* Postcommunio *Deus qui ecclesiam.* In primo vero anno dedicationis or. *Deus qui invisibiliter.* Secreta *Omnipotens.* Postcommunio *Quaesumus omnipotens.* Cetera de officio missae non mutentur. Ad Sextam cap. *Unusquisque.* Resp. *Haec est domus.* ℣ *Bene fundata. Gloria.* ℣ *Beati qui habitant.* Ad Nonam, cap. *Fundamentum.* Resp. *Beati qui habitant.* ℣ *In saecula. Gloria.* ℣ *Domus mea.* Ad Vesperas quinque antt. Laudum super hos pss. *Credidi, Laetatus, Nisi Dominus, Laudate Dominum quoniam, Lauda Je-*

[1] *In marg. add. :* ℣ *Xpistus resurgens.* Tempore Ascensionis, secundum *allel.*

rusalem. Cap. Resp. Hymn. ℣ ut in primis vesperis. Ad Magnif. ant. *Zachaee.* Per octavam dedicationis et in octava ipsius dum octava haberi poterit fiat officium sicut supra in Rubr. de octavis est notatum.

De missis conventualibus et de orationibus earum in communi. XXXIV.

Missa conventualis regulariter de illo dicatur officio de quo ipsa die agitur in conventu, nisi sit aliquod impedimentum, et nisi in feriis quae proprium officium missae non habent, de quibus quomodo agendum sit in subsequentibus rubricis dicetur. Aliquibus autem diebus duae missae cum nota in conventu celebrari debent, scilicet singulis dominicis diebus per annum et in omnibus festis duplicibus et totum duplicibus, et in die Innocentium et in octava beatae Mariae Magdalenae et in Transfiguratione Domini; et quandocumque in XL^{ma} et in quatuor temporibus et feria II in Rogationibus festum IX lectionum [*18^a*] vel majus occurrerit; similiter et dum vigilia aliqua vel funus occurrerit cum praedictis, et dum in sabbatis quaecumque praemissorum venerint. Porro per totam XL^{am} licet haec missarum concursus non requirat, tamen propter temporis sacri devotionem in conventibus ubi fieri poterit duae missae cum nota celebrentur. Hebdomadarius autem praecedentis septimanae aut aliquis alius per communem tabulam ad matutinalem semper missam deputetur; quod si forte propter funera vel quaecumque supervenientia tertiam missam in conventu oporteat celebrari, praelatus ad hoc horam aptam et fratrem deputet secundum quod viderit expedire. Dum ergo duae missae fuerint celebrandae, prima earum per totum annum statim dicta Prima celebretur, alia vero tempore jejunii quadragesimalis et in vigilia Pentecostes de ipso jejunio post Nonam dicatur. Tempore autem alterius jejunii vel in die Cinerum et per tres dies sequentes, in quatuor temporibus, letaniis et vigiliis secunda missa de jejunio post Sextam diei dictam celebretur. Similiter post festum Exaltationis S. Crucis dum fratres nostri jejunant, si duae missae dicendae fuerint in conventu, secunda missa post Sextam dicatur. Diebus vero dominicis per totum annum post Tertiam dicatur major missa. Porro tamen dum una missa celebratur in conventu, illa regulariter dicta Prima celebretur, nisi in triduo ante Pascha et in vigilia Pentecostes, quando officium missae post Nonam debet dici. Ubi etiam convenienter fieri potest missa de jejunio in

XL^ma, post Nonam ; et tempore alterius solemnis jejunii post Sextam celebretur, sicut etiam jam supra de duabus missis tangebatur. Sciendum quoque quod dum infra hebdomadam in feriis in quibus fiunt prostrationes in horis missa celebratur de beata Virgine seu de angelis vel solemniter de Spiritu Sancto aut de aliquo sancto prostrationes feriales in missa non fiant. In aliis vero missis, scil. de dominica, de S. Spiritu absque solemnitate, de S. Cruce et *Salus populi* et *Requiem* etiam praesenti corpore dum in feriis prostrationum dicuntur, fiant prostrationes et non aliter. In vigilia vero Paschae ad missam et deinceps in quibuscumque missis usque ad Trinitatem ; similiter [18ᵇ] et in vigilia Assumptionis beatae Virginis et in vigilia Nativitatis Domini et Epiphaniae et in missa feriae IV quatuor temporum in Adventu non prosternimus. In omnibus autem aliis missis de vigilia et quatuor temporum et in missis ferialibus XL^mae, sive dicantur in feriis sive in festis, semper fiant praedictae prostrationes feriales. Orationes missarum in numero impari dicantur, puta una tantum, tres vel quinque, neque umquam plures in missa conventuali dicantur. Possunt tamen duae tantum orationes dici, si ambae sub uno *Per Dominum* concludantur. Ultima etiam or. in quacumque missa, quando plures orationes dicantur, debet regulariter esse communis, nisi hoc impediant memoriae aliunde concurrentes. In festis autem duplicibus et totum duplicibus tantum una dicatur or., nisi forte in missa matutinali, si aliqua memo. occurreret vel aliunde in suo loco aliud signaretur. Si tamen contingeret quod in festo duplici vel totum duplici memo. III lectionum vel aliqua alia concurreret, de qua neque missa neque memo. in alia missa haberetur, tunc oratio de memo. cum oratione de festo sub uno *Per Dominum* concludantur. In festis vero IX lectionum et per communes octavas et in missis matutinalibus, quae in dominicis vel in aliis festis dicendae fuerint, et in missis consuetis beatae Virginis tres tantum dicantur orationes, nisi memoriarum necessitas hoc impediat. In feriis autem et festis III lectionum regulariter quinque dicantur orationes. Porro dum duae missae in conventu celebrantur, in missa illa quae solemnior habetur una tantum poterit dici oratio, nisi alia missa fuerit pro Defunctis, tunc enim utraque sicut aliis temporibus suas orationes habebit, vel illa quae est pro defunctis, si sit funus praesens, habebit tantum unam.

DE QUO ET CUM QUIBUS ORATIONIBUS MISSA CONVENTUALIS AB ADVENTU USQUE AD PASCHA SIT SINGULIS DIEBUS CELEBRANDA [1].

Diebus dominicis per Adventum missa matutinalis de beata Virgine *Rorate*, sicut est sine prosa ; II or. de festo III lect. vel octava si assit ; sin autem de Trinitate. III *Conscientias*. Si vero fuerit infra oct. S. Andreae et simul festum [*18ᶜ*] III lect. concurrat, tunc II or. de octava dicatur et III de festo III lect. Major missa de dominica cum sola or. Excipitur IV dominica Adventus, dum in vigilia Nativitatis Domini evenerit ; tunc enim missa matutinalis erit de dominica, II or. *Deus qui de beatae*, III *Conscientias*, et major missa de vigilia cum sola or. Missa de vigilia S. Andreae, similiter et missae matutinales in festis S. Andreae, S. Nicolai, Conceptionis et S. Thomae in suis diebus signantur. In festis IX lect. per Adventum II or. *Deus qui de beatae* vel de octava si assit, III *Conscientias*. Feriis secundis per Adventum si vacaverint, missa pro defunctis dicatur cum or. sicut infra in rubrica XXXVII signatur. Feriis quartis si vacaverint et in diebus sabbatis missa de beata Virgine celebretur, II or. de memo. si assit, sin autem de dominica, III *Conscientias* vel de alia memo. si concurrat. Notandum quoque hic pro hac rubrica et pro sequenti circa missam beatae Virginis generaliter, quod in sabbatis omni tempore debet missa cum prosa vel tractu de ipsa Virgine gloriosa solemniter celebrari, nisi infra octavam Nativitatis Domini et in vigilia Paschae, et nisi quando aliunde in sabbatis duas missas celebrare oportet, et tunc provideatur quod alia die per hebdomadam solemniter dicatur. Excipitur etiam sabbatum in quo vigilia Assumptionis evenerit, quia tunc prosa non dicitur propter vigiliam. Feriis tertiis, quintis et sextis per Adventum si vacaverint, de dominica celebretur, II or. *Deus qui de beatae*, III de angelis, IV *Deus qui caritatis*, vel *Omnipotens sempiterne Deus qui facis*, V *Conscientias*. Per oct. S. Andreae IV or. de S. Andrea, aliae sicut prius. Quod si cum octava festum III lectionum concurrat III or. dicatur de octava, IV or. de festo III lect., cetera sicut prius. In missa fer. IV quatuor temporum in Adventu non fiant memoriae propter reverentiam evangelii *Missus est*. In missa feriae sextae sequentis dicantur orationes sicut prius in missa dominicali per hebdomadam sunt signatae. In sabbato vero praeter orationes officii dicantur tantum duae orationes sicut in suo loco

---

[1] *In marg. add. :* XXXV.

signatur. A Nativitate Domini usque ad octavam Epiphaniae dicuntur missae et orationes sicut in suis diebus assignatur. Post octavam Epiphaniae diebus dominicis usque [*18*ᵈ] ad Purificationem, si non concurrat festum IX lectionum, missa matutinalis *Vultum tuum*, prima or. *Deus qui salutis*, II de festo III lectionum si aderit, sin autem de Trinitate, III de omnibus sanctis *A cunctis*. Major missa de dominica. Si vero festum IX lect. superveniens celebretur, missa matutinalis erit de dominica, II or. *Deus qui salutis*, III *A cunctis*, et major missa de festo. A Purificatione diebus dominicis usque ad dominicam Palmarum inclusive missa matutinalis de Trinitate, II or. *Concede nos famulos* vel de festo III lect. si assit, III *A cunctis* vel *Concede quaesumus omnipotens Deus*. Major missa de dominica, nisi forte in ipsa festum aliquod IX lect. vel supra celebretur; tunc enim missa matutinalis erit de dominica, orationes ut prius, et major missa de festo. Ab octavis Epiphaniae usque in capite jejunii si vacaverint, feriis secundis dicatur missa pro defunctis cum orationibus quae infra in rubrica XXXVII assignantur. Feriis tertiis pro familiaribus *Salus populi* etc., II or. de dominica, III de beata Virgine qualis evenerit, IV *Ecclesiae tuae*, V generalis *Omnipotens sempiterne Deus qui vivorum*, vel *Pietate tua*. Feriis IV de angelis *Benedicite* etc. II or. de beata Virgine, III *Deus qui caritatis*, IV *Exaudi quaesumus*, V generalis ut prius. Feriis quintis de S. Spiritu, *Spiritus Domini*, vel *Dum sanctificatus fuero* etc. II or. de beata Virgine, III de angelis, IV *Omnipotens sempiterne Deus qui facis mirabilia*, V generalis ut prius. Feriis sextis de dominica, II or. de beata Virgine, III de angelis, IV *Ecclesiae tuae* vel *Exaudi*, V generalis ut supra. In sabbatis de beata Virgine, officium pro tempore *Vultum tuum*, vel *Salve sanctissima* [1] *parens;* II or. de angelis vel de memo. si concurrat et missam non habeat, III *A cunctis*. Si autem festum III lect. feria II, III vel IV praedicti temporis evenerit, prima or. de festo, II de beata Virgine, III de angelis, IV *Deus qui caritatis*, V generalis *Omnipotens sempiterne Deus qui vivorum*. Si vero in feria V fuerit festum III lect., prima or. de festo vel [2] octava, [aliae quatuor sicut supra in tertiis feriis sunt signatae [3]. Dum autem II de

---

[1] *Sic*. — [2] *Ms. habet* post *quod correxi in* vel.

[3] *Hic aliquid a scriptore omissum est. Ordinale anno 1544 editum sic habet:* Si vero in feria quinta fuerit festum trium lectionum, prima oratio de festo, secunda de S. Spiritu, tertia de Beata Virgine, quarta *Deus qui caritatis*, quinta generalis ut prius. Si feria sexta fuerit festum trium lectionum, prima oratio de

Spiritu Sancto, III de beata Virgine, IV *Deus qui caritatis*, V generalis ut prius. Si feria VI festum III lect. fuerit, prima or. de festo, Epiphaniae propter temporis brevitatem missa dominicalis in festo III lectionum celebretur, tunc II or. dicatur de beata Virgine, III de angelis, IV de festo III lect. [19ª] V generalis sicut prius. Si vero exigente temporis brevitate statim post octavam Epiphaniae missa de dominica in festis IX lect. dicenda fuerit, tunc missa matutinalis erit de dominica, II or. de beata Virgine, III *A cunctis*, et major missa de festo cum sola or. In aliis quoque festis IX lect. et semiduplicibus, si tantum una missa dicenda sit, II or. de beata Virgine dicatur, tertia *A cunctis* vel *Concede quaesumus omnipotens Deus ut intercessio*. In feriis vero XL^{mae} usque ad Coenam ad missam de jejunio II or. de beata Virgine, III *Exaudi quaesumus Domine*, vel *Ecclesiae tuae*, IV *Deus qui caritatis* vel *Deus cui omne cor*, V *Omnipotens sempiterne Deus* vel *Pietate tua;* et poterunt praedictae orationes nunc istae nunc illae alternis diebus dici. Si vero festum III lectionum occurrat, quarta [1] oratio dicatur de ipso, aliae ut prius. Ubi autem per XL^{mam} duae missae celebrantur in conventu, poterit prima missa feriis secundis dici pro defunctis, fer. III pro familiaribus, fer. IV de angelis, feriis V de Spiritu Sancto, sextis feriis et sabbatis de beata Virgine, et praecipue in sabbatis solemniter et cum tractu.

De quo et cum quibus orationibus missa conventualis a festo Paschae usque ad Adventum sit singulis diebus celebranda. XXXVI.

Per octavas Paschae et Pentecostes dicantur missae tam matutinales quam aliae cum una tantum oratione, sicut in suis diebus assignatur. Ab octava Paschae usque ad Ascensionem et a dominica prima post Trinitatem usque ad Adventum, singulis diebus dominicis de quocumque agatur, excepta sola die beati Johannis Baptistae dum in dominica venerit, missa matutinalis dicatur de dominica, II or. de festo III lect. aut alia memo. si assit. Sin autem de beata Virgine, III de omnibus sanctis *A cunctis* vel *Concede quaesumus omnipotens Deus ut intercessio*. Major missa eisdem temporibus cum sola or. dicatur de gloriosa Resurrectione, nisi sit festum IX lect. vel majus aut etiam infra solemnes octavas; tunc tantum missa

festo, aliae quatuor sicut supra in feriis tertiis sunt signatae. Dum autem post octavas Epiphaniae propter temporis brevitatem *ut supra*.

[1] *Ms. habet:* iiij *cum signo* a. *Scriba videtur primo scripsisse* tertia, *deinde mutasse in* quarta.

de Resurrectione omissa, major missa cum sola or. de ipso festo dicatur de quo tunc agitur in conventu. In festis autem IX lect. et semiduplicibus ab octava Paschae usque ad Adventum, quando tantum una missa celebratur, II et III orationes dicantur sicut jam prius in missis matutinalibus de dominica sunt signatae. Feriis secundis post oct. Paschae usque ad Rogationes si vacaverint, missa pro defunctis dicatur cum orationibus [*19ᵇ*] quae in sequenti rubrica ponentur. Si vero ipsa die fuerit festum III lectionum, prima or. de festo, II de S. Cruce *Deus qui pro nobis*, III de Resurrectione *Deus qui per Unigenitum*, IV de beata Virgine *Concede nos*, V *Omnipotens sempiterne Deus qui*. Feriis tertiis si vacaverint, dicatur missa pro familiaribus *Salus populi*. Prima or. *Deus qui caritatis*, II de S. Cruce, III de Resurrectione, IV de beata Virgine, V *Omnipotens sempiterne Deus*, sicut prius. Si fuerit festum III lect., prima or. de festo, quatuor aliae ut prius. Feriis quartis si vacaverint, dicatur missa de angelis, orationes ut prius in III feriis. Similiter et si festum III lect. fuerit, hae eaedem orationes dicantur. Feriis quintis si vacaverint, dicatur missa de Spiritu S., orationes ut supra III feriis assignantur. Similiter et si festum III lect. fuerit, dicantur hae eaedem. Sextis feriis si vacaverint, dicatur missa de S. Cruce, prima or. *Deus qui pro nobis Filium tuum*, II de Domina, aliae tres ut supra. Si festum III lect. fuerit, prima or. de festo, II de S. Cruce, cum aliis tribus ut supra in III feriis. In sabbatis dicatur missa solemniter et cum prosa de beata Virgine, II or. de festo III lect. si assit, sin autem de angelis, III *A cunctis*. Si autem in sabbato sit festum IX lect., missa matutinalis dicatur de beata Virgine sicut prius, major missa cum sola or. dicatur de festo. Orationes dicendae in Rogationibus in suis locis signantur. In crastino Ascensionis et deinceps usque ad vigiliam Pentecostes ad missam, si sit de Ascensione, II or. de memo. III lect. si assit, sin autem de beata Virgine, III *A cunctis*. Sed si infra hoc tempus missa sit de festo IX lect., II or. de Ascensione, III *A cunctis* vel *Concede quaesumus*; et modo consimili fiat per octavam Trinitatis. Post octavam Trinitatis usque ad Adventum per omnes ferias et festa III lect. dicantur missae et orationes sicut supra post octavam Paschae sunt signatae. Infra octavas Assumptionis et Nativitatis beatae Virginis dum de ipsa agitur una tantum dicatur or. nisi quando memo. occurrerit, tunc enim II or. dicatur de memo., III *Concede quaesumus omnipotens Deus ut intercessio*. Per alias octavas solemnes II or. dicatur de memo. si assit vel de beata Virgine, III *A cunc-*

tis vel si adhuc alia memo. concurrat de ipsa III or. dicatur. In vigiliis autem infra octavas venientibus quid agendum sit, in suis locis signatum in[*19ᶜ*]venies. Dum vero in jejuniis quatuor temporum in Septembri festum IX lect. evenerit in missa prima de festo una tantum dicatur or. et in missa de jejunio dicantur orationes sicut supra in feriis sunt notatae. Sed excipitur dies octava Nativitatis beatae Virginis, quae si in quarta fer. quatuor temporum evenerit, in missa vero de jejunio II or. dicatur de octava, III de S. Nicomede, IV *Deus qui caritatis*, V *Omnipotens sempiterne Deus*. In missa matutinali cujuscumque festi duplicis vel totum duplicis praedicti temporis, nisi in suo loco aliud signetur, si ipsa sit de illomet festo, tunc una tantum dicatur or. Si vero sit de aliquo alio, tunc II or. dicatur de festo et III *A cunctis* vel *Concede quaesumus omnipotens Deus*.

DE MISSIS ET ORATIONIBUS PRO DEFUNCTIS SPECIALITER. XXXVII.

In missis pro defunctis numquam dicatur *Gloria Patri* post ps. de introitu, neque *Gloria in excelsis*, neque *Credo*, neque *Ite missa est*, pax etiam non detur. Similiter neque sacerdos neque diaconus osculetur evangelium postquam lectum fuerit. Tractus omni tempore dicatur. Similiter et praefatio cotidiana et semper cum nota feriali. Quando autem solemniter pro uno defuncto celebratur, dicatur tractus *Sicut cervus*. Feriis secundis vel quando communiter pro defunctis celebratur, dicantur orationes sequentes. Prima or. *Deus veniae largitor*, II *Deus qui nos patrem*. III *Miserere*. IV *Deus cujus miseratione*. V *Omnipotens sempiterne Deus qui vivorum*. Quando vero celebratur pro uno defuncto sive praesens fuerit sive non, si fuerit episcopus dicatur prima or. *Deus qui inter apostolicos*. Si frater aut aliquis alius *Inclina quaesumus Domine;* si femina *Quaesumus Domine pro tua*. II or. *Deus veniae largitor*, III *Concede quaesumus Domine Deus noster*. In omni anniversario tam viri quam feminae, cujuscumque conditionis fuerint, prima or. *Deus indulgentiarum*, II et III or. ut prius. Si autem simul evenerint obitus alicujus et anniversarium alterius prima or. dicatur ut supra pro uno defuncto, II pro anniversario, III *Concede quaesumus Domine Deus*. Sciendum quoque quod in missis pro defunctis tam conventualibus quam privatis non debent dici aliquae orationes nisi pro defunctis vel communes pro vivis et defunctis. [*19ᵈ*] Similiter in aliis missis quae non sunt pro defunctis praecipue in conventu, non debent dici orationes pro defunctis nisi forte praesens defunctus fuerit. In missis pro praesente defuncto dicatur epistola Thessal. *Nolumus vos ignorare.* Evangelium Johannis *Dixit Martha.* In anniversariis epistola Macchabaeorum *Vir fortissimus.* Evangel. Johannis *Sicut Pater suscitat.* In aliis vero missis dicatur epistola Corinth. *Xpistus resurrexit,* et evangel. Johannis *Omne quod dat mihi,* vel evangel. Johannis *Ego sum panis vivus,* aut etiam epistolae et evangelia supra dicta.

De Gloria in excelsis, Credo in unum et Ite Missa est. xxxviii.

Gloria in excelsis dicatur in omnibus dominicis per totum annum, tam in missis majoribus quam in matutinalibus, nisi in Adventu et a LXX^{ma} usque ad Pascha. Dicatur etiam in Nativitate Domini et deinceps cotidie usque ad octavas Epiphaniae, nisi in festo Innocentium et in vigilia Epiphaniae dum extra dominicam venerint. Dicatur quoque in vigilia Paschae et cotidie per octavas ejusdem festi. Similiter in festo Ascensionis et deinceps singulis diebus usque ad octavam Trinitatis et per omnes solemnes octavas ad missas de octavis. Dicatur etiam in omnibus festis IX lectionum ut supra, nisi in festo Innocentium dum extra dominicam evenerit, ut jam tactum est Dicatur insuper ad omnes missas beatae Virginis, praeterquam in Adventu et in XL^{ma} et in vigilia Assumptionis. In Adventu tamen dum in festis IX lectionum de beata Virgine missa celebratur, *Gloria in excelsis* dicatur. A LXX^{ma} etiam usque ad Pascha « in omnibus festis IX lectionum *Gloria in excelsis* dicatur in sua missa »[1]. Dicatur etiam *Gloria in excelsis* ad missas quascumque matutinales per annum, quando in magnis festis[2] assignatur. In missis etiam de angelis extra Adventum et LXX^{am} *Gloria in excelsis* sicut per octavas dicatur. Dum vero ex aliqua causa de Spiritu Sancto solemniter missa celebratur extra Adventum et LXX^{am}, *Gloria in excelsis* dicatur, aliis temporibus non dicatur. *Credo in unum* dicatur diebus dominicis per totum annum ad omnes missas, nisi fuerint pro defunctis. Similiter in Nativitate Domini et cotidie per octavam, et in die octava beati Johannis evangelistae. Similiter in die Epiphaniae et per octavam. Item dicatur cotidie per octavam Paschae, in die 20^a Ascensionis et per octavam, sed non feria sexta post octavam, neque in vigilia

---

[1] *Ab illis verbis* usque ad Pascha *usque ad illa* Dicatur etiam Gloria *textus abrasus est, quem tamen integre inserui, demptis octo verbis quae vix aut minime legere potui.*
[2] *Legendum* missis.

Pentecostes. Dicatur etiam a festo Pentecostes usque ad octavam Trinitatis. In utroque festo S. Crucis et in omnibus solemnitatibus beatae Virginis et per octavas Assumptionis et Nativitatis ejusdem. Similiter in Nativitate beati Johannis Baptistae et per octavam ipsius. Non autem in decollatione ejus. Dicatur etiam in festo apostolorum Petri et Pauli et per octavas eorum, et in omnibus festis apostolorum et evangelistarum tam principalibus quam minus principalibus. In festo S. Barnabae. In festo beatae Mariae Magdalenae et in die octavarum ipsius. In Transfiguratione Domini. In festo Michaelis. In festo Omnium Sanctorum. In festo Dedicationis ecclesiae et per octavas. Aliis vero temporibus, quantumcumque esset magna solemnitas alicujus sancti, nisi veniret in die dominica, *Credo* non dicatur. Notandum tamen circa praedicta quod per octavas Nativitatis Domini, Paschae et Pentecostes, de quocumque celebretur, nisi pro Defunctis, semper *Credo* dicatur ; per omnes autem alias octavas, scil. Epiphaniae, Ascensionis, Trinitatis, Johannis Baptistae, Petri et Pauli, Assumptionis, Nativitatis beatae Virginis et Dedicationis ecclesiae, si missa non fuerit de ipsis octavis non dicatur *Credo,* nisi in tali missa dicendum esset aliunde. In ipsis tamen diebus festivis quibus jam supra *Credo* principaliter assignatur, etiam ad missam matutinalem *Credo* dicatur, nisi in suo loco aliud signetur. *Ite missa est* dicatur quandocumque *Gloria in excelsis* dicatur. In aliis vero missis quando non dicitur *Gloria in excelsis,* dicatur *Benedicamus Domino,* nisi in missis pro defunctis in quibus dicatur *Requiescant in pace. Ite missa est* et *Benedicamus* in fine missae nunquam cum *allel.* dicantur. Quando autem *Te Deum* dici debeat supra in Rubr. XII de matutino dictum fuit.

De Introitu, Graduali, Allel. Tractu et Prosa in Missis dicendis. XXXIX.

Introitus in missa semper dicatur, nisi in vigiliis Paschae et Pentecostes et in officio diei Parasceves. Dum igitur dicendus fuerit in festis duplicibus et totum duplicibus post Ps. et post *Gloria Patri* repetatur sic quod ter dicatur. In missis autem de tempore a dominica in Passione usque ad Pascha, et in missis pro Defunctis in quibus *Gloria Patri* non dicitur immediate post Ps. resumatur. In aliis vero missis per totum annum praedicta resumptio post *Gloria Patri* solum fiat. Graduale dicatur in missis per totum annum, nisi in sabbato [20⁾] post Pascha usque ad Trinitatem, quando non celebratur pro defunctis, et nisi in quibusdam diebus jejuniorum quando pro Graduali Tractus dicitur, prout in suis locis notatur. Dum igitur Graduale dicendum fuerit, in festis duplicibus et [1] totum duplicibus a duobus cantetur quibus cantor injunxerit, sic quod illi Graduale in medio chori incipiant usque ad duas virgulas simul junctas et choro deinceps prosequente residuum, ipsi ut prius ℣ simul cantent. Aliis autem temporibus Graduale cum ℣ a toto choro cantetur. Post ℣ vero numquam Graduale resumatur, nisi dum allel. vel Tractus non dicuntur. Porro dum plura Gradualia dicuntur, priora nunquam resumantur. Allel. per totum annum dicatur ad missam, nisi a LXX^{ma} usque ad vigiliam Paschae et nisi in missis quatuor temporum in Septembri, et in Adventu quando vel tractus dicitur vel Graduale resumitur. Excipiuntur etiam praeter vigiliam Epiphaniae, Paschae et Ascensionis et Pentecostes, et praeter vigiliam Nativitatis Domini dum in dominica venerit, omnes aliae vigiliae per annum in quibus Graduale solum resumitur. Excipitur etiam dies Innocentium, dum extra dominicam evenerit. Dum igitur extra tempus Paschale *allel.* dicendum fuerit, tantum unum dicatur. Diebus autem dominicis ad majorem missam et in festis IX lect. et semiduplicibus et per octavas Nativitatis Domini, Paschae, Pentecostes, Assumptionis et Nativitatis beatae Virginis, et in aliis missis quae solemniter de ipsa celebrantur, allel. a duobus in medio chori cantetur; in festis duplicibus et praecipue totum duplicibus a quatuor ubi fieri poterit bono modo. Postquam autem cantores inceperint allel. usque ad duas virgulas simul junctas, chorus ipsum reincipiat et neuma totum ante ℣ cantet. Post ℣ vero, nisi tractus sit dicendus, sicut in vigilia Paschae et Pentecostes, non reincipiatur allel. sed statim tractus dicatur. Si tractus non sit dicendus, per eosdem reincipiatur allel. et chorus totum neuma prosequatur ut prius, nisi prosa sit dicenda; tunc enim omisso neumate, statim prosa inchoetur. Per octavas autem alias praeter prius expressas et in festis III lect. et in feriis et in missis matutinal., postquam cantor inceperit allel. usque ad duas virgulas simul junctas, statim chorus sine neumate ℣ prose 2o^c quatur. Quo finito cantor allel. reincipiat et tunc chorus neuma totum cantet. In paschali vero tempore, quando Graduale non dicitur diebus dominicis et in festis IX lect. et per octavas Pentecostes, dicantur duo allel. ad majorem missam.

[1] *In marg. additur :* praecipue.

Similiter et dum de beata Virgine solemniter celebratur. Primum allel. incipiat cantor et chorus sine reinceptione neuma et etiam ℣ prosequatur, nisi in festis duplicibus et totum duplicibus, quando primum allel. loco Gradualis a duobus cantatur; tunc enim sicut prius sine reinceptione solum neuma chorus prosequatur. Post ℣ vero primum allel. numquam repetatur, sed statim allel. secundum a duobus vel a quatuor per omnia sicut jam supra dictum est cantetur. In festis autem III lect. Paschalis temporis et per octavas Ascensionis et in missis matutinalibus et in aliis missis per ferias, dicatur tantum unum allel. quod cantor incipiat et chorus sine neumate ℣ prosequatur. Post ℣ cantor reincipiat allel. et chorus neuma finiat. A LXX^{ma} usque ad Pascha diebus dominicis et in festis IX lect. ut supra et in missis defunctorum per totum annum, dicatur tractus sive de ipsis missa dicatur post Tertiam, seu statim dicta Prima. In aliis autem missis matutinalibus et in festis III lect., dum de ipsis celebratur, tractus non dicitur, sed Graduale repetatur, et idem fiat quando per hebdomadam missa de dominica vel de angelis aut pro familiaribus celebratur. Sed in missis de Spiritu Sancto sine resumptione Gradualis ℣ *Veni sancte Spiritus* statim post Graduale dicatur. In quibusdam tamen missis de tempore per ferias XL^{mae} et in vigilia Pentecostes et similiter in quatuor temporibus interdum tractus dicitur, prout in suis locis assignatur. Dum igitur tractus dicendus fuerit in festis semiduplicibus et supra et quando de beata Virgine solemniter celebratur, tractus cantetur a quatuor, ita quod conventu sedente bini et bini alternatim in medio chori dicant versus, et idem fiat quando solemniter pro aliquo defuncto et praecipue praesenti missa in conventu celebratur. Dominicis vero diebus et in festis IX lect. unus ℣ a duobus cantetur ad gradum, choro sedente, et alius a communi choro ipso stante; aliis autem temporibus totus tractus alternatim et stando cantetur a choro, exceptis tractibus in sabbatis quatuor temporum immediate lectionem Danielis sequentibus, qui conventu stan[20^d]te a duobus cantari debent ad gradum. Notandum quoque circa omnia praedicta quod postquam cantantes ℣ de Graduali vel de allel. vel ultimum ℣ tractus ad gradum usque ad duas ultimas virgulas simul junctas cantaverint, chorus debet prosequi residuum de eisdem versis, nisi in tractibus qui in sabbatis quatuor temporum statim post lectionem Danielis dicuntur, de quibus qualiter sint finiendi suis diebus invenies. Notandum etiam quod numquam post ℣, Graduale, allel. et tractum plures notae sint dicendae quam ibi ponantur, quia ibi tot sunt positae quot dici debent. Quandocumque autem tractus in missa dicitur, Sequentia sive prosa non [1] cantetur. A festo igitur Paschae usque ad LXX^am dicatur prosa et hoc semper in festis semiduplicibus et supra ad majorem missam ; sed excipitur feria IV in hebdomada Paschae et Pentecostes et festum Innocentium dum extra dominicam venerit; tunc enim prosa non dicitur, licet sit festum semiduplex. Prosa etiam dicatur quando per idem tempus in sabbatis aut alia die solemniter de beata Virgine celebratur, et in dominicis infra octavas Assumptionis et Nativitatis beatae Mariae ad missam de octava. Similiter et diebus dominicis post Pascha usque ad Ascensionem ad missam majorem de Resurrectione.

De praefationibus totius anni. XL.

Praefatio de Nativitate Domini *Quia per Incarnati*, dicatur in die Nativitatis Xpisti ad omnes missas et deinceps cotidie usque ad Epiphaniam, etiam in vigilia Epiphaniae. Sed excipitur missa beati Johannis evangelistae, tam in ejus die quam in octava. Dicatur etiam dicta praefatio in omnibus missis beatae Virginis post Natale usque ad Purificationem et in die Purificationis. Similiter et in Transfiguratione Domini et etiam alias si contingat missam de Nativitate celebrari. *Communicantes* dicatur in Nativitate Domini et deinceps ad omnes missas usque ad Circumcisionem inclusive, etiam in die beati Johannis Evangelistae. Incipiatur autem praedicta praefatio statim post *Aeterne Deus*, et terminetur *Et ideo*. Praefatio de Epiphania *Quia cum Unigenitus* et *Communicantes* dicantur in die Epiphaniae, per octavam et in die octavae, et hoc solum ad missas de Epiphania et non ad alias; aliis quoque temporibus cum de Epiphania contingat celebrari, sine *Communicantes* dicta praefatio dicatur. Ita etiam incipiatur et terminetur sicut et praecedens. Praefatio 2[a] de jejunio *Qui corporali jejunio* dicatur ad omnes missas de XL^ma a die Cinerum usque ad dominicam in passione, exceptis diebus dominicis. Dum igitur dicenda fuerit, in nota feriali semper dicatur et statim post *Omnipotens aeterne Deus* incipiatur, et in fine subjungatur *Per quem majestatem* sicut aliis diebus. Praefatio *Qui salutem humani generis*, dicatur dominica in passione Domini et deinceps in omnibus missis de tempore usque ad diem Parasceves. In die vero

---

[1] *Haec dictio* non *habetur in margine.*

Coenae diligenter advertat ille qui facit officium ut *Communicantes, Hanc igitur* et *Qui pridie* modo debito dicantur. Praedicta etiam praefatio dicatur [1] in utroque festo sanctae Crucis et per totum annum, quando missa de sancta Cruce celebratur. In feriis dicatur cum nota feriali. Sed in dominica in Passione et in die Palmarum, in die Coenae et in festis sanctae Crucis cum nota solemniori. Incipiatur autem et terminetur sicut et proximo praecedens Praefatio de Resurrectione *Te quidem omni tempore*, dicatur in vigilia Paschae et deinceps per octavam ad omnes missas, nisi ad missam de beata Virgine. Similiter dicatur per totum annum quando missa est de Resurrectione. Ad missas vero matutinales de dominicis post Pascha usque ad Ascensionem non dicatur nisi solum in octava Paschae. *Communicantes* et *Hanc igitur* solum dicantur in vigilia Paschae et deinceps per octavam ad omnes missas. Incipiatur autem praedicta praefatio statim post *Aequum et salutare*, et in fine subdatur *Et ideo cum angelis*. Per octavam Paschae dicatur *In hoc potissimum die*, aliis vero temporibus omittatur *Die*, sed in vigilia Paschae dicatur *Nocte*. Praefatio de Ascensione *Qui post resurrectionem suam* et *Communicantes* dicantur in die Ascensionis et per octavam, quando missa dicitur de Ascensione. Ad missam vero de dominica infra octavam et feria VI post octavam non dicantur. Incipiatur autem et terminetur haec praefatio ut illa de Nativitate Domini. Praefatio de Spiritu Sancto *Qui ascendens* et *Communicantes* et *Hanc igitur* dicantur in die Pentecostes et cotidie per hebdomadam, nisi ad missam beatae Virginis ad quam dicitur *Communicantes* et non praefatio. Praefatio vero sine aliis dicatur in omnibus missis de Spiritu Sancto per totum annum et in feriis cum nota feriali. Incipiatur autem ut illa de Nativitate Domini, et terminetur propria terminatione, scil. *Sed et supernae*. In vigilia autem Pentecostes dicatur praefatio cotidiana. Sed *Communi*[21ᵇ]*cantes* et *Hanc igitur*, dicantur de festo. Praefatio de Trinitate *Qui cum Unigenito* dicatur ad omnes missas de Trinitate per totum annum et solum ad illas. Incipiatur autem statim post *Aeterne Deus* et terminetur hac terminatione, scil. *Quam laudant angeli* etc. Praefatio de apostolis *Te Domine suppliciter* dicatur ad omnes missas cujuscumque apostoli per totum annum et in festo S. Barnabae, sed excipitur Cathedra S. Petri. In festis autem SS. Marci et Lucae evangelistae non dicatur. In missis autem de beato

---

[1] *Quatuor hae dictiones habentur in margine.*

Johanne evangelistae et de beato Mathaeo in dicta praefatione non dicatur *Per beatos evangelistas tuos*, sed *Per beatos apostolos*, sicut jacet. Incipiatur autem et terminetur sicut praefatio de resurrectione. Ad omnes missas beatae Virginis a transacto festo Purificationis usque ad Nativitatem Domini sequentem dicatur praefatio *Et te in Annuntiatione* vel *Assumptione*, vel *Nativitate* vel *Sanctificatione* vel *Veneratione*, secundum quod tempus requiret, et semper dicatur cum nota solemni et non feriali. Incipiatur autem statim post *Omnipotens aeterne Deus*, et terminetur *Per quem majestatem* etc. sicut aliis diebus. Notandum quoque quod ubicumque in hac rubrica dicitur quod talis praefatio vel *Communicantes* dicatur ad omnes missas talis temporis, semper excipi debet missa pro defunctis.

DE MODO CELEBRANDI MISSAM CONVENTUALEM ET OFFICIO MINISTRORUM ALTARIS. XLI.

Quando missa in conventu fuerit celebranda acoliti convenienti [1], et primo sint induti superpelliceis vel albis in festis duplicibus et totum duplicibus mutuo se juvantes, quibus paratis adjuvent sacerdotem et alios ministros. Sed et diaconus et subdiaconus, si opus fuerit, mutuo se juvent et ambo sacerdotem. Aptentur etiam in praedictis fratrum caputia ut gibbus in eorum humeris non appareat. Qualiter autem aqua benedicta sit diebus dominicis aspergenda, in sequenti rubrica plene signatur. Dum igitur, conventu prosequente introitum, incipitur *Gloria Patri* vel Ps. si *Gloria* non dicatur, sacerdos indutus casula cum ministris debito modo praeparatis procedat ad altare. Primo acoliti cum cereis in candelabris decentibus et hoc praecipue in majoribus festis. Deinde subdiaconus librum evangeliorum et diaconus missale [21c] coram se deferentes, pectori appodiata sinistra manu subposita et dextra librum tenente. Ultimo sacerdos junctis manibus ante pectus. Venientibus autem ipsis ante altare et stantibus ante superiorem gradum, diaconus ad dextram sacerdotis, subdiaconus ad sinistram, et simili modo acoliti hinc inde, dicat sacerdos junctis manibus *Confitemini Domino*, et responso *Quoniam in saeculum*, suspiciens extensis manibus et statim rejunctis inclinet se, dicendo *Confiteor*, *Misereatur* et *Indulgentiam*, eo modo sicut supra Rubr. XIV de Prima fuit dictum. Dia-

---

[1] *Hic aliquid desideratur. Ed. sic habet :* acoliti hora convenienti accedant, et primo.... etc.

conus vero et subdiaconus infra *Confiteor* una cum sacerdote inclinent, acolitis cum cereis stantibus erectis et versis ad se mutuo vultibus; dum tamen acoliti cereos non tenent veniendo modo praedicto ad altare, unus eorum deferat librum evangeliorum, alter epistolarium, et subdiaconus missale, et tunc debent acoliti infra *Confiteor* modo consimili cum aliis inclinare.

Facta igitur confessione et absolutione se erigant, et sacerdos signans se signo crucis dicat *Adjutorium nostrum in nomine Domini*, et appropians ad altare inclinatus humiliter, junctis manibus, non ex transverso sed in directum versus medium altaris, dicat orationem *Aufer a nobis* etc. Qua dicta accedens ad altare osculetur illud et eat ad officium [1]. Interim acoliti deponant cereos cum candelabris super gradus presbyterii extinguentes eosdem, et accedentes praeparent altare, mappas explicando si oporteat. Missale ponatur in dextro cornu altaris, evangelium vero ad sinistram, appodiendo illud in parte posteriori altaris. Sed epistolarium si seorsum habeatur, ad locum ubi epistola legenda fuerit ponatur. Sacerdos autem vadens ad missale et ministri omnes convenientes ad ejus dextram ordinate secundum gradus suos dicant Introitum, *Kyrie el.*; et semper ad *Salve sancta parens*, dum ipsi hoc dicunt, flectant genua. Deinde post sacerdotem ordinet se diaconus, et subdiaconus post diaconum, acoliti autem infra gradus presbyterii vel in choro ante formas, maxime ubi pauci fratres sunt, stent parati ad sua ministeria peragenda, ita tamen quod dum canon [21^d] vel aliud a sacerdote ad altare dicitur, unus acolitorum ad dextram diaconi et alius ad sinistram, et subdiaconus ut prius post diaconum in modum crucis stent ordinati. Si vero festum duplex vel totum duplex fuerit, poterunt omnes ire sessum, tali servato ordine ut sacerdote in dextra parte presbyterii, ubi sedes ad hoc aptae debent esse, primo sedente, diaconus sedeat ad sinistram ejus, et ad sinistram diaconi subdiaconus et deinceps acoliti. Poterunt tamen subdiaconus et acoliti ubi opus fuerit in choro fratres ad cantandum adjuvare. In fine autem ultimi *Kyrie el.* sacerdos ad medium altaris junctis manibus redeat, et finito *Kyrie el.* deponat manus super altare, et postea ipsas elevando incipiat *Gloria in excelsis*, si dicendum fuerit, ceteris ministris, sicut dictum est, ordinatis post ipsum. Cum autem dicit *Deo*, jungat manus et eis sic junctis, cum ministris hinc et inde secum astantibus,

---

[1] *I. e. procedat ad legendum introitum.*

dicat residuum. Ministri vero dum incipitur *Gloria in excelsis*, vel quodcumque aliud in missa ab ipso sacerdote, quod una secum habent prosequi, circa terminationem hujus inceptionis accedente subdiacono juxta diaconum, et ipsis post sacerdotem parum disjunctis, omnes simul et semel aliquantulum inclinent et ita procedant ad altare. Diaconus autem semper debet accedere ad partem illam ubi missale est, et subdiaconus ad aliam partem, acoliti vero ad latera altaris, mutuis se vultibus respicientes. Et cavendum acolitis ne transeant inter diaconum [1], dum stant retro sacerdotem in suis locis. Interim dum cantatur *Gloria in excelsis*, vel *Kyrie el.*, si *Gloria* non dicitur, subdiaconus cum pulchra et munda mappula coopertum calicem ante faciem suam cum ambabus manibus deferat reverenter et superponat altari, et hoc quantum ad mappulam praedictam praecipue in festis majoribus observetur. Sacerdos autem infra *Gloria in excelsis*, et diaconus post ipsum, stent donec conventus illud compleverit. Dicto ergo *Gloria in excelsis* vel *Kyrie el.* pro tempore, sacerdos signet se signo crucis, quod et faciat quotiescumque ad fratres se convertet, deinde ponat manus super altare et post, illis junctis, convertat se ad fratres in medio altaris. Postquam vero se converterit, elevatis manibus et extensis incipiat *Dominus vobiscum* [22ª]. Diaconus vero, non flexis genibus nisi episcopus celebraverit, leviter casulam per inferiorem trahat extremitatem. Dicto *Dominus vobiscum*, rejunctis manibus, non se girando, eat ad librum, et elevatis manibus ut prius, dicat *Oremus* et deinde orationes. Praedicta autem manuum elevatio sic fieri debet ut altitudinem humerorum sacerdotis non excedat, extensio vero tanta sit, ut retro stantibus manus appareant evidenter, et idem per totam missam observetur. Dicta oratione distincte, ad *Per Dominum* manus rejungat, et si plures orationes sint dicendae modo consimili dicantur. Ad ultimum autem *Per Dominum*, manibus junctis revertatur ad medium altaris, et ibi finiat orationem. Deinde subdiaconus super pulpitum ante gradus presbyterii in medio legat epistolam. Interim sacerdos poterit ire sessum, diacono et altero acolitorum eum in sede sua casula retro levata reverenter collocantibus. Diaconus autem explicet corporale, quod habere debet duas plicas in latum et tres in longum, medium latitudinis ponens in medio altaris et aliud corporale quod superponendum est calici juxta illud. Quo facto sedeat, et alter acolitorum

---

[1] *Supple :* et subdiaconum.

mappulam ad hoc praeparatam super genua sacerdotis explicet, et missale ei tradat ut si velit orationem *Summe sacerdos* dicere possit, vel aliam prout devotionem habuerit. Finita epistola subdiaconus redeat ad sacerdotem et alter acolitorum epistolarium ad locum suum reportet. Deinde ministri cum sacerdote dicant Graduale et ea quae pro tempore dicenda fuerint ; quibus dictis subdiaconus praeparet calicem in oculis sacerdotis, vinum et aquam sicut ei innuerit infundendo, et alter acolitorum assistat eidem necessaria subministrans. Ante commixtionem vero, ad petitionem subdiaconi dicentis *Benedicite,* sacerdos benedicat aquam hoc modo : *In nomine Patris et Filii* etc. *Amen.* Cum autem dicitur in missa ℣ *Veni Sancte Spiritus*, extra hebdomadam Pentecostes, in inceptione ejus surgant sacerdos [22ᵇ] et ministri, et accedentes ante gradum superiorem altaris flectant genua. Et idem fiat in XL^{ma} al illum ℣ *Adjuva nos Deus salutaris.* Circa finem de Allel. vel Tractus, vel Gradualis vel Prosae pro tempore, acoliti cereos accendant, et hoc in festis duplicibus et totum duplicibus et in primis missis observetur. Similiter et tunc thuriferarius superpellicio vel alba indutus thuribulum praeparet, subdiaconus autem librum evangeliorum deferat ad pulpitum in sinistra parte presbyterii praeparatum. In fine ergo cantus sacerdos eat ad cornu altaris et diaconus inclinatus coram eo dicat : *Jube domne benedicere.* Respondeat sacerdos benedicendo diaconum : *Dominus sit in corde tuo et in labiis ad pronunciandum evangelium pacis. In nomine Patris* etc. Hoc facto diaconus incipiat *Dominus vobiscum,* stantibus ceroferariis retro pulpitum et subdiacono inter eos versis vultibus ad diaconum ; thuriferario autem post tergum diaconi, et cum dicat *Sequentia* vel *Initium S. Evangelii,* faciat unam crucem super evangelii principium cum pollice, et aliam super frontem et aliam super pectus. Cum autem fratres respondent *Gloria tibi Domine,* debent se munire signo crucis. Interim thuriferarius imposito thure prius benedicto a sacerdote secundum modum supradictum de aqua, tradat thuribulum diacono, qui primo thurificato libro, postea prosequatur evangelium. Dum autem legitur evangelium, stet sacerdos cancellatis vel junctis manibus ad dextrum latus altaris versoque vultu ad evangelium. Similiter omnes fratres vertere debent faciem ad ipsum evangelium, et ipso finito munire se signo crucis. Si vero ad evangelium cerei non teneantur, subdiacono stante sicut prius, acolitus vel acoliti retro diaconum stare debet. In fine evangelii sacerdos junctis manibus ad medium altaris accedens, ponat manus super altare, et postea eas levando, si dicendum fuerit dicat *Credo in unum;* et cum dicit *Deum*, jungat ⌐22ᶜ⌐ eas. Subdiaconus autem finito evangelio librum accipiat, et proximo dum opportunum fuerit, locum evangelii ad osculandum offerat sacerdoti, et deinde diacono, nisi omnino fuerit passio vel evangelium pro defunctis. Quo facto librum reponat super altare ubi prius erat, et omnes ministri in suis locis sacerdoti astantes, residuum de *Credo* una cum ipso prosequantur. Postquam *Credo* a conventu dictum fuerit, vel lecto evangelio, si *Credo* non dicatur, sacerdos, eo modo quo supra, se convertens ad chorum, dicat *Dominus vobiscum,* et reversus ad medium altaris, manibus ut prius elevatis, dicat *Oremus*, et hoc terminando jungat manus, sed non prosequatur offertorium donec ministri pervenerint ad altare, qui cum eo prosequantur, stantes hinc et inde ordinati secundum modum supradictum. Dicto offertorio, verso vultu ad calicem, dicat *Calicem salutaris accipiam* etc. *In nomine Patris et Filii* etc. Et hoc dicendo signet ipsum signo crucis, et sic calicem cum patena et oblatione discoopertum cum ambabus manibus aliquantulum elevans, dicat mente devota *Suscipe Sancta Trinitas* etc., et circa finem orationis hujus reponens calicem non faciendo crucem cum eo, sumat patenam et hostiam ante pedem calicis ordinate collocet, sed diligenter attendat si portatile altare sit, quod calix et hostia plene ponantur super lapidem consecratum, post ea patenam ultra medium sub corporali ponat, et cooperto calice cum alio corporali, ipsum benedicat dicendo *Benedictio Dei omnipotentis Patris et Filii et Spiritus Sancti descendat super hanc oblationem et maneat semper.*

Tunc, si fuerit festum semiduplex vel supra, thuribulum paratum habeatur, et idem fieri poterit in majori missa dominicae et festi IX lect., et in solemnibus missis beatae Virginis. Thuriferario itaque tenente thuribulum a dextra parte altaris, et diacono sumptum thus de vasculo in quo servatur deferente et cochleari sacerdoti ad benedicendum, benedicat sacerdos ipsum secundum modum [22ᵈ⌐ supra positum de aqua. Quo facto, diaconus ponat ipsum in thuribulum et assumptum thuribulum tradat sacerdoti, manum ejus osculando. Qui accepto thuribulo, faciat cum eo super calicem signum crucis. Deinde thurificet ante se in directum et super calicem versus sacramentum, postmodum ad dextram primo et ad sinistram secundo, procedendo in thurificando a medio altaris usque ad cornua, et dum ad sinstrum cornu venerit et illud thurificaverit, ipsum altare anterius thurificet de sinistro ad dextrum cornu progrediendo, et deinde super altare thurificando ut prius, ad medium altaris revertatur. Tunc diaconus thuribulum de manu sacerdotis accipiens, incenset ipsum sacerdotem, trahendo casulam cum manu sinistra et cum dextra thurificando. Postmodum reddat illud thuriferario. Ille vero supradictis temporibus diaconum et subdiaconum et alios ministros thurificet. Deinde si fuerit festum duplex vel totum duplex aut prima missa, et non aliter, thurificet cantores de thure non benedicto, et postea fratres in choro, incipiens a superiori parte dextri chori et sic deinceps utrumque chorum et laicos praesentes thurificando; et his peractis thuribulum deponat usque ad elevationem Dominici Corporis.

Sacerdos autem, postquam calicem benedixerit, parum inclinans de medio altaris junctis manibus eat ad piscinam, ubi dum manus lavat dicat *Lavabo inter innocentes* etc. vel *Veni Creator Spiritus*, vel *Deus misereatur nostri*. Haec autem ablutio seorsum accipiatur, et non cum ablutione sacra. Ubi vero piscina apta non fuerit, subdiaconus ad dextrum cornu altaris, ministris inter sacerdotem et ipsum mundum manutergium tenentibus, fundat aquam super manum sacerdotis, quam in pelvi recipiat, et ipsam postea ad partem effundat. Facta ablutione, sacerdos junctis manibus ante pectus ad medium altaris redeat, et inclinans se extensis manibus et statim rejunctis dicat orationem *In spiritu humilitatis* etc. Qua dicta erigat se et junctis manibus se convertens ad conventum dicat illis disjun[*23ᵃ*]ctis *Orate fratres pro me* etc., ita alte ut possit audiri a ministris. Diaconus autem ut supra trahat casulam et submissa voce poterit quilibet respondere *Memor sit Dominus omnis sacrificii tui et holocaustum tuum pingue fiat; tribuat tibi secundum cor tuum et omne consilium tuum confirmet*. Interim ministri trahant velamina ad latera altaris pendentia, et sacerdos rejunctis manibus se per aliam partem totaliter vertens dicat sub silentio *Domine exaudi*, *Et clamor*, et cum dicit *Oremus*, disjungat manus et prosequatur manibus extensis secretas tot et tali modo, licet in silentio et in medio altaris, sicut et prius in principio missae orationes dixerat. Cum digitis autem quibus Sacramentum tractaturus est folia non vertat, sed diaconus circa haec intendat. Tempore etiam muscarum post inceptionem secretarum debet diaconus tenere flabellum quo cohibeat eas honeste a molestando sacerdotem, et abigat a sacrificio.

Finitis secretis usque ad *Per omnia saecula* de ultima secreta, sacerdos manus super altare deponat et sic prosequatur *Per omnia saecula*, et cum dicit *Sursum corda*, eas primo erigat et extendat; cum vero dicit *Domino Deo nostro*, ipsas jungat. Deinde manibus ut prius elevatis et extensis prosequatur *Vere dignum* etc., totam praefationem quae pro tempore dicenda fuerit, et in fine cum dicit *Dicentes*, eas jungat, et illis sic junctis cum ministris hinc et inde sibi astantibus dicat *Sanctus* etc. et ad *Benedictus qui venit* simul se signent signo crucis, quod etiam faciendum est a fratribus in choro cum ipsi dicent *Benedictus qui venit*. Tunc in festis majoribus, praecipue duplicibus et totum duplicibus, diaconus cum mappula sumat patenam et tradat eam subdiacono stanti in loco suo, mappulam decenter replicans super eam. Subdiaconus vero patenam ipsam cum manu dextra teneat elevatam, quantum cum bono modo poterit, usque ad *Pater noster*, sic quod sinistra manu supposita per eam brachium dextrum sustentetur. Sacerdos autem postquam dixit *Sanctus* etc., suspiciens extensis brachiis et eis statim resump[23^b]tis, inclinet se profunde et devote dicendo *Te igitur*, usque ad *Rogamus ac petimus*, et tunc erigat se et manibus elevatis ut supra, dicat *Uti accepta* etc., et cum dicit *Haec dona*, faciat unam crucem cum duobus digitis dextrae manus, sinistra modicum depressa, ad *Haec munera* aliam, ad *Haec sancta sacrificia* tertiam, et omnes super totam oblatam. In utroque *Memento* brevem faciat moram sine vocali alicujus nominis expressione. Cum vero dicit *Hanc igitur oblationem*, parum se inclinet, et cum dicit *Benedictam*, faciat crucem unam super totam oblatam, cum dicit *Adscriptam* faciat secundam, et cum dicit *Ratam*, tertiam; cum autem dicit *Corpus*, faciat crucem super hostiam tantum, et cum dicit *Sanguis*, super calicem tantum. Cum vero dicit *Dilectissimi Filii tui*, suspiciat extensis brachiis et statim resumptis; tergat super pallam altaris indicem et pollicem utriusque manus, dicens *Qui pridie quam pateretur*, et cum dicit *Accepit panem in sanctas* etc., accipiat hostiam et eam aliquantulum elevatam teneat; cum autem dicit *Benedixit*, signet hostiam signo crucis, et cum dicit *Fregit*, eam desuper cum pollice et indice dextrae manus tangat. Quo facto, tenendo hostiam cum utraque manu super lapidem et non in aere, verba consecrationis perfecte proferat. Interim diaconus a sinistris sacerdotis et subdiaconus a dextris, etiam si patenam teneat, flectant genua super gradus altaris. Similiter et acoliti cum cereis accensis juxta eos; thuriferarius autem in festis duplicibus et totum duplicibus retro sacerdotem genuflectens incenset versus Sacramentum.

Caveat tamen ne fumus incensi sit talis aut tantus quod visum Sacramenti impediat vel aliunde offendat sacerdotem. Sacerdos vero dictis his verbis *Hoc est enim Corpus meum*, reverenter inclinans sine genuflectione hostiam levet in tantum ut omnibus astantibus convenienter appareat et eam statim reponat. Deinde discooperiens calicem, cum dicit *Accipiens et hunc*, ipsum modicum elevet ab altari cum utraque manu, et cum dicit *Gratias* [23ᶜ] *agens*, reponat super altare, et manu sinistra ipsum tenens, cum dicit *Benedixit*, signet eum signo crucis, et deinceps utraque manu ipsum super altare teneat usque dum dixit *In remissionem peccatorum*, et tunc capite parum inclinato calicem aliquantulum levet, dicendo *Haec quotiescumque* etc., et statim ipsum reponat et cooperiat corporali ut prius. Post haec digitos non disjungat nisi ad cruces faciendas, usque post ablutionem. Si autem ante elevationem Sacramenti *Sanctus* non fuerit percantatum, chorus sine interruptione flexis genibus usque post Sanguinis consecrationem ipsum prosequatur. Deinde stando cantum finiat, et postea usque ad *Per omnia saecula* prostratus maneat.

Facta autem consecratione et calice cooperto, sacerdos extendat brachia sua plus solito ad modum crucis, dicendo *Unde et memores*. usque *De tuis donis*, et ad *Hostiam puram* faciat super totam oblationem unam crucem, ad *Hostiam sanctam* aliam, ad *Hostiam immaculatam* tertiam. Ad *Panem sanctum* unam super Corpus tantum, et ad *Calicem salutis perpetuae*, unam super Sanguinem tantum ; et cum dicit *Supra quae propitio*, sublevet oculos in coelum. Deinde cum dicit *Supplices Te rogamus*, inclinet profunde ante altare in directum brachiis cancellatis, usque dicat *Ex hac altaris participatione*, et tunc se erigens osculetur altare ad dextram partem calicis, et ad *Corpus* faciat crucem super Hostiam tantum, ad *Sanguinem* aliam super calicem tantum, et cum dicit *Omni benedictione* faciat tertiam crucem ante faciem suam. Postea cum dicit *Nobis quoque peccatoribus* tundat pectus suum leviter cum tribus digitis ultimis, et cum dicit *Sanctificas, vivificas et benedicis*, ad singula verba faciat crucem super totam oblationem. Tunc discooperiens calicem et manu sinistra ejus tenens pedem, cum dextra levet sacram Hostiam, et ad *Per ipsum*, signet cum ea calicem large ultra oras, et ad *Cum ipso*, ab ora in oram, et ad *In ipso*, intra calicem, et cum dicit *Est Tibi Deo Patri omnipotenti in unitate Spiritus Sancti*, signet semel cum eadem Hostia sacra [23ᵈ] large ultra calicem, et cum dicit *Omnis honor et gloria*, signet ante pedem calicis ; et tunc calice cooperto, dimissis manibus super altare, dicat *Per omnia saecula saeculorum* etc. Et cum dicit *Pater noster* levet manus ut supra. Cum autem chorus respondet *Sed libera nos a malo,* sacerdos submisse respondeat *Amen.* Tunc subdiaconus tradat patenam discoopertam diacono, qui recipiat eam cum mappula. Sacerdos vero quando dicturus est *Da propitius,* ipsam accipiat, et diaconus cum tradit eam ipsius humerum osculetur. Sacerdos cum dicit *Da propitius pacem in diebus nostris,* osculetur patenam; cum dicit *Ope misericordiae tuae adjuti,* tangat cum ea sinistrum oculum; cum dicit *Et a peccato simus liberi,* tangat oculum dextrum, et cum dicit *Ab omni perturbatione securi,* signet se cum patena, et eam super altare ponat seorsum ad corporale. Postea discooperiat calicem, et dicendo *Per eundem Dominum nostrum Jesum Xpistum Filium Tuum* etc., accipiat sacram Hostiam et eam reverenter tenendo super calicem, cum dicit *Qui tecum vivit et regnat,* dividat in duas partes. Deinde partem quam tenet in dextera superponat in transversum parti reliquae in sinistra, et eam frangat dicendo *In unitate Spiritus Sancti Deus,* ita quod digiti, si fieri possit, fracturam non tangant; particulas autem illas non reponat in patena, sed in manu teneat ultra calicem, et dicat *Per omnia saecula saeculorum.* Deinde cum parte tertia, quam tenebit in dextra, ad *Pax Domini* intra calicem faciat unam crucem, secundam ad *Sit semper,* tertiam ad *Vobiscum.* Tunc accedentes ministri dicant cum eo *Agnus Dei.* Quo dicto, sacerdos portionem Hostiae quam tenet in manu dextra submittat in calicem, dicendo *Haec sacrosancta commixtio* etc. Postea cum dicit *Secundum voluntatem tuam pacificare* etc., osculetur corporale et labium calicis, nisi in missis defunctorum, et nisi in triduo ante Pascha, et dans pacem diacono, dicat *Habete vinculum* etc. Deinde diaconus det subdiacono venienti ad se, et ille acolitis, acoliti vero in festis duplicibus et totum duplicibus, accepta pace deferant eam cantoribus, et deinde primis stantibus in choro hinc et inde et illi [1]. Aliis temporibus acoliti [24ª] solum dent pacem saecularibus, si praesentes fuerint et modus patriae fuerit. Sacerdos itaque data pace diacono, dicat devote orationes *Domine sancte Pater* etc., *Domine Jesu Xpiste* etc. Deinde dicat hos versus, *Salve salus mundi* etc., et *Corpus et Sanguis* etc. Quibus dictis, cum omni reverentia sumat Corpus Domini et postea Sanguinem, nihil interim dicens. Postea utraque manu tenens calicem, ve-

---

[1] *In margine additur:* aliis sic per ordinem descendendo.

niat ad dextrum cornu altaris, et indicibus et pollicibus supra calicem junctis, primam ablutionem faciat de vino, subdiacono sibi ministrante. Ablutione facta, ponat calicem juxta super altare, deinde junctis manibus inclinet ante altare dicendo *Quod ore sumpsimus* etc., et postea erectus vadat ad piscinam, et eundo dicat *Tibi laus, Tibi gloria* etc. Caveat tamen ne aliquid de digitis stillet in terram. Lotis autem et extersis digitis revertatur junctis manibus ad altare et sumpta expiatione iterum si opus fuerit, accipiat vinum non super digitos sed super calicem tantum. Et illo hausto reclinet calicem super patenam. Ubi autem honesta piscina non fuerit, praedicta ablutio de aqua recipiatur cum illa de vino in calice, et tunc *Quod ore sumpsimus* et *Tibi laus* stando ad altare dicantur. Poterit etiam si vacaverit dum praedicta fuerint, addi oratio *Perceptio Corporis et Sanguinis* etc., et oratio *Corpus tuum Domine* etc., expedite tamen. Interim diaconus corporalia replicet et reponat, et missale reportet ad dextrum cornu altaris. Sacerdos autem dicta Communione cum ministris, calicem ad desiccandum tradat subdiacono, qui hoc facto in sacristiam eum reportet. Deinde se vertens sacerdos ante medium altaris dicat *Dominus vobiscum*, et prosequatur orationes eo modo et ordine quo et primas. In fine ultimae orationis, ad *Dominus vobiscum* se vertat ut prius in medio altaris, et diaconus similiter se vertat, et dicat *Ite missa est*, si dici debeat. Sed dum *Benedicamus* vel *Requiescant in pace* dicendum fuerit, diaconus se non vertat ad conventum. Sacerdos autem circa finem de *Ite missa est*, si dici debeat, vel statim dicto *Dominus vobiscum*, si *Ite missa est* dici non de[24ᵇ]beat, se vertat ad altare, et suspiciens extensis manibus et statim rejunctis, dicat inclinando ante altare *Placeat tibi sancta Trinitas* etc., et hoc dicto erigat se et osculetur altare, et si consuetudo patriae fuerit det benedictionem, et non aliter. Interim cooperto altari per acolitos, omnes ministri eo modo et ordine revertantur ad sacristiam, sicut in principio missae de sacristia venerunt. Tunc ministri primo sacerdotem, et postea se mutuo ad exuendum juvent.

Ubi autem propter fratrum paucitatem praedicta ministrorum solemnitas servari non poterit, et praecipue in feriis et festis III lect., per octavas communes et in missis matutinalibus, unus minister habeatur et ille stet ad dextram partem juxta diaconum paratus ad suum officium peragendum. Si episcopus praesens fuerit in missa, invitandus est a cantore ut faciat confessionem in principio missae. Petendae sunt etiam ab eo benedictiones aquae miscendae in vino, et thuris et ad evangelium legendum. Item post evangelium lectum offerendum est ei primo evangelium ad osculandum. Item primo est ei offerendum aspersorium aquae benedictae ad aspergendum se et collaterales, si dominica fuerit. Primo etiam ante sacerdotem est thurificandus. Item primo post sacerdotem est ei offerenda pax, et in fine missae est invitandus a cantore ad dandum benedictionem. Si autem Cardinalis non episcopus sed presbyter vel diaconus, aut etiam aliquis legatus non episcopus interfuerit, quaeratur ejus consuetudo circa haec et servetur.

De aqua benedicta et ejus aspersione. XLII.

Singulis diebus dominicis aqua benedicta renovetur, quae benedicenda est hoc modo. Sacerdos amictus stola, habens ante se aquam et sal, dicat *Adjutorium nostrum. Sit nomen Domini benedictum.* Sine *Oremus.* Convertendo se specialiter ad aquam : *Exorcizo te creatura aquae* etc. Deinde *Oremus. Immensam clementiam tuam.* Postea convertendo se specialiter ad sal, dicat sine Oremus : *Exorcizo te* etc. Deinde *Oremus. Deus qui ad salutem,* et tam in istis exorcismis quam in orationibus faciat signa crucis super alterum vel utrumque, prout praedicta requirent; postea commisceat sal cum aqua in modum crucis di[24ᶜ]cendo : *Commixtio salis* etc., et tunc dicat *Dominus vobiscum. Oremus. Deus invictae virtutis* etc. Diebus igitur dominicis semper post Tertiam et ante missam magnam aspergenda est aqua benedicta cum antiphona quae pro tempore dicenda fuerit, nisi forte propter concursum populi et consuetudinem loci ante missam matutinalem esset facienda. Dicatur autem ant. *Sanctus Deus* dominica in LXXᵐᵃ et deinceps usque ad Pascha. Ant. *Vidi aquam* etc. in die Paschae et deinceps usque ad festum Trinitatis exclusive. Per totum vero residuum anni dicatur ant. *Asperges me.* Fiat autem praedicta aspersio per istum modum. Ante terminationem horae praecedentis missam, sacerdos cum ministris solum in albis, praecedentibus acolitis, intret chorum, et ipso stante in medio ante gradus presbyterii, diacono ad ejus dextram et subdiacono ad sinistram et acolitis hinc et inde, dum *Pater noster* post dictam horam finitum fuerit, alter acolitorum, qui stat ad partem dextram, tradat aspersorium sacerdoti, qui flexis genibus super gradum incipiat ant. et primo altare majus aspergat, cavens ne nimis de aqua super illud projiciat; postmodum diaconum et subdiaconum et acolitos et cantores, si duplex fuerit vel totum duplex. Deinde fratres in choro incipiens a dextris, nisi quando nullo praelato existente in dextro choro prior aliquis fuerit in sinistro, vel quando priore aliquo conventuali existente in dextro choro major praelatus fuerit in sinistro ; tunc enim aspergendus est primo praelatus qui est in sinistro choro, et post immediate aspergenda est aqua in dextra parte. Post fratres clericos aspergantur conversi et laici saeculares, si seorsum stent a fratribus clericis. Praedictus etiam ordo servetur in danda pace et in thurificando et in aspersione aquae benedictae post Completorium. Sacrista vero, vel aliquis alius cui injunxerit, homines per ecclesiam exteriorem aspergat. Poterit etiam aliquis frater laicus aquam benedictam deferre per cellas et alias officinas fratrum eas aspergendo. Facta aspersione et iterata ant. sacerdos stans inter ministros ut prius, dicat cum nota in voce mediocri [24^d] ℣ *Ostende nobis Domine. Oremus. Exaudi nos* etc. *Per Xpistum Dominum nostrum*, terminando tam ℣ quam orationem cum nota fa re. Hoc dicto, omnes sicut venerunt ad sacristiam revertantur. Si tamen in dominica fuerit processio facienda, poterunt diaconus et subdiaconus, postquam aspersi fuerint aqua benedicta, in sacristiam redire et dalmatica et tunica indui, et sacerdoti stanti ante altare cappam sericam deferre, ut sic ipso induto post dictam orationem processio possit continuari.

DE DEUS VENERUNT, QUANDO ET QUOMODO EST DICENDUM. R. XLIII.

Ps. *Deus venerunt gentes* dicatur in feriis prostrationum immediate post *Pater noster* in missa conventuali. Dicatur autem alternatim ab utroque choro super formas prostrato absque nota, cum *Gloria Patri;* in fine *Kyrie el., Xpiste el., Kyrie el.* et *Pater noster*. Ministri vero altaris hinc et inde astantes sacerdoti, ipsum cum sacerdote submisse dicant. Dicto igitur *Pater noster*, dicat sacerdos aliqualiter alte, tamen sine nota, *Et ne nos.* ℣ *Exurgat Deus. Dominus vobiscum. Oremus.* Oratio *Deus qui admirabili.* Qua terminata prosequatur missam : *Libera nos Domine, quaesumus* etc.

DE CONSERVATIONE SACRAMENTI EUKARISTIAE. R. XLIV.

Sacramentum Eukaristiae in decenti et honesto vase ceu ciborea super majus altare ad usum infirmorum et chori devotionem honorifice reservetur. Vas autem praedictum juxta generale statutum Ecclesiae cum apta serratura diligenter firmari debet. Sed et infra ipsum habenda est pixis argentea vel eburnea, aut etiam de alia materia pretiosa, intra quam in panno mundo et albo de aliquo benedicto corporali sumpto, duae hostiae consecratae parvae quantitatis sunt servandae, et haec pixis sic claudatur quod vermibus nullus patere possit accessus. Sacramentum quoque praedicto modo conservatum frequenter debet renovari, et hoc de quindena in quindenam, et praecipue in majoribus festis, si quae circa dictum tempus occurrant, poterit observari. Sic tamen quod dicta renovatio nullo modo differatur ultra mensem. Dum igitur Sacramentum fuerit renovandum, data pace, praecedentibus acolitis cum cereis accensis, diaconus apportet ad altare pixidem supradictam cum Corpore Xpisti [25ᵃ], coopertam cum mappula, vel ipsa supposita, prout fieri poterit decentius. Portet autem eam ante faciem suam reverenter elevatam. Interim fratres alii sint prostrati adorantes. Diaconus etiam, statim ut Sacramentum super altare posuerit, flectat genua. Sed sacerdos cum sit infra communionem adoret tantum inclinatus. Diaconus autem se levans stet juxta sacerdotem et modicum inclinans ei ministret pixidem eam aperiendo. Sacerdos quoque sumpto Corpore Xpisti, ante Sanguinis perceptionem sumat communicando illas Hostias benedictas per diaconum apportatas, duas alias consecratas imponendo pixidi; quibus impositis et clausa pixide diaconus flexis primo genibus Sacramentum ad locum suum reportet, praecedentibus eum ceroferariis sicut prius. Si vero fuerit festum duplex vel totum duplex, acolitis accendentibus cereos propter dictam renovationem Sacramenti, subdiaconus poterit deferre pacem cantoribus loco ipsorum acolitorum, et illi senioribus in utroque choro. Si etiam illa die quando Sacramentum fuerit renovandum fratres sint communicandi, poterit sacerdos hostias super altare reservatas dare communicandis, alias ut prius loco earum reponendo. Et tunc post fratrum communionem poterit diaconus Sacramentum, ut supra, ad suum locum reportare.

DE MODO IN COMMUNIONE FRATRUM OBSERVANDO. R. XLV.

In Coena Domini, quando fratres omnes de manu praelati communicare debent, et aliis temporibus per annum, quando est generalis fratrum communio, subdiaconus inquirat de numero fratrum et tot hostias ponat quot fratres communicare debebunt. Cum ergo sacerdos communicatus fuerit, fratres alii in stallis suis et ministri juxta altare super gradum humiliter genuflectentes, dicant *Confiteor*. Sacerdos autem aliqualiter se convertens ad conventum, dicat *Mi-*

sereatur etc., *Indulgentiam* etc.; in fine faciendo signum crucis, dicat *In nomine Patris et Filii* etc. Postea communicent fratres, et primo ministri altaris secundum ordinem. Deinde fratres alii incipiendo a senioribus, ita per ordinem procedendo. Bini autem et bini in habitu uniformi ad gradus altaris reverenter accedant et revertantur, sub hac forma, ut dum primi communicant, eos immediate sequentes sint parati ante gradum [25ᵇ] inferiorem, et sic a primis usque ad novissimos se habeant. Ita tamen, quod si aliquem in fine imparem venire contigerit, ille de inferioribus socium accipiat, qui eum in eundo et redeundo associet. Familia vero fratrum, si apud nos communicare debuerit, in aliquo altari de minoribus communicet. In primis autem cum ministri communicare debent, duo alii fratres, quibus sacrista innuerit, induant se superpelliceis, et flexis genibus mappulam mundam et honestam teneant extensam ante communicandos, sic quod in ipsa communione mentis communicantium submittatur. Sacerdos autem dum quamlibet hostiam ministrat, accipiat eam cum manu dextra, et patenam cum sinistra, supponendo eam hostiae, et cum dat ipsam, dicat *Corpus Domini nostri Jesu Xpisti custodiat te in vitam aeternam. Amen.* Inter pollicem etiam et indicem sinistrae manus super patenam poterit similiter aliam tenere hostiam, ut sic duo simul communicent sine reditu sacerdotis ad altare. Duo quoque qui simul accedunt mutuo se expectent, et dum uterque sumpserit Sacramentum remaneant modicum flexis genibus ut prius, et post, simul se erigentes inclinent et accedant ad vinum. Sumpto etiam Sacramento, ut citius et minus cum attritione dentium poterunt, ipsas species trajiciant et consumant. Dum vero fratres se parant ad communionem cum modis consuetis et honestis, omissis singularitatibus, bini et bini ut dictum est usque ad superiorem gradum altaris accedant, et ibi flexis genibus ore mediocriter aperto et oculis submissis cum mentis devotione suscipiant Sacramentum. Postquam autem omnes ministri altaris fuerint expediti de communione, acoliti teneant praedictam mappulam quamdiu communio duraverit. Interim in aliquo alio calice diaconus vinum teneat, stando a dextris altaris, de quo ipse primo sumat et in modica quantitate, ad abluendum os diligenter, ne aliqua particula hostiae remaneat in ore, et deinceps modo consimili aliis ministret, tenendo pedem calicis cum mappa pulchra et munda, ad quam fratres post oris ablutionem labia possint detergere. Cavendum est autem communicatis ne post communionem cito spuant, vel saltem observent ut [25ᶜ in loco honesto et non conculcando pedibus decenter hoc faciant. Fratres vero qui non communicant et sunt in choro in suis locis, sint prostrati. Si autem magnus conventus fuerit, et praecipue in die Coenae, poterit etiam subdiaconus calicem alium cum vino a sinistris altaris tenere, ut sic citius expeditus sit conventus. Peracta communione cantoribus incipientibus Communionem, chorus ipsam prosequatur.

De missis privatis. XLVI.

In missis privatis modus celebrandi suprapositus de missa conventuali, omissis solemnitatibus uniformiter ab omnibus observetur. Numerum autem consuetum orationum sacerdos in hujusmodi missis non transcendat, sed sufficiat dicere ad majus quinque orationes, et illas distincte et devote. In missis etiam defunctorum et aliis indebita collectarum permixtio non fiat, prout supra Rubr. XXXVII, expressius fuit dictum. Caveat quoque de prolixitatibus quae solent accidere in quaerendo collectas et in eligendo hostias et hujusmodi, ne ex talibus astantibus generetur fastidium, et ipsemet forsitan distrahatur. Prosam similiter non dicat. Sit etiam praevisus de officio, praecipue si officium sibi sit inconsuetum [1]. In voce autem per totum officium mediocritatem talem servet, ut alios celebrantes suo clamore non impediat, et tantum ab astantibus convenienter possit audiri. Canonem vero distincte et perfecte dicat, ac sic submisse quod audiri non possit a circumstantibus. Caveat autem ne cum fluxu narium vestes sacras deturpet, sed potius utatur ad hoc panno deputato. Caveat etiam ne dum se praeparat ad missam, aut post missam si alius post eum celebrare debeat, in dicendo alia officia altare nimis detineat, sed officium de proprietate temporis, si ipsum non audivit nec auditurus sit in choro, et officium de beata Virgine [2] et evangelium Johannis *In principio erat Verbum*, cum oratione *Protector in te*, et orationem *Actiones nostras;* praemittendo ante has orationes : *Sit nomen Domini benedictum*, et *Oremus*, dicere poterit ad partem et submisse, et hoc vestibus sacris depositis. Quando autem praedicta officia sive de tempore sive de beata Virgine dicuntur post missam privatam non dicatur ibi *Gloria in excelsis*, neque *Sanctus*, neque *Agnus Dei*, et in officio beatae Virginis semper dicatur post-

---

[1] I. e. Praevideat missam legendam.
[2] Agitur hic de missis siccis quae frequenter pro gratiarum actione dicebantur.

communio *Gratiam tuam.* In via tamen [25ᵈ] vel alibi, quando fratres missam habere non possunt, dicere poterunt officium missae diei cum *Gloria in excelsis,* si dicendum fuerit eo die, et etiam officium beatae Virginis.

Minister missae lotis primum manibus diligenter juvet sacerdotem ad induendum et exuendum, et statim a principio missae candelam de cera accensam habeat et illam in sinistra parte altaris super candelabrum honestum statuat, nisi ipsam oporteat habere ad librum, et tunc cum libro transferatur. Parum etiam aut nihil sit prostratus in tota missa, sed oculos et mentem habeat circa altare, ut videat quae fuerint facienda, et audiat cum sacerdoti fuerit respondendum. Sit quoque per omnia circumspectus, ut vinum pro aqua vel e contra non ministret ; calicem etiam nuda manu non tangat. Similiter nec hostias nisi sit infra sacros ordines constitutus. Post missam vero depositis omnibus sacris vestibus et omnibus terminatis de quibus jam dictum est, poterit sacerdos orare secreto prout ei Dominus inspiraverit. Caveat tamen a prolixitate si ab aliquibus expectetur.

DE FRATRIBUS ITINERANTIBUS. RUBRICA XLVII.

Fratres itinerare volentes et ultra unam noctem moraturi, accipiant benedictionem ab aliquo fratre sacerdote hoc modo. Prostratis fratribus in modum veniae in choro vel ante aliquod altare vel ante crucifixum in capitulo, sacerdos qui daturus est benedictionem incipiat Ps. *Ad te levavi oculos,* et qui prostrati sunt et astantes dicant secundum versum. Dicto *Gloria Patri* et *Kyrie* et *Pater noster,* subjungat praedictus sacerdos *Et ne nos ;* ℣ *Salvos fac servos tuos.* ℣ *Mitte eis Domine.* ℣ *Nihil proficiat inimicus in.* ℣ *Domine exaudi. Dominus vobiscum. Oremus. Adesto Domine supplicationibus.* Postmodum ipsos erectos aspergat aqua benedicta, aliquo de astantibus sibi aspersorium deferente.

Circa redeuntes de via idem modus observetur. Sed dicto Ps. praedicto et *Pater noster,* ista dicantur, ℣ *Salvos fac servos.* ℣ *Convertere Domine.* ℣ *Domine exaudi. Dominus vobiscum. Oremus. Omnipotens sempiterne Deus miserere.* Circa benedictionem vero Prioris generalis vel provincialis supradictis aliud est addendum. Si enim alter eorum de novo post susceptum prioratus officium venit ad domum vel etiam post longum tempus ex quo non fuit in domo, praescito adventu suo cum appropin [26ᵃ] quat ad domum, convocandi sunt fratres cum campana capituli ad ecclesiam, ubi collocantes se ordinate in choro ante sedes reverenter eum recipiant, et prior domus stans prope fratres prostratos benedictionis officium prosequatur secundum modum praedictum. Quo peracto et data pace fratribus, prior subsequentibus fratribus ipsum ducat ad capitulum, ubi recômmendandos fratrum orationibus recommendet, et alia, si quae velit dicere, proponat. Quo facto, eat cum fratribus sine processionis ordine ad cimiterium fratrum, quod debet esse seorsum ab aliis, et ibidem incipiat Ps. *De profundis.* et ipse unum versum dicat, et alii fratres alium. Finito ps. per *Requiem* sine *Kyrie.* dicat *Pater noster.* Quo dicto subjungat *Et ne nos.* ℣ *A porta inferi. Dominus vobiscum. Oremus. Deus cujus miseratione,* terminando orationem *Per eundem Xpistum.* deinde *Requiescant in pace.* Postea ducatur per priorem subsequentibus eum tribus vel quatuor de senioribus ad visitandum fratres infirmos, si sint in domo, et deinde ducatur ad locum sibi praeparatum. Quando autem recessurus est nec in brevi reversurus, si tali hora vult recedere quod fratres vocari possint commode, eadem benedictionis solemnitas observetur, omissis aliis supradictis de intrando capitulo et de cimiterio et de infirmis visitandis nisi de mandato suo aliud esset faciendum.

Fratres existentes in via possunt si voluerint hoc modo orare. Incepta ant. *In viam pacis,* dicatur Ps. *Benedictus Dominus Deus Israel. Gloria Patri.* Ant. *In viam pacis* etc. *Kyrie el. Xpiste el. Kyrie. Pater noster. Et ne nos.* ℣ *Benedictus Dominus die cotidie. Prosperum iter faciat nobis Deus salutarium nostrorum. Dominus vobiscum,* vel *Domine exaudi orationem. Oremus. Adesto Domine supplicationibus.* Item possunt pro suis benefactoribus in via tam vivis[1] quam defunctis dicere psalmos, versus et orationes quae solent dici in capitulo. Transeuntes vero per cimiterium aliquod, pium est quod orent pro defunctis, dicendo Ps. *De profundis* cum *Requiem* et *Pater noster. Et ne nos.* ℣ *A porta inferi. Dominus vobiscum,* vel *Domine exaudi. Oremus. Deus cujus miseratione.* Intrantes autem ecclesiam quamcumque, flexis genibus orent secreto secundum quod Dominus cuilibet inspiraverit, et varii affectus et necessitates requirent. Potest autem dicto *Pater noster* et *Ave Maria,* et ℣ *Orate pro nobis omnes sancti Dei,* et *Domine exaudi,* animo erecto ad sanctum vel ad sanctos qui in [26ᵇ] illa ecclesia veneratione habentur, dici sic : *Infirmitatem nostram, quaesumus Domine,* pro-

---

[1] *Ms. habet :* In vitam vivis.

pitius respice, et mala omnia quae juste meremur istius vel *istorum, et omnium sanctorum tuorum intercessione averte. Per Xpistum.* Intrantes etiam domum quamcumque possunt dicere juxta doctrinam Salvatoris *Pax huic domui et omnibus habitantibus in ea.* Similiter ad praedicta poterunt constituti in via alias orationes et memorias speciales cum aliquibus missarum officiis et evangeliis dicere, prout Dominus ipsis devotionem ad talia dederit specialem.

De modo recipiendi ad Beneficia. XLVIII.

Cum aliquis recipi petit ad nostri ordinis spiritualia beneficia, si talis sit persona propter quam judicio praelati convocandus sit conventus, provideat prior de aliquo fratre honesto vel fratribus qui in aliquo loco extra capitulum eam associent, et interim convocetur conventus. Congregatis vero fratribus et priore in capitulo, unus frater cui prior injunxerit, vadat ad adducendum illum qui recipiendus fuerit, et ipso ingrediente capitulum, si sit persona multum excellens, assurgat prior et fratres, ita quod prior procedat aliquantulum obviam ei, fratribus aliis stantibus per ordinem in locis suis. Postmodum, si fuerit Rex, Episcopus, Cardinalis vel Legatus, aut talis multum excellens persona, et sustinuerit, collocet eam prior in loco suo, et ipse juxta eam remaneat. Si vero non sustinuerit, vel aliunde non ita excellens persona fuerit, prior remanens in loco suo, collocet eam juxta se. Porro, in assurgendo vel non assurgendo hujusmodi personis recipiendis dum intrant capitulum, conventus imitetur priorem, cujus discretio videat quando fuerit faciendum. Tunc, si est talis persona quae sciat et velit proponere petitionem suam proponat. Si vero non velit proponere vel ad proponendum non sit idonea, prior proponat conventui vice ejus petitionem suam. Proposita petitione ostendat prior conventui quantum fratres tenentur ei, exprimendo quantum salva conscientia poterit, devotionem, affectum et beneficia illius personae ad ordinem, et quomodo propter illa et propter fiduciam quam habet in orationibus fratrum, merito exaudienda est in sua petitione. Quo facto prior dirigens sermonem ad personam illam, dicat quod ipse [26ᶜ] cum conventu libenter velit annuere petitioni suae. Deinde surgat prior et fratres, et persona recipienda flexis genibus adoret. Tunc prior incipiat ant. *Suscepimus Deus.* et Ps. *Magnus Dominus,* et conventus alternatim versus ejusdem prosequatur cum *Gloria Patri:* postea ant. *Suscepimus Deus* etc. *Kyrie el.* etc. *Pater noster. Et ne nos.* ℣ *Salvum fac.* ℣ *Mitte ei.* ℣ *Nihil proficiat.* ℣ *Do-*

mine exaudi. Dominus vobiscum. Oremus. Suscipiat te Xpistus in numero fidelium suorum, et nos, licet indigni, te suscipimus in orationibus nostris: concedat tibi Deus per Unigenitum suum, mediatorem Dei et hominum, tempus bene vivendi, locum bene agendi, instantiam bene perseverandi, et ad aeternae vitae haereditatem feliciter perveniendi, et sicut nos hodie fraterna caritas spiritualiter jungit in terris, ita divina pietas, quae dilectionis est auctrix et amatrix, nos cum fidelibus suis conjungere dignetur in coelis, praestante Domino nostro Jesu Xpisto, qui cum Deo Patre et Spiritu Sancto vivit et regnat in saecula saeculorum.

Finita oratione et responso *Amen*, dicat prior illi personae : *Ego ex potestate mihi concessa do vobis participationem in omnibus missis, orationibus, jejuniis, abstinentiis, vigiliis, laboribus et quibuscumque bonis quae Dominus dederit fieri per fratres istius conventus, et ad praedicta omnia vos recipio. In nomine Patris et Filii et Spiritus Sancti.* Et conventus respondeat *Amen*. Deinde prior aspergat illam personam aqua benedicta, et ipsa osculetur primo librum ubi praedicta oratio *Suscipiat te* scribitur, et postea priorem tantum vel si femina fuerit solum librum. Si vero persona recepta fuerit multum excellens, ut Imperator, Rex, Cardinalis, Episcopus, vel hujusmodi, tunc prior poterit ei aliquas speciales missas et orationes offerre, quas vel tunc vel postea, prout videbitur, fratribus fideliter injungat. Poterit etiam prior post ista, si visum fuerit, secundum conditionem personae ei regratiari de dilectione quam habet ad fratres, et sibi fratres et ordinem recommendare, et si sit spiritualis persona poterit ejus orationibus se et fratres recommendare.

Si vero judicio prioris, pensata conditione personae, non oporteat conventum convocari propter praedictam receptionem, tunc prior assumptis secum tribus vel quatuor honestis fratribus stando in capitulo vel in ecclesia ante aliquod altare, et proposita petitione, dicat illi personae quod propter devo[26d]tionem quam habet ad ordinem et propter fiduciam quam habet in orationibus fratrum, libenter velit ejus desiderio annuere, et tunc illa persona orante flexis genibus, dicat cum illis fratribus Ps. *Magnus Dominus* etc. sicut prius. Si autem recipiendi sint plures simul idem modus servetur, mutato numero singulari in pluralem, tam in versibus quam in oratione. Femina vero quaecumque praedicto modo non recipiatur ad beneficia, nisi sit multum excellens, honesta et bene associata, cui bono modo denegari non possit, et tunc astante illius familia cum matura et debita honestate fiant supradicta, et ubi oportebit in aliquibus dictionibus sexus tantummodo mutetur. Si vero recipiens sit prior generalis vel aliquis provincialis, praedicta forma servetur cum tali ampliatione quod generalis recipit ad beneficia totius ordinis, et provincialis ad beneficia suae provinciae.

De processionibus, quando et quomodo faciendis. XLIX.

Processio infra claustrum fratrum quater fiat in anno, videl. in die Palmarum, et in Ascensione Domini, in Purificatione et in Assumptione gloriosae Virginis, et tunc secundum dispositionem loci vel claustri stationes ordinentur, et illa cantentur quae in suis locis sunt signata. Cum autem processio fuerit facienda ex aliquo casu emergente, sicut est tribulatio Ecclesiae, infirmitas principis, receptio reliquiarum, reverentia Papae vel alicujus magni cui occurritur aut cum processione deducitur; occasio capituli generalis vel provincialis, excellentia defuncti et hujusmodi, legatur et cantetur et fiant stationes secundum ordinationem prioris cum consilio discretorum, prout competit materiae cujus occasione fit processio, et visum fuerit ad devotionem intuentium excitandam expedire. Advertant tamen quod cantus sit communis ut sic processio ipsa communiter continuare possit et prosequi. Dum igitur ex quacumque causa imminet processio facienda, sacrista provideat de omnibus in processione deferendis, et cantores curam habeant de fratribus debito modo combinandis, ut inter binos et binos decens et competens sit distantia. Similiter debent instruere praecedentes in quo loco subsistere debeant in qualibet statione. Solicitent etiam fratres ad cantandum et ut tota processio quantum bono modo fieri poterit concorditer [27ª] et simul cantet. Ipsi quoque cantores interdum juxta processionem hinc et inde prout oportuerit euntes, honestam maturitatem in eundo et alios regulando debent praecipue observare. Ubi etiam opus fuerit fratres per priorem[1] ante processionem cauti reddantur et instruantur circa illa de quibus utile videbitur et honestum. Sint quoque fratres uniformes in habitu, scilicet omnes in cappis in quacumque processione, caputiis cooperientes capita, et visu simplici ante se respicientes ut extranei potius ex fratrum debita honestate aedificentur quam ex eorum indebito incessu alicujus sinistri notam sumant. In omni etiam processione in qua portantur cerei, in honestis candela-

---

[1] *Hae septem dictiones habentur in margine.*

bris portentur et ante crucem, nisi forte consuetudo et communis modus patriae torticiis uteretur. Haec igitur et similia circa processiones praecipue solemnes poterunt observari.

De solemni receptione legatorum sive episcoporum, sive saecularium principum. L.

Legatus aliquis cum fuerit solemniter recipiendus in aliqua domo nostra, appropinquante ejus adventu, convocentur fratres in choro et congregati processionaliter exeant ad exteriorem ecclesiam antequam ipse intret domum, sub isto modo. Primo duo ministri praecedant qui deferant aquam benedictam et thuribulum. Deinde cruciferarius cum cruce, postmodum diaconus cum libro evangeliorum, et deinde prior cum stola super cappam et libello ad officium necessario, vel cum cappa de serico, si major fuerit solemnitas facienda; in quo casu etiam praedicti ministri praecedere debent in superpeliceis, aliter non. Postmodum conventus, bini et bini, praecedentibus senioribus, et sic procedatur usque ad portam exteriorem per quam debet ingredi legatus; ubi subsistente priore ordinate stet conventus post eum. Adveniente igitur legato ad portam praedictam, det ei prior aspersorium ut ipse se et alios assistentes aspergat. Deinde prior thurificet solum legatum, et reddito thuribulo thuriferario det ei librum evangeliorum ad osculandum. Quo facto cantor incipiat ℟ *Cives apostolorum*, et totus conventus ipsum prosequatur insimul cum ℣ et *Gloria Patri*. Dum autem incipitur ℟ moveatur processio et intrent omnes chorum praeceden[27ᵛ]tibus junioribus, priore cum aliquibus antiquioribus paucis, quos praecedant praedicti ministri, ducente legatum ad locum praeparatum decenter in choro, vel super gradus ubi commode flexis genibus possit orare. Dum autem appropinquantur ad finem cantus, invitetur a priore ut surgens det benedictionem si est talis persona quae consueverit dare. Si autem noluerit, ipso durante in oratione, finito cantu statim dicat prior ℣ *Salvum fac servum tuum*. ℣ *Salvum fac populum tuum et benedic haereditati tuae*. Deinde dicto *Dominus vobiscum* et *Oremus*, dicat orationem *Omnipotens sempiterne Deus qui facis mirabilia magna solus, praetende super famulum tuum et super cunctas congregationes illi commissas spiritum gratiae salutaris, et ut in veritate Tibi complaceant perpetuum eis rorem tuae benedictionis infunde. Per Xpistum Dominum*. Quo facto, invitetur ad surgendum. Si autem voluerit dare benedictionem, non dicatur praedicta oratio. Data ergo benedictione vel finita oratione, ducatur ad capitulum si voluerit praedicare vel aliquid dicere fratribus, qui conveniant ad pulsationem campanae capituli, vel si intrare noluerit capitulum dicatur missa, si dicenda fuerit ab ipso vel ab alio, dicta hora aliqua si dicenda est, dum ad missam se praeparant praeparandi, vel aliter fiat si ipsi legato videatur aliud faciendum. Si episcopus vel metropolitanus vel alia persona ecclesiastica habens regimen animarum fuerit recipienda solemniter, eadem forma servetur. Si vero alia persona sublimis saecularis fuerit recipienda, similiter servetur eadem forma hoc excepto, quod prior illam aspergat, et quod loco illius ℞ *Cives apostolorum,* dicatur ℞ *Tua est potentia,* et loco orationis supradictae dicatur haec oratio *Famulum tuum,* vel *Famulam tuam, quaesumus Domine.* Si vero fuerit rex vel imperator, loco illius versiculi *Salvum fac servum tuum,* dicatur ℣ *Domine salvum fac regem* et in oratione dicatur *Famulum tuum regem nostrum,* vel *Imperatorem nostrum.* Si vero fuerit regina vel imperatrix, non mutetur ℣ praedictus, nisi quoad sexum, ut dicatur *Salvam fac famulam tuam,* et in oratione dicatur *Famulam tuam reginam nostram* vel *imperatricem* [27ᶜ] *nostram.* Si episcopus civitatis vel aliquis alius fuerit praesens, rogandus est ut faciat praedictum officium prioris. Si vero solemnitas major vel devotio requirat ut aliquid plus cantetur, poterit cantari aliquid de beata Virgine, vel de Sancto cujus est ecclesia secundum ordinationem cantoris cum consilio prioris, ita quod finito supradicto ℞, illud quod addendum fuerit immediate cantetur et dicatur ℣ et oratio de Sancto, de quo cantetur una cum ℣ et or. praedictis, ita tamen quod ℣ de Sancto praeponatur aliis versiculis, et oratio orationi. Sciendum tamen quod si aliquis de praedictis recipiendis aliquam formam habeat in sui receptione differentem a supradicta quam velit observari, de quo conferendum est cum capellano ejus, illa observetur et maxime in receptione Papae.

DE BENEDICTIONE MENSAE ET GRATIARUM ACTIONIBUS R. LI.

Facto primo signo ad prandium, statim fratres conveniant et ablutis manibus decenter resideant ante refectorium in claustro vel in alio loco ad hoc ordinato. Dum autem praelatus campanellam refectorii primo ictu tetigerit, ingrediantur refectorium bini et bini junioribus praecedentibus, et dum ingrediuntur pulset praelatus campanellam plena pulsatione. Qua finita, lector mensae vadens ad medium refectorii ante locum in quo stat dicat *Benedicite.* Quo dicto inclinet et sic revertatur ad locum suum. Dicto vero *Benedicite,* tempore quo bis reficiunt fratres, cantor vel succentor secundum quod hebdomada fuerit incipiat ℣ *Oculi omnium,* et conventus ipsum et sequentem communiter prosequatur, cum *Gloria Patri* et *Kyrie* et *Pater noster.* Deinde subjungat qui missam celebravit in conventu *Et ne nos. Oremus. Benedic. Domine, nos* etc , tantum unam crucem faciendo super omnes mensas; et responso *Amen,* qui lecturus est in mensa stans in medio ut prius, dicat *Jube, domne,* et sacerdos praedictus det benedictionem *Mensae coelestis;* et responso *Amen,* fratres se collocent ordinate per mensas, et lector vadat ad locum in quo legendum est, et fratribus [27ᵈ] collocatis incipiat legere. Legatur autem regulariter per annum de Biblia, et in festis sanctorum dum priori videbitur de eorum vitis, vel de aliquo sermone aut homilia quae festivitati congruant. Finito prandio et facto signo a praelato cum campanella, lectio terminetur per *Tu autem,* hoc proviso a praelato quandocumque signum faciat quod sit idonea terminatio. Dicto autem *Deo gratias,* praelatus stans in sede sua pulset campanellam quo usque major pars fratrum se collocaverit in locis suis ante mensas. Pulsatione terminata cantor vel succentor incipiat ℣ *Confiteantur tibi,* et conventus communiter prosequatur, subjungens *Gloria Patri,* et *Sicut erat.* Quo dicto, qui fecit benedictionem verso vultu ad imaginem quae debet esse super sedem prioris in quolibet refectorio, dicat *Agimus Tibi gratias* etc. *Qui vivis et regnas in saecula saeculorum.* Et responso *Amen,* cantor vel succentor incipiat Ps. *Miserere* in voce mediocri et sine clamore dissoluto, et conventus ipsum prosequatur, utroque choro alternatim suum versum dicente, et sic processionaliter praecedentibus junioribus ad chorum vadant. Finito ps. cum *Gloria Patri* subjungatur *Kyrie* et *Pater noster.* Quo dicto subjungat sacerdos praedictus *Et ne nos,* ℣ *Dispersit dedit.* ℣ *Benedicam Domino.* ℣ *In Domino laudabitur.* ℣ *Magnificate.* ℣ *Sit nomen Domini.* Postea sine *Dominus vobiscum* et sine *Oremus,* dicat orationem *Retribuere,* et responso *Amen,* subjungat *Benedicamus Domino,* quod etiam in tempore paschali non dicatur cum. *allel.* Deinde dicatur *Fidelium* et *Pater noster,* quae omni tempore post gratias sunt dicenda. Dum autem praedicti ℣℣ dicuntur, fratres stent versus altare, ad orationem vero et ad *Pater noster* tam infra gratias quam post gratias semper inclinent et non prosternant. Praedictus modus etiam servetur in coena, hoc excepto, quod ante coenam loco ℣ *Oculi omnium*, dicatur ℣ *Edent pauperes*, et benedictio alia scilicet *Ad coenam vitae aeternae*, quae semper detur ab hebdomadario, etiam si missam conventualem non celebraverit. Post coenam vero dicatur ℣ *Memoriam*, loco ℣ *Confiteantur* et loco *Agimus tibi gratias*, dicatur *Benedictus Deus in donis* etc. *Qui vivit et regnat in saecula saeculorum*. Cetera sicut prius. Quando autem jejunatur, tunc ante prandium dicitur ℣ *Edent pauperes*, et datur lectori benedictio *Mensae* [28ª] *coelestis;* post prandium vero dicitur ℣ *Memoriam* etc. et *Agimus Tibi*. Cetera non mutantur.

In collatione tempore jejunii pulsato primo signo ad Completorium, et facto signo cum campanella refectorii, fratres conveniant se ordinate in mensis collocantes, quibus collocatis lector in loco ad legendum sedens dicat *Jube, domne*, et hebdomadarius surgens det benedictionem *Divinum auxilium* etc. Deinde infra lectionem facto signo cum manu super mensam a praelato, dicat lector *Benedicite*, et hebdomadarius stando in loco suo, det benedictionem super potum, faciendo tantum unam crucem *Largitor omnium bonorum*[1]. Postquam vero fratres biberint, ad signum praelati finiatur lectio per *Tu autem*. Et postmodum hebdomadarius versus ad imaginem dicat *Sit nomen Domini*, et interim poterit pulsari secundum signum ad Completorium, ut fratres de collatione directe ad ecclesiam possint ire. Praedictus modus de benedictione mensae et gratiis et collatione per totum annum observetur, nisi quod in die Coenae et Parasceves campanella non pulsetur, et quod in die Parasceves gratiae dicantur in refectorio et sine nota.

De communione infirmi. Rubrica LII.

Cum communicandus fuerit infirmus, vadat praelatus vel ille cui injunxerit etiam indutus alba vel superpelliceo, cum stola deferat Corpus Domini reverenter in calice cooperto patena et mappula munda, praecedentibus duobus ceroferariis in superpelliceis, quorum unus portet lanternam cum lumine et nolam, pulsando eam, et alius aquam benedictam et phialas cum vino et aqua. De ministris autem praedictis et aliis necessariis sacrista provideat. Cum igitur venerint ad infirmum, dicat sacerdos *Pax huic domui*, et respondeatur ab aliis *Et omnibus habitantibus in ea*. Deinde dicat ant. *Asperges me*,

[1] *Benedicat potum servorum suorum.*

et aspergat eum aqua benedicta. Postea dicat ℟ *Salvum fac servum Tuum.* ℟ *Mitte ei.* ℟ *Nihil proficiat.* ℟ *Esto ei Domine. Domine exaudi. Dominus vobiscum. Oremus. Deus infirmitatis humanae* etc. Deinde dicat infirmus *Confiteor*, vel si illud nesciat confiteatur in suo vulgari se peccasse cogitatione, locuti[28ᵇ]one, opere et omissione. Quo dicto sacerdos cum his qui aderunt dicat *Misereatur*, et postea solus subjungat *Indulgentiam*. Deinde proposita sibi Eukaristia, dicat sacerdos : *Ecce, frater, Corpus Domini nostri Jesu Xpisti quod tibi deferimus. Credis hoc esse verum Corpus Ejus in quo est salus, vita et resurrectio nostra ?* Quo respondente *Credo*, communicet eum dicens *Corpus Domini nostri Jesu Xpisti custodiat te et perducat ad vitam aeternam*. Postea abluat digitos cum modico vino et aqua, et ei det ablutionem. Quo facto dicat *Dominus vobiscum. Oremus. Exaudi nos Domine Sancte Pater* etc. Deinde revertatur ad sacristiam ordine quo venerunt. Nola tamen non pulsetur, nisi forte in casu Corpus Domini contigerit reportari.

De officio Unctionis infirmorum. R. liii.

Ad ungendum infirmum pulsetur signum cum campanella capituli tamdiu quod unum *Pater noster* possit dici, et facto parvo intervallo iterum pulsetur modo consimili. Sacrista interim provideat de fratribus qui aquam benedictam et cereos et lanternam et crucem deferant. Prior vero vel aliquis cui injunxerit induatur alba vel superpelliceo cum stola, et mox pulsato tertio signo cum praedicta campanella, fratres simul congregati in choro incipiant Ps. *Beatus qui intelligit* et Ps. *Voce mea*, unicuique psalmo adjungentes *Gloria Patri*. Et dum isti psalmi dicuntur, procedant de choro ad infirmariam hoc ordine. Primo frater portans aquam benedictam. Deinde duo ceroferarii in superpelliceis. Postea frater portans lanternam cum lumine et crucem sine baculo. Deinde ille qui facit officium, deferens ante se Oleum sanctum, et sacrista retro juxta eum portans stuppam vel pannum lineum ad detergendum uncturam ; postea sequatur conventus, junioribus praecedentibus. Dum autem pervenerint ad infirmariam, finitis psalmis ille qui facit officium dicat *Pax huic domui*, et fratres respondeant *Et omnibus habitantibus*. Postea aspergat infirmum aqua benedicta. Deinde dicat *Dominus vobiscum. Oremus. Omnipotens sempiterne Deus qui per beatum Jacobum apostolum*, etc. Hac oratione finita et responso *Amen*, infirmus ad insinua[28ᶜ]tionem illius qui facit officium humiliter rogat praelatum et ceteros qui astant ut si quid erga eos deliquerit ei dimittant, et illo qui facit officium respondente ex parte fratrum quod totum ei dimittant dicat infirmus *Confiteor*, vel si illud dicere nequiverit aut nesciverit, tundens pectus suum, si commode poterit, dicat *Mea culpa; de omnibus peccatis meis precor vos, orate pro me;* et dicatur ab omnibus *Misereatur tui* etc. et post, prior, si affuerit, dicat hanc absolutionem : *Dominus Jesus Xpistus, qui dixit discipulis suis : quaecumque ligaveritis* etc. Si vero prior defuerit, dicat ille qui facit officium *Indulgentiam*. Quo dicto, offerat infirmo crucem ad osculandum, et reddita cruce accedat ad infirmum, et intincto pollice in oleo inungat eum cum signo crucis in septem locis. Primo super utrumque oculum clausum faciendo crucem. Super utramque aurem. Tertio super nares, faciendo tantum unam crucem. Quarto super os clausum exterius tantum. Quinto super utramque manum, exterius tantum. Sexto super pectus. Septimo super utrumque pedem desuper tantum. Et in qualibet vice ungendo praedicta septem loca dicat haec verba conformando ultimam dictionem loco ungendo : *Per istam sanctam unctionem et suam piissimam misericordiam indulgeat tibi Dominus quidquid peccasti per visum, per auditum, per odoratum, per gustum, per tactum, per ardorem libidinis, per incessum pedum.* Et post quamlibet uncturam detergatur unctura ab aliquo fratre cui sacrista injunxerit et mutentur stuppae vel panni in qualibet detersione, quos postea sacrista comburens cineres in piscinam projiciat. Peracta unctione, sacerdos qui unxit abluat pollicem cum sale et aqua in vase mundo, et tergat cum manutergio ad hoc a sacrista praeparato, et ipsa ablutio projiciatur in piscinam. Interim terminata unctione fratres alternatim dicant Ps. *Benedic anima mea Domino et omnia quae intra me sunt* etc. *Gloria Patri. Kyrie, Xpiste el. Kyrie. Pater noster.* Deinde dicat sacerdos *Et ne nos.* ℣ *Ostende nobis Domine.* ℣ *Salvum fac servum tuum.* ℣ *Mitte ei Domine auxilium de sancto.* ℣ *Nihil proficiat inimicus.* ℣ *Esto ei Domine turris fortitudinis* [28ᵈ]. ℣ *Domine exaudi. Dominus vobiscum. Oremus Dominum nostrum Jesum Xpistum fratres* etc. *Propitietur Dominus cunctis iniquitatibus* etc. Oratio. *Da veniam Domine famulo tuo* etc. Oratio. *Benedicat te Deus Pater* etc. Oratio. *Benedicat te Deus coeli* etc. Oratio. *Benedicat te Deus Pater qui in principio* etc. Postmodum asperso infirmo aqua benedicta, relinquatur ibi crux et collocetur ita quod infirmus possit crucifixum aspicere, et sic egredientibus fratribus sacerdos et ministri ad sacristiam revertantur. Si autem prius communicatus non fuerat et statim post unctionem communicari debeat, sacerdos cum sacro oleo ad sacristiam reversus et cum ministris praeparatis sacram communionem deferat et eum communicet juxta modum supradictum. Quod si praelatusmet fuerit inungendus, supradictus modus servetur, hoc addito quod post dictum *Confiteor* et *Misereatur* et *Indulgentiam* fratres humiliter rogent eum ut ipse etiam dimittat eis quidquid erga eum deliquerint. Quo remittente si praelatus convenienter loqui possit petant ab eo absolutionem, et dicant *Confiteor* etc. et ipse subjungat *Misereatur* et *Indulgentiam*. Quo dicto, offeratur ei crux ad osculandum et procedatur in officio sicut prius est signatum. Si vero infirmum mori contingeret antequam terminetur officium unctionis, statim cum hoc fuerit deprehensum intermissis omnibus incipiatur commendatio *Subvenite*, sicut in sequenti rubrica notatur.

De obitu fratris et commendatione dicenda. LIV.

Cum frater penitus morti appropinquaverit, percutiatur tabula crebris ictibus in claustro et in aliis locis ubi fratres fuerint. Et si necesse fuerit pulsetur signum in ecclesia, et statim fratres ubicumque fuerint accurrant omnes ad morientem, dicentes *Credo in Deum*, tam alte ut possit audiri, bis vel ter ipsum repetendo si oporteat donec ad infirmariam pervenerint, et si nox fuerit provideat sacrista quod candelae accendantur in via qua itur ad infirmariam, custoditis tamen omni tempore sacristia et dormitorio fratrum si necesse fuerit. Deferat autem sacrista praelato vel illi cui injunxerit stolam et libellum of 29ª ficii. Similiter et alios libellos aliis fratribus, et mittat fratres qui deferant crucem et aquam benedictam, nisi prius ibi fuerint. Si fratres fuerint tunc actu in principio comestionis vel in medio, audito signo velociter exeant omnes et non dicatur *Tu autem*. Dispensator vero vel aliquis ministrorum ad custodiam refectorii remaneat. Si autem sint circa finem comestionis innuente priore dicatur *Tu autem*, et dicto breviter ꝟ *Confiteantur*, vel ꝟ *Memoriam*, sine nota, subjungente hebdomadario *Agimus Tibi gratias*, vel *Benedictus Deus*, absque ps. statim exeant dicentes *Credo in Deum* ut supra. Si autem ad missam fuerint vel ad canonicas horas, prior vel alii quibus ipse innuerit eant, ceteris sequentibus postquam opus inceptum compleverint. Dum igitur fratres undecumque accurrentes ad morientem venerint, si adhuc supervixerit dicant letaniam sine nota, sacerdote incipiente *Kyrie* etc. sicut in libellis funeralibus communiter signatur. In fine letaniae *Kyrie, Xpiste el. Kyrie* communiter ab omnibus dicantur. Deinde dicant omnes in silentio *Pater noster*. Quo dicto dicat sacerdos. *Et ne nos*. ℣ *Salvum fac servum*. ℣ *Mitte ei Domine*. ℣ *Domine exaudi. Dominus vobiscum. Oremus. Omnipotens sempiterne Deus, conservator* etc. Quibus finitis si adhuc supervixerit, dicant VII psalmos sine *Gloria Patri*, et XV psalmos eodem modo. Si autem expletis his omnibus nondum obierit, discedant relinquentes ibi crucem et aquam benedictam, et prior de aliquibus fratribus provideat qui remaneant ibidem et dicant psalterium sine *Gloria Patri*. Qui cum certo signo viderint fratrem in proximo moriturum, iterum percussa tabula advocent fratres. Mox autem ut frater obierit terminent psalmos quos dicebant per *Requiem aeternam*. Statim sequatur commendationis officium quod dicendum est sine nota, legendo devote et distincte quoadusque a cantore incipiendum fuerit ℟ *Libera me*. Sacerdos igitur cum stola incipiat absque cantu ℟ *Subvenite*, et fratres ipsum cum ℣ et responsione secum prosequantur. Deinde sa[29ᵛ]cerdos sine *Dominus vobiscum* et sine *Oremus*, dicat *Tibi Domine commendamus animam famuli tui* etc. *Per Xpistum Dominum*. Quo dicto, deferatur mortuus ad partem ut lavetur praecipue si opus sit. Provideat autem prior a quibus et quando abluatur et involvatur et in feretro collocetur. Est autem sepeliendus frater cum tunica grisea et scapulari, caputio velante faciem ipsius, manibus in modum crucis dispositis, et cum soccis et cingulo decenter aptatis. Est etiam speciale feretrum strictum et aptum habendum pro fratribus in locis nostris quibuscumque. Sacrista vero provideat de thuribulo et cereis, et subprior vel cantor deputet fratres qui crucem, aquam benedictam, cereos et thuribulum deferant. Interim dum corpus abluitur et involvitur, fratres seorsum a defuncto ordinati prout locus permiserit stent juxta sacerdotem. Sacerdos vero in voce mediocri, sic quod audiri possit, prosequatur orationes subsequentes, fratribus easdem submisse secum dicentibus. Or. *Deus pietatis et bonitatis invictae*. Or. *Diri vulneris novitate percussi*. Or. *Misericordiam tuam, Domine sancte, Pater*. Or. *Omnipotens sempiterne Deus, qui humano corpori*. Or. *Suscipe Domine animam servi*. Or. *Partem beatae resurrectionis*. Finitis praedictis orationibus sacerdos incipiat ant. *Suscipiat* et conventus prosequatur alternatim Ps. *In exitu Israel*, terminando ipsum per *Requiem aeternam*. Post Ps. praedictum dicatur ant. *Suscipiat te Xpistus qui vocavit te et in sinu Abrahae angeli deducant te*. Qua dicta sacerdos incipiat ant. *Chorus angelorum*, et conventus prosequatur Ps. *Dilexi* et ceteros usque *Ad Dominum cum tribularer*, et in fine omnium dicatur *Requiem aeternam*. Quibus finitis dicatur ant. *Chorus angelorum te suscipiat et in sinu Abrahae te collocet, ut cum Lazaro quondam paupere aeternam habeas requiem.* Post lotionem corporis, ipso involuto et decenter in feretro posito, sacerdos resumat stolam si eam deposuerit. Et finitis praedictis psalmis vel eis intermissis si nondum finiti fuerint, concluso tamen eo quod dictum est per *Requiem aeternam*, aspergatur corpus aqua benedicta et thurificetur [29ᶜ]. Quo facto dicat omnibus audientibus *Pater noster*. Deinde *Et ne nos*. ℣ *A porta inferi*. ℣ *Nihil proficiat inimicus in eo*. ℣ *Domine exaudi orationem*. *Dominus vobiscum*. *Oremus*. *Deus cui soli competit medicinam praestare* etc. *Per Xpistum Dominum*. Et responso a conventu *Amen* efferatur corpus de domo ad ecclesiam, cantore cum nota inchoante ℟ **Libera me Domine de morte aeterna** etc. Aqua benedicta praecedat, postea thuriferarius, postea ceroferarii. Deinde crux, et deinceps conventus bini et bini, praecedentibus junioribus. Post omnes praedictos sacerdos cum stola, ultimo defunctus qui a IV fratribus quibus supprior vel cantor innuerit deferatur, et dum deportatur praedicto modo eundo et cantando campana ecclesiae pulsetur. Venientes autem in ecclesiam deponant corpus in choro, ita quod facies defuncti sit versa ad altare. Deinde illi qui portant aquam benedictam et thuribulum ordinent se ad pedes defuncti, unus hinc et alius inde, versis ad se mutuo vultibus. Ceroferarii vero ordinent se ad caput versis vultibus ad altare, et frater qui crucem defert collocet eam ad caput defuncti. Post crucem stet sacerdos, et finito ℟ **Libera me**, cum ℣ et resumptione dicat *Pater noster*. Deinde voce alta *Et ne nos*. ℣ *A porta inferi*. *Dominus vobiscum* cum *Oremus*. *Commendamus Tibi Domine animam servi tui* etc. *Requiescat in pace*. *Amen*. Terminata igitur modo praedicto commendatione ponantur duo cerei accensi super candelabra circa crucem hinc et inde, et aqua benedicta juxta. Porro si fratres comestionem intermiserint, redeant ad illam, ita tamen quod campanella non pulsetur neque benedictio repetatur, sed lector incipiat ubi dimisit, et hoc idem fiat quantumcumque sit dies jejunii; provideat autem prior ne corpus solum remaneat, sed aliqui fratres ibi sint qui psalterium legant. Si vero comestionem non intermiserint, finita commendatione resideant in choro et psalterium suum legant, horas canonicas propter hoc suis temporibus non dimittendo. Dictis horis incipiant in psalterio ubi dimiserant. Si frater tali hora obierit ut pro eo missa cele[29ᵈ]brari possit in conventu, eodem die sepeliatur. Sin autem in crastinum reservetur, nisi temporibus et locis calidis aliud esset faciendum, et tunc consuetudo patriae poterit observari. Cum autem reservatur, dexter chorus vigilet usque ad matutinum dicendo psalterium, et circa finem suae vigiliae dicant omnes matutinum legendo. Matutinis vero pulsatis, surgant fratres de choro sinistro et cantent matutinum et deinceps usque ad diem vigilent legendo suum psalterium sicut primi, et illi eant dormitum, istis supervenientibus. In legendo psalterium quilibet nocturnus per *Requiem aeternam* terminetur. Priusquam frater sepeliatur debet pro eo in conventu missa celebrari. Sin autem quam citius poterit solemniter pro eo cantetur. Similiter pro ipso debent fieri vigiliæ cum nota et IX lect. illo die quo sepelitur, si factae non fuerint a conventu antequam sepeliatur. Quod si nec ipsa die fieri possint, fiant quam citius temporis opportunitas occurrerit. Praedicta omnia servanda sunt a conventu illo in quo frater moritur, sive ibi fuerit conventualis sive alibi. Si autem frater extra suum conventum obierit, statim audita ejus morte fiant pro eo a suo conventu praedictae vigiliae cum IX lect. et missa similiter celebretur. Et sciendum quod quodcumque pro fratre defuncto fit antequam sepulturae tradatur, erit praeter hoc quod ex Constitutionibus ei debetur.

DE RECEPTIONE CORPORUM EXTRANEORUM AD SEPULTURAM. LV.

Quando aliquis extraneus apud nos sepeliendus suscipi debet, solemniter tempore competenti pulsetur signum a sacrista. Quo audito, fratres ad chorum veniant et ad recipiendum corpus se praeparent. Interim sacrista aliquos de junioribus advocet, qui aquam benedictam et thuribulum et crucem deferant. Appropinquante igitur funere ad locum fratrum, exeant fratres processionaliter de choro per ecclesiam usque ad portam exteriorem obviam corpori, praecedente aqua benedicta et thuribulo. Deinde immediate post crucem sit aliquis sacerdos habens stolam, et hi omnes sicut et ceteri sint in cappis, nisi funus sit multum solemne, et statim pro ipso sit missa dicenda ; tunc enim sacerdos cum ministris poterit esse in [30ᵃ] albis. Post sacerdotem praedictum sequatur conventus praecedentibus senioribus, et sic sacerdote cum ministris stante ad portam, fratres alii post ipsum processionaliter subsistant. Dum igitur funus ad portam fratrum venerit, mox a sacerdote aspergatur, thurificetur, et cantore incipiente ℟ *Libera me*, processio revertatur, praecedentibus junioribus usque in medium ecclesiae, vel si praelato visum fuerit funus usque in chorum deportetur, ibique deponatur. Quando in ecclesia deponitur debet conventus hinc et inde tamdiu ibi subsistere quousque praedictum ℟ cum suo ℣ et resumptione finiatur, et a sacerdote stante ad caput defuncti dicatur ℣ *A porta inferi. Dominus vobiscum. Oremus. Inclina ;* vel si episcopus fuerit, *Deus qui inter apostolicos*, si femina *Quaesumus Domine*, et sic posita cruce ad caput defuncti et cereis accensis, praecedentibus junioribus processio revertatur in chorum. Quando vero corpus usque in chorum fuerit deportandum, incepto ℟ praedicto fratres revertantur in chorum, et ibidem deposito corpore fiat sicut praedictum est quando in ecclesia deponitur. Quod si aliqua venerabilis processio religiosorum aut cleri cum corpore venerit, fratres eis cedant et sedes priores ipsis relinquant. Quando autem defunctus est ad tumulum deferendus, si alia processio praesens est, processio nostra novissimo loco debet incedere, et cum ad tumulum pervenerint quantum bono modo poterit seorsum ab aliis simul stare. Humato corpore, eo modo quo exierunt debent reverti. Si autem defunctus sine processione recipiendus sit, sacerdos aliquis cum stola et aliqui deferentes aquam benedictam et thuribulum quibus sacrista dixerit exeant, et incepto ℟ *Libera me Domine*, sine nota, aspergat eum et thurificet, et sic in ecclesiam introducatur, et dicto ℟ cum ℣ et resumptione dicat sacerdos ℣ et orationem ut supra. Providendum est autem ut fratres aptiores et magis assueti ad ista officia ponantur.

De sepultura facienda. LVI.

Cum efferendus est defunctus ad sepeliendum, debet paulo [30ᵇ] ante sacrista ad vocandos fratres in chorum signum pulsare, et stolas cum libellis processionum sacerdotibus distribuere. Distributis stolis et libellis, sive missa fuerit celebrata sive non, praecedentibus ceroferariis in superpelliceis, sacerdos et diaconus et subdiaconus induti albis venientes ordinent se ad caput defuncti hoc modo, ut sacerdos sit in medio post crucem et diaconus tenens libellum a dextris ejus, et juxta eum alter acolitorum, et subdiaconus cum altero acolitorum a sinistris. Alii vero duo, quorum unus teneat aquam benedictam et alius thuribulum, quos cantor ad hoc ordinet, stent ad pedes hinc et inde versis ad se mutuo vultibus. Tunc sine *Dominus vobiscum* et sine *Oremus*, dicat sacerdos voce mediocri sequentem orationem eo modo quo solent dici orationes ad horas diei. Ceteri vero sacerdotes qui libellos tenent dicant orationem hanc et sequentes in silentio. *Non intres in judicium* etc. Hac oratione finita, responso a conventu *Amen,* cantores incipiant cum nota ℟ *Subvenite,* et conventus ipsum prosequatur, versum similiter incipiant, vel si visum fuerit totum cantent. Post resumptionem cantores incipiant *Kyrie,* et conventus prosequatur. Interim dum cantatur ℟ sacerdos accipiens aspersorium aspergat corpus aqua benedicta et postea accepto thuribulo thurificet illud. Hoc idem in duobus sequentibus responsoriis observetur. Finito *Kyrie* dicat sacerdos eo modo quo supra *Deus cui omnia vivunt.* Deinde cantores incipiant ℟ *Memento mei Deus* vel ℟ *Antequam nascerer,* et cantetur sicut et praecedens. Post resumptionem cantores incipiant *Kyrie* ut supra et sacerdos dicat eo modo quo supra *Oremus. Fac quaesumus Domine.* Finita [1] oratione incipiant cantores ℟ *Libera me Domine de viis inferni.* Post resumptionem incipiant cantores sicut prius *Kyrie.* Quo dicto statim sacerdos alta voce dicat *Pater noster* [*30°*] et fratres ipsum in silentio dicant. Deinde subjungat sacerdos *Et ne nos.* ℣ *A porta inferi. Dominus vobiscum. Oremus. Annue nobis, Domine,* etc. *Per Xpistum Dominum.* Dum haec oratio dicitur, subdiaconus accipiat crucem de loco suo et si funus sit fratris alicujus, quatuor fratres quibus dictum fuerit a cantore qui delaturi sunt corpus ordinent se juxta feretrum hinc et inde, et oratione finita cantor incipiat alte ant. *Chorus angelorum,* et statim conventus subscriptos psalmos prosequatur. Ps. *In exitu Israël.* Ps. *Confitemini* [2]. Ps. *Quemadmodum desiderat.* Ps. *Memento Domine.* Ps. *Domine probasti.* Ps. *Domine clamavi.* Ps. *Voce mea.* Istos psalmos poterunt dicere in voce mediocri sub nota fa re, vel sine nota prout cantori videbitur. Terminatis vero praedictis psalmis sub uno *Requiem aeternam* dicatur ant. *Chorus angelorum,* cum nota. Dum igitur dicta ant. primo per cantorem incipitur, deferatur corpus ad tumulum hoc ordine. Primo aqua benedicta praecedat, deinde thuriferarius, postea ceroferarii et in medio eorum subdiaconus ferens crucem. Deinde conventus praecedentibus junioribus, postea sequatur diaconus ferens libellum officii, post ipsum sacerdos, ultimo illi qui funus deferunt. Et dum corpus ad tumulum portatur, campana pulsetur usque dum ipsum humatum fuerit. Cum

---

[1] *Haec dictio :* finita *habetur in margine.*
[2] *Hi duo psalmi habentur in margine.*

autem ad tumulum pervenerint, sacerdos et ministri ordinent se ad caput fossae modo prius dicto in choro, vel aliter secundum aptitudinem loci, prout commode poterunt. Conventus vero ordinet se sicut loci opportunitas permiserit. Deinde sacerdos dicat orationes subsequentes stando ad tumulum et conventu interim supradictam psalmodiam prosequente. Or. *Piae recordationis.* Or. *Obsecramus misericordiam tuam.* Or. *Deus apud quem mortuorum.* Or. *Deus qui fundasti terram.* Finitis praedictis orationibus, si tumulus praeparatus sit, sacerdos aspergat corpus aqua benedicta, postea fossam. Deinde thurificet utrumque. Duo autem ex eis qui corpus portaverunt vel alii ad hoc ordinati descendant in fossam [30^d] ad corpus suscipiendum et duo alii ipsum deponant, et una cum illis ut decentius poterunt in tumulo collocent. Quo facto iterum aspergatur a sacerdote et ab illo qui in fossa est thurificetur. Deinde sacerdos super eum terram semel projiciat cum fossorio, et alii qui ad hoc constituti fuerint cooperiant ipsum humo, quod dum fit sacerdos elongans se paulum a fossa cum ministris ante se ordinatis verso vultu ad tumulum, dicat orationem *Temeritatis quidem est Domine*, et subsequentes orationes : *Oremus fratres karissimi.* Or. *Deus qui humanarum.* Or. *Debitum humani corporis sepeliendi.* Or. *Suscipe Domine animam servi tui.* Or. *Suscipe Domine servum tuum.* Or. *Te Domine, sancte Pater.* Si autem tumulus nondum paratus fuerit quando sacerdos dixerit supradictas orationes, scil. *Piae recordationis* et alias tres, tunc intermissa oratione *Temeritatis quidem*, legat orationem *Oremus fratres karissimi* et de aliis subsequentibus per ordinem quantum sufficiet usque dum tumulus fuerit paratus, et tunc projecta terra super corpus positum in tumulo dicat orationem *Temeritatis*, sicut et prius fuit dictum. Praedictae vero orationes vel omnes vel aliquae dici poterunt prout opportunitas temporis et loci permiserit. Humato autem corpore et finitis supradictis Ps. a conventu et orationibus a sacerdote dicendis, cantor incipiat alta voce ant. *Clementissime Domine*, et conventus ipsam communiter prosequatur. In fine vero antiphonae cum inchoabitur *Domine miserere*, omnes flectant genua, et dicto *Super isto peccatore*, surgant. Praedicta ant. finita dicat sacerdos alte *Pater noster*, et conventus in silentio ipsum prosequatur. Deinde dicat sacerdos *Et ne nos.* ℣ *Non intres in judicium cum servo tuo.* ℣ *A porta inferi. Dominus vobiscum. Oremus. Satisfaciat Tibi quaesumus, Domine.* Or. *Deus cujus miseratione. Per eundem Xpistum Dominum.* Finitis praedictis orationibus, cantor in voce mediocri incipiat Ps. *Miserere mei Deus*, et fratres ipsum prosequendo revertantur in chorum eodem ordine quo venerunt ; et si praedictus Ps. finitus fuerit antequam in chorum venerint addatur Ps. *De profundis*. Cum autem ad chorum venerint aliis euntibus ad loca sua et stolas ac libellos deponentibus, sacerdos ante gradus presbyterii eat, et juxta eum ad dextram diaconus [*31ª*] et subdiaconus ad sinistram. Deinde acoliti juxta eos hinc et inde, et juxta acolitos illi qui aquam benedictam et thuribulum portaverunt. Finito Ps. *Miserere* vel *De profundis*, si uterque dicendus fuerit, conventus se prosternat super formas et sacerdos cum ministris prosternat se super gradus presbyterii, et dicto *Requiem aeternam* absque *Kyrie* dicant omnes in silentio *Pater noster*. Quo finito, sacerdos solus erectus dicat alta voce *Et ne nos.* ℣ *In memoria aeterna. Domine exaudi orationem. Dominus vobiscum. Absolve quaesumus Domine. Per Xpistum Dominum. Requiescant in pace. Amen*. Deinde sacerdos prosternat se ut prius et omnes dicant in silentio *Pater noster*. Et facto signo a praelato surgant ; quod si hora aliqua immediate dicenda fuerit, dicto *Requiescant in pace*, fiat signum a praelato, et ita statim post dictum *Pater noster* inchoetur hora. Modus supra positus [1] est etiam in sepultura extraneorum, nisi quod ad eorum corpora deferenda non ponantur fratres, nec ad fossam descendant, et quod praedicta ant. *Clementissime* non cantetur nisi pro aliquibus personis quibus ordo magis tenetur. Dum igitur praedicta ant. non cantatur, statim quando esset dicenda sacerdos alta voce dicat *Pater noster*, quo audito intermissis illis quae dicebant omnes in silentio ipsum dicant. Et eo finito sacerdos alta voce subjungat *Et ne nos.* ℣ *A porta inferi. Dominus vobiscum. Oremus. Satisfaciat* etc. ut superius est notatum.

[1] *In marg. additur :* circa sepulturam fratris observandus.

[*31ᵇ*] IN PRIMO sabbato Adventus dictis vesperis de sancta Maria dicantur vesperae de Adventu. *Deus in adjutorium.* ℣ *Gloria Patri.* Ant. *Benedictus.* Ps. ipsum. Ant. *In aeternum.* Ps. *Exaltabo.* Ant. *Laudabo.* Ps. *Lauda anima.* Ant. *Deo nostro.* Ps. *Laudate Dominum quoniam.* Ant. *Lauda Jerusalem.* Ps. ipsum. Cap. *Qui venturus.* ℟ *Ecce dies.* ℣ *In diebus. Et hoc. Gloria. Et.* Hymn. *Conditor alme.* ℣ *Rorate coeli desuper.* Hic hymnus et iste ℣ dicantur ad vesperas per totum Adventum quando de tempore agitur. Ant. *Ecce nomen Domini.* Ps. *Magnificat.* Collecta *Excita Domine.* Ad vesperas tam primas quam secundas hujus dominicae et ad matutinum nulla fiat memoria nisi forte de octava S. Andreae et de festis sanctorum si occurrant. Ad Complet. Ant. *Miserere.* Ps. *Cum invocarem.* Ps. *In te Domine.* Ps. *Qui habitat.* Ps. *Ecce nunc.* Cap. *Tu in nobis.* Hymn. *Salvator mundi.* ℣ *Custodi nos.* Ant. *Veni.* Ps. *Nunc dimittis.* Haec ant. super *Nunc dimittis* dicatur per totum Adventum, praeterquam in festo Conceptionis beatae Virginis.

Dominica prima Adventus. Ad matut. Invitat. *Ecce veniet rex.* Ps. *Venite.* Hymn. *Verbum supernum.* In primo noct. Ant. *Consurge.* Ps. *Beatus vir,* et ceteri. Ant. *Elevare.* Ps. *Domine Deus meus,* et ceteri. Ant. *Levabit.* Ps. *Salvum me fac,* et ceteri. ℣ *Ex Sion species decoris.* Tres lectiones de Isaia. Primam lectionem legat prior, scil. Prologum Isaiae : *Nemo cum prophetas,* cum tribus versibus de prophetia *Visio Isaiae.* Aliae duae lectiones erunt de eadem prophetia et legatur usque ad Natale Domini. In fine lectionis dicatur *Haec dicit Dominus Deus : Convertimini,* etc. Quod etiam observetur in fine omnium lectionum prophetiae ad matut., praeterquam in triduo ante Pascha et nisi in primo capitulo Ezechielis et in libro Danielis. Cantor incipiat ℟ *Aspiciens,* et cantet primum ℣. Secundum ℣ cantabit senior. Iterum ℣ cum *Gloria Patri* cantabit prior, et post ipsum ℟ reincipiatur. ℟ *Aspiciens.* ℣ *Quique terrigenae. Ite obviam,* usque in finem. ℣ *Qui regis. Nuntia,* usque in finem. ℣ *Excita. Qui regnaturus,* usque in finem. *Gloria Patri. In populo.* ℟ *Aspiciens.* Secundam lectionem legat [*31ᶜ*] aliquis de inferioribus, et sic ascendendo. ℟ *Aspiciebam.* ℣ *Potestas. Et omnis.* ℟ *Missus est.* ℣ *Dabit ei. Et vocabitur. Gloria. Et.* In II noct. Ant. *Leva Jerusalem.* Ps. *Conserva me.* Ant. *Omnis vallis.* Ps. *Exaudi Domine* (primus). Ant. *Laetamini.* Ps. *Diligam te.* ℣ *Egredietur virga.* Lect. tres de sermone beati Maximi episcopi. *Fratres dilectissimi. jam adveniunt dies.* ℟ *Ave Maria.* ℣ *Quomodo. Spiritus.* ℟ *Salvatorem.* ℣ *Sobrie. Qui.* ℟ *Audite.* ℣ *Annuntiate. Salvator. Gloria. Salvator.* In III noct. ant. *Consolamini.* Ps. *Coeli enarrant.* Ant. *Dies Domini.* Ps. *Exaudiat te.* Ant. *Dicit Dominus.* Ps. *Domine in virtute.* ℣ *Egredietur Dominus de loco.* Lect. tres de evangelio *Cum appropinquasset.* ℟ *Ecce virgo.* ℣ *Super solium. Et vocabitur.* ℟ *Obsecro Domine.* ℣ *A solis. Sicut.* ℟ *Laetentur coeli.* ℣ *Orietur. Et pauperum. Gloria. Et o*[1]. Non dicatur *Te Deum laudamus*, sed ℟ reincipiatur. Sacerdot. ℣ *Emitte agnum Domine.* In Laudibus ant. *In illa die.* Ps. *Dominus regnavit.* Ant. *Jucundare.* Ps. *Jubilate.* Ant. *Ecce Dominus veniet.* Ps. *Deus, Deus meus.* Ant. *Omnes sitientes.* Ps. *Benedicite.* Ant. *Ecce veniet.* Ps. *Laudate.* Cap. *Scientes quia hora.* Hymn. *Vox clara.* ℣ *Vox clamantis.* Ant. *Spiritus Sanctus.* Ps. *Benedictus.* Or. *Excita quaesumus.* Ad Primam hymn. *Jam lucis,* in tono hymni *Vox clara,* et sic de aliis hymnis ad horas in dominicis diebus per totum Adventum. Ant. *In illa die.* Ps. *Deus, Deus meus.* Ps. *Dominus regit. Gloria Patri.* Ps. *Domini est terra. Ad te levavi. Gloria Patri.* Ps. *Judica me Domine.* Ps. *Déus in nomine. Gloria Patri.* Ps. *Confitemini. Gloria Patri.* Ps. *Beati immaculati. Gloria.* Ps. *Retribue. Gloria.* Ps. *Quicumque vult.* Cap. *Domine miserere.* ℟ *Jesu Xpiste,* non dicatur in Adventu nisi in festis IX lect. ℣ *Exurge Domine adjuva. Kyrie.* Missa matutin. *Rorate,* sicut est, sine *Gloria in excelsis* et sine prosa. *Credo* non dicatur [2]. Quae orationes et quot dicendae fuerint habes in Rubr. XXXV signatum. Ad Tertiam hymn. *Nunc sancte.* Ant. *Jucundare.* Ps. *Legem pone.* Cap. *In diebus* 31^d *illis.* Versicularius ℟ *Veni ad liberandum nos.* Chorus illud idem. ℣ *Et ostende. Gloria.* ℟ *Veni.* ℣ *Timebunt gentes;* et sic dicantur alia responsoria ad horas per totum Adventum et annum nisi in XL^{ma} et nisi in dominicis a LXX^{ma}. Oratio *Excita Domine.* Ad magnam missam officium *Ad te levavi.* Ps. *Vias tuas. Kyrie* sicut *Orbis factor.* Hoc *Kyrie* dicatur omnibus dominicis diebus simplicibus per annum ad magnam missam, quando de dominica vel de resurrectione cantatur, et etiam in festis simplicibus IX lect. in dominicis contingentibus. *Gloria in excelsis* non dicatur, nec *Ite missa est.* Or.

[1] *Sic.*
[2] *Haec vox : Non, leviter erasa est ; verum, juxta Rubr.* XXXVIII *Credo in omnibus missis in dominicis per totum annum dicendum est, exceptis solummodo missis pro Defunctis.*

Excita Domine. Epistola ad Romanos *Scientes quia hora.* Grad. *Universi.* ℣ *Vias tuas. Allel.* ℣ *Ostende.* Evangel. *Cum appropinquasset Jesus. Credo.* Offertor. *Ad te Domine.* Commun. *Dominus dabit.* Ad Sextam hymn. *Rector potens.* Ant. *Ecce Dominus.* Ps. *Defecit.* Cap. *Prope est ut veniat.* ℟ *Ostende nobis.* ℣ *Memento nostri.* Or. *Excita Domine* [1]. Ad IX hymn. *Rerum Deus.* Ant. *Ecce veniet.* Ps. *Mirabilia.* Cap. *Erit in novissimis.* ℟ *Super te Jerusalem.* ℣ *Domine Deus virtutum.* Or. *Excita Domine.* Ad II Vesperas, ant. *In die illa.* Ps. *Dixit Dominus.* Ps. *Confitebor.* Ps. *Beatus vir.* Ps. *Laudate pueri.* Ps. *In exitu;* et sic in aliis dominicis cum prima ant. Laudum dicantur omnes psalmi. Per Adventum Cap. *Venite ascendamus.* ℟ *Laetentur.* Hymn. *Conditor.* ℣ *Rorate.* Ant. *Ne timeas.* Ps. *Magnificat.* Or. *Excita.* Ad Complet. Hymn. *Te lucis;* cetera ut supra.

Fer. II ad matut. Invitat. *Regem venturum.* Hoc invitatorium dicatur in feriis usque ad IV feriam Quatuor temporum. Hymn. *Verbum supernum.* Ant. *Dominus defensor.* Ps. *Dominus illuminatio,* et ceterae ad ceteros. ℣ *Ex Syon species.* Lectiones de Isaia. ℟ *Alieni.* ℣ *Ecce ego. Non in.* [2] ℟ *Aspiciebam.* ℟. *Missus.* Sacerd. ℣ *Emitte agnum Domine,* et dicatur per totum Adventum quando de tempore agitur. In Laudib. ant. *Miserere,* Ps. ipsum, et ceterae ad ceteros. Cap. *Ecce dies veniunt.* Hymn. *Vox clara.* ℣ *Vox clamantis.* Ant. *Angelus.* Ps. *Benedictus. Kyrie* etc. Or. *Excita,* et dicatur ad horas per hebdomadam et idem fiat de aliis orationibus dominicalibus ubi aliud non signatur. Memoria de S. Maria et de aliis agatur sicut in Rubr. XIX est signatum. Ad Primam [32ª] Hymn. *Jam lucis,* et ceteri hymni ad horas in ferialibus diebus et in festis III lect. cantentur in tono feriali, scil. la la la la sol per totum annum, etiam in Paschali tempore. Ant. *Dicit Dominus.* Ps. *Deus in nomine.* Ps. *Beati immaculati.* Ps. *Retribue.* Cetera ut supra. De quo, diebus ferialibus per Adventum, sint missae celebrandae et cum quibus orationibus, in Rubr. XXXV signatum invenies. Ad Tertiam ant. *Veni et libera.* Cap. Resp. et ℣ ad horas ut supra in dominica. Ad Sextam ant. *Tuam* [3] *Domine.* Ad Nonam ant. *In tuo adventu.* Praedictae antt. dicantur ad horas in feriis per totum Adventum, nisi Laudes propriae habeantur. Ad Vesp. ant. *Inclinavit.* Ps. *Dilexi quoniam,*

---

[1] ℣ *et Oratio in margine habentur.*
[2] *Sic pro* Nam in.
[3] *Ms. habet:* Tu autem.

et ceterae ad ceteros. Cap. *Venite ascendamus.* ℟ *Tu exurgens.* Ex quo incipitur communiter cantetur, sed ℣ ab uno cantetur. ℣ *Quia tempus. Misereberis. Gloria Patri. Tu exurgens.* Et dicatur in ferialibus diebus usque ad IV feriam Quatuor temporum. Hymn. *Conditor.* ℣ *Rorate.* Ant. *Jerusalem.* Ps. *Magnificat. Kyrie* etc. Or. *Excita.* Memoria de S. Maria et de aliis fiat sicut in XIX Rubr. signatur. Ad Complet. Hymn. *Te lucis.* Cetera ut supra.

Aliis quoque diebus ferialibus per Adventum, ad matut. antiphonae et psalmi in nocturnis et in Laudibus et ad Vesperas secundum feriam dicantur, prout infra post octavam Epiphaniae per diversas ferias assignantur. ℣ in nocturnis et Responss. secundum ordinem dierum et turbarum de historia dominicali, scil. Fer. II et V de prima turba, Fer. III et VI de secunda turba, Fer. IV et sabbato de III turba. Ant. ad Benedictus et ad Magnificat sicut in feria signantur. Cetera omnia ut supra in secunda feria nisi aliud notetur in suis locis, vel per Rubr. De in anno. Fer. III ant. *Antequam.* Ps. *Benedictus.* Ad Magnif. ant. *Quaerite Dominum.* Fer. IV. ant. *De Syon.* Ps. *Benedictus.* Ad Magnif. ant. *Veniet fortior.* Fer. V. ant. *Benedicta tu.* Ps. *Benedictus.* Ad Magnif. ant. *Expectabo.* Fer. VI ant. *Ecce veniet.* Ps. *Benedictus.* Ad Magnif. ant. *Ex Aegypto.* Sabbato ant. *Syon.* Ps. *Benedictus.* Ad vesp. ant. *Benedictus.* Ps. ipsum, ceterae ad ceteros. Cap. *Qui venturus.* ℟ *Civitas.* ℣ *Ecce in.* Ant. *Veni Domine et noli.* Ps. *Magnific.* Or. *Excita, Domine, corda,* quae dicatur ad matut. et ad alias horas per hebdomadam.

Dominica II. Invitat. *Rex noster.* Hymn. antt. psalmi, ℣℣ sicut in prima dominica et sic fiat in ce 32ᵇ]teris dominicis diebus usque ad Nativitatem Domini. Tres lectiones de Isaia et in sermone superiori, III de homilia *Erunt signa.* ℟ *Jerusalem.* ℣ *Israel.* ℟ *Ecce Dominus.* ℣ *Ecce cum.* ℟ *Civitas.* ℣ *Ecce in fortitudine.* In II noct. ℟ *Docebit nos.* ℣ *Venite.* ℟ *Ecce veniet.* ℣ *Ecce dominator.* ℟ *Sicut mater.* ℣ *Dabo in Syon.* In III noct. ℟ *Jerusalem plantabis.* ℣ *Exulta.* ℟ *Egredietur.* ℣ *Et praeparabitur.* ℟ *Rex noster.* ℣ *Ecce agnus ;* reincipiatur autem *Rex noster.* Sacerdot. ℣ *Emitte agnum Domine.* In Laudib. Ant. *Ecce in nubibus.* Ps. *Dominus regnavit.* Ant. *Urbs fortitudinis.* Ps. *Jubilate.* Ant. *Ecce apparebit.* Ps. *Deus, Deus.* Ant. *Montes et colles.* Ps. *Benedicite.* Ant. *Ecce Dominus noster.* Ps. *Laudate.* Cap. *Quaecumque scripta.* Hymn. ℣ ut supra. Ant. *Super solium.* Ps. *Benedictus.* Or. *Excita.* Ad Primam ant. *Ecce in.* Ps. *Deus, Deus meus respice.* etc. ut supra. Ad Tertiam ant. *Urbs fortitudinis.* Ps. *Legem pone.* Cap. Resp. et ℣ ad chorum ut supra in prima dominica cum oratione dominicali; similiter et in sequentibus dominicis. Ad magnam missam Officium *Populus Syon.* Ps. *Qui regis.* Or. *Excita Domine corda.* Epistola ad Romanos *Quaecumque scripta.* Grad. *Ex Syon.* ℣ *Congregate. Allel.* ℣ *Laetatus.* Evang. *Erunt signa.* Offertor. *Deus tu conversus.* Comm. *Jerusalem.* Ad Sextam ant. *Ecce apparebit.* Ps. *Defecit.* Ad Nonam ant. *Ecce Dominus noster.* Ps. *Mirabilia.* Ad II Vesperas ant. *Ecce in nubibus.* Ps. *Dixit*, et ceteri cum hac sola. Cap. *Venite ascendamus.* ℟ *Rex noster.* Hymn. ℣ ut supra. Ant. *Beata es.* Ps. *Magnif.* Or. ut supra. Fer. II ant. *De coelo.* Ps. *Benedictus.* Ad Magnif. ant. *Ecce rex.* Fer. III ant. *Super te Jerusalem.* Ps. *Bened.* Ad Magnif. ant. *Vox clamantis.* Fer. IV ant. *Ecce mitto.* Ps. *Bened.* Ad Magnif. ant. *Syon.* Fer. V. ant. *Tu es qui.* Ps. *Bened.* Ad Magnif. ant. *Qui post.* Fer. VI. ant. *Dicite pusillanimes.* Ps. *Bened.* Ant. *Cantate.* Ps. *Magnif.* Sabbato ant. *Levabit Dominus.* Ps. *Bened.* Ad vesper. ant. *Benedictus.* Ps. ipsum, cet. ad cet. Cap. *Venite ascendamus.* ℟ *Qui venturus est.* ℣ *Deponet.* Ant. *Ante me non est.* Ps. *Magnificat.* Collecta *Aurem tuam.*

Dominica III. Invitat. *Surgite vigilemus.* Hymn. antt. pss. ℣℣ ut supra. Lect. tres de Isaia, tres de sermone *Legimus sanctum* [*Moysen*], tres de Evangel. *Cum audisset.* ℟ *Ecce apparebit.* ℣ *Apparebit.* ℟ *Bethlehem* ℣ [*32°*] *Loquetur.* ℟ *Qui venturus.* ℣ *Deponet.* In II noct. *Suscipe verbum.* ℣ *Paries quidem.* ℟ *Aegypte noli.* ℣ *Ecce veniet.* ℟ *Prope est.* ℣ *Qui venturus.* In III noct. ℟ *Descendet Dominus.* ℣ *Et adorabunt.* ℟ *Veni Domine.* ℣ *Excita Domine.* ℟ *Ecce radix.* ℣ *Dabit. Gloria Patri.* Reincipiatur ℟ *Ecce radix.* Sacerdot. ℣ *Emitte agnum.* In Laudibus *Veniet Dominus.* Ps. *Dominus regnavit.* Ant. *Jerusalem.* Ps. *Jubilate.* Ant. *Dabo in Syon.* Ps. *Deus, Deus.* Ant. *Montes.* Ps. *Benedicite. Juste et pie.* Ps. *Laudate.* Cap. *Sic nos existimet.* Hymn. ℣ ut supra. Ant. *Johannes cum audisset.* Ps. *Benedictus.* Collecta *Aurem tuam.* Ad Primam ant. *Veniet Dominus.* Pss. ut in prima dominica. Ad horas antt. de Laudibus. Ad missam magnam officium *Gaudete.* ℣ *Et pax Dei.* Collecta *Aurem tuam.* Epist. Ad Corinthios *Sic nos existimet.* Grad. *Qui sedes.* ℣ *Qui regis. Allel.* ℣ *Excita.* Evangel. *Cum audisset.* Offertor. *Benedixisti.* Comm. *Dicite pusillanimes.* Ad II Vesp. ant. *Veniet Dominus.* Ps. *Dixit Dominus*, et ceteri cum hac sola. Cap. *Venite ascendamus.* ℟ *Ecce radix.* Hymn. ℣ ut supra. Ant. *Ite, dicite.* Ps. *Magnif.* Collecta *Aurem tuam.* Feria II ant. *Dicit Dominus.* Ps. *Benedictus.* Ant. *Bea-*

tam. Ps. *Magnif*. Fer. III ant. *Consurge*. Ps. *Benedictus*. Ant. *Elevare*. Ps. *Magnif*. Fer. IV ant. *Ponam in Syon*. Ps. *Bened*. Ant. *Ponent Domino*. Ps. *Magnif*. Fer. V ant. *Consolamini*. Ps. *Bened*. Ant. *Laetamini*. Ps. *Magnif*. Fer. VI ant. *Dies Domini*. Ps. *Bened*. Ant. *Hoc est testimonium*. Ps. *Magnif*. Sabbato ant. *Dabit*. Ps. *Bened*. Ad vesperas ant. *Benedictus*. Ps. ipsum, et ceterae ad ceteros. Cap. *Qui venturus*. ℟ *Non auferetur*. Ant. *Non auferetur*. Ps. *Magnif*. Or. *Excita, Domine, potentiam*.

Dominica IV. Invitat. *Ecce venit*. Hymn. antt. pss. ℣℣ ut supra. Lectiones tres de Isaia, tres de sermone *Laetitia quanta*, tres de Evangel. *Miserunt Judaei*. ℟ *Canite tuba*. ℣ *Annuntiate*. ℟ *Octava decima*. ℣ *Ego sum*. ℟ *Non auferetur*. ℣ *Pulchriores*. In II noct. ℟ *Me oportet*. ℣ *Hoc est*. ℟ *Ecce jam*. ℣ *Propter nimiam*. ℟ *Virgo Israel*. ℣ *In caritate*. In III noct. ℟ *Juravi, dicit Dominus* ℣ *Juxta est*. ℟ *Non discedimus*. ℣ *Domine Deus*. ℟ *Nascetur*. ℣ *Multiplicabitur*. Gloria. Reincipiatur ℟ *Nascetur*. Sacerdot. ℣ *Emitte agnum*. In Laudib. ant. *Canite tuba*. Ps. [32ᵈ] *Dominus regnavit*. Ant. *Ecce veniet*. Ps. *Jubilate*. Ant. *Erunt prava*. Ps. *Deus, Deus*. Ant. *Dominus veniet*. Ps. *Benedicite*. Ant. *Omnipotens sermo*. Ps. *Laudate*. Cap. *Gaudete in Domino*. Hymn. ℣ ut supra. Ant. *Quomodo fiet*. Ps. *Benedictus*. Or. *Excita Domine potentiam*. Ad Primam ant. *Canite*. Ps. *Deus, Deus meus*, et ceteri. Ad horas antt. de Laudibus. Ad magnam missam officium *Memento*. Ps. *Confitemini*. Or. *Excita Domine*. Epistola ad Ephes[1]. *Gaudete*. Grad. *Tollite*. ℣ *Quis ascendet*. Allel. ℣ *Veni Domine*. Evangel. *Miserunt Judaei*. Offert. *Confortamini*. Comm. *Ecce virgo*. Ad vesp. Ant. *Canite tuba*. Ps. *Dixit Dominus*, et ceteri cum hac sola. Cap. *Venite ascendamus*. ℟ *Nascetur*. Hymn. ℣ ut supra. Ant. *Qui post*. Ps. *Magnif*. Feria II in Laudibus ant. *Ecce veniet*. Ps. *Miserere*. Ant. *Dum venerit*. Ps. *Verba mea*. Ant. *Ecce jam venit*. Ps. *Deus, Deus*. Ant. *Haurietis*. Ps. *Confitebor*. Ant. *Egredietur*. Ps. *Laudate*. Ant. *Benedicta tu*. Ps. *Bened*. Ad horas antt. de Laudibus. Ad Magnif. ant. *Egredietur virga*. Fer. III in Laudib. ant. *Rorate coeli*. Ps. *Miserere*. Ant. *Emitte agnum*. Ps. *Judica me*. Ant. *Ut cognoscamus*. Ps. *Deus, Deus*. Ant. *Da mercedem*. Ps. *Ego dixi*. Ant. *Lex per Moysen*. Ps. *Laudate*. Ant. *Tu Bethlehem*. Ps. *Bened*. Ad horas antt. de Laudibus. Feria IV in Quatuor temporibus non fiat genuflectio, nec preces dicantur, nec aliqua

---

[1] *Ed. habet :* Philippenses.

fiat memoria ob reverentiam evangelii, scil. *Missus est angelus.* Sed dictis XV psalmis solae matutinae et solae horae dicantur usque ad vesperas et tunc fiat secundum quod tempus dictaverit, sicut et in aliis diebus. Invitat. *Prope est jam Dominus,* et dicatur in ferialibus diebus usque ad Vigiliam Nativitatis Domini. Hymn. et ℣ ut supra. Ant. *Avertet Dominus.* Ps. *Dixit insipiens* et ceterae ad ceteros. Lectiones tres de homilia *Missus est.* ℟ *Clama,* quod a priore incipiatur, et ab eodem ℣ cantetur. ℣ *Super montem.* ℟ *Orietur.* ℣ *Et adorabunt.* ℟ *Modo veniet.* ℣ *Orietur.* Sacerdot. ℣ *Emitte agnum.* In Laudibus ant. *Prophetae praedicaverunt.* Ps. *Miserere.* Ant. *Spiritus Domini.* Ps. *Te decet.* Ant. *Propter Syon,* Ps. *Deus, Deus.* Ant. *Ecce veniet.* Ps. *Exultavit.* Ant. *Annuntiate.* Ps. *Laudate.* Ant. *Missus est.* Ps. *Bened.* Or. *Festina,* et dicatur ad horas cum antt. de Laudibus. Ad [33ª] missam officium *Rorate.* Ps. *Coeli enarrant. Oremus,* sine *Dominus vobiscum, Praesta, quaesumus, omnipotens.* Ad hanc orationem stent fratres versis vultibus ad altare et ad sequentem inclinent. Lectio Isaiae prophetae *Erit in novissimis.* Grad. *Tollite.* ℣ *Quis ascendet.* Grad. non reiteratur. II Collecta *Festina.* Epist. Isaiae prophetae *Locutus est Dominus.* Grad. *Prope esto.* ℣ *Laudem Domini.* Reiteratur *Prope esto.* Evangel. *Missus est.* Offertor. *Ave Maria.* Comm. *Ecce virgo.* Ad vesperas ℟ *Femina,* et dicatur in ferialibus diebus usque ad vigiliam Nativitatis Domini. Ant. *Ecce ancilla.* Ps. *Magnif.* Or. *Gratiae tuae.* Fer. V. ℟ *Egredietur.* ℣ *Et elevabitur.* ℟ *Praecursori.* ℣ *Ipse est.* ℟ *Videbunt gentes.* ℣ *Et eris.* In Laudib. ant. *De Syon.* Ps. *Miserere.* Ant. *Convertere.* Ps. *Domine refugium*[1]. Ant. *De Syon.* Ps. *Deus, Deus.* Ant. *Ecce Deus meus.* Ps. *Cantemus.* Ant. *Dominus legifer.* Ps. *Laudate.* Ant. *Bethlehem.* Ps. *Bened.* Ad vesperas ant. prout continetur Rubr. De in anno. Or. de dominica. Fer. VI lect. tres de Evangel. *Exurgens Maria.* ℟ *Emitte agnum.* ℣ *Ostende.* ℟ *Germinaverunt.* ℣ *Ecce Dominus.* ℟ *Radix Jesse.* ℣ *Et ex Syon.* In Laudib. ant. *Constantes.* Ps. *Miserere.* Ant. *Ad te Domine.* Ps. *Domine exaudi.* Ant. *Veni Domine.* Ps. *Deus, Deus.* Ant. *Deus a Libano.* Ps. *Domine audivi.* Ant. *Ego autem.* Ps. *Laudate.* Ant. *Ex quo facta.* Ps. *Bened.* Or. *Excita quaesumus,* et dicatur ad horas cum antt. de Laudibus. Ad missam *Prope est.* Ps. *Beati immaculati.* Or. *Excita quaesumus.* Epistola *Egredietur virga.* Grad. *Ostende.* ℣ *Benedixisti.* Grad. reiteretur.

---

[1] *Antiphona haec et ps. habentur in margine.*

Evangel. *Exurgens Maria.* Offert. *Deus tu conversus.* Communio *Ecce Dominus.* Ad vesp. oratio ut supra. Sabbato ad matut. lectiones tres de evangel. *Anno quinto.* ℞ *Paratus esto.* ℣ *Ecce dominator.* ℞ *Rorate.* ℣ *Emitte.* ℞ *Montes Israel.* ℣ *Rorate.* In Laudib. ant. *Intuemini.* Ps. *Miserere,* Ant. *Vigilate animo.* Ps. *Bonum est.* Ant. *Paratus.* Ps. *Deus, Deus.* Ant. *Expectetur.* Ps. *Audite.* Ant. *Ecce ancilla.* Ps. *Laudate.* In evangelio ant. *Omnis vallis.* Ps. *Bened.* Or. *Deus qui conspicis,* et dicatur ad horas cum antt. de Laudibus. Ad missam *Veni et ostende.* Ps. *Qui regis.* Ad primas V orationes sine *Dominus vobiscum* et sine *Flectamus genua* praemittatur tantum *Oremus,* et ad eas stent fratres versis vultibus ad altare. Qui autem lectiones debent legere sint in superpelliceis et [*33ʰ*] eas cum titulis legant incipiendo a junioribus. Or. *Deus qui conspicis.* Lectio Isaiae prophetae *Clamabunt ad Dominum.* Grad. *A summo coelo.* Grad. non iteretur. Or. *Concede, quaesumus, omnipotens.* Lectio Isaiae prophetae *Laetabitur deserta.* Grad. *In sole posuit.* ℣ *A summo.* Or. *Indignos.* Lectio Isaiae prophetae *Super montem.* Grad. *Domine Deus virtutum.* ℣ *Excita.* Or. *Praesta quaesumus omnipotens. Dicit Isaias propheta Xpisto meo.* Grad. *Excita.* ẙ *Qui regis.* Or. *Preces populi.* Lectio Danielis prophetae quae a diacono legatur *Angelus Domini* usque *in fornace, dicentes.* Tractus *Benedictus es,* a duobus cantetur ad gradum et chorus post primum versum repetat eundem, post alios versus repetat *Et laudabilis.* In fine versus reincipiatur primus versus ab his qui Grad. cantaverunt et a choro finiatur. Deinde dicat sacerdos *Dominus vobiscum.* Or. *Deus qui tribus pueris.* Ad hanc orationem prosternant se fratres. Secunda collecta *Deus qui de beatae Mariae.* Tertia *Pietate.* Epistola ad Thessalonicenses *Rogamus vos.* Tractus. *Qui regis,* a communi choro alternatim stando cantetur. Evangelium secundum Lucam *Anno quinto decimo.* Offert. *Exulta satis.* Comm. *Exultavit ut gygas.* In die S. Lazari incipiantur hae antiphonae principales quae *O* dicuntur ad *Magnif.* usque ad vigiliam Nativitatis Domini, et illis diebus quibus dicuntur praetermittimus solum ad vesperas prostrationes et preces et etiam consueta suffragia.[1] Defunctis tamen dicimus. Dum autem dictum Defunctorum officium ante Natale Domini ultimo dicendum fuerit cum IX lectionibus compleatur, prout in rubrica de In anno secundum diversa tempora clare signatur. Ant. *O Sapientia.* Haec prima ant. bis di-

---

[1] *Edit. habet :* et cetera consueta suffragia, de Defunctis tamen dicimus.

catur, scil. ante *Magnif.* et post, sive dominica fuerit sive non. Quod si in sabbato vel dominica non fuit inchoata, tunc *Magnificat* bis dicatur, scil. ad vesp. de S. Lazaro et post ant. *O Sapientia.* Ant. *O Adonai.* Ant. *O Radix Jesse.* Ant. *O Clavis David.* Ant. *Oriens.* Ant. *O Rex gentium.* Ant. *O Emmanuel.*

In Vigilia Nativitatis Domini, dictis XV psalmis; solae matutinae dicantur sine genuflectione et precibus solemnibus et suffragiis sanctorum. Invitat. *Hodie scietis.* Hymn. *Verbum supernum.* Antt. et dicta de feria. ℣ *Hodie scietis quia veniet Dominus.* ℟ *Et mane videbitis gloriam ejus, allel.* [33ᵉ] Lect. tres de evangel. *Cum esset desponsata.* Homilia Origenis *Quae fuit necessitas.* ℟ *Sanctificamini.* ℣ *Hodie scietis.* ℟ *Constantes.* ℣ *Vos qui in pulvere.* ℟ *Sanctificamini filii.* ℣ *Crastina die.* Reincipiatur ℟ *Sanctificamini.* Sacerdot. ℣ *Crastina erit vobis salus.* ℟ *Dicit Dominus exercituum, allel.* In Laudibus ant. *Judaea.* Ps. *Dominus regnavit.* Ant. *Hodie scietis.* Ps. *Jubilate.* Ant. *Crastina die.* Ps. *Deus, Deus.* Ant. *Crastina erit.* Ps. *Benedicite.* Ant. *Levate.* Ps. *Laudate.* Cap. *Paulus servus Jesu Xpisti.* Hymn. *Vox clara.* ℣ *Crastina die delebitur iniquitas terrae.* ℟ *Et regnabit super nos Salvator mundi; allel.* Ant. *Cum esset desponsata.* Ps. *Bened.* Coll. *Deus qui nos.* Haec oratio dicatur ad omnes horas. Ad Primam hymn. *Jam lucis.* in tono hymni *Vox clara.* Similiter et ad alias horas. Ant. *Judaea.* Ps. *Deus in nomine,* et ceteri. ℟ *Jesu Xpiste,* cum duplici *allel. Qui sedes.* Ad lectionem Kalendarum cum pronunciatur *Jesus Xpistus in Bethlehem Judae nascitur,* omnes fratres prostrati simul in terra gratias Deo referant dicendo *Pater noster* et *Ave Maria,* quo dicto perlegatur lectio. Ad missam offic. *Hodie scietis.* Ps. *Domini est terra. Gloria in excelsis* non dicatur etiam si dominica fuerit. Or. *Deus qui nobis redemptionis.* Nulla fit memoria. Lectio Isaiae prophetae *Propter Syon.* Post lectionem statim incipiatur epistola ad Romanos *Paulus servus.* Grad. *Hodie scietis.* ℣ *Qui regis.* Si dominica non fuerit Grad. reiteretur et si dominica fuerit dicatur *allel.* ℣ *Crastina die.* Evangel. *Cum esset desponsata.* Offert. *Tollite portas.* Comm. *Revelabitur.* Ad Tertiam ant. *Hodie scietis.* Ps. *Legem pone.* Cap. *Propter Syon.* ℟ *Crastina die,* cum *allel.* ℣ *Crastina erit vobis salus.* Ad Sextam ant. *Crastina die.* Ps. *Defecit.* Cap. *Videbunt gentes.* ℟ *Crastina erit.* ℣ *Hodie scietis.* Ad Nonam ant. *Crastina erit.* Ps. *Mirabilia.* Cap. *Super montem excelsum.* ℟ *Hodie scietis.* ℣ *Constantes estote.*

In Nativitate Domini, totum duplex. Ad vesperas prior festive incipiat ant. *Rex pacificus.* Ps. *Laudate pueri.* Ant. *Magnificatus est.* Ps. *Laudate Dominum omnes gentes.* Ant. *Scitote.* Ps. *Lauda anima mea.* Ant. *Levate capita.* Ps. *Laudate Dominum quoniam.* Ant. *Ecce completa.* Ps. *Lauda Jerusalem.* Cap. *Populus gentium.* ℟ *Judaea et Jerusalem.* ℣ *Constantes.* Hymn. [33ᵈ] *Veni redemptor.* In fine dicatur *Deo Patri sit gloria.* Omnes hymni ejusdem metri usque ad primas vesperas Epiphaniae ad quascumque horas in hoc tono cantentur, exceptis hymnis *A solis ortu* et *Salvator.* ℣ *Tamquam sponsus.* ℟ *Dominus procedens.* Ant. *Dum ortus.* Ps. *Magnific.* Or. *Deus qui nos.* Ad Complet. ant. *Miserere.* Ps. *Cum invocarem.* Hymn. *Salvator,* in fine *Sit laus.* Ant. *Completi sunt.* Ps. *Nunc dimittis.*

Ad matut. invitat. *Xpistus natus.* Ps. *Venite.* Hymnus *Xpiste redemptor.* In fine dicatur *Gloria tibi Domine.* Similiter hic versus *Gloria tibi Domine* dicatur in fine aliorum hymnorum qui huic tono possunt concordari usque ad Epiphaniam. In I noct. ant. *Dominus dixit.* Ps. *Quare fremuerunt.* Ant. *Tamquam sponsus.* Ps. *Coeli enarrant.* Ant. *Diffusa est.* Ps. *Eructavit.* ℣ *Tamquam sponsus* ¹. Lect. I. *Primo tempore.* ℟ *Hodie nobis.* ℣ *Gloria in excelsis.* Lect. II. *Consolamini.* ℟ *Hodie nobis.* ℣ *Hodie illuxit.* Lect. III. *Consurge.* ℟ *Descendit.* ℣ *Tamquam sponsus.* In II noct. ant. *Suscepimus Deus.* Ps. *Magnus Dominus.* Ant. *Orietur in diebus.* Ps. *Deus judicium.* Ant. *Veritas de terra.* Ps. *Benedixisti.* ℣ *Ipse invocavit me.* Lect. IV. *Salvator noster.* ℟ *Quem vidistis.* ℣ *Dicite quidnam.* Lect. V. *Exultemus in Domino.* ℟ *O magnum.* ℣ *Domine audivi.* Lect. VI. *Vos inquam.* ℟ *Sancta et immaculata.* ℣ *Benedicta tu. Gloria.* In III noct. ant. *Ipse invocavit.* Ps. *Misericordias Domini.* Ant. *Laetentur coeli.* Ps. *Cantate* (primus). Ant. *Notum fecit.* Ps. *Cantate* (secundus). ℣ *Notum fecit Dominus,* non obstante concursu cum ant. Primum evangelium legat diaconus majoris missae, Benedictio *Sancti evangelii lectio sit nobis salus et protectio.* Lect. VII. *Exiit edictum.* ℟ *Beata Dei genitrix.* ℣ *Beata quae credidisti.* Aliud evangelium legat primus post priorem. Benedictio *Fons evangelii repleat nos dogmate coeli.* Lect. VIII. *Pastores loquebantur.* ℟ *Beata viscera.* ℣ *Dies sanctificatus.* Tertium evangelium legat prior. Benedictio *Per evangelica dicta deleantur nostra delicta.* Lect. IX. *In principio.* ℟ *In principio.* ℣ *Quod factum est.* Interim praeparatus diaconus veniat ante priorem et inclinato capite accipiat benedictionem, qua accepta cantet evan-

---

¹ *Ps.* Coeli enarrant *et sequentia in margine habentur.*

gelium *Liber generationis*. Quo finito, incipiat prior *Te Deum laudamus*. Quo dicto, prior dicat ẙ *Verbum caro* [*34ᵃ*] *factum est* etc. Et mox incipiatur missa. *Dominus dixit*. Ps. *Quare fremuerunt*. Kyrie el. et *Gloria in excelsis* etc. ut duplex festum. Or. *Deus qui hanc sacratissimam*. Acolitus legat lectionem Isaiae prophetae *Populus gentium*. Subdiaconus statim epistolam ad Titum *Apparuit gratia Dei*. Grad. *Tecum principium*. ẙ *Dixit Dominus*. allel. ẙ *Dominus dixit*. Prosa *Nato canunt omnia*. Evangelium *Exiit edictum*. Credo. Offert. *Laetentur coeli*. Praefatio *Quia per incarnati*, et *Communicantes*. Quando autem praedicta praefatio et *Communicantes* dici debeant, quaere plene in rubrica XL de praefationibus. Comm. *In splendoribus*. Qua dicta incipiantur Laudes ex parte dextri chori. In Laudib. ant. *Quem vidistis* incipiat aliquis de inferioribus. Ps. *Dominus regnavit*. Ant. *Genuit puerpera*. Ps. *Jubilate*. Ant. *Angelus*. Ps. *Deus, Deus*. Ant. *Facta est*. Ps. *Benedicite*. Ant. *Parvulus*. Ps. *Laudate*. Capitulum, hymnus, versus non dicantur sed incipiatur ab illo qui celebrat missam ant. *Gloria in excelsis*, et percantetur ante Ps. *Benedictus* et post. Deinde ille qui celebrat se vertens dicat *Dominus vobiscum*, et postcommunionem *Da nobis Domine*. Diaconus *Ite missa est*, et sic simul matut. et missa terminentur. Dum vero matut. sine missa finiendum fuerit, tunc dictis Laudibus dicatur capitulum *Populus gentium*. Hymn. *A solis ortu*. ꝶ *Benedictus qui venit*. Ad Bened. ant. *Gloria in excelsis*. Or. *Concede quaesumus*. *Benedicamus Domino*. Alia missa summo diluculo cantetur ut semiduplex. Officium *Lux fulgebit*. Ps. *Dominus regnavit exultet*. Or. *Da quaesumus omnipotens*[1]. Memoria S. Anastasiae, or. *Da quaesumus omnipotens*. Hae duae orationes finiantur sub uno *Per Dominum*. Acolitus lect. Isaiae prophetae *Spiritus Domini super*. Subdiaconus epistolam ad Titum *Apparuit benignitas*. Grad. *Benedictus qui*. ẙ *A Domino*. Allel. ẙ *Dominus regnavit*. Prosa *Laetabundus*. Evangel. *Pastores loquebantur*. Credo. Offert. *Deus enim firmavit*. Comm. *Exulta*. Ad Primam ant. *Quem vidistis*. Ps. *Deus in nomine*. ꝶ *Jesu Xpiste*. ẙ *Qui de Virgine*. In hac die non dicitur missa matutinalis. Ad Tertiam hymn. *Nunc sancte*. Ant. *Genuit*. Ps. *Legem pone*. Cap. *Apparuit gratia*. ꝶ *Puer natus est*, cum *allel*. ẙ *Ipse invocavit me*. Coll. *Concede quaesumus omnipotens*, et dicatur ad omnes horas. Ad Sextam ant. *Angelus*. Ps. *Defecit*. [*34ᵇ*] Cap. *Parvulus*. ꝶ *Ipse invo-*

---

[1] N. B. *Edit. non habet commemorationem, quia festum S. Anastasiae translatum est.*

cavit me. ꝟ *Notum fecit.* Ad magnam missam totum duplex. Officium *Puer natus.* Ps. *Cantate* (secundus). Coll. *Concede quaesumus omnipotens.* Acolitus lect. Isaiae *Propter hoc.* Statim subdiaconus epistolam ad Hebraeos *Multifarie.* Grad. *Viderunt.* ꝟ *Notum. allel.* ꝟ *Dies sanctificatus.* Prosa *Coelica resonant.* Evangel. *In principio.* Credo. Offert. *Tui sunt.* Comm. *Viderunt.* Ad Nonam ant. *Parvulus.* Ps. *Mirabilia.* Cap. *Multiplicabitur.* ℟ *Notum fecit Dominus.* ꝟ *Benedictus qui venit.* Ad II vesperas ant. *Tecum principium.* Ps. *Dixit Dominus.* Ant. *Redemptionem misit.* Ps. *Confitebor.* Ant. *Exortum est.* Ps. *Beatus vir.* Ant. *Apud Dominum.* Ps. *De profundis.* Ant. *De fructu.* Ps. *Memento.* Hae antt. dicantur cotidie ad vesperas super psalmos istos usque ad Epiphaniam, exceptis vesperis in die Circumcisionis. Psalmi vero dicantur usque ad octavam Epiphaniae. Cap. *Multifarie.* ℟ *In principio.* Hymn. *Veni redemptor.* ꝟ *Tamquam sponsus.* Ant. *Hodie Xpistus natus.* Ps. *Magnif.* Coll. *Concede.* Memoria S. Stephani. Ant. *Ave senior.* ꝟ *Ora pro nobis.* Coll. *Da nobis quaesumus Domine.* Ad *Nunc dimittis* ant. *Allel. Verbum caro.* Haec ant. dicatur usque ad vigiliam Epiphaniae. Hae autem subscriptae antt. ad matut. et ad vesperas dicantur per octavam ad memoriam de Nativitate Domini. Ant. *Beatus venter.* Ant. *Natus est nobis.* Ant. *Verbum caro.* Ant. *Virgo Dei genitrix.* Ant. *Pastores.* Ant. *Virgo verbo.* Ant. *Nesciens.* Ant. *Hodie intacta.* Ant. *Lux orta est.* Ant. *Virgo hodie.* Ant. *Gaudeamus.* Ant. *Nato Domino.*

In die S. Stephani totum duplex. Ad matut. Invitat. *Xpistum natum.* Hymn. *Deus tuorum.* In I noct. ant. *Beatus Stephanus.* Ps. *Beatus vir.* Ant. *Constitutus.* Ps. *Quare fremuerunt.* Ant. *In tribulatione.* Ps. *Domine quid multiplicati.* ꝟ *Gloria et honore.* Lectiones sex de sermone *Heri celebravimus.* ℟ *Stephanus autem.* ꝟ *Surrexerunt.* ℟ *Videbant.* ꝟ *Stephanus.* ℟ *Intuens.* ꝟ *Cum autem.* In II noct. ant. *Lumine vultus.* Ps. *Cum invocarem.* Ant. *Benedictionis.* Ps. *Verba mea.* Ant. *O quam.* Ps. *Domine Dominus.* ꝟ *Posuisti Domine.* ℟ *Lapidabant.* ꝟ *Positis autem.* ℟ *Stephanus servus.* ꝟ *Stephanus 34ᶜ vidit.* ℟ *Impetum.* ꝟ *Positis.* In III noct. ant. *In Domino.* Ps. *ipsum.* Ant. *Sine macula.* Ps. *Domine quis habitabit.* Ant. *Domine virtus.* Ps. *Domine in virtute.* ꝟ *Justus ut palma.* Evangel. *Dixit Jesus turbis.* ℟ *Impii* ꝟ *Continuerunt.* ℟ *Patefactae.* ꝟ *Mortem.* ℟ *Ecce jam.* ꝟ *Caritatis. Te Deum laudamus.* Sacerdot. ꝟ *Ora pro nobis beate Stephane.* In Laudibus ant. *Lapidaverunt.* Ps. *Dominus regnavit.* Ant. *Lapides torrentis.* Ps. *Jubilate.* Ant. *Adhaesit anima.* Ps.

Deus Deus. Ant. *Stephanus vidit.* Ps. *Benedicite.* Ant. *Ecce video.* Ps. *Laudate.* Cap. *Stephanus plenus.* Hymn. *Sancte Dei.* ℣ *Magna est gloria.* Ant. *Intuens in coelum.* Ps. *Bened.* Or. *Omnipotens sempiterne Deus.* Memoria de Nativitate ant. *Beatus venter.* ℣ *Benedictus qui venit.* Or. *Concede.* Praedicti ℣ et oratio dicantur ad matutinum per octavam. Ad Primam ant. *Lapidaverunt.* Ps. *Deus in nomine,* etc. Missa matutinalis *Puer natus.* Or. *Concede quaesumus omnipotens.* Haec sola collecta dicatur. Epistola *Apparuit benignitas.* Grad. *Viderunt. Allel.* ℣ *Dies sanctificatus.* Evangel. *Pastores loquebantur.* Credo. Offertor. *Tui sunt.* Comm. *Viderunt.* Ad Tertiam ant. *Lapides torrentis.* Ps. *Legem pone.* Cap. *Surrexerunt.* ℟ *Gloria et honore,* cum *allel.* ut unius martyris. Or. *Da quaesumus omnipotens,* et dicatur ad horas. Ad Sextam ant. *Adhaesit.* Ps. *Defecit.* Cap. *Cum esset Stephanus.* ℟ *Posuisti Domine.* Ad magnam missam *Etenim sederunt.* Ps. *Beati immaculati.* Or. *Da nobis quaesumus.* Epist. *Stephanus plenus.* Grad. *Sederunt.* ℣ *Adjuva. Allel.* ℣ *Video.* Prosa *Supernae matris.* Evangel. *Ecce ego mitto.* Credo. Offert. *Elegerunt.* Comm. *Video coelos.* Ad Nonam ant. *Ecce video.* Ps. *Mirabilia.* Cap. *Lapidaverunt.* ℟ *Justus ut palma.* Ad vesp. ant. *Tecum principium.* Ps. *Dixit Dominus* etc. Cap. *Positis autem genibus.* ℟ *Ecce jam.* ℣ *Caritatis.* Hymn. *Sancte Dei.* ℣ *Ora pro nobis.* Ant. *Patefactae.* Ps. *Magnif.* Or. *Da nobis quaesumus.* Memoria de S. Johanne ant. *Ecce ego.* ℣ *Valde honorandus.* Or. *Ecclesiam tuam.* Memoria de Nativitate ant. *Natus est nobis.* ℣ *Tamquam sponsus.* Or. *Concede.* ℣ et oratio praedicti dicantur ad vesperas per octavam.

    In die S. Johannis apostoli et evangelistae duplex. Ad matut. invitator. *Adoremus regem.* Hymn. *Aeterna Xpisti.* In I noct. ant. *Johannes a[34ᵈ]postolus.* Ps. *Coeli enarrant.* Ant. *Super pectus.* Ps. *Benedicam.* Ant. *Quasi unus.* Ps. *Eructavit.* ℣ *In omnem terram.* Lectt. sex de vita ejus *Secundam post Neronem.* ℟ *Valde.* ℣ *Virgo.* ℟ *In illo die.* ℣ *Esto fidelis.* ℟ *Qui vicerit.* ℣ *Vincenti.* In II noct. ant. *In ferventis.* Ps. *Omnes gentes.* Ant. *Propter insuperabilem.* Ps. *Exaudi Deus deprecationem.* Ant. *Occurrit.* Ps. *Exaudi Deus orationem.* ℣ *Constitues eos.* ℟ *Hic est beatissimus.* ℣ *Hic est discipulus.* ℟ *Hic est discipulus.* ℣ *Fluenta.* ℟ *Diligebat.* ℣ *In cruce.* In III noct. ant. *Apparuit.* Ps. *Confitebimur.* Ant. *Expandens.* Ps. *Dominus regnavit exultet.* Ant. *Domine suscipe.* Ps. *Dominus regnavit irascantur.* ℣ *Nimis honorati.* Lect. tres de Evangel. *Dixit*

Jesus Petro. ℟. *Sic eum.* ℣ *Hunc ergo.* ℟ *Iste est Johannes.* ℣ *Iste est Johannes.* ℟ *In medio.* ℣ *Jucunditatem. Te Deum laudamus.* Sacerdot. ℣ *Valde honorandus.* In Laudibus ant. *Hic est discipulus.* Ps. *Dominus regnavit.* Ant. *Hic est discipulus meus.* Ps. *Jubilate.* Ant. *Ecce puer.* Ps. *Deus, Deus.* Ant. *Sunt de hic.* Ps. *Benedicite.* Ant. *Sic eum.* Ps. *Laudate.* Capit. *Qui timet Deum.* Hymn. *Exultet coelum.* ℣ *Annuntiaverunt.* Ant. *In medio.* Ps. *Bened.* Or. *Ecclesiam.* Memoria de Nativitate. Ant. *Verbum caro.* ℣ et or. ut supra. Memo. de S. Stephano. ant. *Beatus Stephanus.* ℣ *Ora pro nobis.* Or. *Da nobis quaesumus Domine.* Prædicti ℣ et or. dicantur ad memoriam in matutinis et vesperis per octavam. Ad Primam ant. *Hic est discipulus.* Missa matut. *Puer natus,* sicut est. II Collecta de S. Johanne, III de S. Stephano. Ad Tertiam ant. *Hic est discipulus.* Cap. *Cibavit illum.* ℟ ℣ ut unius apostoli, cum *allel.* Coll. *Ecclesiam.* Ad Sextam ant. *Ecce puer.* Cap. *Iste est Johannes.* etc. ut supra. Ad magnam missam officium *In medio.* Ps. *Jucunditatem.* Coll. *Ecclesiam.* Epistola *Qui timet.* Grad. *Exiit.* ℣ *Sed sic eum. Allel.* ℣ *Hic est discipulus.* Prosa *Jucundare.* Evangel. *Dixit Jesus Petro.* Credo. Offert. *Justus ut palma.* Praefatio de apostolis scil. *Te Domine suppliciter exorare.* Comm. *Exiit sermo.* Ad Nonam. ant. *Sic eum.* Cap. *Jucunditatem,* ℟ ℣ or. ut supra. Ad vesp. ant. *Tecum principium.* Cap. *Qui timet.* ℟ *In medio.* Hymn. *Exultet.* ℣ *Valde honorandus.* Ant. *Iste est Johannes.* Ps. *Magnif.* Or. *Ecclesiam.* Memoria Innocentium. Ant. [35ᵃ] *Innocentes.* ℣ *Hi* [*sunt*] *qui cum mulieribus.* Or. *Deus cujus hodierna. Per Xpistum Dominum.* Memo. de Nativitate, ant. *Virgo Dei.* Memo. de S. Stephano. ant. *Constitutus.* ℣ Or. ut supra.

In Natali Innocentium semiduplex. Ad matutin. Invitat. *Venite adoremus.* Hymn. *Nudata pendent.* ℣ *Gloria tibi Domine.* In I noct. ant. *Herodes.* Ps. *Beatus vir.* Ant. *Xpistus infans.* Ps. *Quare fremuerunt.* Ant. *Arridebat.* Ps. *Domine quid multiplicati.* ℣ *Laetamini in Domino.* Lect. sex de sermone S. Severini *Zelus quo tendat.* ℟ *Sub altare.* ℣ *Vidi sub.* ℟ *Effuderunt.* ℣ *Vindica.* ℟ *Sub throno.* ℣ *Sub altare.* In II noct. ant. *Norunt infantes.* Ps. *Domine quis habitabit.* Ant. *Erigitur.* Ps. *Conserva.* Ant. *Dignus a dignis.* Ps. *Domini est terra.* ℣ *Exultent justi.* ℟ *Adoraverunt.* ℣ *Et ceciderunt.* ℟ *Isti sunt.* ℣ *Vindica.* ℟ *Cantabant.* ℣ *Sub throno.* In III noct. ant. *Dicunt infantes.* Ps. *Beati quorum.* Ant. *Licuit.* Ps. *Exultate.* Ant. *Clamant.* Ps. *Deus venerunt.* ℣ *Justi autem.* Lectt. tres de evangel.

Angelus Domini. ℟ *Isti sunt.* ℟ *Ambulabunt mecum.* ℟ *Centum quadraginta.* Si dominica non fuerit ℟ reincipiatur, et si dominica fuerit *Te Deum* dicatur. Sacerdot. ℣ *Hi sunt qui cum mulieribus.* In Laudibus ant. *Herodes iratus.* Ps. *Dominus regnavit.* Ant. *A bimatu.* Ps. *Jubilate.* Ant. *Vox in Rama.* Ps. *Deus, Deus.* Ant. *Sub throno.* Ps. *Benedicite.* Ant. *Cantabant.* Ps. *Laudate.* Cap. *Vidi supra.* Hymn. *Caeduntur.* ℣ *Quae vox.* ℣ *Te summa.* ℣ *Mirabilis Deus.* Ant. *Hi sunt qui cum mulieribus.* Ps. *Bened.* Or. *Deus cujus hodierna.* Memoria de Nativitate ant. *Pastores.* Memo. de S. Stephano ant. *In tribulatione.* Memo. de S. Johanne. ant. *Johannes apostolus.* ℣ *Valde honorandus.* Or. *Ecclesiam,* et dicantur praedicti ℣ et or. ad vesperas et ad matut. per octavam. Ad Primam ant. *Herodes.* Missa matut. *Puer natus.* II Coll. de S. Stephano. III de S. Johanne. Ad Tertiam ant. *A bimatu.* Cap. *Hi empti sunt.* ℟ ℣ ut plurimorum martyrum, cum *allel.* Or. *Deus cujus hodierna,* et dicatur ad omnes horas. Ad Sextam ant. *Vox in Rama.* Cap. *Isti sunt qui non coinquinaverunt.* Ad magnam missam officium *Ex ore infantium.* Ps. *Domine Dominus. Gloria in excelsis* non dicitur nisi dominica fuerit. Or. *Deus cujus hodierna. Per Dominum nostrum.* Epistola *Vidi supra.* Grad. *Anima nostra.* [35ᵇ] ℣ *Laqueus.* Si dominica fuerit *allel.* Sin autem *Laus tibi,* quod dicitur in loco *allel.* ℣ *Sub throno* Si dominica fuerit prosa *Supernae matris* Evangel. *Angelus Domini apparuit.* Credo. Offert. *Anima nostra.* Comm. *Vox in Rama.* Ad Nonam ant. *Cantabant.* Cap. *Hi sunt qui cum* etc. Ad vesperas ant. *Tecum principium* etc. Cap. *Vidi supra.* ℟ *Centum.* Hymn. *Caeduntur,* ut supra. ℣ *Hi sunt qui cum.* Ant. *Ambulabunt.* Ps. *Magnif.* Or. *Deus cujus hodierna.* Memoria de S. Thoma ant. *Pastor caesus.* ℣ *Gloria et honore.* Or. *Deus pro cujus ecclesia.* Memo. de Nativitate Domini, ant. *Virgo verbo.* Memo. de S. Stephano ant. *Lumine.* Memo. S. Johannis, ant. *Supra pectus.*

In Natali S. Thomae archiepiscopi et martyris IX lect. Ad matut. invitat. *Assunt Thomae.* Hymn. Ps. ℣℣ ut unius martyris. In I noct. ant. *Summo sacerdotio,* ant. *Monachus sub,* ant. *Cultor agni.* Lectt. sex de passione ejus *Gloriosi martyris.* ℟ *Studens livor.* ℣ *Ordo.* ℟ *Thomas manus.* ℣ *Clamat.* ℟ *Lapis iste.* ℣ *Aurum fornax.* In II noct. ant. *Nec in agnos.* ant. *Exulat vir,* ant. *Exulantis.* ℟ *Post sex annos.* ℣ *Ne sit lupis.* ℟ *Jacet granum.* ℣ *Cadit custos*[1]*.* ℟ *Ex summa.*

---

[1] *Hoc respons. cum suo* ℣ *habetur in margine.*

℣ *Concurrit.* In III noct. ant. *Sathanae.* Ant. *Strictis.* Ant. *Hosti pandit.* Lectt. tres de evangel. *Ego sum pastor.* ℟ *Mundi florem.* ℣ *Vox cruoris.* ℟ *Xpiste Jesu.* ℣ *Per te Thoma.* ℟ *Jesu bone.* ℣ *Actu mente.* Te Deum. Sacerdot. ℣ *Ora pro nobis.* In Laudib. ant. *Granum cadit.* Ps. *Dominus regnavit* etc., ant. *Totus orbis,* ant. *Aqua Thomae,* ant. *Ad Thomae,* ant. *Tu per Thomae.* Cap. hymn. ℣ ut unius martyris. ant. *Opem nobis.* Ps. *Bened.* Or. *Deus pro cujus.* Memoria de Nativitate ant. *Nesciens mater.* Memo. de S. Stephano ant. *Benedictionis.* Memo. S. Johannis ant. *Quasi unus.* Memo. Innocentium ant. *Herodes videns* ℣ *Hi sunt qui cum mulieribus.* Or. *Deus cujus hodierna.* Praedicti ℣ et or. dicantur ad matutin. et ad vesperas per octavam. Ad horas antt. de Laudibus et cetera ut unius martyris. Ad missam *Gaudeamus.* Ps. *Exaudi Deus orationem.* Or. *Deus pro cujus.* Memoriae de Nativitate, de S. Stephano, de S. Johanne, et Innocentibus. Epistola *Omnis pontifex.* Grad. *Domine praevenisti.* ℣ *Vitam ; Allel.* [35ᵉ] *Laetabitur.* Evangel. *Ego sum pastor.* Require in dominica II post Pascha. *Credo.* Offertor. *Posuisti.* Comm. *Ego sum pastor.* Require in II dominica post Pascha. Si hoc festum in dominica evenerit, missa matutin. *Puer natus.* II Coll. de S. Thoma. III de S. Stephano, IV de S. Johanne, V de Innocentibus, etc. ut supra. Major missa de sancto. Ad vesperas ant. *Tecum principium* etc. ut supra. Cap. *Iste sanctus.* ℟ *Jesu bone.* Hymn. *Deus tuorum.* ℣ *Gloria et honore.* Ant. *Salve Thoma.* Ps. *Magnif.* Or. *Deus pro cujus.* Memo. de Nativitate, ant. *Hodie intacta.* De S. Stephano, ant. *O quam admirabile.* De S. Johanne, *In ferventis.* De Innocentibus, *Xpistus infans.* Si in crastino S. Thomae dominica evenerit, sic faciendum est. Invitat. Hymn. antt. Pss. ℟℟ et ℣℣ ut in die Nativitatis Domini, lectiones sex de sermone beati Fulgentii *Cupientes.* Tres de Evangelio *Erant Joseph.* In Laudibus ant. *Quem vidistis* et ceterae ad ceteros. Capit. *Populus gentium.* Hymn. *A solis ortu.* ℣ *Benedictus qui venit.* Ant. *Nato Domino.* Ps. *Bened.* Or. *Concede.* Memo. de dominica, ant. *Dum medium,* ℣ *Puer natus.* Or. *Omnipotens sempiterne Deus.* Memo. de S. Stephano, ant. *In Domino.* De S. Johanne. ant. *Propter insuperabilem.* De Innocentibus, ant. *Arridebat.* Ad Primam ant. *Quem vidistis,* et cetera. Missa matut. Officium *Dum medium.* Or. *Omnipotens sempiterne.* II Or. de Nativitate *Concede.* III de S. Stephano, IV de S. Johanne, V de S. Innocentibus. Epistola *Quanto tempore.* Grad. *Speciosus. Allel.* ℣ *Dominus regnavit.* Require in officio *Lux fulgebit.* Evangel. *Erant*

Joseph, et legatur totum. *Credo.* Offertor. *Deus enim.* Comm. *Tolle puerum.* Horae ut in die Nativitatis Domini, cum or. *Concede.* Ad magnam missam officium *Puer natus.* Or. *Concede.* Epistola *Multifarie.* Grad. *Viderunt. Allel.* ℣ *Dies sanctificatus.* Evangel. *In principio. Credo.* Offert. *Tui sunt.* Comm. *Viderunt.* Si in crastino S. Thomae dominica non fuerit, hoc modo faciendum est. Invitat. *Xpistus natus.* Hymn. *Xpiste redemptor.* Ant. *Dominus dixit.* Pss. de Nativitate cum sola hac. ℣ *Notum fecit.* Lectt. tres de evangel. *Erant Joseph.* ℟ *Quem vidistis.* ℟ *O magnum.* ℟ *Sancta et immaculata. Te Deum.* Sacerdot. ℣ *Verbum caro.* In Laudib. ant. *Quem vidistis.* Ps. *Dominus regnavit* et ceteri cum hac sola. Cap. *Populus gentium.* Hymn. *A solis.* ℣ *Benedictus.* Ant. ⌐35ᵈ] *Gaudeamus.* Ps. *Bened.* Or. *Concede.* Memo. de dominica ant. *Dum medium.* ℣ *Puer natus.* Or. *Omnipotens sempiterne.* Memo. de S. Stephano, de S. Johanne, et de Innocentibus, ut jam supra sunt signatae. Ad Primam et ad alias horas plenarie ut in Nativitate Domini. Ad missam offic. *Dum medium.* Or. *Omnipotens sempiterne.* Memo. de Nativitate, de S. Stephano, de S. Johanne, de Innocentibus. Epist. et Evang. etc. ut supra scriptum est.

In natali S. Silvestri ut IX lect. Ad vesp., sive dominica fuerit sive non, ant. *Tecum principium.* Ps. *Dixit Dominus* et ceterae ad ceteros. Cap. *Ecce sacerdos.* ℟ *Sancte Silvester.* Hymn. ℣ ant. sicut unius confessoris et episcopi. Collecta *Da quaesumus omnipotens.* Memo. de Nativitate, ant. *Lux orta.* Memo. de S. Stephano ant. *Sine macula.* Memo. de S. Johanne ant. *Occurrit beato.* Memo. de Innocentibus, ant. *Norunt.* Ad matut. Invitat. *Regem confessorum.* Hymn., antt., pss. ut unius confessoris et episcopi. Lectt. octo de vita ipsius *Silvester episcopus.* Septima de evangel. *Homo quidam peregre.* In Laudibus ant. *Ecce sacerdos.* Ps. *Dominus regnavit;* ceterae ad ceteros. Capit., Hymn., ℣ ant. ut unius episcopi et confessoris. Or. *Da quaesumus omnipotens.* Memo. de Nativitate, ant. *Virgo hodie.* De S. Stephano, ant. *Domine virtus.* De S. Johanne ant. *Apparuit caro.* De Innocentibus ant. *Erigitur.* Ad horas ut unius confessoris et episcopi. Si in dominica hoc festum evenerit, missa matutin. *Puer natus,* prima coll. de Nativitate, II de S. Silvestro, III de S. Stephano, IV de S. Johanne, V de Innocentibus. Ad missam magnam *Sacerdotes ejus.* Ps. *Memento Domine.* Si dominica non fuerit, haec missa celebretur cum supradictis memoriis, alternatis primis duabus orationibus. Epistola *Ecce sacerdos.* Grad.

Ecce sacerdos. Allel. ℣ *Inveni.* Evangel. *Homo quidam. Credo.* Offertor. *Inveni David.* Comm. *Beatus servus.*

In Circumcisione Domini duplex festum. Ad vesperas, ant. *Tecum principium.* Ps. *Dixit Dominus* et ceterae ad ceteros. Capit. *Multifarie.* ℟ *Descendit.* Hymn. *Veni redemptor.* ℣ *Tamquam sponsus.* Ant. *Qui de terra.* Ps. *Magnif.* Or. *Deus qui nobis.* Hic nulla fiat memoria, similiter nec ad matutinum. Ad Completorium ut supra. Ad matutinum invitat. *Xpistus natus.* Hymn. *Xpiste redemptor.* In I noct. ant. *Dominus dixit.* Ps. *Quare fremuerunt.* Ant. *In sole.* Ps. *Coeli enarrant.* Ant. *Elevamini.* Ps. *Domini est terra.* ℣ *Tamquam sponsus.* Lectiones sex de sermone [36ª] *Quamquam non dubitem,* vel de sermone Origenis *Quod mortuus est.* ℟ *Benedictus qui venit.* ℣ *Lapidem.* ℟ *Ecce agnus.* ℣ *Hoc est testimonium.* ℟ *Confirmatum.* ℣ *Domus pudici.* In II noct. ant. *Speciosus.* Ps. *Eructavit.* Ant. *Homo natus.* Ps. *Fundamenta.* Ant. *Exultabunt.* Ps. *Cantate.* ℣ *Ipse invocavit.* ℟ *O regem.* ℣ *Domine audivi.* ℟ *Congratulamini.* ℣ *Beatam me.* ℟ *Continet.* ℣ *Virgo Dei.* In III noct. ant. *In principio.* Ps. *Dominus regnavit.* Ant. *Ante luciferum.* Ps. *Cantate* (secundus). Ant. *Nato domino.* Ps. *Dominus regnavit irascantur.* ℣ *Notum fecit.* Lectiones tres de evangelio *Postquam consummati.* ℟ *Nesciens virgo.* ℣ *Beata viscera.* ℟ *Beata Dei genitrix.* ℣ *Beata et venerabilis.* ℟ *Verbum caro.* ℣ *In principio. Te Deum.* Sacerdot. ℣ *Verbum caro.* In Laudibus ant. *O admirabile.* Ps. *Dominus regnavit.* Ant. *Quando natus.* Ps. *Jubilate.* Ant. *Rubum quem.* Ps. *Deus, Deus.* Ant. *Germinavit.* Ps. *Benedicite.* Ant. *Ecce Maria.* Ps. *Laudate.* Cap. *Populus gentium.* Hymn. *A solis.* ℣ *Verbum caro.* Ant. *Mirabile.* Ps. *Bened.* Or. *Deus qui.* Ad Primam ant. *O admirabile.* Ps. *Deus in nomine.* Missa matutin. *Vultum tuum.* Ps. *Eructavit.* Coll. *Deus qui salutis,* cum hac sola. Epistola *Quanto tempore.* Grad. *Diffusa est.* ℣ *Propter. Allel.* ℣ *Post partum.* Evangel. *Erant Joseph,* usque *Cogitationes. Credo.* Offertor. *Offerentur,* majus. Comm. *Simile est.* Ad Tertiam et ad alias horas antt. Laudum cum orat. *Deus qui nobis.* Capitula et ℟℟ ut in Nativitate Domini. Ad magnam missam *Puer natus.* Coll. *Deus qui nobis.* Epistola *Multifarie.* Grad. *Viderunt. Allel.* ℣ *Multifarie.* Prosa *Laetabundus.* Evangel. *Postquam. Credo.* Offertor. *Tui sunt.* Comm. *Viderunt.* Ad II vesperas Ant. *O admirabile.* Ps. *Dixit Dominus.* Ant. *Quando natus.* Ps. *Confitebor.* Ant. *Rubum.* Ps. *Beatus vir.* Ant. *Germinavit.* Ps. *De profundis.* Ant. *Ecce.* Ps. *Me-*

mento. Cap. *Apparuit benignitas.* ℟ *Verbum caro.* Hymn. *Veni redemptor.* ℣ *Tamquam.* Ant. *Magnum.* Ps. *Magnif.* Or. *Deus qui nobis.* Memo. S. Stephani. Ant. *Intuens,* non obstante quod etiam ad matutinum dicetur. ℣ *Gloria et honore.* Or. *Da nobis quaesumus.*

In octava S. Stephani incipiatur matutinum de S. Maria. Matut. de S. Stephano fiant sicut in die, lectiones sex de sermone *Fratres karissimi Hesterna* etc. ut in [36ʳ] festo, ad modum IX lect. Memo. de S. Johanne, ant. *Expandens.* Memo. de Innocentibus, ant. *Dignus a dignis.* Memo. de S. Maria, ant. *Germinavit.* ℣ *Post partum.* Or. *Deus qui salutis.* Memo. de angelis, ant. *Laudemus.* ℣. *In conspectu.* or. *Perpetuum.* Ad missam *Etenim sederunt.* II Coll. de S. Johanne, III de Innocentibus etc. ut in festo ad modum IX lect. sine prosa. *Credo.* Si octava S. Stephani in dominica evenerit, missa matutin. erit *Vultum tuum.* II Coll. de S. Johanne, III de Innocentibus. Major missa de festo. Ad II vesperas ant. *Tecum principium,* Ps. *Dixit Dominus,* et ceterae ad ceteros. Cap. *Stephanus.* ℟ *Videbant* ℣ *Stephanus.* Hymn. *Sancte Dei.* ℣ *Gloria et honore.* ant. *Patefactae.* Ps. *Magnif.* Or. *Omnipotens sempiterne.* Memo. de S. Johanne. ant. *In medio,* non obstante quod etiam in matutino dicetur. ℣ *Valde honorandus.* Or. *Ecclesiam tuam.* Memo. de Innocentibus, ant. *Dicunt infantes.* Memo. de beata Maria, ant. *Rubum quem vidit.* ℣ *Post partum.* Or. *Deus qui salutis.* Memo. de angelis. ant. *Excelsi.* ℣ *In conspectu.* Or. *Perpetuum nobis.*

In octava S. Johannis IX lect. totum officium plenarie fiat de eo sicut in die ad modum IX lect. Sex de sermone *Audi fabulam* etc. ut in die. Memo. de Innocentibus, ant. *Licuit.* Memo. de S. Maria et de angelis. Ad missam II collecta de Innocentibus, III de beata Virgine *Deus qui salutis* etc. ut in festo, excepta prosa. Si octava S. Johannis in dominica evenerit, missa matutinalis erit *Vultum tuum,* II Coll. Innocentium, III *A cunctis.* Major missa de festo. Ad II vesperas ant. *Tecum principium* etc. Capit. *Qui timet.* ℟ Illo die. ℣ *Esto fidelis.* Hymn. *Exultet coelum.* ℣ *In omnem terram.* Ant. *Quasi unus.* Ps. *Magnif.* Coll. *Ecclesiam tuam.* Memo. de Innocentibus, ant. *Innocentes.* ℣ *Hi sunt qui.* Coll. *Deus cujus hodierna.* Memo. de beata Maria et de angelis.

In octava Innocentium, IX lect. Lectiones sex de sermone *Dedicatur novus* etc. ut in die. Hae octavae quocumque die evenerint *Te Deum laudamus, Gloria in excelsis, Allel.* et *Ita missa est* dicantur;

ad missam II collecta de S. Maria *Deus qui salutis*. III *A cunctis*. Si octavae Innocentium in dominica evenerint, missa matutin. erit *Vultum tuum*, II coll. de Innocentibus, III *A cunctis*. Missa major de festo. Ad vesperas secundas, ant. *Tecum principium*, Ps. *Dixit Dominus*, et ceterae ad ceteros. Capit. *Vidi [36c] supra*. ℟ *Effuderunt*. ℣ *Vindica*, et cetera ut in die. Memo. de beata Virgine et de angelis.

In vigilia Epiphaniae non dicimus XV psalmos neque horas beatae Virginis nec aliqua fit memoria. Si dominica fuerit, faciendum est hoc modo. Ad matut. Invitat. *Xpistus natus* etc. ut in die Circumcisionis. Lectt. sex de sermone *Hodie fratres karissimi*; tres lect. de evangelio *Defuncto Herode*. ℟ *Benedictus qui venit*, sicut supra. *Te Deum* dicatur. In Laudibus ant. *O admirabile*; ceterae ad ceteros. Cap., Hymn. et ℣ ut in Circumcisione. Ad *Bened*. ant. *Revertere*. Collecta *Corda nostra*. Missa matut. *Vultum tuum*, II Coll. *Corda nostra*. III *A cunctis*. Horae ut in die Circumcisionis, cum orat. *Corda nostra*. Ad magnam missam *Lux fulgebit*. *Kyrie* et *Gloria in excelsis* de dominica. Coll. *Corda nostra*. Haec sola coll. dicatur. Epistola *Apparuit benignitas*. Grad. *Benedictus qui venit*. *Allel*. ℣ *Dominus regnavit*. Evangel. *Defuncto*. Credo. Offert. *Deus enim*. Comm. *Tolle puerum*. Si non fuerit dominica, hoc modo dicatur. Invitat. *Xpistus natus*. Hymn. *Xpiste redemptor*. Ant. *Dominus dixit*. Pss. de Circumcisione cum hac sola. Lect. tres de evangel. *Defuncto Herode*. ℟ *Benedictus qui venit*. ℟ *O regem coeli*. ℟ *Congratulamini*. *Te Deum* non dicatur, sed ultimum ℟ reiteretur. ℣ *Sacerdot*. *Verbum caro*. In Laudibus ant. *O admirabile*[1] etc. cum hac sola. Cap. *Populus gentium*. Hymn. *A solis*. ℣ *Benedictus qui*. Ant. *Revertere*. Ps. *Bened*. Or. *Corda*. Ad Primam ant. *O admirabile*. Horae ut in Circumcisione Domini cum or. *Corda nostra*. Ad missam *Lux fulgebit*, ut jam supra signatur, sed *Gloria in excelsis* et *Credo* et *Ite missa* non dicantur. *Allel*. tamen dicatur. Ad vesperas totum duplex. Ant. *Tecum principium*, Ps. *Dixit Dominus* et ceterae ad ceteros. Cap. *Surge illuminare*. ℟ *Reges Tharsis*. Hymn. *Hostis Herodes*. *Gloria tibi Domine qui apparuisti*. In cujus tono omnes hymni per octavam cantentur ad horas et cum ℣ *Gloria tibi Domine qui apparuisti*. ℣ *Reges Tharsis*. Ant. *Venit lumen*. Ps. *Magnif*. Coll. *Corda nostra*. Ad Complet. ant *Miserere*. Hymn. *Salvator*. Ant. *Allel*. *Omnes de Saba venient*. Ps. *Nunc dimittis*. Haec ant. dicatur per octavam et in octava.

[1] *Addendum* : Ps. *Dominus regnavit*.

In die Epiphaniae matut. sic incipiatur. *Domine labia mea* etc. *Deus in adjutorium* etc. *Gloria Patri* etc. In 36ᵈ vitat. non dicatur, nec hymn. sed mox incipiatur ant. *Afferte.* Ps. ipsum. Ant. *Fluminis.* Ps. *Deus noster.* Ant. *Psallite.* Ps. *Omnes gentes.* ℣ *Reges Tharsis.* Lect. tres de Isaia *Omnes sitientes.* In fine : *Haec dicit Dominus Deus.* ℟ *Hodie in Jordane.* ℣ *Coeli aperti sunt.* ℟ *Omnes de Saba.* ℣ *Reges Tharsis.* ℟ *Stellam quam.* ℣ *Et intrantes domum.* In II noct. ant. *Omnis terra.* Ps. *Jubilate* (primus). Ant. *Reges Tharsis.* Ps. *Deus judicium.* Ant. *Omnes de Saba*[1]. Lectiones tres de sermone *Celebrato proximo.* ℟ *Interrogabat.* ℣ *Vidimus.* ℟ *Illuminare.* ℣ *Et ambulabunt.* ℟ *Reges Tharsis.* ℣ *Et adorabunt.* In III noct. ant. *Venite.* Ps. ipsum. Ant. *Adorate.* Ps. *Cantate* (primus). Ant. *Adorate Dominum.* Ps. *Dominus regnavit exultet.* ℣ *Omnes gentes.* Lect. tres de evangel. *Cum natus.* ℟ *Magi venerunt.* ℣ *Cum natus.* ℟ *Tria sunt.* ℣ *Salutis.* ℟ *In columbae.* ℣ *Coeli aperti.* Interim praeparet se diaconus ad recitandam genealogiam secundum Lucam *Factum est*, tamen primo petendo benedictionem sicut ad *Liber generationis.* Qua finita, sequitur *Te Deum laudamus.* Sacerdot. ℣ *Omnes de Saba.* In Laudibus ant. *Ante Luciferum.* Ps. *Dominus regnavit.* Ant. *Tria sunt.* Ps. *Jubilate.* Ant. *Apertis thesauris.* Ps. *Deus Deus.* Ant. *Maria et flumina.* Ps. *Benedicite.* Ant. *Videntes.* Ps. *Laudate.* Cap. *Magi videntes.* Hymn. *Hostis Herodes.* ℣ *Adorate Dominum.* Ant. *Hodie coelesti.* Ps. *Bened.* Or. *Deus qui hodierna.* Ad Primam ant. *Ante luciferum.* Ps. *Deus in nomine. Jesu Xpiste*, cum *allel.* ℣ *Qui hodie mundo apparuisti;* et dicatur per octavam. Missa matutin. *Ecce advenit*, sicut est, sine prosa. Ad Tertiam ant. *Tria sunt.* Ps. *Legem pone.* Cap. *Ambulabunt.* ℟ *Reges Tharsis*, cum *allel.* ℣ *Omnes de Saba.* Or. *Deus illuminator.* Ad Sextam ant. *Apertis thesauris.* Ps. *Defecit.* Cap. *Filii tui.* ℟ *Omnes de Saba.* ℣ *Adorate Dominum.* Or. *Deus qui hodierna.* Ad magnam missam *Ecce advenit.* Ps. *Deus judicium.* Or. *Deus qui hodierna.* Epistola *Surge illuminare.* Grad. *Omnes de Saba.* ℣ *Surge. Allel.* ℣ *Vidimus.* Prosa *Epiphaniam.* Evangel. *Cum natus.* Credo. Offertor. *Reges Tharsis.* Praefatio *Quia cum Unigenitus. Communicantes;* et dicantur per hebdomadam. Comm. *Vidimus.* Ad Nonam ant. *Videntes.* Cap. *Inundatio.* ℟ *Adorate Dominum.* ℣ *Omnes gentes quascumque.* Or.

---

[1] *Editus rectius sic habet :* ant. *Omnes gentes.* Ps. *Inclina Domine.* ℣ *Omnes de Saba.*

Praesta quaesumus omnipotens. Ad II vesperas ant. *An[37ª]te luciferum.* Ps. *Dixit Dominus.* Ant. *Tria sunt.* Ps. *Confitebor.* Ant. *Apertis.* Ps. *Beatus vir.* Ant. *Maria.* Ps. *De profundis.* Ant. *Videntes.* Ps. *Memento.* Hi pss. dicantur ad vesperas per octavam cum sola ant. *Ante luciferum.* Cap. *Surge illuminare.* ℟ *In columbae.* Hymn. *Hostis Herodes.* ℣ *Reges Tharsis.* Ant. *Ab oriente.* Ps. *Magnif.* Or. *Deus qui hodierna.* Complet. ut supra.

Per octavam ad *Bened.* et ad *Magnif.* ant. *Magi videntes*, ant. *Stella ista*, ant. *Coeli aperti*, ant. *Lux de luce*, ant. *Vidimus stellam*, ant. *Descendit*, ant. *Ordines angelorum*, ant. *Admoniti*, ant. *Omnes nationes*, ant. *Venient ad te*, ant. *Omnes de Saba.* Et si necesse fuerit reiterentur. A crastino Epiphaniae et per octavam ad matutin. Invitat. *Xpistus apparuit.* Hymn. *A patre unigenitus.* Ant. *Afferte Domino.* Haec sola dicatur cotidie super psalmos nisi in dominica et in octava. Ps. ipsum. Ps. *Deus noster.* Ps. *Omnes gentes.* Ps. *Jubilate.* Ps. *Deus judicium.* Ps. *Inclina.* Ps. *Cantate* (primus.) Ps. *Dominus regnavit exultet.* Ps. *Cantate* (secundus). ℣℣ secundum ordinem nocturnorum. Lectt. tres de sermone Leonis Papae *Herodes audiens.* ℟ *Dies sanctificatus.* ℣ *Venite.* ℟ *Videntes.* ℣ *Reges Tharsis.* ℟ *Rex magnus.* ℣ *Reges Tharsis.* Praedicta tria ℟℟ dicantur in crastino Epiphaniae et postea per ordinem illa IX de die, et iterum per eundem modum reiterentur quantum necesse fuerit. *Te Deum.* Sacerdot. ℣ *Omnes de Saba.* In Laudibus ant. *Ante luciferum.* Ps. *Dominus regnavit* etc. cum hac sola. Cap. *Surge illuminare.* Hymn. *Hostis Herodes.* ℣ *Adorate Dominum.* Ant. ad *Bened.* una de supradictis per ordinem. Or. *Deus qui hodierna.* Memo. de S. Maria et de angelis ut supra. Ad horas ut in die. Ad missam *Ecce advenit.* II Coll. *Deus qui salutis.* III *A cunctis.* Prosa non dicatur, sed *Kyrie* et *Gloria in excelsis* ut per octavas. *Credo* dicatur ad missas per octavam. Ad vesperas ant. *Ante luciferum.* Ps. *Dixit Dominus*, et ceteri cum hac sola. Cap. *Surge illuminare.* Hymn. *Hostis Herodes.* ℣ *Reges Tharsis.* Ad *Magnif.* ant. una de supradictis. Or. *Deus qui hodierna.* Memo. de S. Maria et de angelis ut supra. Complet. ut supra. Sabbato infra octavam ad vesperas ant. *Ante luciferum.* Ps. *Dixit Dominus.* et ceteri pss. ut in die Epiphaniae cum hac sola. Cap. *Surge illuminare.* ℣ *Reges Tharsis.* Ant. *Venit lumen.* Ps. *Magnif.* Or. *Deus qui hodierna.* Complet. ut supra [37ᵇ]. Dominica infra octavam ad matut. Invitat. *Xpistus apparuit.* Hymn. *A patre unigenitus.* Ant. *Afferte* et ceterae ad ceteros. In III noct. ant. *Ado-*

rate Dominum. Ps. *Cantate* (primus). Ant. *Adorate Dominum.* Ps. *Dominus regnavit.* Ant. *Notum fecit.* Ps. *Cantate* (secundus). Lectiones sex de sermone S. Fulgentii *Nostis fratres karissimi.* Lect. tres de Evangel. *Vidit Johannes.* ℟ *Hodie,* sicut sunt. In Laudibus ant. *Ante luciferum.* Ps. *Dominus regnavit,* ceterae ad ceteros. Cap. *Surge illuminare.* Hymn. *Hostis Herodes.* ℣ *Adorate Dominum.* Ad Bened. ant. *Hodie.* Or. *Deus qui.* Ad Primam, ant. *Ante luciferum.* Missa matut. *Vultum tuum.* II Coll. *Deus qui hodierna.* III *A cunctis.* Horae ut in die. Ad magnam missam *Ecce advenit.* Coll. *Deus qui hodierna.* Epistola *Surge illuminare.* Grad. *Omnes de Saba. Allel. Vidimus.* Evangel. *Vidit Johannes,* et cetera ut in die. Si Epiphania in dominica fuerit tunc istud evangel. *Vidit Johannes Jesum* pronuncietur feria IV ad matutinum et legatur ad missam. Ad vesperas ant. *Ante luciferum.* Ps. *Dixit Dominus* et ceteri cum hac sola. Cap. *Surge.* Hymn. *Hostis Herodes.* ℣ *Reges Tharsis.* Ant. *Ab oriente.* Ps. *Magnif.* Or. *Deus qui hodierna.* Complet. ut supra.

In octava Epiphaniae. Ad vesperas ant. *Ante luciferum.* Ps. *Dixit Dominus,* et ceteri cum hac sola. Cap. *Surge illuminare.* ℟ *Reges.* Hymn. *Hostis Herodes.* ℣ *Reges Tharsis.* Ant. *Baptizat miles.* Ps. *Magnif.* Or. *Deus cujus.* Memo. de SS. Hilario atque Remigio. ant. *Fulgebunt justi.* ℣ *Laetamini.* Coll. *Praesta quaesumus.* Complet. ut supra. Ad matut. invitat. *Xpistus apparuit.* Hymn. *A patre unigenitus.* Antt., Pss., ℣℣, ℟℟ ut die Epiphaniae, nisi quod in III nocturno antt. et pss. dicantur sicut prius in dominica. Lect. sex de sermone ejusdem solemnitatis *Licet fratres dilectissimi.* Lect. tres de evangelio *Venit Jesus a Galilaea.* In Laudibus ant. *Veterem hominem.* Ps. *Dominus regnavit.* Ant. *Te qui.* Ps. *Jubilate.* Ant. *Baptista.* Ps. *Deus, Deus.* Ant. *Draconis.* Ps. *Benedicite.* Ant. *Magnum.* Ps. *Laudate.* Cap. *Omnes de Saba.* Hymn. *Hostis Herodes.* ℣ *Adorate Dominum.* Ant. *Praecursor.* Ps. *Bened.* Or. *Deus cujus unigenitus.* Memo. de sanctis, ant. *Sint lumbi.* ℣ *Mirabilis.* Or. *Praesta quaesumus omnipotens.* Ad Primam ant. *Veterem.* Missa matut. de sanctis si dominica fuerit, et dicatur officium *Sacerdotes ejus.* Ps. *Memento.* Coll. *Praesta quaesumus omnipotens.* II Coll. *Deus qui salutis.* III *A cunctis.* Epistola *Plures facti sunt.* Grad. *Sacer[37ᶜ]dotes.* ℣ *Illuc producam; allel.* ℣ *Fulgebunt.* Evangel. *Sint lumbi.* Offertor. *Exultabunt.* Comm. *Justorum.* Ad Tertiam et ad alias horas antt. de Laudibus, ℟℟ ℣℣ de Epiphania. Or. *Deus cujus unigenitus.*

Ad magnam missam officium *Ecce advenit*. Or. *Deus cujus*. Epistola *Domine Deus meus*. Grad. et *Allel*. de Epiphania ¹. [Evangel. *Venit Jesus a Galilaea*. Credo. Offertor. Praefatio, Communicantes, Comm. de Epiphania.] Si dominica non fuerit, haec missa dicatur post Primam. II Coll. de sanctis, III de S. Maria. Ad II vesperas ant. *Veterem hominem*. Ps. *Dixit Dominus* et ceteri pss. ut supra cum hac sola. Cap. *Surge illuminare*. Hymn. *Hostis Herodes*. ℣ *Reges Tharsis*. Ant. *Fontes aquarum*. Ps. *Magnif*. Or. *Deus illuminator*. Memo. de S. Felice, ant. *Justum deduxit*. ℣ *Amavit eum*. Coll. *Concede quaesumus ut ad meliorem*. Complet. ut supra. Si octava Epiphaniae in sabbato evenerit, ad vesperas antt. et pss. erunt de octava. Cap. et quae sequuntur de dominica et memo. de octava. Ant. *Fontes aquarum*. ℣ *Reges Tharsis*. Coll. *Deus illuminator*. Memo. de S. Maria ant. *Alma redemptoris*, de angelis et de S. Felice ut supra. Complet. de dominica sicut infra signatur. Qualiter post octavam Epiphaniae historia *Domine ne in ira*, et officia dominicalia quae usque ad LXX^{am} signantur secundum diversa tempora dici debeant, quaere in XXV rubrica in principio.

In die S. Felicis. Ad matut. invitat., Hymn., ʀʀ ut unius confessoris non episcopi. Dieta secundum feriam. III lectt. de propria legenda vel communi aut etiam de temporali, scil. de epistolis Pauli. Cetera de communi. Ad matutin. et ad vesperas deinceps in feriis et festis trium lectt. fiant memoriae feriales sicut in rubrica XIX signatur. Ad Primam et ad alias horas sicut unius confessoris non episcopi. Ad missam officium *Os justi*. Coll. *Concede quaesumus*. Aliae orationes dicantur sicut in rubrica XXXV signatur. Epistola *Doctrinis variis*. Grad. *Juravit Dominus*. *Allel*. ℣ *Justus germinabit*. Evangel. *Nemo accendit*. Offertor. *Gloria et honore*. Comm. *Posuisti*.

Hae antt. dicantur in sabbatis usque LXX^{mam} super *Magnif*. vel ad memoriam. Ant. *Peccata mea*. Ant. *Fratres existimo*. Ant. *Fratres confortamini*. Et si necesse fuerit reincipiantur.

Sabbato post octavam Epiphaniae ad vesperas ant. *Benedictus*. Ps. ipsum et ceterae ad ceteros sicut signatur in primo sabbato ad-
[37^d]ventus, et dicantur in omnibus sabbatis ad vesperas per totum annum quando de dominica agitur, nisi in tempore Paschali et nisi in sabbato LXX^{mae} quando praedicti psalmi cum *allel*. dicuntur.

---

¹ *Quae* [ ] *includuntur habentur in margine*.

Cap. *Benedictus Deus Pater*. ℟ *Deus qui sedes*. ℣ *Tibi enim*. Hymn. *O lux*. ℣ *Vespertina oratio*. Capit. praecedens, hymn. et ℣ dicantur omnibus sabbatis ad vesperas usque ad XL^(mam) et a Trinitate usque Adventum quando de dominica agitur. Ant. *Peccata mea*, quae cum aliis jam supra est signata. Ps. *Magnif*. Or. *Vota quaesumus*. Ad Complet. ant. *Miserere*. Ps. *Cum invocarem*. Cap. *Tu in nobis*. Hymn. *Salvator*. ℣ *Custodi nos*. Ant. *Salva nos*. Ps. *Nunc dimittis*. *Kyrie* etc. sicut signatur in rubrica XVII.

Dominica prima post octavam Epiphaniae, ad matut. invitat. *Dominum qui fecit nos*, et dicatur in dominicis usque ad LXX^(mam). Hymn. *Primo dierum*, et dicatur in dominicis usque ad XL^(mam). In primo noct. ant. *Servite*. Ps. *Beatus vir*. Ps. *Quare fremuerunt*. Ps. *Domine quid*. Ps. *Domine*. *Gloria Patri*. Ant. *Domine Deus*. Ps. ipsum. Ps. *Domine Dominus*. Ps. *Confitebor*. Ps. *In Domino*. *Gloria Patri*. Ant. *Respice*. Ps. *Salvum me*. Ps. *Usquequo*. Ps. *Dixit insipiens*. Ps. *Domine quis habitabit*. *Gloria*. ℣ *Memor fui nocte*. Lect. sex de epistolis Pauli quae legantur usque ad LXX^(mam). ℟ *Domine ne in ira*. ℣ *Timor*. ℟ *Deus qui sedes*. ℣ *Tibi enim*. ℟ *A dextris*. ℣ *Dominus pars*. In II noct. Ant. *Bonorum*. Ps. *Conserva*. Ant. *Inclina*. Ps. *Exaudi*. Ant. *Dominus firmamentum*. Ps. *Diligam te*. ℣ *Media nocte*. ℟ *Notas mihi*. ℣ *Conserva me*. ℟ *Diligam te*. ℣ *Laudans*. ℟ *Domini est terra*. ℣ *Ipse super*. In III noct. ant. *Non sunt loquelae*. Ps. *Coeli enarrant*. Ant. *Exaudiat te*. Ps. ipsum. Ant. *Domine in virtute*. Ps. ipsum. ℣ *Exaltare Domine*. Praedictae antt. nocturnorum dicantur dominicis diebus usque ad dominicam in Passione quando de dominica agitur. Pss. vero dicantur omnibus dominicis quando de dominica agitur. Lect. tres de evangel. *Cum factus esset Jesus*. Et ita fiat in sequentibus dominicis de suis evangeliis. ℟ *Ad te Domine*. ℣ *Neque irrideant*. ℟ *Audiam Domine*. ℣ *Domine dilexi*. ℟ *Peccata mea*. ℣ *Quoniam iniquitates*. *Te Deum*. Sacerdot. ℣ *Excelsus super omnes gentes*. Iste ℣ et praedicti ℣℣ de nocturnis dicantur in dominica usque ad XL^(mam). In Laudibus ant. *Regnavit*. Ps. *Dominus regnavit*. Ant. *Sciamus omnes*. Ps. *Jubilate*. Ant. *Bene˘38ʼ]dicam te*. Ps. *Deus, Deus*. Ant. *Omnis creatura*. Ps. *Benedicite*. Ant. *Spiritus*. Ps. *Laudate*. Cap. *Benedictio et claritas*. Hymn. *Aeterne rerum*. ℣ *Dominus regnavit*. Ant. *Fili quid fecisti*. Ps. *Bened*. Or. *Vota quaesumus*. Praedictae antt. Laudum cum versiculo *Dominus regnavit*, dicantur in dominicis usque ad LXX^(mam). Cap. vero et hymn. dicantur usque ad XL^(am). Ad Primam hymn. *Jam lucis*, in tono hymni *Aeterne rerum.* Ant. *Gloria tibi.* Ps. *Deus, Deus.* Ps. *Dominus regit. Gloria,* et ceteri psalmi sicut in prima dominica adventus. Cap. *Domine miserere.* ℟ *Jesu Xpiste fili,* sine *allel.* ℣ *Qui sedes. Gloria.* ℣ *Exurge* etc. ut consuetum est. Missa matutinalis *Vultum tuum,* cum orat. sicut in rubrica XXXV signatur. Ad Tertiam ant. *Laus et perennis.* Cap. *Sana me.* ℟ *Inclina cor.* ℣ *Averte oculos.* ℣ *Ego dixi.* Or. *Vota quaesumus,* et dicatur ad omnes horas. Ad magnam missam Officium *In excelso throno.* Coll. *Vota quaesumus Domine.* Epistola *Obsecro vos per misericordiam.* Grad. *Benedictus.* Allel. ℣ *Jubilate.* Evangel. *Cum factus esset Jesus.* Credo. Offertor. *Jubilate.* Comm. *Fili quid fecisti.* Ad Sextam ant. *Gloria laudis.* Cap. *Omnia probate.* ℟ *In aeternum Domine.* ℣ *Dominus regit me.* Ad Nonam ant. *Ex quo omnia.* Cap. *Empti estis.* ℟ *Clamavi in toto.* ℣ *Ab occultis.* Praedictae antt. ad horas cum ℟℟ et ℣℣ dicantur dominicis diebus ad horas usque ad LXX^{mam} quando de dominica agitur. Cap. ad Tertiam et ad Sextam dicantur usque ad XL^{mam}, sed Cap. ad Nonam solum dicatur usque ad LXX^{mam}. Ad II vesperas ant. *Sede a dextris.* Ps. *Dixit Dominus.* Ant. *Fidelia.* Ps. *Confitebor.* Ant. *In mandatis.* Ps. *Beatus vir.* Ant. *Sit nomen.* Ps. *Laudate pueri.* Ant. *Nos qui vivimus.* Ps. *In exitu.* Cap. *Dominus autem dirigat.* Hymn. *Lucis creator.* ℣ *Dirigatur Domine.* Ant. *Puer Jesus.* Ps. *Magnif.* Or. *Vota.* Hic ordo servetur in vesperis in dominicis diebus, scil. de antt., Pss. Capp., ℣℣ usque ad XL^{mam} et a Trinitate usque Adventum Domini. Ferias per hebdomadam habes inferius statim post Dominicam quintam.

Dominica II post octavam Epiphaniae super *Bened.* Ant. *Nuptiae factae.* Or. *Omnipotens sempiterne.* Ad missam officium *Omnis terra.* Ps. *Jubilate.* Coll. *Omnipotens sempiterne.* Epist. *Habentes donationes.* Grad. *Misit Dominus.* Allel. ℣ *Dominus regnavit.* Evangel. *Nuptiae factae.* Offertor. *Jubilate.* Comm. *Dicit Dominus.* Ad II vesperas super *Magnif.* Ant. *Deficiente vino.* Or. *Omnipotens sempiterne.*

Dominica III post octavam Epiphaniae super *Bened.* Ant. *Cum autem descendisset.* Or. *Omnipotens sempiterne Deus infirmitatem.* [38ᵇ] Ad missam *Adorate Deum.* Ps. *Dominus regnavit exultet.* Coll. *Omnipotens sempiterne.* Epistola *Nolite esse prudentes.* Grad. *Timebunt gentes.* Allel. ℣. *Laudate Dominum.* Evangel. *Cum descendisset Jesus.* Offertor. *Dextra Domini.* Comm. *Mirabantur.* Ad II vesper. super *Magnif.* Ant. *Domine puer meus.* Or. *Omnipotens sempiterne Deus.*

Dominica IV super *Bened.* Ant. *Ascendente Jesu.* Coll. *Deus qui nos.* Ad missam *Adorate Deum.* Coll. *Deus qui nos.* Epistola *Nemini quicquam.* Evangel. *Ascendente Jesu,* etc. ut supra. Ad II vesper. super *Magnif.* Ant. *Domine salva.* Or. ut supra.

Dominica V. super *Bened.* Ant. *Domine nonne bonum.* Or. *Familiam tuam.* Ad missam *Adorate.* Coll. *Familiam tuam.* Epist. *Induite vos.* Evangel. *Simile est regnum.* Cetera ut supra in III dominica. Ad vesp. super *Magnif.* Ant. *Colligite.* Collecta *Familiam tuam.*

Feria II ad matutinum invitat. *Venite exultemus.* Ps. *Jubilemus.* Hymn. *Somno refectis.* Ant. *Dominus defensor.* Ps. *Dominus illuminatio.* Ps. *Ad te Domine.* Ant. *Adorate.* Ps. *Afferte.* Ps. *Exaltabo.* Ant. *In tua.* Ps. *In te Domine.* Ps. *Beati quorum.* Ant. *Rectos.* Ps. *Exultate.* Ps. *Benedicam.* Ant. *Expugna.* Ps. *Judica.* Ps. *Dixit injustus.* Ant. *Revela.* Ps. *Noli aemulari.* Ps. *Domine ne.* ℣ *Domine in coelo misericordia.* Lect. III de epistolis Pauli. ℟ *Quam magna.* ℣ *Perfecisti.* ℟ *Benedicam.* ℣ *In Domino.* ℟ *Delectare.* ℣ *Spera.* Sacerdot. ℣ *Fiat misericordia.* In Laudib. ant. *Miserere.* Ps. ipsum. Ant. *Intellige.* Ps. *Verba mea.* Ant. *Deus, Deus.* Ps. ipsum. Ant. *Conversus est.* Ps. *Confitebor.* Ant. *Laudate.* Ps. ipsum. Cap. *Vigilate.* Hymn. *Splendor.* ℣ *In matutinis Domine.* Ant. *Benedictus.* Ps. ipsum. *Kyrie.* Preces etc. oratio dominicalis qualis evenerit. Memoriae ad matutinum et ad vesperas fiant ut in XIX rubrica signatur. Ad Primam ant. *Deus exaudi.* Ps. *Deus in nomine* etc. Ad missam *Requiem aeternam* cum orationibus ut in XXXVII rubrica signatur. Ad Tertiam ant. *Veniant.* Ps. *Legem pone.* Cap. *Sana me.* ℟ *Sana animam.* ℣ *Ego dixi. Gloria.* ℣ *Adjutor meus. Kyrie.* Preces etc. ut in XV rubrica signatur. Ad Sextam ant. *Non confundas.* Ps. *Defecit.* Cap. *Omnia probate.* ℟ *Benedicam Dominum* ℣ *Dominus regit. Kyrie,* Preces etc. Ad Nonam ant. *Juxta eloquium.* Ps. *Mirabilia.* Cap. *Omnis quicumque.* [38ᶜ] ℟ *Redime me.* ℣ *Ab occultis meis.* Ad II vesperas ant. *Inclinavit.* Ps. *Dilexi.* Ant. *Credidi.* Ps. ipsum. Ant. *Laudate.* Ps. ipsum. Pro brevitate istius psalmi dum cantatur omnes fratres stent. Ant. *Clamavi.* Ps. *Ad Dominum.* Ant. *Auxilium.* Ps. *Levavi.* Cap. *Dominus dirigat.* Hymn. *Immense coeli.* ℣ *Dirigatur.* Ant. *Magnificet.* Ps. *Magnificat. Kyrie.* Preces etc., or. dominicalis qualis evenerit.

Feria III ad matutinum. Invitat. *Jubilemus.* Ps. *Venite.* Hymn. *Consors paterni.* Ant. *Ut non delinquam.* Ps. *Dixi custodiam.* Ps. *Expectans.* Ant. *Sana Domine.* Ps. *Beatus qui.* Ps. *Quemadmodum.*

Ant. *Eructavit.* Ps. *Deus auribus.* Ps. *Eructavit.* Ant. *Adjutor.* Ps. *Deus noster.* Ps. *Omnes gentes.* Ant. *Auribus.* Ps. *Magnus.* Ps. *Audite haec omnes.* Ant. *Deus deorum.* Ps. ipsum. Ps. *Quid gloriaris.* ℣ *Immola Domino.* Lectiones tres de epistolis Pauli. ℟ *Auribus percipe.* ℣ *Dixi custodiam.* ℟ *Statuit.* ℣ *Expectans.* ℟ *Ego dixi.* ℣ *Domine in.* Sacerdot. ℣ *Fiat misericordia.* In Laudibus ant. *Secundum magnam.* Ps. *Miserere.* Ant. *Salutare.* Ps. *Judica me.* Ant. *Ad te de luce.* Ps. *Deus Deus.* Ant. *Cunctis.* Ps. *Ego dixi.* Ant. *In excelsis.* Ps. *Laudate.* Cap. *Vigilate.* Hymn. *Ales diei.* ℣ *In matutinis.* Ant. *Erexit Dominus.* Ps. *Bened. Kyrie,* etc. Collecta dominicalis qualis evenerit. Ad Primam, ad Tertiam, ad Sextam et ad Nonam ut supra in secunda feria. Missa *Salus populi,* cum orationibus ut in rubrica XXXV signatur. Ad vesperas ant. *In domum Domini.* Ps. *Laetatus sum.* Ant. *Qui habitas.* Ps. *Ad te levavi.* Ant. *Adjutorium.* Ps. *Nisi quia Dominus.* Ant. *Benefac.* Ps. *Qui confidunt.* Ant. *Facti sumus.* Ps. *In convertendo.* Cap. *Dominus dirigat.* Hymn. *Telluris* [1] ℣ *Dirigatur Domine.* Ant. *Exultet spiritus.* Ps. *Magnificat. Kyrie,* Preces etc. Collecta qualis evenerit.

Feria IV. Invitat. *In manu tua.* Ps. *Venite.* Hymn. *Rerum.* Ant. *Avertet.* Ps. *Dixit insipiens.* Ps. *Exaudi.* Ant. *Quoniam.* Ps. *Miserere.* Ps. *Miserere mei.* Ant. *Juste.* Ps. *Si vere.* Ps. *Eripe me.* Ant. *Da nobis.* Ps. *Deus repulisti.* Ps. *Exaudi Deus.* Ant. *A timore.* Ps. *Nonne Deo.* Ps. *Exaudi.* Ant. *In ecclesiis.* Ps. *Jubilate.* Ps. *Exurgat.* ℣ *Deus vitam.* Lectiones tres [38ᵈ] de epistolis Pauli. ℟ *Ne perdideris me.* ℣ *Miserere.* ℟ *Paratum.* ℣ *Exurge.* ℟ *Adjutor.* ℣ *Eripe.* Sacerdot. ℣ *Fiat misericordia.* In Laudibus ant. *Amplius.* Ps. *Miserere.* Ant. *Te decet.* Ps. ipsum. Ant. *Labia mea.* Ps. *Deus Deus.* Ant. *Dominus judicavit.* Ps. *Exultavit.* Ant. *Coeli coelorum.* Ps. *Laudate.* Cap. *Vigilate.* Hymn. *Nox et tenebrae.* ℣ *In matutinis.* Ant. *Salutem.* Ps. *Bened. Kyrie,* Preces etc. Collecta dominicalis qualis evenerit. Missa de angelis cum orationibus ut in rubrica XXXV signatur. Ad horas ut supra. Ad vesperas ant. *Beatus vir.* Ps. *Nisi Dominus.* Ant. *Beati omnes.* Ps. ipsum. Ant. *Benediximus.* Ps. *Saepe expugnaverunt.* Ant. *De profundis.* Ps. ipsum. Ant. *Speret.* Ps. *Domine non est.* Cap. *Dominus dirigat.* Hymn. *Coeli Deus.* ℣ *Dirigatur.* Ant. *Fecit mihi.* Ps. *Magnif. Kyrie.*

Feria V. Invitat. *Adoremus Dominum.* Ps. *Venite.* Hymn. *Nox*

---

[1] *Ms. habet erronee* Te lucis.

atra. Ant. *Domine Deus.* Ps. *Salvum.* Ps. *Deus in adjutorium.* Ant. *Esto.* Ps. *In te Domine.* Ps. *Deus judicium.* Ant. *Liberasti.* Ps. *Quam bonus.* Ps. *Ut quid Deus.* Ant. *In Israel.* Ps. *Confitebimur.* Ps. *Notus in.* Ant. *Tu es.* Ps. *Voce mea.* Ps. *Attendite.* Ant. *Propitius.* Ps. *Deus venerunt.* Ps. *Qui regis.* ℣ *Gaudebunt labia.* Lectt. tres de epistolis Pauli. ℞ *Deus in te.* ℣ *Esto.* ℞ *Repleatur.* ℣ *Gaudebunt.* ℞ *Gaudebunt.* ℣. *Sed et lingua.* Sacerdot. ℣ *Fiat misericordia.* In Laudibus. Ant. *Tibi soli.* Ps. *Miserere.* Ant. *Domine refugium.* Ps. ipsum. Ant. *In matutinis.* Ps. *Deus, Deus* Ant. *In aeternum.* Ps. *Cantemus.* Ant. *In sanctis.* Ps. *Laudate.* Cap. *Vigilate.* Hymn. *Lux ecce.* ℣ *In matutinis.* Ant. *In sanctitate.* Ps. *Bened. Kyrie,* Preces etc. cum collecta qualis evenerit. Missa de Sancto Spiritu *Vox,* ut supra. Ad vesperas ant. *Et omnis mansuetudinis.* Ps. *Memento Domine.* Ant. *Ecce quam bonum.* Ps. ipsum. Ant. *Omnia.* Ps. *Laudate nomen.* Ant. *Quoniam in aeternum.* Ps. *Confitemini.* Ant. *Hymnum.* Ps. *Super flumina.* Cap. *Dominus dirigat.* Hymn. *Magnae Deus.* ℣ *Dirigatur oratio* Ant. *Deposuit.* Ps. *Magnif. Kyrie, Pater noster.* Preces etc.

Feria VI Invitat. *Dominum qui fecit.* Ps. *Venite.* Hymn. *Tu Trinitatis.* Ant. *Exultate.* Ps. ipsum. Ps. *Deus stetit.* Ant. *Tu solus.* Ps. *Deus quis similis.* Ps. *Quam dilecta.* Ant. *Bene* [39ª] *dixisti.* Ps. ipsum. Ps. *Inclina.* Ant. *Fundamenta.* Ps. ipsum. Ps. *Domine Deus.* Ant. *Benedictus.* Ps. *Misericordias.* Ps. *Deus ultionum.* Ant. *Cantate.*[1] Ps. ipsum.[1] Ps. *Dominus regnavit exultet.* ℣ *Intret oratio.* Lectt. tres de epistolis Pauli. ℞ *Confitebor.* ℣ *Et eripuisti.* ℞ *Misericordia.* ℣ *Deus iniqui.* ℞ *Factus est* ℣ *Deus ultionum.* Sacerdot. ℣ *Fiat misericordia.* In Laudibus ant. *Spiritu principali.* Ps. *Miserere.* Ant. *In veritate.* Ps. *Domine exaudi* (secundus). Ant. *Illumina.* Ps. *Deus. Deus.* Ant. *Domine audivi.* Ps. ipsum. Ant. *In tympano.* Ps. *Laudate.* Cap. *Vigilate.* Hymn. *Aeterna coeli.* ℣ *In matutinis.* Ant *Per viscera.* Ps. *Bened.* Preces etc. Collecta dominicalis qualis evenerit. Missa de dominica. Horae ut supra. Ad vesperas ant. *In conspectu.* Ps. *Confitebor.* Ant. *Domine probasti.* Ps. ipsum. Ant. *A viro.* Ps. *Eripe.* Ant. *Domine clamavi.* Ps. ipsum. Ant. *Portio.* Ps. *Voce mea.* Cap. *Dominus dirigat.* Hymn. *Plasmator.* ℣ *Dirigatur.* Ant. *Suscepit.* Ps. *Magnif.* Preces etc.

Sabbato invitat. *Dominum Deum.* Ps. *Venite.* Hymn. *Summae Deus.* Ant. *Quia mirabilia.* Ps. *Cantate* (secundus). Ps. *Dominus*

---

[1] Ps. ipsum *habetur in margine.*

regnavit irascantur. Ant. *Jubilate.* Ps. ipsum. Ps. *Misericordiam et.* Ant. *Clamor.* Ps. *Domine exaudi* (primus). Ps. *Benedic.* Ant. *Benedic.* Ps. ipsum. Ps. *Confitemini.* Ant. *Visita nos.* Ps. *Confitemini.* Ps. *Confitemini.* Ant. *Confitebor.* Ps. *Paratum cor.* Ps. *Deus laudem.* ℣ *Domine exaudi.* Lectt. tres de epistolis Pauli. ℟ *Misericordiam.* ℣ *Perambulabam.* ℟ *Domine exaudi.* ℣ *De profundis.* ℟ *Velociter.* ℣ *Dies mei.* Sacerdot. ℣ *Fiat misericordia.* In Laudibus ant. *Benigne fac.* Ps *Miserere.* Ant. *Bonum est.* Ps. ipsum. Ant. *Metuant.* Ps. *Deus, Deus.* Ant. *Et in servis.* Ps. *Audite coeli.* Ant. *In cymbalis.* Ps. *Laudate.* Cap. *Vigilate.* Hymn. *Aurora.* ℣ *In matutinis.* Ant. *In viam pacis.* Ps. *Bened.* Preces et collectae quales evenerint. Hoc servitium postquam semel in aliquo sabbato percantatum fuerit, in aliis sabbatis fiat totum officium de gloriosa Virgine Maria usque ad Cineres, nisi festum IX lect. vel majus in sabbato evenerit. Notandum circa praedicta ferialia officia quod responsoria in eis ad matutinum signata debent dici per ferias sibi correspondentes usque ad LXX^{mam}, praeter responsoria de die sabbati, quae solum semel sunt dicenda ut jam supra dictum est. Si tamen propter temporis brevitatem historia *Domine ne in ira,* non possit dici in aliqua dominica, tunc ipsa dicatur per [39ᵛ] ferias juxta rubricam XXV, et dicta responsoria ferialia omittantur illo anno. Invitatoria praedictarum feriarum dicantur in suis feriis ab octava Epiphaniae usque ad dominicam in Passione ; capitula omnia usque ad diem Cinerum, hymni ℣℣ et responsoria horarum usque ad primam dominicam Quadragesimae, antiphonae et psalmi de nocturnis et de vesperis usque ad Coenam Domini, antt. Laudum usque ad Ramos Palmarum. Psalmi Laudum usque ad vigiliam Paschae. Antt. ad *Bened.* et *Magnif.* usque ad LXX^{mam}. Quando autem praedicta aliis temporibus sint dicenda, in locis sibi magis propriis dicetur.

Sabbato in Septuagesima ad vesperas ant. *Allel.* (ter). Quaere in sabbato post Pascha. Ps. *Benedictus,* et ceterae ad ceteros. Cap. *Benedictus Deus et Pater.* ℟ *Deduc me.* ℣ *Averte.* Hymn. *O lux.* ℣ *Vespertina.* Ant. *Allel.* sex sicut *Puer Jesus* [1]. Ps. *Magnif.* Or. *Preces populi. Benedicamus Domino,* cum duplici *allel.* Post memorias dicatur *Benedicamus* cum uno *allel.* Hic dimittatur *allel.* Complet. ut supra. Sed pro *allel.* dicatur *Laus tibi Domine.*

Dominica in LXX^{ma}. Invitat. *Venite exultemus.* Ps. *Praeoccupe-*

---

[1] *Ed. habet :* Alleluia sexies in cantu antiphonae Puer Jesus.

mus. Hymn. *Primo dierum.* Ant. *Servite.* Ps. *Beatus vir*, et ceterae ad ceteros. ℣ *Memor fui.* Lectiones tres de Genesi. Primam lectionem prior legat, scil. prologum *Desiderii mei*, cum tribus clausulis de *In principio*, ceterae duae lectiones de eodem quae ab inferioribus fratribus legantur. ℟ *In principio.* ℣ *Formavit.* ℟ *In principio.* ℣ *Igitur.* ℟ *Formavit.* ℣ *In principio.* In II noct. ant. *Bonorum meorum.* Ps. *Conserva;* ceterae ad ceteros. ℣ *Media nocte.* Lectt. tres de sermone beati Johannis episcopi *Dignitas humanae.* ℟ *Tulit.* ℣ *Plantaverat.* ℟ *Plantaverat.* ℣ *Plantaverat.* ℟ *Dixit Dominus.* ℣ *Adae vero.* In III noct. ant. *Non sunt loquelae.* Ps. *Coeli enarrant*, ceterae ad ceteros. ℣ *Exaltare Domine.* Lect. de evangelio *Simile est regnum coelorum homini patrifamilias.* ℟ *Immisit.* ℣ *Hoc nunc.* ℟ *Dum ambularet.* ℣ *Vocem.* ℟ *Ubi est.* ℣ *Maledictus. Gloria.* Respons. reincipiatur. Sacerdot. ℣ *Excelsus super.* In Laudibus ant. *Miserere.* Ps. ipsum. Ant. *Confitebor.* Ps. *Confitemini.* Ant. *Deus, Deus.* Ps. ipsum. Ant. *Benedictus es.* Ps. *Benedicite.* Ant. *Laudate.* Ps. ipsum. Cap. *Benedictio et claritas.* Hymn. *Aeterne rerum.* ℣ *Domine refugium.* Ant. *Simile est* [39ᶜ]. Ps. *Bened.* Or. *Preces populi.* Ad Primam ant. *Conventione.* Ps. *Deus Deus meus*, et ceteri sicut in prima dominica Adventus signatur, nisi quod loco psalmi *Confitemini* dicatur Ps. *Dominus regnavit*, usque ad Pascha. Respons. *Jesu Xpiste* non dicatur deinceps nisi in festis IX lectt. sed tantum ℣ *Exurge Domine.* Si LXX fuerit ante Purificationem missa matutinalis erit *Vultum tuum.* Si vero post Purificationem fuerit, tunc erit de Trinitate, ut habes in XXXV rubrica. Ad aspersionem aquae benedictae cantetur ant. *Sanctus Deus, sanctus.* ℣ *Deus misereatur. Gloria. Sanctus.* Haec ant. dicatur usque ad Pascha. Sacerdot. ℣ *Ostende nobis.* Or. *Exaudi nos.* Ad Tertiam ant. *Ite et vos in vineam.* Cap. *Sana me.* ℟ *Adjutor meus;* ex quo incipitur communiter cantetur et versus ab uno tantum, et sic de aliis responsoriis ad horas, quod et in sequentibus dominicis observetur. Similiter et per totam Quadragesimam quando de tempore agitur. ℣ *Ne despicias.* Regressus : *Ne derelinquas. Gloria.* ℟ Reincipiatur. ℣ *Ego dixi.* Or. *Preces populi*, et dicatur ad omnes horas. Ad missam officium *Circumdederunt me.* Ps. *Diligam te.* Or. *Preces populi tui.* Epistola *Nescitis quod hi.* Grad. *Adjutor.* Tractus *De profundis*, unus versus a duobus cantetur ad gradum, alius a communi choro prout in rubrica XXXIX signatur. Evangelium *Simile est regnum.* Offertor. *Bonum est.* Comm. *Illumina.* Ad Sextam ant. *Quid hic.* Cap. *Omnia probate.* ℟ *Ab occultis.* ℣ *Et ab alienis.* ℣ *Dominus regit me.* Ad Nonam ant. *Voca operarios.* Cap. *Omnis quicumque.* ℟ *Spes mea.* ℣ *In te confirmatus.* ℣ *Ab occultis.* Ad secundas vesperas ant. *Sede a dextris.* Ps. *Dixit Dominus,* ceterae ad ceteros. Cap. *Dominus dirigat.* ℟ *Ubi est Abel.* Hymn. *Lucis creator.* ℣ *Dirigatur.* Ant. *Sic erunt novissimi.* Ps. *Magnif.* Coll. *Preces populi tui.* Completor. ut supra.

Per hebdomadam legatur de Genesi. Invitat., Hymn., ant., Pss, ℣℣ secundum feriam. Responss. cantentur de historia *In principio.* Sic tamen quod ultima feria hebdomadae dicantur haec tria Responss. *In sudore.* ℟ *Ecce Adam.* ℟ *Igitur,* et idem fiat in sequenti hebdomada. In Laudibus antt. et pss. de feriis. Ad horas antt., capp., Responss., ℣℣ de feriis. Or. de dominica. Missae prout ordinantur in XXXV rubrica. Hae subsequentes antt. dicantur per hebdomadam ad *Bened.* et ad *Magnif.*, si festum IX lectt. vel III non fuerit. Quando autem festum venerit, non dican 39ᵈ tur nec fiat memoria de tempore. Ant. *Hi novissimi.* Ant. *Dixit paterfamilias.* Ant. *Tolle quod tuum.* Ant. *Non licet.* Ant. *Multi enim.* Ant. *Erunt primi.* Ant. *Dixit autem;* et si necesse fuerit reiterentur. Sabbato ad vesperas ant. *Benedictus.* Ps. ipsum, ceterae ad ceteros. Cap. *Benedictus.* ℟ *Formavit.* Hymn. *O lux.* ℣ *Vespertina.* Ant. *Erunt primi.* Ps. *Magnif.* Coll. *Deus qui conspicis.* Completorium ut supra.

Dominica in LX^(ma) ad matut. Invitat., Hymn., Antt., Pss., ℣℣, ℟℟ ut praedicta dominica. Lectt. tres de Exodo. In unaquaque dominica incipiatur unus liber ita quod de ultimo libro scil. de libris Judicum legatur usque ad Passionem Domini. Lectiones tres de sermone Johannis episcopi *Nemo est qui nesciat.* Lect. tres de evangelio *Cum turba.* In Laudibus antt., Pss., cap., Hymn., ℣ ut in praecedenti dominica. Super *Bened.* ant. *Cum turba.* Coll. *Deus qui conspicis.* Ad Primam ant. *Semen cecidit.* Pss. ut supra. Ad Tertiam ant. *Jesus haec dicens.* Capp., ℟℟, ℣℣ ad horas ut praecedenti dominica. Or. *Deus qui conspicis,* ad omnes horas. Ad missam officium *Exurge.* Ps. *Deus auribus.* Coll. *Deus qui conspicis.* Epistola *Libenter suffertis,* quae in dominica tota legatur, in septimana usque *Damasci.* Grad. *Sciant.* Tract. *Commovisti.* Evangel. *Cum turba plurima.* Offertor. *Perfice gressus.* Comm. *Introibo.* Ad Sextam ant. *Vobis datum.* Ad Nonam ant. *Semen est verbum.* Cetera ut supra. Ad vesp. ant. *Sede a dextris.* Ps. *Dixit Dominus;* ceterae ad ceteros. ℟ *Ubi est.* Hymn., ℣ ut supra. Ant. *Qui verbum.* Ps. *Magnif.* Or. *Deus qui conspicis.* Complet. ut supra.

Per hebdomadam antt. ad *Bened.* et ad *Magnif.* Ant. *Si vere fratres*. Ant. *Si culmen*. Ant. *Semen cecidit*. Ant. *Quod autem;* et dum dictae fuerint reiterentur etc. ut supra. Sabbato in Quinquagesima ad vesperas antt., Pss., cap., hymn., ℣ ut supra. ℟ *Ponam arcum.* ℣ *Cumque obduxero.* Ad *Magnif.* ant. *Si culmen.* Or. *Preces.*

Dominica in Quinquagesima Invitat. *Praeoccupemus.* Ps. *Venite.* Hymn., antt., Pss., ℣℣ ut supra. Lectiones tres de Pentateucho, scil. de Levitico. ℟ *Quadraginta.* ℣ *Noe vero.* ℟ *Dixit.* ℣ *Fac tibi.* ℟ *Ponam arcum.* ℣ *Cumque obduxero.* Lectiones tres de sermone Johannis episcopi *Fides est.* ℟ *Per memetipsum.* ℣ *Ponam arcum.* ℟ *Aedificavit.* ℣ *Ecce ego.* ℟ *Locutus est.* ℣ *Benedicens.* Lectt. tres de evangel. *Assumpsit Jesus.* ℟ *Dum staret* ℣ [40ª]. *Tunc quippe.* ℟ *Temptavit.* ℣ *Immola.* ℟ *Caecus sedebat.* ℣ *Et qui praeibant. Gloria.* ℟ reincipiatur. Sacerdot. ℣ *Excelsus super.* In Laudibus ant. S*ecundum magnam.* Ps. *Miserere.* Ant. *Deus meus es.* Ps. *Confitemini.* Ant. *Ad te de luce* Ps *Deus, Deus.* Ant. *Hymnum.* Ps. *Benedicite.* Ant. *Omnes.* Ps. *Laudate.* Cap., Hymn., ℣ ut supra. Ant. *Ecce ascendimus.* Ps. *Bened.* Or. *Preces nostras.* Ad Primam ant. *Tradetur enim.* Pss. ut supra. Ad Tertiam ant. *Caecus sedebat.* Cap., ℟, ℣ ut supra. Or. *Preces,* ad omnes horas. Ad magnam missam *Esto mihi.* Ps. *In te Domine.* Coll. *Preces nostras.* Epistola *Si linguis.* Grad. *Tu es.* Tract. *Jubilate.* Evangel. *Assumpsit Jesus.* Offertor. *Benedictus es.* Comm. *Manducaverunt.* Ad Sextam ant. *Et qui praeibant.* Ad Nonam ant. *Miserere.* Cap., ℟, ℣ ut supra. Ad vesperas ant. *Sede a dextris.* Ps. *Dixit Dominus;* ceterae ad ceteros. Cap. *Dominus dirigat.* ℟ *Caecus sedebat.* Hymn., ℣ ut supra. Ant. *Stans autem.* Ps. *Magnif.* Collecta *Preces nostras.*

Feria II ad matut. Invitat., Hymn., antt., Pss., ℣ secundum feriam. Lectiones tres de Pentateucho. ℟ *Quadraginta,* et cetera duo. In Laudibus antt., cap., Hymn., ℣ secundum feriam. Ad *Bened.* Ant. *Miserere.* Coll. de dominica. Horae secundum feriam, cum collecta dominicali. Missa pro defunctis. Ad vesp. antt., Pss., Hymn., ℣ secundum feriam. Ad *Magnif.* Ant. *Caecus magis.* Or. ut supra. Feria III ut supra secundum feriam. Ad. *Bened.* Ant. *Caecus sedebat.* Ad vesperas super *Magnif.* Ant. *Omnis plebs.*

Feria IV in Capite jejunii invitat., antt., Pss., ℣ secundum feriam. Lectt. tres de evangel. *Cum jejunatis.* ℟ *Angelus Domini.* ℣ *Cumque extendisset.* ℟ *Deus domini.* ℣ *Deus in cujus.* ℟ *Veni hodie.* ℣ *Igitur.* Sacerdot. ℣ *Fiat misericordia.* In Laudibus ant.

Amplius. Ps. *Miserere ;* ceterae ad ceteros. Cap. *Convertimini ad me.* Hymn. *Nox et tenebrae.* ℣ *In matutinis.* Ant. *Cum jejunatis.* Ps. *Bened. Kyrie. Pater noster.* Preces. Post *Mitte eis,* dicantur istae preces : *Pro iter agentibus.* ℣ *Pro peccatis et negligentiis.* ℣ *Adjuva nos.* ℣ *Esto nobis,* etc. Coll. *Praesta Domine fidelibus.* Finitis matutinis, statim sine *Fidelium* vel *Pater noster,* dicantur septem psalmi poenitentiales stando, cum ant. *Ne reminiscaris,* et in fine uniuscujusque psalmi flectantur genua ad *Gloria Patri.* Et ille qui facit officium, finitis psalmis, flexis genibus ante altare dicat letaniam, et fratres prostrati dicant singula verba post ipsum. Finita letania *Pater noster.* ℣ *Et ne nos.* ℣ *Et veniat super.* ℣ *Memor esto* [40ᵇ] *congregationis.* ℣ *Esto nobis turris.* ℣ *Domine salvos fac.* ℣ *Salvos fac servos.* ℣ *Fiat pax.* ℣ *Oremus pro fidelibus.* ℣ *Domine exaudi.* ℣ *Dominus vobiscum.* Or. *Ecclesiae tuae.* Or. *Exaudi quaesumus Domine.* Or. *Omnipotens sempiterne Deus.* Or. *Deus qui caritatis.* Or. *Absolve.* Or. *Deus qui es sanctorum. Per eundem Xpistum Dominum.* Non dicatur *Fidelium* nec *Requiescant in pace,* sed *Pater noster,* quod dum dicunt parent se ad recipiendas disciplinas. Iste modus servetur in ferialibus diebus usque ad Coenam Domini. Ad Primam hymn., ant., Pss. ut supra. In his quatuor diebus hymni, antt., ℞℞, ℣℣ ad horas non mutantur. Ad Tertiam cap. *Convertimini ad Dominum Deum.* Or. *Concede.* Ad Sextam cap. *Clama ne cesses.* Or. *Protector noster.* Post Sextam vel ubi consuetum fuerit post Primam benedicantur cineres hoc modo: *Adjutorium.* ℣ *Sit nomen.* ℣ *Dominus vobiscum.* Or. *Omnipotens sempiterne Deus qui miserens. Per Xpistum.* Or. *Omnipotens sempiterne Deus qui parcis. Per Dominum nostrum Jesum.* Deinde aspergantur aqua benedicta dicendo *In nomine Patris* etc. Deinde dum cineres imponuntur cantor incipiat ant. *Exaudi Domine ;* Ps. *Salvum me fac,* cum versibus quot quot fuerint necessarii et repetatur ant. post quemlibet versum, et postea *Gloria Patri.* Cineres autem imponendi sunt in modum crucis super caput, dicendo *Memento quia cinis es et in cinerem reverteris.* Praelatus vero sive ille qui facit officium primo ministris altaris cineres imponat, deinde aliis a senioribus combinatim venientibus descendendo, ultimo ipse qui facit officium ab aliquo praelato vel hebdomadario cineres accipiat. Quo facto dicat ℣ *Ostende nobis.* Or. *Parce Domine, parce.* Sequitur ant. *Juxta vestibulum.* Item ant. *Immutemini.* His expletis sequitur missa. Officium *Misereris.* Ps. *Miserere mei. Dominus vobiscum. Oremus.*

Quo dicto, diaconus flectendo genua dicat *Flectamus genua*. Et tunc sacerdos et ministri et conventus flectant genua. Deinde statim dicat diaconus *Levate*, et tunc surgant omnes, et sacerdos orationem prosequatur, ad quam solum conventus et non ministri se prosternant, et ita fiat diebus ferialibus per Quadragesimam, ad missam de jejunio ubi aliud non signatur. Or. *Praesta Domine fidelibus*. Epistola *Convertimini*. Grad. *Miserere*. Tractus *Domine non secundum*, qui stando a communi choro cantetur, scil. [40ᶜ] unus versus ex una parte chori et alius ex altera. Hic tractus dicatur ab hac die usque ad IV feriam ante Coenam Domini in II et IV et VI feria ad missam de jejunio, et cum incipitur ℣ *Adjuva nos*, fratres uniformiter flectent genua. Evangel. *Cum jejunatis*. Offertor. *Exaltabo*. Praefatio *Qui corporali*, quae dicatur in feriis ad missam de jejunio usque ad dominicam in Passione. Comm. *Qui meditabitur*. Finitis post communionem complendis cum *Per omnia saecula saeculorum*, et responso *Amen*, dicat sacerdos *Oremus*, et diaconus *Humiliate capita vestra Deo;* deinde sacerdos orationem super populum *Inclinantes*, ad quam chorus tantum inclinet. *Humiliate capita* et oratio super populum dicantur modo praedicto in feriis ad missas de jejunio usque ad Coenam Domini. Ad Nonam cap. *Frange esurienti*. Or. *Oculi nostri ad Te*. Ad vesperas ant. *Beatus vir*. Ps. *Nisi Dominus;* ceterae ad ceteros. Cap. *Clama ne cesses*. Ad *Magnif*. Ant. *Thesaurizate*. Or *Inclinantes*.

Feria V invitat., Hymn., antt., Pss., ℣ secundum feriam. Lect. prima de evangel. *Cum introisset Jesus Capharnaum*; aliae duae de Pentateucho et sic fiat in aliis diebus. ℞ *Quadraginta*. ℞ *Dixit Dominus*. ℞ *Domine puer meus*. In Laudibus antt. et Pss. feriales. Cap. *Convertimini*. Ad *Bened*. Ant. *Me etenim*. Or. *Deus qui culpa*. Horae ut supra cum coll. *Deus qui culpa*. Ad missam officium *Dum clamarem*. Ps. *Exaudi Deus orationem meam et ne*. Or. *Deus qui culpa*. Epistola *Aegrotavit Ezechias*. Grad. *Jacta*. ℣ *Dum clamarem*. Graduale reiteretur; similiter fiat quotiens non dicitur Tractus. Evangel. *Cum introisset Jesus*. Offertor. *Ad te levavi*. Comm. *Acceptabis*. Ad vesperas ant. *Et omnis*. Ps. *Memento Domine*. Ceterae ad ceteros. Cap. *Clama ne cesses*. Hymnus, ℣ ut supra secundum feriam. Ad *Magnif*. Ant. *Quare jejunavimus*. Or. *Parce Domine* etc.

Feria VI invitat., Hymn., antt., Pss. secundum feriam. Lect. I de evangel. *Audistis quia dictum*. ℞ *Per memetipsum*, et cetera duo. In

Laudibus antt., Pss., Hymn., ℣ secundum feriam. Ad *Bened.* Ant. *Cum facis.* Or. *Inchoata jejunia.* Horae secundum feriam, cum coll. *Inchoata jejunia.* Ad missam officium *Audivit Dominus.* Ps. *Exaltabo te.* Coll. [40ᵈ] *Inchoata.* Epistola *Clama ne.* Grad. *Unam petii.* ℣ *Ut videam.* Evangel. *Audistis quia dictum.* Offertor. *Domine vivifica.* Comm. *Servite.* Ad vesperas antt., Pss., Hymn., ℣ secundum feriam. Cap. *Clama ne.* Ad *Magnif.* Ant. *Tu autem* cum collecta *Tuere Domine.*

Sabbato invitat., antt., Pss., ℣ secundum feriam. Lect. I de evangel. *Cum sero esset factum.* ℟ *Veni hodie.* ℟ *Caecus sedebat.* ℟ *Domine puer.* In Laudibus antt., Pss. secundum feriam. Cap. ut supra. Ad *Bened.* Ant. *Tunc invocabis.* Or. *Omnipotens sempiterne.* Horae secundum feriam cum coll. *Omnipotens sempiterne.* Ad missam officium *Audivit Dominus,* ut in feria VI. Or. *Omnipotens sempiterne Deus.* Epistola *Si abstuleris.* Grad. *Unam petii.* Evangel. *Cum sero esset.* Offertor. *Domine vivifica.* Comm. *Servite Domino.* Hac die sabbati et deinceps cotidie per totam Quadragesimam dicuntur vesperae ante prandium, exceptis solis diebus dominicis. Ad vesperas ergo ant. *Benedictus.* Ps. ipsum, et ceterae ad ceteros. Cap. *Hortamur vos.* Hoc capitulum dicatur in omnibus sabbatis usque ad Passionem Domini. ℟ *Emendemus.* ℣ *Peccavimus.* Hymn. *Ex more,* qui dicatur cotidie ad vesperas nisi festum IX lectionum evenerit, usque ad Passionem, cum ℣ *Angelis suis Deus.* Ant. *Eccce nunc tempus.* Ps. *Magnif.* Coll. *Fideles tui.* Ad Completor. Ant. *Miserere* etc. ℟ *In pace.* ℣ *Si dedero.* Regressus : *Dormiam. Gloria. In pace.* Hoc ℟ in sabbatis usque ad dominicam Passionis Domini dicatur, sed in festis IX lect. dicatur per totam Quadragesimam ad primum Complet. et in festis duplicibus ad utrumque Complet. Praedictum quoque respons. et respons. *In manus tuas,* ex quo incipiuntur communiter cantentur, et ℣ ab uno solo, et hoc per totam Quadragesimam observetur. Hymn. *Xpiste qui lux,* etiam dicatur per XL·ᵐ usque ad Coenam Domini. ℣ *Custodi.* Ad *Nunc dimittis* ant. *O Rex gloriose,* et dicatur per XV dies cotidie nisi in Annuntiatione, quando infra hoc tempus evenerit. Cetera ut supra.

Dominica prima XLᵐᵃᵉ, Invitat. *Non sit vobis.* Ps. *Venite.* Hymn. *Summi largitor.* Ant. *Servite Domino.* Ps. *Beatus vir.* Ceterae ad ceteros. ℣ *Dicet Domino.* Lectt. tres de Pentateucho, scil. de Numeris, et poterit legi de capite III usque ad VII, vel ab XI capite deinceps. ℟ *Ecce nunc.* ℣ *In omnibus.* ℟ *In omnibus.* ℣ *Ecce nunc.* ℟ *Emende-*

mus. ℣ *Peccavimus.* In II noct. ant. *Bonorum.* Ps. *Conserva*, et ceteri.
℣ *Ipse liberavit me.* Lectt. tres de sermone Leonis Papae *Licet nobis.*
℟ *Para[41ᵃ]disi.* ℣ *Ecce nunc.* ℟ *In jejunio.* ℣ *Inter vestibulum.*
℟ *Abscondite.* ℣ *Date eleemosynam.* In III noct. ant. *Non sunt loque-*
lae. Ps. *Coeli enarrant*, et ceterae ad ceteros. ℣ *Scapulis suis.* Lectt.
tres de evangelio *Ductus est Jesus.* ℟ *Tribularer.* ℣ *Et Petrum.*
℟ *Angelis suis.* ℣ *Super aspidem.* ℟ *Ductus est Jesus.* ℣ *Et cum je-*
junasset. ℟ reiteretur. Sacerdot. ℣ *Ipse liberavit.* In Laudibus ant.
Cor mundum. Ps. *Miserere.* Ant. *O Domine.* Ps. *Confitemini.* Ant.
Sic benedicam. Ps. *Deus, Deus.* Ant. *In spiritu.* Ps. *Benedicite.*
Ant. *Laudate.* Ps. ipsum. Cap. *Ecce nunc tempus.* Hymn. *Audi be-*
nigne. ℣ *Scuto circumdabit.* Ant. *Ductus est Jesus.* Ps. *Bened.* Or.
Deus qui ecclesiam. Ad Primam Hymn. *Jam lucis*, in tono hymni
Audi benigne. Ant. *Jesus autem.* Ps. *Deus, Deus meus*, et ceteri.
Missa matutinalis de Trinitate. Ad Tertiam ant. *Non in solo.* Ps.
Legem. Cap. *In omnibus.* ℟ *Participem fac.* ℣ *Aspice.* ℣ *Dicet Do-*
mino. Or. *Deus qui ecclesiam.* Ad magnam missam *Invocavit.* Ps.
Qui habitat. Coll. *Deus qui ecclesiam.* Epistola *Hortamur vos.*
Grad. *Angelis suis.* Tractus *Qui habitat.* Evangel. *Ductus est Jesus.*
Offertor. *Scapulis suis.* Comm. *Scapulis suis.* Ad. Sextam ant.
Vade Sathana. Ps. *Defecit.* Cap. *Anima quae peccaverit.* ℟ *Ab omni.*
℣ *A judiciis.* ℣ *Ipse liberavit me.* Or. *Da nobis quaesumus omnipo-*
tens aeterne. Ad Nonam ant. *Dominum Deum.* Ps. *Mirabilia.* Cap.
Lavamini. ℟ *Declara.* ℣ *Declaratio.* ℣ *Scapulis suis.* Or. *Ascendat ad*
Te. Ad II vesperas ant. *Sede a dextris.* Ps. *Dixit Dominus.* Ceterae ad
ceteros. Cap. *Clama ne.* ℟ *Ductus.* Hymn. *Ex more.* ℣ *Angelis.* Ant.
Tunc assumpsit. Ps. *Magnif.* Or. *Super populum tuum.* Hac die
et etiam deinceps dicantur vigiliae defunctorum cum IX lectt. eo
modo quo in rubrica XXII signantur. Ad Completor. ant. *Miserere*,
etc. ut supra. ℟ *In manus tuas.* ℣ *Redemisti.* Regressus *Commendo.*
Gloria Patri. ℟ *In manus.* Et dicatur in dominicis et ferialibus diebus ad Complet. et in festis IX lect. ad secundum completor. usque
ad Coenam Domini. Et notandum quod responsoria hujus diei
signata ad horas debent dici cotidie ad Tertiam, Sextam et Nonam
per XV dies quando de tempore agitur. Hymni vero et ℣℣ ad matutinum, Laudes et ad Vesperas similiter et ℣℣ ad horas dicantur usque
ad Passionem ; capitula quoque ad horas dicantur tantum diebus
dominicis usque ad Passionem. Hac die post Completorium ante
presbyterium velum sive cortina tendatur, et cruces et imagines [41ᵇ]

in ecclesia cooperiantur. In diebus vero dominicis et festis sanctorum die praecedenti ad vesperas dictum velum a conspectu presbyterii abstrahatur et in die festi post Completor. retrahatur. Similiter in missis de jejunio ad inchoationem evangelii abstrahatur et missis finitis retrahatur. Ad ant. etiam *Salve Regina* abstrahatur, et sic fiat usque ad IV feriam ante Coenam ad Passionem.

Feria II invitat. *Venite.* Ps. ipsum. Hymn. *Summe largitor.* Ant. *Dominus defensor.* Ps. *Dominus illuminatio;* ceterae ad ceteros. ℣ *Dicet Domino.* Lect. I de evangel. *Cum venerit filius ;* aliae duae de eodem libro de quo fuerunt tres primae lectiones in dominica; et sic fiat in feriis aliis per XL^{am}. ℞℞ de historia dominicae secundum ordinem dierum et turbarum. Sacerdot. ℣ *Ipse liberavit,* et dicatur usque Passionem Domini. In Laudibus ant. *Miserere.* Ps. ipsum, ceterae ad ceteros. Cap. *Convertimini.* Hymn. *Audi benigne.* ℣ *Scuto circumdabit.* Ant. *Venite benedicti.* Ps. *Bened.* *Kyrie* etc. Or. *Converte nos.* Ad Primam ant. *Vivo ego.* Ps. *Deus in nomine* etc. Ad missam officium *Sicut oculi.* Ps. *Ad te levavi.* Coll. *Converte nos.* Epistola *Ecce ego ipse.* Grad. *Protector.* Tract. *Domine non secundum.* Evangel. *Cum venerit.* Offertor. *Levabo.* Comm. *Voce mea.* Ad Tertiam ant. *Advenerunt nobis.* Cap. *Convertimini.* ℞ *Participem* etc. ut supra. Coll. *Converte.* Ad Sextam ant. *Commendemus.* Cap. *Clama ne cesses.* ℞ *Ab omni.* Collecta *Converte nos.* Ad Nonam ant. *Per arma.* Cap. *Anima quae.* ℞ *Declara.* Coll. *Converte.* Ad vesperas ant. *Inclinavit.* Ps. *Dilexi quoniam,* et ceterae ad ceteros. Cap. *Frange esurienti.* ℞ *Esto nobis.* Hymn. *Ex more.* ℣ *Angelis.* Ant. *Quod uni ex.* Ps. *Magnif.* Or. *Absolve quaesumus.* Complet. ut supra. Nota quod in ferialibus diebus ad matutinum invitat., antt., Pss. secundum feriam, Hymn. *Summe largitor.* ℣ *Dicet Domino.* ℣ *Ipse liberavit,* ℣ *Scapulis suis,* secundum ordinem dierum (dicantur). In Laudibus antt., Pss. feriales, Cap. *Convertimini,* Hymn. *Audi benigne,* ℣ *Scuto circumdabit,* usque ad Passionem Domini dicantur. Similiter antt., capp., ℣℣ ut supra ad horas. ℞ vero *Participem me,* et cetera responsoria per XV dies ad horas dicantur. Ad vesperas antt. Pss. secundum feriam. ℞ *Esto nobis,* quod dicitur per XV dies, Cap. *Frange,* Hymn. *Ex more docti,* ℣ *Angelis suis,* dicantur [41ᶜ] usque ad Passionem Domini. Ad Completor. ut supra.

Feria III ad *Bened.* ant. *Domus mea.* Coll. *Respice Domine.* Ad missam *Domine refugium.* Ps. *Priusquam.* Collecta *Respice Domine.* Epistola *Locutus est Isaias.* Grad. *Dirigatur.* ℣ *Elevatio.*

Evangel. *Cum intrasset Jesus.* Offertor. *In te speravi.* Comm. *Cum invocarem.* Ad vesperas super *Magnif.* ant. *Abiit foras.* Or. *Ascendant ad te.*

Feria IV ad *Bened.* ant. *Generatio haec prava.* Or. *Preces nostras.* Ad missam officium *Reminiscere.* Ps. *Ad te Domine levavi.* Non dicatur *Dominus vobiscum,* sed *Oremus,* et *Flectamus genua.* Or. *Preces nostras.* Ad hanc orationem stent fratres versis vultibus ad altare. Prophetia *Dixit Dominus ad Moysen : Ascende.* Grad. *Tribulationes,* quod non reiteretur. *Dominus vobiscum, Oremus, Flectamus genua.* Or. *Devotionem.* Epistola *Venit Elias.* Tractus *De necessitatibus.* Alius tractus *Domine non secundum.* Evangel. *Accesserunt ad Jesum.* Offertor. *Meditabor.* Comm. *Intellige.* Ad vesperas super *Magnif.* ant. *Sicut fuit Jonas.* Or. *Adesto.*

Feria V. ad *Bened.* ant. *Si manseritis in me.* Or. *Adesto.* Ad missam *Confessio.* Ps. *Cantate* (primus). Or. *Adesto Domine.* Epistola *Oravit Esdras.* Grad. *Custodi me.* Evangel. *Dicebat Jesus ad eos.* Offertor. *Immittit angelus.* Comm. *Panis quem.* Ad vesperas super *Magnif.* ant. *Ego enim.* Or. *Da quaesumus Domine.*

Feria VI. ad *Bened.* ant. *Angelus Domini.* Coll. *Adesto Domine propitius.* Ad missam officium *De necessitatibus.* Ps. *Ad te Domine.* Coll. *Adesto.* Epistola *Haec dicit Dominus Deus.* Grad. *Salvum me fac.* Evangel. *Erat dies festus.* Offertor. *Benedic anima.* Comm. *Erubescant.* Ad vesperas super *Magnif.* ant. *Qui me sanum.* Or. *Exaudi.*

Sabbato ad *Bened.* [ant.] *Assumpsit Jesus.* Or. *Populum tuum.* Ad missam officium *Intret oratio.* Ps. *Domine Deus salutis.* Or. *Populum tuum.* Omnes istae orationes praecedentes Tractus dicantur sine *Dominus vobiscum,* et cum *Flectamus genua.* Post *Levate,* dum dicuntur orationes stent fratres versis vultibus ad altare. Lectio prima libri Deuteronomii : *Locutus est Moyses ad Dominum*[1] *dicens.* Grad. *Propitius.* [41ᵈ] Or. *Deus qui nos in tantis.* Lect. II Deuteronomii *Dixit Moyses ad Israel.* Grad. *Protector noster.* Or. *Protector noster.* Lect. III libri Machabaeorum *Orationem faciebant.* Grad. *Convertere.* Or. *Adesto Domine.* Lect. IV. libri Sapientiae *Miserere nostri Deus.* Grad. *Dirigatur.* Or. *Actiones nostras.* Lect. V. Danielis prophetae *Angelus Domini,* et legatur usque *Dicentes.* Tractus *Benedictus in firmamento coeli.* A duobus cantetur ad

---

[1] *Sic etiam in Edit.*

gradum et post primum versum chorus ipsum repetat; post quemlibet autem aliorum versuum repetat *Hymnum dicite*. In fine illi qui
tractum cantaverunt primum versum reincipiant. Et chorus ipsum
finiat. Sequitur *Dominus vobiscum*, et cum *Flectamus genua*, or.
Deus qui tribus. Hic prosternant se fratres. Epistola *Rogamus vos
corripite inquietos*. Tractus *Laudate Dominum* a communi choro
cantetur, unus ex una parte chori et alter ex altera. Evangel. *Assumpsit Jesus*. Offertor. *Domine Deus*.¹ Ad vesperas ant. *Benedictus*. Ps.
ipsum. Ceterae ad ceteros. Cap. *Hortamur vos*. ℟ *Ecce odor*. Hymn.
Ex more. ℣ *Angelis suis*. Ant. *Nemini dixeritis*. Ps. *Magnif*. Or. *Ab
omnibus nos*.

Dominica II invitat. *Quoniam Deus magnus*. Hymn., antt., Pss.,
℣℣ ut supra in praecedenti dominica. Lectt. tres de Pentateucho, scil.
de Deuteronomio. ℟ *Tolle arma*. ℣ *Cumque venatu*. ℟ *Ecce odor*.
℣ *Qui maledixerit*. ℟ *Det tibi Deus*. ℣ *Et incurventur*. In II noct.
lectt. tres de sermone *Portabat Rebecca*. ℟ *Dum exiret*. ℣ *Vere*. ℟ *Si
Dominus Deus meus*. ℣ *Surgens*. ℟ *Erit mihi*. ℣ *Si Dominus*. In
III noct. lectt. tres de evangel. *Egressus Jesus secessit*. ℟ *Oravit
Jacob*. ℣ *Deus in cujus*. ℟ *Dixit angelus*. ℣ *Benedicens*. ℟ *Vidi Dominum*. ℣ *Et dixit*. ℟ reiteretur. Sacerdot. ℣ *Ipse liberavit me*. In
Laudibus ant. *Domine labia*. Ps. *Miserere*. Ant. *Dextra Domini*. Ps.
Confitemini. Ant. *Factus est adjutor*. Ps. *Deus, Deus*. Ant. *Trium
puerorum*. Ps. *Benedicite*. ² [Ant. *Statuit ea*. Ps. *Laudate*. Cap.,
Hymn., ℣ ut in praecedenti dominica. ant. *Egressus Jesus*. Ps. *Bened*. Or.] *Deus qui conspicis*. Ad Primam ant. *Non sum missus* etc.
ut supra. Ad Tertiam ant. *Missus sum*. Capitula, responsoria, ℣℣ ad
horas ut supra in prima dominica XL^mae. Or. *Deus qui conspicis*.
quae et dicatur ad alias horas. Ad missam *Reminiscere*, ut in feria IV.
Or. *Deus qui conspicis*. Epistola *Rogamus vos et obsecramus*. Tractus *De necessitatibus*. [42ᵃ] ℣. *Ad te Domine*, et dicatur loco Gradualis sedendo. Sed tertius versus non dicitur hic. Tractus *Dixit
Dominus mulieri*. Evangel. *Egressus Jesus*. Offertor. *Meditabor*.
Comm. *Intellige*. Ad Sextam ant. *Vade mulier*. Ps. *Defecit* etc. ut
supra. Ad Nonam ant. *O mulier*. Ps. *Mirabilia* etc. ut supra. Ad
vesperas ant. *Sede a dextris*. Ps. *Dixit Dominus*, et ceterae ad cete-

---

¹ *MS omittit Communionem, cujus initium idem est ac Offertorii; edit.
addit. :* Non dicatur oratio super populum.
² *Quae hoc signo [ ] includuntur habentur in margine.*

ros. Cap. *Clama*. ℟ *Vidi Dominum*. Hymn. *Ex more*. ℣ *Angelis*. Ant. *Dixit Dominus*. Ps. *Magnif*. Or. *Familiam*.

Feria II ad *Bened*. Ant. *Ego principium*. Or. *Praesta quaesumus omnipotens*. Ad missam officium *Redime me*. Ps. *Judica me Domine quoniam*. Or. *Praesta quaesumus omnipotens*. Epistola *Oravit Daniel dicens*. Grad. *Adjutor meus*. Tract. *Domine non secundum*. Evangel. *Ego vado et quaeretis me*. Offertor. *Benedicam*. Comm. *Domine Dominus noster*. Ad vesperas super *Magnif*. Ant. *Qui me misit*. Or. *Adesto*.

Feria III ad *Bened*. Ant. *Unus enim*. Or. *Perfice quaesumus*. Ad missam officium *Tibi dixit*. Ps. *Dominus illuminatio*. Or. *Perfice quaesumus*. Epistola *Factus est sermo Domini*. Grad. *Jacta cogitatum*. Evangel. *Super cathedram Moysi*. Offertor. *Miserere mei*. Comm. *Narrabo*. Ad vesperas ad *Magnif*. ant. *Qui major est vestrum*. Or. *Propitiare*.

Feria IV ad *Bened*. Ant. *Ecce ascendimus*. Or. *Populum tuum*. Ad missam officium *Ne derelinquas*. Ps. *Domine ne in* (secundus). Or. *Populum tuum*. Epistola *Oravit Hester*. Grad.[1] [*Salvum*. ℣ *Ad te Domine*. Tract. *Domine non secundum*. Evangel. *Ascendens Jesus Jerosolymam*. Offertor. *Ad te Domine levavi*. Comm. *Justus Dominus*. Ad vesperas super *Magnif*. Ant. *Sedere autem mecum*. Or.] *Deus innocentiae*.

Feria V ad *Bened*. Ant. *Ego non ab homine*. Or. *Praesta nobis quaesumus*. Ad missam officium *Deus in adjutorium*. Ps. *Avertantur*. Or. *Praesta nobis Domine*. Epistola *Maledictus homo*. Grad. *Propitius esto*. ℣ *Adjuva nos*. Evangel. *Dixit Jesus turbae*. Offertor. *Precatus est Moyses*. Comm. *Qui manducat*. Ad vesperas super *Magnif*. Ant. *Opera quae ego*. Or. *Adesto Domine familiae*.

Feria VI ad *Bened*. Ant. *Malos male perdet*. Or. *Praesta quaesumus omnipotens*. Ad missam officium *Ego autem*. Ps. *Exaudi Domine justitiam*. Or. *Praesta quaesumus*. Epistola *Dixit Joseph fratribus*. Grad. *Ad Dominum*. ℣ *Libera*. Tractus *Domine non secundum*. Evangel. *Homo quidam erat paterfamilias*. Offertor. *Domine in auxilium*. Comm. *Tu Domine*. Ad vesperas super [42ᵇ] *Magnif*. Ant. *Quaerentes eum*. Or. *Da quaesumus Domine populo tuo*.

Sabbato ad matut. ℟ *Dum iret Jacob*. ℣ *Aedificavit altare*. ℟ *Mi-*

---

[1] *Quae* [ ] *includuntur habentur inter lineas*.

nor sum. ℣ *Ne forte.* ℟ *Pater peccavi.* ℣ *Quanti mercenarii.* Si festum IX lect. in sabbato fuerit in praecedenti VI feria dicantur haec responsoria. Similiter de aliis responss. quae sabbatis assignantur in XL^(ma). Ad *Bened.* Ant. *Vadam ad patrem.* Or. *Da quaesumus Domine.* Ad missam officium *Lex Domini irreprehensibilis.* Ps. *Coeli enarrant.* Coll. *Da quaesumus Domine.* Epistola *Dixit Rebecca filio suo.* Grad. *Bonum est.* ℣ *Ad annuntiandum.* Evangel. *Homo quidam habuit duos filios.* Offertor. *Illumina.* Comm. *Oportet te fili.* Ad vesperas ant. *Benedictus.* Ps. ipsum, ceterae ad ceteros. Cap. *Hortamur vos.* ℟ *Dixit Judas.* ℣ *Cumque.* Hymn. *Ex more.* ℣ *Angelis suis.* Ant. *Dixit autem pater.* Ps. *Magnif.* Or. *Familiam.* Ad Complet. cap., Hymn., ℣ ut supra. Super *Nunc dimittis* ant. *Media vita.* ℣ *Ne projicias nos.* Praecedens ant. dicatur per XV dies nisi in Annuntiatione cum infra hoc tempus evenerit. Sed ℣ non dicatur nisi in dominicis et festis IX lect. ad utrumque Completor. et his diebus cum dicitur ter *Sanctus* totiens inclinamus; sed in feriis ter genuflectimus, sic quod tertiam genuflexionem cum precibus subsequentibus continuamus.

Dominica III invitat. *Populus Domini.* Ps. *Venite.* Hymn., Antt., Pss., ℣℣ ut supra. Lectiones tres de libro Josue. ℟ *Videntes Joseph.* ℣ *Cumque vidissent.* ℟ *Dixit Judas.* ℣ *Cumque.* ℟ *Videns Jacob.* ℣ *Vide si tunica.* Lectiones tres de sermone *Mittitur a Jacob.* ℟ *Joseph dum intraret.* ℣ *Divertit.* ¹ [℟ *Memento mei.* ℣ *Tres enim.* ℟ *Merito haec patimur.* ℣ *Dixit Ruben fratribus*]. In III noct., lectt. tres de evangel. *Erat Jesus ejiciens.* ℟ *Dixit Ruben.* ℣ *Merito haec patimur.* ℟ *Tollite hinc.* ℣ *Sumite.* ℟ *Nuntiaverunt.* ℣ *Cumque audisset.* ℟ reincipiatur. Sacerdot. ℣ *Ipse liberavit.* In Laudibus ant. *Fac benigne.* Ps. *Miserere.* Ant. *Dominus mihi.* Ps. *Confitemini.* Ant. *Deus misereatur.* Ps. *Deus, Deus.* Ant. *Vim virtutis.* Ps. *Benedicite.* Ant. *Sol et luna.* Ps. *Laudate.* Cap., Hymn., ℣ ut supra in prima dominica. Ant. *Erat Jesus.* Ps. *Bened.* Coll. *Quaesumus omnipotens Deus vota.* Ad Primam ant. *Si in digito.* Ps. etc. ut supra. [42°] Ad Tertiam ant. *Dum fortis.* Ps. *Legem pone.* Cap. *In omnibus exhibeamus.* ℟ *Bonum mihi.* ℣ *Manus tuae.* ℣ *Dicet Domino.* Coll. *Quaesumus omnipotens Deus vota.* Ad magnam missam *Oculi mei semper.* Ps. *Ad te Domine.* Coll. *Quaesumus omnipotens.* Epistola *Estote imitatores.* Grad. *Exurge Domine.* ℣ *In convertendo.* Tractus *Ad*

---

¹ *Quae [ ] includuntur habentur inter lineas.*

te levavi. Evangel. *Erat Jesus ejiciens.* Offertor. *Justitiae Domini.* Comm. *Passer.* Ad Sextam ant. *Qui non colligit.* Cap. *Anima quae peccaverit.* ℞ *Servus tuus.* ℣ *Ut discam.* ℣ *Ipse liberavit.* Or. ut supra. Ad Nonam ant. *Cum immundus spiritus.* Cap. *Lavamini.* ℞ *Septies.* ℣ *Erravi.* ℣ *Scapulis.* Or. ut supra. Praedicta responsoria dicantur ad horas per XV dies quando de tempore agitur. Ad vesperas ant. *Sede a dextris.* Ps. *Dixit Dominus :* ceterae ad ceteros. Cap. *Clama ne cesses.* ℞ *Loquens Joseph.* ℣ *Elevavitque.* Hymn. *Ex more.* ℣ *Angelis suis.* Ant. *Extollens.* Ps. *Magnif.* Or. *Subjectum.* Ad Completor. ut supra.

Feria II ad *Bened.* Ant. *Amen dico vobis.* Or. *Cordibus nostris.* Ad missam officium *In Deo laudabo.* Ps. *Miserere mei.* Coll. *Cordibus nostris.* Epistola *Naaman princeps.* Grad. *Deus vitam.* ℣ *Miserere.* Tract. *Domine non secundum.* Evangel. *Dixerunt Pharisaei ad Jesum*[1]. Offertor. *Exaudi Deus.* Comm. *Quis dabit.* Ad vesperas ℞ *Educ de carcere.* ℣ *Periit fuga,* et dicatur in ferialibus diebus usque ad Passionem Domini. Ad *Magnif.* Ant. *Jesus autem transiens.* Or. *Subveniat.*

Feria III ad *Bened.* Ant. *Ubi duo.* Or. *Exaudi nos omnipotens.* Ad missam officium *Ego clamavi.* Ps. *Exaudi Domine.* Coll. *Exaudi nos omnipotens.* Epistola *Mulier quaedam clamabat.* Grad. *Ab occultis meis.* ℣ *Si mei.* Evangel. *Respiciens Jesus.* Offertor. *Dextra Domini.* Comm. *Domine quis habitabit.* Ad vesperas super *Magnif.* ant. *Non dico tibi.* Or. *Tua nos Domine.*

Feria IV ad *Bened.* Ant. *Audite et intelligite.* Or. *Praesta nobis.* Ad missam officium *Ego autem.* Ps. *In te.* Coll. *Praesta nobis.* Epistola *Honora patrem.* Grad. *Miserere.* ℣ *Conturbata.* Tract. *Domine non secundum.* Evangel. *Accesserunt ad Jesum.* Offertor. *Domine fac.* Comm. *Notas mihi.* Ad vesperas super *Magnif.* Ant. *Non lotis manibus.* Or. *Concede quaesumus ut qui.*

Feria V ad *Bened.* Ant. *Operamini.* [42ᵈ] Or. *Concede quaesumus omnipotens.* Ad missam officium *Salus populi.* Ps. *Attendite.* Or. *Concede quaesumus.* Epistola *Factum est verbum Domini.* Grad. *Oculi omnium.* ℣ *Aperis tu.* Evangel. *Operamini.* Offertor. *Si ambulavero.* Comm. *Tu mandasti.* Ad vesperas super *Magnif.* Ant. *Panis quem.* Or. *Purifica quaesumus.*

Feria VI ad matut. ℞ *Iste est frater.* ℣ *Attollens.* ℞ *Dixit Joseph.*

---

[1] *Ms. habet :* Ad He, *erronee pro :* Dixit Jesus ad Pharisaeos.

℣ *Biennium.* ℟ *Salus nostra.* ℣ *Venerunt.* Ad *Bened.* Ant. *Aqua quam ego.* Or. *Jejunia nostra.* Ad missam officium *Fac mecum.* Ps. *Inclina Domine.* Or. *Jejunia.* Epistola *Convenerunt filii.* Grad. *In Deo speravit.* ℣ *Ad te Domine.* Tract. *Domine non secundum.* Evangel. *Venit Jesus in civitatem.* Offertor. *Intende.* Comm. *Qui biberit.* Ad vesperas super *Magnif.* Ant. *Veri adoratores.* Or. *Praesta quaesumus.*

Sabbato ad matut. ℟ *Extrahentes.* ℣ *At illi.* ℟ *Loquens Joseph.* ℣ *Elevavitque.* ℟ *Igitur Joseph.* ℣ *Misertus enim.* Ad *Bened.* Ant. *Inclinavit.* Or. *Praesta quaesumus omnipotens Deus.* Ad missam officium *Verba mea.* Ps. *Rex meus.* Coll. *Praesta quaesumus.* Epistola *Erat vir in Babylone.* Grad. *Si ambulem.* ℣ *Virga.* Evangel. *Perrexit Jesus in montem.* Offertor. *Gressus meos.* Comm. *Nemo te condemnavit.* Ad vesperas ant. *Benedictus.* Ps. ipsum, ceterae ad ceteros. Cap. *Hortamur.* ℟ *Stetit Moyses.* Hymn. *Ex more.* ℣ *Angelis suis.* Ant. *Nemo te condemnavit.* Ps. *Magnif.* Or. *Praetende Domine.*

Dominica IV invitat. *Hodie si vocem.* Ps. *Venite.* Hymn., Ant., Pss., ℣℣ ut supra in prima dominica XL^{mae}. Lect. tres de libro Judicum. ℟ *Locutus est Dominus.* ℣ *Videns.* ℟ *Stetit Moyses.* ℣ *Dominus Deus.* ℟ *Cantemus.* ℣ *Currus.* In II noct. Ant., Pss. ut supra. Lectt. tres de sermone *Stabat Moyses.* ℟ *In mari.* ℣ *Illuxerunt.* ℟ *Qui persequebantur.* ℣ *Exclamaverunt.* ℟ *Moyses famulus.* ℣ *Ascendit.* In III noct. Antt., Pss., ℣ ut supra. Lectt. tres de evangel. *Abiit Jesus trans mare.* ℟ *Splendida.* ℣ *Descendit.* ℟ *Ecce mitto.* ℣ *Israel.* ℟ *Audi Israel.* ℣ *Observa.* ℟ reincipiatur. Sacerdot[1]. ℣ *Liberavit me.* In Laudibus ant. *Tunc acceptabis.* Ps. *Miserere.* Ant. *Bonum est.* Ps. *Confitemini.* Ant. *Benedicat.* Ps. *Deus, Deus.* Ant. *Potens es.* Ps. *Benedicite.* Ant. *Reges terrae.* Ps. *Laudate.* [43ª]Cap., Hymn., ℣ ut supra in prima dominica. Ant. *Cum sublevasset.* Ps. *Bened.* Collecta *Concede quaesumus.* Ad Primam ant. *De quinque.* Ad Tertiam ant. *Satiavit.* Capitula et responsoria ad horas ut in praecedenti dominica. Oratio dominicalis ad omnes horas. Ad missam magnam *Laetare Jerusalem.* Ps. *Laetatus.* Collecta *Concede quaesumus.* Epistola *Scriptum est quoniam.* Grad. *Laetatus.* ℣ *Fiat pax.* Tractus *Qui confidunt.* Evangelium *Abiit Jesus.* Offertor. *Laudate.* Comm. *Jerusalem quae aedificatur.* Ad Sextam ant. *Illi*

---

[1] *Edit.:* Ipse liberavit me.

homines. Ad Nonam ant. *Cum vidisset,* etc. ut supra. Ad vesperas ant. *Sede a dextris.* Ps. *Dixit Dominus,* ceterae ad ceteros. Cap. *Clama ne cesses.* ℟ *Audi Israel.* Hymn. *Ex more.* ℣ *Angelis.* Ant. *Accepit autem.* Ps. *Magnif.* Or. *Deus qui in deserti.* Complet. ut supra.

Feria II ad *Bened.* Ant. *Auferte ista.* Coll. *Praesta omnipotens Deus.* Ad missam officium *Deus in nomine.* Ps. *Quoniam alieni.* Or. *Praesta quaesumus.* Epistola *Venerunt duae.* Grad. *Esto mihi.* ℣ *Deus in te.* Tract. *Domine non secundum.* Evangel. *Prope erat Pascha.* Offertor. *Jubilate Deo.* Comm. *Ab occultis.* Ad vesperas super *Magnif.* Ant. *Solvite.* Or. *Tueatur.*

Feria III ad *Bened.* Ant. *Quid me quaeritis.* Or. *Sacrae nobis.* Ad missam officium *Exaudi Deus orationem.* Ps. *Contristatus sum.* Coll. *Sacrae nobis.* Epistola *Locutus est Dominus ad Moysen dicens Descende.* Grad. *Exurge.* ℣ *Deus auribus.* Evangel. *Jam die festo.* Offertor. *Expectans.* Comm. *Laetabimur.* Ad vesperas super *Magnif.* Ant. *Nemo in eum.* Or. *Miserere Domine.*

Feria IV ad *Bened.* Ant. *Rabbi quis peccavit.* Or. *Deus qui et justis.* Ad missam officium *Dum sanctificatus.* Ps. *Benedicam.* Oremus, sine *Dominus vobiscum* et cum *Flectamus genua, Deus qui et justis.* Prophetia *Sanctificabo nomen.* Grad. *Venite.* ℣ *Accedite.* Grad. non reiteratur. Oratio cum *Dominus vobiscum* et cum *Flectamus genua, Praesta quaesumus omnipotens.* Epistola *Lavamini.* Grad. *Beata gens.* ℣ *Verbo.* Tract. *Domine non secundum.* Evangel. *Praeteriens Jesus.* Offertor. *Benedicite.* Comm. *Lutum.* Ad vesperas super *Magnif.* Ant. *A saeculo.* Or. *Pateant.*

Feria V ad *Bened.* Ant. *Sicut Pater.* Or. *Praesta quaesumus.* Ad missam officium *Laetetur.* Ps. *Confitemini Domino et invocate.* Coll. *Praesta quaesumus.* Epistola *Venit mulier.* Grad. *Respice.* ℣ *Exurge.* Evangel. *Pater meus usque modo.* Offertor. *Domine in auxilium.* Comm. *Domine memorabor.* Ad [43ʰ] vesperas super *Magnif.* Ant. *Pater diligit.* Or. *Populi tui Domine.*

Feria VI ad *Bened.* Ant. *Lazarus.* Or. *Deus qui ineffabilibus.* Ad missam officium *Meditatio.* Ps. *Coeli enarrant.* Or. *Deus qui ineffabilibus.* Epistola *Aegrotavit filius.* Grad. *Bonum est.* ℣ *Bonum.* Tractus *Domine non secundum.* Evangel. *Erat quidam languens.* Offertor. *Populum humilem.* Comm. *Videns Dominus.* Ad vesperas super *Magnif.* Ant. *Domine si fuisses.* Or. *Da quaesumus omnipotens Deus.*

Sabbato ad matut. ℟ *Popule meus.* ℣ *Adduxi.* ℟ *Adduxi.* ℣ *Popule meus.* ℟ *Vos qui transituri.* ℣ *Cumque intraveritis.* Ad *Bened.* Ant. *Ego sum lux.* Or. *Fiat Domine.* Ad missam officium *Sitientes.* Ps. *Attendite.* Or. *Fiat Domine.* Epistola *In tempore placito.* Grad. *Tibi Domine.* ℣ *Ut quid.* Evangel. *Ego sum lux.* Offertor. *Factus est.* Comm. *Dominus regit.* Ad vesperas ant. *Benedictus.* Ps. ipsum, ceterae ad ceteros. Cap. *Faciem meam.* ℟ *Circumdederunt.* ℣ *Quoniam tribulatio.* Regressus *Sed tu.* ℟ *Circumdederunt* reiteretur. Ab hac die usque ad Pascha non dicatur *Gloria Patri* post versum ad vesperas nec ad completorium, nec ad matutinum nec ad horas quando de tempore agitur, sed statim post regressum reincipiatur responsorium. Hymn. *Vexilla regis.* ℣ *Dederunt in escam.* Iste ℣ et hymnus dicuntur ad vesperas usque ad Coenam Domini, nisi festum IX lect. occurrerit; et cum incipitur versus *O crux ave*, in sabbatis et in dominicis inclinent fratres, et in ferialibus diebus prosternant. Ant. *Ego sum qui.* Ps. *Magnif.* Or. *Deus qui sperantibus.* Hic et deinceps usque in crastinum octavae Paschae dimittantur consueta suffragia. Ad Completor. ant. *Miserere* etc. ut supra. ℟ *In manus tuas.* ℣ *Redemisti*, sine *Gloria Patri.* Hymn. *Xpiste qui lux.* ℣ *Custodi nos.* Ad *Nunc dimittis* Ant. *Vigilate*, et dicatur usque ad Coenam Domini, nisi in Annuntiatione si infra hoc tempus evenerit.

Dominica in Passione. Invitat. *Quadraginta annis.* Ps. *Venite.* Post primum versum psalmi *Venite* reiteretur regressus invitatorii, post secundum vero versum totum invitatorium dicatur et sic de singulis, quia *Gloria Patri* in fine non dicitur. Hymn. *Pange lingua.* In I noct. ant. *Appropinquabat.* Ps. *Beatus vir*, et ceteri psalmi cum hac sola, sed *Gloria Patri* dicatur in fine psalmorum sicut solet. ℣ *Erue a framea.* Lectt. tres de Jeremia. ℟ [*43ᶜ*] *Isti sunt dies.* ℣ *Locutus.* ℟ *Multiplicati.* ℣ *Nequando.* ℟ *Qui custodiebant.* ℣ *Omnes inimici*; sine *Gloria Patri.* ℟ reiteretur. In II noct. ant. *Principes sacerdotum.* Ps. *Conserva* et ceteri cum hac sola. ℣ *Ne perdas cum impiis.* Lectt. tres de sermone *Magnum Jeremiae.* ℟ *Deus meus es.* ℣ *Deus meus.* ℟ *Deus meus eripe.* ℣ *Deus ne elongeris.* ℟ *Tota die.* ℣ *Et qui inquirebant.* ℟ reiteretur. In III nocturno ant. *Vulpes foveas.* Ps. *Coeli enarrant* et ceteri cum hac sola. ℣ *Eripe me de.* Tres lectt. de Evangelio *Quis ex vobis.* ℟ *Adjutor.* ℣ *Iniquos.* ℟ *In proximo est.* ℣ *Erue a framea.* ℟ *In te jactatus.* ℣ *Salva me.* ℟ reiteretur. Sacerdot. ℣ *De ore leonis.* In Laudibus ant. *Vide Domine.* Ps. *Miserere*

Ant. *In tribulatione.* Ps. *Confitemini.* Ant. *Judicasti.* Ps. *Deus, Deus.* Ant. *Popule meus.* Ps. *Benedicite.* Ant. *Numquid redditur.* Ps. *Laudate.* Cap. *Confundantur qui.* Hymn. *Lustra sex.* ℣ *Eripe me Domine ab homine.* Ant. *Animae impiorum.* Ps. *Bened.* Coll. *Quaesumus omnipotens.* Ad Primam hymn. *Jam lucis,* in tono hymni *Vexilla regis,* et ceteri hymni ad horas eodem tono cantentur hodie et in die palmarum. Ant. *Ego daemonium.* Pss. etc. ut supra. Missa matut. de Trinitate. Ad Tertiam ant. *Ego gloriam.* Cap. *Domine omnes qui te derelinquunt.* ℟ *Erue a framea.* ℣ *Salva me,* sine *Gloria.* ℣ *Intende animae.* Or. *Quaesumus omnipotens.* Ad magnam missam officium *Judica me Deus.* Ps. *Emitte lucem.* Non dicatur *Gloria Patri* ad introitum missae quando de tempore agitur usque ad Pascha. Or. *Quaesumus omnipotens.* Epistola *Xpistus assistens pontifex.* Grad. *Eripe me.* ℣ *Liberator.* Tractus *Saepe expugnaverunt.* Evangel. *Quis ex vobis.* Offertor. *Confitebor.* Praefatio *Qui salutem,* et dicatur omnibus diebus, nisi in missis sanctorum IX lect. usque ad Coenam Domini. Comm. *Hoc corpus.* Ad Sextam ant. *Quinquaginta.* Cap. *Tu autem Domine Sabaoth.* ℟ *De ore leonis.* ℣ *Erue a framea,* sine *Gloria.* ℣ *Ne perdas.* Or. *Quaesumus omnipotens.* Ad Nonam ant. *Tulerunt lapides.* Cap. *Judicasti Domine.* ℟ *Principes.* ℣ *Quasi qui :* sine *Gloria.* ℣ *Eripe me de inimicis.* Or. ut supra. Praedicta capitula dicantur ad horas usque ad Coenam Domini, et ℟℟ solum per hanc hebdomadam quando de tempore agitur. [*43*ᵈ] Ad vesperas ant. *Vide Domine.* Ps. *Dixit Dominus* et ceteri cum hac sola. Cap. *Dominus Deus aperuit.* ℟ *In te jactatus.* Hymn. *Vexilla regis.* ℣ *Dederunt in escam.* Ant. *Abraham Pater.* Ps. *Magnif.* Or. *Da nobis.* Completor. ut supra.

Feria II invitat. *Adoremus Dominum qui nos redemit per crucem.* Hoc invitatorium dicatur cotidie in ferialibus diebus usque ad Coenam Domini. Hymn. *Pange lingua.* Ant. *Dominus defensor.* Ps. *Dominus illuminatio.* Ceterae ad ceteros. ℣ *Erue a framea.* Prima lectio de expositione evangelii et ceterae duae de Jeremia. Similiter in aliis feriis sequentibus. ℟ *Ne avertas.* ℣ *Intende.* ℟ *Ne perdas.* ℣ *Eripe me.* ℟ *Doceam iniquos.* ℣ *Domine labia,* sine *Gloria.* ℟ reiteretur, et sic in aliis ferialibus diebus. Sacerdot. ℣ *Deus meus eripe me.* ℟ *De manu peccatoris,* et dicatur in ferialibus diebus usque ad Coenam Domini. In Laudibus ant. *Miserere.* Ps. ipsum et ceterae ad ceteros. Cap. *Confundantur.* Hymn. *Lustra sex.* ℣ *Eripe me Domine ab.* Ant. *In die magno.* Ps. *Bened.* Or. *Sanctifica.* Ad Primam ant. *Appro-*

pinquabat. Ps. *Deus in nomine* et ceteri. Ad missam officium *Miserere mei*. Ps. *Conculcaverunt me*. Or. *Sanctifica*. Epistola *Factum est verbum*. Grad. *Deus exaudi*. ℣ *Deus in nomine*. Tractus *Domine non secundum*. Evangelium *Miserunt principes*. Offertor. *Domine convertere*. Comm. *Dominus virtutum*. Ad horas capitula, responsoria et versus ut in praecedenti dominica. Or. sicut ad matutinum. Ad Tertiam ant. *Judicasti*. Ad Sextam ant. *Popule meus*. Ad Nonam ant. *Numquid redditur*. Et sic dicantur horae per hebdomadam. Ad Vesperas ant. *Inclinavit*. Ps. *Dilexi*, ceterae ad ceteros. Cap. *Faciem meam*. ℟ *Usquequo*. ℣ *Qui tribulant me*, sine *Gloria*. ℟ reiteretur. Et dicatur in feriis per hebdomadam. Hymn. *Vexilla regis*. ℣ *Dederunt*. Ant. *Si quis sitit*. Ps. *Magnif*. Or. *Da quaesumus Domine*. Completor. ut supra.

Feria III ad matut. ℟ *Pacifice loquebantur*. ℣ *Omnes inimici*. ℟ *Vide quia tribulor*. ℣ *Libera me*. ℟ *Circumdederunt*. ℣ *Quoniam tribulatio*. In Laudibus antt., Pss. secundum feriam. Cap., Hymn., ℣ ut supra. Ant. ad *Bened. Tempus meum*. Or. *Nostra*. Ad horas collecta de die. Cetera ut supra. Ad missam officium *Expecta*. Ps. *Dominus illuminatio*. Or. *Nostra tibi*. Epistola *Congregati sunt*. Grad. *Discerne*. ℣ *Emitte*. Evangel. *Ambulabat Jesus*. [44ᵃ] Offertor. *Sperent*. Comm. *Redime me*. Ad vesperas super *Magnif*. Ant. *Vos ascendite*. Or. *Da quaesumus*.

Feria IV responsoria de dominica *Adjutor* et cetera duo. Ad *Bened*. Ant. *Oves meae*. Or. *Sanctificato*. Ad missam officium *Liberator meus*. Ps. *Diligam*. Or. *Sanctificato hoc*. Epistola *Locutus est Dominus ad Moysen*. Grad. *Exaltabo*. ℣ *Domine Deus*. Tractus *Domine non secundum*. Evangelium *Facta sunt encaenia*. Offertor. *Eripe me de*. Comm. *Laudabo in* ¹. Ad vesperas super *Magnif*. *Multa bona*. Or. *Exaudi*.

Feria V responsoria de prima turba. Ad *Bened*. Ant. *Magister dicit*. Or. *Praesta quaesumus*. Officium *Omnia quae fecisti*. Ps. *Magnus Dominus*. Or. *Praesta quaesumus*. Epistola *Oravit Daniel*. Grad. *Tollite hostias*. ℣ *Revelavit*. Evangelium *Rogabat Jesum*. Offertor. *Super flumina*. Comm. *Memento*. Ad vesperas super *Magnif*. *Desiderio desideravi*. Or. *Esto quaesumus*.

Feria VI responsoria de secunda turba. Ad *Bened*. Ant. *Quid molesti*. Or. *Cordibus nostris*. Officium *Miserere mihi*. Ps. *In te Do-*

---

¹ *Edit. habet* « Lavabo inter ».

mine. Or. *Cordibus nostris.* Epistola *Dixit Jeremias.* Grad. *Pacifice.* ℣ *Vidisti Domine.* Tractus *Domine non secundum.* Evangel. *Collegerunt.* Offertor. *Collegerunt.* Comm. *Ne tradideris.* Ad vesperas super *Magnif.* Ant. *Principes sacerdotum.* Or. *Concede.*

Sabbato responsoria de III turba. Ad *Bened.* ant *Nemo tollet.* Or. *Da nobis Domine.* Ad missam officium ut in sexta feria *Miserere mihi.* Or. *Da nobis Domine.* Epistola *Dixerunt impii Judaei.* Grad. *Pacifice.* ℣ *Vidisti.* Evangelium *Sublevatis Jesus oculis.* Offertor. *Benedictus.* Comm. *Ne tradideris.* Ad vesperas duplex festum, ant. *Benedictus.* Ps. ipsum. Ceterae ad ceteros. Cap. *Hoc sentite.* ℟ *Circumdederunt.* Hymn. *Vexilla regis.* ℣ *Dederunt.* Ant. *Clarifica me.* Ps. *Magnif.* Or. *Conserva Domine populum.* Completor. ut supra.

Dominica in Ramis Palmarum. Invitat. *Ipsi vero.* Ps. *Venite.* Hymn., antt., Pss. ℣℣ ut supra in praecedenti dominica. Lectt. tres de Jeremia. ℟ *In die qua invocavi.* ℣ *In die tribulationis.* ℟ *Fratres mei.* ℣ *Amici mei.* ℟ *Attende.* ℣ *Homo.* In II noct. ant., Pss. ut supra. Lett. tres de sermone psalmi vicesimi. ℟ *Conclusit.* ℣ *Factus sum.* ℟ *Salvum me fac.* ℣ *Intende.* ℟ *Noli esse.* ℣ *Confundantur.* In III noct. ant., Pss , ℣ ut supra. Lectt. tres de evangelio *Cum appropinquasset Jesus.* ℟ *Ingrediente Domino.* ℣ *Cumque audisset.* ℟ *Dominus mecum.* ℣ *Et vim faciebant.* ℟ *Circumdederunt.* ℣ *Quoniam tribulatio.* ℟ reincipiatur. Sacerdot. ℣ *De o 44° re leonis.* In Laudibus ant. *Dominus Deus.* Ps. *Miserere.* Ant. *Circumdantes.* Ps. *Confitemini.* Ant. *Judica causam.* Ps. *Deus, Deus meus.* Ant. *Cum angelis.* Ps. *Benedicite.* Ant. *Confundantur.* Ps. *Laudate Dominum.* Cap. *Dominus Deus aperuit.* Hymn. *Lustra sex.* ℣ *Eripe me Domine.* Ant. *Turba multa.* Ps. *Bened.* Or. *Omnipotens sempiterne.* Ad Primam ant. *Occurrunt turbae.* Pss. etc. ut supra. Missa matutinalis de Trinitate. Ad Tertiam ant. *Pueri Hebraeorum.* Cap. *Faciem meam.* ℟ *Fratres mei.* ℣ *Amici mei,* sine *Gloria.* ℣ *Intende animae.* Or. *Omnipotens sempiterne.* Post Tertiam more solito fiat aspersio aquae benedictae. Qua facta praelatus induat cappam sericam et diaconus et subdiaconus dalmaticam et tunicam, vel ubi cappa talis non fuerit sint omnes in albis. Praelatus igitur stans inter ministros ante gradus presbyterii, verso vultu ad altare, ramos palmarum seu aliarum arborum ante se super gradus ad partem dextram per sacristam collocatos benedicat eo modo quo dicuntur orationes ad horas. Incipiendo *Adjutorium nostrum.* ℣ *Sit nomen Domini.* ℣ *Dominus vobiscum. Oremus. Deus qui dispersa. Per eundem Xpistum.* Postea aspergantur rami aqua benedicta et incensentur. Sequitur *Oremus* sine *Dominus vobiscum. Deus qui per olivae ramum. Per eundem Xpistum.* Deinde cantor offerat ramum praelato, incipiendo antiphonam *Pueri Hebraeorum tollentes;* et postea antiphonam *Pueri Hebraeorum vestimenta,* et conventus ipsas prosequatur, etiam si necesse fuerit poterunt reiterari. Interim sacrista ramos ministris distribuat et deinde fratribus incipiens in dextro choro a superioribus, et alter frater cui ipse innuerit in sinistro, et deinceps saecularibus si praesentes fuerint. Distributis ramis et finitis antiphonis, cantore incipiente antiphonam *Occurrunt turbae,* (et) exeat processio hoc ordine. Primo subdiaconus cum aqua benedicta. Post ceroferarii in superpelliceis vel in albis. Deinde diaconus cum cruce discooperta, postea reliqui fratres in ordine suo, conversis et junioribus praecedentibus, ita quod praelatus sive ille qui facit officium eat posterior. Fiat autem processio in claustro seu ambitu juxta ecclesiam providente sacrista ne quid inconveniens inveniatur ubi processio ista vel alia fieri debet. Finita [44ᶜ] ant. *Occurrunt,* incipiatur ant. *Collegerunt,* et dum haec canitur fiat prima statio in parte aquilonari; cum vero incipitur ℣ *Unus autem.* moveatur processio et fiat secunda statio in parte orientali; ad repetitionem vero hanc *Quid facimus,* moveant se fratres et fiat tertia statio in parte australi, et cum incipitur *Ne forte* statim moveatur processio ad ultimam stationem quae fiat in parte occidentali. Et in unaquaque statione diaconus et subdiaconus habeant vultus suos et versam crucem ad conventum, et in ambulando et in stando subdiaconus ante diaconum sit. Porro in ultima statione, finito cantu, Prior vel qui officium facit genuflectendo mediocri voce incipiat antiphonam *Ave,* chorus cum genuflexione statim respondeat *Rex noster.* Item prior altius et genuflectens incipiat *Ave,* chorus cum genuflexione respondeat *Rex noster.* Item prior altius et genuflectens incipiat *Ave,* chorus genuflectens *Rex noster,* totam antiphonam prosequendo versis vultibus ad crucem. Interim dum haec antiphona *Ave Rex noster* canitur, secretarius analogium et super eo textum ante ostium occidentale collocet ubi evangelium legi debeat. In fine antiphonae *Ave Rex noster,* diaconus crucem subdiacono porrigat et subdiaconus interim in terra aquam benedictam ponat. Diaconus vero inclinans a praelato benedictionem petat, et postea versus ad orientem evangelium legat, subdiacono ante diaconum cum cruce astante et versus conventum vultum suum habente. Quo praelecto diaconus crucem recipiat et subdiaconus aquam benedictam resumat. Deinde conventus stet versis vultibus ad invicem. Duo autem fratres jam a cantore praemoniti esse debent ut circa finem evangelii ecclesiam intrent et clauso ostio stantes versa facie ad processionem statim post evangelium lectum cantent ℣ *Gloria laus;* chorus *Gloria laus.* Ipsi duo ℣ *Israel es:* chorus *Gloria laus.* Duo ℣ *Coetus in excelsis.* Chorus *Gloria laus.* Duo ℣ *Plebs Hebraea,* Chorus *Gloria laus.* Duo ℣ *Gloria laus.* Chorus *Et honor tibi* etc. [44ᵈ]. Interim ipsi duo revertantur ad processionem et stent in ordine suo. His igitur peractis, mox incipiat praelatus ℟ *Ingrediente,* et ecclesiam omnes intrent illud cantando, ramos quoque quos gestant intrantes chorum super gradum presbyterii hinc inde deponant, quos secretarius statim auferat. Diaconus vero crucem in loco suo ponat et usque post Completorium discooperta permaneat. Subdiaconus autem aquam benedictam ad locum consuetum collocet, ceteris fratribus euntibus ad sedes suas. Prior vero et ministri se ordinent sicut ad aspersionem aquae consueverunt; finito ℟, et ℣¹ [a duobus cantato dicant acoliti ℣] *Eripe me de inimicis meis Deus meus.* Deinde Prior sine *Dominus vobiscum* praemisso *Oremus* dicat orationem *Omnipotens sempiterne Deus qui humano generi. Per eundem Xpistum.*

Ad missam officium *Domine ne longe.* Ps. *Deus, Deus meus, respice.* Collecta *Omnipotens sempiterne.* Epistola *Hoc sentite.* Grad. *Tenuisti.* ℣ *Quam bonus.* Tractus *Deus, Deus meus.* Passio secundum Matthaeum *Scitis quia post biduum.* Ad hanc et alias Passiones legendas benedictio non petatur, cerei et thuribulum non portentur, ministri cum more solito incedant. *Dominus vobiscum* non dicatur. Sed inchoetur hoc modo *Passio Domini nostri Jesu Xpisti* etc. praeter ultimam quae sine titulo legatur. Non respondeatur *Gloria tibi Domine,* nec signent se fratres. In trina voce omnes legantur, sic quod infimam teneant verba Domini, quae in fine pronuncientur cum nota fa fa mi re re. Mediam autem teneant verba evangelistae, quae in medio et in fine pronuncientur ad modum evangelii. Supremam vero vocem teneant verba cujuscumque alterius personae loquentis et illa ad modum lectionis pronuncientur, excepta voce centurionis dicentis: *Vere filius Dei erat iste,* quae exprimatur per fa fa mi re re. Et similiter pronuncientur verba latronis Feria IV *Memento mei dum veneris in regnum tuum.* Evangelium etiam in

---

¹ *Quae hoc signo* [ ] *notantur habentur in margine.*

fine Passionis scil. *Altera autem die*, pronuncietur per fa fa mi re re, et eodem modo fiat in aliis Passionibus. Cum autem ille qui legit Passionem pronunciaverit *Emisit spiritum*, sileat et totus chorus prosternat se super formas, devote gratias agens Redemptori, et idem faciant [45*] sacerdos et ministri ante altare, et facto intervallo unius orationis dominicae, choro surgente, diaconus Passionem prosequatur. Idem etiam fiat in aliis Passionibus ubi dicitur *Expiravit*, vel *Tradidit spiritum*. Finita Passione reponatur liber ad locum suum, nec ad osculandum sacerdoti offeratur. *Credo*. Offertor. *Improperium*. Comm. *Pater si non*. Ad Sextam ant. *Pueri Hebraeorum*. Cap. *Tu autem Domine Sabaoth*. ℞ *Attende Domine*. ℣ *Homo pacis*, sine *Gloria*. ℣ *Ne perdas cum impiis*. Collecta *Omnipotens sempiterne*. Ad Nonam ant. *Osanna*. Cap. *Judicasti*. ℞ *Salvum me fac*. ℣ *Intende*, sine *Gloria*. ℣ *Eripe me*. Coll. *Omnipotens sempiterne*. Ad vesperas ant. *Dominus Deus*. Ps. *Dixit Dominus*, et ceterae ad ceteros. Cap. *Dominus Deus aperuit*. ℞ *Ingrediente*. Hymn. *Vexilla regis*. ℣ *Dederunt in escam*. Ant. *Coeperunt omnes*. Ps. *Magnif*. Coll. *Da misericors Deus*. Completor. ut supra.

Feria II invitat. *Adoremus Dominum*. Hymn. *Pange lingua*. Ant. *Dominus defensor*. Ps. *Dominus illuminatio:* ceterae ad ceteros. ℣ *Erue a*. Lect. prima de expositione Evangelii, aliae duae de Jeremia. ℞ *Viri impii*. ℞ *Dixerunt impii*. ℞ *Insurrexerunt*. ℞ reiteretur. Sacerdot. ℣ *Deus meus eripe*. In Laudibus ant. *Faciem meam*. Ps. *Miserere*. Ant. *Framea*. Ps. *Verba mea*. Ant. *Appenderunt*. Ps. *Deus, Deus*. Ant. *Inundaverunt*. Ps. *Confitebor*. Ant. *Labia*. Ps. *Laudate*. Cap. *Dominus Deus aperuit*. Hymn. *Lustra sex*. ℣ *Eripe me Domine ab homine*. Ant. *Non haberes*. Ps. *Bened*. Collecta *Da quaesumus omnipotens Deus ut qui in tot*. Ad Primam ant. *Faciem*. Ps. *Deus in*. Ad missam officium *Judica*. Ps. *Effunde frameam*. Collecta *Da quaesumus omnipotens*. Epistola *Dixit Isaias Dominus Deus aperuit*. Grad. *Exurge*. ℣ *Effunde*. Tractus *Domine non secundum*. Evangelium *Ante sex dies*. Offertor. *Eripe me*. Comm. *Erubescant*. Ad horas antt. de Laudibus; capitula, responsoria, ℣℣ de dominica; or. *Da quaesumus omnipotens*. Ad vesperas ant. *Inclinavit*. Ps. *Dilexi quoniam*. Ceterae ad ceteros. Cap. *Confundantur*. ℞ *Noli esse mihi*. Hymn. *Vexilla*. ℣ *Dederunt*. Ant. *Mittens haec*. Ps. *Magnif*. Collecta *Adjuva nos Deus*. Completor. ut supra.

Feria III invitat.. Hymn. ut supra. Ant. *Ut non delinquam*. Ps. *Dixi custodiam*. Ceterae ad ceteros. ℣ *Erue a*. Lectt. tres de Jeremia. ℟ *Deus Israel.* ℟ *Contumelias.* ℟ *Vide quia tribulor.* Quaere [45ᵛ] hoc ℟ supra in feria III. Sacerdot. ℣ *Deus meus eripe.* In Laudibus ant. *Vide Domine.* Ps. *Miserere.* Ant. *Discerne.* Ps. *Judica.* Ant. *Dum tribularer.* Ps. *Deus, Deus meus.* Ant. *Domine vim patior.* Ps. *Ego dixi.* Ant. *Dixerunt impii.* Ps. *Laudate.* Cap., Hymn., ℣ ut supra feria secunda. Ant. *Potestatem habeo.* Ps. *Bened.* Or. *Omnipotens sempiterne Deus.* Ad Primam ant. *Vide Domine.* et ceterae ad ceteros ut supra. Ad missam officium *Nos autem.* Ps. *Deus misereatur.* Coll. *Omnipotens sempiterne.* Epistola *Dixit Jeremias.* Grad. *Ego autem.* Passio Domini nostri Jesu Xpisti secundum Marcum. *Erat Pascha et Azyma post biduum.* Offertor. *Custodi Domine.* Comm. *Adversum me.* Ad horas antt. de Laudibus, capp., ℟℟ de dominica; oratio *Omnipotens sempiterne.* Ad vesperas antt. et Pss. feriales, cap., ℟ Hymn., ℣ ut in II feria. Ad *Magnif.* Ant. *Consilium fecerunt.* Or. *Tua nos misericordia Deus.* Completor. ut supra.

Feria IV invitat., Hymn. ut supra. Ant. *Avertet Dominus.* Ps. *Dixit insipiens.* Ceterae ad ceteros. ℣ *Erue a framea.* Lectt. tres de Jeremia. ℟ *Synagogae.* ℟ *Dominus mecum.* ℟ *Circumdederunt.* Sacerdot. ℣ *Deus meus eripe.* In Laudibus ant. *Libera me.* Ps. *Miserere.* Ant. *Contumelias.* Ps. *Te decet.* Ant. *Ipsi vero.* Ps. *Deus, Deus meus.* Ant. *Omnes inimici.* Ps. *Exultavit.* Ant. *Alliga.* Ps. *Laudate.* Cap., Hymn., ℣ ut supra. Ant. *Simon dormis.* Ps. *Bened.* Or. *Praesta quaesumus.* Ad horas antt. de Laudibus, oratio sicut ad matutin. etc. ut supra. Prostrationes et preces ob reverentiam Coenae dominicae in Nona omittantur. In missa tamen prostrationes fiant modo consueto. Ad missam officium *In nomine Domini.* Ps. *Domine exaudi* (primus). Non dicatur *Dominus vobiscum*, sed *Oremus* et *Flectamus genua. Levate.* Or. *Praesta quaesumus omnipotens.* Ad hanc stent fratres versis vultibus ad altare. Prophetia *Dicitur filiae Syon.* Grad. *Ne avertas.* ℣ *Salvum me fac.* Graduale non reiteretur. Sequitur *Dominus vobiscum. Oremus. Flectamus genua, Levate.* Oratio. *Deus qui pro nobis,* cum prostratione. Epistola *Dixit Isaias Domine.* Tractus *Domine exaudi orationem.* Qui alternatim a choro cantetur, et alius tractus non dicitur. *Passio Domini nostri Jesu Xpisti secundum Lucam. Appropinquabat autem dies festus.* Ad hanc Passionem non abstrahatur [45ᶜ] velum, sed dum legitur hoc verbum *Velum templi,* ipsum deponatur. Offertor. *Domine exaudi.* Comm. *Potum meum.* Ad vesperas ut in festis IX lectt. Ant. *Beatus vir.* Ps. *Nisi Do-*

minus; ceterae ad ceteros. Cap. *Confundantur.* ℟ *Circumdederunt.* Hymn. *Vexilla.* ℣ *Dederunt in escam.* Ant. *Cotidie.* Ps. *Magnif.* Or. *Respice quaesumus.* Ad Complet. ant. *Miserere.* Ps. *Cum invocarem,* et ceteri. ℟ *In manus.* Hymn. *Xpiste qui lux.* Ant. *Vigilate.* Ps. *Nunc dimittis,* etc. ut supra.

In Coena Domini ad Tenebras et ad horas et ad missam fiat pulsatio modo consueto; postquam autem hac die ad missam campana pulsata est nullum signum deinceps fiat cum campanis, sed tantum sonetur tabula usque ad vigiliam Paschae quando cantatur *Gloria in excelsis.* His quatuor diebus sequentibus Prior officium faciat. In Coena Domini et sexta feria et sabbato non dicatur *Domine labia,* nec *Deus in adjutorium,* nec *Gloria,* nec *Et ne nos,* nec *Benedicamus,* nec *Jube domne* nisi in capitulo, sed *Pretiosa* et quod sequitur dicatur, sicut in aliis diebus. Quinque candelae ad Tenebras accendantur quae in fine quinque antiphonarum de Laudibus singulae extinguantur. In inceptione antiphonae ad *Benedictus* [1]. Cum igitur fratres ad Tenebras convenerint, finita pulsatione et candelis accensis, inclinent se, et sic dicto *Pater noster* et *Credo* ad signum Prioris se erigant et signent se signo crucis. Statim aliquis de inferioribus incipiat hanc antiphonam *Zelus domus.* Ps. *Salvum me fac.* Ant. *Avertantur.* Ps. *Deus in adjutorium.* Ant. *Deus meus.* Ps. *In te Domine.* ℣ *Exurge Domine,* sine neumate cum nota fa fa mi mi, et eodem modo alii versiculi dicantur. ℟ *Judica causam meam.* Dicto *Pater noster* ad signum Prioris incipiat qui leget primam lectionem. Lectiones tres de Lamentatione Jeremiae prophetae legantur *Quomodo sedet.* In fine lamentationum dicatur *Jerusalem, Jerusalem, convertere ad Dominum Deum tuum,* et ita fiat duobus diebus sequentibus. ℟ *In monte.* ℣ *Verumtamen.* ℟ *Tristis est.* ℣ *Vigilate.* ℟ *Ecce vidimus.* ℣ *Vere languores,* ℟ reiteretur. In II nocturno ant. *Liberavit Dominus.* Ps. *Deus judicium.* Ant. *Cogitaverunt.* Ps. *Quam bonus.* Ant. *Exurge.* Ps. [45ᵈ] *Ut quid.* ℣ *Deus meus eripe me.* ℟ *De manu peccatoris.* Lectiones tres de psalmo *Exaudi Deus orationem meam.* ℟ *Amicus meus.* ℣ *Melius illi.* ℟ *Eram quasi.* ℣ *Homo pacis.* ℟ *Una hora.* ℣ *Dormite jam.* ℟ reiteretur. In III noct. ant. *Dixi iniquis.* Ps. *Confitebimur.* Ant. *Terra tremuit.* Ps. *Notus in Judaea.* Ant. *In die.* Ps. *Voce mea.* ℣ *Homo pacis meae in quo sperabam.*

---

[1] *Desideratur hic aliquid. Edit. habet* « quae in fine quinque antiphonarum de Laudibus extinguantur singulae, ita ut extrema extinguatur in inceptione ant. ad Benedictus ».

℟ *Ampliavit adversum me supplantationem*. Lectiones tres de Paulo apostolo *Ego enim accepi a Domino*. ℟ *Seniores*. ℣ *Cogitaverunt*. ℟*Revelabunt*. ℣ *In die*. ℟ *O Juda*. ℣ *Os tuum*. ℟ reiteretur. Quo finito statim incipiantur Laudes, ant. *Justificeris Domine*. Ps. *Miserere*. Ant. *Dominus tamquam*. Ps. *Domine refugium*. Ant. *Contritum est*. Ps. *Deus. Deus*. Ant. *Exhortatus est*. Ps. *Cantemus*. Ant. *Oblatus*. Ps. *Laudate*. Infra psalmos Laudum in sacristia vel alibi ubi videri nequeat lumen per sacristam abscondatur, sed et tunc lampades per ecclesiam extinguantur. Finita ant. post *Laudate*, dum ultima candela extinguitur, praelatus immediate incipiat ant. *Traditor*. Ps. *Bened*. et deinceps tam *Benedictus* quam alia omnia in tenebris dicantur. Finita ant. post *Bened*. duo fratres alternatim cantent *Kyrie el.*, unus in dextra, alius in sinistra parte chori. [Qui in dextra est prius dicat *Kyrie*, deinde qui in sinistra *Kyrie*, postea ¹ qui in dextra parte *Kyrie*. Deinde duo ante altare in choro stantes cantent ℣ *Qui passurus*. Deinde duo in medio choro stantes respondeant *Domine miserere*. Chorus *Xpistus Dominus*. Deinde frater in sinistra parte *Xpiste eleison*. Qui in dextra *Xpiste el*. Deinde qui in sinistra *Xpiste el*. Duo ante altare ℣ *Qui expansis*. Qui in medio choro *Domine miserere*. Chorus *Xpistus Dominus*. Deinde frater qui in dextra parte *Kyrie el*. Qui in sinistra parte *Kyrie el*. Qui in dextra *Kyrie*. Duo ante altare ℣ *Qui prophetice*. Qui in medio choro *Domine miserere*. Chorus *Xpistus Dominus*. Quo finito frater in dextra parte alta voce dicat ℣ *Mortem autem crucis*. Tunc prosternant se fratres usque in finem, et unusquisque dicat *Pater noster*, et post submissa voce alternatim dicatur Ps. *Miserere mei*. Finito Ps. dicatur oratio sine *Oremus*. *Respice quaesumus*, et finiatur cum *Qui tecum;* in hac die tantum. *Fidelium* hoc triduo non dicatur, nisi post *Pre[46ª]tiosa* ad Primam, et post aspersionem aquae benedictae ad Completorium ubi etiam alia consueta dicuntur, et nisi post gratias de mensa. Expleta oratione qui facit officium sonitum trina percussione faciat in signum ut lumen extinctum reaccendatur. Prolato autem lumine a sacrista, recipiantur disciplinae. Hac die non fiant prostrationes nisi solum in fine matutini ut dictum est. Ad horas nec hymnus neque antiphona dicatur. Dictis *Pater noster* et *Credo* Prima sic incipiatur. Ps. *Deus in nomine*, cum nota la la ad metrum la sol la, in fine la la sol. Ps. *Beati immaculati*. Ps. *Retribue*. ℟ *In Monte*

---

¹ *Quae* [ ] *includuntur habentur in margine.*

Oliveti. ℣ *Verumtamen.* ℟ reincipiatur. ℣ *Diviserunt sibi.* ℟ *Vestimenta mea.* Hic ℣ dicatur ad Primam his tribus diebus. Deinde statim dicantur *Pater noster* et *Credo.* inclinando sine precibus. Dicto *Credo* erigant se fratres et stando alternatim dicant submissa voce Ps. *Miserere.* Or. *Respice quaesumus. Qui tecum.* Responso *Amen* mox Prior dicat *Confiteor.* Deinde in capitulo legantur Kalendae et *Pretiosa* sicut solent. Ad Tertiam Ps. *Legem pone.* Ps. *Memor.* Ps. *Bonitatem.* ℟ *Tristis est.* ℣ *Vigilate:* reiteretur ℟ ; ℣ *Exurge Domine.* Post *Pater noster.* Ps. *Miserere.* Or. *Respice quaesumus* etc. ut supra. Ad Sextam Ps. *Defecit* etc. ℟ *Ecce vidimus.* ℣ *Vere languores,* Reincipiatur ℟ ; ℣ *Deus meus eripe me.* Post *Pater noster* etc. ut supra ad Tertiam. Ad Nonam Ps. *Mirabilia* etc. ℟ *Amicus meus* ℟ reincipiatur. ℣ *Homo pacis. Pater noster* etc. ut supra.

Hac die fratres omnes in missa conventuali communicent de manu praelati et privatas missas non celebrent usque in diem Resurrectionis. Ad missam officium *Nos autem.* Ps. *Deus misereatur. Kyrie* ut in festo IX lect. *Gloria in excelsis* et *Credo* non dicuntur, nisi ubi Chrisma conficitur. Or. cum *Dominus vobiscum.* sine *Flectamus genua. Deus a quo et Judas. Qui tecum.* Haec oratio sola dicatur. Epistola *Convenientibus.* Grad. *Xpistus factus.* ℣ *Propter quod.* Grad. reincipiatur. Evangelium *Ante diem Paschae.* Offertor. *Dextera Domini.* Praefatio *Qui salutem humani.* et *Sanctus.* et *Communicantes.* et *Noctem,* et *Hanc igitur,* et *Qui pridie quam pateretur hoc est hodie.* et *Agnus Dei,* dicatur, sed osculum pacis non detur [46ᵛ]. Dehinc communicent ministri altaris et ceteri fratres juxta modum in rubrica XLV positum. Reserventur tamen hostiae consecratae, una pro officio crastino peragendo, alia si opus sit pro infirmis. Comm. *Dominus Jesus.* Finita communione mox incipiantur vesperae sine *Deus in adjutorium.* Ant. *Calicem.* Ps. *Credidi,* sine *Gloria.* Ant. *Cum his.* Ps. *Ad Dominum cum tribularer.* Ant. *Ab hominibus.* Ps. *Eripe me.* Ant. *Custodi me.* Ps. *Domine clamavi.* Ant. *Considerabam.* Ps. *Voce mea.* Quibus finitis diaconus calicem cum hostiis consecratis impositis coopertum patena et corporali accipiat, et stans ad medium altaris versoque vultu ad altare incipiat ad *Magnif.* Ant. *Coenantibus.* Dicto *Magnif.,* dum diaconus eo modo quo prius reinceperit antiphonam. immediate deferat calicem cum sacramento praecedentibus eum ceroferariis ad locum a sacrista praeparatum, ubi cum debita reverentia et cum lumine reservetur. Diaconus autem statim ad altare revertatur. Finita antiphona post

Magnif. praelatus conversus ad conventum dicat *Dominus vobiscum.* Deinde *Oremus.* et Complendam *Refecti* etc. *Dominus vobiscum :* diaconus *Benedicamus Domino.* vel *Ite missa est*, ubi Chrisma conficitur. Qui vero missae non interfuerint dicant Or. *Respice.* sicut ad alias horas. Completis itaque vesperis fratres clerici discooperiant altaria antequam eant ad refectionem. Circa undecimam vero horam pulsetur tabula, qua pulsante mox conveniant fratres discalciati ad mandatum et sedeant per ordinem cum silentio ubi mandatum fieri debet, et apportatis his [1] quae ad lotionem requiruntur duo fratres cantent ant. *Mandatum novum.* Interim prior gerandela tantum indutus et linteamine cinctus cum ministris abluat pedes fratrum. Postea prior lavet ministros et ministri cum subpriore lavent priorem. Hae autem antiphonae sunt cantandae. Ant. *Mandatum novum.* Ps. *Beati immaculati.* Ant. *Postquam.* Ps. *Deus misereatur.* Ant. *In diebus illis.* Ps. *Magnus.* Ant. *Ubi est caritas.* Ps. *Miserere.* Ant. *Si ego Dominus.* Ps. *Quam dilecta.* Ant. *Diligamus.* Ps. *Ecce quam bonum.* Ant. *Maria.* Ant. *Dimissa sunt.* Ant. *In hoc cognoscent.* ▾ *Dixit Jesus.* Ant. *Domine*[*46ᶜ tu.* ▾ *Venit ergo.* Ant. *Dominus Jesus.* Ps. *Attendite.* Et si necesse fuerit aliquae de praedictis antiphonis poterunt reiterari. Finitis antiphonis et pedibus ablutis, prior dicat *Kyrie. Xpiste el. Kyrie. Pater noster. Et ne nos.* ▾ *Ostende nobis.* ▾ *Suscepimus Deus misericordiam.* ▾ *Tu mandasti.* ▾ *Tu lavasti pedes discipulorum.* ℟ *Opera manuum tuarum ne despicias.* ▾ *Domine exaudi orationem.* ▾ *Dominus vobiscum.* Or. *Adesto Domine. quaesumus, officiis servitutis.* Deinde prior abluat altaria cum fratribus cum vino et aqua, cantantes ℟ *In monte Oliveti.* ℟ *Circumdederunt.* ℟ *Xpisti virgo,* scilicet de gloriosa Virgine Maria, quia oratoria nostra in ejus nomine constituuntur. His peractis, prior et omnes fratres in habitu consueto eant in refectorium, et eis residentibus ordinate ad collationem ad signum prioris diaconus absque sacris vestibus incipiat legere in pulpito sedendo, sine *Jube domne*, et sine titulo Evangelium *Ante diem festum,* ad modum lectionis, usque ad illum locum *Si diligitis me,* et tunc dicat *Benedicite.* Data vero benedictione bibant omnes, tam lector quam alii fratres. Postquam autem biberint, diaconus ad signum prioris surgat et legat residuum Evangelii usque ubi dicit *Surgite eamus hinc ;* statim autem omnes surgant et dicto per priorem *Sit nomen Domini benedic-*

---

[1] *Quae [ ] includuntur habentur in margine.*

tum, intrent ecclesiam et incipiatur Completorium hoc modo. *Pater noster ;* inclinando prior dicat *Confiteor Deo* [1] etc. Ps. *Cum invocarem*, sine nota. Ps. *In te Domine.* Ps. *Ecce nunc.* Ps. *Nunc dimittis.* Capitulum, antiphonae, hymnus non dicantur. Or. *Respice quaesumus,* inclinando. *Qui tecum.* Prior more solito faciat benedictionem. In hac die et in feria sexta dicatur *Salve Regina* sine nota cum genuflectione. Deinde aspergatur aqua benedicta more solito cum oratione *Exaudi nos* etc. *Per Xpistum Dominum nostrum. Fidelium animae* etc.

Parasceve Paschae, id est VI feria ante Pascha ad Tenebras et ad horas pro signis fiat lignorum sonitus ut fratres convocentur. Ad Tenebras dictis *Pater noster* et *Credo* cum genuflectione et facto signo a praelato, surgant fratres et signent se et statim incipiatur. In I noct. ant. *Astiterunt.* Ps. *Quare fremuerunt.* Ant. *Diviserunt.* Ps. *Deus, Deus meus.* Ant. *Insurrexerunt.* Ps. [46ᵈ] *Dominus illuminatio.* ℣ *Diviserunt sibi.* Lectiones III de Lamentatione Jeremiae *Cui comparabo te.* ℟ *Omnes amici.* ℣ *Et dederunt.* ℟ *Vinea.* ℣ *Ego quidem.* ℟ *Tamquam ad latronem.* ℣ *Filius quidem.* Responsorium reiteretur. In II noct. ant. *Vim faciebant.* Ps. *Domine ne in furore.* Ant. *Confundantur.* Ps. *Expectans.* Ant. *Alieni.* Ps. *Deus in nomine.* ℣ *Insurrexerunt in me.* ℟ *Testes iniqui.* Lectiones tres de psalmo *Narraverunt ut absconderent.* ℟ *Barabbas.* ℣ *Ecce turba.* ℟ *Tradiderunt.* ℣ *Astiterunt.* ℟ *Jesum tradidit.* ℣ *Et ingressus.* ℟ reiteretur. In III noct. ant. *Ab insurgentibus.* Ps. *Eripe me de.* Ant. *Longe fecisti.* Ps. *Domine Deus salutis.* Ant. *Captabant.* Ps. *Deus ultionum.* ℣ *Ab insurgentibus in me.* ℟ *Libera me, Domine.* Lectt. tres de Paulo apostolo *Festinemus ingredi.* ℟ *Caligaverunt oculi.* ℣ *O vos omnes.* ℟ *Velum templi.* ℣ *Amen dico.* ℟ *Tenebrae factae.* ℣ *Cum ergo.* ℟ reiteretur. In Laudibus ant. *Proprio filio.* Ps. *Miserere.* Ant. *Anxiatus est.* Ps. *Domine exaudi* (secundus). Ant. *Ait latro.* Ps. *Deus, Deus.* Ant. *Dum conturbata.* Ps. *Domine audivi.* Ant. *Memento.* Ps. *Laudate.* Ant. *Posuerunt.* Ps. *Benedictus. Kyrie* et cetera omnia sicut in praecedenti nocte, nisi quod oratio dicatur sine *Qui tecum.* Ad Primam Ps. *Deus in nomine* et ceteri ut supra sine nota. ℟ [2] *Omnes amici.* ℣ *Et dederunt.* ℟ reiteretur. ℣ *Diviserunt sibi. Pater noster. Credo.* Ps. *Miserere.* Or. sine *Oremus* et sine *Qui tecum.* Post collectam dicatur *Confiteor* [3], et haec omnia a *Pater*

---

[1] *Ms. habet* Confitebor. — [2] *Ms. habet* Oratio. — [3] *Ms. habet* Confitebor.

noster, usque huc cum prostratione dicantur. Similiter et ad alias horas fiant prostrationes. Deinde legantur Kalendae et *Pretiosa* ut supra. Appropinquante vero diei hora sexta, fiat a secretario sonitus lignorum. Dehinc fratres [1] discalciati, praeterquam ministri altaris, vadant in chorum et prosternant se in oratione et expleta oratione dominica ad signum prioris surgant et sic Tertia incipiatur *Legem pone*, et ceteri psalmi sine nota, similiter responsoria. ℞ *Vinea mea*. ℣ *Ego quidem*. ℞ reincipiatur. ℣ *Exurge Domine*. ℞ *Judica causam meam*. *Pater noster*. Ps. *Miserere*. Coll. ut supra, sine *Qui tecum*. In hac die et in sabbato finiatur coll. sine *Qui tecum*. Ad Sextam Ps. *Defecit*. ℞ *Tamquam ad latronem*. ℣ *Filius quidem*. ℞ reincipiatur. ℣ *Insurrexerunt in me* etc. ut supra. Ad Nonam Ps. *Mirabilia*. ℞ *Bar-47ᵃ abbas*. ℣ *Ecce turba* ℞ reincipiatur. ℣ *Ab insurgentibus in*, etc. ut supra.

Dum autem praedictae horae dicantur, sacerdos et ministri se praeparent ad officium et sacrista superficiem altaris palla munda cooperiat et duos cereos more solito accendat. Finita Nona incipiatur officium hoc modo. Frater aliquis in superpelliceo ante gradum presbyterii sine titulo legat lectionem *In tribulatione*, et interim dum hoc legitur exeat sacerdos indutus casula praecedentibus ministris sine sericis, et inclinans ante altare sine *Confiteor* [2] eat sessum. Finita lectione, immediate alternatim stando cantetur Tractus *Domine audivi*. Post Tractum dicat sacerdos orationem sine *Dominus vobiscum* et sine genuflectione, praemisso *Oremus*, *Deus a quo et Judas*. *Qui tecum*. Post orationem subdiaconus in alba tantum sine manipulo legat aliam lectionem sine titulo *Dixit Dominus ad Moysen*, per modum lectionis, non epistolae. Qua finita cantetur Tractus *Eripe me*. Post Tractum mox diaconus legat Passionem in loco ubi Evangelium legi solet, absque titulo, hoc modo. *Egressus Jesus*. Perlecta Passione dicat sacerdos in voce mediocri orationes solemnes sine *Dominus vobiscum*, hoc modo. *Oremus dilectissimi* etc. sicut jacent. In fine primae orationis non respondeatur, scilicet *Amen;* sacerdos immediate subjungat *Oremus*, et diaconus *Flectamus genua*, *Levate*. Deinde sacerdos prosequatur secundam orationem, et in fine ipsius respondeatur *Amen*, et idem modus in sequentibus orationibus observetur, nisi quod ad orationem pro Judaeis non dicatur *Flectamus genua;* sed dicto secundo *Oremus* sacerdos statim

---

[1] *Ms. addit* ad. — [2] *Ms. habet* Confitebor.

orationem prosequatur. Dum autem hae orationes dicuntur, stent fratres versis vultibus ad altare. Finitis praedictis orationibus, sacerdos cum ministris ad sacristiam revertatur, et ibidem deposita casula discalciet se cum omnibus ministris, et interim alius sacerdos indutus sine casula associet se sacerdoti qui facit officium, et alius diaconus similiter indutus associet se diacono officii. Praedicti autem duo sacerdotes venientes ad gradus altaris reverenter inclinent et sic accedentes accipiant crucem altari superpositam et velatam et tenentes eam inter se ad dexterum cornu altaris versi ad [47ᵇ] conventum, uno acolitorum eis librum tenente, cantent ṽ *Popule meus*. Finito versu discooperiant pedes crucifixi. Et duo praedicti diaconi juxta sinistrum cornu altaris immediate respondeant *Agios* etc., et dum ter dicunt *Agios*, singulis vicibus ipsi solum flectant genua, et dum dicunt *O Theos, Yskyros, Athanatos*, singulis vicibus surgant. Sed post *Athanatos*, erecti stent donec versum percantaverint. Deinde chorus respondeat *Sanctus* etc. et dum ter cantat [1] [*Sanctus*] singulis vicibus chorus solum genuflectat, et dum cantat *Deus fortis* et *Immortalis*, ad singulas dictiones surgat et post *Immortalis* erectus stet. Deinde dicti duo sacerdotes paulatim procedentes cantent ṽ *Quia eduxi;* et post ṽ discooperiant genua crucis. Deinde diaconi ut prius cantent *Agios* etc., chorus *Sanctus* etc. Rursus sacerdotes paulatim procedentes cantent ṽ *Quid ultra ;* quo finito discooperiant crucem usque ad pectus. Diaconi *Agios* etc., chorus *Sanctus* etc., ut supra. Interim circa finem cantus sacerdotes totam crucem discooperiant et terminato cantu ipsam aliqualiter sursum elevantes simul incipiant ant. *Ecce lignum*. In inchoatione hujus antiphonae chorus flectat genua et cantore incipiente *Crucis*, surgat et ant. prosequatur. Sacerdotes autem crucem sistant ad gradus presbyterii super tapetum mappa honesta coopertum, a sacrista hora convenienti ad hoc stratum. Ant. *Ecce lignum*. Ps. *Beati immaculati :* reiteretur ant. *Ecce lignum*. Deinde alia Ant. *Crucem tuam*. Ps. *Deus misereatur nostri*. Ant. reiteretur. Item ṽ *Crux fidelis*. Hymnus *Pange lingua*, et si necesse fuerit hymnus *Lustra sex*, et per singulos versus repetatur *Crux fidelis*. Collocata vero cruce dum praedicta cantantur primo adoret praelatus sive sacerdos qui facit officium, deinde alius sacerdos, postea diaconi et alii ministri, et deinceps conventus a senioribus incipiendo. Prosternant se ante crucem in oratione et osculentur eam ad pedes, sic quod

[1] *Quod* [ ] *includitur inter lineas habetur.*

absque mora nimia ad loca sua redeant. Interim dum ab aliis crux adoratur, sacerdotes cum aliis ministris in presbyterio poterunt 47^c residere. Postquam omnes crucem adoraverint, praedicti sacerdotes ipsam levent et stantes super gradus verso vultu ad conventum et cruce aliqualiter elevata incipiant antiphonam *Super omnia*, et chorus ipsam prosequatur. Finita ant. sacerdos qui facit officium dicat orationem *Respice quaesumus*, sine *Qui tecum*. Terminata oratione sacrista de manu sacerdotum crucem accipiens statuat eam in loco suo et sacerdotes cum ministris ad sacristiam revertantur. Ubi vero propter fratrum paucitatem modus iste convenienter servari non poterit, prior cum diacono cantet *Popule meus* etc., sicut prius, et subdiaconus cum aliquo alio induto cantet *Agios* etc. Reversis ministris ad sacristiam, sacerdos qui facit officium cum consuetis ministris se calciet et lotis manibus casulam induat et praecedentibus eum ministris more solito ad altare accedens dicat *Confiteor* etc. Postea diaconus ceroferariis praecedentibus deferat calicem cum hesterno Corpore Domini corporali coopertum. Si tamen aliqua alia hostia pro infirmis fuerit reservata, illa relinquatur in pixide vel in alio calice ubi prius. Dum vero Corpus Domini defertur, fratres in choro se prosternant et sic maneant quousque vesperae fuerint inchoandae. Corporali ergo per diaconum explicato, sacerdos Corpus Domini ante se ponat et subdiacono calicem ad praeparandum cum vino et aqua tradat. Quo praeparato, diaconus ipsum sacerdoti offerat, qui[1] eum statuat in loco suo ante se, et corporali operiat, ac thuribulo accepto Corpus Domini et calicem incenset. Quo facto digitos abluat et si Corpus Domini tetigerit ablutio projiciatur in piscinam. Deinde accedens ad altare sine conversione ad populum, depositis manibus super altare, dicat suaviter sine nota *Oremus*. *Praeceptis salutaribus moniti* etc., et manibus elevatis *Pater noster* etc., et chorus respondeat *Sed libera nos*. Sacerdos vero respondens submisse *Amen*, prosequatur more solito *Libera nos* etc., et dum dicit *Da propitius pacem*, osculetur patenam etc. Dum vero dicit 47^d *Per eundem Dominum* etc., faciat more solito fractionem et deinde suaviter ut prius dicat *Per omnia saecula saeculorum*, et responso *Amen* non dicatur *Pax Domini*, neque pax detur, neque *Agnus Dei* dicatur, sed statim solitam partem Corporis Domini mittat in calicem nihil dicens. Deinde omissis aliis orationibus immediate dicat *Corpus Domini*

---

[1] *Quae [   ] includuntur habentur inter lineas.*

nostri Jesu Xpisti custodiat me in vitam aeternam. Et hoc dicto sumat Corpus Domini quod in manu tenet, postea sumat id quod est in calice nihil dicendo, et more solito faciat ablutionem. Peracta communione, fiat signum ab eo qui praeest in choro et dicatur ab omnibus *Pater noster.* Quo dicto ad signum illius surgant et dicant tractim vesperas sine nota. Similiter et sacerdos cum ministris. Ant. *Calicem.* Ps. *Credidi* et ceteri psalmi et antt. ut supra. Ad Magnif. ant. *Cum accepisset.* Finita ant. post *Magnif.* sacerdos remanens in casula ut prius stans versus orientem ad dextrum cornu altaris dicat sine *Dominus vobiscum* et sine *Oremus, Respice quaesumus,* sine *Qui tecum,* et sic missa et vesperae simul finiantur. Deinde sacerdos et ministri more solito ad sacristiam revertantur et sacras vestes deponant. Sacrista vero statim altare discooperiat. Completorium dicatur cum genuflectione, cetera ut supra, nisi quod ad orationem non dicatur *Qui tecum.*

Sabbato in vigilia Paschae, ad Tenebras dictis *Pater noster* et *Credo* cum genuflectione incipitur ut supra. In I nocturno ant. *In pace in idipsum.* Ps. *Cum invocarem.* Ant. *Habitabit.* Ps. *Domine quis habitabit.* Ant. *Caro mea.* Ps. *Conserva.* ℣ *In pace in idipsum.* Lectiones tres de Lamentatione Jeremiae *Quomodo obscuratum.* ℟ *Sepulto Domino.* ℣ *Ne forte.* ℟ *Jerusalem.* ℣ *Deduc.* ℟ *Plange.* ℣ *Ululate.* ℟ reiteretur. In II noct. ant. *Elevamini.* Ps. *Domini est terra.* Ant. *Credo videre.* Ps. *Dominus illuminatio.* Ant. *Domine abstraxisti.* Ps. *Exaltabo.* ℣ *Caro mea.* Lectiones tres de psalmo *Et annuntiaverunt.* ℟ *Recessit.* ℣ *Ante cujus.* ℟ *O vos.* [1] ℣ *Attendite.* ℟ *Ecce quomodo.* ℣ *In pace.* ℟ reiteretur. In III noct. ant. *Deus adjuva.* Ps. *Deus in nomine.* Ant. *In pace factus.* Ps. *Notus in Judaea.* Ant. *Factus sum.* Ps. *Domine Deus salutis.* ℣ *In pace factus est.* Lectiones tres de Pau 48ª lo apostolo *Quapropter intermittentes.* ℟ *Aestimatus sum.* ℣ *Posuerunt.* ℟ *Agnus Dei.* ℣ *Xpistus factus.* ℟ *Sicut ovis.* ℣ *In pace in idipsum.* ℟ reiteretur. In Laudibus ant. *O mors.* Ps. *Miserere.* Ant. *Plangent.* Ps. *Judica me.* Ant. *Attendite.* Ps. *Deus, Deus.* Ant. *A porta.* Ps. *Ego dixi.* Ant. *O vos omnes.* Ps. *Laudate.* Ant. *Mulieres.* Ps. *Benedictus. Kyrie* etc. ut supra. Ad Primam *Deus in nomine.* ℟ *Sepulto Domino.* ℟ reiteretur. ℣ *Diviserunt sibi,* etc. ut supra. Ad Tertiam Ps. *Legem pone.* ℟ *Jerusalem.* ℟ reiteretur. ℣ *In pace factus est.* etc. ut supra. Ad Sextam Ps. *Defecit.* ℟ *Plangent.* ℟ reiteretur.

[1] *Ms. habet* Quos.

℣ *Caro mea*, etc. ut supra. Ad Nonam Ps. *Mirabilia*. ℟ *O vos omnes*. ℟ reiteretur. ℣ *In pace in idipsum* etc. ut supra.

Sacrista ante horam officii altaria omnia praeparet et imagines discooperiat et totam ecclesiam adornet. Cereum in loco suo statuat et pulpitum super quod est Benedictio cantanda, juxta ipsum collocet. Post Nonam prior indutus cappa serica cum ministris altaris etiam in sericis imprimis eat cum conventu ad locum ubi novus ignis ex silice productus benedicendus est, scilicet ante januam ecclesiae, et in eundo dicatur Ps. *Miserere mei*, cum *Gloria Patri*. Deinde sequitur benedictio hoc modo. *Adjutorium nostrum*. ℣ *Sit nomen*. ℣ *Dominus vobiscum. Oremus. Domine sancte Pater omnipotens benedicentibus. Per Xpistum*. Item oratio *Omnipotens sempiterne Deus* etc. *Per Dominum*. Tunc aspergatur aqua benedicta. Mox sequitur benedictio incensi hoc modo. *Dominus vobiscum. Oremus. Veniat, quaesumus, omnipotens Deus, super hoc incensum* etc. *Per Dominum*. Tunc aspergatur aqua benedicta. His peractis incendatur candela de novo igne, ceteris luminaribus ecclesiae prius extinctis, et tunc fratres redeant ad chorum dicendo Ps. *Deus misereatur*, cum *Gloria Patri*. Quo finito, statim accedat diaconus et benedicat cereum cantando *Exultet jam angelica* etc. Subdiaconus dum cereus benedicitur sit ad dexteram diaconi, tenendo candelam de igne benedicto accensam et quinque grana incensi. Ceroferarii stent a dextris et a sinistris cum cereis non accensis, versis vultibus ad altare. Prior stet in presbyterio juxta altare, conventus in suis stallis versis vultibus ad alta *48ᵛ* re. Porro sacrista faciat custodiri aliquos carbones de igne benedicto, ut si candela extinguatur statim possit reaccendi. Post pronuntiationem hujus clausulae : *Suscipe sancte Pater incensi* etc., ponatur incensum a diacono in cereum in modum crucis; item post pronuntiationem hujus clausulae *Quam in honorem Dei rutilans ignis accendit*, accendatur cereus paschalis et cerei acolitorum, ac cetera luminaria per ecclesiam. Cereus paschalis ardeat quousque peragatur officium Sabbato Sancto, et ad Completorium, et in die Paschae ad matutinum et ad utramque missam et ad vesperas et ad Completorium, et per totam hebdomadam et in omnibus festis IX lectionum et in diebus dominicis ad magnam missam, et in vigilia Ascensionis Domini ad Vesperas et ad Completorium, et ad matutinum et in die ad utramque missam, et tunc removeatur. Finita benedictione cerei, prior cum ministris ad sacristiam revertatur, et deposita cappa serica assumat casulam et cum ministris more solito procedens ad altare, non dicat

Confiteor [1], sed inclinans sessum eat. Interim priore se praeparante in sacristia, unus de senioribus in superpellicio incipiat sine titulo lectionem *In principio creavit*. Similiter et aliae lectiones dicantur sine titulo et in superpelliciis a senioribus descendendo ; ad orationes sequentes stent fratres versis vultibus ad altare, et dicantur sine *Dominus vobiscum*, et sine *Flectamus genua*, praemisso tamen *Oremus*. Finita prima lectione dicatur oratio *Deus qui mirabiliter*. Lectio II *Factum est in vigilia*. Tractus *Cantemus*, alternatim et stando dicatur a choro ; similiter et alii sequentes. Oratio *Deus cujus antiqua*. Lect. III *Apprehendent*. Tractus *Vinea*. Or. *Deus qui nos ad celebrandum*. Lect. IV. *Scripsit Moyses*. Tractus *Attende coelum*. Or. *Deus qui ecclesiam*. Lect. V. *Audi Israel*. Tractus *Sicut cervus*. Or. *Concede quaesumus*. Statim duo parati induti superpelliciis cantent letaniam ex integro. Qua finita cantor incipiat *Kyrie* ad modum IX lectionum. Interim sacerdos de loco ubi infra letaniam sedebat ad altare cum ministris accedens dicat *Confitemini Domino*, et *Confiteor*, more 48^c solito. Finito *Kyrie* dicatur *Gloria in excelsis*, et pulsetur campana quousque finiatur. Sequitur oratio cum *Dominus vobiscum*. *Deus qui hanc sacratissimam*, ad quam inclinent fratres. Epistola *Si consurrexistis*. *Allel*. v *Confitemini*, quod festive a duobus cantetur ad gradum. Tractus *Laudate Dominum omnes gentes*, a communi choro cantetur, unus v ex una parte chori et alter ex altera. Evangelium *Vespere autem sabbati*. *Credo* non dicatur, sed *Dominus vobiscum* et *Oremus*, sine offertorio. Praefatio *Te quidem omni tempore sed in hac potissimum nocte*. Sequitur Canon missae cum *Communicantes* et *Hanc igitur* de festo. Postea sacerdote dicente *Pax Domini* etc., respondeatur *Et cum spiritu tuo*, sed *Agnus Dei* non dicatur. Sacerdos vero submisse prosequatur *Haec sacrosancta commixtio* etc., sicut consuetum est. Pacis tamen osculum non detur, nec Communio dicatur. Facto autem modico intervallo dum sacerdos communicaverit, alta voce incipiatur ad Vesperas ant. *Allel.* quatuor. Ps. *Laudate Dominum omnes gentes*. *Gloria Patri*. Ant. Post psalmum, sacerdos ad altare incipiat ad *Magnif*. ant. *Vespere autem*. Ps. *Magnif*. *Gloria Patri*. Repetita ant. post *Magnif*. sacerdos conversus ad populum dicat *Dominus vobiscum*. Deinde reversus ad librum prosequatur postcommunionem *Spiritum nobis*. *Per Dominum : ejusdem*. Diaconus *Ite missa est*. solemniter ; et sic missa

---

[1] *Ms. iterum habet* Confitebor.

et Vesperae simul finiantur. Completorium sic incipiatur. *Jube domne benedicere.* Benedictio *Noctem quietam.* Lectio *Fratres sobrii estote.* Post lectionem dicatur *Adjutorium* etc. *Pater noster. Confiteor.* His dictis erigant se fratres et signent se signo crucis; tunc cantor incipiat Ps. *Cum invocarem.* cum nota la la ad metrum la sol la; in fine versus la la sol. Cum hac nota dicantur psalmi ad Primam, Tertiam, Sextam, Nonam per hebdomadam. Ps. *In te Domine.* Ps. *Ecce nunc.* Ps. *Nunc dimittis. Allel.* solum cum nota la la sol. *Dominus vobiscum. Oremus. Spiritum nobis. Benedicamus Domino.* cum uno *allel.* et cum nota fa re. hac die tantum ad Completorium et die Paschae. Prior more solito faciat benedictionem Ant. *Salve Regina* cum nota etc., ut consuetum est.

In die sancto Paschae totum duplex. Matutinae sic incipiantur. Dicto *Pater noster* et *Credo* sequitur *Domine. labia mea* etc. Invitator. *Allel. Surrexit Dominus* [48^d]. Ps. *Venite.* Hymnus non dicatur, sed statim incipiatur ant. *Ego sum.* Ps. *Beatus vir.* Ant. *Postulavi.* Ps. *Quare fremuerunt.* Ant. *Ego dormivi.* Ps. *Domine quia multiplicati.* ℣ *Resurrexit Dominus.* Lectiones tres de Evangel. *Maria Magdalena.* ℞ *Angelus Domini.* ℣ *Angelus.* ℞ *Angelus Domini.* ℣ *Ecce praecedet.* ℞ *Dum transisset.* ℣ *Et valde. Gloria. Te Deum laudamus.* Sacerdot. ℣ *In resurrectione tua.* Hic ℣ dicatur cotidie ante Laudes usque ad Ascensionem quando de tempore agitur. Laudes sic incipiantur. *Deus in adjutorium.* Ant. *Angelus.* Ps. *Dominus regnavit.* Ant. *Et ecce terraemotus.* Ps. *Jubilate.* Ant. *Erat autem.* Ps. *Deus. Deus meus.* Ant. *Prae timore.* Ps. *Benedicite.* Ant. *Respondens.* Ps. *Laudate.* Capitulum hymnus, ℣ non dicuntur. Ant. *Et valde.* Ps. *Benedictus.* Or. *Deus qui hodierna.* Ad horas per totam hebdomadam non dicatur hymnus, nec capitulum, nec ℣. *Deus in adjutorium* non dicitur ad horas usque in feria sexta. Dictis *Pater noster* et *Credo* Prima sic incipiatur. *Allel.* Ps. *Deus in nomine.* Ps. *Confitemini.* Ps. *Beati immaculati.* Ps. *Retribue:* sine *Quicumque vult.* et dicuntur psalmi cum nota tali sicut die hesterna ad Completorium. Dictis psalmis dicatur *allel.* unum cum nota la la sol. Sequitur statim Graduale *Haec dies,* sine ℣ et terminetur sine neumate cum nota fa re. Or. *Concede quaesumus omnipotens Deus ut qui resurrectionis. Benedicamus Domino* ad Primam non dicatur cum *allel.* Dicta oratione statim dicatur *Confiteor:* facta confessione immediate legatur Kalenda, et post Kalendam dicatur *Pretiosa* etc. ut consuetum est. Iste modus servetur ad

Primam per totam hebdomadam. Ad aspersionem aquae benedictae ant. *Vidi aquam*. Missa matutinalis *Resurrexi,* sicut est. *Kyrie el.* et *Gloria in excelsis,* ut in festo IX lect. Et idem observetur in aliis festis quando officium majoris missae pro missa matutinali assignatur. In ceteris vero missis matutinalibus quando aliud est officium missae matutinalis et majoris *Kyrie* et *Gloria in excelsis* dicantur sicut per Octavas, nisi forte loco missae matutinalis in Sabbatis de Beata Virgine esset solemniter celebrandum, sic quod tunc *Kyrie* et *Gloria in excelsis* sicut in commemoratione Beatae Virginis dicerentur. Ad Tertiam *Pater noster*. Ps. *Legem pone* et ceteri. *Allel.* Graduale *Haec dies*, sine ꝟ; haec omnia dicantur eodem modo sicut ad Primam. Sequitur immediate Or. *Praesta quaesumus omnipotens Deus, ut qui resurrectionis*. Haec oratio cum *allel.* et Graduali modo praedicto dicatur ad horas per hebdomadam. *Benedicamus Domino*, cum uno *allel.* dicatur ad Tertiam, Sextam et Nonam per totum tempus paschale, scilicet usque ad primas vesperas Trinitatis. Ad magnam missam officium *Resurrexi*. Ps. *Domine probasti*. Collecta *Deus qui hodierna*. Epistola *Expurgate vetus*. Graduale *Haec dies*. ꝟ *Confitemini*. *Allel. Pascha nostrum*. Prosa *Victimae*. Evangelium *Maria Magdalena*. Credo. Offertor. *Terra tremuit*. Praefatio *Te quidem. Sanctus. Communicantes. Hanc igitur*. Communio *Pascha nostrum*. Ad Sextam Ps. *Defecit*. *Allel.* Graduale *Haec dies*. Or. ut supra. Ad Nonam Ps. *Mirabilia* etc. *Allel.* Graduale *Haec dies*. Or. ut supra ad Tertiam. Vesperae sic incipiantur: *Kyrie el.* in tono *Rex splendens*. Ant. *Allel.* Ps. *Dixit Dominus*. Ps. *Confitebor*. Ps. *Beatus vir*. Ps. *Laudate pueri*. Ps. *In exitu*. Hi psalmi per totam hebdomadam dicantur et *allel.* quatuor. Mox dicatur Graduale *Haec dies*. ꝟ *Confitemini*, et a duobus cantetur, non reiteretur Graduale sed dicatur *allel.* ꝟ *Epulemur* et prosa *Victimae*. Capitulum, hymnus, ꝟ non dicantur ad Vesperas, nec ad matutinum, nec in Laudibus per hebdomadam. Sed finita prosa mox incipiatur ant. *Et respicientes*. Ps. *Magnif*. Or. *Deus qui hodierna*. Ad Completorium *Jube domne,* et cetera omnia sicut in Completorio hesterno; hoc solum addito quod post psalmos cum *allel.* dicatur Graduale *Haec dies,* sine ꝟ, cetera ut supra. Hoc modo dicatur Completorium usque ad diem Sabbati, nisi quod feria V et VI addatur *Converte nos,* et *Deus in adjutorium*. Et sciendum pro toto tempore paschali quod Invitatorium, antiphonae et responsoria quaecumque et omnes versiculi, praeterquam ad Primam et ad Completorium, similiter et officia et offertoria et communiones usque ad festum sanctae Trinitatis debent terminari cum *alleluia*, nisi in officio Defunctorum.

Feria II totum duplex. Ad matutinum Invitatorium *Surrexit Dominus vere*. Ant. *Allel*. Ps. *Cum invocarem*. Ps. *Verba mea*. Ps. *Domine ne in furore*. ℣ *Resurrexit Dominus*. Praedictum Invitatorium, antiphona et ℣ dicantur per hebdomadam. Lect. tres de Evangelio *Duo ex discipulis*. ℟ *Maria Magdalena*. ℟ *Congratulamini*. ℟ *Tulerunt*. Te Deum. Sacerdot. ℣ *In resurrectione*. In Laudibus ant. *Allel*. duo. Ps. *Dominus regnavit* et ceteri. Ant. *Qui sunt hi*. Ps. *Bened*. Or. *Deus qui solemnitate*. Ad Primam Ps. *Deus in nomine* etc. ut die Paschae. Missa matutinal. *Resurrexi*, sicut est. *Kyrie el.* et *Gloria in excelsis* ut in missas matutinalibus. [49ᵇ] Horae ut in die Paschae. Ad magnam missam officium *Introduxit*. Ps. *Confitemini*. Coll. *Deus qui solemnitate*. Epistola *Stans Petrus*. Grad. *Haec dies*. ℣ *Dicat nunc*. *Allel*. ℣ *Nonne cor*. Prosa *Victimae*. Evangel. *Duo ex discipulis*. Credo. Offertor. *Angelus*. Communio *Surrexit Dominus*. Ad Vesperas *Kyrie*. Ant., Pss. ut supra. Grad. *Haec dies*. ℣ *Dicat nunc*. *Allel*. ℣ *Nonne cor*. Prosa *Victimae*. Ant. *Tu solus*. Ps. *Magnif*. Coll. *Deus qui pro nobis*. Completorium ut supra.

Feria III duplex. Ad matutinum Invitatorium, ant., ℣ ut supra. Ps. *Domine Deus meus*. Ps. *Domine Dominus*. Ps. *In Domino confido*. Lect. tres de Evangelio *Stetit Jesus*. ℟ *Virtute magna*. ℟ *Surgens Jesus*. ℟ *Expurgate*. Te Deum. Laudes ut feria II. Ad *Bened*. Ant. *Stetit Jesus*. Coll. *Deus qui ecclesiam*. Missa matutinalis *Resurrexi*. Horae ut in die Paschae. Ad magnam missam officium *Aqua sapientiae*. Ps. *Confitemini*. Coll. *Deus qui ecclesiam*. Epistola *Surgens Paulus*. Grad. *Haec dies*. ℣ *Dicant*. *Allel*. ℣ *Xpistus resurgens*. Prosa *Victimae*. Evangel. *Stetit Jesus*. Credo. Offertor. *Introivit*. [1] Communio *Si consurrexistis*. Ad Vesperas ut supra. Grad. *Haec dies*. ℣ *Dicant nunc qui redempti*. *Allel*. ℣ *Xpistus resurgens*. Prosa *Victimae*. Ad *Magnif*. ant. *Videte manus*. Coll. *Concede*, et cetera ut supra.

Feria IV semiduplex. Ad matut. Invitator., ant., ℣ ut supra. Ps. *Salvum me*. Ps. *Usquequo*. Ps. *Dixit insipiens*. Lect. tres de Evangelio *Manifestavit se*. ℟ *Ecce vicit*. ℟ *Isti sunt agni*. ℟ *De ore prudentis*. Laudes ut supra. Ad *Bened*. ant. *Mittite*. Coll. *Deus qui nos*. Horae ut supra. Ad missam officium *Venite*. Ps. *Confitemini*. Coll.

---

[1] *Sic pro* Intonuit.

Deus qui nos. Epist. *Aperiens Petrus.* Grad. *Haec dies.* ℣ *Dextera.* *Allel.* ℣ *Surrexit Dominus,* etc. Evangel. *Manifestavit se Jesus.* Credo. Offertor. *Portas coeli.* Comm. *Xpistus resurgens.* Ad Vesperas Grad. *Haec dies.* ℣ *Dextera.* *Allel.* ℣ *Surrexit Dominus* etc. Ad *Magnif.* ant. *Dixit Jesus.* Or. *Praesta quaesumus omnipotens Deus. ut hujus Paschalis.* Completor. ut supra.

Feria V ut in festo IX lect. Ad matut. Invitat., ant., ℣ ut supra. Ps. *Domine quis habitabit.* Ps. *Conserva.* Ps. *Exaudi Domine.* Lect. tres de Evangel. *Maria stabat.* ℟ *Maria Magdalena* et cetera [49ᶜ] duo. Laudes ut supra. Ad *Bened.* ant. *Maria stabat.* Coll. *Deus qui diversitatem.* Horae ut supra. Ad missam officium *Victricem.* Ps. *Confitemini.* Coll. *Deus qui diversitatem.* Epist. *Angelus.* Grad. *Haec dies.* ℣ *Lapidem.* *Allel.* ℣ *Angelus.* Evangel. *Maria stabat.* Credo. Offertor. *In die solemnitatis.* Communio *Populus.* Ad Vesperas *Deus in adjutorium* dicatur, et non *Kyrie.* Ant., Pss. ut supra. Grad. *Haec dies.* ℣ *Lapidem.* *Allel.* ℣ *Angelus Domini.* Ad *Magnif.* ant. *Tulerunt.* Coll. *Praesta quaesumus omnipotens Deus ut ecclesia.* Ad Completor. dicatur *Converte,* et *Deus in adjutorium.* Similiter dicatur *Deus in adjutorium* feria VI et Sabbato ad omnes horas.

Feria VI ut in festo IX lect. Ad matutin. Invitat., ant., ℣ ut supra. Ps. *Coeli enarrant.* Ps. *Exaudiat.* Ps. *Domine in virtute.* Lect. tres de Evangel. *Undecim discipuli.* ℟ *Virtute magna,* et cetera duo. Laudes ut supra. Ad *Bened.* ant. *Undecim.* Or. *Omnipotens sempiterne Deus qui paschale* etc. Horae ut supra cum *Deus in adjutorium.* Ad missam officium *Eduxit.* Ps. *Attendite.* Coll. *Omnipotens sempiterne.* Epist. *Xpistus semel.* Grad. *Haec dies.* ℣ *Benedictus. Allel.* ℣ *In die.* Evangel. *Undecim discipuli.* Credo. Offertor. *Erit vobis.* Comm. *Data est.* Ad Vesperas *Deus in adjutorium.* Pss. et cetera ut supra. Grad. *Haec dies.* ℣ *Benedictus.* *Allel.* ℣ *In die.* Ad *Magnif.* ant. *Data est.* Or. *Deus per quem nobis.* Completorium ut supra.

Sabbato ut in festo IX lect. Ad matut. Invitat., ant., ℣ ut supra. Ps. *Dominus regit me.* Ps. *Domini est terra.* Ps. *Judica me.* Lect. tres de Evangel. *Una Sabbati.* ℟ *Ecce vicit,* et cetera duo. Laudes ut supra. Ad *Bened.* ant. *Currebant duo.* Coll. *Concede quaesumus.* Horae ut supra. Ad missam officium *Eduxit Dominus.* Ps. *Confitemini Domino et invocate.* Coll. *Concede.* Epist. *Deponentes.* *Allel.* ℣ *Haec dies.* *Allel.* Ant. *Laudate pueri.* Evangel. *Una Sabbati.* Credo. Offertorium *Benedictus.* Communio *Omnes qui in Xpisto.* Ad

Vesperas ut duplex. Ant. *Allel.* Ps. *Benedictus.* Ad unumquemque psalmum *alleluia* tria dicantur. Ant. *Allel.* Ps. *Exaltabo.* Ant. *Allel.* Ps. *Lauda anima.* Ant. *Allel.* Ps *Laudate Dominum.* Ant. *Allel.* Ps. *Lauda Jerusalem.* Cap. *Xpistus resurgens.* ℟ *Dum transisset.* Hymnus *Chorus novae.* ℣ *Mane nobiscum.* Praedicta omnia, scilicet ant. super psalmos, capitulum, ℟ Hymnus, ℣ dicantur in omnibus sabbatis ad Vesperas quando de dominica agitur usque ad Ascensionem. Ant. *Cum esset sero.* Ps. *Magnif.* Or. *Praesta quaesumus.* Ad Completor. *Allel.* quatuor. Ps. *Cum invocarem.* Ps. *In te Domine.* Ps. *Qui habitat.* Ps. *Ecce nunc.* Cap. *Tu in* [49^d] *nobis* Hymn. *Jesu salvator.* ℣ *Quaesumus auctor omnium.* ℣ *Gloria tibi Domine, qui surrexisti.* Isti duo versus dicantur in fine omnium hymnorum ejusdem metri usque ad Ascensionem Domini tam de tempore quam de sanctis, nisi in hymno *Chorus novae,* mutato tamen ultimo versu in festo sanctae Crucis, et dum agitur de Virgine gloriosa. ℣ *Custodi nos.* Ant. *Allel. Resurrexit.* Ps. *Nunc dimittis,* et cetera ut consuetum est per annum. Praedicto modo dicatur Completorium usque ad Ascensionem, hoc excepto quod quando agitur de beata Virgine et in festo sanctae Crucis dicatur alia ant. super *Nunc dimittis,* sicut in suis locis signatur. Ant. vero super psalmos de Complet. dicatur per totum tempus Paschale, scilicet usque ad primum Completorium Trinitatis.

Dominica prima post Pascha ut duplex. Ad matutinum Invitator. ut in die Paschae. Hymn. *Aurora.* Ant., Pss. ℣ ut in die Paschae. Lect. tres de Evangelio *Cum esset sero.* ℟ *Angelus Domini.* ℟ *Angelus Domini locutus.* ℟ *Dum transisset. Te Deum.* Sacerdot. ℣ *In resurrectione.* In Laudibus ant. *Angelus autem Domini.* Ps. *Dominus regnavit* et ceterae ad ceteros. Cap. *Omne quod natum.* Hymn. *Sermone.* ℣ *Gavisi sunt discipuli.* Ant. *Post dies octo.* Ps. *Bened.* Or. *Praesta quaesumus omnipotens Deus ut qui festa.* Ad Primam hymn. *Jam lucis,* in tono hymni *Sermone blando,* in quo tono dicantur hymni ad horas diebus dominicis usque ad Ascensionem. Ant. *Angelus.* Ps. *Deus in nomine.* Ps. *Confitemini.* Ps. *Beati immaculati.* Ps. *Retribue.* Ps. *Quicumque vult.* Cap. *Domine miserere.* ℟ *Jesu Xpiste,* cum duplici *allel.* ℣ *Qui surrexisti.* Hic ℣ dicatur semper quando horae dicuntur de resurrectione. ℣ *Exurge Domine. Kyrie,* Preces etc. ut solent. Ad aspersionem aquae ant. *Vidi aquam.* Ps. *Confitemini. Gloria Patri :* reiteretur ant. Sacerdot. ℣ *Ostende nobis.* Or. *Exaudi nos.* Is ordo teneatur in aspersione aquae usque ad Trinitatem in dominicis diebus. Missa matutinalis *Quasi modo.* Ps. *Exultate.* Or. *Praesta quaesumus.* Epist. *Omne quod natum.* A llel. ᵥ *Post dies.* Hoc solum *allel.* cantetur. Evangel. *Cum esset sero. Credo.* Offertor. *Angelus.* Praefatio *Te quidem. Communicantes* et *Hanc igitur.* propter octavam dicantur. Communio *Mitte manum.* Ad Tertiam hymn. *Nunc sancte.* Ant. *Et ecce.* Ps. *Legem pone.* Cap. *Xpistus passus est.* ℞ *Resurrexit Dominus. Allel.* duo. ᵥ *Sicut dixit.* ᵥ *Surrexit Dominus vere.* Or. *Deus qui hodierna.* Major missa *Resurrexi.* Ps. *Domine probasti.* Coll. *Deus qui hodierna.* [50ª Epist. *Expurgate. Allel.* ᵥ *Haec (est) dies. Allel.* ᵥ *Angelus Domini.* Prosa *Victimae.* Evangel. *Maria Magdalena. Credo.* Offertor. *Angelus Domini.* Praefatio *Te quidem omni. Communicantes* et *Hanc igitur.* Communio *Surrexit.* Ad Sextam hymn. *Rector potens.* Ant. *Erat autem.* Ps. *Defecit.* Capit. *Xpistus semel.* ℞ *Surrexit Dominus vere.* ᵥ *Surrexit Dominus de sepulchro.* Or. *Praesta quaesumus omnipotens et misericors Deus.* Ad Nonam hymn. *Rerum Deus.* Ant. *Respondens.* Ps. *Mirabilia.* Cap. *Mortui estis.* ℞ *Surrexit Dominus de sepulchro.* ᵥ *Gavisi sunt discipuli.* Coll. *Praesta quaesumus omnipotens Deus ut qui.* Ad Vesperas ant. *Allel.* quatuor. Ps. *Dixit Dominus. Allel.* quinque. Ps. *Confitebor. Allel.* tria. Ps. *Beatus vir. Allel.* tria. Ps. *Laudate pueri. Allel.* tria. Ps. *In exitu.* Cap. *Xpistus resurgens.* ℞ *Et valde.* Hymn. *Ad coenam.* ᵥ *Mane nobiscum.* Praedicta omnia, excepto responsorio, dicantur diebus dominicis ad Vesperas quando fit de dominica usque ad Ascensionem : Hymnus vero et ᵥ dicantur etiam in feriis usque ad Ascensionem. In sabbatis tamen dicatur hymnus *Chorus novae.* Ant. *Mitte manum.* Ps. *Magnif.* Coll. *Praesta quaesumus.* Completorium ut supra proximo. Hic advertendum est quod festa sanctorun a die Palmarum usque ad Octavam Paschae venientia, de quibus non est actum, convenienter et ordinate deinceps celebrentur. Per hebdomadam ad *Bened.* et ad *Magnif.* ant. *Thoma infer,* ant. *Quia vidisti,* ant. *Multa quidem,* ant. *Haec autem,* ant. *Gavisi sunt discipuli,* ant. *Misi digitum.* ant. *Pax vobis.* Diligenter considerandum est a Pascha usque ad Ascensionem Domini ut per singulas septimanarum ferias antiphonae ex Evangelio dicantur ad *Magnif.* et ad *Bened.* sicut per singulas septimanas signantur. Quibus dictis, si necesse fuerit, ad has recurratur. Ant. *Surgens Jesus,* ant. *Jesum quem quaeritis,* ant. *Et recordatae,* ant. *Jesum qui crucifixus,* ant. *Ardens est cor.* ant. *In Galilaea,* ant. *Post passionem Domini,* ant. *Mane nobiscum,* ant. *Et intravit,* ant.

Nonne cor. ant. *Surrexit Xpistus et illuxit.* ant. *Crucifixus,* ant. *Surrexit Dominus de sepulchro,* cum tribus *allel.* ant. *Crucem sanctam,* ant. *Allel. Quem quaeris,* ant. *Surrexit Dominus de sepulchro* cum uno *Allel.* ant. *Allel. Noli flere.*

Feria II post Octavam Paschae. Ad matutin. Invitat. *Allel. allel. allel.* Ps. *Venite.* Hymn. *Aurora.* Ant. *Allel.* unum, et dicatur tota dieta super hanc solam ant. Hoc invitatorium et 5o^e haec ant. dicuntur omnibus diebus ferialibus et festis trium lect. usque ad Ascensionem. Et idem fiat de antiphonis et psalmis ad Laudes, et de antiphonis ad horas quae infra signantur. Ps. *Dominus illuminatio.* et ceteri. ᵥ *Resurrexit Dominus.* Lect. tres de Actibus Apostolorum qui legantur usque ad tertiam dominicam. ʀ *Maria Magdalena.* et cetera duo. Sacerdot. ᵥ *In resurrectione.* In Laudibus ant. *Allel.* duo. Ps. *Dominus regnavit,* et ceteri cum hac sola. Cap. *Omne quod natum.* Hoc capitulum dicatur in omnibus feriis ad matutinum et ad vesperas usque ad Rogationes. Hymn. *Sermone blando.* ᵥ *Gavisi sunt.* Ant. *Thoma infer.* Ps. *Bened.* Hic non dicantur Preces, nec in aliis feriis usque in feriam II post Octavam Trinitatis. Coll. *Praesta quaesumus omnipotens Deus, ut qui Paschalia.* Memoria de sancta Cruce et aliae feriales memoriae fiant sicut in Rubrica XIX signatur. Ad Primam ant. *Allel.* septem sicut ant. *Nonne cor.* Ad Tertiam ant. *Allel.* novem, sicut ant. *Laus et perennis.* Ad Sextam ant. *Allel.* septem, sicut ant. *Et respicientes.* Ad Nonam ant. *Allel.* tria. Capitula, responsoria, versus ut in praedicta dominica cum Collecta dominicali, et hoc modo fiat in omnibus feriis usque ad Ascensionem. Missa pro defunctis cum orationibus sicut in Rubrica XXXVII assignatur. Ad missam per hebdomadam et in missa matutinali usque ad Ascensionem tantummodo cantetur unum *allel.* Post Nonam dicantur Vesperae mortuorum. Ad Vesperas ant. *Allel.* tria, sicut ant. *Inclinavit.* Ps. *Dilexi quoniam,* et ceteri cum hac sola. Cap. *Omne quod natum.* Hymn. *Ad Coenam.* ᵥ *Mane nobiscum.* Ant. de supradictis. Coll. de dominica ; memoria de sancta Cruce et de aliis fiat sicut in Rubrica XIX signatur. Dictis vesperis, dicuntur vigiliae cum tribus lectionibus. Completorium ut supra in sabbato.

Feria III Invitat., Hymn., ant. ut supra. Ps. *Dixi custodiam,* et ceteri cum sola ant. ᵥ *Surrexit Dominus vere.* Lect. tres de Actibus Apostolorum. ʀ *Virtute magna.* et cetera duo. In Laudibus ut supra ; horae ut supra. Ad missam *Salus populi.* cum orationibus hac die et ¹ per hebdomadam sicut in Rubrica XXXVI assignantur. Ad Vesperas ant. *Allel.* tria sicut ant. *In domum Domini.* Ps. *Laetatus.* et ceteri cum hac sola. Cap., Hymn., ꝟ ut supra ; ad *Magnif* ² ant. de supradictis. Or. ut supra.

Feria IV Invitat., Hymn., ant. ut supra. Dicta *Dixit insipiens* etc. cum sola ant. ꝟ *5o*ᶜ *Surrexit Dominus de sepulchro.* ℟ *Ecce vicit leo*, et cetera duo. In Laudibus ut supra. Horae ut supra. Missa de angelis. Ad Vesperas ant. *Allel.* tria. Ps. *Nisi Dominus.* et cetera ut supra.

Feria V Invitat., Hymn., ant. ut supra. Dicta *Salvum me fac.* ꝟ *Resurrexit Dominus.* ℟ *Maria Magdalena*, et cetera duo. In Laudibus et ad horas ut supra. Missa *Spiritus Domini.* Ad Vesperas Ant. *Allel.* tria. Ps. *Memento* etc. ut supra.

Feria VI Invitat., Hymn., ant. ut supra. Dicta *Exultate Deo.* ꝟ *Surrexit Dominus vere.* ℟ *Virtute magna*, et cetera duo. In Laudibus et ad ceteras horas ut supra. Missa de sancta Cruce. Ad Vesperas ant. *Allel.* quatuor. Ps. *Confitebor.* Cap. et quae sequuntur de gloriosa Virgine Maria.

Sabbato de Sancta Maria. Require in XXI Rubrica. Ad Vesperas ant., Ps., Cap., Resp., Hymn., ꝟ ut supra in sabbato post Pascha. Ad *Magnif.* Ant. *Haec autem scripta sunt.* Or. *Deus qui in Filii tui.* Memo. de resurrectione, ant. *Vespere autem*. etc. Memo. de beata Virgine, ant. *Regina* etc. Memo. de angelis sicut signatur in XVIII Rubrica. Completor. ut supra.

Dominica II post Pascha. Ad matut. Invitat. *Allel. Surrexit Dominus vere.* Hymn. *Aurora.* In I noct. ant. *Allel.* unum. Ps. *Beatus vir*, et ceteri usque ad Ps. *Conserva*, cum hac sola. ꝟ *Resurrexit Dominus.* Lect. sex de Actibus Apostolorum, et tres de Evangel. *Ego sum pastor.* ℟ *Dignus es.* ꝟ *Fecisti.* ℟ *Ego sicut.* ꝟ *In me omnis.* ℟ *Audivi vocem.* ꝟ *Et vox.* In II noct. ant. *Allel.* duo. Ps. *Conserva me.* Ps. *Exaudi Domine.* Ps. *Diligam te.* ꝟ *Surrexit Dominus vere.* ℟ *Audivi.* ꝟ *Vidi angelum.* ℟ *Ostendit.* ꝟ *Postquam.* ℟ *Locutus.* ꝟ *Et sustulit.* In III noct. ant. *Allel.* IX. Ps. *Coeli enarrant.* Ps. *Exaudiat.* Ps. *Domine in virtute.* ꝟ *SurrexitDominus de.* Omnibus dominicis diebus usque ad Ascensionem, quando fit de dominica. dicuntur haec tria responsoria quae sequuntur. post expositionem evange-

---

¹ Et *habetur inter lineas*.
² Quae   *includuntur habentur in margine*.

lii. ℟ *Angelus Domini.* ℟ *Angelus Domini.* ℟ *Et valde.* Sequuntur responsoria de historia scil. Feria II et V. ℟ *Vidi Jerusalem.* ℣ *Ab intus.* ℟ *Vidi portam.* ℣ *Vidi sanctam.* ℟ *Haec est Jerusalem.* ℣ *Portae ejus.* Feria III et VI. ℟ *Plateae.* ℣ *Quoniam confortavit.* ℟ *Decantabat.* ℣ *Moyses.* ℟ *Veniens a Libano.* ℣ *Speciosa.* Feria [50ᵃ] IV. ℟ *In diademate.* ℣ *Corona.* ℟ *Docete filios.* ℣ *Confiteantur.* ℟ *Candidi facti sunt.* ℣ *In omnem terram.* In Laudibus ant. *Angelus autem.* Ps. *Dominus regnavit,* et ceteri cum hac sola. Cap. *Xpistus passus.* Hymn. *Sermone.* ℣ *Gavisi sunt.* Ordo hujus diei quantum ad Invitat., hymnos, ant super nocturnos, ℣., ant. in Laudibus et capitulum observetur diebus dominicis quando fit de dominica usque ad Ascensionem. Ant. *Ego sum pastor.* Ps. *Bened.* Or. *Deus qui in Filii tui.* Memo. de resurrectione. Ant. *Et valde* etc. Similiter de Beata Virgine et de angelis ut in Rubrica XVIII signatur. Ad Primam ant. *Angelus.* Ps. etc. ut in Octava Paschae. Ad missam officium *Misericordia.* Ps. *Exultate Deo.* Or. *Deus qui in Filii tui.* Epist. *Xpistus passus. Allel.* ℣ *Ego sum pastor.* Evangel. *Ego sum pastor.* Offertor. *Deus, Deus meus.* Communio *Ego sum pastor.* Ad magnam missam et ad horas ut in Octava Paschae. *Communicantes* tamen et *Hanc igitur* non dicuntur. Ad Vesperas ant., Ps., Cap., Hymn., ℣ ut supra in dominica praecedente. Ant. *Ego sum pastor.* Ps. *Magnif.* Or. *Deus qui in Filii tui.* Complet. ut supra. Ad *Bened.* et ad *Magnif.* per hebdomadam ant. *Pastor bonus.* Ant. *Mercenarius,* ant. *Sicut novit,* ant. *Alias oves,* ant. *Ego sum pastor.* Et si necesse sit recurratur ad ant. *Surgens Jesus,* etc. ut supra dictum est. Per hebdomadam lect. de Actibus Apostolorum. Responsoria de historia sicut jam supra in dominica ante Laudes signatur. Cetera ut supra. Missae cum orationibus sicut in hebdomada praecedente. Horae ut feria II post Octavam Paschae cum collecta dominicali. Sabbato ad Vesperas ant., Ps., Cap., ℟. hymn., ℣ ut supra. Ad. *Magnif.* ant. *Alias oves.* Or. *Deus qui errantibus.* Completor. ut supra.

Dominica III. Ad matut. Invitat., Hymn., ant., Ps., ℣ ut supra. Lectiones sex de Epistola beati Jacobi, et continuentur deinceps epistolae canonicae usque ad Rogationes. Respp. sex *Dignus es* etc. ut supra. Lect. tres de Evangelio *Modicum et non.* Tria respp. de resurrectione ut supra. In Laudibus ut supra. Ad *Bened.* Ant. *Modicum et.* Or. *Deus qui errantibus.* Missa matutinalis *Jubilate.* Ps. *Dicite.* Or. *Deus qui errantibus.* Epistola *Obsecro vos. Allel.* ℣ *Iterum.* Evangel. *Modicum et non.* Offertor. *Lauda anima mea.* Communio

Modicum. Horae ut supra in Octava Paschae. Major missa *Resurrexi,* ut supra. Ad Vesperas super *Magnif.* ant. *Quid est hoc quod.* Or. *Deus qui errantibus.* Cetera ut supra. Per hebdomadam ant. ad *Bened.* et ad *Magnif. Amen, amen, dico vobis* [51ª], ant. *Iterum.* ant. *Tristitia.* Quibus semel vel bis dictis, recurratur ad ant. *Surgens Jesus* etc. Lectiones per hebdomadam de epistolis canonicis. Respp. et cetera ut supra in hebdomada praecedente. Sabbato ad Vesperas ant. ad *Magnif. Iterum autem videbo.* Or. *Deus qui fidelium,* et cetera ut supra.

Dominica IV. Ad matutin. Invitat., Hymnus, ant., Pss., ꝟ ut supra in dominica II post Pascha. Lectiones sex de epistolis canonicis; lect. tres de Evangelio *Vado ad eum.* ℞ *Si oblitus.* ꝟ *Super flumina.* ℞ *Narrabo.* ꝟ *Qui timetis.* ℞ *Viderunt.* ꝟ *Illuxerunt.* ℞ *Cantate.* ꝟ *Date.* ℞ *In ecclesiis.* ꝟ *Cantate.* ℞ *Bonum.* ꝟ *Ad annuntiandum.* Respp.[1] tria de resurrectione. Feria II et V ℞ *In toto corde.* ꝟ *Vide humilitatem.* ℞ *Allel. Audivimus.* ꝟ *Surge.* ℞ *Deus canticum.* ꝟ *Qui das.* Feria III et VI. ℞ *Deduc.* ꝟ *Averte.* ℞ *Hymnum.* ꝟ *Super flumina.* ℞ *Viderunt.* ꝟ *Illuxerunt.* Feria IV ℞ *Cantate.* ℞ *In ecclesiis.* ℞ *Bonum.* In Laudibus ant. ut supra. Ad. *Bened.* ant. *Vado ad eum.* Or. *Deus qui fidelium.* Ad Primam ant. *Angelus autem* etc. Missa matutinalis *Cantate.* Ps. *Salvavit sibi.* Coll. *Deus qui fidelium.* Epistola *Omne datum. Allel.* ꝟ *Vado ad eum.* Evangel. *Vado ad eum.* Offertor. *Jubilate Deo.* Communio *Dum venerit.* Horae ut supra in octava Paschae. Major missa de resurrectione ut supra. Ad Vesperas ut supra. ad *Magnif.* ant. *Ego veritatem.* Or. *Deus qui fidelium.* Per hebdomadam ad *Bened.* et ad *Magnif.* ant. *Adhuc multa,* ant. *Cum autem venerit,* ant. *Non enim,* ant. *Ille me.* Sabbato ad Vesperas ut supra. Ad *Magnif.* ant. *Ille me.* Or. *Deus a quo bona.*

Dominica V. Invitat., Hymnus., ant., ꝟ ut supra. Lectiones sex de epistolis. ℞ *Si oblitus.* Lect. tres de Evangelio *Usque modo.* Respp. de resurrectione ut praenotata sunt. In Laudibus ut supra. Ad *Bened.* ant. *Usque modo.* Or. *Deus a quo bona.* Ad Primam et ad ceteras horas ut in octava Paschae. Missa matutinalis *Vocem jucunditatis.* Ps. *Jubilate.* Or. *Deus a quo bona.* Epistola *Estote factores. Allel.* ꝟ *Usque modo.* Evangel. *Usque modo.* Offertor. *Benedicite.* Communio *Cantate.* Major missa de resurrectione. Ad Vesperas ut supra. Ad *Magnif.* ant. *Petite.* Or. *Deus a quo bona.*

---

[1] *Ms. habet perperam* Feria.

Feria II in Rogationibus. Ad matutinum lectiones tres de Evangelio *Quis vestrum*. ℞ *Si oblitus fuero*. et cetera duo. In Laudibus Capitulum *Confitemini alterutrum*. Hoc capitulum dicatur ad Laudes et ad Vesperas istis tribus diebus. Ad *Bened*. ant. *Quis vestrum*. Or. *Praesta quaesumus omnipotens* [51° *Deus ut qui in afflictione*. et dicatur solum ad matutinum et ad missam. Cetera omnia sicut in feria II post Octavam Paschae. His tribus diebus Rogationum non facimus memoriam de sancta Cruce et de resurrectione, nec ad matutinum nec ad missam neque ad Vesperas. De aliis autem modo consueto facimus. Horae ut supra Feria II post octavam Paschae cum oratione dominicali *Deus a quo bona*. Ad missam *Exaudivit de templo*. Ps. *Diligam te*. Or. *Praesta omnipotens Deus ut qui in afflictione*. II Collecta de dominica. III de beata Virgine, IV de festo trium lectionum si aderit, sin autem *Deus qui caritatis*, V communis *Pietate tua*. Epistola *Confitemini alterutrum*. *Allel*. v *Confitemini*. Evangel. *Quis vestrum habebit*. Offertor. *Confitebor*. Communio *Petite*. Post missam cantetur letania ex integro. *Kyrie. Xpiste, Xpiste audi nos* etc. Sequitur *Pater noster* tantum inclinando. Si in his tribus diebus Rogationum festum IX lectionum evenerit. memoria fiat de tempore cum v et Oratione quae aliunde ad Vesperas et ad matutinum dicerentur. Prima missa de festo. secunda de jejunio. Post missam de jejunio cantetur letania. Ad Vesperas Cap. *Confitemini*. Ad *Magnif*. ant. *Omnis qui petit*. Or. *Deus a*. Cetera ut supra.

Feria III. Lectiones tres de sermone *Oportet fratres karissimi*, vel de sermone *Temporibus beati Mamerti*. Respp. *Cantate Deo*, et cetera duo. In Laudibus Cap. *Confitemini*. Ad *Bened*. ant. *Exivi a Patre*. Or. *Deus qui conspicis*, ad matutinum tantum. Cetera omnia ut supra. Missa de dominica *Vocem jucunditatis*. etc. II Collecta de beata Virgine, III de festo trium lectionum si aderit : sin autem pro peccatis *Exaudi quaesumus Deus*, IV. *Deus qui caritatis*. V. generalis *Omnipotens sempiterne Deus qui vivorum*, vel *Pietate*. Post missam cantetur Letania ut supra. Horae ut supra cum Collecta dominicali. Ad Vesperas capitulum *Confitemini*. Ad *Magnif*. ant. *Nunc scimus*. Or. *Deus a quo bona*. Cetera ut supra.

Feria IV in vigilia Ascensionis. Invitatorium, Hymnus, ant., Ps., v ut supra. Lectiones tres de Evangelio *Sublevatis oculis*. ℞ *In toto corde*, et cetera duo. In Laudibus cap. *Confitemini*. Ad *Bened*. ant. *Clarifica me*. Or. *Praesta quaesumus omnipotens Pater*, ad matutinum tantum, ad missam et ad Vesperas. Cetera omnia ut supra.

Horae similiter ut supra cum collecta dominicali. Ad missam *Omnes gentes*. Ps. *Subjecit*. Or. *Praesta quaesumus omnipotens Pater*. Aliae orationes sicut hesterna die. Epistola *Multi* 51ᶜ *tudinis credentium*. *Allel*. ℣ *Omnes gentes*. Evangelium *Sublevatis oculis Jesus*. Offertor. *Viri Galilaei*. Communio *Pater cum essem*. Post missam letania ut supra. Ad Vesperas totum duplex. Ant. *Vado ad eum*. Ps. *Nisi Dominus aedificaverit*. Ant. *Ego veritatem*. Ps. *Beati omnes*. Ant. *Nisi ego*. Ps. *Saepe expugnaverunt*. Ant. *Adhuc*. Ps. *De profundis*. Ant. *Ille me clarificabit*. Ps. *Domine non est*. Cap. *Primum quidem*. ℟ *Omnis pulchritudo*. Hymnus. *Aeterne rex;* totus dicatur solum in primis vesperis festi. ℣ *Tu esto* [1] et ℣ *Gloria tibi Domine qui scandis*, dicuntur usque ad Pentecosten in fine omnium hymnorum ejusdem metri, mutato tantum ultimo versu in festo sanctae Crucis cum infra hoc tempus evenerit. In tono etiam praedicti hymni dicuntur omnes hymni ejusdem metri usque ad Pentecosten, nisi in Completorio et nisi in festo sanctae Crucis si occurrat. ℣ *Ascendens Xpistus in altum*. Ant. *Pater manifestavi*. Ps. *Magnif*. Or. *Praesta quaesumus omnipotens Pater*. Ad completorium ant. *Allel*. Ps. *Cum invocarem* et ceteri. Hymnus *Jesu nostra redemptio*. Ad *Nunc dimittis* ant. *Allel. Ascendens Xpistus*. Cetera ut supra. Praedictus hymnus dicatur cotidie usque ad Pentecosten, similiter et dicta antiphona, nisi in festo sanctae Crucis dum hoc tempore evenerit.

In die Ascensionis. Ad matutinum invitatorium *Allel. Xpistum Dominum ascendentem*. Hymnus *Aeterne rex*, usque versum *Tu Xpiste nostrum gaudium*. In I nocturno ant. *Elevata est*. Ps. *Domine Dominus*. Ant. *Dominus in templo*. Ps. *In Domino confido*. Ant. *A summo coeli*. Ps. *Coeli enarrant*. ℣ *Ascendens Xpistus*. Lectiones sex de sermone *Glorificatio Domini*. ℟ *Post passionem*. ℣ *Et convescens*. ℟ *Omnis pulchritudo*. ℣ *Nisi ego*. ℟ *Non conturbetur*. ℣ *Ego rogabo*. In II nocturno ant. *Exaltare*. Ps. *Domine in virtute*. Ant. *Exaltabo te*. Ps. ipsum. Ant. *Ascendit Deus in jubilatione*, non obstante concursu cum antiphona [2]. ℟ *Exaltare*. ℣ *Cantabimus*. ℟ *Ascendens*. ℣ *Ascendit*. ℟ *Ponis*. ℣ *Qui facis*. In III noct. ant. *Nimis exaltatus*. Ps. *Dominus regnavit exultet*. Ant. *Dominus in Syon*. Ps. *Dominus regnavit irascantur*. Ant. *Dominus in coelo*. Ps. *Benedic* (primus). ℣ *Ascendo ad Patrem*. Lectiones tres de Evangelio *Re-*

---

[1] *Ms. habet* Tu ego.

[2] Quaedam hic omittuntur quae ex Ed. sic adduco : Ant. *Ascendit*. Ps. *Omnes gentes*. ℣ *Ascendit Deus in jubilatione* etc. ut supra.

cumbentibus. ℟ *Ascendit*. ℣ *Ascendens*. ℟ *Non relinquam*. ℣ *Pacem meam*. ℟ *Viri Galilaei*. ℣ *Cumque intuerentur*. *Te Deum laudamus*. Sacerdot. ℣ *Ascendit Deus in jubilatione*, et dicatur usque ad Pentecosten quando de Ascensione agitur. In Laudibus ant. *Viri Galilaei*. Ps. *Dominus regnavit*. Ant. *Cumque*. Ps. *Jubilate*. Ant. 51ᵈ *Elevatis*. Ps. *Deus, Deus*. Ant. *Exaltate*. Ps. *Benedicite*. Ant. *Videntibus*. Ps. *Laudate*. Capitulum *Primum quidem*. Hymnus. *Tu Xpiste*. ℣ *Elevata est magnificentia*. Ant. *Ascendo ad Patrem*. Ps. *Bened*. Or. *Concede quaesumus*. Ad Primam ant. *Viri Galilaei*. etc. ℟ *Jesu Xpiste*. *Allel. allel.* ℣ *Qui scandis super sidera, miserere*. Hic ℣ dicatur cotidie usque ad Pentecosten; praeterquam in festo sanctae Crucis cum occurrerit. Missa matutinalis *Viri Galilaei*, sicut est cum uno *allel*. *Kyrie* et *Gloria in excelsis* ut in festo IX lectionum sine prosa. Ad Tertiam ant. *Cumque*. Ps. *Legem pone*. Capit. *Viri Galilaei*. ℟ *Ascendens Xpistus*, cum *allel*. ℣ *Ascendit Deus in jubilatione*. Or. *Deus cujus Filius*. Finita Tertia fiat processio eodem modo quo in die Palmarum· notatum est, cantore incipiente ℟ *Viri Galilaei*, et percantetur cum versu tum in eundo tum in stando in prima statione, scilicet in parte aquilonari. In inceptione ℟ *Pater cum essem*, moveatur processio usque ad stationem quae fit in parte orientali. In inceptione ℣ *Pater sancte*, moveatur processio [usque ad stationem quae fit in parte australi, et dum cantatur regressus : *Non rogo*, moveatur processio ¹] usque ad ostium ecclesiae. In ingressu ecclesiae incipiat praelatus ant. *O Rex gloriae*. In fine processionis ℣ *Ascendit Deus in jubilatione*. Or. *Concede quaesumus omnipotens Deus ut qui hodierna*. *Per eundem Xpistum*. Ad magnam missam Officium *Viri Galilaei*. Ps. *Cumque intuerentur*. Or. *Concede quaesumus*. Epistola *Primum quidem*. *Allel*. ℣ *Ascendit*. *Allel*. ℣ *Ascendens*. Prosa *Rex omnipotens die*. Evangelium *Recumbentibus*. *Credo*. Offertor. *Ascendit Deus*. Praefatio *Qui post resurrectionem*. *Communicantes*. Communio *Psallite*. Ad Sextam ant. *Elevatis*. Cap. *Euntes in mundum*. ℟ *Ascendit Deus in jubilatione*. ℣ *Ascendo ad Patrem*. Or. *Da quaesumus omnipotens Deus*. Ad Nonam ant. *Videntibus*. Cap. *Cumque intuerentur*. ℟ *Ascendo ad Patrem*. ℣ *Elevata est*. Or. *Da quaesumus omnipotens*. Ad Vesperas ant. *Viri Galilaei*. Ps. *Dixit Dominus*. Ant. *Cumque intuerentur*. Ps. *Confitebor*. Ant. *Elevatis*. Ps. *Beatus vir*. Ant. *Exaltare*. Ps. *Laudate*

¹ Quae includuntur habentur in margine.

pueri. Ant. *Videntibus.* Ps. *Lauda Jerusalem.* Hi psalmi cum sola ant. dicuntur per hebdomadam nisi in dominica, tunc dicatur in loco psalmi *Lauda Jerusalem, In exitu Israel.* Capitulum *Primum quidem.* ʀ *Viri Galilaei.* Hymnus *Aeterne rex,* usque *Tu Xpiste.* ᵥ *Ascendens.* Praedictum capitulum et iste hymnus una cum versiculo dicuntur cotidie ad Vesperas per octavam. Ant. *O Rex gloriae.* Ps. *Magnificat.* Or. *Concede.* Per hebdomadam ad *Bened.* et ad *Magnif.* ant. *Euntes.* ant. *Dominus quidem.* ant. *Nunc scimus quia,* ant. *Illi autem profecti,* ant. *Vado parare,* ant. *Spiritus qui,* ant. *Sic veniet,* ant. *Non vos relinquam,* ant. *Rogabo,* ant. *Non pro his,* ant. *Spiritus Sanctus.* Per octavam ad matutinum invitatorium *Ascendens* 52ᵃ *Xpistus,* et dicatur cotidie usque ad Pentecosten quando fit de Ascensione, nisi in dominica infra octavam et in die octavae. Lectiones legantur ex Apocalipsi. Ad *Bened.* et ad *Magnif.* ant. *Euntes* et ceterae per ordinem ut prius sunt signatae. Ad missam dicatur tantum unum *allel.* ᵥ *Ascendit,* nisi in dominica et in octava die. Cetera omnia ut in die secundum modum in Rubrica XXX de octavis signatum. Dominica infra octavam Ascensionis : Sabbato ad Vesperas super *Magnif.* ant. *Illi autem.* Ad matutinum lectiones tres de apocalipsi, III de sermone *Post beatam et gloriosam,* III de Evangelio *Cum venerit.* Memo. de dominica ant. *Cum evenerit.* ᵥ *Domine in coelo misericordia tua.* Or. *Omnipotens sempiterne Deus.* Cetera omnia tam ad utrasque Vesperas quam ad matutinum et horas de festo, prout in Rubrica de Octavis signatur. Missa matutinalis de dominica. Officium *Exaudi Domine.* Ps. *Dominus illuminatio.* Or. *Omnipotens sempiterne.* II Collecta de festo trium lectionum si aderit; sin autem de Ascensione. III *A cunctis.* Epistola *Estote prudentes. Allel.* ᵥ *Non vos.* Evangelium *Cum venerit.* Offertorium *Lauda anima.* Communio *Pater cum essem.* Major missa *Viri Galilaei* etc. sine prosa. In II Vesperis non fiat memoria de dominica.

In Octava Ascensionis fiant omnia ad modum IX lectionum, sicut in Rubrica de octavis notatur, hoc solum addito quod oratio *Da quaesumus omnipotens Deus illuc subsequi,* dicatur ad utrasque Vesperas, ad matutinum et ad horas.

Feria VI post Octavam Ascensionis. Invitatorium, Hymnus, ant., ᵥ sicut per octavam Ascensionis. Lect. tres de Apocalipsi. ʀ *Exaltare* et cetera duo. *Te Deum.* In Laudibus ant., Ps., Capitulum, Hymnus, ᵥ ut supra per octavam. Ad *Bened.* ant. *Non pro his.* Or.

Concede quaesumus, et dicatur ad matutinum et ad Vesperas sine *Hodierna die* [1]. Horae ut in die Ascensionis cum Collecta *Da quaesumus*. Ad missam officium. *Exaudi* etc. cum collectis sicut in praecedenti dominica signantur. *Gloria in excelsis* dicatur, et non *Credo*. Ad Vesperas super *Magnif.* ant. *Spiritus Sanctus*. Or. *Concede*, cetera sicut per octavam. Completorium ut supra.

In vigilia Pentecostes. Ad matutinum Invitatorium, Hymnus, ant., Pss., ꝟ de Ascensione sicut per octavam. Lectiones tres de Evangelio *Si diligitis*. ℞ *Tempus est*. ℞ *Si enim*. ℞ *Ego rogabo*. *Te Deum laudamus*. ꝟ sacerdot. [2] In Laudibus ant., Ps., Capit., Hymn., ꝟ ut supra per octavam. Ad *Bened.* ant. *Si diligitis*. Or. *Praesta quaesumus omnipotens [Deus] ut claritatis*. Horae sicut per octavam cum oratione *Da quaesumus omnipotens Deus illuc*. Dicta nona legantur lectiones sequentes sine titulis eodem modo et ordine sicut in vigilia Paschae. Dum 52ᵇ prima lectio legitur, sacerdos indutus casula cum ministris in sericis accedens ad altare non dicat *Confiteor*, sed inclinans sessum eat. Lectio prima *Temptavit*. Qua finita sequitur oratio sine *Dominus vobiscum*, praemisso *Oremus*. Similiter et aliae orationes dicuntur. Or. *Deus qui in Abrahae*. Ad hanc orationem et ad sequentes fratres stent versis vultibus ad altare. Lect. II *Scripsit Moyses*. Tractus *Attende*, qui cum aliis dicatur alternatim a choro et stando. Or. *Deus qui nobis*. Lect. III *Apprehendent septem mulieres*. Tractus *Vinea facta*. Or. *Deus qui nos ad cel*. Lect. IV *Audi Israel*. Or. *Deus (qui) incommutabilis*. Tractus *Sicut cervus*. Or. *Concede quaesumus*. Qua finita, incipiatur letania et a duobus indutis superpelliciis cantetur ad gradum, et ea terminata cantor incipiat *Kyrie el.* ad modum IX lectionum. Interim sacerdos cum ministris surgens dicat *Confiteor* etc. *Gloria in excelsis*. Or. cum *Dominus vobiscum*, ad quam fratres inclinent, *Praesta quaesumus*. Epistola *Factum est cum Apollo*. *Allel.* ꝟ *Confitemini*, a duobus ad gradum. Tractus *Laudate*, a communi choro alternatim et stando cantetur. Evangel. *Si diligitis me*. Offertor. *Emitte*. Praefatio cotidiana. *Communicantes et diem sacratissimam Pentecostes praevenientes*, et *Hanc igitur* dicuntur. *Agnus Dei* dicatur, et pax detur. Communio *Ultimo*. *Ite missa est*. Ad Vesperas totum duplex. Ant. *Rogabo Patrem meum*. Ps. *Benedictus*. Ant. *Cum autem venerit*. Ps. *Exaltabo*.

---

[1] *Edit. habet melius:* et dicatur ad matutinas et ad vesperas sine hac particula: Hodierna die.

[2] *Omittitur hic. Edit. habet:* Ascendit Deus in jubilatione.

Ant. *Ille me.* Ps. *Lauda anima mea.* Ant. *Cum venerit.* Ps. *Laudate Dominum.* Ant. *Adhuc multa.* Ps. *Lauda Jerusalem.* Capit. *Dum complerentur.* ℟ *Repleti.* Hymnus *Beata nobis,* usque *Jam Xpistus.* Iste hymnus et *Jesu nostra redemptio* ad Completorium una cum ceteris hymnis per octavam terminantur cum istis duobus versibus, scilicet *Dudum sacrata,* et ℣ *Sit laus.* Hymni etiam ad horas hac die et per octavam dicuntur in tono hymni *Beata nobis,* excepto hymno *Veni creator,* qui semper dicetur in suo proprio tono. ℣ *Spiritus Domini replevit.* Ant. *Non vos relinquam.* Ps. *Magnif.* Or. *Praesta quaesumus.* Ad Completor. ant. *Allel. Cum invocarem* et ceteri. Hymnus *Jesu nostra,* in suo proprio tono. Ant. *Allel. Spiritus Paraclitus.* Ps. *Nunc dimittis* etc.

In die Pentecostes, ad matutinum Invitat. *Allel. Spiritus Domini.* Ps. *Venite.* Hymnus *Jam Xpistus astra,* usque *Impleta gaudent.* Ant. *Factus est repente.* Ps. *Magnus Dominus.* Ant. *Confirma hoc.* Ps. *52ᶜ Exurgat.* Ant. *Emitte Spiritum.* Ps. *Benedic* (secundus). ℣ *Spiritus Domini.* Lect. tres de Evangelio *Si quis diligit me.* ℟ *Dum complerentur.* ℣ *Repleti.* ℟ *Repleti sunt.* ℣ *Loquebantur.* ℟ *Jam non dicam.* ℣ *Quorum remiseritis. Te Deum.* Sacerdot. ℣ *Emitte Spiritum,* et dicatur per totam hebdomadam. In Laudibus ant. *Dum complerentur.* Ps. *Dominus regnavit.* Ant. *Spiritus Domini.* Ps. *Jubilate.* Ant. *Repleti sunt.* Ps. *Deus, Deus.* Ant. *Fontes et omnia.* Ps. *Benedicite.* Ant. *Loquebantur.* Ps. *Laudate.* Capit. *Factus est repente.* Hymnus *Impleta gaudent.* ℣ *Emitte.* Ant. *Accipite spiritum.* Ps. *Bened.* Coll. *Deus qui hodierna.* Ad Primam ant. *Dum complerentur.* Ps. *Deus in nomine.* Ps. *Beati immaculati.* Ps. *Retribue.* Ps. *Quicumque vult.* Capit. *Domine miserere.* ℟ *Jesu Xpiste,* cum allel. ℣ *Qui Spiritum Paraclitum misisti apostolis miserere nobis.* Hic ℣ dicatur per hebdomadam. Missa matutinalis *Spiritus Domini.* sicut est. *Kyrie* et *Gloria in excelsis* ut in festo IX lect. *Allel.* ℣ *Emitte,* tantum sine prosa.[1] Ad Tertiam ministris altaris solemniter apparatis prior induat cappam sericam, et diaconus et subdiaconus dalmaticam et tunicam, vel si cappa serica non habeatur omnes sint in albis. Finita autem pulsatione, veniant ante primum gradum altaris et dicto *Pater noster,* ministris hinc et inde astantibus, Prior incipiat *Deus in adjutorium.* Deinde incipiat hymnum *Veni creator Spiritus,* cum genuflectione et eo incepto omnes flectant genua ad primum

---

[1] *Edit. habet clarius:* Emitte, tantum, hoc est sine alio alleluia.

versum tantum. Prior autem interim dum canitur primus versus incenset altare et postea juxta altare cum ministris expectet ubi sacerdos sedere solet, donec capitulum et orationem terminet. Ant. *Spiritus Domini.* Ps. *Legem pone.* Capit. *Factus est repente.* ℞ *Loquebantur.* ℣ *Spiritus Domini.* Or. *Deus qui hodierna.* Haec oratio dicatur per hebdomadam ad Tertiam, Sextam et Nonam. Finita Tertia aspergatur aqua benedicta. Ad magnam missam Officium *Spiritus Domini.* Ps. *Exurgat Deus.* Or. *Deus qui hodierna.* Epistola *Dum complerentur. Allel.* ℣ *Veni Sancte.* sine genuflectione. Similiter et per hebdomadam quando dicitur. *Allel. Paraclitus.* Prosa *Sancti Spiritus.* Evangelium *Si quis diligit. Credo.* Offertor. *Confirma.* Praefatio *Qui ascendens.* Et *Communicantes* et *Hanc igitur,* et dicuntur per hebdomadam. Communio *Factus est.* Ad Sextam ant. *Repleti sunt.* Ps. *Defecit.* Capit. *Dum complerentur.* ℞ *Spiritus Domini.* ℣ *Repleti sunt.* Or. *Deus qui hodierna.* Ad Nonam ant. *Loquebantur.* Ps. *Mirabilia.* Capit. *Apparuerunt* 52^d *apostolis.* ℞ *Repleti sunt.* ℣ *Emitte Spiritum.* Or. *Deus qui hodierna.* Ad Vesperas ant. *Dum complerentur.* Ps. *Dixit Dominus,* et ceterae ant. de Laudibus. Ps. *Confitebor.* Ps. *Beatus vir.* Ps. *Laudate pueri,* Ps. *In exitu.* Hi psalmi dicantur per hebdomadam. Capit. *Factus est repente.* ℞ *Loquebantur.* Hymn. *Beata nobis.* ℣ *Spiritus Domini.* Ant. *Hodie completi.* Ps. *Magnif.* Or. *Deus qui hodierna.* Ad Completor. Ant. *Allel.* Ps. *Cum invocarem.* etc. Hymnus sive prosa *Alma chorus.* Ant. *Allel. Spiritus Paraclitus.* Ps. *Nunc dimittis.* Hoc modo dicatur cotidie Completorium usque ad Sabbatum.

Feria II totum duplex. Ad matutinum Invitator. *Repleti sunt.* Hymnus *Jam Xpistus.* Ant. *Factus est.* Ps. *Magnus Dominus,* et ceterae ad ceteros ut supra. ℣ *Spiritus Domini replevit.* Praedicta omnia, scilicet invitator., hymnus, antiphonae, Psalmi. Versus dicuntur per totam hebdomadam, hoc excepto quod feria IV et deinceps sola ant. dicatur super psalmos. Lectiones tres de Evangelio *Sic Deus dilexit mundum.* ℞ *Disciplinam.* ℞ *Spiritus Sanctus.* ℞ *Apparuerunt. Te Deum.* Sacerdot. ℣ ut supra. In Laudibus ant. *Dum complerentur.* Ps. *Dominus regnavit.* Ceterae ad ceteros. Capit. *Apparuerunt.* Hymnus *Impleta gaudent.* ℣ *Emitte Spiritum.* Praedicta, scilicet capitulum, hymnus, Versus dicuntur ad Laudes per hebdomadam. Ant. *Sic Deus dilexit.* Ps. *Bened.* Or. *Deus qui apostolis.* Haec oratio dicatur ad matutinum et ad missam et ad Vesperas, et sic fiat de omnibus propriis collectis per hebdomadam in diebus suis. Ad

Primam et Tertiam et Sextam et Nonam ut in die Pentecostes, nisi quod Ps. *Quicumque* non dicatur ad Primam per octavam. Missa matutinalis *Spiritus Domini. Kyrie* et *Gloria in excelsis* sicut per octavas. *Allel.* ℣ *Veni sancte*, tantum sine prosa. Ille autem qui facit officium praeparatus cum ministris incipiat horam et hymnum, et horam compleat juxta modum supra notatum, et ita fiat cotidie per totam hebdomadam. Ad magnam missam officium *Cibavit eos.* Ps. *Exultate.* Or. *Deus qui apostolis.* Epistola *Aperiens Petrus. Allel.* ℟ *Emitte. Allel.* ℣ *Spiritus Sanctus.* Prosa *Sancti Spiritus.* Evangel. *Sic Deus dilexit. Credo.* Offertor. *Intonuit.* Communio *Spiritus Sanctus.* Ad Vesperas ant. *Dum complerentur.* Ps. *Dixit Dominus.* et ceterae ad ceteros. Capit. *Factus est repente.* ℟ *Apparuerunt.* Hymnus *Beata nobis.* ℣ *Spiritus Domini replevit.* Ant. *Non enim.* Ps. *Magnif.* Or. *Deus qui apostolis.*

Feria III duplex. Ad matutin. Invitat., Hymn., ant., Pss., ℣ ut supra. Lectiones tres de Evangelio *Amen, amen dico.* ℟ *Spiritus Sanctus.* ℟ *Loquebantur.* ℟ *Advenit.* In Laudibus ant., Pss., Hymn., ℣ ut supra. Ad *Bened.* ant. *Amen, amen.* Oratio 53ᵃ *Assit nobis.* Missa matutinal. et oratio [1] ut supra. Ad magnam missam Officium *Accipite jucunditatem.* Ps. *Attendite.* Or. *Assit nobis.* Epistola *Cum audissent apostoli. Allel.* ℣ *Emitte. Allel.* ℣ *Loquebantur.* Prosa ut supra. Evangel. *Amen, amen dico. Credo.* Offertor. *Portas coeli.* Communio *Spiritus qui a Patre.* Ad Vesperas ant. *Dum complerentur.* Ps. *Dixit Dominus.* et ceterae ad ceteros. Capit. *Factus est.* ℟ *Advenit.* Hymn. *Beata.* ℣ *Spiritus Domini.* Ad *Magnif.* ant *Ego sum ostium.* Or. *Assit nobis quaesumus Domine.*

Feria IV semiduplex. Ad matutinum sola prima ant. super psalmos festi. Lectiones tres de Evangelio *Nemo potest venire.* ℟ *Facta autem.* ℟ *Spiritus Domini.* ℟ *Ite in orbem. Te Deum laudamus.* In Laudibus ant. *Dum complerentur.* Haec sola ant. dicatur super psalmos *Dominus regnavit* et ceteros. Capit. *Apparuerunt.* Hymnus *Impleta gaudent.* ℣ *Emitte Spiritum.* Is ordo teneatur ad matutinum et in Laudibus et ad Vesperas cum sola ant. super psalmos usque in sabbatum. Ad *Bened.* Ant. *Amen, amen.* Or. *Mentes nostras.* Horae ut supra. Ad missam officium *Deus cum egredereris.* Ps. *Exurgat Deus. Kyrie* et *Gloria in excelsis.* Oratio. sine *Dominus vobiscum. Mentes nostras.* Ad hanc orationem stent fratres versis vultibus ad

---

[1] *Edit. rectius habet :* et horae.

altare. Lectio libri Sapientiae *Diligite justitiam. Allel.* ℣ *Emitte.* Oratio, cum *Dominus vobiscum, Praesta quaesumus omnipotens.* Epistola *Stans Petrus. Allel.* ℣ *Spiritus Domini,* et cantetur a duobus ad gradum. Evangel. *Nemo potest venire. Credo.* Offertor. *Meditabor.* Communio *Pacem meam.* Ad Vesperas ant. *Dum complerentur;* psalmi, cum hac sola. Capit., Hymn., ℣ ut supra. Ad Magnif. ant. *Ego sum panis.* Or. *Mentes nostras.*

Feria V ut IX lect. Tres de Evangelio *Convocatis Jesus.* ℟ *Disciplinam,* et cetera duo. In Laudibus ant. ut supra. Ad Bened. ant. *Convocatis Jesus.* Or. *Mentibus nostris.* Horae ut supra. Ad missam officium *Spiritus.* Or. *Mentibus nostris.* Epistola *Philippus descendens. Allel.* ℣ *Emitte. Allel.* ℣ *Veni.* Evangel. *Convocatis Jesus. Credo.* Offertor. *Confirma.* Communio *Factus est.* Ad Vesperas ant. *Dum complerentur.* Ps. cum hac sola. Cap., Hymn., ℣ ut supra. Ad Magnif. ant. *Egressi duodecim.* Or. *Mentibus nostris.*

Feria VI ut in festo IX lect. Lectiones tres de Evangelio *Factum est in una.* ℟ *Spiritus Sanctus,* et cetera duo. In Laudibus ut supra. Ad *Bened.* ant. *Factum est.* Or. *Da quaesumus ecclesiae.* Horae ut supra. Ad missam officium *Repleatur.* Ps. *In te [53ʰ] Domine* (secundus). Or. *Da quesumus ecclesiae.* Epistola *Aperiens Petrus. Allel.* ℣ *Emitte. Allel.* ℣ *Factus est.* Evangel. *Factum est in una. Credo.* Offertor. *Lauda anima.* Communio *Spiritus ubi vult.* Ad Vesperas ut supra. Ad Magnif. ant. *Hi qui linguis.* Or. *Da quaesumus ecclesiae.*

Sabbato ut IX lect. Lectiones tres de Evangelio *Surgens Jesus de synagoga.* ℟ *Facta autem,* et cetera duo. In Laudibus ut supra. Ad *Bened.* ant. *Vespere autem.* Or. *Mentibus nostris.* Horae ut supra. Ad missam officium *Karitas Dei.* Ps. *Domine Deus salutis. Gloria in excelsis. Oremus,* sine *Dominus vobiscum.* Oratio *Mentibus nostris,* et similiter dicantur quatuor sequentes orationes, et dum dicuntur fratres stent versis vultibus ad altare, sed ad sextam orationem inclinent ad quam etiam dicatur *Dominus vobiscum.* Quinque *Allel.* stando a toto choro cantentur, nec reiteretur *allel.* post versum usque ad sextum *allel.,* quod est post epistolam. Hoc enim a duobus ad gradum cantetur et post ℣ repetatur. Lect. I Joelis prophetae. Ista cum aliis legatur cum titulis. *Effundam de spiritu. Allel.* ℣ *Emitte.* Or. *Illo nos igne.* II Lect. libri Levitici *Loquere filiis Israel. Allel.* ℣ *Factus est repente.* Or. *Deus qui animarum.* III. Lectio libri Deuteronomii *Audi Israel. Allel.* ℣ *Veni.* Or. *Praesta quaesumus omnipotens.* IV lectio libri Levitici *Dixit Dominus ad Moysen. Allel.* ℣ *Dum complerentur.* Or. *Praesta quaesumus omnipotens.* V lectio Danielis prophetae *Angelus Domini*, et legatur tota. *Allel.* ℣ *Benedictus.* Or. *Deus qui tribus pueris.* Epistola *Convenit universa. Allel.* ℣ *Laudate.* Evangel. *Surgens Jesus de synagoga.* Credo. Offertor. *Domine Deus salutis.* Communio *Non vos relinquam.* Hodie dicta Nona tempus Paschale terminatur, et similiter officium de octava Pentecostes.

Ad Vesperas de Trinitate, totum duplex. Ant. *Gloria tibi Trinitas.* Ps. *Benedictus.* Ant. *Laus et perennis.* Ps. *Exaltabo te.* Ant. *Gloria laudis.* Ps. *Lauda anima.* Ant. *Laus Deo.* Ps. *Laudate Dominum.* Ant. *Ex quo omnia.* Ps. *Lauda Jerusalem.* Cap. *O altitudo divitiarum.* ℟ *Benedictus Dominus Deus Israel.* ℣ *Replebitur.* Hymn. *Adesto sancta.* ℣ *Verbo Domini.* Ant. *Gratias tibi Deus.* Ps. *Magnif.* Collecta *Omnipotens sempiterne,* et terminatur *Per Dominum nostrum.* Ad Completor. ant. *Miserere.* Hymn. *Salvator.* Ant. *Salva nos.* Ps. *Nunc dimittis.*

Ad matutinum Invitator. *Deum verum.* Hymn. *O Pater sancte.* In I nocturno ant. *Adesto Deus.* Ps. *Domine dominus noster.* Ant. *Te unum.* Ps. *Coeli* [53ᶜ] *enarrant.* Ant. *Te semper.* Ps. *Domini est terra.* ℣ *Verbo Domini.* Lectiones sex de sermone *Credimus sanctam Trinitatem.* ℟ *Benedicat nos.* ℣ *Deus misereatur.* ℟ *Benedictus Dominus.* ℣ *Replebitur.* ℟ *Quis Deus.* ℣ *Notam fecisti.* In II noct. ant. *Te invocamus.* Ps. *Omnes gentes.* Ant. *Spes nostra.* Ps. *Magnus Dominus.* Ant. *Libera nos.* Ps. *Deus judicium.* ℣ *Benedicamus.* ℟ *Magnus Dominus.* ℣ *Magnus Dominus.* ℟ *Gloria Patri.* ℣ *Da gaudiorum.* ℟ *Honor virtus.* ℣ *Trinitati.* In III noct. ant. *Caritas.* Ps. *Cantate* (primus). Ant. *Verax est.* Ps. *Dominus regnavit* (primus). Ant. *Una igitur.* Ps. *Cantate* (secundus). ℣ *Benedictus es Domine.* Lect. tres de Evangelio *Erat homo ex Pharisaeis.* ℟ *Summae Trinitati.* ℣ *Praestet nobis.* ℟ *Benedicamus Patrem.* ℣ *Benedictus es.* ℟ *Deum time.* ℣ *Timentibus Deum*, vel dicatur ℟ *Tibi laus.* ℣ *Et benedictum.* Te Deum. Sacerdot. ℣ *Sit nomen Domini.* In Laudibus ant. *O beata et benedicta.* ℣ *Tibi laus.* Ps. *Dominus regnavit.* Ant. *O beata.* ℣ *Miserere.* Ps. *Jubilate.* Ant. *O vere summa.* ℣ *Tibi laus.* Ant. *O vera.* ℣ *Miserere.* Ant. *Te jure laudant.* ℣ *Tibi laus.* Capit. *Benedictio et claritas.* Hymn. *Adesto sancta.* ℣ *Sit nomen.* Ant. *Benedicta.* Ps. *Bened.* Collecta *Omnipotens sempiterne.* Ad Primam hymnus *Jam lucis,* et ceteri hymni ad horas in tono festis duplicibus et totum duplicibus assignato ubi hymni notantur. Antiphonae Laudum dicuntur ad horas sine versibus. ℟ *Jesu Xpiste*, cum duplici *allel*. ℣ *Qui sedes ad dexteram Patris miserere nobis*. Missa matutinalis *Spiritus*, sicut est cum sola Collecta. Graduale *Beata gens*. ℣ *Verbo Domini. Allel*. ℣ *Veni*, sine genuflectione. Praefatio et *Communicantes*, et *Hanc igitur* de Pentecoste. In aspersione aquae benedictae *Asperges me*. Ps. *Miserere mei. Gloria*. Ant. *Asperges*. Sacerdot. ℣ *Ostende nobis*. Or. *Exaudi nos*. Ad Tertiam ant. *O beata*. Capit. *Gratia Domini nostri*. ℟ *Verbo Domini*. ℣ *Benedicamus Patrem*. Or. *Omnipotens sempiterne*. Ad magnam missam officium *Benedicta sit*. Ps. *Benedicamus. Gloria in excelsis*. Or. *Omnipotens sempiterne*. Epistola *Vidi ostium apertum*. Graduale *Benedictus*. ℣ *Benedicite. Allel*. ℣ *Benedictus es*. Prosa *Benedicta sit*. Evangel. *Erat homo ex Pharisaeis. Credo*. Offertor. *Benedictus*. Praefatio *Qui cum Unigenito*. Communio *Benedicimus*. Ad Sextam ant. *O vera*. Capit. *Tres sunt qui testimonium*. ℟ *Benedicamus*. ℣ *Benedictus es*. Or. *Concede quaesumus*. Ad Nonam ant. *Te 53^{d} jure laudant*. Capit. *Unus Dominus*. ℟ *Benedictus es*. ℣ *Sit nomen*. Or. *Domine Deus Pater*. Ad Vesperas, ant. *O beata et benedicta*. Ps. *Dixit Dominus*. Ceterae ad ceteros sine versibus. Capit. *Regi autem saeculorum*. ℟ *Benedicamus*. Hymn. *Adesto sancta*. ℣ *Verbo Domini*. Ant. *Te Deum*. Ps. *Magnif*. Or. *Omnipotens sempiterne Deus*. Ad Completorium ut supra. Advertandum quod festa sanctorum per hebdomadam Pentecostes venientia infra octavam Trinitatis celebrentur, sic quod de festis trium lect. fiat tantum memoria et de festis IX lect. plenum officium. Feria II post Trinitatem et cotidie per octavam dum non impedierit festum IX lect. superveniens fiat officium hoc modo. Ad matutin. invitat., Hymnus ut in die, Ant. *Adesto*. Haec sola dicatur super psalmos festi. ℣ et responsoria secundum ordinem turbarum et feriarum. Lectiones de sermonibus legantur. *Te Deum* nisi forte concurreret vigilia beati Johannis Baptistae. Sacerdot. ℣ ut in die. In Laudibus super psalmos prima ant. Laudum sine versu. Capit., Hymnus, ℣ et oratio ut in die. Ant. ad *Bened*. et *Magnif*. de nocturnis. Horae sicut in festo. Ad missam officium *Benedicta sit*. Kyrie et *Gloria in excelsis*. sicut per octavas. Or. *Omnipotens sempiterne*. Epistola *O altitudo*. Graduale *Benedictus*. *Allel*. ℣ *Benedictus*. Evangel. *Cum venerit Paraclitus. Credo*. Offertor. etc. ut in die. Ad Vesperas prima ant. Laudum super psalmos *Dixit Dominus. Confitebor. Beatus vir. Laudate pueri. Lauda Jerusalem*.

Capit. *O altitudo.* Hymnus, ℣ et oratio ut in die. Similiter et Completorium sicut in die. Officium harum octavarum in sequenti sabbato dicta Nona terminatur sicut et officium octavarum Pentecostes in praecedenti sabbato fuit terminatum.

Feria V infra octavam Trinitatis de Corpore Xpisti fiat festum totum duplex. Ad Vesperas ant. *Sacerdos.* Ps. *Dixit Dominus.* Ant. *Miserator*[1]. Ps. *Confitebor.* Ant. *Calicem.* Ps. *Credidi.* Ant. *Sicut novellae.* Ps. *Beati omnes.* Ant. *Qui pacem.* Ps. *Lauda Jerusalem.* Capit. *Dominus Jesus.* ℟ *Homo quidam.* ℣ *Venite, quia parata.* Gloria. Quia. Hymnus. *Pange lingua.* ℣ *Panem de coelo praestitisti eis.* ℟ *Omne delectamentum in se habentem et omnem saporem suavitatis.* Ant. *O quam suavis.* Ps. *Magnif.* Or. *Deus qui nobis sub.* In hoc festo de octava Trinitatis nulla fiat memoria. Ad matutinum Invitatorium *Xpistum regem.* Ps. *Venite.* Hymnus *Sacris solemniis.* In I nocturno ant. *Fructum salutiferum.* Ps. *Beatus vir.* Ant. *A fructu.* Ps *Cum invocarem.* Ant. *In communione.* Ps. *Conserva.* ℣ *Panem coeli dedit eis.* ℟ *Panem angelorum manducavit homo.* Lectiones Sex. de sermone *Immensa divinae* 54ª *largitatis.* ℟ *Immolabit hoedum.* ℣ *Pascha. Et edent.* ℟ *Comedetis.* ℣ *Non Moyses. Iste est.* ℟ *Respexit Elias.* ℣ *Si quis. Et ambulavit.* Gloria. Et. In II noct. ant. *Memor sit.* Ps. *Exaudiat.* Ant. *Paratur.* Ps. *Dominus regit.* Ant. *In voce exultationis.* Ps. *Quemadmodum.* ℣ *Cibavit eos ex.* ℟ *Et de petra melle.* ℟ *Panis quem.* ℣ *Locutus est. Quomodo.* ℟ *Coenantibus.* ℣ *Dixerunt. Accipite.* ℟ *Accepit Jesus.* ℣ *Memoria. Hoc facite.* Gloria. Hoc facite. In III noct. ant. *Introibo.* Ps. *Judica me.* Ant. *Cibavit.* Ps. *Exultate Domino.* Ant. *Ex altari.* Ps. *Quam dilecta.* ℣ *Educas panem de terra.* ℟ *Et vinum laetificet cor.* Lect. tres de Evangelio *Caro mea vere est.* ℟ *Melchisedec.* ℣ *Benedictus. Erat.* ℟ *Calix benedictionis.* ℣ *Quoniam unus. Et panis.* ℟ *Unus panis.* ℣ *Parasti. Omnes.* Gloria Patri. Omnes. Te Deum. Sacerdot. ℣ *Cibavit eos ex.* In Laudibus ant. *Sapientia.* Ps. *Dominus regnavit,* et ceteri. Ant. *Angelorum.* ant. *Pinguis.* ant. *Sacerdotes.* ant. *Vincenti.* Capit. *Dominus Jesus.* Hymnus *Verbum supernum.* ℣ *Posuit fines.* ℟ *Et adipe frumenti satiat.* Ant. *Ego sum panis.* Ps. *Benedictus.* Or. ut supra in Vesperis. Ad horas ant. de Laudibus. Missa matutinalis de Trinitate. Ad Tertiam capit. *Dominus Jesus in qua.* ℟ *Panem coeli dedit eis.* ℣ *Cibavit eos.* Or. ut supra. Ad magnam missam officium *Cibavit eos.*

---

[1] *Ms. habet :* Misereatur.

Ps. *Exultate*. Or. *Deus qui nobis sub sacramento*. Epistola ad Corinthios *Fratres, ego enim accepi*. Graduale *Oculi omnium*. ℣ *Aperis*. *Allel*. ℣ *Caro mea*. Prosa *Lauda Syon*. Evangel. secundum Johannem *Caro mea*. *Credo*. Offertor. *Sacerdotes*. Secreta *Ecclesiae tuae quaesumus*. Praefatio *Quia per incarnati*. Communio *Quotiescumque*. Postcommunio *Fac nos quaesumus*. Ad Sextam capit. *Quotiescumque manducabitis*. ℟ *Cibavit eos*. ℣ *Educas panem de terra*. Or. ut supra. Ad Nonam Capit. *Quicumque manducaverit*. ℟ *Educas panem de*. ℣ *Posuit fines tuos pacem*. Or. ut supra. Ad secundas Vesperas quinque antiphonae Laudum, psalmi et Capitulum ut in primis vesperis. ℟ *Respexit Elias*. Hymnus *Pange lingua*. ℣ *Panem de*. Ant. *O sacrum convivium*. Ps. *Magnif*. Or. ut supra. De hoc festo per octavam fiat memoria, antiphonae accipiantur de nocturnis per ordinem, sed dominica infra octavam et in ipsa die octava antiphonae sicut in die. ℣ et oratio ut in festo. Dum festum Johannis Baptistae in hac feria quinta evenerit, de Corpore Xpisti agatur feria III praecedente. Concurrentibus autem octava sancti Johannis et octava sanctae Trinitatis, sola memoria [54ᵇ] fiat de octava Trinitatis.

Dominica prima post festum sanctae Trinitatis et deinceps usque ad primam dominicam Augusti, quando de tempore agitur, cantetur historia *Deus omnium*, et legatur de libris Regum. Sabbato praecedenti, scilicet proximo sabbato post Trinitatem, ad Vesperas ant. *Benedictus*. Ps. ipsum et ceterae ad ceteros sicut in primo sabbato Adventus. Capitulum *Benedictus Deus*. ℟ *Dominus qui eripuit*. Hymnus *O lux*. ℣ *Vespertina oratio*. Ant. *Loquere Domine*. Ps. *Magnif*. Ceterae antiphonae quae sequuntur in sequentibus sabbatis dicantur quamdiu historia dicenda fuerit. Ant. *Cognoverunt omnes*, ant. *Praevaluit David*, ant. *Nonne iste*, ant. *Iratus rex*, ant. *Quis enim*, ant. *Montes Gelboe*, ant, *Doleo super te*, ant. *Rex autem David*. Or. *Deus in te sperantium fortitudo*. Ceterae etiam orationes dicantur secundum ordinem dominicarum. Eas quaere infra in fine Temporalis, ubi etiam signantur missae et antiphonae ad *Bened*. et ad *Magnif*. Ad Completorium ant. *Miserere*. Hymnus *Salvator mundi*. ℣ *Gloria tibi qui surrexisti*. Ant. *Allel. Resurrexit Dominus*. Ps. *Nunc dimittis*, et *Kyrie* etc. Hymnus *Salvator*, cum dicto versu et ant. ad *Nunc dimittis*, dicatur in sabbatis ad Completorium usque Adventum Domini quando vesperae de dominica celebrantur. Ad matutinum Invitatorium *Deum verum*. Ps. *Venite*. Hoc invitatorium dicatur usque ad kalendas Augusti in diebus dominicis quando de tempore agitur. Hymnus *Nocte surgentes*. In I nocturno ant. *Pro fidei meritis*. Ps. *Beatus vir*. Ps. *Quare fremuerunt*. Ps. *Domine quid*. Ps. *Domine ne in furore. Gloria*. Ant. *Juste Deus*. Ps. *Domine Deus*, et ceteri. Ant. *Surge*. Ps. *Salvum me fac*. ℣ *Memor fui nocte*. Lectiones sex de libro Regum. ℟ *Deus omnium*. ℣ *Dominus qui eripuit*. ℟ *Dominus qui eripuit*. ℣ *Misit*. ℟ *Ego te tuli*. ℣ *Fecique tibi*. In II noct. ant. *Naturae*. Ps. *Conserva*. Ant. *Pectora nostra*. Ps. *Exaudi Domine*. Ant. *Tu populum*. Ps. *Diligam te*. ℣ *Media nocte*. ℟ *Montes*. ℣ *Omnes montes*. ℟ *Peccavi*. ℣ *Quoniam iniquitatem*. ℟ *Parate*. ℣ *Auferte*. In III noct. ant. *Sponsus*. Ps. *Coeli enarrant*. Ant. *Auxilium*. Ps. *Exaudiat*. Ant. *Rex sine*. Ps. *Domine in virtute*. ℣ *Exaltare Domine*. Praedicta, scilicet hymnus, antt. Pss. et ℣ dicuntur diebus dominicis in nocturnis usque Adventum quando de dominica agitur. Notandum quod in hac prima dominica post Trinitatem et deinceps in dominicis usque ad Adventum quando de dominica agitur septima lectio et octava de Evangelio dominicae legantur, nona vero lectio et Responsorium et horae diei cum magna missa de Resurrectione secundum [54ᶜ] consuetudinem ecclesiae Sancti Sepulchri ob reverentiam gloriosae Resurrectionis. Evangelium *Homo quidam erat dives*, et deinceps alia per ordinem. ℟ *Exaudisti*. ℣ *Domine qui custodis*. ℟ *Audita*[1]. ℣ *Respice*. ℟ *Dum transisset*. vel ℟ *Et valde*. Nota quod unum responsoriorum istorum dicatur in una dominica et aliud in alia dominica usque Adventum Domini quando de dominica celebratur. *Te Deum laudamus*. Sacerdot. ℣ *Excelsus super omnes*, et dicatur usque Adventum Domini quando de tempore agitur. In Laudibus ant. *Regnavit*. Ps. *Dominus regnavit*, et ceterae ad ceteros, sicut signantur dominica prima post octavam Epiphaniae. Praedictae Laudum antiphonae dicuntur omnes in hac prima dominica post Trinitatem, et etiam in ultima dominica ante Commemorationem dominicae Resurrectionis. In aliis vero dominicis intermediis dicatur sola prima ant. Laudum super psalmos. Capitulum *Benedictio*. Hymnus *Ecce jam*. ℣ *Dominus regnavit*. ℟ *Decorem induit*. Praedictum capitulum, hymnus et ℣ dicuntur in dominicis usque Adventum quando de tempore agitur. Ad *Bened*. ant. *Homo quidam*, et aliae deinceps secundum ordinem dominicarum. Oratio dominicalis. Ad Primam hymnus *Jam lucis*, in tono hymni

---

[1] *Edit. habet* Audi Domine, *et sic debet legi*.

Sermone blando, et hoc modo dicuntur hymni ad horas diebus dominicis usque Adventum Domini quando de tempore agitur. Ant. *Angelus autem*. Ps. *Deus, Deus meus* et ceteri ut prima dominica Adventus Capit. *Domine miserere*. ℟ *Jesu Xpiste*. ℣ *Qui surrexisti*, cum *allel.* etc. ut consuetum est. Missa matutinalis de dominica, major de Resurrectione. Horae dicuntur de Resurrectione sicut in octava Paschae et hoc usque Adventum observetur quando de dominica agitur. Ad Vesperas ant. *Sede a dextris*. Ps. *Dixit*, et ceterae ad ceteros. Capit. *Dominus dirigat*. Hymnus *Lucis*. ℣ *Dirigatur*. Ant. *Pater Abraham*. *Magnif*. Or. *Deus in te*, et aliae antiphonae et orationes per ordinem. Ad Completorium ant. *Miserere*. Ps. et capit. ut supra. Hymnus *Te lucis:* non dicatur ℣ *Gloria tibi Domine*, sed *Praesta Pater omnipotens*. Ant. *Salva nos*, etc. ut supra.

Feria II et in omnibus feriis vacantibus usque ad Adventum Domini invitator. Hymni, antiphonae, psalmi, ℣. capit. et responsoria ad horas dicuntur sicut feriis post *Domine ne in ira*. Responsoria vero dicuntur de historia dominicali. Feria II et feria VI usque ad kalendas Augusti dicuntur responsoria *Recordare*. ℟ *Domine si conversus*. ℟ *Factum est*. Feria III ℟ *Deus omnium* et cetera duo. Feria IV ℟ *Montes Gelboe* [54ᵈ] et cetera duo. Feria V. ℟ *Exaudisti Domine*. ℟ *Audi Domine*. ℟ *Ego te tuli*. Is ordo servetur sive historia *Deus omnium* in dominica fuerit inchoata sive non. Memoria de sancta Cruce et de aliis fiat ad matutinum et ad vesperas sicut in Rubrica XIX est signatum.

Dominica prima Augusti et deinceps usque ad primam dominicam Septembris cantetur historia *In principio*, et legatur de libris Salomonis quando de tempore agitur. Prima autem dominica mensis appellatur illa quae propinquior est kalendis, ita quod si kalendae fuerint in die dominica ibi erit prima dominica et historia inchoanda, et si kalendae fuerint II, III vel IV feria tunc praecedens dominica habeatur pro prima. Si autem V vel VI feria vel sabbato kalendae fuerint sequens dominica erit prima. Et ita observetur tam hic quam in mensibus sequentibus usque ad Adventum, hoc tamen addito quod si in ipsa prima dominica mensis alicujus festum IX lectionum vel majus evenerit, historia tunc non inchoetur sed per ebdomadam in feriis dicatur et in aliis dominicis si vacaverint. Sabbato ante primam dominicam Augusti ad Vesperas ant. *Benedictus*. Ps. ipsum etc. ut supra. ℟ *Emitte*. Ant. *Omnis sapientia*. Ps. *Magnif*. Antiphonae sequentes dicuntur in aliis sabbatis dum historia cantatur. Ant.

Sapientia clamitat, ant. *Sapientia aedificavit*, ant. *Dominus possedit*, ant. *Ego in altissimis*. Oratio qualis secundum ordinem dominicarum evenerit; quaere in fine Temporalis. Ad matutinum invitatorium *Laudemus*, quod dicatur usque ad kalendas Novembris. Hymnus, ant., Ps., ℣ ut supra. Lectiones sex de Proverbiis et consequenter de aliis. Septima et octava de Evangelio, nona de Resurrectione. In I nocturno autem ℞ *In principio.* ℣ *Ego in altissimis.* ℞ *Emitte Domine.* ℣ *Da mihi.* ℞ *Da mihi.* ℣ *Domine Pater.* In II nocturno ℞ *Domine Pater.* ℣ *Verbum iniquum.* ℞ *Verbum iniquum.* ℣ *Ne forte.* ℞ *Initium.* ℣ *Dilectio illius.* In III noct. ℞ *Gyrum coeli.* ℣ *Ego in altissimis.* ℞ *Ne derelinquas.* ℣ *Apprehende.* Nonum respons. de Resurrectione. In Laudibus ant. *Regnavit.* Ps. *Dominus regnavit*, et ceteri cum hac sola. Cetera ut supra. Feria II et VI ℞ *Super salutem.* ℣ *Dixi sapientiae.* ℞ *Quae sunt.* ℣ *Omnia enim.* ℞ *Praebe fili.* ℣ *Attendite.* Feria III ℞ *In principio*, et cetera duo. Feria IV ℞ *Domine pater*, et cetera duo. Feria V. ℞ *Gyrum cœli.* ℞ *Ne derelinquas.* ℞ *Magna enim.* ℣ [55ª] *Deduxisti.* Is ordo teneatur sive historia in dominica fuerit inchoata sive non.

Dominica I [1] Septembris et deinceps usque ad tertiam dominicam ejusdem mensis per XV dies tantum, quando de tempore agitur cantetur historia *Si bona*, et legatur de libro Job. Sabbato praecedenti ad Vesperas ℞ *Antequam comedam*, etc. ut supra. Ad *Magnif.* ant. *Cum audisset Job.* In sequenti sabbato dicatur ant. *In omnibus.* Oratio qualis evenerit. Ad matutin. invitator. *Laudemus*, etc. ut supra. Lectiones sex de Job, VII[ma] et VIII" de Evangelio, IX[na] de Resurrectione etc. ut supra. In I nocturno ℞ *Si bona.* ℣ *In omnibus.* ℞ *Antequam comedam.* ℣ *Nolo multa.* ℞ *Utinam.* ℣ *Quasi arena.* In II noct. ℞ *Quare detraxistis.* ℣ *Militia.* ℞ *Induta est.* ℣ *Dies mei.* ℞ *Memento.* ℣ *De profundis.* In III noct. ℞ *Paucitas.* ℣ *Ecce in pulvere* ℞ *Ne abscondas.* ℣ *Voca me.* Nonum ℞ de Resurrectione. In Laudibus etc. ut supra. Feria II, VI, sive historia in dominica inchoata fuerit sive non, ℞ *Numquid Dominus.* ℣ *Apprehende.* ℞ *Nocte.* ℣ *O custos.* ℞ *Versa est in luctum.* ℣ *Cutis mea.* Feria III ℞ *Si bona*, et cetera duo. Feria IV. ℞ *Quare detraxistis*, et cetera duo. Feria V. ℞ *Paucitas.* ℞ *Ne abscondas.* ℞ *Quis mihi.*

Dominica III Septembris ubi debet dimitti historia *Si bona*, solum per unam dominicam et unam hebdomadam dicatur historia *Peto*

---

[1] *Ms. habet perperam* secunda.

Domine, et legatur Tobias dum vacaverit. Sabbato praecedenti ad Vesperas ut supra ℟ *Omni tempore*. Ad *Magnif.* ant. *Ne reminiscaris*. Ad matut. Invitator. *Laudemus* etc. ut supra. In I nocturno ℟ *Peto*. ℣ *Omnia judicia*. ℟ *Omni tempore*. ℣ *Memor esto*. ℟ *Memor esto*. ℣ *Fiducia*. In II noct. ℟ *Sufficiebat*. ℣ *Heu me*. ℟ *Benedicite*. ℣ *Tempus est*. ℟ *Tempus est*. ℣ *Benedicite*. Si praedicta historia *Peto Domine* in die dominica dici valeat tunc in III noct. dicuntur Responsoria *Adonai*. ℟ *Tribulationes*, quae sunt de sequenti historia, et nonum respons. de Resurrectione. Per hebdomadam vero, sive historia fuerit in dominica inchoata sive non, dicuntur solum sex prima responsoria, quia historia illa *Peto Domine* plura responsoria non habet. Dicuntur autem vicissim tria una die et tria altera.

Dominica IV Septembris et deinceps usque [55ᵛ] ad primam dominicam Octobris cantetur historia *Adonai*, et legatur Judith et Esther. Sabbato praecedenti ad Vesperas ℟ *Nos alium*. Ad *Magnif.* ant. *Adonai*. In sequenti sabbato si haec historia dicenda fuerit dicatur ant. *Domine Deus*. Ad matutinum Invitatorium etc. ut supra. In primo noct. ℟ *Adonai*. ℣ *Benedictus*. ℟ *Tribulationes*. ℣ *Peccavimus*. ℟ *Nos alium*. ℣ *Indulgentiam*. In II noct. ℟ *Domine Deus*. ℣ *Allide*. ℟ *Dominator*. ℣ *Tu Domine*. ℟ *Vos qui*. ℣ *Laudate*. In III noct. ℟ *Laudate*. ℣ *Laudate*. ℟ *Benedixit*. ℣ *Benedictus*. IX de Resurrectione. In II feria et VI, sive historia in dominica dicta fuerit sive non, ℟ *Spem in alium* ℣ *Domine Deus*. ℟ *Conforta me*. ℣ *Da nobis*. ℟ *Memento*. ℣ [1] Feria III ℟ *Adonai*, et cetera duo. Feria IV ℟ *Domine Deus*, et cetera duo. Feria. V ℟ *Laudate*. ℟ *Benedixit*. ℟ *Domine rex*. ℣ *Exaudi*.

Dominica prima Octobris et deinceps usque ad primam dominicam Novembris cantetur historia *Adaperiat*. Et legatur de libris Maccabaeorum. Sabbato praecedenti ad Vesperas. ℟ *Exaudiat Dominus*. Ad *Magnif.* ant. *Adaperiat*. Antiphonae sequentes dicuntur in aliis sabbatis dum historia cantatur. Ant. *Exaudiat*, ant. *Tua est potentia*, ant. *Da pacem*, ant. *In hymnis*. Ad matutinum invitator. *Laudemus* etc. ut supra. In I nocturno ℟ *Adaperiat*. ℣ *Exaudiat*. ℟ *Exaudiat*. ℣ *Adaperiat*. ℟ *Tua est*. ℣ *Creator*. In II noct. ℟ *Refulsit sol*. ℣ *Erat enim*. ℟ *Impetum*. ℣ *Mementote*. ℟ *Ornaverunt*. ℣ *In hymnis*. In III noct. ℟ *In hymnis*. ℣ *Ornaverunt*. ℟ *Congregati*. ℣ *Disperge*. IX ℟ de Resurrectione, etc. ut supra. Feria II et VI, sive

---

[1] *Omittitur hic, sed habetur in edit.* Memento.

historia in dominica inchoata fuerit sive non, ℟ *Hic est fratrum.* ℣ *Vir iste.* ℟ *Tu Domine.* ℣ *Sacerdotes.* ℟ *Congregatae sunt.* ℣ *Tu scis.* Feria III ℟ *Adaperiat,* et cetera duo. Feria IV ℟ *Refulsit,* et cetera duo. Feria V. ℟ *In hymnis.* ℟ *Congregati sunt.* ℟ *Dixit Judas.*

Dominica prima Novembris et deinceps usque ad primam dominicam Adventus cantetur historia *Vidi Dominum,* et legatur Ezechiel et Daniel et ceteri minores prophetae si necesse fuerit. Quomodo autem lectiones debeant terminari, quaere in prima dominica Adventus. Sabbato praecedenti ad Vesperas ℟ *Aspice Domine.* Ad. *Magnif.* [55°] ant. *Vidi Dominum,* et ceterae antiphonae dicantur in sabbatis sequentibus. Ant. *Aspice,* ant. *Muro tuo,* ant. *Qui coelorum,* ant. *Civitatem.* Ad matutinum invitator. *Dominum qui fecit,* etc. ut supra. In I nocturno ℟ *Vidi Dominum.* ℣ *Seraphim.* ℟ *Aspice.* ℣ *Qui regis.* ℟ *Aspice.* ℣ *Plorans.* In II noct. ℟ *Super muros.* ℣ *Qui reminiscimini.* ℟ *Muro tuo.* ℣ *Erue nos.* ℟ *Sustinuimus.* ℣ *Peccavimus.* In III noct. ℟ *Misit Dominus.* ℣ *Misit.* ℟ *Angustiae.* ℣ *Si enim.* Nonum ℟ de Resurrectione. In ultima dominica ante illam dominicam in qua facimus de Resurrectione cantentur omnes antiphonae super psalmos in Laudibus. Feria II, sive historia in dominica inchoata fuerit sive non, dicuntur ℟ *Redemit.* ℣ *A fructu.* ℟ *A facie furoris.* ℣ *Converte.* ℟ *Fluctus tui.* ℣ *Abyssus.* Feria III ℟ *Indicabo tibi.* ℣ *Religio munda.* ℟ *Genti peccatrici.* ℣ *Esto placabilis.* ℟ *Qui coelorum.* ℣ *Non enim.* Feria IV ℟ *Vidi Dominum,* et cetera duo. Feria V. ℟ *Super muros,* et cetera duo. Feria VI ℟ *Misit Dominus.* ℟ *Angustiae.* ℟ *Redemit.* Et notandum circa omnes praedictas historias quod si propter vigiliam vel Quatuor tempora in aliquo sabbato de Beata Virgine non teneatur sed de feria, tunc dicuntur responsoria quae per ebdomadam pro feria tertia assignantur.

Dominica prima post Octavam Pentecostes. Ad *Bened.* ant. *Homo quidam.* Coll. *Deus in te sperantium.* Ad missam matutinalem officium *Domine in tua.* Ps. *Usquequo.* Or. *Deus in te sperantium.* Epistola *Deus caritas est.* Graduale *Ego dixi.* ℣ *Beatus qui.* Allel. ℣ *Verba mea.* Evangel. *Homo quidam erat dives.* Offertor. *Intende.* Communio *Narrabo.* Ad majorem missam *Resurrexi.* Coll. *Deus qui per Unigenitum.* Epistola *Expurgate.* Grad. *Haec dies.* ℣ *Confitemini.* Allel. ℣ *Angelus.* Evangel. *Maria Magdalena.* Offertor. *Angelus.* Praefatio *Te quidem.* Communio *Surrexit.* Hoc modo dicatur major missa de Resurrectione diebus dominicis usque Adventum Domini, nisi festum IX lectionum vel octavae solemnes concurrant. Ad Vesperas super *Magnif.* ant. *Pater Abraham.* Or. *Deus in te.*

Dominica II. Ad *Bened.* ant. *Homo quidam.* Or. *Sancti nominis tui.* Ad missam matutinalem *Factus est Dominus.* Ps. *Diligam te.* Or. *Sancti nominis tui.* Epistola *Nolite mirari.* Graduale *Ad Dominum.* ℣ *Domine libera. Allel.* ℣ *Domine Deus.* Evangel. *Homo quidam fecit.* Offertor. *Domine convertere.* Communio *Cantabo.* Ad Vesperas super *Magnif.* ant. *Exi cito.* Or. ut supra.

Dominica III. Ad *Bened.* ant. *Quis ex vobis.* Or. [55ᵈ] *Deprecationem nostram.* Ad missam matutin. *Respice in me.* Ps. *Ad te Domine.* Or. *Deprecationem nostram.* Epist. *Humiliamini.* Grad. *Jacta cogitatum.* ℣ *Dum clamarem. Allel.* ℣ *Deus judex.* Evangel. *Erant appropinquantes.* Offertor. *Sperent.* Communio *Ego clamavi.* Ad Vesperas super *Magnif.* ant. *Quae mulier habens.* Or. ut supra.

Dominica IV. Ad *Bened.* ant. *Estote misericordes.* Or. *Protector.* Ad missam matutin. *Dominus illuminatio.* Ps. *Si consistant.* Or. *Protector.* Epist. *Existimo enim.* Grad. *Propitius.* ℣ *Adjuva nos. Allel.* ℣ *Diligam te.* Evangel. *Estote misericordes.* Offertor. *Illumina.* Communio *Dominus firmamentum.* Ad Vesperas super *Magnif. Nolite judicare.* Or. ut supra.

Dominica V. Ad *Bened.* ant. *Ascendens.* Or. *Da nobis quaesumus.* Ad missam *Exaudi Domine.* Ps. *Dominus illuminatio.* Or. *Da nobis quaesumus.* Epist. *Omnes unanimes.* Grad. *Protector noster.* ℣ *Domine Deus. Allel.* ℣ *Domine in virtute.* Evangel. *Cum turbae.* Offertor. *Benedicam.* Communio *Unam petii.* Ad Vesperas super *Magnif.* ant. *Praeceptor.* Or. ut supra.

Dominica VI. Ad *Bened.* ant. *Amen dico vobis.* Or. *Deus qui diligentibus.* Ad missam *Dominus fortitudo.* Ps. *Ad te Domine.* Or. *Deus qui diligentibus.* Epistola *Quicumque baptizati.* Grad. *Convertere Domine.* ℣ *Domine refugium. Allel.* ℣ *In te Domine.* Evangel. *Nisi abundaverit.* Offertor. *Perfice.* Communio *Circuibo.* Ad Vesperas super *Magnif.* ant. *Si offers.* Or. ut supra.

Dominica VII. Ad *Bened.* ant. *Misereor super.* Or. *Deus virtutum.* Ad missam *Omnes gentes.* Ps. *Subjecit.* Or. *Deus virtutum.* Epist. *Humanum.* Grad. *Venite.* ℣ *Accedite. Allel.* ℣ *Magnus Dominus.* Evangel. *Cum turba plurima.* Offertor. *Sicut in holocaustum.* Communio *Inclina.* Ad Vesperas super *Magnif.* ant. *Et accipiens.* Or. ut supra.

Dominica VIII. Ad *Bened.* ant. *Attendite.* Or. *Deus cujus.* Ad missam *Suscepimus*. Ps. *Magnus Dominus*. Or. *Deus cujus*. Epist. *Debitores sumus*. Grad. *Esto mihi*. ℣ *Deus in*. Allel. ℣ *Eripe me*. Evangel. *Attendite*. Offertor. *Populum humilem*. Communio *Gustate*. Ad Vesperas super *Magnif*. ant. *Non potest*.

Dominica IX. Ad *Bened*. ant. *Dixit dominus*. Or. *Largire*. Ad missam *Ecce Deus*. Ps. *Deus in nomine*. Or. *Largire*. Epistola *Non simus concupiscentes*. Grad. *Domine Dominus*. ℣ *Quoniam elevata*. Allel. ℣ *Te decet*. Evangel. *Homo quidam erat dives*. Offertor. *Justitiae*. Communio *Primum quaerite*. Ad Vesperas super *Magnif*. ant. *Ait autem vilicus*.

56ª Dominica X. Ad *Bened*. ant. *Cum appropinquaret*. Or. *Pateant aures*. Ad missam *Dum clamarem*. Ps. *Exaudi Deus*. Or. *Pateant*. Epist. *Scitis quoniam cum*. Grad. *Custodi me*. ℣ *De vultu*. Allel. ℣ *Attendite*. Evangel. *Cum appropinquaret*. Offertor. *Ad te Domine*. Communio *Acceptabis*. Ad Vesperas super *Magnif*. ant. *Scriptum est* Or. ut supra.

Dominica XI. Ad *Bened*. ant. *Stans a longe*. Or. *Deus qui omnipotentiam*. Ad missam *Deus in loco*. Ps. *Exurgat*. Or. *Deus qui omnipotentiam*. Epist. *Notum vobis facio*. Grad. *In Deo*. ℣ *Ad Te Domine*. Allel. ℣ *Exultate*. Evangel. *Dicebat Jesus ad*. Offertor. *Exultabo te* Communio *Honora Dominum*. Ad Vesperas super *Magnif*. ant. *Omnis enim qui se*. Or. ut supra.

Dominica XII. Ad *Bened*. ant. *Dum transiret Dominus*. Or. *Omnipotens sempiterne*. Ad missam *Deus in adjutorium*. Ps. *Avertantur*. Or. *Omnipotens sempiterne*. Epist. *Fiduciam*. Grad. *Benedicam*. ℣ *In Domino*. Allel. ℣ *Domine Deus*. Evangel. *Exiens Jesus*. Offertor. *Precatus*. Communio *De fructu*. Ad Vesperas super *Magnif*. ant. *Quanto eis*

Dominica XIII. Ad *Bened*. ant. *Homo quidam*. Or. *Omnipotens et misericors*. Ad missam *Respice*. Ps. *Ut quid Deus*. Or. *Omnipotens sempiterne* [1]. Epistola *Abrahae dictae*. Grad. *Respice Domine*. ℣ *Exurge*. Allel. ℣ *Domine refugium*. Evangel. *Beati oculi*. Offertor. *In te Domine*. Communio *Panem*. Ad Vesperas super *Magnif*. ant. *Quis tibi*.

Dominica XIV. Ad *Bened*. ant. *Dum ingrederetur*. Or. *Omnipotens sempiterne*. Ad missam *Protector*. Ps. *Quam dilecta*. Or. *Om-*

---

[1] *Tum MS cum Edit. habent indifferenter* Omnipotens sempiterne *et* Omnipotens et misericors : *reliquum orationis idem est*.

nipotens sempiterne. Epist. *Spiritu ambulate.* Grad. *Bonum est.* v *Ad annuntiandum.* Allel. v *Venite.* Evangel. *Dum iret Jesus.* Offertor. *Immittit.* Communio *Panis.* Ad Vesperas super *Magnif.* ant. *Nonne decem.*

Dominica XV. Ad Bened. ant. *Nolite solliciti.* Or. *Custodi.* Ad missam *Inclina.* Ps. *Laetifica.* Or. *Custodi.* Epist. *Si spiritu vivimus.* Grad. *Bonum est.* v *Bonum.* Allel. v *Quoniam Deus.* Evangel. *Nemo potest.* Offertor. *Expectans.* Communio *Qui manducat.* Ad Vesperas super *Magnif.* ant. *Quaerite.*

Dominica XVI. Ad *Bened.* ant. *Ibat Jesus.* Oratio *Ecclesiam tuam.* Ad missam *Miserere mihi.* Ps. *Inclina.* Or. *Ecclesiam.* Epist. *Obsecro vos.* Graduale *Timebunt.* v *Quoniam aedificavit.* Allel. v *Domine exaudi.* Evangelium *Ibat Jesus.* Offertor. *Domine in auxilium.* Communio *Domine memorabor.* 56° Ad Vesperas super *Magnif.* ant. *Accepit autem.*

Dominica XVII. Ad *Bened.* ant. *Dixit Dominus ad legisperitos.* Oratio *Tua nos.* Ad missam *Justus es* [1]. Or. *Tua nos.* Epist. *Obsecro vos.* Grad. *Beata gens.* v *Verbo Domini.* Allel. v *Confitemini.* Evangelium *Cum intrasset Jesus.* Offertor. *Oravi Deum.* Communio *Vovete.* Ad Vesperas super *Magnif.* ant. *Cum invitatus.*

Feria IV in jejuniis Quatuor temporum. Ad matutinum tres lectiones de Evangelio *Respondens unus de turba.* Oratio *Misericordiae tuae,* et dicatur tantum ad matutinum et ad missam. Ad horas vero dicatur oratio dominicalis. et sic fiat in sexta feria et in sabbato. Ad missam *Exultate.* Ps. *Sumite psalmum.* Oratio sine *Dominus vobiscum.* Hic stent fratres versis vultibus ad altare. Or. *Misericordiae tuae.* Lectio Amos prophetae *Ecce dies venient.* Grad. *Venite filii.* v *Accedite.* Graduale non reiteratur. Or. cum *Dominus vobiscum. Praesta quaesumus Domine familiae tuae.* Hic flectuntur genua. Epist. *Congregatus est.* Grad. *Quis sicut.* v *Suscitans.* Grad. reiteratur. Evangel. *Respondens unus de turba.* Offertor. *Meditabor in.* Communio *Comedite pinguia.*

Feria VI ad matutinum tres lectiones de Evangelio *Rogabat Jesum quidam.* Ad missam *Laetetur cor.* Ps. *Confitemini* (primus). Or. *Praesta omnipotens Deus.* Epist. *Convertere Israel.* Grad. *Convertere.* v *Dominus refugium.* Grad. reiteratur. Evangel. *Rogabat Jesum.* Offertor. *Benedic.* Communio *Aufer a me.*

---

[1] *Omittitur hic psalmus qui secundum Edit. erit* Ps. Beati immaculati.

Sabbato ad matutin. Lectiones tres de Evangel. *Arborem fici.* Ad missam *Venite.* Ps. *Venite exultemus.* Oratio sine *Dominus vobiscum. Omnipotens sempiterne.* Dum dicuntur orationes stamus versis vultibus ad altare, nisi ad ultimam ante epistolam ad quam flectimus genua. Lectio libri Levitici *Decimo die mensis.* Grad. *Propitius*, sedendo cantatur. ℣ *Adjuva.* Grad. non reiteratur. *Oremus. Da nobis quaesumus omnipotens Deus.* Lectio libri Levitici *Quinto decimo die.* Grad. *Protector.* ℣ *Domine Deus.* Oratio. *Tuere quaesumus Domine.* Lectio Michaeae prophetae *Domine Deus noster.* Grad. *Ad Dominum.* ℣ *Domine libera. Oremus. Praesta quaesumus Domine sic.* Lectio Zachariae *Sicut cogitavi.* Grad. *Dirigatur.* ℣ *Elevatio. Oremus. Ut nobis Domine.* Lectio Danielis [56ᵉ] prophetae *Angelus Domini:* tota legatur. Tractus *Omnipotentem*, qui a duobus ad gradum cantetur et chorus respondeat ad unum versum *Omnipotentem*, et ad alium versum *Et benedicunt.* Finito ultimo versu, duo qui prius repetant ℣ *Omnipotentem*, et chorus *Et benedicunt.* Or. cum *Dominus vobiscum. Deus qui tribus pueris.* Epistola *Tabernaculum factum.* Tractus *Laudate Dominum*, unus versus cantetur ex una parte chori et alter ex altera stando. Evangelium *Arborem fici.* Offertor. *Domine Deus.* Communio *Mense septimo.*

Dominica XVIII. Ad *Bened.* ant. *Magister quod est.* Oratio *Da quaesumus.* Ad missam *Da pacem.* Ps. *Laetatus sum.* Or. *Da quaesumus Domine.* Epistola *Gratias ago.* Grad. *Laetatus sum.* ℣ *Fiat pax. Allel.* ℣ *Qui timent.* Evangel. *Accesserunt ad Jesum.* Offertor. *Sanctificavit Moyses.* Communio *Tollite.* Ad Vesperas super *Magnif. Quid vobis videtur.*

Dominica XIX. Ad *Bened.* ant. *Dixit paralytico.* Or. *Dirigat corda.* Ad missam *Salus populi.* Ps. *Attendite.* Or. [*Dirigat.* Epist. *Renovamini.* Grad. ¹ *Dirigatur.* ℣ *Elevatio. Allel.* ℣ *Laudate Deum.* Evangel. *Ascendens Jesus in naviculam.* Offertor. *Si ambulavero.* Communio *Tu mandasti.* Ad Vesperas super *Magnif.* ant. *Videntes autem.*

Dominica XX. Ad *Bened.* ant. *Dicite invitatis.* Or. *Omnipotens et misericors.* Ad missam *Omnia quae fecisti.* Ps. *Magnus Dominus.* Or. *Omnipotens et misericors.* Epist. *Videte itaque quomodo.* Grad. *Oculi.* ℣ *Aperis tu. Allel.* ℣ *Qui confidunt.* Evangel. *Loquebatur Jesus.* Offertor. *Super flumina.* Communio *Memento.* Ad Vesperas super *Magnif.* ant. *Nuptiae quidem.*

¹ *Quae [   ] includuntur habentur in margine.*

Dominica XXI. Ad *Bened.* ant. *Erat quidam regulus.* Or. *Largire.* Ad missam *In voluntate.* Ps. *Beati immaculati.* Or. *Largire.* Epist. *Confortamini in Domino.* Grad. *Domine refugium.* ℣ *Priusquam.* Allel. ℣ *De profundis.* Evangel. *Erat quidam regulus.* Offertor. *Vir erat.* Comm. *In salutari.* Ad Vesperas super *Magnif.* ant. *Cognovit.*

Dominica XXII. Ad *Bened.* ant. *Dixit autem Dominus.* Or. *Familiam.* Ad missam *Si iniquitates.* Ps. *De profundis.* Or. *Familiam.* Epist. *Confidimus in Domino.* Grad. *Ecce quam bonum.* ℣ *Sicut unguentum.* Allel. ℣ *Lauda anima.* Evangel. *Simile est regnum.* Offertor. *Recordare.* Communio *Dico vobis.* Ad Vesperas super 56ᵈ *Magnif.* ant. *Serve nequam.*

Dominica XXIII. Ad *Bened.* ant. *Magister scimus.* Or. *Deus (qui) refugium.* Ad missam *Dicit Dominus.* Ps. *Benedixisti.* Or. *Deus refugium.* Epist. *Imitatores mei.* Grad. *Liberasti nos.* ℣ *In Deo laudabimur.* Allel. ℣ *Lauda Jerusalem.* Evangel. *Abeuntes Pharisaei.* Offertor. *De profundis.* Communio *Amen dico vobis.* Ad Vesperas super *Magnif.* ant. *Reddite ergo.*

Dominica XXIV. Ad *Bened.* ant. *Loquente Jesu.* Or. *Excita Domine.* Ad missam *Dicit Dominus,* ut supra. Or. *Excita Domine.* Epist. *Non cessamus.* Grad. *Liberasti nos.* ℣ *In Deo.* Allel. ℣ *Qui sanat.* Evangel. *Loquente Jesu.* Offertor. *De profundis.* Communio *Amen dico.* Ad Vesperas super *Magnif.* ant. *Dicebat enim.*

Dominica XXV. Ad *Bened.* ant. *Cum sublevasset.* Or. *Excita Domine.* Ad missam *Dicit Dominus.* Or. *Excita quaesumus Domine tuorum.* Epist. *Ecce dies.* Grad. *Liberasti.* ℣ *In Deo.* Allel. ℣ *Qui posuit.* Evangel. *Cum sublevasset.* Offertor. *De profundis.* Communio *Amen dico.* Ad Vesperas super *Magnif.* ant. *De quinque panibus.* Qualiter praedicta officia dominicalia secundum temporis exigentiam ordinate sint dicenda, in XXV Rubrica circa medium clare invenies.

Dominica proxima ante Adventum fiat solemniter commemoratio Resurrectionis dominicae juxta consuetudinem ecclesiae Sepulchri Jerosolymitani ab antiquis patribus approbatam. Hoc officium habes in XXIII Rubrica signatum. Quomodo etiam haec commemoratio propter concursum diversorum festorum secundum diversos annos debeat celebrari, in XXIV Rubrica de In anno plene invenies assignatum.

Incipit Sanctorale sive Officium de Sanctis.

Quia supra in Temporali actum est de festis quibusdám quae scilicet eveniunt a Nativitate Domini usque ad crastinum octavarum Epiphaniae, ideo consequenter illum ordinem continuando incipiendum restat a festo sancti Mauri quod immediate festa praedicta sequitur, ut sic ipsum Sanctorale ad festum Nativitatis Domini terminetur. Notandum autem hic in principio quod omnia quae de sanctis in suis propriis locis non signantur, accipienda sunt de Communi Sanctorum prout competit ipsis festivitatibus, sic [57*] tamen quod oratio quae interdum aliquibus sanctis signatur ad missam, illa dicatur etiam ad Vesperas, ad matutinum et ad horas ubi aliud non signatur.

In die sancti Mauri abbatis, III lectionum. Dicta secundum feriam, cetera de Communi unius confessoris non episcopi.

Sancti Marcelli papae et martyris, III lect. Ad missam *Statuit ei*. Ps. *Misericordias Domini*. Or. *Preces populi*. Epistola *Justus cor suum*. Grad. *Inveni David*. *Allel.* ℣ *Posui adjutorium*. Evangel. *Vigilate quia nescitis*. Offertor. *Veritas mea*. Communio *Domine quinque*.

Sancti Antonii abbatis, IX lect. Octo de vita ejus, septima de Evangelio *Nemo accendit lucernam* etc. ut unius confessoris non episcopi. Qualiter festa IX lect. in dominicis diebus venientia transferri vel non transferri debeant, require in XXVI Rubrica. Similiter si veniant ante dominicam immediate vel post, quomodo cum dominica Vesperas habere vel dividere debeant, require in XXVII Rubrica. Quomodo etiam de festis aliquibus hujus temporis interdum propter ejus brevitatem aliter agendum sit quam hic signetur, habes in XXV Rubrica.

Sanctae Priscae virginis et martyris, III lect. Ad missam *Loquebar*. Or. *Da quaesumus omnipotens*. Epist. *Qui gloriatur*. Grad. *Specie tua*. *Allel.* ℣ *Adducentur*. Evangel. *Simile est regnum coelorum thesauro*. Offertor. *Filiae regum*. Communio *Feci judicium et justitiam*.

In festo sanctorum Fabiani et Sebastiani martyrum, IX lect. Ad Vesperas ant., Pss. secundum feriam. Capit. *Sancti per fidem*. Respons. *Sebastianus vir*. Hymnus *Sanctorum meritis*. ℣ *Laetamini*. Ant. *Elegit Dominus*. Ps. *Magnif*. Or. communis *Infirmitatem nostram.* Ad matutin. Invitat. *Regem regum Dominum.* Ps. *Venite.* Hymnus *Aeterna Xpisti.* In I noct. ant. *Sebastianus Mediolanensium.* Ps. *Beatus vir.* Ant. *Erat enim.* Ps. *Quare fremuerunt.* Ant. *Xpisto cotidie.* Ps. *Domine quid multiplicati.* ℣ *Laetamini in Domino.* Lectiones octo de vita eorum, septima de Evangelio *Descendens Jesus de monte.* ℟ *Sebastianus.* ℣ [1] *Cotidie.* ℟ *Sebastianus.* ℣ *Quem perfuderat.* ℟ *Erat namque.* ℣ *In commisso.* In II noct. ant. *Ad hoc tantum.* Ps. *Domine quis.* Ant. *Clarissimis.* Ps. *Conserva.* Ant. *Sebastianus.* Ps. *Domini est terra.* ℣ *Exultent justi.* ℟ *Xpisto cotidie.* ℣ *Erat namque.* ℟ *Zoe uxor.* ℣ *Benedicti.* ℟ *Egregie.* ℣ *Socius enim.* In III noct. ant. *Ut vidit.* Ps. *Beati quorum.* [57ᵇ] Ant. *Sebastianus dixit.* Ps. *Exultate.* Ant. *Nolite timere.* Ps. *Deus venerunt.* ℣ *Justi autem.* ℟ *Elegit Dominus.* ℣ *Beatus es.* ℟ *In isto loco.* ℣ *Nolite.* ℟ *Beatus es.* ℣ *Beatus es. Te Deum.* Sacerdot. ℣ *Exultent.* In Laudibus ant. *Sebastianus Dei.* Ps. *Dominus regnavit.* Ant. *Si ego verus.* Ps. *Jubilate.* Ant. *Ad hanc vocem.* Ps. *Deus, Deus.* Ant. *Zoe uxor.* Ps. *Benedicite.* Ant. *Sanctus Sebastianus.* Ps. *Laudate.* Capit. Hymnus, ℣ ut plurimorum martyrum. Ant. *Beatus es.* Ps. *Bened.* Or. *Infirmitatem.* Ad Primam ant. *Sebastianus.* Ps. *Deus in nomine.* Ad missam officium *Intret in conspectu.* Or. *Infirmitatem* : Exprimatur solus Fabianus ; alia oratio *Deus qui beatum Sebastianum.* Hae duae orationes dicuntur simul, scilicet ad unum *Per Dominum.* Epist. *Sancti per fidem.* Grad. *Gloriosus.* Allel. ℣ *Judicabunt.* Si LXXᵐᵃ fuerit, Tractus *Qui seminant.* Evangel. *Descendens Jesus de.* Offertor. *Laetamini.* Communio *Multitudo.* Ad horas ant. de Laudibus etc. ut plurimorum martyrum. Or. *Infirmitatem.* Ad Vesperas ant. *Sebastianus.* Ps. *Dixit Dominus.* Ps. *Confitebor.* Ps. *Beatus vir.* Ps. *Laudate pueri.* Ps. *Lauda Jerusalem* cum hac sola ant. Si dominica fuerit. Ps. *In exitu.* Capit. de sancta Agnete *Liberasti me.* ℟ *Dexteram meam.* Hymnus *Virginis proles.* ℣ *Diffusa est gratia.* Ant. *Beata Agnes.* Ps. *Magnif.* Or. *Omnipotens sempiterne Deus qui infirma.* Memo. de sanctis, ant. *Egregie Dei.* ℣ *Laetamini.* Or. *Infirmitatem.*

In natali sanctae Agnetis, virginis et martyris, IX lect. Invitat. *Agnum sponsum.* Hymnus *Virginis proles.* In I noct. ant. *Discede a me.* Ps. *Beatus vir.* Ant. *Annulo suo.* Ps. *Quare fremuerunt.* Ant. *Dexteram meam.* Ps. *Domine quid.* ℣ *Diffusa est.* Lectiones

---

[1] *Ms. addit inter lineas* Xpisto, *et sic debet legi.*

octo de passione ejus : *Ambrosius servus.* Septima de Evangelio *Simile est regnum coelorum decem.* ℞ *Diem festum.* ℣ *Ingressa.* ℞ *Dexteram meam.* ℣ *Posuit.* ℞ *Amo Xpistum.* ℣ *Mel et lac.* In II noct. ant. *Induit me.* Ps. *Cum invocarem.* Ant. *Mel et lac.* Ps. *Verba mea.* Ant. *Xpistus circumdedit.* Ps. *Domine Dominus.* ℣ *Specie tua.* ℞ *Omnipotens.* ℣ *Te confiteor.* ℞ *Ipsi sum.* ℣ *Dexteram meam.* ℞ *Induit me.* ℣ *Tradidit.* In III noct. ant. *Ipsi sum.* Ps. *Domine quis.* Ant. *Cujus pulchritudinem.* Ps. *Domine in virtute.* Ant. *Ipsi* [57ᶜ] *soli.* Ps. *Eructavit.* ℣ *Adjuvabit.* ℞ *Jam corpus.* ℣ *Ipsi sum.* ℞ *Pulchra facie.* ℣ *Specie tua* ℞ *Mel et lac.* ℣ *Cujus pulchritudinem.* Te Deum. Sacerdot. ℣ *Specie tua.* In Laudibus ant. *Ingressa.* Ps. *Dominus regnavit.* Ant. *Mecum enim.* Ps. *Jubilate.* Ant. *Posuit.* Ps. *Deus. Deus.* Ant. *Benedico.* Ps. *Benedicite.* Ant. *Congaudete.* Ps. *Laudate.* Capit. Hymnus, ℣ ut unius virginis et martyris. Ant. *Stans beata Agnes.* Ps. *Bened.* Or. *Omnipotens* [1] *Deus.* Ad Primam ant. *Ingressa.* Ps. *Deus in nomine.* etc. Ad missam officium *Me expectaverunt* Or. *Omnipotens sempiterne Deus.* Epist. *Qui gloriatur.* Grad. *Diffusa est. Allel.* ℣ *Aemulor.* Si in LXX^{ma} fuerit Tractus *Qui seminant.* Evangel. *Simile est regnum.* Offertor. *Offerentur.* major [2]. Communio *Quinque prudentes.* Ad horas ant. Laudum, capp. ℞℞, ℣℣ ut unius virginis et martyris. Or. *Omnipotens sempiterne.* Ad Vesperas ant. *Ingressa Agnes.* Ps. *Dixit Dominus* et ceteri cum hac sola ant. Capit. de sancto Vincentio *Beatus vir qui suffert.* ℞ *Sanctus Vincentius.* Hymnus *Deus tuorum.* ℣ *Gloria et honore.* Ant. *Sacram praesentis.* Ps. *Magnif.* Or. *Adesto quaesumus.* Memo. de sancta Agnete ant. *Ecce quod concupivi.* ℣ *Diffusa.* Or. *Omnipotens sempiterne.*

In natali sancti Vincentii martyris, IX lect. Ad matutinum invitat. *Vincentem mundum.* Hymnus *Deus tuorum.* In I noct. ant. *Sanctus Vincentius.* Ps. *Beatus vir.* Ant. *Sanctitate.* Ps. *Quare fremuerunt.* Ant. *Valerius.* Ps. *Domine quid multiplicati.* ℣ *Gloria et.* Lectiones octo de passione ejus *Probabile satis est.* Septima de Evangelio *Si quis vult.* ℞℞ *Sacram praesentis.* ℣ *Tanto igitur.* ℞ *Sanctus Vincentius.* ℣ *Sanctitate.* ℞ *Levita Vincentius.* ℣ *Tibi enim.* In II noct. ant. *Tanto namque.* Ps. *Cum invocarem.* Ant. *Levita Vincentius.* Ps. *Verba mea.* Ant. *Jam tibi.* Ps. *Domine Dominus.* ℣ *Posuisti Domine.* ℞ *Ecce jam.* ℣ *In-*

---

[1] *Editus rectius habet :* Omnipotens sempiterne Deus.
[2] *Concordat cum :* Offertorius.

surge. ℟ *Assumptus.* ℣ *Intrepidus.* ℟ *Beatus Dei.* ℣ *Dantur ergo.* In III noct. ant. *Beatus Vincentius.* Ps. *In Domino confido.* Ant. *Nefarium.* Ps. *Domine quis habitabit.* Ant. *Profitemur.* Ps. *Domine in virtute.* ℣ *Justus ut palma.* ℟ *Agnosce.* ℣ *Esto.* ℟ *Gloriosus Dei.* ℣ *Felici.* ℟ *Xpisti miles.* ℣ *Inter haec. Te Deum.* Sacerdot. ℣ *Ora pro nobis beate Vincenti.* In Laudibus ant. *Assumptus ex equuleo.* Ps. *Dominus regnavit.* Ant. *Intrepidus.* Ps. *Jubilate.* Ant. *Agnosce.* Ps. *Deus, Deus.* [57ᵈ] Ant. *Hinc horrendo.* Ps. *Benedicite.* Ant. *Dantur ergo.* Ps. *Laudate.* Capit. *Iste sanctus.* Hymn. *Xpisti miles.* ℣ *Magna est.* Ant. *Egregius.* Ps. *Bened.* Or. *Adesto quaesumus Domine.* Ad Primam ant. *Assumptus.* Ps. *Deus in nomine* etc. Ad missam *Laetabitur.* Or. *Adesto quaesumus Domine.* Epist. *Beatus vir qui inventus.* Grad. *Posuisti. Allel.* ℣ *Laetabitur justus,* vel Tractus si in LXXᵐᵃ evenerit *Desiderium.* Evangel. *Si quis vult.* Offertor. *Posuisti.* Communio *Qui vult.* Ad horas antt. de Laudibus, Capp. ℟℟, ℣℣ ut unius martyris. Or. *Adesto.* Ad Vesperas ant. *Assumptus.* Ps. *Dixit Dominus* et ceteri cum hac sola. Capit. *Beatus vir qui suffert.* Hymnus *Deus tuorum.* ℣ *Gloria et honore.* Ant. *Ecce jam.* Ps. *Magnif.* Or. *Adesto.*

Sancti Timothei episcopi et martyris, III lect. Or. *Preces populi.* Ad missam officium *Statuit* etc. ut unius episcopi et martyris. Si sit infra LXXᵃᵐ Tractus non dicatur, sed Grad. repetatur.

In Conversione sancti Pauli, semiduplex. Ad Vesperas ant., Pss. secundum feriam. Capit. *Saulus*[1] *autem multo magis.* ℟ *Sancte Paule.* Hymnus *Doctor egregie.* ℣ *Annue Xpiste.* ℣ *In omnem terram.* Ant. *Celebremus.* Ps. *Magnif.* Or. *Deus qui universum.* Memo. sancti Prejecti martyris ad Vesperas et ad matutinum et ad missam, et sic per totum annum fiat de festis trium lectionum si in festis IX lectionum evenerint. Or. *Beati Prejecti.* Ad matutinum invitat. *Laudemus Dominum.* Hymnus *Aeterna Xpisti.* In I noct. ant. *Saulus adhuc.* Ps. *Coeli enarrant.* ℣ *Et cum iter.* Post ps. primo dicatur ℣ et deinceps ant., et hoc in consimilibus observetur. Ant. *Ibat igitur.* Ps. *Benedicam Dominum.* ℣ *Per totam Judaeam.* Ant. *Saule, Saule.* Ps. *Eructavit.* ℣ *Circumfulsit.* ℣ *In omnem terram.* Lectiones sex de Actibus Apostolorum *Saulus adhuc.* ℟ *Qui operatus.* ℣ *Gratia Dei.* ℟ *Bonum certamen.* ℣ *Scio cui.* ℟ *Reposita.* ℣ *Scio cui.*

---

[1] *Ms. habet fere semper* Salvus.

In II noct. ant. *Saulus adhuc.* Ps. *Omnes gentes.* ℣ *Ut*[1] *autem.* Ant. *Ad manus.* Ps. *Exaudi Deus deprecationem.* ℣ *Surrexit autem.* Ant. *Vade Anania.* Ps. *Exaudi Deus orationem.* ℣ *Dixit autem.* ℣ *Constitues eos.* ℞ *Damasci praepositus.* ℣ *Deus et Pater.* ℞ *Mihi vivere.* ℣ *Per quem.* ℞ *Tu es vas* [58ʻ] ℣ *Intercede.* In III nocturno ant. *Saule frater.* Ps. *Confitebimur.* ℣ *Abiit Ananias.* Ant. *Sub manu.* Ps. *Dominus regnavit* (primus). ℣ *Fuit autem.* Ant. *Saulus qui.* Ps. *Dominus regnavit irascantur.* ℣ *Ostendens quia.* ℣ *Nimis honorati.* Lect. tres de Evangel. *Dixit Symon Petrus.* ℞ *Scio cui.* ℣ *Reposita.* ℞. *Sancte Paule.* ℣ *Ut digni.* ℞ *Magnus sanctus.* ℣ *A Xpisto.* *Te Deum laudamus.* Sacerdot. ℣ *Dedisti haereditatem.* In Laudibus ant. *A Xpisto.* ℣ *Prostratus.* Ps. *Dominus regnavit.* Ant. *Ingressus.* ℣ *Stupebant.* Ps. *Jubilate.* Ant. *Saulus.* ℣ *Affirmans.* Ps. *Deus, Deus.* Ant. *Tu es.* ℣ *Per quem.* Ps. *Benedicite.* Ant. *Magnus sanctus.* ℣ *In regeneratione.* Ps. *Laudate.* Capit. *Non vos me.* Hymnus *Exultet.* ℣ *Annuntiaverunt.* Ant. *Vos qui secuti.* ℣ *In regeneratione.* Ps. *Bened.* Or. *Deus qui universum.* Ad Primam ant. *A Xpisto,* etc. Ad missam *Laetemur omnes.* Ps. *Domine probasti.* Or. *Deus qui universum.* Epist. *Saulus adhuc.* Grad. *Qui operatus.* ℣ *Gratia Dei.* Allel. ℣ *Magnus sanctus,* vel Tractus *Tu es vas.* Evangel. *Dixit Symon Petrus.* Credo. Offertor. *Mihi autem.* Praefatio *Te Domine.* Communio *Amen dico.* Ad horas antt. de Laudibus sine versibus. Capitula, ℞℞ ℣℣ ut unius Apostoli. Or. *Deus qui universum.* Ad Vesperas ant. *Juravit Dominus.* Ps. *Dixit Dominus;* ceterae ad ceteros. Capit. *Jam non estis.* Hymnus *Exultet.* ℣ *In omnem terram.* Ant. *Cum autem.* Ps. *Magnif.* Or. *Deus qui universum.*

Sancti Juliani episcopi confessoris, III lect. Or. *Deus qui ecclesiae* etc. ut unius episcopi et confessoris.

Sanctae Agnetis secundo. Ad Vesperas antt., Pss. secundum feriam. Capitulum, hymnus, ℣ ut unius Virginis et martyris. Ad Magnif. ant. *Beata Agnes.* Or. *Deus qui nos.* Ad matut. lectiones tres. Responss. etc. de Communi unius Virginis et martyris. Ad missam officium *Vultum tuum.* Or. *Deus qui nos.* Epist. *Sapientia laudabit.* Grad. *Diffusa est.* Allel. ℣ *Adducentur.* Evangel. *Simile est regnum coelorum.* Offertor. *Diffusa est.* Communio *Simile.*

Jerusalem Matthiae episcopi et confessoris. Tres lect. etc. ut unius episcopi et confessoris.

---

[1] *Edit. habet :* Viri autem, *et sic debet legi.*

Ignatii episcopi et martyris, III lect. Ad missam officium *Sacerdotes tui.* Or. *Praesta quaesumus omnipotens Deus.* Epist. *Justum deduxit.* Grad. *Inveni David. Allel.* ℣ *Posuisti.* Evangel. *Homo quidam peregre.* Offertor. *Inveni David.* Communio *Semel.*

In Purificatione gloriosae Virginis Mariae, totum duplex. Ad Vesperas ant. *O admirabile.* Ps. *Dixit Dominus* [58ᵇ]. Ant. *Quando natus.* Ps. *Confitebor.* Ant. *Rubum quem.* Ps. *Beatus vir.* Ant. *Germinavit.* Ps. *De profundis.* Ant. *Ecce Maria.* Ps. *Memento.* Capit. *Ecce ego mitto.* ℟ *Videte.* Hymnus *Quod chorus.* ℣ *Responsum.* Ant. *Cum inducerent.* Ps. *Magnif.* Collecta *Exaudi quaesumus Domine.* Ad Completorium ant. *Miserere,* etc. Ant. *Ecce completa.* Ps. *Nunc dimittis. Kyrie.* Si hoc festum in sabbato ante LXXᵃᵐ evenerit omnia fiant de festo, et ad ultimas vesperas omnes antiphonae cum *allel.* finiantur propter LXXᵃᵐ. Primum *Benedicamus* dicatur cum duplici *allel.* Deinde fiat memoria de LXXᵃ et dicatur *Benedicamus* cum uno *allel.* Ibique finiatur *allel.* Et dicatur Complet. de gloriosa Virgine Maria ut supra sine *allel.* Ad matut. Invitator. *Ecce venit.* Ps. *Venite.* Hymnus *Quem terra.* In I noct. ant. *Benedicta tu.* Ps. *Domine Dominus.* Ant. *Sicut myrrha.* Ps. *Coeli enarrant.* Ant. *Speciosa.* Ps. *Domini est terra.* ℣ *Diffusa est.* Lectiones sex de sermone *Exultent virgines.* ℟ *Adorna.* ℣ *Accipiens.* ℟ *Senex.* ℣ *Accipiens.* ℟ *Symeon.* ℣ *Responsum.* In II noct. ant. *Specie tua.* Ps. *Eructavit.* Ant. *Adjuvabit.* Ps. *Deus noster.* Ant. *Suscepimus Deus.* Ps. *Magnus Dominus.* ℣ *Specie tua.* ℟ *Responsum.* ℣ *Cum inducerent.* ℟ *Cum inducerent.* ℣ *Accipiens.* ℟ *Suscipiens.* ℣ *Symeon.* In III noct. ant. *Haec est quae.* Ps. *Cantate* (primus). Ant. *Gaude Maria.* Ps. *Dominus regnavit exultet.* Ant. *Post partum.* Ps. *Cantate* (secundus). ℣ *Adjuvabit eam.* Lect. tres de Evangel. *Postquam impleti.* ℟ *Obtulerunt.* ¹ [℣ *Postquam.* ℟ *Postquam.* ℣ *Obtulerunt.*] ℟ *Gaude Maria.* ℣ *Gabrielem.* Te Deum laudamus. Sacerdot. ℣ *Accipiens Symeon puerum.* In Laudibus ant. *Responsum accepit.* Ps. *Dominus regnavit.* Ant. *Accipiens* Ps. *Jubilate.* Ant. *Symeon justus.* Ps. *Deus, Deus.* Ant. *Revertere.* Ps. *Benedicite.* Ant. *Obtulerunt.* Ps. *Laudate.* Capit. *Symeon justus.* Hymnus *O gloriosa.* ℣ *Elegit eam.* Ant. *Senex puerum.* Ps. *Bened.* Coll. *Omnipotens sempiterne Deus majestatem.* Ad Primam ant. *Responsum.* Ps. *Deus in nomine,* etc. Missa matutinalis *Suscepimus Deus,* sicut est sine prosa vel tractu. *Kyrie*

---

¹ *Quae* [ ] *includuntur habentur in margine.*

et *Gloria* ut in festo IX lect., vel si dominica fuerit missa matutinalis de dominica dicatur. Ad Tertiam ant. *Accipiens*. Ps. *Legem pone*. Capit. *Responsum accepit*. ℟ *Diffusa est*. Or. *Omnipotens sempiterne*. Si dominica fuerit, post Tertiam fiat officium prout [58ᶜ] infra signatur, praemissa primum aspersione aquae benedictae. Ad Sextam ant. *Symeon*. Ps. *Defecit*. Capit. *Accipiens Symeon*. ℟ *Specie tua*. Or. *Omnipotens sempiterne Deus*. Post Sextam si dominica non fuerit fiat officium hoc modo. Praelatus indutus cum ministris sicut in die Palmarum notatum est benedicat candelas jam antea a secretario sive a sacrista in presbyterii gradu delatas, incipiendo *Adjutorium nostrum* etc. *Sit nomen*, etc. *Dominus vobiscum. Omnipotens sempiterne [Deus]* ¹ *qui hodierna*, etc. *Per eundem Xpistum*. Post hanc orationem aspergat candelas aqua benedicta et thurificet, et postmodum accendatur candela praelati et deinde aliae. Sequitur oratio *Domine sancte Pater omnipotens aeterne Deus benedic et sanctifica ignem. Per eundem Xpistum*. Tunc cantor offerat candelam praelato cantando ant. *Lumen ad revelationem*, et conventus prosequatur ipsam et Ps. *Nunc dimittis*, cantore incipiente singulos versus et reincipiente antiphonam post eos. Interim secretarius cum his quibus jussum fuerit a praelato reliquas candelas fratribus et saecularibus si affuerint distribuat. Deinde fiat processio, ad quam diaconus crucem et subdiaconus aquam benedictam bajulet, et sicuti in processione palmarum ita et in hac processione in eundo et stando fratres se habeant. Porro ad exitum processionis cantor incipiat hanc antiphonam *Ave gratia*, et fiat prima statio in parte aquilonari. Cum vero incipitur ant. *Adorna thalamum*, moveatur processio et fiat secunda statio in parte orientali. Cum autem incipitur ant. *Responsum accepit*, moveatur processio et fiat tertia statio in parte australi ; et dum cantatur regressio, scilicet *Nunc dimittis*, moveatur processio usque ostium ecclesiae. In ingressu ecclesiae praelatus [incipiat] ant. *Hodie beata Virgo*. Fratribus igitur aliis euntibus ad sedes suas, praelatus et ministri se ordinent ante gradus, sicut ad aspersionem aquae consueverunt. Finita ant. dicant acoliti simul ℣ *Responsum accepit*. Deinde praelatus sine *Dominus vobiscum*, praemisso *Oremus* dicat orationem *Perfice in nobis*. Interim crux et aqua benedicta in suis locis reponantur. Deinde mox incipiatur missa. Post offerendam offerant

---

¹ *Quae [ ] includuntur desiderantur in MS.*

fratres candelas suas, incipientes a majoribus, ma [58ᵈ]num·sacerdotis osculando. Qui facit officium teneat rotundam candelam suam ad processionem et ad primum et ad ultimum *Dominus vobiscum*, et ad *Gloria in excelsis*, et ad Evangelium, et ad *Credo*, et ad *Dominus vobiscum* post *Credo*. Dum cetera aguntur sistatur prope sacerdotem, scilicet ante Evangelium a dextris super altare et post Evangelium a sinistris. Ad magnam missam officium *Suscepimus Deus*. [Ps.] *Magnus Dominus*. Or. *Omnipotens sempiterne Deus*. Epist. *Ecce ego*. Grad. *Suscepimus*. ℣ *Sicut audivimus*. *Allel*. ℣ *Adorabo*. Prosa *Hac clara die*. Si LXXᵃ fuerit nec *Allel*. nec prosa dicatur, sed cantetur Tractus *Gaude Maria*. Evangel. *Postquam impleti sunt. Credo*. Offertor. *Diffusa est*. Praefatio *Quia per incarnati*. Communio *Responsum accepit*. Ad Nonam ant. *Obtulerunt*. Ps. *Mirabilia*. Capit. *Symeon justus*. ℟ *Adjuvabit eam*. Or. ut supra. Ad Vesperas ant. *Responsum*. Ps. *Dixit Dominus*. Ant. *Accipiens*. Ps. *Confitebor*. Ant. *Symeon justus*. Ps. *Beatus vir*. Ant. *Revertere*. Ps. *De profundis*. Ant. *Obtulerunt*. Ps. *Memento*. Capit. *Beata es Maria*. ℟ *Gaude Maria*. Hymn. *Quod chorus*. ℣ *Accipiens Symeon*. Ant. *Homo erat*. Ps. *Magnif*. Or. *Perfice in nobis*. Ad Completorium ant. *Miserere*. Ps. *Cum invocarem* etc. Hymnus *Salvator*. Ant. *Ecce completa*. Ps. *Nunc dimittis*.

Sancti Blasii episcopi et martyris, IX lect. etc. ut unius martyris et pontificis.

In natali sanctae Agathae virginis et martyris, IX lect. Ad Vesperas antt., Pss. diei. Capit. *Liberasti me*. ℟ *Dum ingrederetur*. Hymnus *Virginis proles*. ℣ *Diffusa est*. Ant. *Agathes laetissime*. Ps. *Magnif*. Or. *Omnipotens sempiterne Deus qui infirma*. Ad matutin. Invitat. *Agnum sponsum*. Hymn. *Virginis proles*. In I noct. ant. *Ingenua*. Ps. *Beatus vir*. Ant. *Summa ingenuitas*. Ps. *Quare*. Ant. *Ancilla*. Ps. *Domine quid multiplicati*. ℣ *Diffusa est*. Lectiones octo de vita ejus *Quintianus*. Septima de Evangel. *Simile est regnum coelorum thesauro*. ℟ *Agathes*. ℣ *Nobilissimis*. ℟ *Quis es*. ℣ *Nam et ego*. ℟ *Dum ingrederetur*. ℣ *Ego enim*. In II noct. ant. *Agatha sancta*. Ps. *Cum invocarem*. Ant. *Si ignem*. Ps. *Verba mea*. Ant. *Nisi diligenter*. Ps. *Domine Dominus*. ℣ *Specie tua*. ℟ *Ipse me*. ℣ *Vidisti Domine*. ℟ *Ego autem*. ℣ *Gratias tibi*. ℟ *Vidisti Domine*. ℣ *Propter veritatem*. In III noct. ant. *Mens mea*. Ps. *In Domino confido*. [59ᵃ] Ant. *Vidisti Domine*. Ps. *Domine in virtute*. Ant. *Propter fidem*. Ps. *Eructavit*. ℣ *Adjuvabit eam*. ℟ *Qui me dignatus*. ℣ *Me-*

dicinam. ℟ *Beata Agatha*. ℣ *Gratias tibi*. ℟ *Gaudeamus*. ℣ *Agathes*. *Te Deum*. Sacerdot. ℣ *Specie tua*. In Laudibus ant. *Quis es tu*. Ps. *Dominus regnavit*. Ant. *Medicinam*. Ps. *Jubilate*. Ant. *Gratias tibi*. Ps. *Deus, Deus*. Ant. *Benedico*. Ps. *Benedicite*. Ant. *Qui me*. Ps. *Laudate*. Capit. *Qui gloriatur*. Hymnus *Jesu corona*. ℣ *Elegit eam*. Ant. *Paganorum*. Ps. *Bened*. Or. *Deus qui inter cetera*. Ad Primam ant. *Quis es tu*. Ps. *Deus in nomine*. Ad missam officium *Gaudeamus*. Ps. *Eructavit*. Or. *Deus qui inter*. Epist. *Confitebor tibi*. Grad. *Adjuvabit*. *Allel*. ℣ *Diffusa est*, vel Tractus *Qui seminat*. Evangel. *Simile est*. Offertor. *Offerentur*, majus. Communio *Qui me*. Ad horas antt. de Laudibus. Capit., ℟, ℣ ut unius virginis. Or. *Deus qui inter*. Ad Vesperas ant. *Quis es tu*. Ps. *Dixit Dominus*. Capit. Hymn. ℣ ut unius virginis. Ant. *Mentem sanctam*. Ps. *Magnif*. Or. *Omnipotens sempiterne Deus qui infirma*.

Sanctorum Vedasti et Amandi episcoporum, III lect. etc. de communi plurimorum confessorum.

Sanctae Scholasticae virginis non martyris, III lect. Omittatur in hymno ℣ *Unde neque mortem*. Or. *Exaudi nos*, etc. de communi.

Sancti Valentini martyris, lect. III. Ad missam officium *In virtute*. Or. *Praesta quaesumus omnipotens*. Epist. *Beatus homo qui invenit*. Grad. *Beatus vir*. Allel. ℣ *Beatus vir qui invenit* [1]. Evangel. *Nihil opertum*. Offertor. *In virtute*. Communio *Magna est*.

Jerosolymis sancti Symeonis episcopi et martyris, IX lect. etc. ut unius pontificis et martyris.

In Cathedra sancti Petri, semiduplex. Ad Vesperas ant., Ps. de feria. Capit. *Ecce sacerdos*. ℟ *Petre amas*. Hymnus *Hic pius prudens*. ℣ *Exaltent eum in ecclesia*. Ant. *Tu es pastor*. Ps. *Magnif*. Or. *Deus qui beato Petro*. *Qui vivis*. Ad matutin. Invitator. *Tu es pastor*. Hymnus *Hic pius prudens*. In I noct. ant. *In plateis*. Ps. *Beatus vir*. Ant. *Ait Petrus*. Ps. *Quare fremuerunt*. Ant. *Petrus apostolus*. Ps. *Domine quid*. ℣ *Amavit eum Dominus*. Lectiones sex de sermone *Hodiernae festivitatis*. Tres de Evangel. *Venit Jesus*. Si vero hoc festum infra XL^{am} evenerit, tunc fient octo lectiones de sermone praedicto, septima de homilia XL^{mae}. ℟ *Euge serve*. ℟ *Ecce sacerdos*. ℟ *Tu es Petrus*. In II noct. ant. *Factum est*. Ps. *Cum invocarem*. Ant. *Adveniente*. Ps. *Verba mea*. Ant. *Ponens Petrus*. Ps. *Domine Dominus*. ℣ *Justum deduxit*. ℟ *Posui adjutorium*. ℟

---

[1] *Edit. habet* · Qui timet.

Ecce vir prudens ℞ *Tu es pastor.* In III noct. ant. *Cornelius.* Ps. *Domine quis.* Ant. *Aperiens Petrus.* Ps. *Domine in virtute.* Ant. *Adhuc loquente.* Ps. *Domini est terra.* ℣ *Justus ut palma.* ℞ *Magnificavit.* ℞ *Vir Israelita.* ℞ *Petre amas. Te Deum.* Sacerdot. ℣ *Exaltent eum.* In Laudibus ant. *Ecce sacerdos.* Ps. *Dominus regnavit*, et ceterae ad ceteros. Capit. *Benedictionem.* Hymnus *Jesu redemptor.* ℣ *Exaltent eum.* Ant. *Quodcumque.* Ps. *Bened.* Or. *Deus qui beato.* Ad Primam ant. *Ecce sacerdos.* Ps. *Deus in nomine.* Ad missam officium *Statuit ei. Gloria in excelsis.* Or. *Deus qui beato.* Epist. *Petrus apostolus.* Grad. *Exaltent.* ℣ *Confiteantur.* Tractus *Tu es Petrus.* Evangel. *Venit Jesus in partes. Credo.* Offertor. *Tu es Petrus.* Praefatio communis. Communio *Tu es.* Ad Tertiam ant. *Beatus ille.* Ps. *Legem pone.* Capit. *Ecce sacerdos.* ℞ *Amavit eum.* Or. *Deus qui beato Petro.* Haec oratio dicatur ad ceteras horas. Ad Sextam ant. *Fidelis servus.* Ps. *Defecit.* Capit. *Ecce sacerdos magnus qui in vita sua suffulsit* etc. ℞ *Justum deduxit* etc. Ad Nonam ant. *Serve bone.* Ps. *Mirabilia.* Capit. *Benedictionem.* ℞ *Justus ut palma* etc. Ad Vesperas ant. *Ecce sacerdos.* Ps. *Dixit Dominus* et ceteri cum hac sola. Capit. *Dedit illi Dominus.* Si XL^{ma} fuerit, ℞ *Tu es Petrus.* Hymnus *Hic pius.* ℞ *Exaltent eum.* Ant. *Solve jubente.* Ps. *Magnif.* Or. ut supra.

Sancti Mathiae[1] apostoli. duplex. Ad Vesperas ant. Psalmi de die. Capit. *Non vos me elegistis.* ℞ *Qui sunt isti.* Hymnus *Mathia juste.* ℣ *Annue Xpiste.* ℣ *In omnem terram.* ant. *Tradent enim.* Ps. *Magnif.* Or. *Deus qui beatum Mathiam.* In anno quando bissextus est, celebretur ista festivitas in secunda die bissexti, etiam si tunc sit dies Cinerum ; sed si sit dies dominica, hoc festum feria II celebretur, nisi communis usus patriae aliud observaret. Ad matutin. Invitat. *Regem apostolorum.* Hymnus, antt. Pss. ℣ de communi apostolorum. In III noct. ant. *Tollite jugum.* Ps. *Confitebimur.* Ant. *Jugum enim.* Ps. *Dominus regnavit exultet.* Ant. *Custodiebant.* Ps. *Dominus regnavit irascantur.* Sex lectiones, octo si XL^{ma} fuerit, de sermone *Exurgens Petrus* ; tres de Evangelio *Hoc est praeceptum.* Si XL^{ma} fuerit lectio [59°] septima erit de homilia XL^{mae}. ℞ *Ecce ego*, et cetera sicut sunt. In laudibus ant. *Hoc est praeceptum*, ceterae ad ceteros. Capit. *Jam non estis.* Hymnus, ℣ ant. ut unius apostoli. Or. *Deus qui beatum Mathiam.* Ad Primam ant.

---

[1] *Ms. habet :* Sancti Mathei.

Hoc est praeceptum. Ps. *Deus in nomine* etc. Si XL^{ma} fuerit, prima missa erit de festo et secunda de jejunio. Extra XL^{mam} vero missa matutinalis *Mihi autem,* sicut est, sine Tractu, vel si sabbatum fuerit prima missa erit de beata Virgine solemniter et cum Tractu, et major de festo. Ad magnam missam officium *Mihi autem. Gloria in excelsis.* Or. *Deus qui beatum.* Epist. *Exurgens Petrus.* Grad. *Constitues.* Tractus *Coeli enarrant.* Evangel. *Hoc est praeceptum. Credo.* Offertor. *Mihi autem.* Praefatio *Te Domine.* Communio *Vos qui secuti.* Horae ut unius apostoli cum oratione *Deus qui beatum Mathiam.* Ad Vesperas ant. *Juravit Dominus,* ceterae ad ceteros. Capit. *Non vos me elegistis.* ℟ *Cives apostolorum.* Hymnus *Exultet coelum.* ℣ *In omnem terram.* Ant. *In regeneratione.* Ps. *Magnif.* Or. *Deus qui beatum Mathiam.*

Sancti Albini episcopi et confessoris, lect. III vel memoria tantum si sit XL^{ma}.

Sanctarum Perpetuae et Felicitatis, virginum et martyrum, lect. III vel memoria tantum si fuerit XL^{ma}. Or. *Da nobis quaesumus.*

Sanctorum XL martyrum. IX lect. Ad Vesperas antt. Pss. diei. Capit. ℟ Hymnus ℣ ut plurimorum martyrum. Ad matutin. octo lect. de vita ipsorum. Septima de homilia XL^{mae}. Invitator., Hymnus, antt., Pss., ℣, ℟, missa et horae etc ut plurimorum martyrum. Ad Vesperas ant. *Omnes sancti.* Ps. *Dixit Dominus* etc. cum hac sola. Capit. etc. de sancto Gregorio, memoria de sanctis et de XL^{ma}.

Sancti Gregorii papae. Festum duplex. Or. *Deus qui animae famuli.* Lect. octo de vita ipsius *Gregorius urbis Romae.* Septima de homilia XL^{mae}. Cetera ut in communi unius episcopi et confessoris. Prima missa de festo, secunda de XL^{ma}. Ad missam officium *Sacerdotes Dei.* Or. *Deus qui animae famuli.* Epist. *Dedit Dominus confessionem.* Grad. *Juravit Dominus.* Tractus *Beatus vir.* Evangel. *Vigilate quia.* Offertor. *Veritas mea.* Communio *Fidelis servus.* Ad Vesperas ant. *Ecce sacerdos.* Ps. *Dixit Dominus,* et ceterae ad ceteros. Capit. *Non est inventus.* ℟ *Iste sanctus digne.* Hymnus *Iste confessor.* ℣ *Amavit.* Ant. *Iste est qui ante.* Or. *Deus qui animae famuli.* Dum festum sanctorum XL martyrum in dominica veniens transfertur in crastinum sancti Gregorii, tunc habebit suas secundas vesperas plene de communi plurimorum martyrum.

Sancti Pa[59^d tricii archiepiscopi et confessoris etc. de communi unius confessoris.

Jerusalem Alexandri episcopi et martyris, IX lect. Septima de nomilia XL^{mae}, et cetera ut unius martyris et pontificis.

Sancti Benedicti abbatis, IX lect. Ad Vesperas antt. Pss. diei, capit. *Justus cor suum*. ℟ *Sancte Benedicte*. Hymnus *Hic pius*. ℣ *Amavit eum*. Ant. *Similabo eum*. Ps. *Magnif*. Or. *Intercessio*. Ad matutin. Invitat. *Justus florebit*. Hymnus *Hic pius prudens*[1]. Ant *Beatus vir* etc. Lect. octo de vita ipsius *Fuit vir vita*. Septima de homilia XL^{mae}. ℟ *Euge serve*, sicut de uno confessore non pontifice. In Laudibus ant. *Justum deduxit*. Ps. *Dominus regnavit*, et ceterae ad ceteros. Capit. *Iste cognovit*. Hymnus *Jesu redemptor omnium, corona confitentium*. ℣ *Justus germinabit*. Ant. *Euge serve*. Ps. *Bened*. Or. *Intercessio nos*. Ad Primam ant. *Justum*. Ps. *Deus in nomine*. Ad missam officium *Os justi*. *Gloria in excelsis*. Or. *Intercessio nos*. Epist. *Dilectus Deo*. Grad. *Os justi*. Tractus *Desiderium*. Evangel. *Nemo accendit*. Offertor. *Desiderium*. Communio *Beatus servus*. Horae ut unius confessoris non episcopi. Ad Vesperas ant. *Justum deduxit*. Ps. *Dixit Dominus* et ceteri cum hac sola. Capit. *Iste cognovit*. ℟ *Vir Israelita*. Hymnus *Hic pius prudens*. ℣ *Amavit eum*. Ant. *Iste est qui*. [Ps.] *Magnif*. Or. *Intercessio*.

In annuntiatione gloriosae Virginis Mariae, totum duplex. Ad Vesperas ant. *Haec est regina*. Ps. *Laudate pueri*. Ant. *Te decus*. Ps. *Laudate Dominum omnes gentes*. Ant. *Sub tuum praesidium*. Ps. *Lauda anima*. Ant. *Sancta Maria*. Ps. *Laudate Dominum quoniam*. Ant. *Beata Dei*. Ps. *Lauda Jerusalem*. Capit. *Ecce Virgo*. ℟ *Xpisti virgo*. Hymnus *Ave maris*. ℣ *Rorate coeli*. Ant. *Ingressus*. Ps. *Magnif*. Or. *Deus qui de beatae Mariae*. Memoria de XL^{ma}. Ad Completorium ant. *Miserere*. Ps. *Cum invocarem* etc. ℟ *In pace*. ℣ *Si dedero*. *Gloria*. Hymnus *Xpiste qui lux*. In fine dicatur *Gloria tibi Domine*. Ant. *Ecce ancilla*. Ps. *Nunc dimittis*. *Kyrie* etc. Ad matutinum invitator. *Ave Maria*. Post unumquemque versum *Ave Maria* reincipiatur cum genuflectione ad primas quatuor dictiones. Hymnus *Quem terra*. In I noct. ant. *Missus est Gabriel*. Ps. *Domine Dominus*. Ant. *Ave Maria*. Ps. *Coeli enarrant*. Ant. *Benedicta tu*. Ps. *Domini est terra*. ℣ *Ex Syon species*. Lectiones sex de sermone *Ingressus Angelus*. ℟ *Missus est*. ℣ *Dabit*. ℟ *Ave Maria*. ℣ *Quomodo*. ℟ *Suscipe verbum*. ℣ *Paries*. In II noct. ant. *Ne ti-*

---

[1] *Ms. habet* : prudentes.

meas Maria. Ps. *Eructavit.* Ant. *Spiritus sanctus.* Ps. *Deus noster.* Ant. *Dabit illi.* Ps. *Fundamenta.* ℣ *Egredietur virga.* ℟ *Ecce virgo.* ℣ [60ᵃ] *Super solium.* ℟ *Descendet Dominus.* ℣ *Adorabunt.* ℟ *Ecce radix.* ℣ *Dabit illi.* In III noct. ant. *Ecce ancilla.* Ps. *Cantate* (primus). Ant. *Beata es.* Ps. *Dominus regnavit exultet.* Ant. *Beatam me.* Ps. *Cantate* (secundus). ℣ *Egredietur Dominus.* Tres lect. de Evangel. *Missus est Gabriel.* ℟ *Radix Jesse.* ℣ *Super ipsum.* ℟ *Nascetur.* ℣ *Multiplicabitur.* ℟ *Xpisti virgo.* ℣ *Quoniam peccatorum. Subveni. Gloria Patri. Subveni. Te Deum.* Sacerdot. ℣ *Emitte agnum.* In laudibus ant. *Prophetae praedicaverunt.* Ps. *Dominus regnavit.* Ant. *Angelus Domini.* Ps. *Jubilate.* Ant. *Orietur.* Ps. *Deus, Deus.* Ant. *Ex quo facta.* Ps. *Benedicite.* Ant. *Maria autem.* Ps. *Laudate.* Capit. *Egredietur virga.* Hymnus *O gloriosa.* ℣ *Vox clamantis.* Ant. *Super solium.* Ps. *Bened.* Or. *Deus qui de beatae.* Memoria de XLᵐᵃ. Ad Primam ant. *Prophetae praedicaverunt.* Ps. *Deus in nomine.* Ad Tertiam ant. *Angelus Domini.* Ps. *Legem pone.* Capit. *Qui venturus.* ℟ *Veni ad liberandum.* ℣ *Timebunt.* Or. *Protege Domine.* Ad Sextam ant. *Orietur.* Ps. *Defecit.* Capit. *Dominus legifer.* ℟ *Ostende nobis.* ℣ *Memento nostri.* Or. *Beatae et gloriosae.* Ad missam officium *Rorate coeli.* Ps. *Coeli enarrant. Gloria in excelsis.* Collecta *Deus qui de beatae.* Epist. *Locutus est.* Grad. *Tollite.* ℣ *Quis ascendet.* Tractus *Ave Maria.* Si post Pascha fuerit *Allel.* ℣ *Egredietur. Allel.* ℣ *Virga Jesse.* Prosa *Missus Gabriel.* Evangel. *Missus est angelus. Credo.* Offertor. *Ave Maria.* Praefatio *Et te in annuntiatione.* Communio *Ecce virgo.* Ad Nonam ant. *Maria autem.* Ps. *Mirabilia.* Capit. *Egredietur virga.* ℟ *Super te Jerusalem.* ℣ *Domine Deus virtutum.* Or. *Concede misericors Deus.* Post Nonam celebretur missa de XLᵐᵃ. Et si dominica fuerit, tunc missa matutinalis erit de dominica et major de festo. Ad vesperas ant. *Prophetae.* Ps. *Dixit Dominus.* Ant. *Angelus.* Ps. *Laudate pueri.* Ant. *Orietur.* Ps. *Laetatus sum.* Ant. *Ex quo facta.* Ps. *Nisi Dominus.* Ant. *Maria autem.* Ps. *Lauda Jerusalem.* Capit. *Ecce virgo.* ℟ *Xpisti virgo.* Hymnus *Ave maris.* ℣ *Rorate coeli.* Ant. *O virgo virginum.* Ps. *Magnif.* Or. *Deus qui de beatae.* Ad Completorium ut supra. Quando haec festivitas post Pascha celebratur, omnia de festo fiant sicut prius notata sunt, nisi quod ad Completor. super psalmum *Cum invocarem* et ceteros, dicatur ant. *Allel.* et hymnus *Jesu Salvator,* et quod omnes antiphonae, Invitatorium, Responsoria, Introitus, offertorium et Communio finiantur cum [60ᵇ]

Allel. et quod in fine hymnorum metri concordantis dicatur ℣ *Quaesumus auctor*, cum *Gloria tibi Domine qui natus es.*

Sancti Ambrosii episcopi et confessoris, festum duplex. Or. *Deus qui populo tuo.* Cetera omnia de communi unius episcopi et confessoris.

Dum festa sanctorum Alexandri, Benedicti et Ambrosii post Pascha celebrantur, fiat de eis sicut infra de festis IX lect. paschalis temporis signatur, et tunc dicatur ad missam de sancto Alexandro officium *Protexisti*. Epist. *Ecce sacerdos. Allel.* ℣ *Laetabitur.* ℣ *Allel.* secundum de resurrectione *Angelus Domini*. Evangel. *Homo quidam peregre.* Offertor. *Confitebuntur.* Communio *Laetabitur.* Ad missam Sancti Benedicti officium *Protexisti*. Epist. *Dilectus Deo. Allel.* ℣ *Justus germinabit. Allel.* ℣ *Angelus Domini.* Evangel. *Ego sum vitis vera.* Offertor. *Confitebuntur coeli.* Communio *Ego sum vitis.* Missa vero matutinalis in die sancti Ambrosii de ipso festo vel de beata Virgine. Ad magnam missam officium *Protexisti*. Epist. *Ecce sacerdos. Allel.* ℣. *Justus germinabit. Allel.* ℣. *Angelus Domini.* Prosa *Supernae.* Evangel. *Homo quidam peregre.* Offertor. *Confitebuntur.* Communio *Laetabitur.*

Sequitur officium trium lectionum in paschali tempore.

In Natali unius martyris vel episcopi aut confessoris vel plurimorum martyrum aut confessorum trium lectionum. Ad Vesperas antt. et psalmi de die. Capit., Hymnus et ℣ de communi alterius temporis prout festo congruunt. Ad Magnif. ant. *Filiae Jerusalem* Haec ant. semper singulariter pronuntietur de quocumque vel quibuscumque dicatur. Similiter et ℟. Oratio qualis evenerit. Ad matutin. Invitatorium [1], ant. super dietam et ant. super psalmos Laudum et ant. ad horas diei dicantur sicut in feriis paschalis temporis. Lectiones tres de proprio vel communi. Si sit festum unius sancti dicantur ℟ *Beatus vir.* ℟ *Laetabitur.* ℟ *De ore prudentis.* Si sit festum plurimorum sanctorum dicantur ℟ *Tristitia.* ℟ *Pretiosa.* ℟ *Lux perpetua. Te Deum* non dicatur. Ad Bened. ant. *Lux perpetua.* Hymni, ℣ capitula et ℟ ad horas de communi alterius temporis prout congruunt festo. Ad missam officium cum uno *Allel.* tantum, sicut in suo loco signatur, vel in consimili festo.

Sequitur officium IX lect. in paschali tempore. In natali unius martyris vel unius episcopi aut confessoris non episcopi IX lect. ad

---

[1] *Edit habet :* Invitator. Alleluia ter.

Vesperas ant. et psalmi de die. Capit. Hymnus, ℣ de communi prout festum requirit. Hymni [60°] omnes in festis IX lect. et supra paschalis temporis usque ad Ascensionem dicuntur in tono hymni *Sermone blando*, si sint ejusdem metri, nisi dum agitur de beata Virgine et nisi festo sanctae Crucis. ℟ *Filiae Jerusalem*. Ad *Magnif.* ant. *Filiae Jerusalem*. Or. qualis evenerit. Ad matutin. Invitator. *Exultent*. Ps. *Venite;* hymnus prout venit. In I noct. ant. *Allel.* unum ut in secunda dominica post Pascha. Pss. et ℣ dicantur vel de martyre vel de confessore, prout festo congruunt. Lect. de proprio vel communi et de Evangelio quale evenerit. ℟ *Beatus vir.* ℣ *Potens. In mandatis.* ℟ *Laetabitur.* ℣ *Laetamini. Omnes.* ℟ *De ore.* ℣ *Quam dulcia. Favus. Gloria. Allel.* In II noct. ant. *Allel.* duo. ℟ *In diademate.* ℣ *Corona. Dum.* ℟ *Candidi.* ℣ *In omnem. Et sicut.* ℟ *Lux perpetua.* ℣ *Vox laetitiae. Et aeternitas. Gloria. Allel.* In III noct. ant. *Allel.* sex sicut ant. *Posuisti.* ℟ *Ego sum vitis.* ℣ *Manete. Qui manet.* ℟ *Ego sicut vitis.* ℣ *In me. Transite.* ℟ *Filiae Jerusalem.* ℣ *Quoniam. In die. Gloria. Allel. Te Deum.* In Laudibus ant. *In coelestibus.* Ps. *Dominus regnavit,* et ceteri. Ant. *Sancti tui.* Ant. *In velamento.* Ant. *Sancti et justi.* Ant. *Si manseritis.* Capit. Hymnus, ℣ de communi alterius temporis. Ad *Bened.* Ant. *Lux perpetua.* Or. prout venerit. Ad horas antt. de Laudibus, capitula, ℟, ℣ de communi alterius temporis. Ad missam officium sicut suis locis signatur vel in festo consimili. Ab octava Paschae usque ad Ascensionem in festis IX lect. et supra secundum *Allel.* ad missam dicatur de Resurrectione, et post Ascensionem usque ad Pentecosten dicatur de Ascensione, excepto festo Annuntiationis quando post Pascha celebratur, et festo Inventionis sanctae Crucis, in quibus utrumque *Allel.* dicitur de festo. Ad secundas Vesperas ant. *In coelestibus.* Ps. *Dixit Dominus,* et ceteri cum hac sola. Capit., Hymnus, ℣ de communi sanctorum. Ad *Magnif.* Ant. *Qui manet in me.* Or. qualis evenerit. Si festum unius virginis aut plurimarum virginum contigerit celebrari in paschali tempore, de ipso fiat officium sicut alio tempore.

Sanctorum Tiburtii et Valeriani martyrum, si post octavam Paschae celebretur, tres lect. fiant. Or. *Praesta quaesumus omnipotens.* Lect. III de vita ipsorum. Cetera ut supra de festis III lect. paschalis temporis sunt signata. Ad missam officium *Sancti tui.* Or. *Praesta quaesumus omnipotens.* Epist. *Lingua* [60ᵈ] *sapientum. Allel.* ℣ *Gaudete justi.* Evangel. *Hoc est praeceptum.* Offertor. *Laetamini.* Communio *Gaudete.*

Sancti Georgii martyris, IX lect. Ad primas Vesperas capit. *Iste sanctus.* Or. *Deus qui nos beati.* Lect. octo de passione ejus. Septima de Evangel. *Ponite in cordibus vestris.* Cetera ut supra de festis IX lect. paschalis temporis sunt signata. Ad missam officium *Protexisti me.* Or. *Deus qui nos.* Epist. *Beatus vir qui in sapientia. Allel.* ℣ *Laetabitur. Allel.* de resurrectione *Angelus Domini.* Evangel. *Ponite in cordibus.* Quaere in communi infra Evangelium *Cum audieritis proelia.* Offertor. *Confitebuntur.* Communio *Laetabitur justus.* De modo autem celebrandi et transferendi festa sanctorum in Paschali tempore, quaere in Rubrica XXVI de translatione festivitatum.

Sancti Marci evangelistae, duplex. Ad Vesperas ant. psalmi secundum feriam. Capit. *In medio ecclesiae.* ℟ *Filiae Jerusalem.* Hymnus *Annue Xpiste.* ℣ *In omnem terram.* Ant. *Filiae Jerusalem.* Ps. *Magnif.* Or. *Deus qui beatum Marcum.* Ad matutin. Invitator. *Exultent in Domino.* Ps. *Venite.* Hymnus *Tristes erant.* Secundus versus *Sermone blando,* usque *Claro paschali.* In I noct. ant. *Allel.* quatuor, sicut ant. *Clamaverunt.* Ps. *Coeli enarrant.* Ps. *Benedicam.* Ps. *Eructavit.* ℣ *In omnem terram.* Lect. octo de vita ejus. Septima de Evangelio *Convocatis Jesus duodecim.* ℟ *Virtute magna.* ℣ *Repleti sunt.* ℟ *Isti sunt agni.* ℣ *In conspectu.* ℟ *Vidi portam.* ℣ *Vidi civitatem.* In II noct. ant. *Allel.* quinque, sicut ant. *Principes.* Ps. *Omnes gentes.* Ps. *Exaudi Deus deprecationem.* Ps. *Exaudi Deus orationem.* ℣ *Constitues.* ℟ *Tristitia vestra.* ℣ *Mundus.* ℟ *Pretiosa.* ℣ *In conspectu.* ℟ *Lux perpetua.* ℣ *Vox laetitiae.* In III noct. ant. *Allel.* quinque, sicut ant. *Lux orta.* Ps. *Confitebimur.* Ps. *Dominus regnavit* (primus). Ps. *Dominus regnavit* (secundus). ℣ *Nimis honorati.* ℟ *Ego sum vitis.* ℟ *Candidi.* ℟ *Filiae Jerusalem. Te Deum laudamus.* Sacerdot. ℣ *Annuntiaverunt.* In Laudibus ant. *In coelestibus regnis.* Ps. *Dominus regnavit,* ceterae ad ceteros. Capit. *Per manus autem.* Hymnus *Claro paschali.* ℣ *Gavisi sunt discipuli.* Ant. *Lux perpetua.* Ps. *Bened.* Or. *Deus qui beatum Marcum.* Ad Primam ant. *In coelestibus.* Ps. *Deus in nomine.* Ad missam de festo Officium *Protexisti.* Or. *Deus qui beatum Marcum.* Epist. *Vidi ostium apertum.* Quaere in die Trinitatis. *Allel.* ℣ *Primus ad Syon. Allel.* de resurrectione. ℣ *Nonne cor.* Prosa [61ª] *Supernae.* Evangel. *Convocatis Jesus duodecim,* quaere in V feria in hebdomada Pentecostes. *Credo.* Offertor. *Confitebuntur.* Praefatio communis sive cotidiana. Communio *Ego sum vitis.* Ad horas antt. de Laudibus, capitula de evangelistis ut in festo beati Matthaei. ℟, ℣ ut unius apostoli. Or. *Deus qui beatum Marcum*. Post Sextam celebretur missa de jejunio. Officium *Exaudivit*, sine *Gloria in excelsis* et sine *Credo*, et post missam cantetur Letania ante altare. Hoc officium require in secunda feria in Rogationibus. Dum festum praedictum in aliqua dominica celebratur, illo anno nihil fiat de jejunio, sed missa matutinalis dicatur de dominica et major missa de festo. Ad Vesperas ant. *In coelestibus regnis*. Ps. *Dixit Dominus*. Ps. *Confitebor*, et ceterae ad ceteros. Capit. *Non vos me*. ℟ *Candidi*. Hymnus *Tristes erant apostoli*, usque *Claro paschali*. ℣ *In omnem*. Ant. *Si diligeretis me*. Ps. *Magnif*. Or. *Deus qui beatum Marcum*.

Sancti Vitalis martyris, III lect etc. ut supra in festis trium lect. paschalis temporis. Ad missam officium *Protexisti*. Or. *Sancti nos quaesumus*. Epist. *Dilectus Deo*. *Allel*. ℣ *Gaudete justi*. Evangel. *Ego sum vitis*. Offertor. *Repleti sumus*. Communio *Ego sum vitis*.

In natali sanctorum Philippi et Jacobi, duplex. Ad Vesperas ant., Pss. secundum feriam. Capit. *Non vos*. ℟ *Filiae Jerusalem*. Hymnus *Proni rogamus*. ℣ *Jacobe juste*. ℣ *Annue Xpiste*. ℣ *In omnem*. Ant. *Tanto tempore*. Ps. *Magnif*. Or. *Deus qui nos*. Ad matutinum Invitator. *Exultent in Domino*. Ps. *Venite*. Hymnus, ant., Pss. ℟, ℣ ut in festo sancti Marci. Lect. sex de passione eorum. Tres de Evangel. *Non turbetur*. ℟ *Virtute magna*. ℟ *Isti sunt agni*. ℟ *Vidi portam*. ℟ *Tristitia*. ℟ *Pretiosa*. ℟ *Lux perpetua*. ℟ *Ego sum vitis*. ℟ *Candidi*. ℟ *Tanto tempore*. *Te Deum laudamus*. Sacerdot. ℣ *Dedisti haereditatem*. In Laudibus ant. *Domine ostende*. Ps. *Dominus regnavit*. Ant. *Philippe*. Ps. *Jubilate*. Ant. *Si cognovissetis*. Ps. *Deus, Deus*. Ant. *Spiritus et animae*. Ps. *Benedicite*. Ant. *Si diligeretis me*. Ps. *Laudate*. Capit. *Ibant apostoli*. Hymnus *Claro paschali*. ℣ *Gavisi sunt discipuli*. Ant. *Non turbetur*. Ps. *Bened*. Or. *Deus qui nos*. Ad Primam ant. *Domine ostende*. Ps. *Deus in nomine* etc. Missa matutin. *Exclamaverunt*, sicut est, sine prosa et cum solo primo *Allel*. vel si [61ᵛ] dominica fuerit missa matutin. erit de dominica, vel de beata Virgine si sabbatum fuerit; vel si fuerit in Rogationibus prima missa erit de festo, secunda de jejunio. Ad magnam missam officium *Exclamaverunt*. Ps. *Exultate justi*. Or. *Deus qui nos*. Epist. *Stabunt justi*. *Allel*. ℣ *Stabunt justi*. *Allel*. de resurrectione. ℣ *Surrexit Dominus et occurrens*. Prosa *Supernae matris* vel *Coeli solem*. Evangel. *Non turbetur*. *Credo*. Offertor. *Confitebuntur*. Praefatio *Te Domine suppliciter*. Communio *Tanto tempore*.

Ad horas ant. de Laudibus. Capitt., ℟, ℣ ut plurimorum apostolorum. Or. *Deus qui nos*. Ad Vesperas antiphonae quinque Laudum dicantur super psalmos *Dixit Dominus, Confitebor, Beatus vir, Laudate pueri, Lauda Jerusalem*, vel *In exitu* si dominica fuerit. Capit. *Non vos me*. ℟ *Tanto tempore*. Hymnus *Claro paschali*. ℣ *In omnem terram*. Ant. *Si manseritis*. Ps. *Magnif*. Or. *Deus qui nos*. Memoria de sancto Athanasio. Ant. *Filiae* [1]. ℣ *Amavit eum*. Or. *Exaudi Domine*.

Sancti Athanasii episcopi et confessoris, III lect. etc. ut supra in festis trium lectionum paschalis temporis. Ad missam officium *Protexisti me*. Or. *Exaudi Domine preces*. Epist. *Ecce sacerdos*. *Allel*. ℣ *Confitebuntur*. Evangel. *Homo quidam peregre*. Offertor. *Confitebuntur*. Communio *Laetabitur justus*.

In inventione sanctae Crucis, duplex. Ad Vesperas ant. *Allel*. et pss. secundum feriam. Capit. *Xpistus factus est*. ℟ *Per tuam Crucem*. Hymnus *Signum crucis*. ℣ *Quaesumus auctor*, vel ℣ *Tu esto nostrum*, si fuerit infra octavam Ascensionis. ℣ *Gloria tibi Domine Qui nos salvasti in Cruce*, qui etiam dicuntur ad Completorium et ad horas. ℣ *Hoc signum Crucis*. Ant. *O Crux benedicta*. Ps. *Magnif*. Or. *Deus qui in praeclara*. Memoria de sanctis Alexandro, Eventio et Theodulo. Ant. *Filiae Jerusalem*. ℣ *Laetamini*. Or. *Praesta quaesumus omnipotens*. Ad Completor. ant. *Allel*. quatuor. Hymnus *Jesu Salvator*, vel Hymnus *Jesu nostra redemptio*, si sit infra octavam Ascensionis. Ant. *Allel. Hoc signum Crucis*. Ps. *Nunc dimittis*. Ad matutin. Invitator. *Allel. Hoc signum*. Ps. *Venite*. Hymnus *Salve Crux*. In I noct. ant. *Cruxifixus*. Tres psalmi cum hac sola. Ps. *In Domino confido*. Ps. *Domine quis habitabit*. Ps. *Domini est terra*. ℣ *Hoc signum Crucis*. Lectiones sex de Inventione *Perrexit beata Helena*. ℟ *Dulce lignum*. ℣ *Hoc signum Crucis*. ℟ *Hoc signum*. ℣ *Cum sederit*. [61°] ℟ *Tuam Crucem*. ℣ *Adoramus te*. In II noct. ant. *Crucem sanctam*. Ps. *Omnes gentes*. Ps. *Jubilate* (primus). Ps. *Notus in Judaea*. ℣ *Adoramus te*. ℟ *O Crux benedicta*. ℣ *O Crux admirabilis*. ℟ *Adoramus te*. ℣ *Tuam Crucem*. ℟ *Per tuam*. ℣ *Miserere*. In III noct. ant. *Ecce Crucem*. Ps. *Cantate* (primus). Ps. *Dominus regnavit exultet*. Ps. *Cantate* (secundus). ℣ *Tuam Crucem*. Lect. tres de Evangel. *Erat homo ex Pharisaeis*. ℟ *O Crux gloriosa*. ℣ *Hoc signum*. ℟ *Nos autem*. ℣ *Mihi autem*. ℟ *O Crux viride*. ℣ *Custodi*. *Te*

---

[1] *Edit. habet :* Lux perpetua.

Deum laudamus. Sacerdot. ℣ *Omnis terra.* In Laudibus ant. *Helena.* Ps. *Dominus regnavit.* Ant. *Tunc praecepit.* Ps. *Jubilate.* Ant. *Helena.* Ps. *Deus, Deus.* Ant. *Orabat Judaeas.* Ps. *Benedicite.* Ant. *Cum orasset.* Ps. *Laudate.* Capit. *Mihi autem.* Hymnus *Signum Crucis.* ℣ *Omnis terra.* Ant. *Crux benedicta.* Ps. *Bened.* Or. *Deus qui in praeclara.* Memoria de sanctis ant. *Lux perpetua.* ℣ *Mirabilis.* Or. *Praesta quaesumus.* Ad Primam Hymnus *Jam lucis,* in tono hymni *Signum Crucis,* et ita ad alias horas. Ant. *Helena.* Ps. *Deus in* etc. Si dominica fuerit, missa matutin. de dominica, vel de beata Virgine si sabbatum fuerit. Sin autem missa matutinalis de sanctis. Officium *Clamaverunt.* Ps. *Benedicam.* Or. *Praesta quaesumus.* II de Resurrectione. III *A cunctis.* Epist. *Lingua sapientum.* Allel. ℣ *Gaudete.* Evangel. *Haec mando vobis.* Offertor. *Repleti sumus.* Communio *Justorum animae;* vel si fuerit in Rogationibus prima missa erit de festo, secunda de jejunio cum memoria de sanctis. Ad Tertiam ant. *Tunc praecepit.* Ps. *Legem pone.* Capit. *Nos autem.* ℟ *Hoc signum Crucis.* ℣ *Adoramus te.* Or. *Deus qui unigeniti.* Ad magnam missam *Nos autem.* Ps. *Deus misereatur.* Coll. *Deus qui in praeclara.* Epist. *Confido de vobis.* Allel. ℣ *Salva nos.* Allel. ℣ *Dulce lignum.* Prosa *Laudes Crucis.* Evangel. *Erat homo ex;* require in Trinitate. *Credo.* Offertor. *Protege.* Praefatio *Qui salutem.* Communio *Per lignum.* Ad Sextam. Ant. *Helena.* Ps. *Defecit.* Capit. *Xpistus factus.* ℟ *Adoramus te.* ℣ *Tuam Crucem.* Or. *Perpetua nos Domine.* Ad Nonam ant. *Cum orasset.* Ps. *Mirabilia.* Capit. *Verbum Crucis.* ℟ *Tuam Crucem.* ℣ *Omnis terra.* Or. *Adesto nobis Domine.* Ad Vesperas ant. *Helena Constantini.* Ps. *Dixit Dominus,* ceterae ad ceteros. Si dominica fuerit *In exitu.* Capit. *Mihi autem.* ℟[1] [*O Crux viride.* Hymnus *Signum Crucis.* ℣ *Hoc signum.* Ant.] *O Crux splendidior.* Ps. *Magnif.* Or. *Deus qui in praeclara.* Memoria de sancto Quiriaco. Ant. *Filiae Jerusalem.* ℣ [61ᵈ *Gloria et honore.* Or. *Da quaesumus omnipotens.* Completor. ut supra.

Jerusalem sancti Quiriaci episcopi et martyris, IX lect. et cetera ut supra in festo IX lect. paschalis temporis. Or. *Da quaesumus omnipotens.* Ad missam officium *Protexisti me.* Or. *Da quaesumus omnipotens Deus.* Epist. *Ecce sacerdos.* Allel. ℣ *Laetabitur.* Allel. de Resurrectione *Angelus.* Sed si infra octavam Ascensionis Domini evenerit *Allel.* ℣ *Ascendit Deus.* Evangel. *Homo quidam peregre.*

[1] *Quae* [ ] *includuntur habentur in margine.*

Offertor. *Confitebuntur.* Communio *Laetabitur.* Ad secundas Vesperas ant. *In coelestibus.* Ps. *Dixit Dominus,* et ceteri cum hac sola. Capit. *Iste sanctus.* ℟ *Filiae Jerusalem.* Hymnus. ℣ ut unius martyris. Ant. *Qui manet in me.* Ps. *Magnif.* Or. *Da quaesumus omnipotens.*

Sancti Johannis ante portam latinam, semiduplex. Ad Vesperas ant. *Allel.* Pss. secundum feriam. Capit. *Non vos me.* ℟ *Filiae Jerusalem.* Hymnus *Bina coelestis.* ℣ *Annue Xpiste.* ℣ *In omnem terram.* Ant. *In ferventis olei.* Ps. *Magnif.* Or. *Deus qui conspicis.* Ad matutinum Invitator. *Exultent in Domino.* Ps. *Venite.* Hymnus *Tristes erant,* usque *Claro paschali.* Ant., Pss., ℣, ℟, etc. ut in festo sancti Marci. Sex lectiones de passione ejus, tres de Evangel. *Dixit Jesus Petro.* In Laudibus et ad horas ut in festo sancti Marci. Ad missam *In medio ecclesiae.* Ps. *Jucunditatem.* Or. *Deus qui conspicis.* Epist. *Vidi ostium. Allel.* ℣ *Primus ad Syon. Allel. allel.* [secundum] de Resurrectione *Angelus.* Post Ascensionem secundum *Allel. Ascendit Deus.* Prosa *Coeli solem,* vel *Jucundare.* Evangel. *Dixit Jesus Petro.* Credo. Offertor. *Confitebuntur.* Praefatio *Te Domine suppliciter.* Comm. *Ego sum vitis.* Ad Vesperas ant. *In coelestibus.* Ps. *Dixit Dominus,* et ceteri cum hac sola. Cetera sine tamen ℟ ut in festo sancti Marci. Or. *Deus qui conspicis.*

Sanctorum Gordiani et Epimachi martyrum, III lect. Ad missam officium *Sancti tui Domine.* Or. *Praesta quaesumus.* Epist. *Justorum animae. Allel.* ℣ *Sancti tui.* Evangel. *Nolite arbitrari.* Offertor. *Mirabilis.* Communio *Justorum.*

Sanctorum Nerei et Achillei martyrum, III lect. Ad missam *Ecce oculi.* Or. *Praesta quaesumus omnipotens Deus.* Epist. *Justi autem in perpetuum. Allel.* ℣ *Gaudete justi.* Evangel. *Descendens Jesus.* Offertor. *Confitebuntur.* Communio *Gaudete justi.*

Sancti Urbani papae et martyris, III lect. etc. ut unius prout tempus dictaverit. Ad missam *Sacerdotes Dei.* Or. *Da quaesumus omnipotens Deus.* Epist. *Dedit Dominus confessionem* [1]. *Allel.* ℣ *Posuisti.* Post Trinitatem Grad. *Inveni David. Allel.* ut prius. Evangel. *Vigilate quia.* Offertor. *Veritas.* Communio *Fidelis* 62^a *servus.*

Sancti Nicomedis martyris, III lect. etc. secundum tempus.

Sanctorum Marcellini et Petri martyrum, III lect. prout tempus dictaverit. Ad missam *Clamaverunt justi.* Or. *Deus qui nos.* Epist.

---

[1] *Edit. habet :* Dedit ei Dominus.

Respondens unus. Grad. *Clamaverunt. Allel.* ℣ *Sancti tui.* Ante Pentecosten. *Allel.* tantum sine Graduali dicatur. Evangel. *Nolite arbitrari.* Offertor. *Laetamini.* Communio *Justorum animae.*

Sanctorum Medardi et Gildardi episcoporum. III lect. etc. ut plurimorum confessorum.

Sanctorum Primi et Feliciani martyrum, III lect. etc. ut plurimorum martyrum. Or. *Fac nos.* Ad missam *Sapientiam sanctorum.* Or. *Fac nos.* Epistola *Spectaculum facti sumus.* Grad. *Exultabunt. Allel.* ℣ *Justi epulentur.* Evangel. *Hoc est praeceptum.* Offertor. *Mirabilis.* Communio *Ego vos.*

Sancti Barnabae apostoli, duplex. Ad Vesperas ant., Pss. secundum feriam. Capit. *Non vos.* ℟ *Qui sunt.* Hymnus *Annue Xpiste.* ℣ *In omnem terram.* Ant. *Tradent enim vos.* Ps. *Magnif.* Or. *Ecclesiam tuam.* Ad matutin. Invitator. *Regem apostolorum.* Hymnus *Aeterna Xpisti.* Ant. *In omnem.* Ps. *Coeli enarrant,* ceterae ad ceteros. Lectiones sex quae colligantur in Actibus Apostolorum, vel de ejus vita. III de Evangel. *Hoc est praeceptum.* ℟ *Ecce ego mitto,* etc. sicut sunt. Horae ut unius apostoli. Ad missam *Mihi autem nimis.* Or. *Ecclesiam tuam.* Epistola *Convenit universa.* Require in vigilia Trinitatis. Grad. *Nimis honorati. Allel.* ℣ *Per manus autem.* Prosa *Supernae matris.* Evangel. *Hoc est praeceptum. Credo.* Offertor. *Mihi autem.* Praefatio *Te Domine suppliciter.* Communio *Vos qui secuti.* Ad Vesperas ant. *Juravit Dominus.* Ps. *Dixit Dominus,* ceterae ad ceteros. Capit., Hymnus, ℣, ant. ut unius apostoli.

Sanctorum Basilidis, Cyrini et Naboris, Nazarii et Celsi martyrum, III lect. etc. ut plurimorum martyrum. Or. *Sanctorum martyrum tuorum.* Ad missam *Intret in conspectu.* Or. *Sanctorum.* Epist. *Justi autem.* Grad. *Vindica Domine. Allel.* ℣ *Fulgebunt.* Evangel. *Videte ne quis.* Offertor. *Exultabunt.* Communio *Posuerunt.*

Sanctorum Viti et Modesti et Crescentiae, III lect. etc. ut plurimorum martyrum.

Sanctorum Marci et Marcelliani martyrum, III lect. ut plurimorum martyrum. Ad missam officium *Salus autem justorum.* Or. *Praesta quaesumus omnipotens.* Epistola *Sancti per fidem.* Grad. *Anima nostra. Allel.* ℣ *Te martyrum.* Evangel. *Haec mando.* Offertor. *Anima nostra.* Communio *Amen dico.*

Sanctorum Gervasii et Prota⌈62ᵇ⌉sii martyrum, III lect. etc. ut plurimorum martyrum. Ad missam officium *Loquetur Dominus.* Or. *Deus qui nos.* Epist. *Reddet Deus.* Grad. *Gloriosus. Allel.* ℣ *Sancti tui.* Evangel. *Egrediente Jesu.* Offertor. *Laetamini.* Communio *Justorum animae.*

Sancti Paulini episcopi et confessoris, III lect. etc. ut unius episcopi et confessoris.

In Vigilia sancti Johannis Baptistae. Ad matutin. Invitatorium, hymnus, ant., dicta secundum feriam. III lect. de Evangelio *Initium sancti Evangelii secundum Lucam. Fuit in diebus.* ℞ de historia *Deus omnium* [1]. Or. *Praesta quaesumus.* Ad missam *Ne timeas Zacharia.* Or. *Praesta quaesumus omnipotens.* Epist. *Factum est verbum.* Grad. *Fuit homo ;* Graduale reiteratur. Evangel. *Fuit in diebus.* Offertor. *Gloria et honore.* Communio *Magna est.* Horae secundum feriam cum Collecta dominicali. Cum haec Vigilia infra octavam Trinitatis evenerit, omnia fiant de Trinitate et tres lectiones de Evangelio praedicto legantur. Non dicatur *Te Deum.*

In Nativitate sancti Johannis Baptistae, duplex. Ad Vesperas ant., Pss. secundum feriam. Capit. *Priusquam te formarem.* ℞ *Elizabeth.* Hymnus *Ut queant laxis.* Totus hymnus dicatur ad primas vesperas tantum. ℣ *Fuit homo.* Ant. *Ingresso.* Ps. *Magnif.* Or. *Praesta quaesumus.* Ad Completor. ant. *Miserere.* Ps. *Cum invocarem* et ceteri ; hymnus *Salvator mundi.* Super *Nunc dimittis* ant. *Salva nos.* Ad matutin. Invitator. *Regem praecursoris.* Ps. *Venite,* hymnus *Antra deserti,* usque *O nimis felix.* In I noct. ant. *Priusquam te.* Ps. *Beatus vir.* Ant. *Ad omnia.* Ps. *Quare fremuerunt.* Ant. *Ne timeas.* Ps. *Domine quid.* ℣ *Gloria et honore.* Lectiones sex de sermone *Nativitatem sancti Johannis.* ℞ *Fuit homo.* ℣ *Erat Johannes.* ℞ *Descendit angelus.* ℣ *Ne timeas.* ℞ *Gabriel.* ℣ *Erit enim.* In II noct. ant. *Misit Dominus.* Ps. *Cum invocarem.* Ant. *Ecce dedi.* Ps. *Verba mea.* Ant. *Dominus ab utero.* Ps. *Domine Dominus.* ℣ *Posuisti.* ℞ *Elizabeth.* ℣ *Fuit homo.* ℞ *Innuebant.* ℣ *Apertum est.* ℞ *Priusquam.* ℣ *Ecce odor* [2]. In III noct. ant. *Posuit os.* Ps. *In Domino confido.* Ant. *Formans me.* Ps. *Domine in virtute.* Ant. *Reges videbunt.* Ps. *Bonum est.* ℣ *Justus ut palma.* Lect. tres de Evangelio *Elizabeth impletum est.* ℞ *Praecursor.* ℣ *Hic est enim.* ℞ *Hic praecursor.* ℣ *Ipse praeibit.* ℞ *Inter natos.* ℣ *Fuit homo. Te Deum.* Sacerdot. ℣. *Fuit homo.* In Laudibus ant. *Elizabeth.* Ps. *Dominus regnavit.* Ant. *Innuebant.* Ps. *Jubilate.* [62ᵛ] Ant. *Johannes.* Ps. *Deus, Deus.* Ant.

---

[1] *I. e. de dominica prima post Trinitatem.*
[2] *Edit. habet :* Ecce dedi verba mea.

Johannes est. Ps. *Benedicite.* Ant. *Inter natos.* Ps. *Laudate.* Capit. *Audite insulae.* Hymnus *O nimis felix.* ℣ *Magna est.* Ant. *Apertum est.* Ps. *Bened.* Or. *Deus qui praesentem.* Ad Primam ant. *Elizabeth.* Ps. *Deus in nomine* etc. Missa matutinalis sive dominica fuerit sive non de sancto Johanne erit. Officium *Justus ut palma.* Or. *Concede quaesumus omnipotens.* II oratio de dominica si assit ; III *A cunctis.* Alias sola dicatur oratio. Epist. *Haec dicit Dominus.* Grad. *Justus ut palma. Allel.* ℣ *Justus ut palma.* Evangel. *Dixit Zacharias. Credo.* Offertor. *In virtute.* Communio *Posuisti.* Si dominica fuerit, feria IV subsequenti pronuntietur Evangelium ad matutinum de dominica et celebretur missa de dominica. *Kyrie el.* et *Gloria in excelsis* sicut per octavas, II Collecta de sancto Johanne. III *A cunctis.* Ad Tertiam ant. *Innuebant.* Ps. *Legem pone.* Capit. *Reges videbunt.* ℟ *Gloria et honore.* Coll. *Praesta quaesumus.* Ad magnam missam officium *De ventre matris.* Ps. *Bonum est.* Or. *Deus qui praesentem.* Epist. *Audite insulae.* Grad. *Priusquam te. Allel.* ℣ *Inter natos.* Prosa *Sancti Baptistae,* vel *Supernae.* Evangel. *Elizabeth impletum est. Credo.* Offertor. *Justus ut palma.* Communio *Tu puer.* Ad Sextam ant. *Johannes.* Ps. *Defecit.* Capit. *Priusquam te.* ℟ *Posuisti Domine.* Or. *Omnipotens sempiterne.* Ad Nonam ant. *Inter natos.* Ps. *Mirabilia.* Capit. *Dominus ab utero.* ℟ *Justus ut palma.* ℣ *Magna est.* Or. *Deus qui praesentem.* Ad Vesperas ant. *Elizabeth.* Ps. *Dixit Dominus,* et ceterae ad ceteros. Capit. *Audite insulae.* ℟ *Inter natos.* Hymnus *Ut queant,* usque *Antra deserti.* ℣ *Fuit homo.* Ant. *Perpetuis.* Ps. *Magnif.* Or. *Deus qui praesentem.* Completorium ut supra. Hae antiphonae dicantur per hebdomadam ad *Bened.* et ad *Magnif.* : ant. *Tu puer,* Ant. *Iste puer est.* Ant. *Pro eo.* Ant. *Ipse praeibit.* Ant. *Puer qui natus.* Ant. *Ex utero senectutis;* et si necesse sit reiterentur. Per octavam sancti Johannis Baptistae in diebus vacantibus de ipso fiat officium, sicut Rubrica XXX de octavis est notatum. Similiter et dominica infra octavam, si in die vacante venerit.

Sanctorum Johannis et Pauli martyrum, III lect. Ad Vesperas ant. *Elizabeth.* Ps. *Dixit Dominus* etc., cum hac sola. Capit. *Isti sunt viri sancti.* Hymnus *Sanctorum meritis.* ℣ *Laetamini in.* Ant. *Isti sunt duae olivae.* Ps. *Magnif.* Or. *Quaesumus omnipotens Deus.* Memo. de sancto Johanne. Ant. *Ad omnia quae.* ℣ *Fuit homo.* Or. *Deus qui* 62ᵈ *praesentem.* Ad matutin. Invitatorium *Regem martyrum.* Hymnus *Aeterna Xpisti.* Ant. *Secus decursus.* Ps. *Beatus vir*, et ceteri psalmi ut plurimorum martyrum cum hac sola. Lectiones tres de passione eorum. ℟ *Isti sunt.* ℣ *Isti sunt duae.* ℟ *Isti sunt.* ℣ *Isti sunt duo.* ℟ *Beati martyres.* ℣ *Unus spiritus.* Te Deum laudamus. Sacerdot. ℣ *Exultent.* In Laudibus ant. *Paulus et Johannes.* Ps. *Dominus regnavit.* Ant. *Paulus et Johannes.* Ps. *Jubilate.* Ant. *Johannes et Paulus.* Ps. *Deus. Deus.* Ant. *Spiritus et animae.* Ps. *Benedicite.* Ant. *Johannes et Paulus.* Ps. *Laudate.* Capit. *Sancti ludibria.* Hymnus *Rex gloriose.* ℣ *Mirabilis Deus.* Ant. *Haec est vera.* Ps. *Bened.* Or. *Quaesumus omnipotens Deus.* Memoria de sancto Johanne. ant. sicut venit de supra notatis per octavam. ℣ *Fuit homo.* Or. *Beati Johannis.* Ad Primam ant. *Paulus et Johannes.* Ps. *Deus in nomine*, etc. ℟ ad horas non dicantur cum *allel.* Ad missam officium *Multae tribulationes. Gloria in excelsis.* Or. *Quaesumus omnipotens.* II Coll. de sancto Johanne. III *A cunctis.* Epist. *Quis nos separabit :* require in epistola *Scimus quoniam dilexit.* Grad. *Ecce quam bonum. Allel.* ℣ *Isti sunt duae* ¹ *olivae.* Evangel. *Attendite a fermento. Credo* non dicatur nisi sit dominica. Offertor. *Gloriabuntur.* Communio *Et si coram.* Ad horas ant. de Laudibus etc. ut plurimorum martyrum. Or. *Quaesumus omnipotens.* Ad Vesperas ant. *Elizabeth.* Ps. *Dixit Dominus* etc. de sancto Johanne.

Si festum sanctorum Johannis et Pauli in dominica evenerit, totum servitium erit de sanctis. Sabbato ad Vesperas ant. *Elisabeth.* Ps. *Dixit Dominus*, et ceteri cum hac sola. Capit. *Sancti per fidem.* ℟ *Beati martyres.* Hymnus *Sanctorum meritis.* ℣ *Laetamini.* Ant. *Isti sunt duae.* Ps. *Magnif.* Or. *Quaesumus omnipotens Deus.* Memoria de sancto Johanne. ant. *Ingresso Zacharia.* ℣ *Fuit homo.* Or. *Deus qui praesentem.* Memoria de dominica. Ad matutinum invitat. *Regem martyrum.* Hymnus *Aeterna Xpisti.* In I noct. ant. *Secus decursus.* Ps. *Beatus vir ;* ceterae ad ceteros ut plurimorum martyrum. Sex lectiones de passione eorum, tres de Evangelio dominicae. ℟ *Absterget.* ℟ *Viri sancti.* ℟ *Tradiderunt.* ℟ *Sancti tui.* ℟ *Verbera carnificum.* ℟ *Haec est vera.* ℟ *Isti sunt duo viri.* ℟ *Isti sunt duae olivae.* ℟ *Beati martyres. Te Deum.* Sacerdot. ℣ *Exultent.* In Laudibus ant. *Paulus et Johannes.* Ps. *Dominus regnavit*, ceterae ad ceteros. Capit. *Sancti ludibria.* Hymnus *Rex gloriose.* ℣ *Mirabilis.* Ant. *Haec est vera.* Ps. *Bened.* Or. *Quaesumus omnipotens.* Memoria de 63ª sancto Johanne ant. *Apertum est.* ℣ *Fuit homo.* Or. *Deus*

---

¹ *Desideratur in MS.*

qui praesentem. Memoria de dominica. Ad Primam ant. *Paulus et Johannes.* Ps. *Deus in nomine.* Missa matutinalis de dominica. II Coll. de sancto Johanne. III *A cunctis.* Ad horas antiphonae de Laudibus, etc. ut plurimorum martyrum, cum oratione *Quaesumus omnipotens.* Ad magnam missam *Multae tribulationes* ut supra, sicut est. Ad Vesperas ant. *Paulus et Johannes.* Ps. *Dixit Dominus,* et ceteri cum hac sola. Ps. *In exitu.* Ad *Magnif.* Ant. *Haec est vera.* Or. *Quaesumus omnipotens Deus.* Memoria de sancto Johanne, ant. sicut venit de supra signatis per octavam. ⩫ *Fuit homo.* Or. *Deus qui praesentem.* Memoria de dominica.

Sancti Leonis papae, memoria tantum. Ad Vesperas ant. *Dum esset summus.* ⩫ *Amavit eum.* Or. *Deus qui beatum Leonem.*

In Vigilia apostolorum Petri et Pauli, lect. III de Evangelio *Dixit Jesus Petro Symon Johannis.* Cetera omnia fiant de sancto Johanne sicut per octavam, sed *Te Deum* et *Gloria in excelsis* non dicuntur. Memoria de sancto Leone, ant. *Euge,* etc. Horae ut in die sancti Johannis. Missa de vigilia. Officium *Dicit Dominus.* Ps. *Coeli enarrant.* Or. *Deus qui nos beatorum.* II Coll. de sancto Johanne, III de sancto Leone. IV de gloriosa Virgine. V de omnibus sanctis *Concede* vel *A cunctis.* Epist. *Petrus et Johannes.* Grad. *In omnem terram.* Grad. reiteratur. Evangel. *Dixit Jesus Petro.* Offertor. *Mihi autem.* Communio *Symon Johannis.* Haec vigilia si in dominica evenerit praecedenti sabbato fiat de ea.

Sanctorum Petri et Pauli apostolorum, duplex. Ad Vesperas ant. *Tradent enim.* Ps. de octava. Ant. *Dum steteritis,* ant. *Estote fortes,* ant. *Beati eritis,* ant. *Isti sunt viri.* Capit. *Petrus ad se reversus.* ℟. *Cornelius.* Hymnus *Aurea luce.* ⩫ *In omnem terram.* Ant. *Beatus Petrus.* Ps. *Magnif.* Or. *Deus qui nos beatorum.* Hic et ad matutinum nulla fiat memoria, nisi forte de dominica si evenerit. Ad matutinum invitatorium *Xpistum regem.* Ps. *Venite.* Hymnus *Aeterna Xpisti.* In I noct. ant. *In plateis.* Ps. *Coeli enarrant.* Ant. *Ait Petrus.* Ps. *Benedicam.* Ant. *Petrus apostolus.* Ps. *Eructavit.* ⩫ *In omnem terram.* Lectiones sex de sermone sancti Maximi: *Beatorum apostolorum Petri et Pauli.* ℟ *Symon Petre.* ⩫ *Quodcumque.* ℟ *Si diligis me.* ⩫ *Si oportuerit.* ℟ *Tu es Petrus.* ⩫ *Quodcumque.* In II noct. ant. *Factum est.* Ps. *Omnes gentes.* Ant. *Adveniente.* Ps. *Exaudi Deus deprecationem.* Ant. *Ponens Petrus.* Ps. *Ex* [63ᵇ] *audi Deus orationem.* ⩫ *Constitues.* ℟ *Domine si tu es.* ⩫ *Cumque vidisset.* ℟ *Surge Petre.* ⩫ *Angelus Domini.* ℟ *Petre amas me.* ⩫ *Symon*

Johannis. In III noct. ant. *Cornelius.* Ps. *Confitebimur.* Ant. *Aperiens.* Ps. *Dominus regnavit exultet.* Ant. *Adhuc.* Ps. *Dominus regnavit irascantur.* ℣ *Nimis honorati.* Tres lectiones de Evangelio *Venit Jesus.* ℟ *Quem dicunt.* ℣ *Beatus es Symon.* ℟ *Tu es vas.* ℣ *Tibi enim.* ℟ *Cornelius.* ℣ *Cum orasset. Te Deum laudamus.* Sacerdot. ℣ *Dedisti haereditatem.* In Laudibus ant. *Petrus et Johannes.* Ps. *Dominus regnavit.* Ant. *Argentum.* Ps. *Jubilate.* Ant. *Dixit angelus.* Ps. *Deus, Deus.* Ant. *Misit Dominus.* Ps. *Benedicite.* Ant. *Tu es Petrus.* Ps. *Laudate.* Capit. *Dixit angelus.* Hymnus *Exultet coelum.* ℣ *Annuntiaverunt.* Ant. *Quodcumque.* Ps. *Bened.* Or. *Deus qui hodiernam diem.* Ad Primam ant. *Petrus et Johannes.* Ps. *Deus in nomine* etc. Missa matutinalis *De ventre matris,* cum sola collecta, vel de dominica si evenerit; et tunc prima collecta de dominica, II de apostolis, III de sancto Johanne. Vel si sabbatum fuerit, prima missa de beata Virgine. Ad Tertiam ant. *Argentum.* Ps. *Legem pone.* Capit. *Exiens Petrus.* ℟ *In omnem terram.* ℣ *Constitues.* Or. *Protege Domine.* Ad magnam missam *Nunc scio vere.* Ps. *Domine probasti.* Or. *Deus qui hodiernam.* Epistola *Misit Herodes.* Grad. *Constitues.* Allel. ℣ *Tu es Petrus.* Prosa *Supernae matris,* vel *Coeli solem.* Evangel. *Venit Jesus in partes. Credo.* Offertor. *Constitues.* Praefatio *Te Domine.* Communio *Tu es Petrus.* Ad Sextam ant. *Dixit angelus.* Ps. *Defecit.* Capit. *Misit Dominus angelum.* ℟ *Constitues.* Or. *Exaudi nos.* Ad Nonam ant. *Tu es Petrus.* Ps. *Mirabilia.* Capit. *Tu es pastor.* ℟ *Nimis honorati.* Or. *Protege.* Ad Vesperas ant. *Juravit Dominus.* Ps. *Dixit Dominus* et ceterae ad ceteros. Capit. *Dixit angelus.* ℟ *Petre amas.* Hymnus *Aurea luce.* ℣ *In·omnem terram.* Ant. *Gloriosi principes.* Ps. *Magnif.* Or. *Deus qui ecclesiam tuam.*

In commemoratione sancti Pauli apostoli, semiduplex. Ad matutinum invitator. *Regem apostolorum.* Hymnus *Aeterna Xpisti.* In I noct. ant. *Qui operatus.* ℣. *Qui me segregavit.* Ps. *Coeli enarrant.* Ant. *Scio.* ℣ *De reliquo.* Ps. *Benedicam.* Ant. *Mihi vivere.* ℣ *Per quem mihi.* Ps. *Eructavit.* ℣ *In omnem terram.* Sex lectiones de sermone *Cum venissent Romam.* ℟ *Qui operatus.* ℣ *Gratia Dei.* ℟ *Bonum certamen.* ℣ *Scio.* ℟ *Reposita.* ℣ *Scio cui.* In II noct. ant. *Tu es vas.* [63ᶜ]. ℣ *Per quem omnes.* Ps. *Omnes gentes.* Ant. *Magnus sanctus.* ℣ *In regeneratione.* Ps. *Exaudi Deus deprecationem.* Ant. *Bonum certamen.* ℣ *De cetero.* Ps. *Exaudi Deus orationem.* ℣ *Constitues.* ℟ *Damasci.* ℣ *Deus et Pater.* ℟ *Mihi vivere.* ℣ *Per quem mihi.* ℟ *Tu es vas.* ℣ *Intercede.* In III noct. ant. *Saulus qui et.* ℣ *Ostendens quia.* Ps. *Confitebimur.* Ant. *Ne magnitudo.* ℣ *Nam virtus.* Ps. *Dominus regnavit exultet.* Ant. *Reposita est.* ℣ *Cooperante.* Ps. *Dominus regnavit irascantur.* ℣ *Nimis honorati.* Tres lect. de Evangelio *Dixit Symon*, vel si dominica fuerit dicatur de expositione evangelii dominicalis. ℟ *Scio cui credidi.* ℣ *Reposita.* ℟ *Sancte Paule.* ℣ *Ut digni.* ℟ *Magnus sanctus.* ℣ *A Xpisto.* Te Deum laudamus. Sacerdot. ℣ *Dedisti haereditatem.* In Laudibus ant. *Ego plantavi.* ℣ *Unusquisque.* Ps. *Dominus regnavit.* Ant. *Libenter gloriabor.* ℣ *Quando enim.* Ps. *Jubilate.* Ant. *Sancte Paule.* ℣ *Ut digni.* Ps. *Deus, Deus.* Ant. *Gratia Dei.* ℣ *Gratia Dei.* Ps. *Benedicite.* Ant. *Damasci.* ℣ *Deus et Pater.* Ps. *Laudate.* Capit. *Ibant apostoli.* Hymnus *Exultet.* ℣ *Annuntiaverunt.* Ant. *Vos qui secuti.* ℣ *In regeneratione.* Ps. *Bened.* Or. *Deus qui multitudinem.* Memoria de sancto Johanne ant. *Apertum est.* ℣ *Fuit homo.* Or. *Beati Johannis.* Memoria de sancto Petro ant. *Dixit angelus.* ℣ *Tu es Petrus.* Or. *Deus qui beato Petro.* Ad Primam ant. *Ego plantavi.* Ps. *Deus in nomine*, etc. ℟℟ ad horas dicantur cum *Allel.* Ad missam *Scio cui.* Ps. *Domine probasti.* Or. *Deus qui multitudinem.* II Coll. de sancto Johanne. III de sancto Petro *Deus qui beato Petro.* Quaere in festo Cathedrae ipsius. Epist. *Testificor coram Deo.* Grad. *Qui operatus est. Allel.* ℣ *Tu es vas.* Prosa *Supernae matris* vel *Coeli solem.* Evangel. *Dixit Symon Petrus. Credo.* Offertor. *Mihi autem.* Communio *Amen dico.* Si dominica fuerit, missa matutinalis de dominica erit cum supradictis memoriis; major de festo. Ad horas antiphonae de Laudibus sine versibus, capitula, ℟℟, ℣℣ ut unius apostoli, oratio *Deus qui multitudinem.* Ad Vesperas ant. *Juravit Dominus.* Ps. *Dixit Dominus*, et ceterae ad ceteros. Capit. *Ibant apostoli.* ℟ *Magnus sanctus.* Hymnus *Aurea luce.* ℣ *In omnem terram.* Ant. *Gloriosi principes.* Ps. *Magnif.* Or. *Deus qui hodiernam.* Memoria de sancto Johanne ant. *Ingresso Zacharia.* ℣ *Fuit homo.* Or. *Perpetuis nos.*

In octava sancti Johannis Baptistae, IX lect. Ad matutinum invitator. *Regem praecursoris.* Hymnus *Antra deserti.* Ant. *Priusquam.* Ps. *Beatus vir* ; ceterae ad ceteros. Lectiones sex de '63' sermone *Contendebant.* Tres lect. de Evangel. *Et factum est in die*, vel de Evangel. dominicae si dominica fuerit. ℟ *Fuit homo*, et cetera sicut sunt. In Laudibus ant. *Elizabeth.* Ps. *Dominus regnavit*, ceterae ad ceteros. Capit. *Priusquam.* Hymnus *O nimis felix.* ℣ *Magna est.* Ant. *Apertum est.* Ps. *Bened.* Or. *Deus qui praesentem.* Memoria de apostolis ant. *Isti sunt duae olivae :* quaere in festo Johannis et Pauli. ℣ *Annuntiaverunt.* Or. *Protege Domine populum.* Ad Primam ant. *Elizabeth.* Ps. *Deus in nomine.* etc. Ad missam officium *De ventre.* Memoria de apostolis. III Coll. *A cunctis* etc ut in die sine prosa, et ad modum IX lectionum. Si dominica fuerit, missa matutinalis de dominica, major de Sancto Johanne. Horae ut in die sancti Johannis. Ad Vesperas ant. *Elizabeth.* Ps. *Dixit Dominus,* et ceteri cum hac sola. Capit. *Audite insulae.* ℟ *Elizabeth.* Hymnus *Ut queant.* ℣ *Fuit homo.* Ant. *Perpetuis nos Domine.* Ps. *Magnif.* Or. *Deus qui praesentem.* Memoria de apostolis ant. *Gloriosi principes.* ℣ *In omnem terram.* Or. *Deus qui ecclesiam.* Memoria sanctorum Processi et Martiniani. Ant. *Sancti* [1] *per fidem.* ℣ *Laetamini.* Or. *Deus qui nos.* Similiter fiat memoria de eis ad matutinum et ad missam sequentis diei.

In crastino octavae sancti Johannis et deinceps per octavam apostolorum] ad matutinum invitator. *Regem apostolorum.* Hymnus *Aeterna Xpisti.* Ant. *In omnem terram.* Ps. de communi plurimorum cum hac sola. Lectiones de vita eorum. ℟ de historia *Ecce ego mitto,* secundum quod feria dictaverit. *Te Deum.* In Laudibus ant. *Hoc est praeceptum.* Ps. *Dominus regnavit,* et ceteri cum hac sola. Capit.. Hymnus, ℣ ut plurimorum apostolorum. Ad *Bened.* ant. *Petrus apostolus.* Or. *Deus qui hodiernam.* Ad missam officium *Mihi autem.* Or. *Deus qui hodiernam.* Epist. *Jam non estis.* Grad. *Constitues.* Allel. ℣ *Per manus.* Evangel. *Hoc est praeceptum.* Credo. Offertor. *In omnem terram.* Praefatio *Te Domine.* Communio *Vos qui secuti.* Horae ut plurimorum apostolorum. Ad Vesperas ant. *Juravit Dominus.* Ps. *Dixit Dominus,* ceterae ad ceteros. Capitulum *Non vos me.* Hymnus *Aurea luce.* ℣ *In omnem terram.* Ant. *Gloriosi principes.* Ps. *Magnif.* Or. *Deus qui hodiernam.* Si dominica infra octavam evenerit ad Vesperas ℟ *Cives.* Cetera ut prius. Ad matutinum totum fiat de communi apostolorum. Lectiones sex de vita apostolorum, tres de Evangelio dominicae. Ad *Bened.* ant. *Petrus apostolus.* Ad *Magnif.* ant. *Gloriosi principes.* Or. *Deus qui hodiernam.* Missa matutinalis de dominica, major de apostolis *Mihi autem,* et cetera ut supra per octavam.

In translatione et ordinatione sancti Martini. Ad Vesperas memoria tantum, ant. *O Martine o pie.* ℣ *Amavit.* Or. 64ª *Deus qui po-*

---

[1] *Quae ⸢ ⸣ includuntur minori manu intercalata sunt.*

pulo. Ad matutinum ant. *O quantus luctus*. ℣ *Justus germinabit*. Or. ut supra.

In octava apostolorum, IX lectionum. Ad Vesperas ant. *Juravit Dominus*. Ps. *Dixit Dominus*, ceterae ad ceteros. Capit. *Non vos me*. ℟ *Fuerunt*. Hymnus *Aurea luce*. ℣ *In omnem terram*. Ant. *Gloriosi principes*. Ps. *Magnif*. Or. *Deus cujus dextera*. In matutino invitator. *Regem apostolorum*. Hymnus *Aeterna Xpisti*. Ant. *In omnem terram*. Ps. *Coeli enarrant*. Ceterae ad ceteros ut supra. Lectiones sex de sermone *Gloriosissimos christianae*. Tres de Evangel. *Jussit Jesus*. ℟ *Ecce ego* etc. In Laudibus ant *Hoc est praeceptum*. Ps. *Dominus regnavit*, et ceterae ad ceteros. Capit. *Per manus autem*. Hymnus *Exultet coelum*. ℣ *Annuntiaverunt*. Ant. *Isti sunt duae olivae*. Ps. *Bened*. Or. *Deus cujus dextera*. Ad Primam ant. *Hoc est praeceptum*. Ps. *Deus in nomine*. Ad missam officium *Sapientiam Sanctorum*. Or. *Deus cujus dextera*. Epist. *Hi sunt viri misericordiae*. Grad. *Justorum animae*. *Allel*. ℣ *Isti sunt duae olivae*. Evangel. *Jussit Jesus*. Credo. Offertor. *Exultabunt*. Praefatio *Te Domine suppliciter*. Communio *Justorum animae*. Horae ut plurimorum apostolorum. Ad Vesperas *Juravit Dominus*. Ps. *Dixit Dominus*: ceterae ad ceteros. Capit. *Non vos me*. Hymnus *Exultet coelum*. ℣ *In omnem terram*. Ant. *Gloriosi principes*. Ps. *Magnif*. Or. *Deus cujus dextera*.

Septem Fratrum, III lect. ut plurimorum martyrum. Ad missam *Laudate pueri*. Or. *Praesta quaesumus omnipotens*. Epist. *Qui timent Dominum*. Grad. *Anima nostra*. *Allel*. ℣ *Laudate pueri*. Evangel. *Videns Jesus turbas*. Offertor. *Anima nostra*. Communio *Quicumque fecerit*.

Sanctae Margaretae virginis et martyris, IX lectionum. Octo de passione ejus, septima de Evangelio *Simile est regnum coelorum thesauro*, etc., ut unius virginis et martyris. Or. *Deus qui beatam virginem*.

Sanctae Praxedis, virginis non martyris, III lect. etc., ut unius virginis non martyris. Ad missam *Loquebar*. Or. *Praesta quaesumus omnipotens Deus*. Epistola *Sapientia laudabit*. Grad. *Propter veritatem*. *Allel*. ℣ *Diffusa*. Evangel. *Simile est regnum coelorum thesauro*. Offertor. *Offerentur*. Communio *Simile est*.

Sanctae Mariae Magdalenae, festum duplex. Ad Vesperas antt. Pss. secundum feriam. Capit. *Mulierem fortem*. ℟ *Felix Maria*. Hymnus *Lauda mater ecclesia*. ℣ *Optimam partem*. Ant. *Recumbente*.

Ps. *Magnif.* Or. *Largire nobis.* Ad matutin. Invitator. *Aeternum trinumque.* Hymnus *Aeterni patris.* In I noct. ant. *Cum discu[bu]isset.* Ps. *Domine Dominus.* Ant. *Secus pedes.* Ps. *Coeli enarrant.* Ant. *Irrigabat.* Ps. *Domini est terra.* ℣ *Diffusa est.* Lectiones sex de vita ejus *Fuit secundum saeculi fastum.* ℟ *Laetetur.* ℣ *Haec Maria.* ℟ *Optimam partem.* ℣ *Diligens.* ℟ *Maria* [64ᵇ] *Magdalena.* ℣ *Cito euntes.* In II noct. ant. *Symon.* Ps. *Eructavit.* Ant. *Et conversus.* Ps. *Deus noster.* Ant. *Quoniam multum.* Ps. *Fundamenta.* ℣ *Specie tua.* ℟ *Pectore sincero.* ℣ *Abstergat.* ℟ *Congratulamini.* ℣ *Tulerunt.* ℟ *Felix Maria.* ℣ *Mixto.* In III noct. ant. *Satagebat.* Ps. *Cantate* (primus). Ant. *Non est Martha.* Ps. *Dominus regnavit* (primus). Ant. *Et respondens.* Ps. *Cantate* (secundus). ℣ *Adjuvabit eam.* Lectiones tres de Evangel. *Rogabat Jesum quidam Pharisaeus.* ℟ *Tulerunt.* ℣ *Dum ergo.* ℟ *Et valde.* ℣ *Mulieres.* ℟ *Dum transisset.* ℣ *Et valde.* *Te Deum.* ℣ sacerdot. *Optimam partem.* In Laudibus ant. *Laudibus.* Ps. *Dominus regnavit*, etc. Ant. *Pectore sincero*, ant. *Sustolle*, ant. *Quo tecum*, ant. *Maria ergo.* Capit. *Mulierem fortem.* Hymnus *Lauda mater.* ℣ *Dimissa sunt ei.* Ant. *Maria stabat.* Ps. *Bened.* Or. *Largire.* Ad Primam ant. *Laudibus.* Ps. *Deus in nomine*, etc. Missa matutinalis *Gaudeamus*, sicut est, sine prosa. Si dominica fuerit missa matutinalis de dominica, vel de beata Virgine si sabbatum fuerit. Ad Tertiam capitulum *Accinxit fortitudine.* ℟℟ et ℣℣ horarum de communi unius virginis, excepto quod ad Nonam dicatur ℣ *Dimissa sunt ei.* Or. *Largire.* Ad magnam missam *Gaudeamus.* Ps. *Eructavit.* Or. *Largire.* Epist. *Mulierem fortem.* Grad. *Propter veritatem.* Allel. ℣ *Maria haec est illa.* Prosa *Supernae matris* vel *Laus tibi Xpiste.* Evangel. *Rogabat Jesum.* Credo. Offertor. *Angelus Domini.* Comm. *Diffusa.* Ad Sextam Capit. *Multae filiae.* Ad Nonam Capit. *Mulier.* Ad Vesperas ant. *Laudibus excelsis.* Ps. *Dixit Dominus.* Ceterae ad ceteros. Capit., ℟, ℣, Hymnus ut in primis vesperis. Ant. *Celsi meriti.* Ps. *Magnif.* Or. *Largire.* Memoria sancti Apollinaris, ant. *Iste sanctus.* ℣ *Gloria et honore.* Or. *Clementiam.* Per octavam beatae Mariae Magdalenae, nisi alia festa IX lect. vel supra impediant, fiat de ea officium sicut in Rubrica XXX de octavis solemnibus notatum est. Ad missam per octavam dicatur *Allel.* *Optimam partem ;* sed *Credo* non dicitur nisi in dominica et in octava.

Sancti Apollinaris episcopi et martyris, tantum memoria fiat. Or. *Clementiam.*

In vigilia sancti Jacobi tres lectiones legantur de homilia *Ego sum vitis*. Cetera omnia fiant de beata Maria Magdalena, sed non dicatur *Te Deum*. Ad missam officium *Ego autem* etc., ut unius [64ᵉ apostoli. II oratio de beata Maria Magdalena, III de beata Virgine, IV de angelis, V communis *A cunctis*, vel *Concede quaesumus omnipotens Deus*.

Sancti Jacobi apostoli, duplex. Ad Vesperas antt., Pss. de die. Capit. *Non vos me*. ℟ *Qui sunt isti*. Hymnus *Bina coelestis*. ℣ *Annue Xpiste*. ℣ *In omnem terram*. Ant. *Tradent enim*. Ps. *Magnif*. Or. *Quaesumus omnipotens Deus*. Memoria de octava, ant. de nocturnis. Memoria de sanctis, ant. *Isti sunt*. ℣ *Laetamini*. Or. *Adjuvent nos*. Ad matutin. ad horas et ad missam omnia fiant sicut de apostolo. Or. *Esto Domine*. Prosa *Supernae matris* vel *Coeli solem*. Eodem die sanctorum martyrum Christophori et Cucufatis. Memoria de eis tantum fiat. Or. *Adjuvet*. Missa matutinalis de octava beatae Mariae Magdalenae, II or. de praedictis sanctis, III *A cunctis*. Sed si dominica fuerit, missa matutinalis erit de dominica, II or. de octava, III de sanctis praedictis. Ad secundas Vesperas ant. *Juravit*. Ps. *Dixit Dominus*, et ceterae ad ceteros. Capit. de sancta Anna *Mulierem fortem*, etc. sicut in communi unius matronae. Or. *Deus qui beata Anna*. Memoria de sancto Jacobo ant. *Beati eritis*. ℣ *In omnem terram*. Or. *Esto Domine*. Memoria de octava.

Sanctae Annae matris gloriosae Virginis. Festum duplex. Ad matutinum lectiones de aliqua propria legenda vel de sermone. Cetera omnia sicut in communi unius matronae. Ad secundas Vesperas memoria de sancta Martha, ant. *Accinxit*. ℣ *Specie tua*. Or. *Omnipotens sempiterne Deus*. Memoria de octava.

Sanctae Marthae virginis hospitae Xpisti, IX lect. Sex lectiones de ejus vita, tres ultimae lectiones de Evangel. *Intravit Jesus in quoddam castellum*. Cetera omnia ut unius virginis non martyris. Ad missam *Gaudeamus*. Or. *Omnipotens sempiterne Deus*. Epist. *Qui gloriatur*. Grad. *Propter veritatem*. *Allel*. ℣ *Veni electa*. Evangel. *Intravit Jesus:* quaere in Assumptione. Offertor. *Filiae regum*. Communio *Diffusa est*. Ad secundas Vesperas ℟ *Regnum mundi*.

In octava beatae Mariae Magdalenae, IX lect. sicut in Rubrica de octavis est notatum. Memoria de sanctis Felice, Simplicio, Faustino et Beatrice martyribus. Or. *Praesta quaesumus omnipotens*. Missa matutinalis, si non fuerit dominica vel sabbatum, de sancto Felice. Officium *Sacerdotes ejus*. Or. *Sancti Felicis*. II or. de aliis sanctis

Praesta quaesumus Domine ut sicut populus. III *A cunctis.* Epist. *Dedit Dominus confessionem,* Grad. *Sacerdotes ejus. Allel.* [64ª] ℣ *Elegit te.* Evangel. *Sint lumbi.* Offertor. *Inveni.* Communio *Beatus servus.* Major missa de octava.

Sanctorum Abdon et Sennes martyrum, III lect. etc. ut plurimorum martyrum. Or. *Deus qui sanctis.* Ad missam *Intret.* Oratio *Deus qui sanctis.* Epist. *Justi autem.* Grad. *Gloriosus. Allel.*℣ *Justi epulentur.* Evangel. *Videte ne quis.* Offertor. *Laetamini.* Communio *Posuerunt.*

Sancti Germani episcopi et confessoris, III lect. etc. ut unius episcopi et confessoris. Or. *Deus qui hodiernam.*

Sancti Petri ad Vincula, semiduplex. Ad Vesperas antt., Pss. secundum feriam. Capit. *Petrus ad se reversus.* ℞ *Petre amas.* Hymnus *Jam bone pastor.* ℣ *Annue.* ℣ *In omnem terram.* Ant. *Beatus Petrus.* Ps. *Magnif.* Or. *Deus qui beatum Petrum.* Memoria de Macchabaeis. Ant. *Haec est vera.* ℣ *Laetamini.* Or. *Fraterna nos.* Ad matutinum Invitator. *Tu es pastor.* Hymnus *Aeterna Xpisti.* Ant., Pss. ut in festo apostolorum Petri et Pauli. Lectiones sex de sermone *Notandum fratres karissimi;* tres lectiones de Evangel. *Venit Jesus.* ℞℞ *Symon Petrus,* sicut sunt etc. ut in alio festo. Or. *Deus qui beatum Petrum.* Memoria Macchabaeorum ant. *Istorum.* ℣ *Mirabilis.* Or. *Fraterna.* Ad Primam ant. *Petrus et Johannes.* Ps. *Deus in nomine,* etc. Si dominica fuerit, missa matutinalis de dominica. Horae ut in festo sancti Petri. Or. *Deus qui beatum Petrum.*[1] [Ad missam *Nunc scio vere.* Or. *Deus qui beatum Petrum*]. Epistola *Misit Herodes.* Grad. *Constitues. Allel.* ℣ *Solve jubente.* Prosa *Supernae matris.* Evangel. *Venit Jesus.* Credo. Offertor. *Constitues.* Praefatio *Te Domine.* Communio *Tu es Petrus.* Ad Vesperas ant. *Juravit.* Ps. *Dixit Dominus;* ceterae ad ceteros. Capit. *Petrus ad se.* Hymnus *Exultet coelum.* ℣ *In omnem terram.* Ant. *Solve jubente.* Ps. *Magnif.* Or. *Deus qui beatum.*

Stephani papae et martyris, lect. III etc. ut unius martyris. Or. *Deus qui nos beati Stephani.* Officium *Sacerdotes Dei.* Or. *Deus qui nos beati.* Epistola *Dedit Dominus confessionem.* Grad. *Sacerdotes ejus. Allel.* ℣ *Inveni David.* Evangel. *Homo quidam peregre.* Offertor. *Inveni David.* Communio *Domine quinque.*

In Inventione sancti Stephani sociorumque ejus, IX lect. Ad Ves-

---

[1] *Quae* ... *includuntur habentur in margine.*

peras ant. Pss. secundum feriam. Capit. *Stephanus plenus gratia.*
℟ *Videbant.* Hymnus *Deus tuorum.* ℣ *Gloria et honore.* Ant. *Ave senior.* Or. *Deus qui es sanctorum,* et cetera omnia ut in alio festo post Natale Domini, sed invitatorium *Regem martyrum.* Sex lectiones de sermone *Ad aquas Tabellitanas*[1]. Tres de homilia *Dicebat Jesus turbis* [65ᵃ] vel de evangelio dominicae, si dominica fuerit. Ad missam et ad horas ut in alio festo cum oratione *Deus qui es sanctorum,* sed prosa et *Credo* non dicuntur nec Praefatio nisi communis.

Sancti Dominici confessoris, primi magistri Praedicatorum, IX lectionum. Or. *Deus qui ecclesiam,* etc. ut unius confessoris non episcopi.

In Transfiguratione Domini, festum semiduplex. Ad Vesperas capitulum *O altitudo.* ℟ *Assumens.* Hymnus et ℣ de Trinitate. Ad *Magnif.* Ant. *Visionem.* Or. *Deus qui te in monte.* Memoria de sancto Dominico. Memoria sanctorum Sixti, Felicissimi et Agapiti martyrum. Or. *Deus qui nos concedis.* Ad matutinum invitator., Hymnus, antt., Pss., ℣℣ et ℟℟ de Trinitate, praeter nonum ℟ *Assumens.* ℣ *Ne videntes. In montem. Gloria. Ibique.* Lectiones sex de sermone Transfigurationis, tres de homilia Evangelii *Assumpsit Jesus Petrum.* Sacerdot. ℣ *Benedicamus Patrem* etc. In Laudibus ant. *Cum transfiguraretur.* Ps. *Dominus regnavit* et ceteri. Ant. *Tunc Petrus,* ant. *Adhuc,* ant. *De qua vox,* ant. *Nubes.* Capit., Hymnus, ℣ de Trinitate. Ad *Bened.* ant. *Ante duos vates.* Or. ut supra. Memoria de sanctis. Si dominica fuerit missa matutinalis de dominica, vel si sabbatum fuerit prima missa de beata Virgine. II or. de sanctis. Aliis vero temporibus missa matutinalis dicatur de sancto Sixto. Officium *Sacerdotes ejus.* Or. *Beati Sixti martyris.* II or. de sanctis Felicissimo et Agapito *Deus qui nos concedis.* III Or. *A cunctis.* Epistola *Benedictus Deus et Pater.* Grad. *Sacerdotes ejus. Allel.* ℣ *Justus germinabit.* Evangel. *Ecce ego mitto.* Offertor. *Inveni David.* Communio *Fidelis servus.* [2] Ad magnam missam *Dominus dixit :* quaere in nocte Natalis Domini. Or. *Deus qui te in monte.* Epistola *Karissimi justum arbitror.* Grad. *Tecum principium. Allel.* ℣ *Dies sanctificatus.* Prosa *Benedicta sit beata :* quaere in Trinitate. Evangel. *Assumpsit Jesus.* Credo. Offertor. *Deus enim firmavit.*

---

[1] *Sic etiam in Edit.* Barber: Tabilitanas.
[2] *Ms. habet :* Fidelis sermo.

Praefatio *Quia per incarnati.* Communio *In splendoribus.* Ad horas antiphonae Laudum, capitula, ℟℟ ℣℣ de Trinitate. Or. *Deus qui te.* Ad vesperas prima ant. Laudum. Ps. *Dixit Dominus* etc. Capit., hymnus, ℣ de Trinitate. Ad *Magnif.* ant. *Hodie Dominus.* Or. ut supra. Memoria de sancto Donato.

Sancti Donati episcopi et martyris, lect. III etc. ut unius martyris. Or. *Deus tuorum gloria.* Ad missam *Sacerdotes ejus.* Or. *Deus tuorum.* Epist. *Justus cor.* Grad. *Inveni David. Allel.* ℣ *Posuisti.* Evangel. *Vigilate quia.* Offertor. *Veritas.* Communio *Semel juravi.*

Sancti [65ᵛ] Cyriaci sociorumque ejus martyrum, III lect. Ad missam officium *Timete.* Or. *Deus qui nos.* Epist. *Rememoramini.* Grad. *Timete Dominum. Allel.* ℣ *Mirabilis.* Evangel. *Nihil opertum.* Offertor. *Laetamini.* Communio *Signa.*

In Vigilia sancti Laurentii. Ad matutinum invitator., Hymnus, antiphonae, dieta secundum feriam. III lectiones de Evangelio *Si quis vult post me.* ℟℟ de historia *In principio,* secundum quod feria dictaverit. Or. *Adesto Domine supplicationibus.* Ad horas dicatur oratio dominicalis. Ad missam officium *Dispersit.* Ps. *Beatus vir qui timet.* Or. *Adesto.* Epist. *Confitebor tibi.* Grad. *Dispersit dedit.* Graduale reiteretur. Evangel. *Si quis vult.* Offertor. *Oratio mea.* Communio *Qui vult venire.*

Sancti Laurentii martyris. duplex. Ad Vesperas antt. Pss. secundum feriam. Capit. *Confitebor tibi.* ℟ *Puer meus.* Hymnus *Deus tuorum.* ℣ *Gloria et honore.* Ant. *Beatus Laurentius.* Ps. *Magnif.* Or. *Beati Laurentii.* Ad matutinum invitator. *Regem sempiternum.* Hymnus *Deus tuorum.* In I noct. ant. *Quo progrederis.* ℣ *Beatus Laurentius.* Ps. *Beatus vir.* Ant. *Noli me.* ℣ *Quid in me.* Ps. *Quare fremuerunt.* Ant. *Non ego.* ℣ *Beatus Sixtus.* Ps. *Domine quid multiplicati.* ℣ *Gloria et honore.* Octo lectiones de passione ejus. Septima de Evangelio *Nisi granum.* ℟ *Levita.* ℣ *Dispersit.* ℟ *Quo progrederis.* ℣ *Quid in me.* ℟ *Noli me.* ℣ *Nos quasi.* In II noct. ant. *Beatus Laurentius.* ℣ *Quia accusatus.* Ps. *Cum invocarem.* Ant. *Dixit Romanus.* ℣ *Auferens.* Ps. *Verba mea.* Ant. *Beatus Laurentius.* ℣ *Quia ipse.* Ps. *Domine, Dominus.* ℣ *Posuisti Domine.* ℟ *Strinxerunt.* ℣ *Carnifices.* ℟ *Beatus Laurentius.* ℣ *Mea nox.* ℟ *Puer meus.* ℣ *Liberabo.* In III noct. ant. *Strinxerunt.* ℣ *Carnifices.* Ps *In Domino.* Ant. *Igne me.* ℣ *Probasti.* Ps. *Exaudi Domine justitiam.* Ant. *Interrogatus.* ℣ *Gratias tibi.* Ps. *Domine in virtute.* ℣ *Justus ut palma.* ℟ *Beatus Laurentius.* ℣ *Gaudeo.* ℟ *Gaudeo.* ℣ *Pro-*

basti. ℟ *In craticula.* ℣ *Accusatus. Te Deum.* Sacerdot. ℣ *Ora pro nobis.* In Laudibus ant. *Laurentius.* Ps. *Dominus regnavit.* et ceteri. Ant. *Laurentius,* ant. *Adhaesit,* ant. *Misit,* ant. *Beatus Laurentius.* Capit. *Laudabit usque.* Hymnus *Martyr Dei.* ℣ *Magna.* Ant. *In craticula.* Ps. *Bened.* Or. *Da nobis quaesumus.* Ad Primam ant. *Laurentius.* Ps. *Deus in nomine* etc. Si dominica fuerit missa matutinalis de dominica, vel de beata Virgine si sabbatum fuerit. Sin 65 autem de sancto Laurentio *Confessio* etc. sicut est sine prosa. Ad horas ant. de Laudibus et cetera ut unius martyris. Or. *Da nobis quaesumus.* Ad magnam missam *Confessio.* Ps. *Cantate* (primus). Or. *Da nobis.* Epist. *Qui parce seminat.* Grad. *Probasti cor.* ℣ *Igne.* Allel. ℣ *Levita.* Prosa *Supernae matris.* Evangel. *Nisi granum.* Offertor. *Confessio.* Communio *Qui mihi.* Ad Vesperas ant. *Laurentius.* Ps. *Dixit Dominus,* et ceterae ad ceteros. Capit. *Qui parce seminat.* ℟ *In craticula.* Hymnus *Deus tuorum.* ℣ *Gloria et honore.* Ant. *O bone Laurenti.* Ps. *Magnif. Adesto Domine.* Memoria sancti Tiburtii. ant. *Inclytus.* ℣ *Posuisti.* Or. *Beati Tiburtii.*

Sancti Tiburtii martyris, memoria tantum ad matutinum et ad missam. Or. *Beati Tiburtii.* Ubi tamen consuetum est duas missas omni die celebrare in conventu, prima missa dicatur de sancto Tiburtio. Officium *Justus ut palma.* Or. *Beati Tiburtii.* Epist. *Justus si morte.* Grad. *Justus ut palma.* Allel. ℣ *Beatus vir.* Evangel. *Hoc est praeceptum.* Offertor. *In virtute.* Comm. *Posuisti.* Missa principalis de octava sancti Laurentii. Per octavam sancti Laurentii usque ad diem Assumptionis, praeterquam in die sancti Hippolyti, fiat de sancto Laurentio plenum officium sicut in rubrica XXX de octavis notatum est. Versiculi tamen antiphonarum de nocturnis non dicuntur ad *Magnif.* et *Bened.* per hebdomadam. Similiter et prima antiphona primi nocturni dicatur super psalmos festi sine versiculo.

Sancti Hippolyti sociorumque ejus martyrum, III lec. Ad Vesperas ant. et Ps. de sancto Laurentio, capit., hymnus, ℣ etc. ut plurimorum martyrum. Or. *Da quaesumus omnipotens Deus.* Memoria de octava. Ad matutinum invitator. *Regem martyrum.* Hymnus *Aeterna Xpisti.* Ant. *Secus decursus.* Ps. plurimorum martyrum cum hac sola. ℣ secundum ordinem turbarum de communi. Lectiones tres de passione eorum *Regressus itaque.* ℟ *O Hippolyte.* ℣ *Si dictis. Et thesauros.* ℟ *Beatissimus.* ℣ *Caeco. Ponebat.* ℟ *Coepit.* ℣ *Respondens. Cui. Gloria. Quia. Te Deum.* Sacerdot. ℣ *Exultent justi.* In Laudibus ant. *Caesar dixit.* Ps. *Dominus regnavit,* cum ceteris.

Ant. *Dixit Caesar*, ant. *Decius dixit*, ant. *Exemplum*, ant. *Tunc Valerianus*. Capit., hymnus, ℣ ut plurimorum martyrum. Ant. *Oravit sanctus*. Ps. *Bened*. Or. *Da quaesumus omnipotens Deus*. Memoria de octava. Ad horas ant. Laudum, cetera ut plurimorum martyrum. Ad missam officium *Justi epulentur*. *Gloria in excelsis*. Or. *Da quaesumus omnipotens Deus*. Epist. *Sancti per fidem*. Grad. *Justorum animae*. *Allel*. ℣ *Justi epulentur*. Evangel. *Attendite a fermento*. Offertor. *Anima nostra*. Communio *Dico autem*. Ad Vesperas omnia de sancto Laurentio. Memoria de sancto Eusebio ant. *Justum deduxit*. ℣ *Amavit*. Or. *Deus qui nos*. Si festum sancti Hippolyti in dominica evenerit, de ipso fiant IX lect. Ad Vesperas ℟ *Coepit Hippolytus*. Capit., Hymnus, ℣, antt. ut plurimorum martyrum. Or. *Da quaesumus*. Memoria de octava et de dominica. Ad matutinum lectiones sex de sanctis, tres de homilia dominicali. Sex ℟℟ de communi, tria propria cum Laudibus ut supra. Cetera ut plurimorum martyrum. Missa matutinalis de dominica, major de sanctis ut supra signatur. Ad Vesperas super psalmos *Dixit Dominus* etc. *In exitu* prima ant. Laudum. Capit., hymnus, ℣ Ant. de communi, oratio ut supra. Memoria de octava, de dominica et de sancto Eusebio.

Sancti Eusebii confessoris, tantum memoria. Or. *Deus qui nos beati*.

In Vigilia Assumptionis gloriosae Virginis Mariae lectiones tres de homilia Evangelii *Loquente Jesu ad turbas*. Cetera omnia fiant de sancto Laurentio sicut in octava, sed non dicatur *Te Deum*. Memoria de sancto Eusebio. Ad missam officium *Salve sancta parens*, cum genuflectione. Ps. *Post partum*. *Kyrie* sicut per octavas. *Gloria in excelsis* non dicatur propter Vigiliam. Or. *Deus qui virginalem*. II Or. de sancto Laurentio. III de sancto Eusebio. IV de angelis. V *A cunctis*. Epist. *Ab initio*. Grad. *Benedicta*. Grad. reiteretur. Evangel. *Loquente Jesu*. Offertor. *Beata es virgo*. Praefatio communis. Communio *Beata viscera*. Dum haec vigilia in dominica evenerit, homilia praedicta legatur in sabbato, cetera omnia fiant de sancto Hippolyto ut supra sunt signata absque *Te Deum laudamus*.

In Assumptione gloriosae Virginis Mariae, totum duplex. Ad Vesperas ant. *Haec est regina*. Ps. *Laudate pueri*, et ceterae ad ceteros sicut in Annuntiatione. Capit. *In omnibus requiem quaesivi*. ℟ *Sicut cedrus*. Hymnus *O quam glorifica*. ℣ *Exaltata es*. Ad *Magnif*. Ant. *Paradisi*. Or. *Deus qui virginalem*. In hoc festo de sancto

Laurentio nulla fiat memoria. Ad Completor. Ant. *Miserere*. Hymnus *Salvator*. Ant. *Allel. Sancta Dei*. Ps. *Nunc dimittis*. Ad matutinum invitatorium *Venite*. Ps. ipsum. Hymnus *Quem terra*. In I noct. Ant. *Ecce tu pulchra*. Ps. *Domine Dominus*. Ant. *Sicut lilium*. Ps. *Coeli enàrrant*. Ant. *Favus*. Ps. *Domini est terra*. ℣ *Diffusa*. Lectiones sex de sermone *Cogitis me*. ℟ *Vidi speciosam*. ℣ *Quae est*. ℟ *Sicut cedrus*. ℣ *Et sicut* [1]. [℟ *Quae est*. ℣ *Et sicut*]. In II noct. Ant. *Emissiones*. Ps. *Eructavit*. Ant. *Fons hortorum*. Ps. *Deus noster*. Ant. *Venit dilectus*. Ps. *Fundamenta*. ℣ *Specie tua*. ℟ *Beatam me*. ℣ *Et misericordia*. ℟ *Ornatam*. ℣ [66ª] *Astitit*. ℟ *Beata*. ℣ *Ave Maria*. In III nocturno ant. *Veni*. Ps. *Cantate* (primus). Ant. *Comedi*. Ps. *Dominus regnavit*. Ant. *Talis est*. Ps. *Cantate* (secundus). ℣ *Adjuvabit*. Tres lect. de Evangelio *Intravit Jesus*. ℟ *Super salutem*. ℣ *Valde*. ℟ *Ista est*. ℣ *Ista est*. ℟ *Felix namque*. ℣ *Ora pro*. Te Deum. Sacerdot. ℣ *Exaltata*. In Laudibus ant. *Assumpta est*. Ps. *Dominus regnavit*, et ceteri. Ant. *Maria*, ant. *In odore*, ant. *Benedicta*, ant. *Pulchra es*. Capit. *Ego quasi*. Hymnus *O gloriosa*. ℣ *Elegit eam*. Ant. *Quae est ista*. Ps. *Bened*. Or. *Veneranda nobis*. Ad Primam ant. *Assumpta est*. Ps. *Deus in nomine* etc. Missa matutinalis de sancto Laurentio, si dominica non fuerit. II or. de festo *Veneranda*. III communis *A cunctis*. Si vero dominica fuerit, missa matutinalis erit de dominica, II or. de Assumptione, III de sancto Laurentio. Ad Tertiam ant. *Maria virgo*. Ps. *Legem pone*. Capit. *In Syon*. ℟ *Diffusa est*, cum *allel*. Or. *Protege*. Finita Tertia, si dominica fuerit, facta aquae aspersione, prior indutus cum ministris sicut in dominica Palmarum notatum est veniat in chorum et cantoribus [2] incipientibus ℟ *Hodie* egrediatur processio eo modo et ordine quo in die Palmarum notatum est. Dum vero cantatur praedictum ℟ cum versu fiat prima statio in parte aquilonari; ℣℣ autem responsoriorum cantentur a duobus. Finita resumptione post versum cantoribus incipientibus ℟ *Felix namque*, moveatur processio et fiat secunda statio in parte orientali et in inceptione ℣ *Ora pro populo*, procedat processio et fiat tertia statio in parte australi. Finita resumptione post ℣ dum incipitur *Gloria Patri*, moveatur processio usque ad ostium ecclesiae et ibi finita repetitione post *Gloria Patri* in ingressu ecclesiae incipiat praelatus antiphonam *Ascendit Xpistus*, et processio chorum ingre-

---

[1] *Quae* [ ] *includuntur habentur in margine*.

[2] *Ms. habet :* Venite ad incipientibus, *cum punctis ut deleantur primae duae dictiones*.

diatur. Ceteris vero euntibus ad sedes suas, prior et ministri se ordinent ante gradus presbyterii sicut ad aspersionem aquae benedictae est consuetum. Finita antiphona, ceroferarii dicant ̌ *Exaltata es.* Deinde prior absque *Dominus vobiscum*, praemisso *Oremus*, dicat orationem *Concede quaesumus omnipotens Deus ad beatae Mariae* etc. *Per Xpistum.* Dum oratio dicitur, crux et aqua benedicta reponantur ad loca sua. Oratione finita, prior et ministri in sacristiam vadant et missa incipiatur. Ad ma[66ᵇ]gnam missam officium *Gaudeamus.* Ps. *Eructavit. Gloria in excelsis.* Collecta *Veneranda nobis.* Epist. *In omnibus requiem.* Grad. *Propter veritatem. Allel.* ̌ *Hodie Maria.* Hoc *Allel.* in die tantum cantetur. Per hebdomadam cantetur *Allel.* ̌ *Assumpta.* Prosa *A rea virga.* Evangel. *Intravit Jesus. Credo.* Offertor. *Felix namque.* Praefatio *Et te in Assumptione.* Communio *Regina mundi.* Ad Sextam *In odore.* Ps. *Defecit.* Capit. *Et radicavi.* ℟ *Specie tua* etc. Or. *Beatae et gloriosae.* Ad Nonam ant. *Pulchra es.* Ps. *Mirabilia.* Capit. *Sicut cynnamomum.* ℟ *Adjuvabit.* Or. *Famulorum.* Ad Vesperas ant. *Assumpta.* Ps. *Dixit Dominus.* Ant. *Maria.* Ps. *Laudate pueri.* Ant. *In odore.* Ps. *Laetatus.* Ant. *Benedicta.* Ps. *Nisi Dominus custodierit.* Ant. *Pulchra.* Ps. *Lauda Jerusalem.* Capit. *In omnibus requiem.* ℟ *Felix namque.* Hymnus *O quam glorifica.* ̌ *Exaltata es.* Ant. *Hodie Maria.* Ps. *Magnif.* Or. *Veneranda.* Completorium ut supra. Per octavam Assumptionis ad matutinum invitatorium et hymnus ut in festo. Ant. *Exaltata.* Psalmi ut in festo cum hac sola. Lectiones de Canticis Canticorum, aut de aliquo sermone festi, ℟℟ de festo secundum quod feria dictaverit. In Laudibus ant. *Assumpta est.* Ps. *Dominus regnavit,* cum hac sola. Capit. hymnus, ̌ de festo. Ad *Bened.* et ad *Magnif.* ant. de nocturnis, vel ad *Bened.* ant. *Tota pulchra es,* ad *Magnif.* ant. *Ascendit Xpistus.* Or. *Veneranda.*

In crastino Assumptionis memoria tantum fiat de sancto Laurentio ad matutinum et ad missam. Missa *Gaudeamus* etc. sine prosa. *Kyrie* et *Gloria in excelsis* ut in festo IX lect. Ad Vesperas ant. *Assumpta.* Ps. *Dixit Dominus,* et ceteri psalmi ut in die cum hac sola. Capit. etc. ut supra.

In sabbato infra octavam ad missam *Gaudeamus. Kyrie, Gloria in excelsis* ut in aliis sabbatis de gloriosa Virgine. Prosa *Verbum bonum,* et cetera ut in die. Ad Vesperas ant. *Assumpta.* Ps. *Dixit Dominus,* et ceteri cum hac sola. Capit. *In omnibus requiem.* ℟ *Sicut cedrus.* Hymnus *O quam glorifica.* ̌ *Exaltata es.* Ant. *Paradisi.* Ps. *Magnif.* Or. *Veneranda.* Memoria de dominica.

Dominica infra octavam. Ad matutinum invitator. *Venite adoremus.* Hymnus *Quem terra.* In I nocturno ant. *Exaltata es.* Ps. *Domine Dominus.* Ant. *Paradisi janua.* Ps. *Coeli enarrant.* Ant. *Sicut myrrha.* Ps. *Domini est terra.* ℣ *Diffusa est.* Lectiones sex de Canticis Canticorum, vel de sermone Assumptionis gloriosae Virginis Mariae. Tres lectiones de Evangelio dominicae. ʀʀ ut supra. In II noct. ant. *Specie tua.* Ps. *Eructavit.* Ant. *Adjuvabit.* Ps. [66ᵉ] *Deus noster.* Ant. *Sicut laetantium.* Ps. *Fundamenta.* ℣ *Specie tua.* In III noct. Ant. *Dignare.* Ps. *Cantate* (primus). Ant. *Speciosa.* Ps. *Dominus regnavit exultet.* Ant. *Gaude Maria.* Ps. *Cantate* (secundus). ℣ *Adjuvabit. Te Deum.* Sacerdot. ℣ *Exaltata es.* In Laudibus ant. *Assumpta est.* Ps. *Dominus regnavit,* et ceterae ad ceteros. Capit. Hymnus, ℣ ut in die. Ad *Bened.* Ant. *Quae* ¹ *est ista.* Or. *Veneranda.* Memoria de dominica. Missa matutinalis de dominica ; major *Gaudeamus,* sicut est, cum prosa. Horae ut in die. Ad Vesperas ant. *Assumpta.* Haec sola ant. dicatur super Ps. *Dixit Dominus,* Ps. *Laudate pueri,* Ps. *Laetatus sum,* Ps. *Nisi Dominus,* Ps. *Lauda Jerusalem.* Capit. Hymnus, ℣ ant. et oratio ut in die. Si tamen octava sancti Laurentii in hac dominica evenerit, fiat de sancto Laurentio prout jam infra signatur, et memoria de Assumptione, de dominica, de Resurrectione et de angelis.

In octava sancti Laurentii fiant de eo IX lectiones. Ad Vesperas solae vesperae dicantur ². Ant. et psalmi de Assumptione. Capit. et quae sequuntur de sancto Laurentio sicut in primis vesperis festi. Or. *Beati Laurentii.* Memoria de Assumptione, de Resurrectione et de angelis. Ad Completorium super *Nunc dimittis* Ant. *Salva nos.* In hac hora et deinceps in crastino dicatur officium cotidianum beatae Mariae in choro. Ad matutinum, ad horas et ad Vesperas sicut in die cum oratione *Beati Laurentii.* Missa matutinalis de Assumptione, major de sancto Laurentio. Si tamen dominica fuerit, homilia dominicae legatur ad matutinum, missa matutinalis de dominica, II oratio de Assumptione, III *A cunctis.* Major missa de sancto Laurentio ut prius.

Sancti Agapiti martyris, memoria tantum. Or. *Laetetur ecclesia.*
Sancti Bernardi abbatis, IX lect. Or. *Intercessio.* Hoc festum prop-

---

¹ *Ms habet* Quid.
² *Edit. habet :* Ad Vesperas solae vesperae dicantur, sive officium Virginis quotidianum non pronuntietur.

ter solemnitatem octavae Assumptionis transferatur usque post octavam in crastinum sancti Ludovici vel in diem sancti Rufi.

In octava gloriosae Virginis Mariae, semiduplex. Ad Vesperas ant. *Assumpta*. Ps. de festo cum hac sola. Capit. *In omnibus*. ℟ *Sicut cedrus*. Hymnus *O quam glorifica*. ℣ *Exaltata es*. Ant. *Paradisi porta*. Ps. *Magnif*. Or. *Concede quaesumus omnipotens Deus*. Memoria de sanctis martyribus Timotheo et Symphoriano ad Vesperas et ad matutinum et ad missam. Or. *Auxilium tuum*. Ad matutinum invitator. *Venite*. Hymnus *Quem terra*. Ant. *Exaltata es*. Ps. *Domine Dominus*, ceterae ad ceteros sicut in dominica. Lectiones sex de sermone *Adest nobis*. Lectiones [66ª] tres de Evangelio *Intravit Jesus*. ℟ *Vidi speciosam*. In Laudibus ant. *Assumpta*. Ps. *Dominus regnavit*, ceterae ad ceteros. Capit. Hymnus, ℣ ut in die. Or. *Concede quaesumus*. Horae ut supra. Ad missam *Gaudeamus*. Or. *Famulorum tuorum*. Epist. *Gaudens gaudebo*. Grad. *Propter veritatem*. *Allel*. ℣ *Assumpta*. Prosa *A rea virga*. Evangel. *Intravit Jesus*. Credo. Offertor. *Felix namque*. Praefatio, Secreta et Complenda sicut in die. Communio *Regina mundi*. Ad Vesperas ant. *Assumpta est*. Ps. *Dixit Dominus*, et ceteri cum hac sola. Capit., Hymnus, ℣ ut in die. Or. *Famulorum*. Memoria sancti Zachaei episcopi et confessoris. Or. *Tribue*. Ad Completor. Hymnus *Te lucis*, et finiatur cum versu *Gloria tibi Domine qui natus*. Ant. *Allel. Sancta Dei Genitrix*. Ps. *Nunc dimittis*. Hae octavae si in sabbato evenerint, vesperae fiant de octava et memoria de dominica. Et si in dominica evenerint, totum fiat de octava ut supra. Memoria de dominica et missa matutinalis et homilia dominicae pronuntietur ad matutinum.

In Vigilia beati Bartholomaei ut in ceteris vigiliis apostolorum. Memoria de sancto Zachaeo ad utrasque vesperas, ad matutinum et ad missam ; dum haec vigilia in dominica evenerit, nihil fiat de vigilia illo anno.

In natali sancti Bartholomaei apostoli, duplex. Ad Vesperas ant. Ps. secundum feriam. Capit. *Non vos me*. ℟ *Qui sunt*. Hymnus *Bartholomaee*. ℣ *Annue*. ℣ *In omnem terram*. Ant. *Tradent*. Ps. *Magnif*. Or. *Omnipotens sempiterne Deus*. Ad matutinum octo lectiones de passione ejus *Indiae tres*. Septima de Evangelio *Facta est contentio*, et cetera omnia de communi apostolorum. Missa matutinalis *Mihi autem*, sicut est, sine prosa, vel de dominica aut de beata Virgine si dominica fuerit vel sabbatum. Ad magnam missam *Mihi autem nimis*. Or. *Omnipotens sempiterne Deus*. Epist. *Jam non estis*. Grad.

Constitues. *Allel.* ℣ *Vox sancti Bartholomaei.* Prosa *Coeli solem* vel *Supernae.* Evangel. *Facta est contentio. Credo.* Offertor. *Mihi autem.* Prafatio *Te Domine.* Communio *Vos qui secuti.* Vesperae de communi apostolorum. Or. *Omnipotens sempiterne.* Memoria de sancto Ludovico confessore; ant. et ℣ ut unius confessoris non episcopi. Or. *Deus qui beatum Ludovicum.*

Sancti Ludovici regis et confessoris, IX lect. Omnia de communi cum oratione praedicta.

Beati Rufi martyris, III lect. Or. *Adesto.* Ad missam *In virtute tua.* Or. *Adesto Domine.* Epist. *Nemo militans.* Grad. *Beatus vir qui timet. Allel.* ℣ *Laetabitur.* Evangel. *Nisi granum frumenti.* Offertor. *Gloria et honore.* Communio *Qui vult post.*

In natali sancti Augustini episcopi et doctoris, duplex [67ª]. Ad Vesperas ant. *Laetare mater.* Ps. secundum feriam. Ant. *Hujus mater,* ant. *Distulit tamen.* ant. *Surgens,* ant. *Inventus igitur.* Capit. *In medio ecclesiae.* ℟ *Vulneraverat autem;* hymnus *Iste confessor.* ℣ *Amavit.* Ant. *Adest dies.* Ps. *Magnif.* Or. *Adesto Domine supplicationibus.* Memoria de sancto Hermete martyre. Or. *Deus qui beatum Hermetem.* Ad matutinum invitator. *Magnus Dominus.* Hymnus *Iste confessor.* In I noct. Ant. *Aperuit.* Ps. *Beatus vir.* Ant. *Insinuavit.* Ps. *Quare fremuerunt.* Ant. *At ille.* Ps. *Domine quid multiplicati.* ℣ *Amavit.* Lectiones octo de vita ejus, septima de Evangelio *Homo quidam.* ℟ *Invenit.* ℣ *Nec tu me.* ℟ *Sensit igitur.* ℣ *Propter veritatem.* ℟ *Tunc vero.* ℣ *Quid autem.* In II nocturno ant. *Verumtamen.* Ps. *Cum invocarem.* Ant. *Inde ubi.* Ps. *Verba mea.* Ant. *Nec satiabatur.* Ps. *Domine Dominus.* ℣ *Justum deduxit.* ℟ *Itaque avidissime.* ℣ *Et apparuit.* ℟ *Misit ergo.* ℣ *Audierat.* ℟ *Volebat autem.* ℣ *Displicuit.* In III noct. Ant. *Flebat autem.* Ps. *Domine quis habitabit.* Ant. *Voces igitur.* Ps. *Domine in virtute.* Ant. *Adjunctus.* Ps. *Domini est terra.* ℣ *Justus ut palma.* ℟ *Vulneraverat.* ℣ *Ascendenti.* ℟ *Accepta.* ℣ *Tunc ait.* ℟ *Verbum Dei.* ℣ *Testamentum. Te Deum.* Sacerdot. ℣ *Ora pro nobis.* In Laudibus ant. *Post mortem.* Ps. *Dominus regnavit,* et ceteri. Ant. *Comperta,* ant. *Factus ergo,* ant. *Sanctus,* ant. *Eodem.* Capit. Hymnus ℣ ut unius confessoris. Ant. *In diebus ejus.* Ps. *Bened.* Or. *Adesto Domine.* Memoria de sancto Hermete. Ad Primam ant. *Post mortem.* Ps. *Deus in nomine.* Missa matutinalis de sancto Hermete ut in communi unius martyris, vel de dominica si dominica fuerit, vel de beata Virgine si fuerit sabbatum. Ad magnam missam officium *In medio ecclesiae.* Or. *Adesto.* Epist.

Ecce sacerdos magnus. Grad. *Domine praevenisti. Allel.* ℣ *Justus germinabit.* Prosa *Supernae matris.* Evangel. *Homo quidam peregre.* Non dicatur *Credo* nisi fuerit dominica. Offertor. *Veritas mea.* Communio *Beatus servus.* Ad horas ant. de Laudibus, et cetera ut unius episcopi et confessoris. Or. *Adesto.* Ad Vesperas ant. *Post mortem.* Ps. *Dixit Dominus*, et ceterae ad ceteros. Capit. Hymnus ℣ de communi. ℟ *Verbum Dei.* Ad *Magnif.* Ant. *Hodie gloriosus.* Or. *Adesto.* Memoria de sancto Johanne, ant. *Arguebat.* ℣ *Gloria et honore.* Or. *Sancti Johannis.* Memoria sanctae Sabinae virginis et martyris de communi.

In decollatione sancti Johannis Baptistae, semiduplex. Ad matutinum invitatorium *Justus florebit.* Hymnus *Deus tuorum.* Ant. Ps., ℣ ut in Nativitate ejus. Sex lectiones de sermone decollationis ejus *Hodie fratres.* Tres lectiones de Evangelio. ℟ *Misit Herodes.* ℣ *Ar-[67ᵇ]guebat.* ℟ *Puellae saltanti.* ℣ *Quae*[1] *cum* ℟ *Hic praecursor.* quaere in alio festo. ℟ *Johannes.* ℣ *Herodes.* ℟ *Misso Herodes.* ℣ *Audientes.* ℟ *Praecursor Domini.* ℣ *Hic est enim.* ℟ *Accedentes.* ℣ *Jussu.* ℟ *Metuebat.* ℣ *Et audito.* ℟ *Inter natos. Te Deum.* Sacerdot. ℣ *Posuisti Domine.* In Laudibus ant. *Herodes enim.* Ps. *Dominus regnavit* et ceteri. Ant. *Puellae saltanti*, ant. *Domine mi rex*, ant. *Da mihi*, ant. *Misit Herodes.* Capit. *Misit Herodes.* Hymnus *Martyr Dei.* ℣ *Magna est.* Ant. *Misso Herodes.* Ps. *Bened.* Or. *Sancti Johannis.* Memoria sanctae Sabinae. Ad Primam ant. *Herodes enim.* Ps. *Deus in nomine* etc. Ad missam *Gloria et honore.* Or. *Sancti Johannis.* Epist. *Expectatio justorum.* Grad. *Justus. Allel.* ℣ *Misso Herodes.* Prosa *Supernae.* Evangel. *Misit Herodes. Credo* non dicitur nisi fuerit dominica. Offertor. *Justus ut palma.* Communio *Posuisti.* Ad horas ant. de Laudibus. ℟℟, ℣℣ ut unius martyris. Or. *Sancti Johannis.* Ad Vesperas ant. *Herodes enim.* Ps. *Dixit Dominus*, et ceteri cum hac sola. Capit. *Beatus vir qui suffert.* ℟ *Puellae.* Hymnus *Deus tuorum.* ℣ *Gloria et.* Ant. *Perpetuis nos quaesumus.* Ps. *Magnif.* Or. *Sancti Johannis.* Memoria de sanctis.

Sanctorum Felicis et Adaucti martyrum, III lect. Ad missam *Sapientiam sanctorum.* Or. *Majestatem tuam.* Epist. *Rememoramini.* Grad. *Exultabunt. Allel.* ℣ *Te martyrum.* Evangel. *Nihil opertum.* Offertor. *Laetamini.* Communio *Dico vobis.*

Sancti Aegidii abbatis, IX lect. etc. ut unius confessoris non epis-

---

[1] *Ms. habet :* Qui.

copi. Ad missam *Os justi.* Or. *Intercessio.* Epist. *Dilectus Deo.* Grad. *Os justi. Allel.* ℣ *Justus germinabit.* Evangel. *Nemo accendit.* Offertor. *Desiderium.* Communio *Beatus servus.*

In Nativitate gloriosae Virginis Mariae. Ad Vesperas totum duplex. Ant. *Haec est regina.* Ps. *Laudate pueri,* ceterae ad ceteros ut in Annuntiatione. Capit. *Ego quasi.* ℟ *Solem justitiae.* ℣ *Cernere.* Hymnus *Ave maris.* ℣ *Diffusa est.* Ant. *Gloriosae.* Ps. *Magnif.* Or. *Supplicationem.* Memoria sancti Adriani martyris privatim. Ad Completorium ant. *Miserere.* Hymnus *Salvator. Allel.* Ant. *Sancta Dei Genitrix.* Ps. *Nunc dimittis.* Ad matutinum invitator. *Corde et ore.* Ps. *Venite.* Hymnus *Quem terra.* In I noct. ant. *Hodie nata.* Ps. *Domine Dominus.* Ant. *Beatissimae.* Ps. *Coeli enarrant.* Ant. *Quando nata.* Ps. *Domini est terra.* ℣ *Diffusa.* Lectiones sex de sermone Auberti *Adest nobis dilectissimi.* [67ᶜ] ℟ *Hodie nata.* ℣ *Beatissimae.* ℟ *Beatissimae.* ℣ *Cum jucunditate.* ℟ *Solem justitiae.* ℣ *Cernere.* In II noct. ant. *Hodie nata.* Ps. *Eructavit.* Ant. *Dignum namque.* Ps. *Deus noster.* Ant. *Benedicta.* Ps. *Fundamenta.* ℣ *Specie tua.* ℟ *Gloriosae.* ℣ *Hodie nata.* ℟ *Nativitas tua*¹ [℣ *Dignum namque.* ℟ *Ad nutum.* ℣ *Ut vitium.* In III noct. ant. *Nativitas*]. Ps. *Cantate* (primus). Ant. *Ista est speciosa.* Ps. *Dominus regnavit.* Ant. *Felix namque.* Ps. *Cantate* (secundus). ℣ *Adjuvabit.* Tres lectiones de Evangelio *Liber generationis.* ℟ *Nativitas gloriosae.* ℣ *Nativitas est.* ℟ *Corde et animo.* ℣ *Omnes in unum.* ℟ *Stirps Jesse.* ℣ *Virgo Dei.* Te Deum. Sacerdot. ℣ *Ora pro nobis.* In Laudibus ant. *Nativitas gloriosae.* Ps. *Dominus regnavit,* et ceteri. Ant. *Nativitas,* ant. *Regali,* ant. *Corde et animo,* ant. *Cum jucunditate.* Capit. *Ego quasi vitis.* Hymnus *O gloriosa.* ℣ *Elegit eam.* Ant. *Nativitatem.* Ps. *Bened.* Or. *Supplicationem.* Memoria de sancto Adriano. Ad Primam ant. *Nativitas.* Ps. *Deus in nomine* etc. Si dominica fuerit, missa matutinalis de dominica, II or. de festo, III de sancto Adriano. Si dominica non fuerit, missa matutinalis erit de sancto Adriano *Lactabitur* etc. ut unius martyris, II or. de Nativitate, III communis *A cunctis* vel *Concede quaesumus.* Ad Tertiam ant. *Nativitas est hodie.* Ps. *Legem pone.* Capit. *Spiritus enim meus.* ℟ *Diffusa.* Or. *Protege.* Ad magnam missam *Gaudeamus.* Collecta *Supplicationem.* Epist. *Ego quasi.* Grad. *Benedicta. Allel.* ℣ *Nativitas.* Prosa *Alle celestis.* Evangel. *Liber generationis.* Credo. Offertor. *Felix namque.* Prae-

---

¹ Quae [ ] *includuntur desiderantur in MS, sed supplentur ex Edit.*

latio *Et te in nativitate.* Communio *Regina mundi.* Ad Sextam ant. *Regali.* Ps. *Defecit.* Capit. *In omnibus requiem.* ℟ *Specie tua.* Or. *Beatae et gloriosae.* Ad Nonam ant. *Cum jucunditate.* Ps. *Mirabilia.* Capit. *Ego quasi vitis.* ℟ *Adjuvabit.* Or. *Concede misericors.* Ad Vesperas ant. *Nativitas gloriosae.* Ps. *Dixit Dominus.* Ant. *Nativitas est.* Ps. *Laudate pueri.* Ant. *Regali.* Ps. *Laetatus sum.* Ant. *Corde et ore.* Ps. *Nisi Dominus.* Ant. *Cum jucunditate.* Ps. *Lauda Jerusalem.* Capit. *Beata es Maria.* ℟ *Stirps.* Hymnus *Ave maris.* ℣ *Diffusa est.* Ant. *Nativitas tua.* Ps. *Magnif.* Or. *Supplicationem.* Memoria de sancto Gorgonio privatim. Completorium ut supra.

Sancti Gorgonii martyris, memoria tantum. Or. *Sanctus martyr tuus.*

Octavam [67ᵈ] Nativitatis beatae Virginis facimus solemniter ad modum octavarum Assumptionis ejusdem, prout etiam in Rubrica de octavis est signatum. Lectiones legantur de aliquo sermone festi, vel si necesse sit de Canticis. Ad *Bened.* [1] [et ad *Magnif.* ant. de nocturnis, vel dicatur ad *Bened.*] ant. *Speciosa,* ad *Magnif.* ant. *Quam pulchra es.* In sabbato infra octavam ad missam officium *Gaudeamus. Kyrie* et *Gloria in excelsis* ut in aliis sabbatis de gloriosa Virgine. Prosa *Verbum bonum* etc. ut in die. Ad Vesperas ant. *Nativitas.* Ps. *Dixit Dominus.* Ps. *Laudate pueri* et ceteri cum hac sola. Capit. *Beata es.* ℟ *Solem justitiae.* Hymnus *Ave maris.* ℣ *Diffusa est.* Ant. *Gloriosae.* Or. *Supplicationem.* Dominica infra octavam tota dicatur historia sicut in festo. Lectiones sex de sermone Nativitatis. Tres de expositione Evangelii dominicae. Missa matutinalis de dominica, major de festo cum prosa etc. ut in die.

Sanctorum Proti et Hyacinthi martyrum, memoria tantum. Or. *Beatorum Proti et Hyacinthi.*

Sancti Maurilii episcopi et confessoris, memoria. Or. *Beatus Maurilius.*

In Exaltatione [2] sanctae Crucis, duplex. Ad Vesperas ant. *Nativitas gloriosae.* Ps. *Dixit Dominus,* et ceteri cum hac sola. Capit. *Xpistus factus.* ℟ *Per tuam Crucem.* Hymnus *Signum Crucis.* ℣ *Hoc signum Crucis.* Ant. *O Crux benedicta.* Ps. *Magnif.* Or. *Deus qui Unigeniti.* Memoria de gloriosa Virgine Maria. Memoria sanctorum Cornelii et Cypriani martyrum Or. *Infirmitatem.* Ad Com-

---

[1] *Quae [ ] includuntur habentur in margine.*
[2] *MS habet* Exultatione.

pletor. Hymnus *Salvator*. Finiatur cum versu *Gloria tibi Domine qui nos salvasti in Cruce*. Super Ps. *Nunc dimittis*. Ant. *Allel. Hoc signum*. Ad matutinum invitator. *Venite adoremus*. Ps. *Venite*. Hymnus *Salve Crux*. In I noct. ant. *Nos autem*. Ps. *In Domino confido*. Ant. *Adoremus crucis*. Ps. *Domine quis habitabit*. Ant. *Adoramus te*. Ps. *Domini est terra*. ℣ *Hoc signum crucis*. Lectiones sex de sermone *Tempore illo postquam*. ℟ *Dulce lignum*. ℣ *Hoc signum crucis*. ℟ *Hoc signum*. ℣ *Cum sederit*. ℟ *Tuam Crucem*. ℣ *Adoramus te*. In II noct. ant. *Crux alma*. Ps. *Omnes gentes*. Ant. *O Crux*. Ps. *Jubilate* (primus). Ant. *Crucem tuam*. Ps. *Notus in Judaea*. ℣ *Adoramus te Xpiste*. ℟ *O Crux benedicta*. ℣ *O Crux admirabilis*[1]. ℟ *Adoramus te Xpiste*. ℣ *Tuam Crucem*. ℟ *Per tuam Crucem*. ℣ *Miserere*. In III noct. ant. *Salvator mundi*. Ps. *Cantate* (primus). Ant. *Tuam Crucem*. Ps. *Dominus regnavit exultet*. Ant. *Super omnia*, [68ª] Ps. *Cantate* (secundus). ℣ *Tuam Crucem*. Lectiones tres de Evangel. *Nunc judicium est mundi*. ℟ *O Crux gloriosa*. ℣ *Hoc signum*. ℟ *Nos autem*. ℣ *Mihi autem*. ℟ *O Crux viride*. ℣ *Custodi Domine*. *Te Deum*. Sacerdot. ℣ *Hoc signum*. In laudibus ant. *O magnum*. Ps. *Dominus regnavit*. Ant. *Salva nos*, ant. *Per signum*, ant. *Crux benedicta*, ant. *Ecce Crucem Domini*. Capit. *Mihi autem absit*. Hymnus *Signum crucis*. ℣ *Omnis terra*. Ant. *O Crux benedicta*. Ps. *Bened*. Or. *Deus qui Unigeniti*. Memoria de gloriosa Virgine Maria et de sanctis. Ad Primam ant. *O magnum*. Ps. *Deus in nomine*. Missa matutinalis de domina nostra *Gaudeamus* etc. Si dominica fuerit, de dominica. Ad horas ant. de Laudibus. Capitula, ℟℟ ℣℣ ut in alio festo. Or. *Deus qui Unigeniti*. Ad magnam missam *Nos autem*. Or. *Deus qui Unigeniti*. Epist. *In Xpisto habitat*. Grad. *Xpistus factus est. Allel.* ℣ *Dulce lignum*. Prosa *Laudes Crucis*. Evangel. *Nunc judicium est mundi*. Credo. Offertor. *Protege Domine*. Praefatio *Qui salutem*. Communio *Per lignum*. Ad Vesperas ant. *O magnum*. Ps. *Dixit Dominus*. Ant. *Salva nos*. Ps. *Confitebor*, ceterae ad ceteros. Capit. *Nos autem*. ℟ *O Crux viride*. Hymnus *Signum crucis*. ℣ *Hoc signum*. Ant. *O Crux splendidior*. Ps. *Magnif*. Or. *Deus qui Unigeniti*. Memoria de domina nostra ant. *Gloriosae Virginis*. ℣ *Diffusa*. Or. *Supplicationem*. Memoria sancti Nicomedis martyris. Ad Completorium de sancta Cruce ut supra.

In octava gloriosae Virginis Mariae, sicut in die ad modum festi

---

[1] *MS aliqua bis habet.*

semiduplicis cum prosa ad missam. Memoria sancti Nicomedis martyris ad matutinum et ad missam. Horae ut in die. Ad Vesperas ant. *Nativitas*. Ps. *Dixit Dominus*. Ps. *Laudate pueri* et ceteri cum hac sola. Capit. ℟ Hymnus, ℣ ant. Or. ut in die. Memoria sanctae Euphemiae virginis et martyris. Ad Completorium dicatur hymnus *Te lucis*, et finiatur cum versu *Gloria tibi Domine qui natus;* ant. *Allel. Sancta Dei genitrix.* Ps. *Nunc dimittis.* Hae octavae si in sabbato evenerint, vesperae erunt de octava, memoria de dominica et missa matutinalis et homilia dominicae pronuntietur ad matutinum.

Sanctae Euphemiae virginis et martyris, III lect. etc. ut unius virginis et martyris. Ad missam officium *Vultum tuum*. Or. *Omnipotens sempiterne Deus qui infirma*. Epist. *Domine Deus*. Grad. *Specie tua. Allel.* ℣ *Diffusa.* Evangel. *Simile est regnum.*

Sancti Lamberti episcopi et martyris, III lect. Ad missam officium *Sacerdotes ejus.* Or. *Deus qui hodiernam*. Epist. *Justus si morte*. Grad. *Inveni David. Allel.* ℣ *Posui*[68ᵛ]*sti*. Evangel. *Designavit Dominus*. Offertor. *Veritas mea.* Communio *Domine quinque.*

In Vigilia beati Matthaei dum extra jejunia Quatuor Temporum evenerit. Ad matutinum ant. dieta secundum feriam. III lectiones de Evangelio *Vidit Jesus publicanum.* ℟℟ de historia *Peto Domine*, prout feria dictaverit. Or. *Da nobis quaesumus*. Ad missam *Ego autem*. Or. *Da nobis quaesumus*. Epist. *Benedictio Domini*. Grad. *Justus ut palma.* Reiteratur Graduale. Evangel. *Vidit Jesus publicanum.* Offertor. *Gloria et honore.* Communio *Posuisti Domine.* Dum Vigilia in Quatuor Temporibus evenerit, de ea nihil fiat nisi solum prima missa. Ad Vesperas duplex. Ant., Pss. diei. Capit. *In medio ecclesiae.* ℟ *Quatuor facies.* Hymnus *Matthaee.* ℣ *Annue.* ℣ *In omnem terram.* Ant. *Ecce ego Johannes.* Ps. *Magnif.* Or. *Da nobis quaesumus.*

In natali sancti Matthaei apostoli et evangelistae. Ad matutinum invitatorium *Regem evangelistarum.* Hymnus *Aeterna Xpisti.* In I noct. ant. *Convocatis.* Ps. *Coeli enarrant.* Ant. *Mittens Dominus.* Ps. *Benedicam.* Ant. *Jesu Xpisti.* Ps. *Eructavit.* ℣ *In omnem terram.* Lectiones sex de passione ejus *Erant duo.* ℟ *In visione.* ℣ *De medio.* ℟ *Quatuor facies.* ℣ *Sub pennis.* ℟ *Similitudo.* ℣ *Duae pennae.* In II noct. ant. *Sapientia.* Ps. *Omnes gentes.* Ant. *Labia eorum.* Ps. *Exaudi Deus deprecationem.* Ant. *Elegit eos.* Ps. *Exaudi Deus orationem.* ℣ *Constitues.* ℟ *Facies et pennas.* ℣ *Pedes eorum.* ℟ *Simi-*

litudo. ℣ *Et unumquodque.* ℟ *Quatuor.* ℣ *Erat autem.* In III noct. ant. *Electi sunt.* Ps. *Confitebimur.* Ant. *Sapientia.* Ps. *Dominus regnavit exultet.* Ant. *Placentes.* Ps. *Dominus regnavit irascantur.* ℣ *Nimis honorati.* Tres lectiones de Evangel. *Vidit Jesus hominem sedentem.* ℟ *Cum aspicerem.* ℣ *Aspectus.* ℟ *Statura erat.* ℣ *Per quatuor.* ℟ *Audiebam sonum.* ℣ *Cum ambularent. Te Deum.* Sacerdot. ℣ *Dedisti haereditatem.* In Laudibus ant. *Dilecti Deo.* Ps. *Dominus regnavit,* et ceteri. Ant. *Dederunt,* ant. *Implevit eos,* ant. *Ex omni,* ant. *Datum est.* Capit. *In medio ecclesiae.* Hymnus *Exultet coelum.* ℣ *Annuntiaverunt.* Ant. *In medio.* Ps. *Bened.* Or. *Beati Matthaei.* Ad Primam ant. *Dilecti Deo.* Ps. *Deus in nomine* etc. Dum hoc festum extra jejunia Quatuor Temporum evenerit, missa matutinalis erit de ipso festo sicut est sine prosa, vel de dominica si dominica fuerit. Si in jejuniis Quatuor Temporum evenerit, prima missa erit de festo solemniter et cum prosa. et secunda de jejunio ; homilia vero de jejunio feria secunda, tertia vel quinta ad [68ᶜ] matutinum legatur prout vacaverit, cum oratione dominicali. Ad missam magnam *Os justi.* Or. *Beati Matthaei.* Epist. *Unicuique nostrum.* Grad. *Beatus vir. Allel.* ℣ *Primus ad Syon.* Prosa *Coeli solem.* Evangel. *Vidit Jesus hominem. Credo.* Offertor. *Posuisti.* Praefatio *Te Domine.* Communio *Magna est.* Ad horas ant. de Laudibus. Ad Tertiam capit. *Cibavit.* Ad Sextam capit. *Firmabit* [1]. Ad Nonam capit. *Jucunditatem.* ℟℟ et ℣℣ de apostolis cum oratione *Beati Matthaei.* Ad secundas Vesperas ant. *Dilecti Deo.* Ps. *Dixit Dominus.* Ps. *Confitebor,* et ceterae ad ceteros. Capit. *In medio.* ℟ *Audiebam.* Hymnus *Exultet.* ℣ *In omnem terram.* Ad *Magnif.* Ant. *Tua sunt haec.* Or. *Beati Matthaei.* Memoria de sancto Mauritio ac sociis ejus, ant. *Isti sunt sancti.* ℣ *Laetamini.* Or. *Deus qui es sanctorum tuorum.*

In Natali sancti Mauritii sociorumque ejus, IX lect. Ad matutinum et ad horas de communi plurimorum martyrum. Letiones octo de passione eorum, septima de Evangel. *Descendens Jesus de monte.* Ad missam officium *Intret.* Or. *Deus qui es sanctorum.* Epist. *Sancti per fidem.* Grad. *Gloriosus. Allel.* ℣ *Fulgebunt.* Evangel. *Descendens Jesus.* Offertor. *Laetamini.* Communio *Multitudo.* Ad Vesperas ant. *Omnes sancti.* Ps. *Dixit Dominus,* et ceteri cum hac sola. Capit. *Sancti ludibria.* ℟ *Tradiderunt.* Hymnus *Sanctorum meritis.* ℣ *Lae-*

---

[1] *Edit. habent* Firmabitur.

tamini in Domino. Ant. *Gaudent in coelis.* Ps. *Magnif.* Or. *Deus qui es sanctorum.*

Sancti Cleophae discipuli Domini, III lect. etc. ut unius martyris. Ad Vesperas super *Magnif.* Ant. *Qui sunt hi.* Or. *Beati martyris tui Cleophae.* Ad *Bened.* Ant. *Tu solus peregrinus.* Has antiphonas require in crastino Paschae. Ad missam *Laetabitur justus.* Or. *Beati martyris tui Cleophae.* Epist. *Beatus homo qui invenit.* Grad. *Beatus vir qui timet. Allel.* ℣ *Nonne cor.* Evangel. *Duo ex discipulis.* Quaere in crastino Paschae. Offertor. *Gloria et honore.* Communio *Posuisti Domine.*

Sanctorum Cosmae et Damiani. III lect. etc. ut plurimorum martyrum. Or. *Praesta quaesumus omnipotens Deus.* Ad missam *Sapientiam sanctorum.* Or. *Praesta quaesumus.* Epist. *Justorum animae.* Grad. *Clamaverunt. Allel.* ℣ *Justi epulentur.* Evangel. *Haec mando vobis.* Offertor. *Gloriabuntur.* Communio *Posuerunt mortalia.*

In veneratione sancti Michaelis, duplex. Ad Vesperas ant. Pss. secundum feriam. Capit. *Significavit Deus.* ℟ *Te Sanctum* [68¹] *Dominum.* Hymnus *Tibi Xpiste.* ℣ *In conspectu.* Ant. *Dum sacrum.* Ps. *Magnif.* Collecta *Deus qui miro.* Ad matutinum invitator. *Cuncta agmina.* Ps. *Venite.* Hymnus *Xpiste sanctorum.* In I noct. ant. *Stetit angelus.* Ps. *Domine Dominus.* Ant. *Ascendit fumus.* Ps. *In Domino confido.* Ant. *Michael archangele.* Ps. *Domine quis.* ℣ *Stetit angelus.* Lectiones sex de sermone *Angelorum quippe.* ℟ *Factum est silentium.* ℣ *Millia millium.* ℟ *Stetit angelus.* ℣ *Factum est silentium.* ℟ *In conspectu.* ℣ *Deus meus.* In II noct. ant. *Michael praepositus.* Ps. *Domini est terra.* Ant. *Gloriosus apparuisti.* Ps. *Benedicam Dominum.* Ant. *Angelus archangelus.* Ps. *Exaudi Deus orationem.* ℣ *Ascendit fumus.* ℟ *In conspectu gentium.* ℣ *Stetit angelus.* ℟ *Venit Michael.* ℣ *Data est.* ℟ *Hic est Michael.* ℣ *Archangelus.* In III noct. ant. *Concussum est.* Ps. *Quam dilecta.* Ant. *Data est ei.* Ps. *Qui habitat in adjutorio.* Ant. *Laudemus Dominum.* Ps. *Benedic anima* (primus). ℣ *Adorate Dominum.* Lectiones tres de Evangel. *Accesserunt discipuli ad Jesum.* ℟ *In tempore.* ℣ *In tempore.* ℟ *Fidelis sermo.* ℣ *Gaudent angeli.* ℟ *Te sanctum.* ℣ *Cherubim. Te Deum.* Sacerdotal. ℣ *In conspectu.* In Laudibus ant. *Dum praeliaretur.* Ps. *Dominus regnavit,* et ceteri. Ant. *Dum committeret.* Ant. *Archangele.* Ant. *Angeli Domini.* Ant. *Angeli Archangeli.* Capit. *Factum est proelium.* Hymnus *Tibi Xpiste.* ℣ *In conspectu.* Ant. *Factum est.* Ps. *Bened.* Or. *Deus qui miro.* Ad Primam ant. *Dum praeliaretur.* Ps.

Deus in nomine etc. Missa matutinalis de festo sicut est sine prosa. Si dominica fuerit, missa matutinalis de dominica, vel de beata Virgine si sabbatum fuerit. Ad Tertiam ant. *Dum committeret.* Ps. *Legem pone.* Capit. *Factum est silentium.* ℟ *Stetit angelus.* ℣ *Ascendit fumus.* Or. *Perpetuum nobis.* Ad Sextam ant. *Archangele.* Ps. *Defecit.* Capit. *Nunc facta est.* ℟ *Ascendit fumus.* ℣ *Adorate Dominum.* Or. *Perpetuum.* Ad magnam missam *Benedicite Dominum.* Ps. *Benedic anima* (primus). Or. *Deus qui miro.* Epist. *Significavit.* Grad. *Benedicite.* ℣ *Benedic.* Allel. ℣ *In conspectu.* Prosa *Ad celebres rex.* Evangel. *Accesserunt discipuli ad Jesum.* Credo. Offertor. *Stetit angelus.* Communio *Benedicite omnes.* Ad Nonam ant. *Angeli archangeli.* Ps. *Mirabilia.* Capit. *Factum est silentium.* ℟ *Adorate Dominum.* ℣ *In conspectu.* Or. *Beati Archangeli.* Ad Vesperas ant. *Dum praeliaretur.* Ps. *Dixit Dominus.* Ant. *Dum committeret.* Ps. *Confitebor.* Ant. *Archangele.* Ps. *Laudate pueri.* Ant. *Angeli Domini.* [69ᵃ] Ps. *Confitebor* (secundus). Ant. *Angeli archangeli.* Ps. *Lauda Jerusalem.* Capit. de sancto Hieronymo *Justum deduxit.* ℟ *Sancte Hieronyme.* Hymnus *Hic pius.* ℣ *Amavit.* Ant. *Similabo.* Ps. *Magnif.* Or. *Deus qui beatum.* Memoria de sancto Michaele Ant. *Archangeli.* ℣ *In conspectu.* Or. *Deus qui miro.*

Sancti Hieronymi presbyteri et doctoris, duplex. Ad matutinum invitatorium *Justus florebit.* Ps. *Venite.* Hymnus *Hic pius prudens.* Antt. Pss., ℣℣, ℟℟ ut unius confessoris non episcopi. Octo lectiones de vita ejus *Hieronymus;* septima lectio de Evangelio *Videte vigilate.* Missa matutinalis de festo sicut est sine prosa, vel de dominica si dominica fuerit, vel de beata Virgine si in sabbato evenerit. Ad missam magnam officium *Os justi.* Or. *Deus qui beatum Hieronymum.* Epist. *Dilectus Deo.* Grad. *Os justi.* Allel. ℣ *Justus germinabit.* Prosa *Supernae.* Evangel. *Videte vigilate.* Offertor. *Desiderium.* Communio *Magna est.* Horae ut unius confessoris non episcopi. Or. *Deus qui beatum Hieronymum.* Ad Vesperas ant. *Justum deduxit.* Ps. *Dixit Dominus,* et ceterae ad ceteros. Capit. *Justus cor suum.* ℟ *Vir Israelita.* Hymnus *Hic pius.* ℣. *Amavit.* Ant. *Hic vir despiciens.* Ps. *Magnif.* Or. *Deus qui beatum.* Memoria de sanctis Remigio, Germano et Vedasto. Ant. *Fulgebunt.* ℣ *Laetamini.* Or. *Deus qui nos beatorum confessorum.*

Post festum sancti Michaelis fratres nostri sacerdotes dicant tres missas et alii fratres dicant tria psalteria pro anniversariis fratrum, familiarium et benefactorum Ordinis nostri.

Sanctorum Remigii, Germani, Vedasti et Bavonis episcoporum, III lectiones ut plurimorum confessorum. Ad missam officium *Sacerdotes ejus*. Or. *Deus qui nos beatorum confessorum*. Epist. *Plures facti sunt*. Grad. *Sacerdotes*. Allel. ℣ *Fulgebunt*. Evangel. *Sint lumbi*. Offertor. *Exultabunt*. Communio *Justorum animae*.

Sancti Leodegarii episcopi et martyris, III lect. Ad missam officium *Sacerdotes Dei*. Or. *Exaudi Domine*. Epist. *Justus cor suum*. Grad. *Inveni David*. Allel. ℣ *Posuisti Domine*. Evangel. *Sint lumbi*. Offertor. *Veritas*. Communio *Beatus servus*.

Sancti Francisci confessoris, IX lect. etc. ut unius confessoris non episcopi. Or. *Deus qui ecclesiam*.

In festo sanctorum patriarcharum Abraham, Isaac et Jacob, IX lect. Ad Vesperas ant. Pss. secundum feriam. Capit. *Scriptum est quoniam*. ℟ *Dum staret Abraham*. ℣ *Tunc quippe*. Hymnus *An* [69ᵇ]*nue Xpiste*. ℣ *Laetamini in*. Ant. *Fulgebunt justi*. Ps. *Magnif*. Or. *Deus qui nos voluisti*. Ad matutinum invitator. *Regem Patriarcharum*. Hymnus *Ecclesiarum principes*, et ceteri versus. In I nocturno ant. *Secus decursus*. Ps. *Beatus vir*. Ant. *Tamquam aurum*. Ps. *Quare fremuerunt*. Ant. *Sapientiam*. Ps. *Domine quid multiplicati*. ℣ *Laetamini*. Lectiones sex de Genesi *Hae sunt generationes Thare*. ℟ *Locutus est Dominus ad Abraham*. ℣ *Benedicens*. ℟ *Dum staret*. ℣ *Tunc quippe*. ℟ *Temptavit*. ℣ *Immola*. In II noct. ant. *Dabo sanctis*. Ps. *Domine quis habitabit*. Ant. *Sanctis qui*. Ps. *Conserva*. Ant. *Sancti qui sperant*. Ps. *Domini est terra*. ℣ *Exultent*. ℟ *Angelus Domini*. ℣ *Cumque extendisset*. ℟ *Deus domini*. ℣ *Deus meus*. ℟ *Veni hodie*. ℣ *Igitur*. In III noct. ant. *Laetamini*. Ps. *Beati quorum*. Ant. *Justi*. Ps. *Exultate*. Ant. *Principes*. Ps. *Omnes gentes*. ℣ *Justi autem*. Septima lect. de Evangelio *Cum introisset :* quaere in crastino Cinerum. Octava et nona lectt. de Genesi *Temptavit Deus Abraham*. ℟ *Dum iret Jacob*. ℣ *Vere Dominus*. ℟ *Oravit Jacob*. ℣ *Deus in cujus*. ℟ *Concede nobis*. ℣ *Adjuvent nos*. Te Deum. Sacerdot. ℣ *Exultabunt*. In Laudibus ant. *Justorum autem*. Ps. *Dominus regnavit*, et ceteri. Ant. *Cum palma*, ant. *Corpora sanctorum*, ant. *Spiritus et animae*, ant. *Exultabunt*. Capit. *Scriptum est quoniam*. Hymnus *Vos saecli justi*, et ceteri versus. ℣ *Mirabilis*. Ant. *Abraham pater*. Ps. *Bened*. Or. ut supra. Ad Primam et ad ceteras horas ant. de Laudibus, capitula, ℟℟ ℣℣ de communi plurimorum confessorum. Ad missam officium *Gaudeamus*. Or. *Deus qui nos*. Epist. *Abraham magnus pater*. Grad. *Timete*. Allel. ℣ *Judicabunt*. Evangel. *Cum introisset*.

Offertor. *Precatus est Moyses.* Communio *Justorum animae.* Ad Vesperas ant. *Justorum autem.* Ps. *Dixit Dominus,* et ceteri cum hac sola. Capit. *Fulgebunt justi.* Hymnus *Exultet coelum laudibus.* ℣ *Laetamini.* Ant. *Pater Abraham.* Ps. *Magnif.* Or. ut supra. Memoria de sanctis.

Sanctorum Marci, Sergii et Bacchi, Marcelli et Apuleji martyrum, III lectiones ut plurimorum martyrum. Ad missam *Salus autem justorum.* Or. *Sanctorum tuorum.* Epist. *Lingua sapientium.* Grad. *Justorum animae. Allel.* ℣ *Te martyrum.* Evangel. *Haec mando vobis.* Offertor. *Gloriabuntur.* Communio *Ego elegi.*

Sanctorum Dionysii, Rustici et Eleutherii martyrum, IX lect. Ad Vesperas ant. Pss. de die. Capit. *Sancti per fidem.* ℟ *Vir inclytus.* Hymnus *Sanctorum* [69°] *meritis.* ℣ *Laetamini.* Ant. *Insignes.* Ps. *Magnif.* Or. *Deus qui beatum Dionysium.* Ad matutinum invitator. *Regem martyrum.* Hymnus *Aeterna Xpisti.* In I nocturno ant. *Sancti Dionysii.* Ps. *Beatus vir.* Ant. *Quo amplius.* Ps. *Quare fremuerunt.* Ant. *Non veritus.* Ps. *Domine quid multiplicati.* ℣ *Laetamini.* Octo lectiones de passione eorum. Septima de Evangelio *Ecce ego mitto.* ℟ *Post passionem.* ℣ *Qui cum.* ℟ *Gratias tibi.* ℣ *Quinimo.* ℟ *Beatissimus.* ℣ *Ac Parisius.* In II noct. ant. *Ecclesia.* Ps. *Domine quis habitabit.* Ant. *Cinctus.* Ps. *Conserva me.* Ant. *Tantas per.* Ps. *Domini est terra.* ℣ *Exultent.* ℟ *Dum sacrum.* ℣ *Mecum enim.* ℟ *Mecum enim.* ℣ *Dilectio.* ℟ *Vir inclytus.* ℣ *Cujus intercessio.* In III noct. Ant. *Miroque modo.* Ps. *Beati quorum.* Ant. *Dum sacrum.* Ps. *Exultate justi.* Ant. *Dansque illi.* Ps. *Deus venerunt.* ℣ *Justi.* ℟ *Tantas per illum.* ℣ *In quo.* ℟ *Adest namque.* ℣ *Quem Dominus.* ℟ *Beatus Dionysius.* ℣ *Beatorum.* Te Deum laudamus. Sacerdot. ℣ *Exultent justi.* In Laudibus ant. *Hi sancti.* Ps. *Dominus regnavit* etc. Ant. *In hac ergo,* ant. *Tali namque,* ant. *Beata nimium,* ant. *Et facta.* Capit. *Sancti per fidem.* Hymnus *Rex gloriose.* ℣ *Mirabilis Deus.* Ant. *Adest namque.* Ps. *Bened.* Or. *Deus qui beatum Dionysium.* Ad Primam et ad alias horas antt. de Laudibus, Capitula, ℟℟ ℣℣ de communi plurimorum martyrum. Ad missam officium *Intret.* Or. *Deus qui beatum Dionysium.* Epist. *Sancti per fidem.* Grad. *Gloriosus. Allel.* ℣ *Fulgebunt.* Evangel. *Ecce ego mitto.* Offertor. *Laetamini.* Communio *Multitudo.* Ad Vesperas ant. *Hi sancti.* Ps. *Dixit Dominus,* et ceteri cum hac sola. Capit. *Isti sunt sancti.* Hymnus *Sanctorum meritis.* ℣ *Laetamini.* Ant. *O bone Dionysi.* Ps. *Magnif.* Or. ut supra.

Sancti Calixti papae et martyris, III lect. Ad missam officium *Sacerdotes tui*. Or. *Deus qui nobis*. Epist. *Justus cor*. Grad. *Inveni David. Allel.* ℣ *Posuisti*. Evangel. *Vigilate*. Offertor. *Veritas*. Communio *Domine quinque*.

Sancti Lucae evangelistae, festum duplex. Octo lectiones de vita ejus *Lucas gloriosus evangelista*. Septima de Evangelio *Convocatis*. ℞ et cetera omnia de communi unius evangelistae, ut in festo sancti Matthaei signatur, cum oratione *Interveniat*. Missa matutinalis de festo sicut est, sine prosa ; vel de dominica si fuerit dominica, vel de beata Virgine si fuerit sabbatum. Ad magnam missam *In medio ecclesiae*. Or. *Interveniat*. Epist. *Vidi ostium*. Grad. *Inveni David. Allel.* ℣ *Primus* [69ᵈ] *ad Syon*. Prosa *Supernae*. Evangel. *Convocatis Jesus duodecim. Credo*. Offertor. *Veritas mea*. Praefatio communis seu cotidiana. Communio *Beatus servus*. Ad Vesperas ant. *Dilecti Deo*. Ps. *Dixit Dominus*. Ps. *Confitebor*, et ceterae ad ceteros. Capit. *In medio ecclesiae*. ℞ *Audiebam*. Hymnus *Exultet coelum*. ℣ *In omnem terram*. Ant. *Tua sunt haec Xpiste*. Ps. *Magnif*. Or. *Interveniat*.

Sanctarum Undecim millium Virginum et martyrum, IX lect. Or. *Deus qui sacratis virginibus*. Lectiones octo de passione ipsarum, septima de Evangelio *Simile est regnum coelorum decem virginibus*, vel de dominica si dominica fuerit. Cetera omnia ut in communi plurimarum virginum.

Jerusalem, sancti Marci episcopi et martyris, IX lect. etc. ut unius martyris et pontificis.

Sanctorum martyrum Crispini et Crispiniani, III lect. Ad missam officium *Salus autem justorum*. Or. *Deus qui nos concedis*. Epist. *Sancti per fidem*. Grad. *Anima nostra. Allel.* ℣ *Sancti tui Domine*. Evangel. *Hoc est praeceptum*. Offertor. *Anima nostra*. Communio *Posuerunt*.

In Vigilia apostolorum Simonis et Judae, ut in vigiliis apostolorum. ℞ de historia *Adaperiat*. Or. *Concede quaesumus*. Ad horas oratio dominicalis. Ad missam *Intret*. Or. *Concede quaesumus*. Epist. *Justorum animae*. Grad. *Vindica Domine*. Evangel. *Ego sum vitis*. Offertor. *Exultabunt*. Communio *Justorum animae*.

Sanctorum Simonis et Judae apostolorum, festum duplex. Ad Vesperas ant. Pss. diei. Capit. ℞ ut in communi apostolorum. Hymnus *Beate Symon*. ℣ *Annue*. ℣ *In omnem terram*. Ant. *Tradent enim*. Ps. *Magnif*. Or. *Concede*. Ad matutinum Invitator. hymnus, ant., Ps., ℣℣, ℞℞ de communi apostolorum. Lectiones octo de passione eorum *Symon Chananaeus*. Septima de Evangelio *Haec mando*. Horae ut plurimorum apostolorum. Or. *Deus qui nos per beatos*. Missa matutinalis *Mihi autem*, sicut est, sine prosa. Si dominica fuerit missa matutinalis erit de dominica, vel de beata Virgine si fuerit sabbatum. Ad missam majorem *Mihi autem*. Or. *Deus qui nos*. Epist. *Scimus quoniam*. Grad. *Nimis honorati*. *Allel*. ℣ *Non vos me elegistis*. Prosa *Supernae matris* vel *Coeli solem*. Evangel. *Haec mando vobis*. Credo. Offertor. *In omnem terram*. Communio *Vos qui secuti*. Ad Vesperas ant. *Juravit Dominus*. Ps. *Dixit Dominus*, ceterae ad ceteros. Capit. *Ibant apostoli*. ℟ *Cives*. Hymnus *Exultet*. ℣ *In omnem terram*. Ant. *Beati eritis*. Ps. *Magnif*. Or. *Deus qui per beatos*. Memoria de sancto Narcisso episcopo.

Jerusalem, sancti Narcissi episcopi et confessoris, III lect. Or. *Beati Narcissi*. Cetera de communi.

In Vigilia Omnium Sanctorum. Invitator., Hymnus, ant., ℣ dicta secundum feriam. [70*] Lectiones tres de Evangelio *Elevatis oculis Jesus*, quod est pars Evangelii ad missam signati. ℟℟ de historia dominicali prout evenerit. Or. *Domine Deus noster*. Ad horas oratio dominicalis. De sancto Quintino nihil fiat nisi tantum memoria ad Vesperas, matutinum et ad missam. Or. *Laetetur*. Ad missam officium *Timete Dominum*. Or. *Domine Deus noster*. Epist. *Ecce ego Johannes vidi in medio*. Grad. *Gloriosus Deus*. Graduale reiteretur. Evangel. *Descendens Jesus*. Offertor. *Laetamini*. Communio *Justorum animae*.

In festivitate Omnium Sanctorum, totum duplex. Ad Vesperas Psalmi secundum feriam. Ant. *Fulgebunt*, ant. *Sancti per fidem*, ant. *Sanctum et verum*, ant. *Gaudent in coelis*, ant. *Sancti Dei omnes*. Capit. *Vidi turbam*. ℟ *Concede nobis*. Hymnus *Xpiste redemptor*. ℣ *Laetamini*. Ant. *Beati estis*. Ps. *Magnif*. Or. *Domine Deus noster*. Ad matutinum invitator. *Regem regum*. Hymnus *Jesu salvator*. In I noct. ant. *Adesto nobis*. Ps. *Domine Dominus noster*. Ant. *Benedicta tu*. Ps. *Coeli enarrant*. Ant. *Laudemus Dominum*. Ps. *Benedic* (primus). ℣ *Laetamini in Domino*. Prima lectio *Legimus in ecclesiasticis historiis*, quam prior legat, et sic de ceteris descendendo. ℟ *Benedicat nos*. ℣ *Deus misereatur*. Lectio II. *Beata quoque genitrix*. ℟ *Felix namque*. ℣ *Ora*. Lect. III. *Novem vero ordines*. ℟ *Te sanctum*. ℣ *Cherubim*. In II noct. ant. *Inter natos*. Ps. *Bonum est*. Ant. *Principes populorum*. Ps. *Omnes gentes*. Ant. *Sanguis sanctorum*. Ps. *Deus venerunt*. ℣ *Exultent justi*. Lect. IV. *Adhuc tamen*. ℟ *Inter natos*. ℣ *Fuit*. Lect. V. *Huic athletae Dei*. ℟ *Qui sunt*. ℣ *Candidiores*. Lect. VI. *His subjectum*. ℟ *O constantia*. ℣ *Nobis ergo*. In III noct. ant. *Sint lumbi*. Ps. *Exultate justi*. Ant. *In coelis gaudent*. Ps. *Cantate* (secundus). Ant. *Omnes electi*. Ps. *Benedicam*. ℣ *Justi autem*. Lect. VII de Evangel. *Videns Jesus turbas*. ℟ *Sint lumbi*. ℣ *Vigilate*. Lect. VIII de eodem Evangel. ℟ *Audivi vocem*. ℣ *Media nocte*. Lect. IX. *Hodie dilectissimi*. ℟ *Concede nobis*. ℣ *Adjuvent*. *Te Deum laudamus*. Sacerdot. ℣ *Exultabunt*. In Laudibus ant. *O beata et benedicta*, sine versu. Ps. *Dominus regnavit*. Ant. *Tota pulchra*. Ps. *Jubilate*. Ant. *Vos amici*. Ps. *Deus, Deus*. Ant. *Benedicite*. Ps. ipsum. Ant. *Laudem dicite*. Ps. *Laudate*. Capit. *Fulgebunt*. Hymnus *Xpiste redemptor*. ℣ *Mirabilis*. Ant. *Te gloriosus*. Ps. *Bened*. Or. *Omnipotens sempiterne*. Ad Primam ant. *Vidi turbam*. Missa matutinalis *Gaudeamus*, sicut est, sine prosa. Si dominica fuerit missa matutinalis erit 70ᵇ de dominica, vel de beata Virgine si sabbatum fuerit. Ad Tertiam ant. *Et omnes angeli*. Capit. *Fulgebunt justi*. ℟ *Laetamini in Domino*. ℣ *Exultent justi*. Or. *Omnipotens sempiterne Deus*. Ad Sextam ant. *Redemisti nos*. Capit. *Justorum animae*. ℟ *Exultent justi*. ℣ *Justi autem*. Or. *Da quaesumus Domine*. Ad magnam missam *Gaudeamus*. Ps. *Exultate justi*. Or. *Omnipotens sempiterne*. Epist. *Ecce ego Johannes vidi alterum*. Grad. *Timete Dominum*. Allel. ℣ *Judicabunt*. Prosa *Gaudeat ecclesia*. Evangel. *Videns Jesus turbas*. Credo. Offertor. *Mirabilis*. Communio *Gaudete*. Ad Nonam. Ant. *Hymnus omnibus*. Capit. *Sancti per fidem*. ℟ *Justi autem*. ℣ *Justorum animae*. Or. *Exaudi quaesumus*. Ad Vesperas ant. *O beata et benedicta*. Ps. *Dixit Dominus*. Ant. *Tota pulchra*. Ps. *Confitebor*. Ant. *Vos amici*. Ps. *Beatus vir*. Ant. *Benedicite*. Ps. *Laudate pueri*. Ant. *Laudem dicite*. Ps. *Lauda Jerusalem*; si dominica fuerit *In exitu*. Capit. *Sancti per fidem*. ℟ *Concede nobis*. Hymnus *Xpiste redemptor*. ℣ *Laetamini in Domino*. Ant. *Salvator mundi*. Ps. *Magnif*. Or. *Omnipotens sempiterne*. Finitis vesperis festi, priore et cantoribus remanentibus in superpelliciis, statim incipiantur vesperae Defunctorum solemniter cum nota. Ant. *Placebo Domino*. Ps. *Dilexi quoniam*, et ceteri sicut in Rubrica XXII signantur. Prior incipiat ant. ad *Magnif*. et cum suis versiculis consuetis dicat orationem. Sola or. *Fidelium Deus* dicatur ad Vesperas et ad matutinum et terminetur per *Requiescant in pace*. Dicatur autem eo modo quo in Vesperis vel matutino oratio dici solet. Ad psalmodiam alternatim una pars chori stet et alia sedeat.

In Commemoratione animarum. Ad matutinum dicuntur XV psalmi et matutinum de beata Virgine. Postea dictis *Pater noster* et *Credo* matutini Defunctorum sic incipiantur cum nota. Ant. *Dirige*. Ps. *Verba mea*. Ant. *Convertere* etc. cum IX lectionibus sicut in Rubrica XXII signantur. Ad Primam et ad alias horas dicantur hymni et psalmi de die, ant. ℟℟, ℣℣, Or. de gloriosa Virgine Maria usque ad Vesperas. Ante missam fiat Commendatio Defunctorum hoc modo sedendo. Ps. *In exitu Israel*, usque *Ad Dominum cum tribularer*, et in fine cujuslibet psalmi *Requiem aeternam*. Sequitur ℟ sine nota *Subvenite sancti Dei*. ℣ *Suscipiat*. Sacerdos qui facit officium dicat orationes *Tibi Domine commendamus*. Or. *Deus pietatis*. Or. *Diri vulneris*. Or. [70ᶜ] *Misericordiam tuam*. Or. *Omnipotens sempiterne Deus*. Or. *Suscipe Domine*. Et dicatur in plurali *Animas fidelium tuorum*. Dum hae orationes dicuntur, fratres stent versis vultibus ad altare. Ad missam officium *Requiem aeternam*. Ps. *Te decet*. Or. *Fidelium*. Haec sola dicatur. Epist. *Ecce mysterium*. Grad. *Requiem aeternam*. Tractus *De profundis*, qui a binis et binis alternatim cantetur ad gradum. Evangel. *Dixit Martha*. Offertor. *Domine Jesu Xpiste*. ℣ *Hostias*, qui a cantoribus incipiatur. Communio *Lux aeterna*. Diaconus *Requiescant in pace*. Post Nonam dicatur *Placebo*. Ps. *Dilexi quoniam*, sine nota. Vesperae hujus diei fiant secundum feriam et dicantur Vigiliae Mortuorum, scil. III lect. secundum quod feria subsequens dictaverit. Si Commemoratio Defunctorum in dominica evenerit transferatur in crastinum et post Vesperas dominicae dicatur *Placebo* cum nota et in crastino fiat officium solemne sicut praescriptum est.

Sancti Leonardi abbatis, IX lect. etc., ut unius confessoris non episcopi. Or. *Majestati tuae*.

Quatuor Coronatorum, III lect. etc. ut plurimorum martyrum. Ad missam *Intret*. Oratio. *Praesta quaesumus omnipotens Deus*. Epist. *Sancti per fidem*. Grad. *Vindica Domine*. Allel. ℣ *Fulgebunt*. Evangel. *Descendens Jesus de monte*. Offertor. *Anima nostra*. Communio *Posuerunt mortalia*.

Sancti Theodori martyris, III lect. Ad missam officium *In virtute tua*. Or. *Deus qui nos beati*. Epist. *Justus si morte*. Grad. *Domine praevenisti*. Allel. ℣ *Posuisti*. Evangel. *Ponite in cordibus*. Offertor. *Gloria et honore*. Communio *Posuisti Domine*.

Sancti Martini papae et martyris, IX lect. Ad missam *Sacerdotes tui*. Or. *Exaudi Domine*. Epist. *Dedit Dominus*. Grad. *Ecce sacer-*

dos. Allel. ℣ Inveni David. Evangel. Vigilate quia. Offertor. Inveni David. Communio Beatus servus.

In Transitu beati Martini Turonensis episcopi, duplex festum. Ad Vesperas ant. Pss. diei. Capit. Ecce sacerdos. ℟ Domine si adhuc. Hymnus Iste confessor. ℣ Amavit. Ant. O Martine. Ps. Magnif. Or. Deus qui conspicis. Memoria Mennae martyris. Or. Praesta quaesumus. Ad matutin. Invitator. Martinus ecce migrat. Hymnus Iste confessor. In I noct. ant. Sanctus Martinus. Ps. Beatus vir. Ant. Cum repente. Ps. Quare fremuerunt. Ant. Scimus. Ps. Domine quid multiplicati. ℣ Amavit. Lect. octo de vita ejus Igitur Martinus. Septima lectio de Evangelio [70ᵈ] Sint lumbi. ℟. Hic est Martinus. ℣. Sanctae Trinitatis. ℟ Domine si adhuc. ℣ Domine si adhuc. ℟ O beatum virum. ℣ O virum. In II noct. ant. Domine jam. Ps. Cum invocarem. Ant. Artus febre. Ps. Verba mea. Ant. Sinite. Ps. Domine Dominus. ℣ Justum deduxit. ℟ Oculis. ℣ Dum sacramentum. ℟ Dum. ℣ Oculis ac. ℟ Beatus Martinus. ℣ Viribus. In III noct. ant. Media nocte. Ps. Domine quis habitabit. Ant. Adest. Ps. Domine in. Ant. Exequiae. Ps. Domini est terra. ℣ Justus ut palma. ℟ Dixerunt. ℣ Scimus. ℟ O quantus. ℣ Beati viri. ℟ Martinus. ℣ Martinus. Te Deum laudamus. Sacerdot. ℣ Ora pro nobis. In Laudibus ant. Dixerunt. Ps. Dominus regnavit, et ceteri. Ant. Domine si adhuc. Ant. O virum. Ant. Oculis. Ant. Martinus. Capit. Benedictionem. Hymnus Jesu redemptor. ℣ Justus germinabit. Ant. O quantus. Ps. Bened. Or. Deus qui conspicis. Memoria sancti Mennae martyris. Ad horas ant. de Laudibus, capitula, ℟℟, ℣℣ ut unius episcopi et confessoris. Or. Deus qui conspicis. Missa matutinalis de sancto Menna, ut in communi unius martyris cum oratione Praesta quaesumus. Sed si dominica fuerit missa matutinalis erit de dominica, vel de beata Virgine si sabbatum fuerit, et tunc II or. erit de sancto Menna. Ad magnam missam Statuit. Or. Deus qui conspicis. Epist. Ecce sacerdos. Grad. Juravit. Allel. ℣ Hic Martinus. Prosa Supernae matris. Evangel. Sint lumbi. Offertor. Veritas. Communio Beatus servus. Ad Vesperas ant. Dixerunt. Ps. Dixit Dominus, et ceterae ad ceteros. Capit. Ecce sacerdos. ℟ Martinus. Hymnus Iste confessor. ℣ Amavit. Ant. O beatum virum. Ps. Magnif. Or. Deus qui conspicis. Per octavam sancti Martini fiat de ipso officium eo modo quo supra in Rubrica XXX de Octavis solemnibus est notatum. Sequentes ant. dicantur ad Bened. et ad Magnif. per octavam et si necesse fuerit reiterentur : Ant. Martinus adhuc, ant.

Sanctae Trinitatis, ant. *Ego signo*, ant. *Confido*, ant. *Tetradius*, ant. *O ineffabilem*, ant. *Dominus Jesus*, ant. *Sacerdos Dei*, ant. *Sacerdos Dei Martinus apertum*.

Sancti Brictii episcopi et confessoris, III lect. Ad Vesperas ant. et psalmi de octava. Capit. etc. de sancto Brictio. Or. *Da quaesumus omnipotens*. Ad matutinum invitator. *Regem confessorum*. Hymnus *Iste confessor*. Ant. *Beatus vir qui in lege*, sola super psalmos unius episcopi. Lectiones tres de vita ejus *Post excessum*. ℣ et tria ʀʀ de communi secundum ordinem dierum et turbarum. *Te Deum*. In Laudibus ant. *Post excessum*. Ps. *Dominus regnavit* etc. Ant. *Tricesimo*, ant. *Illo quoque*, ant. *Respondens, 71ª* ant. *Sanctus Brictius*. Ad *Bened.* ant. *Populus autem*. Or. ut supra. Ad horas ant. Laudum, cetera de communi. Ad missam officium *Sacerdotes tui*. *Gloria in excelsis*. Or. *Da quaesumus omnipotens*. Epist. *Dedit Dominus*. Grad. *Ecce sacerdos*. *Allel.* ℣ *Juravit*. Evangel. *Homo quidam*. Offertor. *Inveni David*. Communio *Domine quinque*. Ad Vesperas ant. *Dixerunt*, etc., de sancto Martino. Si festum sancti Brictii die dominica evenerit, sex lectiones fiant de sancto Brictio, tres de Evangelio dominicae. Laudes de sancto Brictio, ant. *Post excessum*, etc., ut supra. Missa matutinalis de dominica, major de sancto Brictio. Vesperae de sancto Brictio cum prima ant. Laudum. Cetera de communi. Memoria de octava et de dominica.

In octava sancti Martini, IX lect. Octo de miraculis ejus *Archadio vero*. Cetera ut in die secundum modum supra positum in Rubrica de octavis.

De festis deinceps venientibus habeatur recursus quantum ad modum ea celebrandi ad Rubricam De In Anno, non obstantibus his quae hic in suis locis signantur.

Sancti Edmundi regis et martyris, IX lect. Ad Vesperas super *Magnif.* ant. *Ave rex gentis Anglorum*. Or. *Deus ineffabilis*. Ad matutinum octo lect. de passione ejus, septima de Evangelio *Nisi granum*, et cetera omnia ut unius martyris.

Sanctae Caeciliae virginis et martyris, IX lect. Ad Vesperas ʀ *Cantantibus organis*. Ad *Magnif.* ant. *Virgo gloriosa*. Or. *Deus qui nos*. Cetera de communi. Ad matutinum invitator. *Agnum sponsum*. Hymnus *Virginis*. In I noct. ant. *Caecilia*. Ps. *Beatus vir*. Ant. *Expansis*. Ps. *Quare fremuerunt*. Ant. *Cilicio* [1]. Ps. *Domine quid*.

---

[1] *Ms. habet ter :* Cicilio.

℣ *Diffusa.* Lectiones octo de passione ejus *Caecilia virgo.* Septima de Evangelio *Simile est regnum coelorum decem.* ℟ *Virgo gloriosa.* ℣ *Cilicio*[1]. ℟ *Cantantibus.* ℣ *Biduanis.* ℟ *Cilicio*[1]. ℣ *Non diebus.* In II noct. ant. *Domine Jesu.* Ps. *Cum invocarem.* Ant. *Beata Caecilia.* Ps. *Verba mea.* Ant. *Fiat Domine.* Ps. *Domine Dominus.* ℣ *Specie tua.* ℟ *Caecilia me.* ℣ *Tunc Valerianus.* ℟ *Domine Jesu.* ℣ *Nam sponsum.* ℟ *Caeciliam.* ℣ *Angelus.* In III noct. ant. *Credimus Xpistum.* Ps. *In Domino confido.* Ant. *Nos scientes.* Ps. *Domine quis habitabit.* Ant. *Tunc Valerianus.* Ps. *Eructavit.* ℣ *Adjuvabit eam.* ℟ *Beata Caecilia.* ℣ *Sicut enim.* ℟ *O beata.* ℣ *Beata es.* ℟ *Dum aurora.* ℣ *Caecilia.* Te Deum laudamus. Sacerdot. ℣ *Specie tua.* In Laudibus ant. *Cantantibus.* Ps. *Dominus regnavit,* et ceteri. Ant. *Est secretum,* ant. *Valerianus,* ant. *Benedico,* ant. *Caecilia.* Capit. *Sapientia* [71ᵛ] *vincit.* Hymnus *Jesu corona.* ℣ *Elegit eam.* Ant. *Dum aurora.* Ps. *Bened.* Or. *Deus qui nos.* Ad horas ant. de Laudibus. Capitula, ℟℟, ℣℣ ut unius virginis. Or. *Deus qui nos.* Ad missam *Loquebar.* Or. *Deus qui nos.* Epist. *Confitebor tibi.* Grad. *Audi filia.* Allel. ℣ *Emitte*[2]. Evangelium *Simile est regnum coelorum.* Offertor. *Offerentur,* major. Communio *Confundantur.* Ad Vesperas ant. *Cantantibus.* Ps. *Dixit Dominus,* et ceteri cum hac sola. Capit. *Beatus vir qui.* ℟ *Dedisti.* Hymnus *Deus tuorum.* ℣ *Gloria et honore.* Ant. *Oremus.* Ps. *Magnif.* Or. *Deus qui nos.* Memoria de sancta Caecilia, ant. *O beata Caecilia.* ℣ *Diffusa est gratia.* Or. *Deus qui nos annua.*

Sancti Clementis papae et martyris, IX lect. Ad matutinum Invitator. *Justus florebit.* Hymnus *Deus tuorum.* In I noct. ant. *In lege.* Ps. *Beatus vir.* Ant. *Praedicans.* Ps. *Quare fremuerunt.* Ant. *Voce.* Ps. *Domine quid multiplicati.* ℣ *Gloria et.* Lectiones octo de passione ejus *Quodam tempore.* Septima de Evangelio *Homo quidam peregre.* ℟ *Oremus.* ℣ *Qui percussit.* ℟ *Justus germinabit.* ℟ *Iste cognovit.* In II noct. ant. *Filii hominum.* Ps. *Cum invocarem.* Ceterae ad ceteros. ℟ *Orante.* ℣ *Vidi supra.* ℟ *Domine praevenisti.* ℟ *Stola jucunditatis.* In III noct. ant. *Justus Dominus.* Ps. *In Domino confido.* Ceterae ad ceteros. ℟ *Dedisti Domine.* ℣ *Hoc Domine.* ℟ *Ora pro nobis.* ℣ *Tu autem.* ℟ *Miles Xpisti.* Te Deum laudamus. Sacerdot. ℣ *Posuisti Domine.* In Laudibus ant. *Orante.* Ps. *Dominus regnavit.* Ant. *Non meis meritis,* ant. *Vidi supra,* ant. *De sub cujus,*

---

[1] *Ms. habet ter :* Cicilio.
[2] *Edit. habet :* Aemulor.

ant. *Omnes gentes.* Capit. *Beatus vir qui.* Hymnus *Martyr Dei.* ℣ *Magna est gloria.* Ant. *Dedisti Domine.* Ps. *Bened.* Or. *Deus qui nos.* Ad horas ant. de Laudibus. Capitula, ℟℟. ℣℣ ut unius martyris. Or. ut supra. Ad missam *Dicit Dominus Sermones.* Ps. *Domine exaudi.* Or. *Deus qui nos.* Epist. *Justum deduxit.* Grad. *Juravit.* Allel. ℣ *Posui adjutorium.* Evangelium *Homo quidam peregre.* Offertor. *Veritas.* Communio *Beatus servus.* Ad Vesperas ant. *Orante.* Ps. *Dixit Dominus,* et ceteri cum hac sola. Capit. *Iste sanctus.* Hymnus *Deus tuorum.* ℣ *Gloria et honore.* Ant. *Invenerunt.* Ps. *Magnif.* Or. *Deus qui nos.* Memoria de sancto Chrysogono, ant. *Iste sanctus.* ℣ *Posuisti.* Or. *Adesto Domine.*

Sancti Chrysogoni martyris, III lect. etc. de communi unius martyris.

Sanctae Katherinae virginis et martyris, duplex. Ad Vesperas ant. et psalmi de die prout venerint. Capit. *Liberasti me.* ℟ *Virgo flagellatur.* Hymnus *Virginis proles.* [71ᶜ] ℣ *Diffusa.* Ad *Magnif.* ant. *Inclyta sanctae.* Or. *Omnipotens sempiterne Deus.* Memoria sancti Petri episcopi et martyris. Or. *Adesto.* Ad matutinum invitator. *Adoretur virginum.* Ps. *Venite.* Hymnus *Virginis proles.* In I noct. ant. *Virgo sancta.* Ps. *Beatus vir.* Ant. *Specie.* Ps *Quare fremuerunt.* Ant. *Traditur.* Ps. *Domine quid multiplicati.* ℣ *Diffusa est.* Lectiones octo de vita et passione ejus, septima de Evangelio *Simile est regnum thesauro.* ℟ *Nobilis et.* ℣ *Cui rex. Fragrat.* ℟ *Martyrium.* ℣ *Daemoniis. Exclamat.* ℟ *Haec quinquagenos.* ℣ *Efficiens. Dirigit. Gloria. Dirigit.* In II noct. ant. *Cum esset.* Ps. *Cum invocarem.* Ant. *Maxentius.* Ps. *Verba mea.* Ant. *Caesar.* Ps. *Domine Dominus.* ℣ *Specie tua.* ℟ *O quam.* ℣ *Cum duce. Quos.* ℟ *Impius.* ℣ *Illa. Hanc.* ℟ *Virgo flagellatur.* ℣ *Sponsus. Fragrat. Gloria. Fragrat.* In III noct. ant. *Gloriosam.* Ps. *In Domino confido.* Ant. *Illa Deo.* Ps. *Domine in virtute.* Ant. *Cum coetu.* Ps. *Eructavit.* ℣ *Adjuvabit eam.* ℟ *Horrendo.* ℣ *Tamquam. Ecce.* ℟ *Percussa.* ℣ *Membris. Vertice.* ℟ *O mater nostra.* ℣ *Jam Xpisto. Cum prece. Gloria. Cum prece. Te Deum. Sacerdot.* ℣ *Specie tua.* In Laudibus ant. *Passionem.* Ps. *Dominus regnavit,* et ceteri. Ant. *Post plurima,* ant. *Exspecto,* ant. *Vox de coelis,* ant. *Quia devotis.* Capit. *Sapientia vincit.* Hymnus *Jesu corona.* ℣ *Elegit.* Ant. *Benedictus Dominus.* Ps. *Bened.* Or. *Omnipotens sempiterne.* Memoria sancti Petri. Ad horas ant. Laudum cum oratione *Omnipotens sempiterne.* Cetera de communi. Missa matutinalis de sancto Petro episcopo et martyre, vel de beata

Virgine si sabbatum fuerit. Ad magnam missam *Gaudeamus* Or. *Omnipotens sempiterne Deus qui corpus.* Epist. *Confitebor.* Grad. *Propter veritatem. Allel.* ℣ *Veni electa.* Prosa *Venerandam.* Evangelium *Simile est regnum cœlorum thesauro.* Non dicatur *Credo.* Offertor. *Diffusa.* Communio *Principes.* Ad secundas Vesperas quinque antiphonae Laudum super psalmos *Dixit* et ceteros. Capit, Hymnus, ℣ de communi. ℟ *O mater nostra.* Ad *Magnif.* ant. *Prudens et vigilans.* Or. *Omnipotens sempiterne.* Memoria de sancto Lino papa et martyre.

Sancti Lini papae et martyris, III lect. Or. *Preces nostras,* etc. de communi.

In Vigilia beati Andreae; ad matutinum invitator., hymnus, ant. dieta et ℣ secundum feriam. ℟℟ de historia dominicali. Or. *Quaesumus omnipotens Deus.* Memoria sancti Saturnini martyris, or. *Deus qui nos beati.* Dum haec vigilia extra Adventum venit dicantur tres lectiones de Evangelio *Stabat Johannes.* Ad missam II or. de Resurrectione, III de beata Virgine, IV de sancto 71ᵈ Saturnino. V generalis *Omnipotens sempiterne Deus qui vivorum.* Dum vero haec vigilia infra Adventum venerit, prima lectio legatur de Evangelio *Stabat Johannes,* aliae duae de Isaia. Ad missam II or. de dominica, III *Deus qui de beatae Mariae,* IV de sancto Saturnino, ℣ *Conscientias.* Officium missae *Dominus secus.* Or. *Quaesumus omnipotens* Epist. *Benedictio Domini.* Grad. *Nimis,* reiteratur. Evangel. *Stabat Johannes.* Offertor. *Gloria.* Communio *Dixit Andreas.* Ad horas oratio dominicalis.

Sancti Andreae apostoli, duplex. Ad Vesperas ant. Psalmi secundum feriam. Capit. *Non vos me.* ℟ *Dilexit Andream.* Hymnus *Andrea pie.* ℣ *Annue*[1]. (℣ *In omnem terram*). Ant. *Ambulans.* Ps. *Magnif.* Or. *Quaesumus omnipotens Deus.* Ad matutinum invitator. *Xpistum regem regum.* Hymnus *Aeterna Xpisti munera.* In I noct. ant. *Vidit Dominus.* Ps. *Coeli enarrant.* Ant. *Venite.* Ps. *Benedicam.* Ant. *Relictis.* Ps. *Eructavit.* ℣ *In omnem terram.* Lectiones sex de passione ejus *Proconsul Aegeas.* ℟ *Dum deambularet.* ℣ *Erant enim.* ℟ *Mox ut.* ℣ *Ad unius.* ℟ *Homo Dei.* ℣ *Cumque.* In II noct. ant. *Unus ex duobus.* Ps. *Omnes gentes.* Ant. *Dilexit Andream.* Ps. *Exaudi Deus deprecationem.* Ant. *Dignum sibi.* Ps. *Exaudi Deus orationem.* ℣ *Constitues.* ℟ *Doctor bonus.* ℣ *Salve Crux.* ℟ *O bona Crux.*

---

[1] *Omittitur in Ms. sed suppletur hic ex Edit.*

℣ *Salve.* ℟ *Dilexit.* ℣ *Elegit.* In III noct. ant. *Ego si patibulum.* Ps. *Confitebimur.* Ant. *Xpistus me.* Ps. ¹ [*Dominus regnavit exultet.* Ant. *Biduo*]. Ps. *Dominus regnavit irascantur.* ℣ *Nimis honorati.* Tres lectiones de Evangelio *Ambulans Jesus juxta.* ℟ *Oravit.* ℣ *Tu es.* ℟ *Expandi.* ℣ *Deus ultionum.* ℟ *Vir iste.* ℣ *Pro eo. Te Deum.* Sacerdot. ℣ *Dedisti haereditatem.* In Laudibus ant. *Salve crux.* Ps. *Dominus regnavit,* et ceteri. Ant. *Beatus Andreas,* ant. *Andreas,* ant. *Maximilla,* ant. *Qui persequebantur.* Capit. *Per manus.* Hymnus *Exultet coelum.* ℣ *Annuntiaverunt.* Ant. *Cum pervenisset.* Ps. *Bened.* Or. *Majestatem tuam.* Cum hoc festum infra Adventum venerit, tunc dicatur missa matutinalis *Rorate coeli. Gloria in excelsis,* et *Credo* et *Ite missa est,* sed prosa non dicatur. Prima collecta de beata Maria, II de sancto Andrea, III *Conscientias.* Dum vero hoc festum extra Adventum venerit, si sit feria quinta vel sexta, missa matutinalis dicatur *Mihi autem,* sicut est sine prosa. Si sit sabbatum prima missa dicatur solemniter de beata Virgine *Salve sancta.* II oratio de sancto Andrea, III *A cunctis.* Ad horas ant. de Laudibus, capitula, ℟℟ ℣℣ de communi unius apostoli [72ª]. Or. *Majestatem.* Ad missam *Mihi autem.* Or. *Majestatem tuam.* Epist. *Corde creditur.* Grad. *Constitues. Allel.* ℣ *Dilexit.* Prosa *Supernae* vel *Coeli solem.* Evangel. *Ambulans Jesus. Credo.* Offertor. *Constitues.* Praefatio *Te Domine.* Communio *Venite post me.* Ad Vesperas ant. *Juravit.* Ps. *Dixit Dominus,* ceterae ad ceteros. Capit. *Ibant apostoli.* ℟ *Vir iste.* Hymnus *Exultet coelum.* ℣ *In omnem terram.* Ant. *Concede nobis,* Ps. *Magnif.* Or. *Majestatem tuam.* Per totam hebdomadam fiat memoria de sancto Andrea ad utrasque vesperas et ad matutinum et ad missam. Memoriae sumantur de antiphonis turbarum.

Sancti Eligii episcopi et confessoris, IX lect. Or. *Exaudi.* Cetera de communi.

Sanctae Barbarae virginis et martyris. Memoria tantum.

Sancti Sabae abbatis. Memoria.

Sancti Nicolai episcopi et confessoris, festum duplex. Ad Vesperas ant., psalmi secundum feriam. Capit. *Ecce sacerdos.* ℟ *Dum adhuc.* Hymnus *Iste confessor.* ℣ *Amavit.* Ant. *O pastor.* Ps. *Magnif.* Or. *Deus qui beatum Nicolaum.* Ad matutinum invitator. *Adoremus regem.* Ps. *Venite.* Hymnus *Iste confessor.* In I noct. ant. *Nobilissimus.*

¹ *Quae [ ] includuntur habentur in margine.*

Ps. *Beatus vir.* Ant. *Postquam domi,* Ps. *Quare fremuerunt.* Ant. *Pudore bono,* Ps. *Domine quid multiplicati.* ℣ *Amavit.* Octo lectiones de vita ejus *Beatus Nicolaus.* Septima lectio de Evangelio *Sint lumbi.* ℟ *Confessor Domini.* ℣ *Erat enim.* ℟ *Operibus.* ℣ *Voce.* ℟ *Quadam die.* ℣ *Mox illis.* In II noct. ant. *Auro virginum,* ps. *Cum invocarem.* Ant. *Innocenter,* Ps. *Verba mea.* Ant. *Gloriam.* Ps. *Domine Dominus.* ℣ *Justum deduxit.* ℟ *Audiens Xpisti.* ℣ *Statimque.* ℟ *Qui cum.* ℣ *Clara.* ℟ *Beatus Nicolaus.* ℣ *Ut apud.* In III noct. ant. *Pontifices,* ps. *Domine quis habitabit.* Ant. *Sanctus quidem,* Ps. *Domine in virtute.* Ant. *Muneribus,* Ps. *Domini est terra.* ℣ *Justus ut palma.* ℟ *Summe Dei.* ℣ *Qui tres.* ℟ *Servus Dei.* ℣ *Affluens.* ℟ *Ex ejus tumba.* ℣ *Catervatim. Te Deum.* Sacerdot. ℣ *Ora pro nobis.* In Laudibus ant. *Beatus Nicolaus,* ps. *Dominus regnavit* et ceteri ; ant. *Ecclesiae,* ant. *Juste,* ant. *Amicus,* ant. *O per omnia.* Capit. *Benedictionem.* Hymnus *Jesu redemptor.* ℣ *Justus germinabit.* Ant. *Copiosae,* Ps. *Bened.* Or. *Deus qui beatum Nicolaum.* Missa matutinalis *Rorate,* cum *Gloria in excelsis* et *Ite missa.* Prosa non dicitur. Prima collecta de beata Virgine. II de sancto Andrea. III *Conscientias.* Ad horas ant. de Laudibus, capitula, ℟℟. ℣℣ ut unius episcopi et confessoris. Or. *Deus qui beatum Nicolaum.* Ad missam *Statuit.* [72ᵇ] Or. *Deus qui beatum Nicolaum.* Epist. *Ecce sacerdos.* Grad. *Domine praevenisti. Allel.* ℣ *Tumba sancti.* Prosa *Congaudentes.* Evangel. *Sint lumbi.* Offertor. *Veritas.* Communio *Beatus servus.* Ad Vesperas ant. *Beatus Nicolaus.* Ps. *Dixit Dominus,* ceterae ad ceteros. Capit. *Ecce sacerdos.* ℟ *Ex ejus tumba.* Hymnus *Iste confessor.* ℣ *Amavit.* Ant. *O Xpisti pietas.* Ps. *Magnif.* Or. *Deus qui beatum.*

In octava sancti Andreae fiat memoria tantum ad primas Vesperas et ad matutinum. Ant. ut in die. Or. *Protegat nos Domine.*

In Conceptione vel potius Veneratione sanctificationis beatae Virginis, sicut totum duplex. Ad Vesperas ant. *Haec est regina.* Ps. *Laudate pueri,* et ceterae ad ceteros sicut in Annuntiatione. Capit. *Ego quasi vitis.* ℟ *Xpisti virgo dilectissima* : quaere in Annuntiatione. Hymnus *Ave maris.* ℣ *Diffusa est.* Ant. *Ave regina coelorum, ave domina.* Ps. *Magnif.* Or. *Deus ineffabilis misericordiae.* Memoria de Adventu. Ad Completorium super *Nunc dimittis,* ant. *Allel. Sancta Dei genitrix.* Ad matutinum invitator. *In honore.* Ps. *Venite.* Hymnus *Quem terra.* In I noct. ant. *Ecce tu pulchra,* ps. *Domine Dominus;* ant. *Sicut lilium,* ps. *Coeli enarrant;* ant. *Favus distillans,* ps. *Domini est terra.* ℣ *Diffusa.* Lectiones sex de sermone aliquo congruente Sanctificationi Mariae, vel de Canticis Canticorum. ℟ *Quae est ista quae processit.* ℣ *Et sicut dies.* ℟ *Ista est speciosa.* ℣ *Odor unguentorum ejus super omnia aromata.* ℟ *Stirps Jesse.* ℣ *Virgo Dei.* In II noct. ant. *Emissiones,* ps. *Eructavit;* ant. *Fons hortorum,* ps. *Deus noster;* ant. *Veniat dilectus,* ps. *Fundamenta.* ℣ *Specie tua.* ℟ *Beatam me dicent.* ℣ *Et misericordia.* ℟ *Ornatam monilibus.* ℣ *Astitit regina.* ℟ *Xpisti virgo.* ℣ *Quoniam peccatorum.* In III noct. ant. *Corde et animo,* ps. *Cantate* (primus); ant. *Dignum namque,* ps. *Dominus regnavit exultet;* ant. *Dignare me.* Ps. *Cantate* (secundus). ℣ *Adjuvabit.* Lectiones tres de Evangelio *Liber generationis.* ℟ *Super salutem.* ℣ *Valde eam.* ℟ *Corde et animo.* ℣ *Omnes in unum.* ℟ *Felix namque.* ℣ *Ora pro populo* etc. : *tuam sanctificationem. Te Deum.* Sacerdot. ℣ *Ora pro nobis.* In Laudibus ant. *Pulchra es,* ps. *Dominus regnavit,* et ceteri ; ant. *Sicut myrrha,* ant. *In odore,* ant. *Benedicta a filio,* ant. *Speciosa facta.* Capit. *Ego quasi vitis.* Hymnus *O gloriosa.* ℣ *Elegit eam.* Ant. *Nigra sum sed formosa.* Ps. *Bened.* Or. *Deus ineffabilis misericordiae* [72ᶜ]. Ad Primam ant. *Pulchra.* Ps. *Deus in nomine.* ℟ *Jesu Xpiste.* ℣ *Qui de Virgine.* Missa matutinalis *Rorate,* sicut est, II Or. de dominica, III *Conscientias.* Praefatio *Et te in Veneratione.* Ad Tertiam ant. *Sicut myrrha,* ps. *Legem pone.* Capit. *Spiritus meus super.* ℟ *Diffusa.* ℣ *Specie tua.* Or. *Protege Domine famulos.* Ad Sextam ant. *In odore,* ps. *Defecit.* Capit. *Sicut cinnamomum.* ℟ *Specie tua.* ℣ *Adjuvabit.* Or. *Beatae et gloriosae.* Ad majorem missam officium *Gaudeamus* etc. *de cujus sanctificatione.* Ps. *Eructavit.* Or. *Deus ineffabilis misericordiae.* Epist. *Ego quasi vitis.* Grad. *Benedicta et venerabilis. Allel.* ℣ *Egredietur virga.* Vel *Allel.* ℣ *O gratiarum balsamo.* Prosa *Benedicta es coelorum.* Evangel. *Liber generationis.* Credo. Offertor. *Felix namque.* Praefatio *Et te in sanctificatione.* Communio *Beata viscera.* Ad Nonam ant. *Speciosa,* ps. *Mirabilia.* Capit. *In omnibus.* ℟ *Adjuvabit.* ℣ *Elegit.* Or. *Famulorum.* Ad secundas Vesperas quinque antiphonae Laudum super psalmos *Dixit Dominus,* Ps. *Laudate pueri* et ceteros. Capit. *Ego quasi.* ℟ *Felix namque.* Hymnus *Ave maris.* ℣ *Diffusa.* Ant. *Descendi in hortum,* Ps. *Magnif.* Or. *Deus ineffabilis misericordiae.* Completorium ut supra.

Sanctae Luciae virginis et martyris, IX lect. Ad Vesperas capit. *Qui gloriatur.* ℟ *Rogavi.* ℣ *Pro eo.* Hymnus *Virginis proles.* ℣ *Diffusa.* Ant. *In tua patientia.* Ps. *Magnif.* Or. *Exaudi nos.* Ad matutinum Invitator. *Agnum sponsum*. Hymnus *Virginis proles*. In I noct. ant. *Ante thorum*, ps. *Domine Dominus;* ant. *Unguentum*, ps. *Coeli enarrant;* ant. *O quam pulchra*, ps. *Domini est terra*. ℣ *Diffusa est*. Octo lectiones de passione ejus *Paschasius*. Lectio septima de Evangelio *Simile est regnum coelorum thesauro*. ℟ *Diffusa*. ℣ *Dilexisti*. ℟ *Dilexisti*. ℣ *Propter veritatem*. ℟ *Audivi*. ℣ *Media nocte*. In II nocturno ant. *Specie tua*, ps. *Eructavit ;* ant. *Adjuvabit*, ps. *Deus noster ;* ant. *Laeva ejus*, ps. *Fundamenta*. ℣ *Specie tua*. ℟ *Propter veritatem*. ℣ *Audi*. ℟ *Veni electa*. ℣ *Specie tua*. ℟ *Regnum mundi*. ℣ *Eructavit*. In III noct. ant. *Cum esset*, ps. *Cantate* (primus); ant. *Surge aquilo*, ps. *Dominus regnavit exultet ;* ant. *Nigra sum*, ps. *Cantate* (secundus). ℣ *Adjuvabit*. ℟ *Lucia virgo*. ℣ *Et sicut*. ℟ *Rogavi*. ℣ *Pro eo*. ℟ *Grata facta*. ℣ *Adjuvabit*. *Te Deum*. Sacerdot. ℣ *Specie tua*. In Laudibus ant. *Orante*, ps. [72ᵈ] *Dominus regnavit* etc. ; ant. *Lucia*, ant. *Soror*, ant. *Benedico*, ant. *Per te Lucia*. Capit. *Aemulor*. Hymnus *Jesu corona*. ℣ *Elegit eam*. Ant. *Columna*, Ps. *Bened*. Or. *Exaudi nos*. Ad horas antiphonae de Laudibus, capitula, ℟℟, ℣℣ ut unius virginis. Oratio ut supra. Ad missam *Dilexisti*. cum *Gloria in excelsis*. Or. *Exaudi*. Epist. *Domine Deus meus*. Grad. *Dilexisti*. *Allel*. ℣ *Adducentur*. Evangel. *Simile est regnum*. Offertor. *Offerentur* majus. Communio *Diffusa*. Ad Vesperas ant. *Orante*. Ps. *Dixit Dominus*, et ceteri cum hac sola. Capit. *Liberasti me*. ℟ *Grata facta*. Hymnus *Virginis*. ℣ *Diffusa*. Ant. *Tanto pondere*, Ps. *Magnif*. Or. *Exaudi nos*.

Sancti Lazari episcopi et confessoris, IX lect. Ad Vesperas ant. Ps. secundum feriam. ℟ Hymnus, ℣, ant. ut unius episcopi et confessoris. Or. *Deus qui per Unigenitum*. Ad matutinum invitatorium, Hymnus, antt., pss. ℣℣ de communi. Lectiones octo de homilia Evangelii *Erat quidam languens* : quaere sexta feria ante dominicam in Passione Domini. Septima de eadem homilia. ℟℟ *Euge serve*, sicut sunt. Ad *Bened*. ant. *Lazarus amicus*. Or. ut supra. Ad missam officium *Statuit*, cum *Gloria in excelsis*. Or. *Deus qui per Unigenitum*. Epist. *Ecce sacerdos*. Grad. *Juravit*. *Allel*. ℣ *Inveni David*. Evangelium *Erat quidam languens*. Offertor. *Veritas*. Communio *Videns Dominus*. Ad Vesperas ant. *Ecce sacerdos*, ps. *Dixit Dominus*, et ceteri cum hac sola. Capit. *Dedit illi Dominus*. ℟ *Sancte Lazare*. Hymnus, ℣ ut unius confessoris. Ad *Magnif*. ant. *Domine si fuisses hic, frater*. Oratio ut supra.

Sancti Thomae apostoli, festum duplex. Ad Vesperas ant., pss.

secundum feriam. Capit. *Non vos me elegistis.* ℟ *Qui sunt isti.* Hymnus *O Thoma Xpisti.* ℣ *Annue.* ℣ *In omnem terram.* Ant. *O Thoma.* Ps. *Magnif.* Or. *Da nobis quaesumus Domine.* Ad matutinum invitator., Hymnus, antt., pss. ℣℣, ℟℟ de communi Apostolorum. Octo lectiones de vita ejus *Beatum Thomam.* Septima de Evangelio *Thomas unus ex duodecim*, quaere in octava Paschae infra Evangelium *Cum esset sero.* Ad *Bened.* ant. *Thoma infer.* Or. ut supra. Missa matutinalis *Rorate coeli*, cum *Gloria* et *Credo* et *Ite missa est*, sine prosa. Prima collecta de beata Virgine, II de sancto Thoma, III *Conscientias.* Horae ut unius apostoli. Ad missam magnam *Mihi autem.* Or. *Da nobis quaesumus Domine.* Epist. *Jam non estis.* Grad. *Constitues.* Allel. ℣ *Non vos me elegistis.* Prosa *Supernae matris* vel *Coeli solem.* Evangelium *Thomas* [73ª] *unus.* Credo. Offertor. *Mihi autem.* Praefatio *Te Domine.* Communio *Mitte manum.* Ad Vesperas ant. *Juravit Dominus*, ps. *Dixit Dominus*, ceterae ad ceteros. Capit. *Non vos (me) elegistis.* ℟ *Cives.* Hymnus *Exultet.* ℣ *In omnem terram.* Ant. *Quia vidisti.* Ps. *Magnif.* Or. ut supra.

EXPLICIT PROPRIUM OFFICIUM DE SANCTIS.

Incipit Commune Officium de Sanctis extra tempus Paschale.

In Vigilia unius vel plurimorum Apostolorum proprietatem non habentium. Ad matutinum invitatorium, Hymnus, antt. Pss. ℣℣ secundum feriam. Tres lectiones de Evangelio *Ego sum vitis vera*. ℟℟ de historia dominicali, et cetera secundum feriam. Oratio *Quaesumus omnipotens*. Horae secundum feriam cum collecta dominicali. Ad missam officium *Ego autem*. Ps. *Quid gloriaris*. Gloria in excelsis non dicitur. Collecta *Quaesumus omnipotens Deus*. Epist. *Benedictio Domini super caput*, vel Epist. *Nemo militans*. Grad. *Justus*. Graduale reiteratur. Evangelium *Ego sum vitis vera*. Offertorium *Gloria et honore*. Praefatio ferialis. Communio *Magna*. Ad Vesperas sive sit semiduplex sive duplex ant. et psalmi de die prout veniunt. Capit. *Non vos me elegistis*. ℟ *Qui sunt isti*. Hymnus *Annue Xpiste*. ℣ *In omnem terram*. Ant. *Tradent enim*. Ps. *Magnif*. Or. *Quaesumus omnipotens Deus*, vel qualis evenerit. Ad matutinum invitatorium *Regem apostolorum*. Hymnus *Aeterna Xpisti*. In I nocturno ant. *In omnem terram*. Ps. *Coeli enarrant*. Ant. *Clamaverunt*. Ps. *Benedicam*. Ant. *Constitues*. Ps. *Eructavit*. ℣ *In omnem terram*. Octo lectiones de passione et vita eorum et septima de Evangelio, vel si propria legenda non habeatur sex lectiones legantur de sermonibus et tres de Evangelio quale evenerit. Et idem fiat in aliis festis IX lectionum. ℟ *Ecce ego*. ℣ *Dum lucem*. ℟ *Tollite jugum*. ℣ *Et invenietis*. ℟ *Dum steteritis*. ℣ *Non enim*. In II noct. ant. *Principes populorum*. Ps. *Omnes gentes*. Ant. *Dedisti*. Ps. *Exaudi Deus deprecationem*. Ant. *Annuntiaverunt*. Ps. *Exaudi Deus orationem*. ℣ *Constitues*. ℟ *Vidi conjunctos*. ℣ *Vidi angelum*. ℟ *Isti sunt triumphatores*. ℣ *Isti sunt*. ℟ *Fuerunt*. ℣ *Tradiderunt*. In III noct. ant. *Exaltabuntur*. Ps. *Confitebimur*. Ant. *Lux orta*. Ps. *Dominus regnavit exultet*. Ant. *Custodiebant*. Ps. *Dominus regnavit irascantur*. ℣ *Nimis honorati*. ℟ *Isti viventes*. ℣ *Sancti per fidem*. ℟ *Isti sunt*. ℣ *In omnem terram*. ℟ *Cives*. ℣ *Audite*. Te Deum. Sacerdotalis ℣ *Dedisti haereditatem*. In Laudibus ant. *Hoc est praeceptum*. Ps. *Dominus regnavit*, et ceteri. Ant. *Majorem caritatem*. Ant. *Vos amici*. Ant. *Beati paci[73ᵇ]fici*. Ant. *In patientia vestra*. Capit. *Per manus autem*. Hymnus *Exultet*. ℣ *Annuntiaverunt*. Ant. *Estote fortes*. Ps. *Bened*. Or. *Deus qui nos annua*. Ad Primam ant. *Hoc est praeceptum*. Ps. *Deus in nomine*. Ad Tertiam ant. *Majorem caritatem*. Ps. *Legem pone*. Capit. *Ibant apostoli*. ℟ *In omnem terram*. ℣ *Consti-*

tues. Or. *Protege.* Ad missam officium *Mihi autem.* Ps. *Domine probasti.* Or. *Deus qui nos.* Epistola *Jam non estis,* vel *Unicuique,* vel *Scimus quoniam.* Grad. *Constitues,* vel *Nimis honorati,* vel *In omnem terram. Allel.* ⱴ *Per manus;* vel *Allel.* ⱴ *Non vos;* vel *Allel.* ⱴ *In omnem,* vel *Allel.* ⱴ *Primus ad Syon.* Prosa *Coeli solem,* vel *Supernae.* Infra LXX^(am) Tractus *Coeli enarrant.* Evangelium *Hoc est praeceptum,* vel *Haec mando,* vel *Facta est contentio.* Credo. Offertor. *Mihi,* vel *In omnem terram,* vel *Constitues.* Praefatio *Te Domine suppliciter.* Numquam dicatur *Per beatos evangelistas tuos.* Communio *Vos qui secuti,* vel *Amen dico.* Ad Sextam ant. *Vos amici.* Ps. *Defecit.* Capit. *Per manus.* ℟ *Constitues.* ⱴ *Nimis honorati.* Or. *Exaudi nos.* Ad Nonam ant. *In patientia.* Ps. *Mirabilia.* Capit. *Scimus quoniam.* ℟ *Nimis honorati.* ⱴ *Annuntiaverunt.* Or. *Protege Domine.* Ad Vesperas ant. *Juravit.* Ps. *Dixit Dominus.* Ant. *Collocet.* Ps. *Laudate pueri.* Ant. *Dirupuisti.* Ps. *Credidi.* Ant. *Euntes.* Ps. *In convertendo.* Ant. *Confortatus est.* Ps. *Domine probasti.* Capit. *Non vos (me)¹ elegistis;* vel *Jam non estis.* Si duplex fuerit vel in Adventu vel in XL^(ma) ℟ *Cives.* Hymnus *Exultet.* ⱴ *In omnem terram.* Ant. *Beati eritis,* vel *Dum steteritis,* vel *Isti sunt viri.* Ps. *Magnif.* Or. ut supra ad matutinum.

In communi unius evangelistae duplex festum. Ad Vesperas ant. et psalmi diei prout veniunt. Capit. *In medio.* ℟ *Quatuor facies.* Hymnus *Annue Xpiste.* ⱴ *In omnem terram.* Ad *Magnif.* ant. *Ecce ego.* Or. qualis evenerit. Ad matutinum legantur lectiones de ejus vita vel de sermone aliquo de evangelistis et de Evangelio *Convocatis,* vel *Designavit.* Or. qualis evenerit. Cetera omnia tam ad matutinum quam ad horas ut in festo beati Matthaei. Ad missam sicut in suo loco signatur.

In natali unius martyris IX lectionum vel supra. Ad Vesperas ant. psalmi de feria sive de die [73ᶜ] prout veniunt. Capit. *Beatus vir (qui)¹ suffert.* ℟ *Miles Xpisti.* Hymnus *Deus tuorum.* ⱴ *Gloria et honore.* Ant. *Iste sanctus;* vel ant. *Hic est martyr.* Ps. *Magnif.* Or. *Deus qui nos beati.* Ad matutinum Invitator. *Regem martyrum.* Hymnus *Deus tuorum.* In I noct. ant. *In lege.* Ps. *Beatus vir.* Ant. *Praedicans.* Ps. *Quare fremuerunt.* Ant. *Voce mea.* Ps. *Domine quid multiplicati.* ⱴ *Gloria et honore.* Lectiones de propria legenda ipsius, vel de sermone *Omnium quidem bonorum,* et de Evangelio

---

¹ *Quae ( ) includuntur desiderantur in MS.*

quale evenerit, juxta modum supra de apostolis assignatum. ℟ *Iste sanctus*. ℣ *Munimine*. ℟ *Justus germinabit*. ℣ *Plantatus*. ℟ *Iste cognovit*. ℣ *Iste est*. In II noct. ant. *Filii*. Ps. *Cum invocarem*. Ant. *Scuto bonae*. Ps. *Verba mea*. Ant. *In universa*. Ps. *Domine Dominus noster*. ℣ *Posuisti Domine*. ℟ *Desiderium*. ℣ *Posuisti Domine*. ℟ *Domine praevenisti*. ℣ *Vitam*. ℟ *Stola*. ℣ *Cibavit*. In III noct. ant. *Justus*. Ps. *In Domino confido*. Ant. *Habitabit*. Ps. *Domine quis habitabit*. Ant. *Posuisti Domine*. Ps. *Domine in virtute*. ℣ *Justus ut palma*. ℟ *Corona*. ℣ *Domine praevenisti*. ℟ *Gloria et honore*. ℣ *Quoniam elevata*. ℟ *Miles Xpisti*. ℣ *Ut coelestis*. *Te Deum*. Sacerdot. ℣ *Posuisti Domine*. In Laudibus ant. *Qui me confessus*. Ps. *Dominus regnavit* etc. Ant. *Qui sequitur*. Ant. *Si quis mihi*. Ant. *Qui mihi ministrat* [1]. Ant. *Volo pater*. Capit. *Iste sanctus*. Hymnus *Martyr Dei*. ℣ *Magna est gloria*. Ant. *Nisi granum*, vel ant. *Hic vir*. Ps. *Bened*. Or. *Praesta quaesumus*, vel Or. *Deus qui nos beati*. Ad Primam ant. *Qui me confessus*. Ps. *Deus in nomine*. Ad missam officium *Laetabitur*. Ps. *Exaudi Deus orationem*, vel *In virtute tua*. Ps. *Et voluntate*, vel *Protexisti me*. Ps. *Exaudi Deus orationem*; vel *Justus ut palma*. Ps. *Bonum est confiteri*, vel *Gloria*. Ps. *Domine Dominus noster*. Or. *Praesta quaesumus omnipotens Deus*, vel *Deus qui nos beati*. Epist. *Beatus vir qui inventus*, vel *Beatus homo qui invenit*, vel *Beatus vir qui in sapientia*, vel *Justus si morte praeoccupatus*, vel *Nemo militans*, vel *Expectatio justorum*. Grad. *Posuisti Domine*. ℣ *Desiderium*; vel *Beatus vir qui* ℣ *Potens in terra*; vel *Justus ut*. ℣ *Ad annuntiandum*; vel *Domine praevenisti*. ℣ *Vitam petiit*, vel *Allel*. ℣ *Posuisti Domine*; vel *Allel*. ℣ *Beatus vir qui timet*; vel *Allel*. ℣ *Confitebimur* [2]; vel *Justus ut palma*; vel *Allel*. ℣ *Justus germinabit*. Si semiduplex vel supra fuerit prosa *Supernae*. Infra LXX^am Tractus *Desiderium*. Evangelium *Si quis vult post me*; vel *Ponite in cor*[73ᵈ]*dibus vestris*; vel *Ego sum vitis vera*; vel *Nisi granum frumenti*; vel *Designavit Dominus et alios*; vel *Nihil opertum quod non reveletur*. Offertor. *Posuisti Domine*, vel *In virtute*, vel *Repleti sumus*, vel *Gloria et honore*, vel *Justus ut palma*. Communiones *Qui vult venire*, vel *Semel juravi*, vel *Magna est gloria*, vel *Laetabitur justus*, vel *Ego sum vitis*, vel *Qui mihi ministrat*, vel *Posuisti Domine*. Ad Tertiam ant. *Qui*

---

[1] Nota inversionem tertiae et quartae antiphonae juxta ritum Sancti Sepulchri.
[2] Sic, forte pro Confitebuntur.

sequitur me. Ps. *Legem pone.* Capit. *Iste cognovit.* ℟ *Gloria et honore.* ℣ *Posuisti Domine.* Or. *Adesto.* Ad Sextam *Si quis mihi.* Ps. *Defecit.* Capit. *Beatus vir qui inventus.* ℟ *Posuisti.* ℣ *Justus ut palma.* Or. *Adesto Domine.* Ad Nonam ant. *Volo pater.* Ps. *Mirabilia.* Capit. *Beatus vir qui in sapientia.* ℟ *Justus ut palma.* ℣ *Magna est gloria.* Or. ut supra. Ad Vesperas super psalmos *Dixit Dominus, Confitebor, Beatus vir, Laudate pueri, Lauda Jerusalem,* vel si dominica fuerit *In exitu* dicatur prima ant. Laudum, vel si duplex fuerit dicantur omnes, et modo consimili fiat in officiis IX lectionum subsequentibus. Capit. *Iste sanctus.* Si duplex fuerit vel in Adventu vel in XL^{ma} ℟ *Stola.* Hymnus *Deus tuorum.* ℣ *Gloria et honore.* Ant. *Hic est vere,* vel ant. *Hic vir despiciens.* Ps. *Magnif.* Or. ut supra ad matutinum.

In natali unius martyris III lect. Ad vesperas ant. et psalmi secundum feriam. Capit. Hymnus, ℣ Ant. Or. ut prius de communi IX lect. Ad matutinum invitator. *Regem martyrum.* Hymnus *Deus tuorum,* et dieta secundum feriam. Lect. tres de legenda propria vel communi, aut de temporali. ℣℣ et ℟℟ ut supra secundum ordinem dierum et turbarum. In Laudibus super Ps. *Dominus regnavit.* et ceteros prima ant. Laudum. Cetera ad matutinum et ad horas ut supra. Similiter et ad missam absque *Gloria in excelsis,* et modo consimili fiat de quibuscumque aliis festis III lect. prout etiam supra in Rubrica XXVIII signabatur.

In natali unius episcopi et martyris sive IX lect. sive III omnia fiant sicut de martyre excepta missa ad quam dicatur hoc officium *Sacerdotes Dei.* Ps. *Benedicite.* Or. *Deus qui nos beati.* Epist. *Plures facti.* Grad. *Inveni David. Allel.* ℣ *Justus germinabit.* Infra LXX^{am} si sit IX lect. Graduale¹ *Desiderium.* Evangel. *Videte et vigilate.* Offertor. *Veritas.* Communio *Semel.*

In natali plurimorum martyrum IX lect. Ad Vesperas ant. et pss. de die. Capit. *Sancti per fidem.* ℟ *Tradiderunt.* Hymnus *Sanctorum meritis.* ℣ *Laetamini.* Ant. *Isti sunt sancti,* vel ant. *Gaudent in coelis.* Ps. *Magnif.* Or. *Deus qui nos concedis.* Ad matutinum invitator. *Regem* [74ª] *martyrum.* Hymnus *Aeterna Xpi munera.* In I noct. Ant. *Secus decursus.* Ps. *Beatus vir.* Ant. *Tamquam aurum.* Ps. *Quare fremuerunt.* Ant. *Si coram.* Ps. *Domine quid multiplicati.* ℣ *Laetamini in Domino.* Lectiones de legenda propria vel communi.

---

¹ *Lege :* Tractus.

et de Evangelio quale evenerit juxta modum supradictum. ℟ *Absterget*. ℣ *Non esurient*. ℟ *Viri sancti*. ℣ *Unus spiritus*. ℟ *Tradiderunt*. ℣ *Isti sunt*. In II noct. Ant. *Dabo sanctis*. Ps. *Domine quis habitabit*. Ant. *Sanctis*. Ps. *Conserva*. Ant. *Sancti qui sperant*. Ps. *Domini est terra*. ℣ *Exultent*. ℟ *Sancti tui Domine*. ℣ *Victricem*. ℟ *Verbera carnificum*. ℣ *Immania*. ℟ *Haec est vera*. ℣. *Ecce quam bonum*. In III noct. Ant. *Laetamini*. Ps. *Beati quorum*. Ant. *Justi autem*. Ps. *Exultate justi*. Ant. *Sanguis sanctorum*. Ps. *Deus venerunt*. ℣ *Justi autem*. ℟ *Sancti qui inter*. ℣ *Venite*. ℟ *Propter testamentum*. ℣ *Ecce quam*. ℟ *Corpora sanctorum*. ℣ *Sapientiam*. ℟ *O constantia martyrum* ℣ *Nobis ergo*. ℟ *Concede*. ℣ *Adjuvent*. *Te Deum*. Sacerdot. ℣ *Exultent*. In Laudibus ant. *Omnes sancti*. Ps. *Dominus regnavit*. etc. Ant. *Cum palma*. Ant. *Corpora sanctorum*. Ant. *Martyres Domini*. Ant. *Exultabunt*. Capit. *Reddat Deus*. Hymnus *Rex gloriose*. ℣ *Mirabilis*. Ant. *Istorum est*. Ps. *Bened*. Vel Ant. *Sancti per fidem;* Vel *Sanctum et verum;* Vel *Haec est vera*. Or. *Deus qui nos concedis*. Ad Primam Ant. *Omnes sancti*. Ps. *Deus in nomine*. Officium plurimorum martyrum ad missam *Intret*. Ps. *Deus venerunt;* Vel aliter *Sancti tui Domine*. Ps. *Exaltabo*. Vel *Ecce oculi*. Ps. *Exultate;* Vel *Clamaverunt*. Ps. *Exultate justi;* Vel *Sapientiam sanctorum*. Ps. *Exultate;* Vel *Loquitur*[1] *Dominus*. Ps. *Benedixisti;* Vel *Salus autem justorum*. Ps. *Noli aemulari;* Vel *Multae tribulationes*. Ps. *Benedicam;* Vel *Laudate pueri*. Ps. *Sit nomen;* Vel *Justi epulentur*. Ps. *Exurgat;* Vel *Timete Dominum*. Ps. *Benedicam*. Collecta *Deus qui nos*. Epist. *Sancti per fidem vicerunt;* Vel *Stabunt justi;* Vel *Justorum animae;* Vel *Justi autem in perpetuum;* Vel *Respondens unus*[2] (Vel) *Spectaculum facti;* Vel *Reddet Deus;* Vel *Quis nos separabit;* Vel *Hi sunt viri;* Vel *Rememoramini;* Vel *Lingua sapientium ornat*. Grad. *Gloriosus Deus*. ℣ *Dextera tua;* Vel *Clamaverunt justi*. ℣ *Juxta est Dominus*. Vel *Vindica Domine*. ℣ *Posuerunt;* Vel *Anima nostra*. ℣ *Laqueus contritus;* Vel *Ecce quam bonum*. ℣ *Sicut unguentum;* Vel *Justorum animae*. ℣ *Visi sunt;* Vel *Exultabunt*. ℣ *Cantate Domino;* Vel *Timete Dominum*. ℣ *Inquirentes*. *Allel*. ℣ *Judicabunt* [74ᵇ] *nationes;* Vel *Allel*. ℣ *Gaudete justi in Domino;* Vel *Allel*. ℣ *Stabunt justi;* Vel *Allel*. ℣ *Sancti tui Domine;* Vel *Allel*. ℣ *Justi epulentur;* Vel *Allel*. ℣ *Fulgebunt justi;* Vel *Allel*.

---

[1] *Edit. habent* Loquetur.
[2] *In Ms. desideratur dictio* vel.

℣ *Sancti et justi;* Vel *Allel.* ℣ *Te martyrum candidatus;* Vel *Allel.* ℣ *Laudate pueri:* Vel *Allel.* ℣ *Laetamini in Domino.* Si semiduplex fuerit vel supra, prosa *Supernae.* Infra LXX^{am} Tract. *Qui seminant.* Evangelia *Descendens Jesus;* Vel *Nolite arbitrari quia;* Vel *Videte ne quis vos seducat;* Vel *Egrediente Jesu de templo,* vel *Attendite a fermento pharisaeorum,* vel *Videns Jesus turbas,* vel *Ecce ego mitto vos.* Offertoria *Laetamini in Domino,* vel *Mirabilis,* vel *Exultabunt sancti,* vel *Anima nostra,* vel *Gloriabuntur in,* vel *Confitebuntur.* Communiones *Multitudo,* vel *Gaudete justi,* vel *Justorum animae,* vel *Ego vos elegi,* vel *Posuerunt,* vel *Amen dico,* vel *Et si coram hominibus,* vel *Quicumque fecerit,* vel *Dico vobis gaudium,* vel Communio *Signa eos*[1], vel Communio *Quod dico vobis.* Ad Tertiam ant. *Cum palma.* Ps. *Legem pone.* Capit. *Istorum est enim*[2]. ℟ *Laetamini.* ℣ *Exultent justi.* Or. *Praesta quaesumus omnipotens Deus.* Ad Sextam ant. *Corpora sanctorum.* Ps. *Defecit.* Capit. *Sancti et justi.* ℟ *Exultent.* ℣ *Justi autem.* Or. ut supra ad Tertiam. Ad Nonam ant. *Exultabunt.* Ps. *Mirabilia.* Capit. *Fulgebunt justi.* ℟ *Justi autem in perpetuum.* ℣ *Mirabilis Deus.* Or. ut supra. Ad Vesperas ant. *Omnes sancti.* Ps. *Dixit Dominus,* et ceteri. Capit. *Sancti ludibria.* Si duplex fuerit vel in Adventu vel in XL^{ma} ℟ *Corpora sanctorum.* Hymnus *Sanctorum meritis.* ℣ *Laetamini in Domino.* Ant. *Sancti per fidem.* Vel *Gaudent.* Ps. *Magnif.* Or. ut supra ad matutinum.

In natali plurimorum martyrum III lect. Ad Vesperas capit. *Isti sunt sancti qui pro testamento.* Hymnus. ℣ ant. et Or. ut supra in communi IX lect. Ad matutinum invitator. *Regem martyrum.* Hymnus *Aeterna.* Dicta secundum feriam. Tria ℟℟ de historia *Absterget.* Prima ant. Laudum super Ps. *Dominus regnavit* etc. ut supra.

In natali unius episcopi et confessoris IX lect. vel supra. Ad Vesperas ant. Ps. diei. Capit. *Ecce sacerdos.* ℟ *Sancte ny*[3]. ℣ *O sancte N.* Hymnus *Iste confessor.* ℣ *Amavit eum.* Ant. *Confessor Domini.* Ps. *Magnif.* Or. *Da quaesumus omnipotens Deus.* Ad matutinum invitator. *Regem confessorum.* Hymnus *Iste confessor.* In I noct. Ant. *Beatus vir.* Ps. ipsum. Ant. *Beatus.* Ps. *Quare fremuerunt.* Ant. *Tu es.* Ps. *Domine quid 74^c multiplicati.* ℣ *Amavit eum.* Lectiones de vita ejus vel de sermone, et de Evangelio quale evenerit. ℟ *Euge serve bone.* ℣ *Domine quinque.* ℟ *Ecce sacerdos.* ℣ *Benedic-*

---

[1] *Non habentur in Edit.*
[2] *Ms. habet* Justorum.
[3] *Sic pro* Sancte N. Xpi.

tionem. ℟ *Juravit Dominus.* ℣ *Dixit Dominus.* In II noct. Ant. *Invocantem.* Ps. *Cum invocarem.* Ant. *Laetentur.* Ps. *Verba mea.* Ant. *Domine Dominus.* Ps. ipsum. ℣ *Justum deduxit.* ℟ *Posui adjutorium.* ℣ *Inveni David.* ℟ *Amavit.* ℣ *Induit.* ℟ *Ecce vir prudens.* ℣ *Ecce vere.* In III noct. Ant. *Domine iste.* Ps. *Domine quis.* Ant. *Vitam.* Ps. *Domine in virtute.* Ant. *Hic accipiet.* Ps. *Domini est terra.* ℣ *Justus ut palma.* ℟ *Magnificavit.* ℣ *Statuit.* ℟ *Vir Israelita.* ℣ *Ut precibus.* ℟ *Sancte N.* ℣ *O sancte.* Te Deum. Sacerdot. ℣ *Justum deduxit.* In Laudibus ant. *Ecce sacerdos.* Ps. *Dominus regnavit* etc. ; ant. *Beatus ille.* Ant. *Fidelis.* Ant. *Sacerdotes Dei.* Ant. *Serve bone.* Capit. *Benedictionem.* Hymnus *Jesu redemptor.* ℣ *Justus germinabit.* Ant. *Euge.* Ps. *Bened.;* vel ant. *Iste est qui ante;* Vel *Amavit;* Vel *Dum esset summus pontifex.* Or. *Da quaesumus omnipotens Deus.* Ad Primam ant. *Ecce sacerdos.* Ps. *Deus in nomine.* Ad missam officium *Statuit ei.* Ps. *Misericordias Domini ;* vel *Sacerdotes.* Ps. *Memento Domine;* Vel *Sacerdotes tui.* Ps. *Memento;* Vel *Sacerdotes Dei.* Ps. *Benedicite.* Or. *Da quaesumus omnipotens Deus.* Epist. *Ecce sacerdos ;* Vel *Justus cor suum ;* Vel *Justum deduxit;* Vel *Dedit Dominus confessionem ;* Vel *Plures facti.* Gradualia *Ecce sacerdos.* ℣ *Non est inventus;* Vel *Inveni David.* ℣ *Nihil proficiet ;* Vel *Juravit Dominus.* ℣ *Dixit Dominus;* Vel *Domine praevenisti.* ℣ *Vitam petiit;* Vel *Sacerdotes ejus.* ℣ *Illuc producam.* Allel. ℣ *Inveni David servum ;* Vel *Allel.* ℣ *Posui adjutorium ;* Vel *Allel.* ℣ *Justus germinabit ;* Vel *Allel.* ℣ *Juravit Dominus.* Si semiduplex fuerit vel supra, prosa *Supernae.* Infra LXX^{am} Tractus *Beatus vir qui.* Evangelia *Homo quidam peregre ;* Vel *Vigilate quia nescitis ;* Vel *Homo quidam nobilis.* Offertoria *Inveni David ;* Vel *Veritas.* Communiones *Domine quinque;* Vel *Fidelis servus.* Ad Tertiam ant. *Beatus ille.* Ps. *Legem pone.* Capit. *Non est inventus.* ℟ *Amavit.* ℣ *Justum deduxit.* Or. *Da quaesumus omnipotens Deus.* Ad Sextam ant. *Fidelis servus.* Ps. *Defecit.* Capit. *Benedictionem.* ℟ *Justum deduxit.* ℣ *Justus (ut) palma.* Or. ut supra. Ad Nonam ant. *Serve bone.* Ps. *Mirabi 74ᵈ lia.* Capit. *Magnificavit.* ℟ *Justus ut palma.* ℣ *Justus germinabit.* Or. ut supra. Ad vesperas ant. *Ecce sacerdos.* Ps. *Dixit Dominus* etc. Capit. *Dedit illi Dominus.* Si duplex fuerit vel in Adventu vel in XL^{ma} ℟ *Vir Israelita.* Hymnus et ℣ ut in primis vesperis. Ad *Magnif.* Ant. *Iste est qui ante Deum ;* Vel alia ant. de signatis ad matutinum. Oratio ut supra.

In natali unius episcopi et confessoris III lect. Ad vesperas ant. Pss.

secundum feriam. Capit. Hymnus, ℣, oratio de communi unius confessoris ut supra. Ad matutinum invitator. *Regem confessorum.* Dieta secundum feriam. Tria ℟℟ de historia *Euge serve*, secundum quod feria dictaverit, etc. ut supra.

In natali unius confessoris non episcopi IX lect. vel supra. Ad vesperas ant. Pss. diei. Capit. *Justum deduxit.* ℟ *Iste sanctus*, vel *Sancte N.* Hymnus *Hic pius prudens*, et ceteri versus qui etiam dicantur in festo translationis episcopi si occurrat. ℣ *Amavit.* Ad *Magnif.* Ant. *Similabo.* Or. *Concede quaesumus omnipotens Deus ut*, Vel *Intercessio nos.* Ad matutinum invitator. *Justus florebit.* Hymnus ut supra ad vesperas. In I noct. Ant. *Beatus vir.* Ps. Ipsum. Ceterae ad ceteros. ℣ *Amavit.* Lectiones de vita ejus vel de sermonibus, et de Evangelio quale evenerit. ℟ *Euge.* ℣ *Domine quinque.* ℟ *Justus germinabit.* ℣ *Plantatus.* ℟ *Iste cognovit.* ℣ *Iste est qui.* In II noct. Ant. *Invocantem.* Ps. *Cum invocarem;* antiphonae ceterae ad ceteros. ℟ *Desiderium.* ℣ *Posuisti.* ℟ *Amavit.* ℣ *Induit.* ℟ *Iste sanctus.* ℣ *Vinculis.* In III noct. Ant. *Domine iste.* Ps. *Domine quis habitabit*, ceterae ad ceteros. ℟ *Magnificavit.* ℣ *Statuit* ℟ *Vir Israelita.* ℣ *Ut precibus.* ℟ *Sancte N.* ℣ *O sancte N. Te Deum.* Sacerdot. ℣ *Ora pro nobis.* In Laudibus ant. *Justum deduxit.* Ps. *Dominus regnavit.* et ceteri. Ant. *Beatus ille.* Ant. *Fidelis.* Ant. *Ecce vere.* Ant. *Serve bone.* Capit. *Iste cognovit.* Hymnus *Jesu redemptor omnium corona confitentium In hac die clementius.* ℣ *Justus germinabit.* Ad Bened. Ant. *Euge serve*, vel ant. *Hic vir despiciens.* Or. *Adesto precibus nostris.* Ad Primam ant. *Justum deduxit.* Ps. *Deus in nomine.* Ad missam officium *Os justi.* Ps. *Noli aemulari.* Or. *Adesto Domine.* Epist. *Doctrinis variis.* Vel Epist. *Dilectus Deo.* Grad. *Juravit*, vel Grad. *Os justi.* Allel. ℣ *Justus germinabit.* Infra LXX^{am} Tractus *Desiderium.* Evangel. *Nemo accendit;* Vel Evangel. *Videte vigilate et orate.* Offertor. *Gloria et honore;* Vel offertor. *Desiderium.* Communio *Posuisti.* Ad Tertiam ant. *Beatus ille.* Ps. *Legem pone.* [75ª Capit. *Justus cor suum.* ℟ *Amavit.* ℣ *Justum deduxit.* Or. *Exaudi Domine preces.* Ad Sextam ant. *Fidelis servus.* Ps. *Defecit.* Capit. *Iste cognovit.* ℟ *Justum deduxit.* ℣ *Justus ut palma.* Or. ut supra ad Tertiam. Ad Nonam ant. *Serve bone.* Capit. *Beatus vir qui inventus.* ℟ *Justus ut palma.* ℣ *Justus germinabit.* Or. *Da nobis quaesumus.* Ad Vesperas ant. *Justum deduxit.* Ps. *Dixit Dominus*, et ceteri. Capit. *Justus cor suum.* Si duplex fuerit vel in Adventu vel in XL^{ma} ℟ *Iste sanctus.* Hymnus *Hic pius*. ℣ *Amavit*[1]. Ant. *Hic vir despiciens*, vel *Amavit*. Ps. *Magnif.* Or. *Concede quaesumus omnipotens Deus.*

In natali unius confessoris non episcopi III lect. Ad Vesperas ant. Pss. secundum feriam. Capit. *Hic vir despiciens*. Hymnus, ℣ ant. Or. ut supra. Ad matutinum invitator. *Regem confessorum*, etc. ut supra.

In natali plurimorum confessorum IX lect. vel supra. Ad Vesperas ant. Pss. diei. Capit. *Justi autem in perpetuum*. ℟ *Corpora sanctorum*. Hymnus *Sanctorum meritis*. ℣ *Hi sunt quos*. ℣ *Te summa*. ℣ *Laetamini*. Ant. *Fulgebunt justi*. Ps. *Magnif.* Or. *Sanctorum confessorum*. Alia oratio *Deus qui nos sanctorum*. Ad matutinum invitator. *Regem confessorum*. Hymnus *Sanctorum meritis*, sicut ad Vesperas. In I noct. Ant. *Secus decursus*. Ps. *Beatus vir*. Ant. *Praedicans*[2]. Ps. *Quare fremuerunt*. Ant. *Filii*. Ps. *Cum invocarem*. ℣ *Laetamini*. Lectiones sex de sermonibus et tres de Evangelio *Sint lumbi*. ℟ *Absterget Deus*. ℣ *Non esurient*. ℟ *Sancti tui Domine*. ℣ *Victricem*. ℟ *Sancti mei*. ℣ *Venite benedicti*. In II noct. Ant. *Scuto bonae*. Ps. *Verba mea*. Ant. *In universa terra*. Ps. *Domine Dominus noster*. Ant. *Habitabunt*. Ps. *Domine quis habitabit*. ℣ *Exultent*. ℟ *Corpora sanctorum*. ℣ *Sapientiam*. ℟ *Vidi conjunctos*. ℣ *Vidi angelum*. ℟ *In circuitu*. ℣ *Lux perpetua*. Vel ℟ *Isti sunt viri*. ℣ *Sancti per fidem*. In III noct. Ant. *Sancti qui in terra*. Ps. *Conserva*. Ant. *Laetamini*. Ps. *Beati quorum*. Ant. *Sapientiam*. Ps. *Exultate*[3]. ℣ *Justi autem*. ℟ *Propter testamentum*. ℣ *Ecce quam bonum*. ℟ *Sint lumbi*. ℣ *Vigilate*. ℟ *Concede nobis*. ℣ *Adjuvent*. *Te Deum*. Sacerdot. ℣ *Exultent justi*. In Laudibus Ant. *Justorum autem animae*. Ps. *Dominus regnavit*, et ceteri. Ant. *Dabo sanctis*. Ant. *Corpora sanctorum*. Ant. *Spiritus et animae*. Ant. *Exultabunt*. Capit. *Fulgebunt justi*. Hymnus *Devota sanctorum*. ℣ *In his paterna*. ℣ *Te nunc redemptor*. ℣ *Mirabilis*. Ant. *Sint lumbi*. Ps. *Bened*. Or. *Deus qui nos*. Ad Primam ant. *Justorum*. Ps. *Deus in nomine*. Ad missam officium *Sapientiam;* Vel *Salus autem*. Or. *Deus qui nos sanctorum*. Epist. *Justi autem in perpetuum*. Epist. *Qui timet*[4]. Grad. Sa 75ᵇ *cerdotes ejus*. *Allel.* ℣ *Fulgebunt justi*. Aliud *Allel.* ℣ *Elegit eos Dominus*. Infra LXXᵃᵐ Tractus *Qui seminant*. Evangel. *Sint lumbi*. Offertor. *Exultabunt*.

---

[1] *Quae* includuntur habentur in margine.
[2] *Edit. habent* Praedicantes.
[3] *MS habet* Exultavit.
[4] *Non habetur in Edit.*

Communio *Amen dico.* Ad Tertiam ant. *Dabo sanctis.* Ps. *Legem pone.* Capit. *Fulgebunt.* ʀ *Laetamini.* ṽ *Exultent.* Coll. ut supra. Ad Sextam ant. *Corpora.* Ps. *Defecit.* Capit. *Justorum animae.* ʀ *Exultent.* ṽ *Justi autem.* Coll. ut supra. Ad Nonam ant. *Exultabunt.* Ps. *Mirabilia.* Capit. *Sancti et justi.* ʀ *Justi autem.* ṽ *Mirabilis.* Coll. ut supra. Ad Vesperas ant. *Justorum animae.* Ps. *Dixit Dominus* etc. Capit. *Justi autem.* Si duplex fuerit vel in Adventu vel in XL^(m·) ʀ *Concede.* Hymnus et ṽ ut in primis vesperis. Ad *Magnif.* Ant. *Isti sunt viri sancti.* Coll. ut supra.

In natali plurimorum confessorum III lect. ant. Ps. secundum feriam. Capit. Hymnus, ṽ ant. Or. ut supra. Ad matutinum dicta secundum feriam, etc. ut supra.

In natali unius virginis et martyris IX lect. vel supra. Ad Vesperas ant. Pss. diei. Capit. *Liberasti me a perditione.* ʀ *Regnum mundi.* Hymnus *Virginis proles.* ṽ *Diffusa est.* Ant. *Accinxit fortitudine.* Or. *Omnipotens sempiterne Deus qui infirma.* Ad matutinum Invitator. *Regem virginum;* Vel *Agnum sponsum.* Hymnus *Virginis proles.* In I noct. Ant. *Ante thorum.* Ps. *Domine Dominus.* Si fuerit martyr et habuerit proprias antiphonas dicantur Ps. *Beatus vir qui,* et ceteri sicut de uno martyre, excepto quod ultimus Ps. erit *Eructavit.* Ant. *Unguentum effusum.* Ps. *Coeli enarrant.* Ant. *O quam pulchra.* Ps. *Domini est terra.* ṽ *Diffusa.* Lectiones de legenda propria vel communi et de Evangelio quale evenerit. ʀ *Diffusa est.* ṽ *Dilexisti*[1]. ʀ *Dilexisti.* ṽ *Propter veritatem.* ʀ *Propter veritatem.* ṽ *Audi filia.* In II nocturno ant. *Specie tua.* Ps. *Eructavit.* Ant. *Adjuvabit.* Ps. *Deus noster.* Ant. *Laeva ejus.* Ps. *Fundamenta.* ṽ *Specie tua.* ʀ *Pulchra facie.* ṽ *Specie tua.* ʀ *Specie tua.* ṽ *Propter veritatem.* ʀ *Veni sponsa.* ṽ *Veni electa.* In III noct. Ant. *Cum esset rex.* Ps. *Cantate* (primus). Ant. *Surge aquilo.* Ps. *Dominus regnavit exultet.* Ant. *Nigra sum.* Ps. *Cantate* (secundus). ṽ *Adjuvabit.* ʀ *Haec est virgo sapiens.* ṽ *Media autem nocte.* ʀ *Veni electa.* ṽ *Specie tua.* ʀ *Regnum mundi.* ṽ *Eructavit.* Te Deum. Sacerdot. ṽ *Specie tua.* In Laudibus ant. *Haec est virgo.* Ps. *Dominus regnavit* et ceteri. Ant. *Haec est virgo.* Ant. *Veni sponsa.* Ant. *Media nocte.* Ant. *Tunc surrexerunt.* Capit. *Domine Deus meus.* Hymnus *Jesu corona.* ṽ *Elegit eam.* Ad *Bened.* Ant. *Simile est regnum coelorum sagenae.* Ant. *Simile est regnum coelorum decem.* Ant. *Haec est virgo sapiens.* Ant. *Prudentes virgines.* Or. *Omnipotens sem-*

---

[1] *Quae* [ ] *includuntur desiderantur in Ms.*

piterne Deus. Ad 75ᵉ Primam ant. *Haec est virgo sapiens.* Ps. *Deus in nomine*, etc. Ad missam officium *Loquebar de testimoniis.* Ps. *Beati immaculati :* Vel *Vultum tuum.* Ps. *Eructavit :* Vel *Gaudeamus omnes.* Ps. *Eructavit :* Vel *Dilexisti justitiam.* Ps. *Eructavit.* Or. *Omnipotens sempiterne Deus.* Epist. *Qui gloriatur :* Vel *Sapientia vincit*, Vel *Confitebor ;* Vel *Domine Deus meus ;* Vel *Laudabit usque.* Gradualia *Specie tua ;* Vel *Propter veritatem.* ℣ *Audi filia :* Vel *Audi filia* ℣ *Specie tua :* Vel *Dilexisti justitiam.* ℣ *Propterea :* Vel *Me exspectaverunt.* Ps. *Beati immaculati.* Vel *Cognovi.* Ps. *Beati* ¹. [*Allel.* ℣ *Adducentur.* Vel aliud *Allel.* ℣ *Aemulor enim.* Vel *Allel.* ℣ *Diffusa est gratia*, Vel] *Allel.* ℣ *Veni electa.* Infra LXXᵃᵐ Tractus *Qui seminant.* Evangel. *Simile est regnum coelorum thesauro.* Evangel. *Simile est regnum coelorum decem.* Offertor. *Filiae regum.* Aliud *offerentur* majus. Minus in festis trium lectionum. Offertor. *Diffusa.* Communio *Feci judicium.* Communio *Simile est regnum* Communio *Diffusa est gratia.* Communio *Confundantur.* Communio *Principes.* Ad Tertiam ant. *Haec est virgo.* Ps. *Legem pone.* Capit. *Liberasti.* ℟ *Diffusa est.* Or. *Deus qui inter cetera.* Ad Sextam ant. *Veni sponsa.* Ps. *Defecit.* Capit. *Qui gloriatur.* ℟ *Specie tua.* ℣ *Adjuvabit.* Or. ut supra. Ad Nonam ant. *Tunc surrexerunt.* Ps. *Mirabilia* Capit. *Aemulor.* ℟ *Adjuvabit eam.* ℣ *Elegit eam Deus.* Or. ut supra. Ad Vesperas ant. *Haec est virgo sapiens.* Ps. *Dixit Dominus*, etc. Capit. *Liberasti me.* Si duplex fuerit vel in Adventu vel in XLᵐᵃ ℟ *Veni electa. Audivi vocem* ². Hymnus *Virginis proles.* ℣ *Diffusa.* Ant. *Quinque prudentes*, Vel *In coelis gaudent.* Ps. *Magnif.* Or. ut supra.

In natali unius virginis non martyris IX lect. vel supra. In hymno *Virginis proles* omittatur ℣ *Unde nec mortem*, et sextum ℟ ad matutinum dicatur *Induit me.* ℣ *Quasi.* Cetera omnia ut prius de una Virgine et martyre sunt signata cum oratione *Omnipotens sempiterne Deus qui infirma :* vel *Exaudi nos.*

In natali unius virginis sive martyris sive non III lect. Ad Vesperas et ad matutinum, ad missam et ad horas ut prius juxta modum de festis III lect. supra positum.

In natali unius matronae IX lect. vel supra. Ant. Pss. de die ; capit. *Mulierem fortem.* ℟ *O mater nostra.* Hymnus *Hujus obtentu.* ℣ *Gloria Patri Genitaeque.* ℣ *Diffusa.* Ad *Magnif.* Ant *Accinxit.* Or. *Quaesumus omnipotens Deus.* Ad matutinum invitator. *Xpm regem.*

---

¹ *Quae [ ] includuntur habentur in margine.*
² *Ms. habet : ... vi vocem.*

Hymnus *Hujus obtentu.* Gloria [75ᵃ] *Patri Genitaeque.* In I noct. Ant. *O quam pulchra.* Ps. *Domine Dominus.* Ant. *Tota pulchra.* Ps. *Coeli enarrant.* Ant. *Trahe.* Ps. *Domini est terra.* ℣ *Diffusa est.* Lectiones sex de sermonibus, tres de Evangelio *Loquente Jesu ad turbas ecce mater* ℟ *Diffusa est.* ℟ *Dilexisti.* ℟ *Propter veritatem.* In II noct. Ant. *Specie tua.* Ps. *Eructavit.* Ant. *Adjuvabit.* Ps. *Deus noster.* Ant. *Laeva ejus.* Ps. *Fundamenta.* ℣ *Specie tua.* ℟ *Audi filia.* ℣ *Induet. Quoniam.* ℟ *Specie tua.* ℟ *Sanctitate.* ℣ *Pulchra facie. Hacque.* In III noct. Ant. *Cum esset rex.* Ps *Cantate* (primus). Ant. *Surge aquilo.* Ps. *Dominus regnavit exultet.* Ant. *Nigra sum.* Ps. *Cantate* (secundus). ℣ *Adjuvabit.* ℟ *Veni electa.* ℟ *Regnum mundi.* ℟ *O mater nostra.* ℣ *Jam Xpo. Cum prece.* Gloria. *Cum prece.* Te Deum. ℣ sacerdot. *Specie tua.* In Laudibus ant. *Veni electa.* Ps. *Dominus regnavit,* et ceteri. Ant. *Unguentum.* Ant. *Veni Sponsa.* Ant. *Sicut malum.* Ant. *Revertere.* Capit. *Mulierem.* Hymnus *Haec rite mundi.* ℣ *Hujus benigne.* ℣ *Sit Xpe.* ℣ *Elegit eam.* Ad Bened. Ant. *Simile est regnum coelorum sagenae.* Or. ut supra. Ad missam officium *Dilexisti.* Ps. *Eructavit.* Or. *Quaesumus omnipotens Deus.* Epist. *Mulierem fortem.* Grad. *Adjuvabit.* ℣ *Fluminis.* Allel. ℣ *Diffusa est.* Infra LXXᵃᵐ Tractus *Qui seminant.* Evangel. *Loquente Jesu ad turbas ecce mater.* Offertor. *Filiae regum.* Communio *Dilexisti.* Ad horas ant. de Laudibus. ℟℟ et ℣℣ ut unius virginis. Ad Tertiam capit. *Accinxit.* Ad Sextam capit. *Multae filiae.* Ad Nonam capit. *Mulier timens.* Ad Vesperas ant. *Veni electa.* Ps. *Dixit Dominus,* et ceteri. Capit. *Mulierem.* Si duplex fuerit vel in Adventu vel in XLᵐᵃ ℟ *O mater nostra.* Hymnus ℣ ut in primis Vesperis. Ad *Magnif.* Ant. *Simile est regnum coelorum homini negotiatori.* Or. ut supra.

In natali plurimarum virginum IX lect. vel supra. Ad Vesperas ant. Ps. de die. Capit. *O quam pulchra.* ℟ *Audivi vocem.* Hymnus *Jesu corona virginum.* ℣ *Adducentur regi virgines.* ℟ *Postea*[1] *proximae ejus offerentur.* Ant. *Pangamus.* Ps. *Magnif.* Or. *Omnipotens sempiterne Deus qui nos.* Ad matutinum invitator. *Agnum sponsum.* Ps. *Venite.* Hymnus *Jesu corona virginum.* In I noct. ant. *Simile est regnum cœlorum.* Ps. *Domine Dominus.* Ant. *Quinque autem.* Ps. *Cœli enarrant.* Ant. *Prudentes vero.* Ps. *Domini est terra.* ℣ *Adducentur regi.* Lectiones sex de sermonibus. ℟ *Innume-*

---

[1] *Sic. Edit habet* ℣ Adducentur regi virgines post eam. ℟ Proximae ejus *etc.*

rabilis ℣ *Ecce. Dum.* ℟ *Feliciter.* ℣ *Beatae. Quae.* ℟ *Media nocte.* ℣ *Hora. Tunc. Gloria. Intraverunt.* In II noct. ant. *Media.* Ps. *Eructavit.* Ant. *Tunc 76ª surrexerunt.* Ps. *Deus noster.* Ant. *Responderunt.* Ps. *Fundamenta.* ℣ *Media nocte clamor factus est.* ℟ *Ecce sponsus venit exite obviam ei.* ℟ *Offerentur.* ℣ *Adducentur. In laetitia.* ℟ *Simile est regnum.* ℣ *Prudentes. Exierunt.* ℟ *Audivi.* ℣ *Media. Oleum. Gloria. Dum.* In III noct. ant. *Dum autem irent.* Ps. *Cantate* (primus). Ant. *Novissime.* Ps. *Dominus regnavit exultet.* Ant. *Respondens.* Ps. *Cantate* (secundus). ℣ *Tunc surrexerunt omnes virgines illae.* ℟ *Et ornaverunt lampades suas* Lectiones tres de Evangelio *Simile est regnum decem virginibus.* ℟ *Quinque prudentes.* ℣ *Tunc surrexerunt. Ecce.* ℟ *Has virgines.* ℣ *Nomen ergo. Has vitae.* ℟ *Patris verbum.* ℣ *Pio affectu. Quarum. Gloria. Quarum. Te Deum.* Sacerdot. ℣ *Orate pro nobis virgines sanctae Dei.* ℟ *Ut digni* etc. In Laudibus ant. *Virgines sanctae.* Ps. *Dominus regnavit* etc. Ant. *Beatae.* Ant. *Prudentes.* Ant. *Virgines Domini.* Ant. *Laus et honor.* Capit. *O quam pulchra.* Hymnus *Rex gloriose virginum, corona* etc. *Aurem benignam. Tu vincis in martyribus,* vel *virginibus. Deo Patri.* ℣ *Prudentes virgines.* ℟ *Aptate lampades vestras.* Ant. *Istae sunt.* Ps. *Bened.* Or. ut supra in vesperis. Ad missam officium *Vultum tuum.* Ps. *Eructavit.* Or. *Omnipotens sempiterne Deus.* Epist. *Qui gloriatur.* Grad. *Gloriosus Deus. Allel.* ℣ *Adducentur.* Infra LXXᵃᵐ Tractus *Qui seminant.* Evangel. *Simile est regnum coelorum decem virginibus.* Ofertor. *Offerentur.* Communio *Quinque prudentes.* Ad horas antt. Laudum. Ad Tertiam capit. *Sapientia vincit* ℟ *Adducentur.* ℣ *Media nocte.* Or. ut supra. Ad Sextam capit. *Qui gloriatur.* ℟ *Media nocte.* ℣ *Tunc surrexerunt.* Or. ut supra. Ad Nonam capit. *Aemulor.* ℟ *Tunc surrexerunt.* ℣ *Prudentes virgines.* Or. ut supra. Ad Vesperas ant. *Virgines.* Ps. *Dixit Dominus,* et ceteri. Capit. *O quam pulchra.* Si duplex fuerit vel in Adventu aut in XLᵐᵃ ℟ *Patris verbum.* Hymnus, ℣ ut in primis vesperis. Ant. *Venerandae estis.* Ps. *Magnif.* Or. ut in primis vesperis.

In natali plurimarum virginum III lect. fiat officium de praedicta historia juxta modum supra de aliis festis III lect. [1] notatum.

[1] *MS addit* autem.

EXPLICIT COMMUNE SANCTORUM

SEQUITUR: OFFICIA DE QUIBUSDAM MISSIS COMMUNIBUS ET CONSUETIS.

De sancta Trinitate officium per annum communiter *Benedicta* 76ᵇ. Ps. *Benedicamus*. Or. *Omnipotens sempiterne Deus*. Epist. *O altitudo*. Grad. *Benedictus es* [1]. ℣ *Benedicite. Allel.* ℣ *Benedictus es*. Post LXXᵃᵐ Graduale resumatur. Evangel. *Cum venerit Paraclitus*. Offertor. *Benedictus sit*. Praefatio *Qui cum Unigenito*. Communio *Benedicimus*.

De Resurrectione communiter per annum officium *Resurrexi*. Ps. *Domine probasti*. Or. *Deus qui per Unigenitum*. Epist. *Expurgate*. Tempore resurrectionis primum *Allel.* ℣ *Haec dies*. Secundum *Allel.* ℣ *Angelus Domini*. Post festum sanctae Trinitatis Grad. *Haec dies*. ℣ *Confitemini. Allel.* ℣ *Angelus Domini*. Evangel. *Maria Magdalene*. Offertor. *Angelus Domini*. Communio *Surrexit Dominus*.

De Spiritu Sancto officium communiter per annum *Spiritus Domini*. Ps. *Exurgat*. Or. *Deus qui corda*. Epist. *Cum audissent apostoli*. Grad. *Beata gens*. ℣ *Verbo Domini. Allel.* ℣ *Veni sancte*. Evangel. *Si quis diligit me*. Offertor. *Confirma hoc*. Praefatio *Qui ascendens*. Communio *Factus est repente*. Infra LXXᵃᵐ officium de Spiritu Sancto *Dum sanctificatus*, require feria IV ante dominicam in Passione, cetera ut supra sine *allel*. Grad. *Beata gens* non reiteretur, sed dicatur ℣ *Veni sancte*, cum genuflectione.

De sancta Cruce officium communiter per annum *Nos autem*. Ps. *Deus misereatur*. Or. *Deus qui unigeniti*. Epist. *Xps factus*. ℣ *Propter quod et Deus. Allel.* ℣ *Dulce lignum*. Evangel. *Ascendens Jesus*. Offertor. *Protege*. Praefatio *Qui salutem*. Communio *Per lignum*. Tempore resurrectionis Or. *Deus qui pro nobis filium tuum. Allel.* ℣ *Dulce lignum*. Cetera non mutantur nisi quod dicantur cum *Allel*.

De beata Virgine Maria officium in Adventu Domini. *Rorate coeli*. Ps. *Coeli enarrant*, sine *Gloria in excelsis* nisi in festis IX lect. Or. *Deus qui de beatae Mariae*. Epist. *Locutus est Dominus*. Grad. *Tollite*. ℣ *Quis ascendet. Allel.* ℣ *Egredietur virga*. Quando solemniter de ea celebratur prosa *Missus Gabriel*. Evangel. *Missus est angelus*. Offertor. *Ave Maria*, sine genuflectione. Praefatio *Et*

---

[1] *Quae* | *includuntur habentur in margine.*

Te in veneratione beatae Mariae. Communio *Ecce virgo.* A Nativitate Domini usque ad Purificationem officium *Vultum tuum.* Ps. *Eructavit.* Gloria in excelsis, nisi post LXX^{am} extra festa IX lect. Or. *Deus qui salutis.* Epist. *Quanto tempore.* Grad. *Diffusa est.* ℣ *Propter veritatem.* Allel. ℣ *Post partum.* Quando solemniter de ea celebratur prosa 76ᶜ *Laetabundus ;* et post LXX^{am} Tractus *Gaude Maria.* Evangel. *Erat Joseph et Maria,* usque *Cogitationes.* Offertor. *Offerentur,* majus. Praefatio *Quia per Incarnati.* Communio *Simile est regnum coelorum homini.* A Purificatione usque ad Pascha, et a Trinitate usque ad Adventum officium *Salve sancta,* cum genuflectione. Ps. *Post partum. Gloria in excelsis,* nisi post LXX^{am} extra festa IX lect. Or. *Concede nos.* Epist. *Ab initio.* Grad. *Benedicta.* ℣ *Virgo.* Allel. ℣ *Virga Jesse.* Prosa *Laetabundus,* vel *Hodiernae,* vel *Benedicta,* vel alia ad placitum. Infra LXX^{am} Tractus *Gaude Maria.* Evangel. *Loquente Jesu.* Offertor. *Recordare.* Vel *Felix namque.* Praefatio *Et Te in veneratione.* Communio *Regina mundi,* Vel *Beata viscera.* Tempore paschali scilicet a festo Paschae usque ad festum Trinitatis Officium *Salve* etc. *Gloria in excelsis.* Or. et Epist. ut supra proximo. Allel. ℣ *Per te Dei genitrix.* Tempore resurrectionis usque ad Ascensionem secundum *Allel.* ℣ *Surrexit Dominus et occurrens mulieribus.* Tempore Ascensionis secundum *Allel.* ℣ *Ascendens Xps in altum.* In hebdomada Pentecostes secundum *Allel.* ℣ *Veni sancte.* Prosa *Virginis Mariae.* Evangel. *Stabant juxta crucem.* Cetera omnia ut supra proximo.

De Angelis communiter per annum. Officium *Benedicite.* Ps. *Benedic* (primus). *Kyrie* et *Gloria in excelsis,* ut in missis matutinalibus sive per octavas communes praeterquam in Adventu et in LXX^{ma}. Or. *Perpetuum.* Epist. Apocalypsis *Dixit mihi angelus.* Grad. *Benedicite.* ℣ *Benedic.* Allel. ℣ *In conspectu.* Post LXX^{am} Graduale reiteretur. Tempore paschali omittatur Grad. Evangel. Johannis *Erat dies festus.* Offertor. *Stetit angelus.* Secreta *Hostias.* Communio *Benedicite.* Postcommunio *Repleti.*

Pro familiaribus. Officium *Salus populi.* Ps. *Attendite.* Or. *Deus qui caritatis.* Epist. *Miserere nostri.* Grad. *Propitius.* ℣ *Adjuva.* Allel. ℣ *Ostende.* Graduale post LXX^{am} reiteretur. Evangel. *Petite.* Offertor. **Populum humilem.** Communio *Amen dico.* Praedictum officium poterit etiam dici pro quacumque tribulatione sive necessitate tam speciali quam generali mutatis tantum collectis.

Sequuntur orationes sive collectae diversae pro vivis, prout diversis devotionibus congruunt [76ᵈ]. Pro Domino Papa Or. *Deus omnium*. Secreta *Oblatis*. Postcommunio *Haec nos*.

Pro tribulatione ecclesiae. Or. *Ecclesiae tuae*. Secreta *Protege*. Postcommunio *Quaesumus Domine*.

Pro peccatis. Or. *Exaudi quaesumus Domine*. Secreta *Hostias*. Postcommunio *Praesta nobis*.

Pro quacumque necessitate. Or. *Ineffabilem*. Secreta *Purificet*. Postcommunio *Praesta quaesumus*.

Pro pace. Or. *Deus a quo*. Secreta *Deus qui credentes*. Postcommunio *Deus auctor*.

Pro iter agentibus. Or. *Adesto*. Secreta *Propitiare*. Postcommunio *Deus qui diligentibus*.

Pro infirmis. Or. *Omnipotens sempiterne Deus salutis* [1]. Secreta *Deus cujus nutibus*. Postcommunio *Deus infirmitatis*.

Ad pluviam poscendam. Or. *Deus in quo*. Secreta *Oblatis*. Postcommunio *Deus qui pluis*.

Pro serenitate. Or. *Ad Te nos*. Secreta *Exaudi Domine*. Postcommunio *Quaesumus omnipotens*.

Pro rege. Or. *Quaesumus omnipotens Deus*. Secreta *Munera*. Postcommunio *Haec Domine*.

Pro praelatis et congregationibus. Or. *Omnipotens sempiterne Deus qui facis mirabilia*. Secreta *Hostias*. Postcommunio *Quos coelesti*.

Pro semetipso ad veniam peccatorum consequendam. Or. *Suppliciter*. Secreta *Deus misericordiae*. Postcommunio *Deus qui vivorum*.

Pro temptatis et tribulatis. Or. *Deus qui justificas*. Secreta *Hujus*. Postcommunio *Purificet*.

Pro semetipso ad invocandum gratiam sancti Spiritus. Or. *Deus cui omne cor*. Secreta *Haec oblatio*. Postcommunio *Sacrificium*.

Contra temptationes carnis. Or. *Ure igne*. Secreta *Dirumpe*. Postcommunio *Domine adjutor*.

In Adventu de omnibus Sanctis. Or. *Conscientias*. Secreta *Hostias*. Postcommunio *Benedictiones*.

De omnibus Sanctis aliis temporibus. Or. *Concede quaesumus omnipotens Deus ut intercessio*. Secreta *Oblatis*. Postcommunio *Sumpsimus*.

---

[1] *Edit. habent* Omnip. semp. Deus salus aeterna credentium.

Item alia de omnibus Sanctis. Or. *A cunctis*. Secreta *Exaudi*. Postcommunio *Mundet et muniat*.

Item pro vivis et defunctis communis oratio *Omnipotens sempiterne Deus qui vivorum*. Secreta *Deus cui soli*. Postcommunio *Purificent*.

Item alia communis oratio *Pietate tua*. Secreta *Deus qui singulari*. Postcommunio *Sumpta*.

Sequitur officium pro Defunctis. *Requiem*. Ps. *Te decet*. Orationes prout congruunt intentioni celebrantis; quaere jam inferius per ordinem. Epistola Macchabaeorum *Vir fortissimus;* Vel Thessalonicensium *Nolumus vos ignorare ;* Vel Apocalypsis *Audivi vocem;* Vel Corinthiorum *Xps resurgens*. Grad. *Requiem*. ℣ *In* [77ª] *memoria*. Tractus *Absolve;* Vel quando pro uno solemniter celebratur, Tractus *Sicut cervus*. Evangel. secundum Johannem *Dixit Martha :* Vel *Omne quod dat mihi ;* Vel *Ego sum panis;* Vel *Sicut pater suscitat*. Offertor. *Domine Jesu Xpe*. Non dicatur *Tenebrarum loca*. Cantor incipiat ℣ *Hostias et preces*, usque *Offerimus*, et deinceps conventus ipsum prosequatur. Communio *Lux aeterna*.

Sequuntur orationes diversae pro defunctis. Pro episcopo defuncto. Or. *Deus qui inter apostolicos*. Secreta *Suscipe*. Postcommunio *Propitiare*.

Pro viro alio defuncto. Or. *Inclina*. Secreta *Intuere*. Postcommunio *Annue nobis Domine*.

Pro femina. Or. *Quaesumus Domine*. Secreta *His sacrificiis*. Postcommunio *Inveniat quaesumus*.

In omni anniversario. Or. *Indulgentiarum*. Secreta *Propitiare*. Postcommunio *Quaesumus Domine*. Pro fratribus, familiaribus et benefactoribus Or. *Deus veniae*. Secreta *Deus cujus*. Postcommunio *Praesta quaesumus misericors*. Pro parentibus or. *Deus qui nos patrem*. Secreta *Suscipe*. Postcommunio *Coelestis*. Pro familiaribus Or. *Omnipotens sempiterne Deus qui nunquam*. Secreta *Propitiare*. Postcommunio *Praesta quaesumus omnipotens*. Pro benefactoribus or. *Miserere*. Secreta *Suscipe*. Postcommunio *Sumpta sacramenta*. Pro his qui in cimiterio requiescunt or. *Deus cujus miseratione*. Secreta *Pro animabus*. Postcommunio. *Deus fidelium*. Pro cunctis fidelibus defunctis. Or. *Concede quaesumus omnipotens Domine Deus noster*. Secreta *Haec munera*. Postcommunio *Deus qui inaestimabili*. Item alia communis oratio *Fidelium*. Secreta *Hostias*. Postcommunio *Animabus*. Item pro vivis et defunctis communis oratio *Omnipotens sempiterne Deus qui vivorum*. etc. ut supra.

Quamvis in plerisque locis

Ordinalis assignetur in quo cantu hymni ad horas sint dicendi, ut tamen promptius hoc pateat juvenibus Rubrica sequens plenario sive pulpitario inseratur.

DE TONIS HYMNORUM

(Omittitur hic cum loco notularum musicalium spatia vacantia tantum habeantur.)

[79ª] Ut uniformitas in toto ordine quantum ad *Kyrie* et *Gloria in excelsis, Sanctus, Agnus Dei* et *Ite missa est*, juxta antiquam Ordinis consuetudinem observetur subsequens Rubrica in libris missalibus annotetur.

(Omittitur hic ob eandem rationem.)

(Alia manu) [79ᵃ] Sanctarum undecim millium Virginum et Martyrum.

Oratio.

Deus qui digne sacratis virginibus mirandi agonis robur indidisti, quo per martyrii palmam ad supernae contemplationis pertingerent gloriam, da quaesumus earum nos intercessionibus adjuvari quas hodierna die transcenso mortis stadio in coelestibus triumphare fecisti. Per.

Secreta. *Concede quaesumus omnipotens Deus ut hujus sacrificii munus oblatum fragilitatem nostram ab omni malo purget semper et muniat et sanctarum virginum et martyrum tuarum meritis ac precibus a praeteritis nos delictis eruat et futuris. Per.*

Postcommunio. *Coelesti alimonii referti*[1] *sacramento quaesumus Domine ut intercedentibus sanctis virginibus ac martyribus tuis quae pro illarum celebramus gloria ad nostrae salutis perficiant incrementa. Per.*

EXPLICIT

[1] *Sic.*

APPENDIX

S. Cyrilli episcopi et confessoris de Ordine Fratrum Carmelitarum. Duplex festum. Auctore Conrado de Aldendorp a. 1399 (ex Brev. Andeg. Cheltenham n. 6985.)

Ad Vesperas antt. et psalmi secundum feriam. Capitulum *Ecce sacerdos magnus*. ℟ *In Carmeli monticulo*. Hymnus *Iste confessor*. ℣ *Amavit*. Ad *Magnif*. *O gloriosum lumen — temporibus defluxis celatum — nunc clare rutilasti — cum annosum flumen — stillatis vaticiniis inchoatum — aptissime declarasti — Sancte pater Cirille Carmelita — festivitas tua in hac vita — pro qua prophetasti — devote per nos promatur ita — ut mens nostra virtute — sit polita — veluti tu radiasti*.

Oratio. *Deus immensae sapientiae doctor et abyssalis judicii revelator, praesta quaesumus, ut qui beato Cirillo presbytero Montis Carmeli missarum solemnia celebranti aspectu angelico simul et affatu futuri saeculi statum docuisti, gratia tua nos illustrare digneris, ut a praesentis saeculi contagiis expurgati viam vitae aeternae sine erroris devio in coelestibus consummare valeamus. Per Dominum*.

Ad Matutinum. Invitatorium *Laeta mente corde toto — laudes demus Domino — et pro Cirillo sancto — gloriemur jubilo*. Ps. *Venite*. Hymnus *Iste confessor*. Ant. *Beatus vir iste Cirillus — consilio praelatorum consignatus — humilis, quamvis et tantillus — Deiferae Virginis fuit advocatus*. Ps. *Beatus vir*. Ant. *Doctores quidam fremuerunt — inania meditantes, — de Dei Genitrice concluserunt — suae puritati derogantes*. Ps. *Quare fremuerunt*. Ant. *Sanctus pater Carmelita — multos sentiit adversantes — quos omnes confudit ita — ut Deum existerent colentes*. Ps. *Domine quid multiplicati*. ℣ *Amavit*.

Lect. I. *Anno Domini quadringentesimo*[1]. ℟ *In festivitate hac novella — cordium reseretur cella — laudes laetas compromamus — Cirillo sancto quem amamus*. ℣ *Ut meritis ejus gloriemur — et in coelis praemiemur*. ℣ *Dominus Deus praeamandus — ducat nos*

---

[1] Lectiones habentur in Monum. hist. Carmel. I, 305 sqq.

per vias rectas — Quas Cirillus venerandus — a vitiis gressus est protectus. ˙ *Ut.*

Lect. II. *Hic quidem Cirillus.* ℟ *Vir miro lucens ingenio — laureatus signo doctorali —* ˙ *fratrum vitam pro suo modulo — contemplatus oculo mentali — fraternitati eorum petiit adunari.* ℣ *Habitum salutiferum — sincerius cupiebat — a prophetis traditum — — devotus induebat.* ˙ *Fratrum.*

Lect. III. *Montem itaque.* ℟ *In Carmeli monticulo — penes Heliae rivulum — vir magnae sanctitatis — fratrum vixit in consortio.* ˙*Tenue tenens aedulum — temporalibus abdicatis.* ℣ *In monte fructifero — rore ubertatis — in loco florigero — dulcis amoenitatis.* ˙*Tenue.*

In II noct. ant. *Pater sanctus invocavit — Deum in oratorio, — et quidquid voluit impetravit — in sui cordis oraculo.* Ps. *Cum invocarem.* Ant. *Mane in missa Deus astabat — sancto Cirillo oranti, — malignum spiritum effugabat — angelo bono irradianti.* Ps. *Verba mea.* Ant. *O quam admirabile — opus Deus demonstravit, — dum periculum inevitabile — futurum ecclesiae revelavit.* Ps. *Domine Dominus.* ℣ *Justum deduxit.*

Lect. IV. *Vitam insuper.* ℟ *Cirillus vir religiosus — a mundo resiliens — et ad Deum religatus — totus extat virtuosus — ad montana prosiliens —* **Carmelita professatus est.* ℣ *Paupertatis documenta — ut perfecte teneamus — et hujus mundi blandimenta — oret Deum ut vincamus.* **Carmelita.*

Lect. V. *Beatus namque.* ℟ *Digne Deus designavit — locum prophetarum — quo Cirillum destinavit — amicum suum carum —* **Ut prophetam affirmaret — qui nutu Dei praedicavit.* ℣ *Per manus angelicas — in missa eum visitavit — et tabulas argenteas — inscriptas praesentavit.* **Ut.*

Lect. VI. *Conscripsit praeterea.* ℟ *In Carmeli montis alveario — mel sugit apis coelici — dum in sui cordis armario — sonant* **cantus angelici — effigie evocati.* ℣ *Ob meritum patris tanti — mentem nostram dulcorent — et pro gratia Spiritus sancti — pro nobis Deum implorent.* **Cantus.*

In III noct. ant. *Vitam ducens innocentem — Carmeli montem habitavit, — spiritum Deo obedientem — ad coeli climata sublimavit.* Ps. *Domine quis habitabit.* Ant. *Coronam pretiosam presbyterii — in capite ejus posuisti — dum sacramentorum mysterii — confectorem eum elegisti.* Ps. *Domine in virtute.* Ant. *Doctrina ejus salutifera — Do-*

mini terra extat plena, — *dum verba ejus et opera* — *aedificant corda terrena.* Ps. *Domini est terra.* ℣ *Justus ut palma.*

Evangelium Quadragesimae. ℟ *O stella praeradians* — *in ordine paupertatis* — *orbem opacum illustrans* — *moribus conformatis* — *signis et miraculis* — *veridice coruscavit.* * *Ut fide dignorum oraculis* — *apostolica sedes approbavit.* ℣ *In monte Carmelino* — *aegra corpora curavit* — *spiritus Dei dono* — *infecta corda emundavit* — *doctor a tono.* **Ut.*

Lect. VIII. *Et idcirco.* ℟ *Vergente mundi vespere* — *vatem novum Deus praesentavit* — *cui in missarum opere* — *sua secreta revelavit* — * *Quorum plurima non prospera* — *ecclesiae designavit.* ℣ *In praesenti saeculo* — *mala quae nos premunt* — *sancti Cirilli oraculo* — *praedicta sunt et erunt.* **Quorum.*

Lect. IX. *Cum semel.* ℟ *Pater sancte Cirille* — *presbyter Carmeli* — *nos plures quam mille* — *duc ad loca coeli.* — * *Per tua merita* — *dele nostra debita* — *et ordinis nostri confratriam* — *refice per tuam gratiam.* ℣ *Nobis assit decor Carmeli nostris non desit gloria coeli.* * *Per tua.* Te Deum. ℣ *Ora pro nobis.* ℟ *Ut.*

In Laudibus. Ant. *Decorem Carmeli* — *sanctus Cirillus induit* — *dum fortitudine Dei coeli* — *circum amictus claruit.* Ant. *Servitute laeta* — *Domino servivit,* — *Cirillus dum propheta* — *solum Deum concupivit.* Ant. *Sanctus pater diluculo* — *ad Deum festinavit,* — *et in sui cordis oculo* — *devote vigilavit.* Ant. *In opere deifico* — *Deus benedicitur,* — *quod Cirillo presbytero* — *angelice describitur.* Ant. *Spiritus spiritui* — *spiritualia revelavit* — *Cirillus dona Domini* — *dum futura prophetavit.* Capit. Hymnus, ℣ de communi. Ad Benedictus *Decor detur huic Carmeli* — *Cirillo sancto et fideli,* — *qui deiferam gloriosam* — *ab innata sibi macula* — *praeclare defensavit,* — *et ex affectu cordis zeli* — *et favore puri veli* — *sui Ordinis patronam* — *a sancta sede apostolica* — *prae cunctis impetravit.* Or. ut supra. Memoria Quadragesimae. Ad horas antiphonae de Laudibus. Cetera de communi unius confessoris episcopi cum oratione ut supra. Ad Vesperas *Decorem Carmeli,* Psalmi *Dixit* etc. Capit. *Dedit.* ℟ *Pater sancte.* Hymnus *Iste confessor.* ℣ *Amavit eum.* Ad Magnif. *O Cirille heremita* — *felix incola Carmeli,* — *tua sancta docet vita* — *te heredem fore coeli* — *non in terris delectatus* — *sed angelicis colloquiis* — *a Deo sociatus* — *divinis eloquiis.* Or. ut supra. Memoria Quadragesimae.

Helisei prophetae Carmeli (MS Add. 12195. Fol. 33ᵃ).

Totum duplex. Ad Vesperas antiphonae secundum quod tempus dictaverit. Capit. *Hic est Heliseus.* ℟ *O quam felix religio — auctorum freta gemino — Helias prior praesidet, — post Heliseus residet. — Ex utriusque carmine — Patrona gaudet Virgine.* ℣ *Hanc prophetarum primitus — prosequitur jam cominus — Carmelitarum cuneus. Ex. Gloria Patri. Ex.* Hymnus [1].

Ut possint claris commendare sonis,
Mira gestorum famuli tuorum,
Supple conatus intimi fervorem,
    O Helisee.

Tu regis summi gratia praeventus,
Sanctorum patrum magister futurus
Vestis attactu subito mutatus,
    Par es Heliae.

Ille praecursor judicis superni
Flammeo curru transiit evectus,
Tu quoque patris pallium reportans
    Loco succedis.

Aquae Jordanis dividens fluenta
Colligis gregem, cellulis dispersum
His pater sancte meritis et ritu
    Praesides almo.

Antra deserti penetrans affectu,
Saeculi fastum opere declinans,
Merita celsa praeditum te monstrant
    Spiritu bino.

O nimis [33ᵇ] *felix ductor et propheta,*
Mentis incultae diligens arator,
Vitae lucerna, regula virtutum,
    Medice mortis.

Suscipe pius vota filiorum,
Ordinem sacrum protege benignus
Quem suo sancto titulo decorat (al. declarat)
    Virgo Maria.

---

[1] Cf. DREVES, XXIII, 168. Cf. U. CHEVALIER, *Repert. hymnol.*, n° 21028.

Laudibus cives celebrant Carmeli
Te Deum unum pariterque trinum
Supplici mente veniam precamur
Parce devotis. Amen.

℣ *Amavit eum Dominus.* Ant. *Terrae sulcos dum rimans aperit — Hunc pallium vocantis operit — tunc aratrum, - cum bobus abjicit — et homines arare didicit, — ut Petrus post piscare meruit — quando navem cum retibus renuit.* Magnif. Oratio *Deus qui praesentem gratiae legem prophetarum oraculis ad instructionem tuorum fidelium mystice praesignasti, concede nobis famulis tuis interventu prophetae tui sanctissimi Helisei et tua devote consilia sapere et mandata tua perfectius adimplere. Per Dominum.*

Ad matutinum invitatorium *Regem prophetarum Dominum, Venite adoremus.* Ps. *Venite.* Hymnus[1].

Orbis quadrata machina,
Concelebrat militias,
Sanctorum quoque merita
Divas mercantur laureas.

[34ᵃ] *Patriarcarum praevius*
Commendatur exercitus,
Et prophetarum posterus
Auctorizatus cuneus.

Heliam tollunt aethera
Paradiso reconditum,
Heliseus post funera
Vitae restaurat mortuum.

Pater Helias superest
Praeco venturi judicis,
Nec Heliseus impar est
Dono virtutis duplicis.

Heremi cultor claruit
Quo floruit religio ;
His patribus invaluit,
Carmelitarum concio.

Sit Christo summa gloria
Cum matre sua Virgine,
Nobis accrescat gratia
Praecedens ab origine. Amen.

In I noct. Ant. *Dominus admirabilis — in sanctis suis colitur — quorum processus nobilis — cum laudibus recolitur.* Ps. *Domine, Dominus noster.* Ant. *Enarrant coeli gloriam — prophetici sermones, — nam fidei sententiam — docent Dei praecones.* Ps. *Coeli enarrant.* Ant. *Signis atque miraculis — probat Heliseus — quod coeli, terrae pariter — Dominus sit Deus.* Ps. *Domini est terra.* ℣ *Amavit eum.*

Cf. Dreves, l. c. Cf. U. Chevalier, *Repert. hymnol.*, n° 14235.

Lect. I. *Illustris Carmeli.* ℟ *Magistrum sequitur — sacer discipulus — Aranti provenit — gratus manipulus — Fervore cursitat — ad currum igneum —* ˙*sic constans comparat — bimensum spiritum.* ℣ *Amplexus pallium aurigam invocat — sentit propitium, dantem magnificat.* ˙*Sic constans.*

Lect. II. *Non ergo magistro.* ℟ *Dilectus Domino — reportat pallium — Quo tactu gemino — desiccat alveum — in signum ordinis — clamis induitur —* ˙*et virtus muneris — hoc miro proditur.* ℣ *Gaudet religio — patre quem sequitur — exemplo praevio — cujus instruitur.* ˙*Et virtus.*

Lect. III. *Adeptus itaque.* ℟ *Hic sanctus variis usus sententiis — Nunc perdit perfidos, nunc parcit miseris —* ˙*Quem ursi vindicant suis injuriis — Nec victum tolerant fore conviciis.* ℣ *Sic multifariis claret indiciis — quod sit hierarchicis fretus officiis.* ˙*Quem.*

In II noct. Ant. *Pro patre proles nascitur, — et princeps constituitur — dum Heliseus Heliae — succedit in regimine.* Ps. *Eructavit.* Ant. *Deus nostrum refugium, — laus, virtus* [35ᵇ], *vita, gaudium, — Helisei supplicibus — nobis sucurre precibus.* Ps. *Deus noster.* Ant. *De te dicta gloriosa — Carmeli collegium, — tua probant speciosa — fundamenta montium.* Ps. *Fundamenta.* ℣ *Justum deduxit.*

Lect. IV. *Est Idumaea.* ℟ *Torrens exundat subito, — rigatur tellus fluvio; —* ˙*Lecytus fluit oleo — vasa replentur liquido.* ℣ *Miranda augmentatio — non arte vel ingenio — sed solo fit imperio.* ˙*Lecytus.*

Lect. V. *Est insuper.* ℟ *Urtis pestiferae venenum inficit — Mixta farinula dulcorem efficit —* ˙*Virtus prophetica panes multiplicat — Defunctum puerum prece vivificat.* ℣ *O quam praecipuis effulget meritis — Qui sic communicat vivis et mortuis.* ˙*Virtus.*

Lect. VI. *Curandum a lepra.* ℟ *Leprae* [36ᵇ] *contagium Jordanis abluit, — Sed poenam Giezi propheta statuit — naturae gravitas in ferro vincitur —* ˙*et sancti pietas in hoste cernitur.* ℣ *Voce nec odium nec favor geritur — cum damnans famulum hosti compatitur.* ˙*Et sancti. Gloria.*

In III noct. Ant. *Vox sonet votum jubilet — hymnis, Deo datis — prophetarum oraculis — jam praenuntiatis.* Ps. *Cantate* (Iᵘˢ). Ant. *Laetentur in ecclesia — cultores summi Dei, — nam vident omnes populi — gloriam Helisei.* Ps. *Dominus regnavit.* Ant. *Det novum Deo canticum — chorus jubileus, — cui persolvit spiritum — sanctus Heliseus.* Ps. *Cantate* (IIᵘˢ). ℣ *Justus ut palma.* Evangel. secundum Lucam. *In illo tempore dixerunt pharisaei ad Jesum: Quanta audivimus.* Homelia. *Patria vel civitas Domini.* ℟ *Fecundat viduam Helias sterilem — ad vitam suscitat natum emortuum — *Sacer Heliseus lepram horribilem — tollit cum ulcere — per aquae lavacrum.* ℣ *Neuter gentilium contemnit populum, - ille Sidoneum, hic curat Syrium. *Sacer Heliseus.*

Lect. VIII. *Non est a laude —* ℟ *O prophetarum flos, destructor scelerum — regum fiducia, levamen pauperum — tu sanas morbidos, das vitam mortuis — *totus virtutibus splendes mirificis.* ℣ *Te laudant opera divini muneris, - qui vivis coelicus, nec morte vinceris. *Totus.*

Lect. IX. *Quanta ergo.* ℟ *Fulget ecclesia novis miraculis, — supportant aera descensum ponderis — *expers qui vixerat terreni sceleris — coelis approximat in signum foederis.* ℣ *Praecelsi meriti propheta nobilis — Defensa servulos, o praeco Virginis. *Expers. Gloria. Expers.* Sacerdot. ℣ *Ora pro nobis.*

Ad Laudes. Ant. *Regnum decoris Domini — militibus stipatur, — cujus plenus stipendiis — hic sanctus gloriatur.* Ps. *Dominus regnavit.* Ant. *Agminibus coelestium — est annus jubileus, — quo nunc et in perpetuum — congaudet Heliseus.* Ant. *Lucis aeternae vigiles — fruuntur Dei facie, — prophetae legis consules — quam vident clara specie.* Ant. *Iste sanctus benedictus — cum beatis est adscriptus, — decor ejus est amictus, — et laus Dei [38ª] plenus victus.* Ant. *Juvenes et virgines — collaudate Deum, — qui ad coelos transtulit — sanctum Heliseum.* Capit. *Si quis fuerit inter vos propheta Domini.* Hymnus [1].

Umbra nocturna defluit,
Aurorae lux irradiat,
Beata coeli claritas
Prophetam sanctum praemiat.

Qui testamenti veteris
Cultor erat Judaicus,
Nunc spiritu, non litteris
Fit comprehensor coelicus.

Carnis exutus tegmine
Defensor est mortalium,
Dum vivens immortaliter
Dat vitae patrocinium.

Jesu uorum gloria
Perennis auctor luminis,
Per Helisei merita
Parce servorum debitis.

[1] Cf. DREVES, XIX, 125. Cf. U. CHEVALIER, *Repert. hymnol.*, n° 20818.

  Ut grex Carmeli positus   *Patri cum Verbo pariter*
In hujus vallis heremo,   *Sit honor, virtus, gloria,*
Te pastorem inveniat   *Laus sit Sancto Spiritui*
Ad vitam sine termino.   *Per sempiterna saecula. Amen.*

℣ *Justus germinabit.* Ant. *Benedictus rex coelestis, — prophetarum Dominus, — qui per os sanctorum ejus, — dat legem fidelibus, — viam pacis et salutis — praemonstrans operibus, — ipse nos in coelo sistat — Helisei precibus.* Benedictus. Or. *Deus qui praesentem* [38ᵇ], ut supra, et dicatur ad horas.

 Ad Tertiam ant. *Agminibus.* Capit. *Sapientia aperuit.* ℟ horarum de communi.

 Ad Sextam capit. *In Heliseo completus.*

 Ad Nonam capit. *Heliseum non superavit.*

 Ad Vesperas secundas antiphonae Laudum. Ps. *Dixit Dominus,* et ceterae ad ceteros. Capit. *Exemplum accipite fratres.* ℟ *Fulget ecclesia,* ut supra. Hymnus et ℣ sicut in primis Vesperis. Ad Magnif. ant. *Salve praeclarissimae — virtutis portentum — Vitae sincerissimae — patens documentum. — Lucens gemma confessorum, — Praecessor apostolorum, — Virginum et martyrum — Exemplar egregium, — O Helisee propheta nobilis, — Carmelitarum pater amabilis, — Christo conregnans in coelestibus, — Confer opem tuis sequacibus.* Ps. Magnif. Or. ut supra.

 Ad Missam officium *Gaudeamus.* Ps. *Bonum est confiteri.* Or. *Deus qui* etc. Lectio libri Sapientiae [39ᵃ] *Beati qui te viderunt.* Graduale *Constitues eos.* Allel. *Germina Carmeli rapiunt sibi sidera coeli. Laus tibi, Christe Deus, cui consors est Heliseus.* Sequentia [1].

Nunc exultet plebs fidelis,   *Collaetentur Carmelitae,*
Dum suscipitur in coelis   *Quorum pater regni vitae*
 Propheta praecipuus.   *Civis constituitur.*

Vox proclamet et sit testis: *Olim sequens hic Heliam,*
De terreno fit coelestis   *Nunc praecessit, tenens viam*
 Orator assiduus.   *Ad coeli fastigium.*

Gaudet chorus angelorum   *Dum priorem currus tollit,*
Dum in sortem beatorum   *Duplex spiritus extollit*
 Heliseus sumitur.   *Sequentis praeconium.*

[1] Cf. Dreves, IX, 147. Cf. Chevalier, *Repert. hymnol.,* n° 12504.

Aquam vertit in dulcorem,
Ursos mittit in furorem
   Jubentis eloquium.

Siccis fossis [39ᵇ] unda crevit,
Vasa viduae replevit,
   Vitae reddit filium.

Cibum temperat amarum,
Et panes primitiarum
   Auget benedictio.

Lepram sanat nova cura,
Ferri gravis est natura,
   Sed natat imperio.

Dum insanit rex detectus
Manet propheta protectus
   Coelesti custodia.

Fames urget, dux discredit,
Hostis timet et abscedit,
   Laetatur Samaria.

Evangel. *Dixerunt pharisaei ad Jesum.* Require feria II hebdomadis tertiae Quadragesimae. Offertor. *Helias reperit Heliseum arantem in duodecim jugis boum, et misit pallium suum super illum, qui statim relictis bobus cucurrit post Heliam, et ait : osculer, oro te, patrem meum et matrem meam et sic sequar te.* Secretum *Deus qui per antiquorum sacrificiorum figuras veritatem praesignasti praesentium hostiarum, concede propitius intercedente propheta tuo sanctissimo Heliseo, ut per haec sacrosancta commercia quae in ejus honore prosequimur sempiterna praemia consequamur. Per Dominum.* Communio *Omnis qui reliquerit patrem aut matrem, domum aut agros propter nomen meum, centuplum accipiet et vitam aeternam possidebit.* Postcommunio *Deus qui nos spiritualibus alimentis mirifice satiasti, concede nobis propitius interventu et meritis prophetae tui sanctissimi Helisei, sic temporalibus uti bonis ut perfruamur aeternis. Per Dominum.*

      De sancto Alberto confessore. (Brev. Andegav.)

Totum de communi. Or. *Deus qui beatum Albertum confessorem tuum spreto saeculo ad almae tuae Genitricis religionem vocare dignatus es, tribue nobis quaesumus ut ejus meritis et exemplis digne tibi servientes cum ipso in aeterna gloria perpetuo te frui mereamur. Qui.*

    (Habentur tantum lectiones excerptae e vita S. Alberti e cod. Vaticano latino 3813).

      Commemoratio Beatae Mariae. (MS. Add. 12195. Fol. 50ᵃ)

Totum duplex. Ad Vesperas ant. *Haec est regina.* Ps. *Laudate pueri* etc. sicut in Annuntiatione ejusdem. Capit. *Beata es Maria.* ℟ *Sicut cedrus*. Hymnus *Ave maris*. ℣ *Diffusa*. Ant. *Ave regina* [50ᵇ]. Oratio *Deus qui excellentissimae Virginis et matris tuae Mariae titulo humilem ordinem et electum singulariter decorasti, et pro defensione ejusdem multa miracula suscitasti, concede propitius, ut cujus commemorationem devote veneramur, ejus in praesenti auxiliis muniri et in futuro gaudiis sempiternis perfrui mereamur. Per Dominum.*

Ad matutinas invitator. Hymnus, antiphonae, psalmi, ℣ ℟ capitula sicut in aliis commemorationibus, cum oratione propria et legenda.

Lect. I. *Inviolabilis antiquitatis auctoritas id inconcusse decrevit singulis esse devotum, quod alma mater ecclesia sanxit esse vel notitia securum aut fide sanum. Sane ergo coelestis aurigae regulares habenas praelibati successores indefesse subsecuti, per ordinis sacri observantias se praeservarunt in praesens, ut vera fide exiit in anceps effrenis barbaries primos professionis nostrae patres coegit exules quos in martyres non promovit.*

Lect. II. *Unde aedes ecclesiarum evertunt, compertaque dirimunt, loca consecrata profanant nec sinunt convivere Christi servos. Versatilis temporis involuto proficiscuntur posteri citra mediterranei alvei angustias, quaerentes quo privatius et sanctius Christo et suae matri, quam in peculiarem patronam et prophetarum oraculo dulcique desiderio acceperant gratis obsequiis et piis moribus deservirent.*

Lect. III. *Denique apud plebeios rarescentis pietatis affectum solitariis et sese conjunctis a frequentia humani contuitus visum fuit expediens sese dare peritiae litterarum qua universo orbi consulitur. Quamobrem transtulerunt se fratres ad loca civilium et generalium studiorum, consulunt provide malitiae futurorum et certa varietate casuum profluxorum. Principem ecclesiae pontificem summum cum Cardinalibus suppliciterque implorant, ut tam antiquum ordinem confirmationis munimine roboraret.*

Lect. IV. *Dies decreti trajicitur in devium et primae noctis tenebras interrumpens sacratissima Dei mater lucerna superni luminis omnium malorum medicina, omnium bonorum mediatrix, pontificem summum Honorium tertium quasi resinuatis maturitatis suae oculis inspiciens et minaci rigore lenitatem clementiae contemnans, admonetque petentium vota complenda non differre.*

Lect. V. *Insinuat quoque eidem duos de confratribus suis aemulis dictae religionis eadem hora ultore Deo mortaliter esse plexos, dispari exitu sed discessu pari. Nec enim, inquit, in his negotiis ad-*

versandum dum ego jubeo, nec dissimulandum dum ego praemoneo. Volo nempe ordinem meum in statu solido permanere.

Lect. VI. *His dictis disparet sacratissima Virgo, et Papa expergiscens se contulit orationi et mox suos obnixe concitat in favorem ordinis perpetuo non violandi. Felix patrona quae nescit non esse propitia in gre$_{51}^{b}$ gem suum, hostem saevire non sinit. Opem non tardat suae benevolentiae. Non admittit obicem inflexum, quidquid obicit sua virtute confirmat.*

Lect. VIII. *Praesentis itaque diei celebritas nos edoceat tam praecellentis advocatae laudes ampliare devotas. Titulus certe felicis fastigii nos attollit, quo Fratres beatae Mariae de Monte Carmelo sacra approbante ecclesia vocitamur.*

Lect. IX. *O Maria coelorum Domina, flos virginum, regina terrestrium, imperatrix inferorum. O castitatis lilium, conclave continentiae, tu vexillum caritatis, tu bonitatis compendium. O rosa justitiae, tu patientiae purpura, tu primula justitiae, tu venustatis viola. O prudentiae speculum, fundus fortitudinis, tu liber temperantiae et libra rectitudinis, tu spes cunctorum indeficiens, tu fidei firmaculum, tu moestorum consolatio, reorum receptaculum, tu prudentia pauperum, tu justorum laetitia, tu principium humilitatis et consummatio sanctitatis.*

Homilia *Loquente Jesu.*

Ad missam. Secreta *Familiae praesentis hostia tibi, auctor salutis, sit accepta et quanto muneribus antiquis fuerit pretiosior, tanto matri tuae Mariae famulantibus sublata hostili nequitia fiat efficacior. Per Dominum.*

Postcommunio *Da, quaesumus omnipotens Deus, ut sicut beatae Mariae interventu concesso religionis augmento nos ab inimicis confidimus liberari, ita ex virtute sacramenti tui quod sumpsimus aeternam nobis salutem perseverantibus promissam sentiamus donari. Per Dominum.*

In festo Alberti confessoris Carmelitae. (Ib. Fol. 54ª.)
Duplex.

Primae Vesperae erunt de Transfiguratione Domini et memoria tantum de sancto. *O Alberte norma munditiae, — puritatis et continentiae, — ora matrem misericordiae — ut in ista valle miseriae — nos defendat a pravo scelere — ut exuto mortali corpore — perfruamur aeterna requie.* ℣. *Amavit.* Or. *Deus qui beatum Albertum* confessorem tuum spreto saeculo ad almae tuae Genitricis religionem vocare dignatus es, tribue nobis quaesumus, ut ejus meritis et exemplis digne Tibi servientes, cum ipso in aeterna gloria perpetuo Te perfrui mereamur. Qui vivis, etc.

Ad matutinum Invitatorium *Christum regem adoremus, — et in sanctis collaudemus, — regnantem perenniter: — qui Albertum Carmelitam — ad coelestem traxit vitam — viventem feliciter.* Hymnus [1].

*Adest natalis celebris —
Dies viri seraphici
Alberti, patris inclyti,
Quo gaudent cives coelici.*

*Qui spreto mundi culmine,
In annis puerilibus,
Ad templum sanctum properans
Vacat devote precibus.*

*In arta poenitentia
Carnem castigat acriter,
Imago sibi credita
Ne maculetur turpiter.*

*Hunc hostis fallax stimulat
Dum contemplatur fervide,*

*Quem Christi servus superat
Perseverando sedule.*

*Messana gaude civitas,
Quam Christus sancti meritis
Eripuit ab hostibus,
Praebens cibum famelicis.*

*Gratulare fons Trapani,
De quo talem propaginem
Deus deorum dominus
Produxit mundo coelibem.*

*Sit Trinitati gloria,
Patri simul et Filio,
Sancto quoque Paraclito
In universo saeculo. Amen.*

In I noct. Ant. *In sanctitatis proposito — stans Albertus firmiter, — et religionis voto — obsequebatur jugiter.* Ps. *Beatus vir.* Ant. *Sancto sumpto habitu — ingenti cum fervore — Jesu Christo studuit — servire in timore.* Ps. *Quare fremuerunt.* Ant. *Tribulatus acriter — Satanae per tentamen, — Christo clamat fortiter, — sentit consolamen.* Ps. *Domine quid.* ℣ *Amavit.*

Lect. I. *Albertus ordinis Carmelitarum.* ℟ *Claritate divini luminis — illustratus Albertus humilis — Spreta pompa mundani culminis — vestem sumpsit Mariae Virginis.* ℣ *Confortatus puer (55ª) affabilis — vestem sprevit veteris hominis.* ˙*Vestem.*

Lect. II. *Adveniente vero.* ℟ *Ne foedetur corpus luxuria — sensus domat cum abstinentia — Vinum vitat, et aqua frigida —* ˙*carnem*

---

[1] Cf. Dreves V, 102; XXIII, 111; Morel, p. 193; U. Chevalier, *Repert. hymnol.*, nº 412.

nutrit in pœnitentia. ℣ *Sicque quod vincit cum efficicia — hostem, mundum et carnis vitia.* * *Carnem.*

Lect. III. *Quo annuente.* ℟ *Actu firmus, et mente stabilis – Albertus in Dei laudibus —* * *Sensu plenus ac voto fervidus — divinis haesit affectibus.* ℣ *Caritate fit exaudibilis — dum precatur curvatis genibus.* * *Sensu.*

In II noct. Ant. *Cordis cum laetitia, — accinctum puritate, — mirificavit Christus — patenti probitate.* Ps. *Cum invocarem.* Ant. *Fidelitatis scuto — catholicae protectus, — legis evangelicae — defensor est effectus.* Ps. *Verba mea.* Ant. *Sancti sacerdotii — coronatus gloria — repletur virtutibus — et divina gratia.* Ps. *Domine Dominus noster.* ℣ *Justum deduxit.*

Lect. IV. *Puer vero.* ℟ *Hostis pravus studet evertere — insudantem Christi servitio — Sed ne posset illud extinguere —* * *numquam cessit Albertus otio.* ℣ *Dei laudes non cessat promere — semper sancto vacat officio.* * *Numquam.*

Lect. V. *Cumque ad sacerdotii.* ℟ *Obsidetur Messana civitas — plebi adest famis poenalitas — Sed dum orat Alberti sanctitas —* * *mox in portu patet fertilitas.* ℣ *Dum timetur hostilis feritas — statim adest divina bonitas.* * *Mox.*

Lect. VI. *Juvencula quaedam.* ℟ *Rex et plebes ingenti gloria — admirantes laudis praeconia — cum Alberti monstratur gratia, —* * *ultro poscunt eius suffragia.* ℣ *Laude promunt mentis praecordia, — Deum colunt cum reverentia.* * *Ultro.*

In III noct. Ant. *Sine cordis macula, — Dei tabernaculum, — velut patens facula — possidet in saeculum.* Ps. *Domine quis.* Ant. *Vitam sibi placitam — ei Christus tribuit, — hujus mundi semitam — exiens cum obiit.* Ps. *Domine in virtute.* Ant. *Quasi nubes lucida — in coelum elevatur, - sancta ejus anima — cum sanctis sociatur.* Ps. *Domini est terra.* ℣ *Justus ut palma.*

Evangel. *Nemo accendit lucernam.* ℟ *Crescit ardor, crescit devotio - virorum occurrentium — fit signorum admiratio —* * *cunctorum assistentium.* ℣ *Vexatorum quoque curatio — miranda fit languentium.* * *Cunctorum.*

Lect. VIII. *Cum viro Dei.* ℟ *Terrae linquens corpusculum — superna petiit anima —* * *Odor dulcis per circulum — conspergitur vita coelica.* ℣ *Fluunt ad ejus tumulum — languidorum corpora, optata — sanitatis sentiunt praesidia.* * *Odor.*

Lect. IX. *Ad missarum.* ℟ *Jesu dulcis, Alberti meritis — tuam* nobis infunde gratiam, — *ut relictis mundanis semitis — paradisi condones gloriam.* ℣ *Ac poenarum solutis debitis — expectatam largire veniam.* Te Deum. ℣ *Ora pro nobis beate pater Alberte.*

In laudibus. Ant. *Induit decorem — infantulus Carmeli, — sprevit mundi florem — inclytus heres coeli.* Ps. Dominus regnavit etc. Ant. *Puro corde jubilet — Carmeli religio, — et patrono vigilet — obsequio propitio.* Ant. *Tua sancta dextera — Jesu nos suscipiat, — et Alberti precibus — gratiose protegat.* Ant. *Excellentem Dominum — benedicant singuli, — cujus servi meritis - liberantur languidi.* Ant. *Deum omnis spiritus — laudet in coelestibus, — quem Albertus possidet — cum beatis patribus.* Capit. Hymnus, ℣ de communi. Ant. ad Benedictus. *Gressus nostros dirigat — praesens vitae sanctitas — et errores corrigat — Alberti suavitas. — Christum suis precibus — poscat nobis gratis — ut in fine exitus — simus cum beatis.* Or. Deus qui beatum. Alia omnia de communi. Ad secundas Vesperas ant. de Laudibus, psalmi consueti. Capit. etc. de communi. ℟ nonum. Hymnus de communi vel proprius *Adest natalis.* ℣ de communi. Ant. *Tu Alberte pater egregie — semper gaudes de dono gratiae, — te laudantes in terra respice — et nostra vota clementer suscipe.* Ps. Magnif. Ad missam omnia de communi praeter orationem.

Sancti Helisei prophetae Montis Carmeli (E Brev. 1480 [1])
Duplex.

Ad Vesperas capit. *Justum deduxit.* ℟ *Admiranda sanctitas — ex copia gratiarum — per fideles recolatur, — dum gestorum quantitas — principis prophetarum — Helisei memoratur. — *Nam in vita et in morte — Dei claret aequa sorte — signis et miraculis.* ℣ *Sunamitis filium — vivus suscitavit, — et cadaver mortuum — defunctus recreavit.* Nam. Hymnus *Hic pius.* ℣ *Amavit.* Ad Magnif. ant. *Magna fecit potens Deus — Dum vir sanctus Heliseus — per Heliam Carmelitam — sanctiorem sumpsit vitam ; — de agro namque vocatus — et parentibus osculatis — notisque suis cibatis, — prophetam surgens est secutus.* Or. Omnipotens sempiterne Deus qui in electis prophetis mirabilis praedicaris, praesta quaesumus, ut sicut spiritum Heliae in sancto propheta Heliseo ad miracula facienda duplicasti, ita gratiam sancti Spiritus ad virtuosa opera

[1] Cf. Dreves, XXV, 271.

exercenda in nobis multiplicare digneris. Per Dominum.... ejusdem. Ad matutinum In vitator. *Adoremus regem regum — laudis cum praeconio, — qui locavit Heliseum — in coelorum solio.* Hymnus *Hic pius.* In I noct. ant. *Heliseus vir beatus, — sapienter est imbutus, — legem Dei meditatus — et eam prosecutus.* Psalmi de communi unius episcopi et confessoris. .

Ant. *Siriae regis servitores — Heliseum quaesierunt, — et necis ejus minatores — adversus eum convenerunt.* Ant. *Sub fide Dei promissorum — ad Dominum exclamavit, — et a derisu puerorum — prophetam vindicavit.* ℣ *Amavit.*

Lect. I. *Fratres karissimi, sanctus Heliseus.* ℟ *Helias pater inclytus — ascendit paradisum — angelica vectura. ˙Et ejus replevit spiritus — Heliseum provisum — duplici mensura.* ℣ *Animus assidue — ignei ardoris, — nos sublevet gratuite — vehiculo amoris. ˙Et ejus.*

Lect. II. *Dixit enim Dominus ad Heliam.* ℟ *Heliae clamis candidus — per flammas ignis jacitur — et Heliseus avidus — captandum hunc attrahitur — ˙Explicite offuscatum.* ℣ *Jordanis flumen ceditur, — per pallium disjungitur, — iter pandens cernitur — et sic per siccum graditur. ˙Explicite.*

Lect. III. *Secundo commentatur ex ejus conversatione.* ℟ *Helisee Carmelita — Vestis tua dispertita — ˙Fratres tuos ornet ita, — virtuose ut cum vita — heredes sint etherei.* ℣ *Pallium latum per Heliam — Heliseo per aurigam — igneum quid transfertur. ˙Fratres.*

In II noct. Ant. *Filii hominum hoc scitote, — quia Dominus sanctum suum mirificavit, — et promite hoc devote — de olla mortem quod fugavit.* Ant. *Auribus pater percipe — verba clamoris mei, — ut gratiora prospere — in me duplentur Dei.* Ant. *Nomen tuum admirabile — Heliseo demonstrasti, — contra salutem Syriae — sagitta dum pugnasti.* ℣ *Justum.*

Lect. IV. *Duxit autem Helias Heliseum.* ℟ *Naaman Syrus cum peculio — Heliseum sanctum adiit, — a lepra eum ut mundaret, — Dei doctus ex consilio — ˙propheta dona respuit — gratis eum ut curaret.* ℣ *Giezi munus capit — hoc vir sanctus intus sapit — et Giezi virus inficit. ˙Propheta.*

Lect. V. *Cum transissent.* ℟ *Virtutem crucis gloriosae — pater sanctus figurabat, — defunctae matris dolorosae — nato vitam impetrabat. — ˙Membra membris applicavit, — puer septies oscita-*

vit — ℣ *Adoravit Dominum — ostium praecludendo, — curvavit se ad puerum — calorem infundendo.* ˙Membra.

Lect. VI. *Et abjectis vestimentis.* — ℟ *Helisee, pater bone, — confer nobis in agone — tempus salutiferum —* ˙*ut in peccati regione — salvi malo a praedone — qui tenemur nexi scelerum.* ℣ *Post passam famem gratiae — fruamur fruge veniae.* ˙Ut.

In III noct. Ant. *In monte sancto requiescet — innocens approbatus, — et laus ejus invalescet, — dum gens per eum est cibatus.* Ant. *Dulcis benedictio — viro Dei fuit data, — et vita sine termino — nunc sibi est allata.* Ant. *Homo Dei concupivit — vultum Dei contemplandum, — et Deus eum insignivit — infectas aquas ad sanandum.* ℣ *Justus ut palma.*

Evangel. *Quanta audivimus facta in Capharnaum;* — quaere supra feria II post III Dominicam in Quadragesima. *Homilia ex dictis sanctorum. Quasi dicerent quia in Capharnaum plures te curasse audivimus.* ℟ *O prophetarum filii, — fratres de Carmelo, — Candorem fertis lilii — in terra et in coelo —* ˙*Nam Helisei pallium — in vos est translatum, — ut castum sit obsequium — vestrum, et humiliatum.* ℣ *Oleum auctum viduae — per sanctum Heliseum — est opus pium sedule — effectum propter Deum.* ˙Nam.

Lect. VIII. *Tertio commendatur.* ℟ *O Carmeli princeps sancte — dux religionis tantae — vitam celsam quam duxisti — et fratres tuos docuisti —* ˙*in nobis ora hanc firmari.* ℣ *Veram mundam abdicatam — justam vitam approbatam.* ˙*In nobis.*

Lect. IX. *Et ascendit inde in Bethel.* ℟ *Admiranda sanctitas*, ut in Vesperis. *Te Deum.* ℣ *Ora pro nobis.*

Ad Laudes ant. *Dominus carum filium — induit decore, — cui patris pallium — misit ex amore.* Ps. *Dominus regnavit.* Ant. *Per Helisei festum — jubilate Domino, — ut omne cor moestum — consoletur gaudio.* Ant. *Prope torrentem fluminis — in terra deserta — perambulat vi Numinis — gloria cum aperta.* Ant. *In opere deifico — per saeculorum saecula, — ex ore prophetico — benedicunt Deum singula.* Ant. *Magna virtus Dei — per spiritum Helisei — mira operatur — in quibus honoratur.* Capit. Hymnus, ℣ ut in communi unius confessoris non pontificis. Ad Bened. ant. *Pater tu propheta Altissimi vocaris, — plurima secreta pandisse praedicaris, — duc nos ad Dei faciem, — hostiumque verte aciem, — da gratiae scientiam — peccati indulgentiam.* Or. ut supra. Ad horas antt. de Laudibus, capitula, ℟℟ ℣℣ de communi unius confessoris non episcopi cum oratione ut supra. Ad Vesperas quinque antt. Laudum super psalmos *Dixit* etc. Capit. Hymnus, ℣ de communi. ℟ *Helisee pater.* Ad Magnif. ant. *Carmeli cultor Helisee, — nos virtutum veste tege, — doce clare nos in lege — et in fide stantes rege, — transfer nos ad pacis montem, — ut gustemus vitae fontem.*

Sancti Alberti. Totum duplex sive duplex (E Brev. 1480)

Quod est festum devotionis et non Ordinalis. Ad Vesperas de Transfiguratione, memoria de S. Alberto. Ant. *O Alberte.* Or. *Deus qui piorum lamentationes in gaudia convertis, quique fideli ac prudenti servo multum polliceris, concede quaesumus, ut intercessione beati Alberti confessoris tui summa coeli habitacula penetremus et cum sanctis angelis tuis sine intermissione gaudeamus. Per.*

Ad. Bened. ant. *Gressus nostros,* ut in suffragiis (V. supra p. 302), vel de communi Or. ut supra.

In solemnitate sancti Angeli (Ex eodem Brev. 1480)

Martyris ordinis nostri, non secundum Ordinale sed ex devotione. Omnia de communi unius martyris non episcopi, presbyteri tamen. Oratio *Deus fidelium remunerator animarum qui hunc diem beati Angeli* (alias add. : *Hierosolymitani) sacerdotis tui martyrio consecrasti, tribue quaesumus, nobis famulis tuis ut cujus venerandam celebramus festivitatem ejus precibus indulgentiam consequamur. Per Dominum.* (Habentur lectiones tantum).

Sancti Helisei (E Brev. 1504).

Ad primas Vesp. antt. et Pss. secundum feriam. Capit. *Hic est rector fratrum.* ℟ *Terram sterilem fecundavit — amaras aquas dulcoravit — ˙immisso sale, nutu Dei — Heliseus propheta sanctus.* ℣ *Mortem tunc ab aquis abstulit — ne potantes morte laederet.* **Immisso. Gloria. Immisso.* Hymnus [1]

> *Ut lingua carnis digne possit promere,*
> *Et viri Dei mores plene dicere,*
> *Mentes obscuras tuo tange lumine,*
> *Christe redemptor, et Salvator optime.*

---

[1] Cf. Dreves, XXIII, 166. Cf. *Repert. hymnol.,* n° 21004.

Prophetae dies celebratur hodie,
Quo Heliseus divino plenus munere,
Et in sublimi collocatus culmine
Nostrae supplici traditur memoriae.

Heliseus virgo plene permanens
Beatis coeli coaequatur angelis,
Qui pravos carnis motus scivit premere
Et mentem puram Christo vovit gerere.

Hic vir exemplum dedit mendicantibus,
Prophetam magnum dum Heliam sequitur,
Relicto patre atque mundi coetibus
Associari optans coeli civibus.

Regulam hic vir dedit praesidentibus
Ne Dei dona venderent muneribus,
Naaman Syrum dum mundavit plenius,
A lepra ejus recusatis opibus.

Uni trinoque Domino sit gloria,
Honor, potestas atque jubilatio,
Qui Helisei viri sancti merita
Late declarat omnia per saecula. Amen.

℣ *Ora pro nobis sancte Helisee.* Ad Magnif. *Helisei anima Dominum magnificat, cui Heliae spiritus duplicatus traditur, ipse pro clero Deum orat atque pro populo.* Or. *Deus qui beatum Heliseum prophetam Montis Carmeli incolam altis mirificasti prodigiis et illustrasti doctrinis, tribue quaesumus nobis, ut ejus exempla sequentes ad te pervenire mereamur.*

Ad matutinum. *Regem prophetarum Dominum venite adoremus — cum quo propheta magnus regnat Heliseus.* Ps. Venite. Hymnus [1]

Congratuletur curia
Coelestium spirituum,
Et omnis terra jubilet
De Helisei gloria.

Carmelitarum principi
Prophetae, quem instituit
Magnus Helias Thesbites,
Nutu Divini numinis.

[1] Cf. Dreves, XXIII, 167. Cf. *Repert. hymnol.*, nᵒ 3803.

Hic in infernum potuit
In hac vita dum viveret,
Cum inde tulit animam
Et corpori restituit.

Naaman Syri nobilis
Sanavit leprae vulnera,
Oblata cujus divitis
Sprevit omnino munera.

Hic mulieris viduae
Compatiens inopiae

Multiplicavit oleum
Ut debita persolveret.

Finitum cujus corpusculum
Et sepulturae traditum
Solo tactu veraciter
Mox suscitavit mortuum.

Uni trinoque Domino
Sit sempiterna gloria,
Qui Helisei precibus
Perducat nos ad supera.

In I noct. Ant. *Justorum viam novit Dominus cum Heliseum de mundo vocavit Helias.* Ps. *Beatus vir.* Ant. *Postula a me, et dabo tibi spiritum meum, Heliseo praedixit Helias.* Ps. *Quare fremuerunt.* Ant. *Heliseus ad Heliam dixit : Obsecro, pater, tuum in me duplicari spiritum.* Ps. *Domine quid multiplicati.* ℣ *Amavit.* ℟ *Stolam gloriae.*

Lect. I. *Factum est cum levare.* ℟ *Inopis viduae oleum multiplicavit Heliseus* ut creditori redderet, et haberet unde viveret.* ℣ *Cum plena fuissent vasa verbo vatis stetit oleum.* * *Ut creditori.*

Lect. II. *Cumque descendisset.* ℟ *Terram sterilem.* ℣ *Mortem.* Require in primis Vesperis.

Lect. III. *Et ait ille.* ℟ *Sunamitem ventre sterilem Heliseus fecit parere.* * *Extinctum suscitavit vates orando corde vir Dei sanctus.* ℣ *Defuncti mater venit plorans ad vatem in Monte Carmeli.* * *Extinctum. Gloria Patri.*

In II noct. Ant. *Mirificavit sanctum suum Dominus, dum Heliseo sancto duplum Heliae sanctum spiritum contulit propheticum.* Ps. *Cum invocarem.* Ant. *Linguis suis dolose agebant Heliseo mali insultantes, quos verbo vatis occidit ursus.* Ps. *Verba mea.* Ant. *Paulo minus suis angelis Dominus Heliseum minuit, dum tres reges futura docuit.* Ps. *Domine Dominus noster.* ℣ *Justum deduxit.* ℟ *Et ostendit illi regnum Dei.*

Lect. IV. *Qui ait: Vivit.* ℟ *In olla missa colloquintida amarum cibum mortis fecit, quem gustantes Heliseo clamant: mors in olla.* * *Quem vates occidit.* ℣ *Heliseus farinam miscuit et a cibo mortem abstulit.* * *Quem.*

Lect. V. *Cumque transisset.* ℟ *Ex modico cibo Heliseus turbam* magnam satiavit *Et saturatis remansit panis juxta verbum Helisei vatis. ℣ Christum praesignans vir Dei sanctos apponi panes praecepit turbis. * Et saturatis.

Lect. VI. *Mulier quaedam.* ℞ *Naaman Syrum leprosum virum lavari jussit, quem sanavit et ejus dona sic recusavit :* * *Ne gratum Dei donum venderet.* ℣ *Ministro adhaesit lepra Syri quod pretium recepit doni.* * *Ne gratum. Gloria. Ne.*

In III noct. Ant. *Heliseus in aquam misit lignum et securis submersum natavit ferrum.* Ps. *Dominus quis habitabit.* Ant. *Vatem ab hoste protexit Dominus ignitos praebens equos atque currus.* Ps. *Domine ne in virtute.* Ant. *Famem repulit vir Dei sanctus, cibos praebens fugatis hostibus.* Ps. *Domini est terra.* ℣ *Justus ut palma.* ℞ *Sicut cedrus Libani.*

Lect. VII. *Secundum Lucam. Dixerunt Pharisaei ad Jesum : Quanta audivimus facta in Capharnaum : Homilia beati Ambrosii. Prophetam dicit in scripturis.* ℞ *In Heliseo completus est spiritus Heliae, quem in diebus suis potentia nemo vicit* *Et sepultum ejus corpus suscitavit mortuum.* ℣ *Heliseus in vita sua multa fecit monstra, et in morte sua magna fecit miracula.* * *Et sepultum.*

Lect. VIII. *Et illa respondens.* ℞ *Achab regis peccata horrens atque Jezabelis, Heliseus Jehu Israel nonum fecit regem.* * *Ut justorum sparsum juste vindicaret sanguinem.* ℣ *Naboth mortem morte Jezabelis rex vindicavit, quum reginae mortem morti sociavit.* * *Ut justorum.*

Lect. IX. *Ivit itaque mulier.* ℞ *Adest nobis dies celebris — quo vir Heliseus stabilis — corporis exuto pondere — thronum tenet digne gloriae —* * *gloriosis suis meritis.* ℣ *Quem sparsis rogemus lachrymis ut post hujus levam temporis — nos beatis jungat angelis.* *Gloriosis. Te Deum laudamus.* ℣ *Helias in turbine tectus est.* ℞ *Et in Heliseo completus est spiritus ejus. Allel.*

In Laudibus ant. *Mirabilis in altis sedet Dominus — cum quo vates magnus regnat Heliseus.* Ps. *Dominus regnavit* etc. Ant. *Omnis terra serviat — Deo in laetitia, — Dum prophetae festum celebrat ecclesia.* Ant. *Ut terris ostendatur Dei filius — Vates magnus praemissus est Heliseus.* Ant. *Benedicendum esse Deum docebat Heliseus — quando sepultum ejus corpus suscitavit mortuum.* Ant. *Juvenes et virgines laudent Deum — qui in coelis coronavit Heliseum.* Capit. *Heliseus in vita fecit monstra.* — Hymnus *Ut lingua carnis.* ℣ *Justus germinavit.* Ad Bened. *Benedictus Dominus Deus Israel qui sic plebem suam visitavit donis, ut sepultum vatis prophetaret corpus et tactu suo suscitaret mortuum.* Or. ut supra. Ad Tertiam Capit. *Heliseus filius Saphat*, ℞ et ℣ de communi unius confessoris.

Ad Sextam Capit. *Jam non estis hospites*. Ad Nonam Capit. *Percussit Heliseus*. Or. *Omnipotens sempiterne Deus, qui in electis prophetis mirabilis praedicaris, praesta quaesumus ut sicut spiritum Heliae in sancto propheta Heliseo Carmelitarum duce secundo ad miracula facienda duplicasti, ita gratiam sancti Spiritus ad virtuosa opera exercenda in nobis multiplicare digneris. Per Dominum.*

Ad secundas Vesperas. Quinque antt. de Laudibus. Ps. *Dixit Dominus*, et ceterae ad ceteros. Capit. *Percussit*. ℞ *Adest nobis*. Hymnus *Congratuletur*. ℣ *Ora pro nobis*. Ad Magnif. *Hodie magnus pater Heliseus deposito morte carnis onere, cum beatis gloriatur angelis, cum quibus fruitur Dei facie, quem pro nostro intervellet ordine*. Or. *Omnipotens sempiterne Deus qui in*. Memoria de sanctis Vito, Modesto et Crescentia martyribus.

Commemoratio Beatae Virginis Mariae (Ex eodem Brev. 1504)

Totum duplex. Ad secundas Vesperas festi Divisionis apostolorum. Antt. et Psalmi ut in communi apostolorum. Capit. ℞ Hymnus, ℣ et ant. ad Magnif. sint de Commemoratione tota duplici beatae Virginis Mariae, et omnia fiant ut in commemoratione ejus cum oratione sequenti. Oratio. *Deus qui excellentissimae Virginis et matris Mariae tuo titulo humilem ordinem Tibi electum singulariter decorasti, et pro defensione ejusdem miracula suscitasti, concede propitius ut cujus commemorationem devote veneramur* (alias additur : *in terris*), *ejus in praesenti auxiliis muniri et in futuro gaudiis sempiternis perfrui mereamur. Per* (Nihil aliud).

Sancti Alberti (Ex eodem Brev)

Ut supra (P. 305) cum aliquibus variantibus.

Hymnus de S. Alberto (MS Harley 1819, fol. 63ᵇ)

Cedrus alta Siculina
Se diffundit plurimum,
Spica nardi Drepanina
Ad salutem omnium.

Inde fluit medicina
Incorruptum balsamum,
Ut curentur repentina
Mors et languor criminum.

  Currunt aegri festinanter
Ad Alberti limina,
Surdi et claudi consequenter
Invocantes numina,
Caeci nati confidenter
Impetrantes lumina,
Grates réddunt complacenter
Fit obtenta gratia.

  Scandat arcem grex pusillus,
Regulato tramite,
Premat callem pes tantillus
Sub Helia Thesbite,

  Levat mentes mons serenus
Cum Alberto comite,
Stillat rorem fons amoenus
In Carmeli vertice.

  Hunc Messias inspiravit
Ad virtutis normulam,
Dux Helias invitavit
Ad sequelae formulam.
Summum Deum et Usiam
Collaudemus dulciter,
Ut Alberto per Mariam
Nos conjungat pariter. Amen.

  Officium Sancti Symonis Stock (Ib. fol. 98ᵇ)

Ad primas Vesperas. ℟ *Bonitatem Dei meditabatur sedulo Symon fidelis Christi servus* * *Orans ut viam salubriorem sibi patefaceret.* ℣ *Sicut oculi servorum in manibus dominorum suorum, sic mens divini Symonis in Deum jactabatur.* ˙ *Orans.* Hymnus. ad modum *Quod chorus vatum* (Auctore Menaldo de Rosariis).

  Voce serena resonemus omnes,
Laudibus sacris studium ferentes,
Carmelitanum modulando patrem
  Symonem laude.

  Hic pius pastor gregis atque tutor,
Lux fuit caecis, baculusque claudis,
Signa qui fecit Aquitannicis, et
  Plurima terris.

  Ortus Britannos vindicans, humili
Solo contentus Carmelum migravit,
Interno tactus pectore 132ᵇ] *sacrato*
  Pneumatis almi.

  Hinc sacer pastor quercus clausus antro,
Anxius suae peregrinae vitae,
Mariam orat felicis ut vitae
  Iter ostendat.

> *Ast parens Christi cui favent omnes*
> *Coelici cives nobili virginum*
> *Comitata pompa (Hoc) salutis pignus*
> *Accipe, inquit.*
>
> *Laus Deo Patri Genitaeque Proli,*
> *Et Tibi compar utriusque semper*
> *Spiritus alme, Deus unus omni*
> *Tempore saecli. Amen.*

Hic hymnus ad utrasque Vesperas et ad Laudes esse debet. ℣ ad utrasque Vesperas et ad Laudes *Ora pro nobis beate pater Symon.* ℟ *Ut digni.* Ant. ad Magnif. *Paupertatis evangelicae amator, velut lampas fulgentissima in nebuloso praesentis saeculi turbine resplenduisti, sancte Symon, mititate patriarchas, martyres constantia, confessores parcimonia aequans, apud clementissimum Christum intercedere pro nobis non recuses, et comminatoris astutias tuo repelle clipeo defensionis.* Ps. Magnif. [88*]. Oratio de Sancto Symone Stock *Adjuva nos, quaesumus Domine Deus, beati Symonis confessoris tui intercessione et ab omni adversitate protege, ut cujus festa gerimus sentiamus auxilium. Per Dominum.* Alia (ibidem). *Deus qui sacratissimam Carmeli religionem semper novo foetu prolis amplificas, concede propitius, ut beati Symonis confessoris tui meritis et exemplis instruere dignatus es, ut sicut beatissima Virgo Maria mater tua eidem habitum nostri sacri Ordinis in remissionem cunctorum peccatorum concessit, ita ut nos eorum obtentu indulgentiam omnium nostrorum peccaminum et gloriae coelestis tandem adipisci mereamur consortium. Per Dominum.*

Ad matutinum invitatorium *Pientissimo Christo jubilemus omnes, qui sanctum Symonem transvexit ad gloriam sanctorum.* Ps. *Venite.*

Hymnus (Auctore Menaldo de Rosariis)

> *Aeterno regi Domino*
> *Laudes dicamus jugiter,*
> *Per quem calcato saeculo*
> *Symon vivit aeternaliter.*
>
> *Hic annis puerilibus*
> *Carnem domare satagens,*
> *Renuntiato saeculo*
> *Heremum petiit horridam.*
>
> *Symon stipite positus*
> *Deum orans in sublime,*
> *Ostendi viam salubrem*
> *Precabatur humili corde.*
>
> *Cujus votum Christi mater*
> *Pia affecta munere*
> *Se exhibet humaniter*
> *« Symon, inquit, hoc suscipe ».*

Qui dum divino spiritu *Laudem dicite singuli*
Ageretur mente pura *Deo Patri et Filio,*
Mox subiit montem sanctum *Sancto quoque Paraclyto Amen.*
Albata vestitur toga. *Qui unum sunt aeternaliter.*

In I noct. Ant. *Secus decursus aquarum hujus saeculi stans Symon in suae vitae initio, dedit devotionis fructus.* Ps. *Beatus vir.* Ant. *Beatus Symon in timore Domini servire Deo in sancto proposito studuit, ut daemonis astutias intrepide evaderet.* Ps. *Quare fremuerunt.* Ant. *Domine qui es gloria et exultatio justorum, dilectissimum tibi Symonem aggregasti numero electorum tuorum.* Ps. *Domine quid.* ℣ *Amavit.* ℟ *Sanctum religionis propositum Symon in puritate subiit conscientiae* * *Ut daemonis iras evaderet.* ℣ *Tamquam lignum quod secus plantatur aquas, Symon pius pater dedit fructum.* * *Ut daemonis.* II ℟ *In lege Dei vir sanctus firmiter roboratur, angustioris vitae normam intrat intrepidus* * *Ut granum ex palea excutiat.* ℣ *Tamquam aurum in fornace probat electos Dominus.* * *Ut granum.* III ℟ *Justus pater Symon corpus suum affligebat jejuniis et orationibus,* * *Carnem jubens obedire parti superiori.* ℣ *Ecce elongavit fugiens et mansit in solitudine.* * *Carnem.*

In II noct. Ant. *In pace conscientiae dormitare satagens, sacrificium sanctum se Deo exhibuit.* Ps. *Cum invocarem.* Ant. *Domine scuto protectionis tuae tibi dilectissimum Symonem protexisti.* Ps. *Verba mea.* Ant. *Elevasti Domine magnificentiam tuam super opera manuum tuarum, devotum tibi Symonem sanctorum collegio aggregando.* Ps. *Domine Dominus noster.* ℣ *Justum deduxit.* IV ℟ *Dum sacrum mysterium agere pararet urceolos ambos invenit aqua plenos,* * *et benedictione apposita aqua factum est vinum.* ℣ *Memoriam fecit mirabilium suorum omnipotens Deus.* * *Et benedictione.* V ℟ *Germanus sancti prioris volens frugalem experiri vitam, coctum affert in cibum piscem quem sanctus pater in flumen projecit* * *Qui vivus factus mox natare coepit.* ℣ *Mirabilis Deus in sanctis suis mirabilia operatur, dum piscis coctus vitae restituitur.* * *Qui vivus.* VI ℟ *Vestitus innocentiae toga Christo famulari studuit in innocentia.* * *Ideo ad generalatus (fastigium) zelo religionis ampliandae est vocatus.* ℣ *Ad omnia Christi mandata dirigebat aspectum, et omnem viam iniquitatis odio habuit.* * *Ideo.*

In III noct. Ant. *Sine macula religionem ingressus Symon non fecit proximo suo malum, nec opprobrium adversus proximos suos.*

Ps. *Domine quis.* Ant. *Desiderium cordis ejus tribuit ei Dominus, quando religionem Carmelitarum voluit esse in Europa plantatam.* Ps. *Domine in virtute.* Ant. *Virga regularis correctionis et baculo spiritalis doctrinae consolabatur ordinem sibi divinitus commissum.* Ps. *Domini est terra.* ℣ *Justus ut palma.* VII ℟ *In pastorali regimine talentum sibi creditum magnifice dispensavit* · *Cum subditos verbo et exemplo vitae allexit.* ℣ *Jucunditatem et exultationem thesaurizavit super eum.* · *Cum subditos.* VIII ℟ *Gregem sibi commissum divino fovebat eloquio* · *Et granum e palea virga directionis excutiebat.* ℣ *Memor erat verbo Domini et in corde suo legem Domini volutabat.* · *Et granum.* IX ℟ *Daemonis ut praesentiit insidias pius pater Mariam affatur : O flos Carmeli, vitis florigera, splendor coeli, virgo puerpera, mater mitis.* · *Carmelitis da privilegia.* ℣ *Ego enim servus tuus sum et filius ancillae tuae.* · *Carmelitis da privilegia. Gloria Patri.* · *Carmelitis. Te Deum.* ℣ *Ora pro nobis beate Symon.*

In Laudibus ant. *Decorem et fortitudinem induit eum Dominus, ideo elevatae daemonis astutiae non praevaluerunt.* Ps. *Dominus regnavit,* etc. Ant. *Populus et omnis spiritus in sancto Symone laudat Dominum, quem abnegato saeculo in montem transvexit Carmelum.* Ant. *In velamento alarum fervidae contemplationis adhaesit Domino suo, ideo obstructum est os loquentium iniqua.* Ant. *Sanctus Symon laudet Dominum qui eum transtulit ad sanctorum contubernium.* Ant. *Ad sumendum de hoste triumphum vinum vitavit, aquae petens poculum.* Ant. ad Bened. *Videns daemonis astutam malitiam et carnis continuam in spiritum pugnam, Christi servus Symon egregius contubernium malorum hominum sprevit, ante se habens Dominum aeternumque supplicium, vitam ducens heremiticam, quam mutavit in coenobiticam, suae aetatis anno centesimo raptus est ad aeternam gloriam.* Ps. *Bened.*

In II Vesperis ad Magnif. *Magnificatus in sancta ecclesia ob frugalem vitam in conspectu regum loquebatur sapientiam et lucrificiebat Christo animas quas daemonis astutia auferre nitebatur, in religiosa vita in Domino confortabatur et radices mittebat a progenie in progenies timentibus Christum.* Ps. *Magnificat.*

Alia oratio de eodem, auctore Menaldo de Rosariis *(Ib. Fol. 132ᵃ)*. *Clementissime Deus qui varios naturae humanae casus atque eventus provide cernis nobis labe peccati obnoxiis mederi, non deneges intercedente beato Symone, qui ob virtutem quam habitui Carmelitanae* vitae Christiferae matris tuae indidisti, abrenuntiato saeculo innocentiae toga vestitus tibi permaxime militabat, et multis praeclarissimis miraculis coruscans ad excelsam beatitudinis visionem perductus est Per Dominum.

Divi martyris Angeli officium (Ib. Fol. 133^b).

Ad Vesperas. Totum duplex. Antiphonae et psalmi secundum feriam. Capit. *Beatus vir qui suffert.* ℟ *Terrenae vanitati renuntians Angelus coepit coelestibus aspirare, angelica mente* ˙ *dicens : O pie pater suscipe obsequium meum.* ℣ *Ecce quam libenter curro post te.* ˙ *Dicens.* Hymnus

    Angelorum gaudent chori, Angeli commercio
Quem merita sublimarunt in coeli palatio,
Et cum Christo collocarunt nobili martyrio.

    Plebs exultet, Deo cara, grata et sancta religio
Carmelorum decorata Angeli consortio,
Tellus exultet beata Siculorum regio.

    Angelus mente divina aspirans coelestibus,
Cum viciorum ruina et virtutum floribus,
Contempsit mundum toto corde, cum suis honoribus.

    Contemplator arcis summae, paradisi praemia
Verbo vitae praemonitus, Carmelorum agmina
Ecce petit a tenellis cum superna gratia.

    Praedicator veritatis virtutumque speculum,
Gemma sanctae puritatis, pacis domicilium,
Angelus hic vocabatur ob virtutis meritum.

    Angelus religiones per orbem condecorat
Magnus pater Dominicus ejus verbo suggebat,
Stigmaticus et Franciscus ad pedes se prostrabat.

    Uterque Spiritu Sancto repletus prophetavit,
Martyrium seraphicus Angelo nuntiavit,
Angelus stigmata sacra prostrato aperuit.

    Unde chorus hic devotus ob honorem Angeli
Fundit preces, hymnos, laudes mente, corde humili
Ad te cujus corpus donat dulces fontes olei.
    Genitori Genitoque etc.

℣ *Gloria et honore.* Ad Magnif. ant. *Toto corde Angelus perfectae vitae quaerens formulam, Samuelis et Helisei vestigia diligenter persecutus est.* Oratio. *Deus fidelium remunerator animarum.*

Ad matutinum invitatorium *Adoremus Dominum angelorum regem, qui Angelum Carmelitam coeli fecit civem.* Ps. *Venite.* Hymnus

Ardor benignus pulsitet
Mentes sursum evehere,
Navis coelestis cursitet
Portum salutis pandere.

Languor procul sit pigritans,
Angelus adsit volitans,
Dum somnus nos increpitat
Debile corpus ocitat.

Sancte, benignus, quaesumus,
Nostris faveto vocibus,
Sursum tu mentes, Angele,
Prece beata dirige.

O pastor arvis Siculis
Claris fulgens miraculis,
Nos (Fol. 134ᵃ) *tuos tege famulos*
Laudis canentes modulos.

Frustrare pater scelera,
Noctis remove taedia,
Sis lux praeclara devotis
Te precamur Christicolis.

Quaesumus auctor etc.
Gloria Tibi etc.

In I noct. ant. *Evangelicae legis arcana cogitando, beatus Angelus coepit omnino mundum despicere.* Ps. *Beatus vir.* Ant. *Praedicationis dono decoratus, martyrii palmam assequi meruit.* Ps. *Quare.* Ant. *Veritatem fidei ubique proclamans gentilium multitudinem vir Dei in se evocavit.* Ps. *Domine quid.* ℣ *Gloria et honore.* Lect. I. *Beatus Angelus.* ℟ *Gloriam generis et saeculi pompam vanitatem Angelus indicans, animam potius nobilitare studebat,* ˙ *jejuniis et orationibus vacans.* ℣ *Perfecta cogitatione a mundi pompis et honoribus animam separavit.* ˙ *Jejuniis.*

Lect. II. *Hujus divi Angeli.* ℟ *Quia permanentem aulam hic se non habere Dei famulus Angelus cognoscebat, multarum mansionum* ˙ *paradisi palatia interno affectu exoptabat.* ℣ *Magnifice constructas Hierosolymae urbis parentum domos parvi faciens* ˙ *Paradisi.*

Lect. III. *Accrescente aetate.* ℟ *Evangelici praecepti jugum miti collo portare exoptans, Angelus quaecumque ex paterna haereditate bona habuit* ˙ *tuis Christe pauperibus erogavit.* ℣ *Vendens omnia nil sibi rerum terrenarum vir justus reliquit, sed* ˙ *tuis. Gloria.*

In II noct. ant. *Filiorum hominum vanitatem religione calcans, Angelus Deum invocare non cessabat.* Ps. *Cum invocarem.* Ant.

Mane et vespere divinis auribus verba divina clamans, cum lacrimis offerebat dicens. Ps. *Verba mea.* Ant. *O rex admirabilis, parce facturae tuae primi parentis labe infectae.* Ps. *Domine Dominus noster.* ℣ *Posuisti.*

Lect. IV. *Factus itaque.* ℞ *Labentem mundum ejusque incolas viciis oppressos animadvertens, cunctis se affabilem praebebat* ˙ *Deumque universaliter pro omnibus precabatur.* ℣ *Peccatores ad se evocans a viciis vindicabat.* ˙ *Deumque.*

Lect. V. *Prophetarum se filium.* ℞ *Seipsum et proximum Domini mandato diligens, cum charitate facienda fugiendaque demonstrans* ˙ *Quasi tuba omnium scelera supprimebat.* ℣ *Dignos poenitentiae fructus errantibus insinuans.* ˙ *Quasi.*

Lect. VI. *Fluebat ad viri.* ℞ *Languidas animas coelesti cibo recreabat Angelus,* ˙ *Morbida quoque corpora suis meritis et precibus refocillabat.* ℣ *Bonis valde pronus, malis etiam auxilium non negabat.* ˙ *Morbida. Gloria.*

In III noct. Ant. *Non in rebus terrenis sperandum esse censuit, qui totam confidentiam in Domino posuit.* Ps. *In Domino.* Ant. *Immaculati candoris Virginis pallio velatus, coeleste tabernaculum habitare disponebat.* Ps. *Domine quis:* Ant. *Tristabatur Angelus mundi laqueos considerans, sed divina virtute coelos contemplans laetabatur.* Ps. *Domine in virtute.* ℣ *Justus ut palma.*

Lect. VII de Evangelio *Si quis vult venire post me.* ℞ *Abnegavit semetipsum Angelus salutiferae crucis vexillum religione tollens, mundo crucifixus* ˙ *In sola cruce glorians Christi vestigia sequebatur.* ℣ *Ne a veri magistri via recederet.* ˙ *In sola.*

Lect. VIII. *Surrexerunt.* ℞ *Pacem pacifici diligentes discordias fugiunt, alterius enim sancti honor alterum condecorat* ˙ *Nec bono bonus invidet, nec sancto sanctus detrahit.* ℣ *Angelici pastores Angelum visitare non neglexerunt, quia* ˙ *Nec bono.*

Lect. IX. *Non satis erat.* ℞ *Terrenae vanitati* (quaere superius). Te Deum. ℣ *Posuisti Domine.*

In Laudibus ant. *Per angelicos choros in coelestibus regnis elevatus regnat Angelus, allel.* Ps. *Dominus regnavit* et ceteri. Ant. *Lilio candidior, balsamo fragrantior in aeternum cum Domino jubilat. allel.* Ant. *Clamat Angelus cum angelis in sidereo velamento allel. allel. allel.* Ant. *Benedictus et justus in superna haereditate Deum benedicere non quiescit. Allel.* Ant. *Quia in praeceptis Domini rite permansit, quodcumque expostulat ad votum Dominum laudans asse-*

quitur. Capit. *Iste sanctus.* Hymnus *Angelorum gaudent chori.* ℣ *Magna est gloria.* Ant. *Perpetua luce coruscans Angelus aeterno fulgore cum Domino exultat in aeternum. Allel.* Ps. Bened. Oratio. *Omnipotens et mitissime pater fragilitatis nostrae piacula confitentes, ad tuae ineffabilis pietatis copiosissimum fontem accurrimus, ut quae nostra merentur facinora divertas, et beati Angeli martyris tui precibus adjutos ad veram religionis observantiam tuorumque praeceptorum custodiam adducere digneris.* Per Dominum nostrum.

Praefatam historiam composuit frater Arnoldus de Sonis conventus Condomi in provincia Vasconiae, ac dedit impressioni, submisitque correctioni reverendi in Christo patris provincialis Carmelitarum tunc temporis Vasconiae Magistri fratris Bernardi de Casa majori.

Ad secundas Vesperas ad Magnif. haec potest esse ant. *Angele Carmeli columba, quem decorat laurea triplex martyrii, eloquii et virginitatis, fac ut tua nos virtus ducat ad astra poli.* Ps. *Magnif.* Oratio ut supra.

Legenda sancti Simonis Stock
auctore Fratre Rolando Bouchier. Oratio

Clementissime Deus qui sacrum ordinem Carmeli ingentibus privilegiis decorasti, ac singulariter per tuam Genitricem beatissimo Simoni confessori tuo Carmelitanum habitum contulisti, concede propitius, ut ipso jugiter intercedente scelerum veste deposita, virtutibus ornati mereamur praeclara immortalitatis stola adornari. Per Dominum.

Metra quaedam de Divo Alberto Siculo

Carmelita, sub Jesu, Mariae et Alberti nominibus edita per lectorem fratrem Joannem Viridis Avenae conventus Valencinensis, hymnorum loco decantanda.

In *Deo laeti jubilemus omnes,*
Patris Alberti celebrando festa,
Mira quem gesta faciunt beatum
Ac venerandum.

Editus *nondum genitricis alvo,*
Cereus tamquam rutilans coruscat,
Praedicatorem fore se futurum
Insinuando.

Sanctus hoc miro benedictionis
Rore perfusus, dedit hunc abunde,
Proximos sacris monitis docendo.
    Quaerere Christum.

Unde nunc laudes jubilet canendo
Ordo Carmeli sacer atque clarus,
Quem pater tantus meritis onustus
    Clarificavit.

Sit Deo nostro decus et potestas,
Virgini sacrae sit honor perennis,
Patris ac hujus precibus juvemur
    Nunc et in aevum. Amen.

Alius hymnus de sancto Alberto per eundem.

Medium dum silentium
    Noctis continent omnia,
    Promat chorus fidelium
    Nunc Alberti solemnia.

Artibus liberalibus
    Albertus puer traditur,
    Qui mox in his divinitus
    Excellenter imbuitur.

Respuens mundi lubrica,
    Spirans ad regnum coelicum,
    Se fert aetate tenera
    Ad ordinem Carmelicum.

Ipse nam nondum editus
    Matri Mariae virgini
    Dabatur a parentibus,
    Sancto voto et simplici.

Astripotenti domino
    Sit laus et jubilatio,
    Qui nos Alberti merito
    Sanctorum jungat praemio.

    Amen.

Alius de eodem sub Alberti nomine per eundem.

Alberti jam pro meritis
    Ejusque gestis inclytis,
    Almis quoque virtutibus
    Exultet coelum laudibus.

Lucenti natus genere,
    Mox clariori munere,
    Tibi servivit intime
    Lucis creator optime.

Blanda contemnens gaudia,
    Anhelans ad coelestia,
    Festinavit ad meritum
    Deus tuorum militum.

Egris medelam contulit,
    Morbum multis hic abstulit,
    Tuo fretus auxilio
    Jesu nostra redemptio.

Rigoroso cilicio
　Carnem domabat clanculo,
　Memor tuorum munerum
　Conditor alme siderum.

Tandem virtutum titulis
　Clarescens et miraculis,
　Migravit hinc ad Te pium
　Jesu redemptor omnium.

Une Deus piissime,
　Da precamur mitissime,
　Per Alberti suffragia
　Beata nobis gaudia.

Sit laus Patri cum Filio
　In summo poli solio,
　Nosque replendo coelitus
　Veni Creator Spiritus. Amen.

De sancto Alberto.

(Ex Lezana, Annal. IV, 494.) Auctore Johanne Anconitano, presbytero Montis Erycini.

Ad Vesperas. Ant. *Exultemus in sanctorum —'hodie splendoribus, — cum Albertus confessorum — junctus est agminibus.* Ps. *Dixit,* et ceteri. Ant. *Virtutem mirabilium — annuntiavit Dominus, — qui Albertum quasi lilium — Carmeli dedit patribus.* Ant. *Exortum est in ecclesia — lumen sacratum Virgini, — Albertus cujus memoria — manet in saeclum saeculi.* Ant. *Collocavit sanctum Dominus — cum principibus sui populi, — decorando mirabilibus; — Laudate nomen Domini.* Ant. *In hac die laetabunda — jubilemus mente munda, — dicant quique concinentes : — Laudate Dominum omnes gentes.* Capit. *Oblatio justi.*

Hymnus *Ecce lux surgit, recolenda toto*
　　　　Orbe, sic laeti modulentur omnes,
　　　　Atque Carmeli resonent alumni
　　　　　　Undique patres.

　　　　Sed prius coeli dominator alti
　　　　Christe lux mundi, pietatis almae
　　　　Auctor Alberti meritis, canentum
　　　　　　Organa solve.

　　　　Cujus insignis generis parentes,
　　　　Quinque dum lustris steriles fuissent
　　　　Prole sunt tandem precibus referti
　　　　　　Virginis almae.

　　　　Ortus hic alvo Genitricis infans
　　　　Nomen e coeli tulit arce sanctum
　　　　Estque Carmeli redimitus alba
　　　　　　Veste tenellus.

Callidus vero scelerum magister
Aemulus, illi laqueum tetendit
Fraudis, ac victus puero precante
Fugit ad orcum.

Sit decus Patri Genitoque summo
Spiritus manat, dator, unde compar
Munerum, sed sit tribus una tantum
Gloria semper. Amen.

Ant. ad Magnif. *O Alberte.* Or. *Deus qui hodierna.*

Ad laudes. *Messana quondam proelia*
Dum longa bella pertulit
Dirae fami, tunc pabula
Hic, hoste pulso, praebuit.

Ingressus undam fluminis
Sicco pedum vestigio,
Cum laude trini Numinis
Mersis fuit suffragio.

Prosa

Fluxa saecli non amavit, — se Mariae dedicavit, — cujus ope superavit — trina victor praemia..
Ubi sanctus expiravit, — mirus odor emanavit, — qui multorum effugavit — morbos atque vulnera.
Aera sonitum dederunt, — angelique cecinerunt, — hujus laudes et fugerunt — in conspectu populi.
Aquae divi cum potantur — imbecilles relevantur — aegri, et inde praedicantur — signa mirabilia.
Offertorium. *Ad Alberti sitientes — currunt aquas populi, — quarum haustum assumentes — liberantur languidi.* (Cetera desunt).

Suffragia Sanctorum. (E libro Horarum, Lugduni 1516).

De sancto Alberto.

O Alberte, flos Carmeli — respice nos pii zeli — quo praefulgens oculo — currus et auriga dulci — cum Maria liga dulci — nos amoris vinculo. ℣ *Ora pro nobis beate pater Alberte.* ℟ *Ut digni.* Or. *Deus qui beatum Albertum.*

De sancto Cyrillo.

Salve gemma confessorum, — lingua Christi, vox coelorum, — Scala vitae, lux doctorum — Cyrille carissime. — Qui te patrem venerantur, — te ductore consequantur — vitam in qua gloriantur — beatorum animae. ℣ *Ora pro nobis etc.* Oratio *Deus immensae sapientiae doctor.*

De sancto Heliseo.

O Helisee, pater pie, — vas virtutum et sophiae, — nos post cursum hujus viae — offer filio Mariae. ℣ *Ora pro nobis.* Oratio *Deus qui praesentem gratiae legem prophetarum oraculis ad instructionem morum fidelium mystice praesignasti, concede nobis famulis tuis interventu prophetae tui sacratissimi Helisei, et tua devota consilia sapere et mandata tua perfectius adimplere.*

De sancto Angelo.

(Ut supra, fol. 317).

Devota Oratio (MS Add. 12195).

Confessor Domini Helisee, astantes fratres corrobora sancta intercessione, ut qui paucitate in dies probamur, nunc multiplicemur devotissima tua prece, et te duce aeterna praemia assequamur.
℣ *Ora pro nobis devotissime pater Helisee.* ℟ *Ut ad honorem ordinis te mediante multiplicemur.*
Or. *Deus qui humanum genus potentissima protectione, benedictione mirabiliter multiplicasti, et quinque panes ampliasti ad reficiendum quinque millia hominum, precibus sancti Helisei benedic nos et ordinem, ut in melius crescere valeamus Tibi jugiter famulando. Per Dominum.*

Nostri Helisee memor esto tua sancta prece, nosque multiplicando de virtute in virtutem promovendo.

Missa sancti Angeli. (Ex Missali Carmelitarum, Venetiis 1574). Introitus *Gaudeamus omnes.* Allel. *Angele compar inclyte — nostri quondam itineris, — tu nobis adhuc miseris — in patria jam perdite. — te glorioso comite — nos ora frui superis.* Allel. *Angelus Domini descendit de coelo et accedens revolvit lapidem et sedebat super eum.*

Extra tempus paschale. *Asperitate vitae doctrinaque perveneranda, is cum glorioso martyrio finem dedit saeculo, remeans ad patriam coelorum peramoenam.* ℣ *Ejusque almis precibus — nos adjuvari poscimus, — ut de exilio saeculi — mereamur ei adjungi.* Allel. *Angele compar* (ut supra).

Offertor. *Ave sancta Hierosolyma — Christi sponsa, dulcis, alma — fulgens morte Salvatoris. — nostras preces sine mora — grate sumas, illas dona — Angelo tuo filio.*

Communio. *O insignis praedicator, — Verbi Dei seminator, pertulisti gladium; — qui dum Christum praedicaris. — pravos mores effugares — emisisti spiritum.*

Missa sancti Alberti (Ibidem).

Introit. *Os justi.* Grad. *Funeri dum traditur — Christi servus inclytus, — mox in templo cernitur — vox divina coelitus — ℣ Clerus hinc prosequitur -- gaudet omnis populus.* Allel. *Te rogamus, o pater inclyte, — deprecare pro nobis miseris, — ut in alto Carmeli vertice — collocemur cum sanctis angelis.*

Offertor. *Almi patris filium — laudant cives coelici, — cum Albertum deferunt — spiritus angelici.*

Communio. *Vacant aegri vigilantes — ad Alberti limina, — surdi, claudi, consequenter — invocantes numina. — Febres fugat, morbos curat — omnes, sanat noxium, — ventos placat, maris sedat taedium.*

Johannes Bale Carmelita Norvicensis [1]

(fol. 1ª) Hunc libellum jure possidet frater Johannes Bale studens philosophicae facultatis in alma universitate Cantabrigiensi et ordinis Carmelitani soboles conventus eximiae civitatis Norwicensis de manu sua propria dante Deo scriptum. Amen.

Baptista Mantuanus.
Per sensus quasi per rivos, Venus acre venenum
Influit in mentem, quod si male cauta recepit.
Vulnus agit sola divum medicabile dextra.

(2ª) In festo solemnis commemorationis beatae Mariae specialis Carmelitarum patronae.

---

[1] Ms. Univ. Cantab. ; ı 6. 28.

Ad Vesperas ant. [1] *Stella Maria maris, paris expers nos tuearis.* Ps. *Laudate pueri.* Ant. *Nescia virgo maris paris, hinc merito dominaris.* Ps. *Laudate Dominum omnes.* Ant. *Sis lumen mentis, gentis solamen egentis.* Ps. *Lauda anima.* Ant. *Nos virgo munda, munda de criminis unda.* Ps. *Laudate Dominum quoniam.* Ant. *Nobis propitia, pia sis in morte Maria.* Ps. *Lauda Jerusalem.* Capit. *Beata es.* ℟ *Maria viventium puteus aquarum. — fons crescens in fluvium vena veniarum.* ˙ *Riga prata mentium — rivis gratiarum.* ℣ *Vitae principium — fons horti deliciarum.*˙ *Riga.* ℣ *Gloria Patri.* ˙ *Riga.*

Hymnus.

Maria mater Domini
Aeterni Patris Filii,
Fer opem nobis omnibus
Ad confugientibus.

Deum de Deo genitum
Tu genuisti Filium,
Qui non habet initium,
In te sumpsit exordium.

Coelum terramque qui regit
In te formatus extitit,
Quem mundus totus non capit
In tuo ventre jacuit.

Deus et homo nascitur
Unus, et Christus colitur,
Jesus redemptor omnium
Salvator, atque gentium.

(2ᵇ) *Hunc nobis nasci profuit.*
A morte nos eripuit,
Pro nobis ipse mortuus
Et nos per illum vivimus.

Gloria Tibi Domine
Qui natus es de Virgine,
Cum Patre et sancto Spiritu
In sempiterna saecula. Amen.

℣ *Diffusa est.* Ant. *Flos Carmeli, — vitis florigera, — Splendor coeli, — virgo puerpera — Singularis. — Mater mitis — Sed viri nescia — Carmelitis — esto propitia — Stella maris.* Ps. *Magnif.* Alia ant. *O fons hortorum, — flos florum, — gemma polorum, — Gloria sanctorum, — vas morum, — spes miserorum, — splendor coelorum, — nos duc ad lumen eorum.* Alia ant. *Salve virgo, — porta justitiae, — cellarum jubar, — fratrum deliciae, — servos semper — a culpis ejice, — ut in coelis — vivant angelice.* Ps. *Magnif.* Oratio *Deus qui excellentissimae* (supra, P. 298).

Ad matutinum invitatorium. *Votis voce piae — plebs Christi, psalle Mariae.* Ps. *Venite* [3ᵃ]. Hymnus. *Quem terra.*

In I noct. ant. *Quam gloriosam et admirabilem in universa*

[1] Dreves, V, 72.

terra fecit Deus ancillam humilem. Ps. *Domine Dominus noster.* Ant. *Coeli stupent in Maria, cui tot singularia sunt collata donaria.* Ps. *Coeli enarrant.* Ant. *Ferax est terra Domini — venter sacratae virginis, — qui thesaurum fert hominis — nostrae pacem imaginis.* Ps. *Domini est terra.* ℣ *Diffusa est gratia.* ℟ *Propterea.*

Lect. I. *Inviolabilis antiquitatis auctoritas id inconcusse decrevit singulis esse devotum, quod alma mater ecclesia sanxit esse vel notitia securum aut fide sanum, provide cum intra sacrae plebis propagines a primaevis praecipuorum prophetarum Heliae et Helisei aliorumque exemplaribus et regularibus institutionibus, doctrinis et recte vivendi regulis religio nostra Carmelitana repserit, tam adeptae perfectionis gaudet privilegio, quam pro tractu prioris aevi. Non interficis(?) etenim perseverantiae sparsim per totam Asiam et Palaestinae confinia potissime et Jherosolimis ac in Carmelo ordinis sacri conversantibus incolis concessum est a Spiritu Sancto et Christi ac suae Matris conspectu, affatu patronatuque sacro frui.* ℟ *Salve Maria gemma pudicitiae — de qua mundo illuxit sol justitiae, — salve pia mater Christianorum* * *succurre filiis ad Filium regem angelorum.* ℣ *Quia tu es solamen desolatorum* 3ᵇ *spes et mater benigna orphanorum.* * *Succurre.*

Lect. II. *Sane coelestis aurigae regulares habenas praelibati successores nostrique antecessores indefesse subsecuti per sacras Carmeli ordinis observantias se praeservaverunt in praesens. At ubi a fide exiit in anceps effrenis barbaries primos processionis nostrae Carmeliticae patres coegit exules quos in martyres non promovit. Inde aedes ecclesiarum subvertunt, compertaque dirimunt, loca consecrata profanant nec sinunt convivere Christi servos.* ℟ *Gloriosa dicta constant de te mundi domina —* * *Namque Natum proloquuntur carmina veridica — tuum te adversus morem — generare genitorem.* ℣ *Prae meritis claris — per saecula cuncta bearis.* * *Namque.*

Lect. III. *Versatilis temporis involuto proficiscuntur posteri citra Mediterranei alvei angustias, quaerentes quo privatius et sanctius Christo et suae matri quam in peculiarem patronam, et prophetarum Heliae et Helisei ac aliorum oraculo et divino dulcique desiderio acceperant gratis obsequiis et piis moribus deservirent. Denique apud plebejos rarescente pietatis affectu solitariis et sejunctis a frequentia humani contuitus visum fuit expediens sese dare peritiae litterarum qua universo mundo consulitur. Quamobrem transtulerunt* 4ᵃ] *se fratres Carmelitae ad loca civilium et* *generalium studiorum. Consulunt proinde malitiae futurorum et incertae varietati casuum perplexorum, principem ecclesiae pontificem summum Honorium quartum cum cardinalibus implorant suppliciter ut tam antiquum ordinem confirmationis munimine roboraret.* ℟ *Tu amoenus paradisus — soli Deo cognitus — nitens, candens et invisus — castitate praeditus — * nobis confer pietatem — per immensam caritatem.* ℣ *Deo tu propinquior — sanctisque celerior — mater ad dandum munera — vitae prece largissima.* * *Nobis. Gloria Patri.* * *Per immensam.*

In II noct. ant. *Verbum bonum virgo paris — manens expers omnis maris — fecundaris pneumate.* Ps. *Eructavit.* Ant. *Torrens sacrati fluminis – urbem Dei laetificat — dum Maria vi numinis — ore Deum magnificat.* Ps. *Deus noster.* Ant. *O dilecta civitas Dei, rei poscimus qui te nescimus, ora pro nobis quaesumus.* Ps. *Fundamenta.* ℣ *Specie tua.*

Lect. IV. *Dies decreti trajicitur in devium* [1] *et primae noctis tenebras interrumpens, scil. anno Domini MCCLXXXV sacratissima Dei mater Maria lucerna superni luminis omnium malorum medicina, omnium bonorum mediatrix praefatum pontificem summum Honorium quartum quasi resumptis maternitatis suae oculis inspiciens et minaci rigore lenitatem* 4ᵇ] *clementiae obtemperans admonetque petentium fratrum vota complenda non differe ; insinuatque eidem pontifici beata Virgo Maria duos de confratribus suis cardinales aemulos dictae religionis Carmeliticae eadem hora ultore Deo mortaliter esse plexos, dispari exitu sed discessu pari. Nec est, inquit ita Virgo, in his negotiis adversandum dum ego jubeo, nec dissimulandum dum ego promoneo.* ℟ *Sicut rosa inter spinas — illis addit speciem, — sic venustat virgo pia — suam nunc progeniem.* * *Germinavit Christum Deum — in salute hominum.* ℣ *Voce prophetiae laus promitur ore piorum.* * *Germinavit.*

Lect. V. *His dictis disparet sacratissima virgo Maria, et papa Honorius expergiscens totum se contulit orationi, et mox suos cardinales obnoxie concitat in favorem ordinis Carmelitarum perpetuo non violandi. Felix Carmeli domina et patrona quae nescit non esse propitia in gregem suum carmelitanum hostem saevire non sinit, opem non tardat suae benevolentiae, non admittit obicem, inflexum obicit quidquid sua virtute confirmat. Praesentis itaque diei celebri-*

---

[1] Vide in fine hujus officii, P. 329.

tas nos [5ª] edocet tam praecellentis advocatae laudes ampliare devotas. titulus certe felicis fastigii nos attollit quo fratres Beatae Mariae de Monte Carmeli sacra approbante ecclesia vocitamur. ʀ *Virga Jesse genus duxit inclytum — oraculis prophetarum, — quod fuerat praeditum —* ⁎ *inde virgam egressuram — florem Christum parituram.* ᵥ *Voce prophetiae — signatur virga Mariae.* ⁎ *Inde.* .

Lect. VI. *O Maria Carmeli patrona te invocantibus pia et prona Carmelitarum caput et corona. O beata coelorum domina, flos virginum, regina terrestrium, imperatrix inferorum. O castitatis lilium, conclave continentium, tu vexillum veritatis, tu bonitatis compendium. O rosa munditiae, tu patientiae purpura, tu primula justitiae, tu venustatis viola. O prudentiae speculum, fundus fortitudinis, tu liber temperantiae, tu libra rectitudinis, tu spes cunctorum indeficiens, tu fidei firmaculum, tu moestorum consolatio, reorum receptaculum. Tu providentia pauperum, tu justorum laetitia, tu laus et decus mulierum, tu vitae plana janua, tu scola virtutis, tu gemma salutis, tu forma morum, tu solida salus infirmorum, tu patens portus* [5ᵇ *naufragii, tu thronus plenus praesidii, tu principium humilitatis et consummatio sanctitatis.* ʀ *O canale mundissimum, — per quod de coeli cardine — ut ros fluit eloquium — ignitum sancto flumine.* ⁎ *Mentes inflammans hominum — interiori lumine.* ᵥ *Ora virgo Dominum — ut post vitae terminum — coelorum locet agmine.* ᵥ *Gloria Patri.* ⁎ *Mentes.*

In III noct. Ant. *Magna mirabilia — in filia quam sibi elegit — terrae marisque Dominus — nihilominus signanter peregit.* Ps. *Cantate* (Iᵘˢ). Ant. *Exultet terra propere, — multae laetentur insulae, — en nubem rore coelico — replevit Spiritus almus.* Ps. *Dominus regnavit, exultet.* Ant. *Novum tibi canticum, — virgo, decantemus — ut per te vitae viaticum — in coelis habeamus.* Ps. *Cantate* (IIᵘˢ). ᵥ *Adjuvabit eam.* ʀ *Deus in medio.*

Evangel. *Loquente Jesu ad turbas.* Lect. VII de homilia. ʀ *Herba surgit in stipitem — altam, fixam radicibus — stipes fert ramum fertilem — pulcris fulcitum floribus.* ⁎ *Flos fructum profert utilem — ad suavitatem gentibus.* ᵥ *Dum parens parit nobilem — virgo sibi similem — miris clarum virtutibus.* ⁎ *Flos.*

Lect. VIII. *Sacrae sedulitatis officio fratres karissimi inserviamus festivae commemorationi hujus virginis sacratissimae, cujus praeconia ceterorum sanctorum nulla aequant. Sola enim est* **quae** *nullius precibus dat repulsam, sola est quae tam* [6ª] *veteris quam novae legis plenam consecuta est perfectionem. Gemina namque sese intersecuit affectio suae mentis, dum virginitatis affectum praecepto extulit foecunditatis, legalis maledictionis exitium, verita per sterilitatem non effugere virginali integritati ex plenitudine gratiae prorsus haesit. Proinde non deerat divini consilii praesidium per foecunditatem eripiens timorem maculae sterilis et per castimonia geminatam adaugens affectum conditionis coelestis. De matris pietate peccasse si poeniteat, praesume confidentiam. De Virginis puritate si virtus te afficiat vivendi continenter acceptes evidentiam. Discursantis impudentiam devita lasciviam, infraena fornicationis stimulos et placido pulsu pii amoris punge cor tuum, ut si non praeco dignus saltem servus humilis esse possis hujus Virginis gloriosae.* ℟ *Sponsum Virgo Patris — cujus sponsa tu vocaris * Nescia peccati mater et filia Nati.* ℣ *Sana peccantes — et protege te venerantes. * Nescia.*

Lect. IX. *Pauca plane referre possumus in ejus laudem comparatione suae beatitudinis* [6ᵇ]. *Ipsa namque cum si thronus Patris, templum Filii, arca Spiritus sancti, gloria Libani, decor Carmeli et Saron. Primatum obtinet et transcendit culmen angelici agminis et generis humani. Assis ergo Carmeli patrona propitia tuae electae Carmelitarum familiae et quo fraternitas nostra Carmelitana tibi familiarius obsequitur, inde favorabilior fias. Si prospera successerint tolle arrogantiam, si levia succreverint concede temperantiam, si ingruant illicita restringe insolentiam, si debita occurrerint attende diligentiam. O mater quae Dei et angelorum et hominis parturisti concordiam, confirma in nobis caritatis perpetuam communionem. Per te misericordiae mater credimus posse in nobis restaurari quod defuerit, per te credimus elevari in gradum gratiae qua omnibus opus erit. Carmeli patrona et mater Christi sacratissima amove defectum, quem in necessariis seu opportunis exercitiis patimur, supple profectum quem voluntariis affectionibus prosequimur. Sic ergo per te sanctarum sanctissima succidantur* [7ª] *demerita damnationis aeternae et in profectum perducantur opera salutis aeternae, ad honorem Filii tui Domini nostri Jesu Christi qui cum Patre et Spiritu Sancto vivit et regnat Deus in saecula saeculorum. Amen. Tu autem.* ℟ *Flos Carmeli — vitis florigera — splendor coeli — virgo puerpera - singularis. Mater mitis — sed viri nescia —.* Carmelitis da privilegia — stella maris.* ℣ *O matrona de Car-*

melo — ut Rebecca bono zelo — refocilla tuos servulos Carmelitis.
℣ *Gloria Patri. Carmelitis.* Ps. *Te Deum.* ℣ *Ora pro nobis.*

In Laudibus ant. *In te Jacob situla — ros descendit coeli, - dum fuisti credula — misso Gabrieli.* Ps. *Dominus regnavit* etc. Ant. *Hortus es aromatum — delectans dilectum — dulcis fons carismatum — dulcorans affectum.* Ant. *Austro flante floridus — es conclusus hortus, — fons signatus placidus — In procellis portus.* Ant. *Nubes levis bajula — Domini fuisti, — quem cum carnis nebula — in mundo vexisti.* Ant. *Fons et mater gratiae — gratiam propina, — quae nos hic in acie — servet a ruina.* Capit. *In omnibus requiem.* Hymnus *O gloriosa Domina.* ℣ *Elegit eam.* Ad Bened. ant [7ᵇ] *Virgo super omnes mitis — esto via Carmelitis — cum beatis ut coelica — tuis possint frui vita.* Alia ant. *Virgo decus virginum — potens imperatrix, — spes et salus hominum, — vitae restauratrix, — sis post luctus terminum — mitis consolatrix.* Alia ant. *Regina gloriae — Maria dixeris, — dulcis memoriae — primis et posteris, — nam legis veteris — praedita litteris, — es nostri generis — decus historiae, — sis nobis miseris — in lacu funeris, — et tuis famulis — scutum victoriae.* Alia ant. *Virgo parens Christi — paritura Deum peperisti; — fulgida stella maris — nos protege, nos tuearis; — dum paris et gaudes — cantant coeli agmina laudes.* Oratio. *Deus qui.*

Ad Primam et ad alias horas antiphonae de Laudibus, capitula, ᴿᴿ ℣℣ ut in Assumptione.

Ad secundas Vesperas. Capit. *Beata es Maria.* ℟ *Flos Carmeli.* Hymnus *Maria mater Domini.* ℣ *Diffusa.* Ant. *Virgo flos pudoris — stella gloriae virginum, — regina mater gratiae — tuis Carmelitis sis propitia, — nos defende mitis a tristitia.* Ps. *Magnif.* Alia ant. *Vale suavis musica — demulcens aures principum, — tu Gedeonis buccina — castra deterrens hostium : — tu dulcis tympanistria — corda movens fidelium —* [8ᵃ] *converte mater inclyta — luctum nostrum in gaudium.* Alia ant. *Certa salus et spes languentium — stella maris ad nos converte, — ac post mortem perenne gaudium — cum electis fac nos possidere.* Alia ant. *Speciosa mellis stilla, — pretiosa maris stella, — gloriosa regis cella, — sponsa Dei et puella, — ave plena gratia. — O Maria genitura, — vitae via Virgo pura, — mater pia reos cura, — in extrema die dura — duc nos ad palatia.* Oratio *Deus qui excellentissimae.*

(Minori manu, addendum ad lect. IV).

Et sententia judicis vacillabat in dubium, praedominante contra nos malitia aemulorum. Duo quippe in ecclesia Dei magni animum summi pontificis Honorii tertii sinistris relationibus inclinarunt adversus nostri ordinis professores, asserentes nos solido fundamento inceptionis pariter et patronae esse destitutos. et ideo in ecclesia Dei non debere subsistere, quos humana inventio introduxit et nulla meritorum gratia neque patroni singularis sanctitas confirmationem promeruit. Hujus igitur diem praecedentis noctis tenebras interrumpens sacratissima etc. (Cf. P. 325).

Folia 8ᵇ-11ᵇ vacant.

Fol. 12ᵃ] Historia sancti Cyrilli Carmelitae, doctoris melliflui, confessoris non episcopi. Duplex.

Ad Vesperas ant. *Fragat jam odoribus — hic dies tranquillus, — sanctorum splendoribus — dum datur Cyrillus.* Ps. *Dixit Dominus* etc. Ant. *Memor fuit Dominus — sui testamenti, — dum transmisit coelitus — tabulas argenti.* Ant. *In Carmeli vertice — lumen est exortum, — quod cunctis mirifice — dat salutis portum.* Ant. *Suscitavit inopem — Deus Carmelitam, — quem ad summum apicem — transvexit post vitam.* Ant. *Syon et Jerusalem — Cyrillum veracem — laudant, qui laudabilem — ponit finis pacem.* Ps. *Lauda Jerusalem.* Capit. *Vidi angelum fortem descendentem de coelo amictum nube et iris in capite ejus, et facies ejus erat ut sol et pedes ejus tamquam columna ignis et habebat in manu sua libellum apertum.* ℟ *O celsi meriti et felix nimium, — o capax bravii et consors coelicum —* * *Cyrille celebrans ante luciferum — dat tibi rutilans jus salutiferum.* ℣ *Angelus affuit argenti tabulis — quas tibi praebuit condensis nebulis. —* * *Cyrille celebrans. Gloria Patri.* * *Dat tibi.*

Hymnus.

Gaudet ordo coelisonus
Sacri montis Carmelici,
Dum Cyrillus mellifluus
Flos sit ortus angelici.

Doctor Cyrillus floruit
Magno vivente Joachim,

Cujus aetas non corruit
Sed bonis crevit diatim.

Motu supremi luminis
Carmeli montem adiit,
Servosque summi Numinis
Fratres ibidem reperit.

Maceravit corpusculum,
[12ᵇ] Exuens sese deliciis,
Clarum scripsit opusculum
De futuris moestitiis.

Hic doctrina laudabilis
Ac spiritu prophetico,
Cujus vita mirabilis
Et aspectu fit angelico.

Huic Christus apperuit
Loquens de fuga ordinis,
Quem deleri asseruit
A radice originis.

Astripotenti Domino
Sit laus et benedictio,
Qui Cyrilli merito
Sanctorum ditet praemio. Amen.

℣ Nos Cyrillo in patribus laetis. ℞ Jungat Deus ac sanctis prophetis. Ad Magnif. Ant. *O gloriosum lumen* (Supra P. 289.) — Ps. Magnif. Oratio. Deus qui beato Cyrillo confessori tuo in monte Carmeli angelica visione secreta coelestia revelasti, da quaesumus ejus nos obtentu ad arcem coeli ab angelis sanctis deferri, ubi speciem tuae ineffabilis gloriae mereamur jugiter intueri. Per Dominum.

Ad matutinas. Invitator. *Laeta voce, corde toto — laudes demus Domino — et pro Cyrillo hoc devoto — gloriemur jubilo.* Ps. Venite.

Hymnus.

In Carmeli monticulo
Mansit Cyrillus presbyter,
Qui de futuro saeculo
Multa praedixit jugiter.

Hic spretis dignitatibus
Ad Carmelum se transtulit,
Ubi a sanctis fratribus
Habitum sacrum petiit.

Utebatur virtutibus
Sanctus Cyrillus presbyter,
In sacris doctor artibus
Prophetavit celebriter.

[13ᵃ] Hic sanctus doctor utitur
Aspectibus angelicis.

Hic linguis graecis loquitur,
Latinis et hebraicis.

In missarum solemniis
Angelus ei astitit,
Ac pro suis obsequiis
Gratias sibi praestitit.

Factus Heliae filius
Virgo candens ut lilium
Fit, et doctor eximius
Collega nunc coelestium.

Laus, honor, virtus, gloria
Trinitati deificae
Qui Carmelitis praemia
Datur sanctum mirifice. Amen.

Cetera demptis lectionibus ut supra P. 289.
Versus sacerdot. *Sancte Cyrille heremita* ℞ *Pro Carmelitis Deum ora.*

In Laudibus ant. *Magnum decorem Carmeli* (Supra P. 291). — Capit. *18° Dedit mihi Dominus duas tabulas lapideas scriptas digito Dei et continentes omnia verba quae vobis locutus est in monte de medio ignis quando concio populi congregata est.*

Hymn. *Pangat ordo Carmelinus*
Hodierna solemnia.
Dum Cyrillus columbinus
Penetrat coelestia.

Ut Cyrillus in Carmelo
Celebraret missalia
Venit angelus de coelo
Secum ferens magnalia.

Has tabellas. ait ille,
Misit tibi omnipotens
Ut conflares, o Cyrille,
Ad libamen conveniens.

Fratres duce caruerunt
Brocardi post necem sancti.

Sed per flamen claruerunt
Clementia patris tanti.

Huic loquebatur Deus
Carmelitano vertice :
Ordo tuus erit meus
Fidei fons catholicae.

Contristantur Carmelitae
Corpus terrae cum traditur,
Sed laetantur regnum vitae
Sanctus pater dum graditur.

Laus sit Patri summi soli,
Laus sit Sancto Paraclito,
Laus Mariae sit et Proli,
Laus Cyrillo sit merito. Amen.

℣ *Justus germinabit* Ad Bened. ant. *Decordetur* (Supra P. 291.)

Ad Tertiam. Ant. *In servitute.* Capit. *Quasi stella matutina.* ℟ *Amavit eum.* ℣ *Stolam gloriae.* ℣ *Justum deduxit.* Or. *Deus qui beato Cyrillo,* ut in secundis Vesperis.

Ad Sextam ant. *Sanctus pater diluculo.* Capit. *Vocavit eum Dominus.* ℟ *Justus ut palma.* Or. *Deus qui beato Cyrillo,* ut supra in primis Vesperis.

Ad Nonam ant. *Spiritus spiritui.* Capit. *Audite sermones meos.* ℟ *Justus ut palma.* ℣ Or. *Deus immensae* etc. ut supra.

Ad secundas Vesperas antiphonae de Laudibus (Fol. 19ʳ), Psalmi ut supra, et si sit dominica ultimus ps. *In exitu.* Capit. *Laetabitur deserta.* ℟ *O quam felix est illa civitas — in qua regnat doctor tam nobilis —* ˙ *in quo splendet divina caritas — in moribus et in miraculis.* ℣ *In doctrina est admirabilis — hic Cyrillus fama laudabilis.* ˙ *In quo.* Gloria. ˙ *In moribus.* Hymnus *Gaudet ordo celsisonus.* ut supra. ℣ *Nos Cyrille.* Ad. Magnif. Ant. *O Cyrille heremita* (supra P. 291.). Or. *Deus qui beato Cyrillo confessori tuo et patri nostro in monte Carmeli angelo revelante mysteria tua manifestasti, tribue nobis quaesumus, in hac valle miseriae Tibi digne famulari, ut ad montem gloriae valeamus pervenire, ubi vultus tui claritatem revelata facie possimus contemplari. Per Dominum.*

(19ᵇ) In festo sancti Bartoldi,

primi prioris generalis ordinis Carmelitarum, confessoris non episcopi. Duplex festum. Omnia de communi. Ad Magnif. ant. *O Bertolde Carmelita — collaudaris in hac vita —a Carmeli fratribus : — claustrum colens et desertum — jam sedile tenes certum — cum beatis patribus.* Ps. *Magnif.* Oratio. *Deus qui inter cetera tuae bonitatis beato Bertoldo montis Carmeli heremicolae quorundam animas sanctorum fratrum cum corona martyrii ad coelum ab angelis deferri in monte Carmeli revelasti. concede propitius, ejus nos interventu ad arcem coeli sublevari, ubi majestatis tuae gloriam mereamur jugiter contemplari. Per Dominum.*
(Habentur lectiones propriae quae hic omittuntur.)

(22ᵃ) Sequitur historia sancti
Angeli martyris, ordinis beatae Mariae genitricis Dei de Monte
Carmeli, quam compo...... ¹.

Ad Vesperas. Duplex festum. Ant. *Chorus Carmeli carmina — canit Deo coeli — Angelus dum pie patitur — virtutis in die.* Ps. *Dixit* etc. Ant. *Judaea gente procreatus — quique parente utitur — bonorum congregatione justorum.* Ant. *Non est mundanus — hic professor Carmelitanus, — sed ut ros floribus — dogmata dedit pauperibus.* Ant. *Angelus rectus — praedicando gladiis tectus, — in corpore laesus — est in coelis gloria ejus.* Ant. *Proles necatur — et ab angelis coronatur ; — O mater hominum — lauda Jerusalem Dominum.* Ps. *Lauda Jerusalem.* Capit. *Bonum certamen certavi.* ℟ *Jubar mundo nitet laetitiae — quod obscura lustrat moestitiae —* * *martyr almus gemma justitiae, — per quem nobis adsint deliciae.* ℣ *Angelus virgo et flos mundiciae — nos defendat per vim militiae.* * *Martyr.* Gloria. * *Per quem.*

¹ Cetera erosa.

Hymn. *Martyr Christi qui fuisti*
Dux fortis in praelio,
Sub vexillo non tranquillo
Vestitu Carmelio.
Militasti et pugnasti
Christi evangelio.

  Stirpe Jesu absque laesu
Et Mariae genitus,
Cujus pater atque mater
Sunt Judaei penitus,
Quos Maria virgo pia
Confortavit coelitus.

  Alvus fluxit et produxit
Johannem et Angelum,
Hos gemellos et Carmelos
Terra colunt et coelum.
Qui devotum dantes motum
Intraverunt Carmelum.

  Hosque binos Carmelinos
Lustrat Deus dotibus
Nam Angelus martyr melus

Rubricatur ensibus,
Et Johannes in pastoris
Cathedratur laudibus.

  Carmelita (23ª) arta vita
Non quaesivit munera,
Triumphando, praedicando
Sumpsit quinque vulnera,
Sed per mortem tenet sortem
Sanctorum post funera.

  O Carmele, o Angele,
Mons et flos progenita,
Mater floris, mons dulcoris
Carmelitis dedita,
Fili montis, frater fontis
Heliae nos visita.

  Laus sit soli Patri, Proli,
Sanctoque Paraclito,
Qui Angelum apud coelum
Coronavit merito
Nos post vitas Carmelitas
Benedicat digito. Amen.

℣ *Sancte Angele martyr Christi,* ℟ *Fac nos coram Deo sisti. Allel.*
Ant. *Exultavit Angelus — Deo salutari, — cujus namque spiritus — nititur laudari; - hic Carmeli flosculus — zelo singulari, — sanctorum agminibus — meruit locari; — in quem Berengarius — stridet malignari, — dignus est martyribus — ita coronari. Allel.* Ps. *Magnif.* Oratio. *Omnipotens sempiterne Deus qui humanae fragilitati angelicae puritatis virtutem infundis, concede supplicibus tuis, ut beati Angeli martyris tui suffragantibus meritis in Carmelitana religione qua Tibi famulatum praebuit casto Tibi corpore et mundo corde serviamus. Per Dominum.* Memoria de sancto Quiriaco.

  Invitatorium. *Angelus cruore — jam occisus, - simplici more — sortem capit vitae — jubilantes ergo venite.* Ps. *Venite.*

Hymn. *Angelus martyr inclytus*
Velut Baptista Johannes
Alter pro jure positus,
Patitur inter homines.

Hic annis juvenilibus
Relicto mundi culmine
Multis claret virtutibus
Carmelitarum ordine.

Fratrem devotum habuit
Johannem sui ordinis,
Qui praesulatum tenuit
Sedendo Jerosolymis.

Franciscus et Dominicus
Ejus sequuntur dogmata.

Praedixit martyr Angelus
Francisco Christi stigmata.

Huic deus apparuit
Dicens : martyrizaberis,
Et cum hoc (23ᵇ) factum fuerit
In coelo coronaberis.

Malignus Berengarius
Angelum necat gladiis,
Ad quem vox venit protinus :
Coronam sume gaudiis.

Trinitati sit gloria
Et Angelo seraphico,
Qui claruit victoria
In ordine Carmelito. Amen.

In I noct. ant. *Sanctus martyr Angelus — die contemplatur, — et in lege sedulus — nocte meditatur.* Ps. *Beatus vir.* Ant. *Fremuit insania — carnifex malignus, — et martyr inania — pertulit benignus.* Ps. *Quare fremuerunt.* Ant. *Voce vocat Dominum — sanctus Carmelita, — et salutem hominum — impetravit ita.* Ps. *Domine quid.* ℣ *Gloria et honore.*

Lect. I. *Beatus Angelus* ℞ *Mater Christi, decus humilium — voce, prece vota gentilium — foecundavit aeva sterilium* * *baptizandi dat et consilium.* ℣ *Patri matri praenarrat Angelum — priscis Virgo nascendum parvulum.* * *Baptizandi.*

Lect. II. *Ab exaltatione (24ᵃ)* ℞ *Senectutis profectus deperit — dum Maria praegnare coeperit, — natos binos ex Jesse peperit —* * *Carmelinos quos aetas reperit.* ℣ *Nicodemus mox ut hos docuit — vita celsa ex tunc emicuit.* * *Carmelinos.*

Lect. III. *Annos habentes.* ℞ *Plenos annos mox ut attigerant — hi Johannes et frater Angelus —* * *effluxerunt aevo — mira vita miris virtutibus.* ℣ *In Carmeli monte claruerant — meritorum splendentes gradibus.* * *Effluxerunt. Gloria Patri.* * *Mira.*

In II noct. ant. *Dominus mirificat — Angelum beatum, — dum ad plebem praedicat — Verbum Dei gratum.* Ps. *Cum invocarem.* Ant. *Jesus dux in acie — Angelum protexit — scuto suae gratiae, — fidem dum erexit.* Ps. *Verba mea.* Ant. *Hic Carmeli flosculus, —*

fide et honore, — coronatur Angelus — triumphali flore. Ps. *Dominus noster.* ℣ *Posuisti.*

Lect. IV. *Deinde Angelus* [24ᵇ] ℟ *Plorans mater non parcit muneri, — puer infans dum datur funeri, — quem vir sanctus vitae restituit —* * *Prece dum hanc facti poenituit.* ℣ *Viro muto dat fandi copiam — mulieris pellit inopiam.* * *Prece.*

Lect. V. *Coepit itaque* ℟ *Patriarcham dum mori contigit — hic Johannes vicem promeruit; — mittens Christus visitat Angelum —* * *increparet ut Berengarium.* ℣ *Angelus degens in solitudine — destinatur a Jesu coelice.* * *Increparet.*

Lect. VI. *Margarita vero* [25ᵃ] ℟ *Praedicando cadit vir stabilis — perfidorum vibratis gladiis, —* * *Christi martyr fulgens victoria — Angelus vivit victor in gloria.* ℣ *Plasmatoris laudans clementiam — hic tortorum fert violentiam.* * *Christi martyr. Gloria Patri. Angelus.*

In III noct. Ant. *Intenderunt gladios — in florem Carmeli, — cujus vita radios — penetravit coeli.* Ps. *In Domino confido.* Ant. *Martyr absque macula — coelum est ingressus, — qui numquam piacula — fecit hic professus.* Ps. *Domine quis.* Ant. *Sicut cedrus Libani — floruit vir iste, — et fit martyr Domini — hic instar Baptistae.* Ps. *Bonum est confiteri.* ℣ *Justus ut palma.*

Lect. VII de evangelio *Ponite in cordibus vestris.* ℟ *Asperitate vitae — doctrinaque perveneranda, — hic glorioso martyrio — finem dedit saeculo —* * *Remeans ad patriam — coelorum peramenam, — mira operatur — in quibus honoratur.* ℣ *Gens hunc mactavit — populum dum dogmate pavit; — de loculo manat — oleum quod corpora sanat.* * *Remeans.*

Lect. VIII. *Tandem quinta* [25ᵇ] ℟ *Jesu miles fulgens miraculis — coelo gaudet. O res mirabilis —* * *hujus tumba ministrat oleum, — quod infirmis confert remedium.* ℣ *Catervatim concurrunt populi — collaudantes virtutem Angeli.* * *Hujus tumba.*

Lect. IX. *Huic sancto* ℟ *O insignis praedicator, — Verbi Dei seminator, — pertulisti gladium; — quo dum Christum praedicares, — pravos mores effugares — emisisti spiritum.* * *Ora Christum in sublimi — ut sequaces patris primi — perducat ad gaudium.* 26ᵃ] ℣ *Martyr alme, tuba coeli — princeps palmae, flos Carmeli — te precamur Angelum.* * *Ora. Gloria Patri.* * *Ut sequaces. Te Deum.* ℣ *Angele sancte sine mora.* ℟ *Pro Carmelitis Deum ora. Allel.*

In Laudibus. Ant. *Praecinxit fortem — Dominus, dum mortem — concessit merito — vincere martyrio.* Ps. *Dominus regnavit* etc. Ant.

Agminis angelici — consors meruit quoque dici, — Angelus arce Deo — qui jubilatque suo. Ant. *Hujus erat magnus — frater patriarcha Johannes, — ceu jubar orbe micans, — luce Deo vigilans.* Ant. *Presbyter hic dignus — Carmeli monte benignus, — floruit et frater — virgo satorque pater.* Ant. *Hunc fratres orant, — hunc agmina sancta decorant; — hunc et habent lucem — ordinis ducem.* Capit. *Erit desertum in Carmelo et Carmelus in saltem reputabitur et habitabit in solitudine judicium et justitia in Carmelo sedebit, et erit opus justitiae silentium et securitas usque in sempiternum.*

Hymnus. *Angelus martyr, pietatis haeres*
Virgo, vates hic sator et sacerdos,
Gemma Carmeli pariter columba
    Simplicitatis.

Ipse languores hominumque morbos
Fugat et nautas pietate salvat,
Et loqui mutis tribuitque lucem
    Cernere caecos.

Cujus est frater patriarcha sanctus
De tribu Juda genitus Johannes,
Monte Carmeli pariterque cultor
    Culmine dignus.

More Baptistae penetravit arcem
26ᵇ *Heu! caput, pectus gladiis cruentat*
Hostis, et Christi tulit hic amore
    Vulnera quinque.

Hujus et corpus positum quiescit
In loco sacro veneratur, atque
Quemque concursus populi frequentis
    Carmine laudat.

Fluxit ad patris tumulum latexque
Fons, et ministrat oleum salutis
Membra quotannis redit haec dies quod
    Morbida sanat.

Laudibus summo superum parenti,
Flamini sacro Genitoque Patris
Angeli festo jubilemus et nos
    Alta petentis. Amen.

℣ *Magna est gloria.* Ad *Bened.* ant. *Ave sancta Jerosolyma, — Christi sponsa dulcis alma, — fulgens morte Salvatoris; — nostras preces sine mora — grate sumas, illas dona — Angelo tuo filio. Allel.* Oratio. *Deus qui beatum Angelum Carmelitam ad coronam martyrii de coelo visibiliter vocare dignatus es, concede nobis quaesumus, ejus intervenientibus meritis vocationis tuae gratiam suscipere et susceptam sine fine servare. Per Dominum.*

Ad Primam et horas antiphonae Laudum. Ad Tertiam capit. *Luxit et elanguit terra, confusus est Libanus et obdormivit. Factus est Saron sicut desertum et concussus est Basan et Carmelus.* ℟ ut in communi unius martyris. Or. *Deus qui beatum.*

Ad Sextam capit. *Introduxi vos in terram Carmeli.* Or. *Omnipotens.*

Ad Nonam capit. *In medio Carmeli pascentur Basan et Galaad.* Or. *Deus qui.*

Ad Vesperas ant. *Praecinxit.* Ps. *Dixit Dominus* etc. Capit. *Auferetur laetitia et exultatio de Carmelo.* ℟ *Angele Carmeli columna quem decorat laurea triplex, martyrii, eloquii et virginitatis.* * *Suscipe nostra libens de humili pectore vota.* * *Et fac ut tua nos ducat virtus ad astra poli.* ℣ *Tuisque almis precibus nos adjuvari poscimus, — ut de exilio saeculi — mereamur tibi adjungi.* * *Suscipe. Gloria Patri.* * *Et fac.*

    Hymnus. *Monte Carmelo meritis uterque*
        Angelus frater simul et Johannes,
        Pontifex almus, remigavit undas
            Ordinis amne.

        Floruit vita veterum salubri,
        Montis et patrum, residens Johannes
        Arce sublimis Patriarcha praesul
            Hic Solymorum.

        Angelus diva pietate clarus,
        Is juventutis specimen suaeque
        Virginis sacrae Mariae dicavit
            Relligioni.

        Cumque Romana praedicasset urbe
        Moxque Franciscus, Dominicus ipse
        More prostratis genibus dederunt
            Oscula plantis.

Namque Franciscus subiisse mortem
[27ᵇ] *Dixit, et coelis holocausta vitae*
Dare Franciscum, cecinitque Christi
    Stigmata ferre.

Angelus carnis tetrica solutus,
Tegminis gleba pugione tactus,
Concito cursu merito perenni
    Jungitur astris.

Laus Patri summo, superum parenti
Flamini Sacro Genitoque dulci,
Angelo sancto civibus supernis
    Pneuma perenne. Amen.

℣ Sancte Angele etc. Ad Magnif. Ant. *Angele compar inclyte — nostri quondam itineris — in patria jam praedite — tu nobis adhuc miseris — te glorioso comite · nos ora frui superis.* Ps. *Magnif.* (Cetera desunt).

De sancto Alberto.

[28ᵃ] Ad Vesperas ant. *Nova Christo carmina, — concinit ecclesia, — hac voce laetabunda; — qui sanctos per eximia — decorat miracula — satisque profunda.* Ps. *Dixit* etc. Ant. *Inter quos sanctus Albertus — flagrat in Sicilia, — signis in miris repertus — praestans per exilia.* Ant. *Diebus illustrissimi — Cataloniae regis, — Petri antiquissimi, — pariter Siciliae — claruit in terris.* Ant. *Vir stirpe quidem nobilis — omnibus spectabilis — cui nomen Benedictus, — qui in lege sic est scriptus.* Ant. *Hic uxorem duxerat — nobilem, formosam. — Johanna cui nomen erat — sibi non exosam.* Ps. *Lauda Jerusalem.* Capit. *Dedit Dominus confessionem.* ℟ *Trigenorum spacio — annorum abs quaternis, — connubii solatio — peracto, de supernis — venit Christus invisere — hujus sancti parentes, — prolis salutiferae — gaudio ferventes.* * *Voverunt si contingeret — hos prolem generare —* * *Hanc Mariae Virgini — se vovunt dedicare.* ℣ *Matrem omnis gratiae — virum quae numquam scivit, — in supernorum acie — hos statim exaudivit.* * *Voverunt. Gloria Patri.* * *Hanc Mariae.*

Hymnus[1].

Festa patris insignia
Praeconcinat ecclesia
Congaudet Catalonia,
Exultat et Sicilia.

Accepta patris gratia
Ad fratrum hic solatia
Carmelitarum ordini
Sese donabat Trapani.

Traditur liberalibus
Albertus puer artibus,
Et statim iis omnibus
Imbuitur divinitus.

Hujus vitae asperitas
Per mundi fulget orbitas,
Nam nodoso cilicio
Carnem domabat clanculo.

Octavi anni circulo
Peracto pater Alberto
Affatur, ut illuderet
Et nuptui hunc traderet.

Per ferias legitimas
Carnis trivit illecebras,
Et superstratum palmitum
Nudum stravit corpusculum.

Pater decrevit facere
Uxori quoque prodere,
Sed illa obstat valide
Et coepit viro dicere.

Hic vinum semper renuit
Limpham potare voluit,
Ut castitatis trophaeo
Sese dotaret optimo.

Nescis quod voto supplici
Hic datus Matri Domini?
Hunc oportet virtutibus
Ornari sacri habitus.

Hujus nos Christe precibus
Supernis junge civibus,
Ablatis facinoribus
Et saeculi erroribus.

Ad haec pater obstupuit
Et ultra loqui timuit,
Et sic reginae virginum
Immolaverunt Albertum.

Praesta Pater ingenite
Et Fili 29ᵉ unigenite,
Cum sacrosancto Flamine
Nunc et in omni tempore. Amen.

℣ Sanctissime pater Alberte. ℟ Penetremus coelica per te. Allel. Ant. Vota tunc humilium — Christus rex respexit, — dum Johannae filium — votivum direxit, — quem a mundi turbine — coenobio invexit, — et a poli crimine — Spiritus, protexit, — et virtutum flumine — divinitus invexit — Carmelitarum ordinem, — et habitu contexit. Ps. Magnif. Oratio Deus qui beatum (ut supra P. 297). Invitatorium. Aeternitatis principem — Christum veneremur, — et Albertum humilem — confessorum comitem — votis deprecemur. Ps. Venite.

[1] Dreves, IX. 47. Mone, III, 182.

Hymnus.

Laetabunda religio
Per orbem Christo resonet,
Alberti pro fastigio
Pias laudes conjubilet.

Oblata nunc laetitia
De Carmelo revertitur,
Hujus patris justitia
Mundo clarescens oritur.

Hic liberat juvenculam
Vexatam a daemonio,
Et suscitat emortuam
Cubantem puerperio.

Rex Fridericus stringitur
Per dirae pestis vinculum,

Sed vitae restituitur
Per dulcis aquae poculum.

Dona divini muneris
Ostendunt [29ᵇ] per reliquias
Quod triumphi, non funeris,
Promeretur exequias.

Huic venere proceres
Cum turbis concinentibus,
Quos pervenerunt principes
Conjuncti cum psallentibus.

Sit Christe rex piissime
Tibi Patrique gloria,
Cum Spiritu Paraclyto
In sempiterna saecula. Amen.

In I noct. ant. *Pravorum in concilio* — Albertus numquam stetit, — recessit ab exilio — mundi, claustra petit. Ps. *Beatus vir*. Ant. *Disrupit hic vincula* — mundialis, jure — suscepit jugum Domini — ob vitae spem futurae. Ps. *Quare fremuerunt*. Ant. *Voce sua saepius* — ad Dominum clamavit, — et ipse multos languidos · per hanc liberavit. Ps. *Domine quid*. ℣ *Amavit*.

Lect. I. *Servus Dei*. ℟ *Nobili prosapia* — Albertus procreatur, — quadam die dominica — Johanna impraegnatur ; * *Et mariti visio* — per somnium scrutatur, — ex uxoris utero — promicante cereo — ut lampas accendatur. ℣ *Johanna semidormiens* — hanc ipsamque videbat — visionem, inquiens — veram detegebat. * *Et*.

Lect. II. *His igitur*. ℟ *Johanna, inquit, natus hic magnus coram Domino* — si solum contingat sic — praesentata visio. * *Eructat haec ipsa viro* — et his est tanta unio, — quod exultantes modo miro — grates reddunt Domino. ℣ *Quia misericordiam* — cum servis operatur, — et infinitam gratiam — Christus coeli sator. * *Eructat*.

Lect. III. *Crescit puer*. ℟ *Quodam die clarissimo* — filium vocavit, Johanna — cui conceptio — ejus sic narravit, — et quod Mariae virgini — eum obligavit. * *Quod Albertus celebri* — voto confirmavit, et matrem sic affatur : — Ego, inquit, genitrix — non gero *libertatem — sed tuis reddam omnibus — votis voluntatem.* ˙ *Quod. Gloria Patri.* ˙ *Quod.*

In II noct. Ant. *Scitote omnes populi — quod natus veri David, — Albertum suum famulum — signis mirificavit.* Ps. *Cum invocarem.* Ant. [30ᵇ] *Scuto bonae voluntatis — coronavit eum, — quando jugum paupertatis — assumpsit propter Deum.* Ps. *Verba.* Ant. *Hic sua ab infantia — Christum adamavit, — idcirco coeli gloria — eum coronavit.* Ps. *Domine Dominus noster.* ℣ *Justum deduxit.*

Lect. IV. *Interea mater.* ℞ *Adveniente tempore — intrat religionem, —* ˙ *Conveniunt summopere — per totam regionem — magnates ad spectaculum — hujus devotionis: — intrat habitaculum — veri Salomonis.* ℣ *Elegit abjectus esse — in Dei tabernaculo, — renuntiavit indefesse — huic nequam saeculo.* ˙ *Conveniunt.*

Lect. V. *Die quo vestitus.* ℞ *Novitiatus tempore — dum in oratione — consisteret, apparuit — ei in visione — mirae pulcritudinis, — mulier formosa, — et haec erat daemonis — astutia dolosa.* ˙ *Heu me, inquit, paupercula — quid agam prae dolore —* [31ᵃ] *nescio quid faciam. — sum capta tui amore.* ℣ *Hic arma crucis induit — loco galearum — Vade, inquit, Satanas — in locum poenarum.* ˙ *Heu me.*

Lect. VI. *Deinde facta.* ℞ *Matutinarum modula — consurgens, Deum orat, — flagris diris cum morula — corpusculum perforat* ˙ *Et tunc fudit lacrimas — hujus ad solis ortum, — hujusmodi asperitas — dedit diei portum.* ℣ *Horis quoque canonicis — solemniter peractis, — corpusculum exercuit — prioribus in factis.* ˙ *Et tunc. Gloria Patri.* ˙ *Hujusmodi.*

In III noct. ant. *Ingressus sine macula — cum Christo habitabit, — qui vixit cum justitia — hic coelum subintravit.* Ps. *Domine quis.* Ant. *Cordis desiderium — ei tribuisti, — cum benedictionibus — eum praevenisti.* Ps. *Domine in virtute.* Ant. *Hic ad montem Domini — hodie conscendit.*

(Cetera desunt. Folia 31ᵇ usque 33ᵇ scriptura vacant.)

Historia Raptus sacratissimi Heliae Prophetae
primi principis et fundatoris Ordinis fratrum Carmelitarum,
incolae paradisi, edita per theologiae lectorem Fratrem Robertum Bale
priorem conventus nostri Burnhamiae.

Ad Vesperas ant. *Nascitur a Sabacha — Thesbites Helias, — quem Carmeli principem — statuit Messias.* Ps. *Dixit* etc. Ant.

Pater somno deditus — homines prostratos — salutasse parvulum — vidit candidatos. Ps. *Laudate pueri.* Ant. *In Carmelo primitus — ordinem fundebat, — et mundana scelera — linquere docebat.* Ps. *Laetatus sum.* Ant. *Heliseum habuit — Jonam et Michaeam — vates condiscipulos — suos, et Abdiam.* Ps. *Nisi Dominus.* Ant. *Dum in coelum rapitur — angelica vectura — Heliseo pallium — summa dedit cura.* Ps. *Lauda Jerusalem.* Capit. *Ecce ego mittam vobis Heliam prophetam antequam veniat dies Domini magnus et horribilis, et convertet cor patrum ad filios et cor filiorum ad patres eorum.* ℟ *O quam felix religio* (supra P. 292).

[34ᵇ] Hymnus.

Laudes dulces, Carmelitae,
Trino Deo psallite,
Qui sequaces verae vitae
Dirigit gratuite,
Vota mentis aperite
Quae sursum sunt quaerite.

Helias et Heliseus
Vates sunt praecipui,
Quos donavit verus Deus
Moysaico ritui
Unum Deum dat Hebraeus
Permanenti cultui.

Helias transfertur motus
In coelum cum turbine
Cum quo vivit Enoch totus

Divino spiramine.
Heliseus morte notus
Gaudet coeli culmine.

Heliam quoque veneramur
Pro summis miraculis
Prece cujus absolvamur
A nostris piaculis,
Et in fine perfruamur
Divinis oraculis.

Laus sit Patri, Genitori
Laus sit Unigenito,
Christo mundi redemptori
Sanctoque Paraclyto,
Soli Deo creatori
Laus sit corde placito. Amen.

℣ *Helias in turbine tectus est.* ℟ *Et in Heliseo completus est spiritus ejus. Allel.* Ant. *Carmeli cultor, o Helia — nos virtutum veste orna — doce clare nos in lege — et in fine stantes rege, — juva nos ad pacis montem — ut gustemus vitae fontem* (Cf. supra P. 305). Ps. *Magnif.* Or. *Deus qui sacratissimum prophetam Heliam legis tuae zelatorem praecipuum spiritu prophetico mirabiliter illustrasti ac filiis prophetarum Tibi jugiter obsequentibus patrem electum tua gratia* [35ᵃ] *providisti, praesta quaesumus, ut ejus meritis et precibus in coelestem paradisum transferamur cujus imitatores in cultu sacrae religionis nos effici voluisti.*

Ad matutinas invitatorium. (deest) Hymnus. *Orbis quadrata machina* (supra P. 293) In I noct. (primam et secundam ant. vide ibid.). 3. *Signis atque miraculis — probat pater Helias — quod coeli, terrae pariter — dominus sit Messias.* Ps. *Domini est terra* [35ᵇ] ℣ *Amavit.*

Lect. I. *Helias propheta.* ℟ *Summi Dei sacro collegio — ecclesia juncta misterio — * Laudes* [36ᵃ] *resonet cum obsequio — Heliae patris imperio.* ℣ *Beatorum praeclara concio — humana simul modulatio.* **Laudes.*

Lect. II. *Helias autem.* ℟ *Heliae discipulus — cum magistro tendit* [36ᵇ] *— senex se relinquere — ministrum ostendit — qui in currum igneum — sumptus mox ascendit —* quem non vidit amplius — ignis sic incendit.* ℣ *Pater mitte spiritum, — minister hortatur, — et dimittit palium — quo tunc utebatur.* **Quem non.*

Lect. III. *Tunc Jesabel* 37ᵃ. ℟ *Helias pater inclytus* (supra P. 303).

In II noct. Ant. *Per sacri Heliae festum — inclinate Domino, — ut omne cor moestum — consoletur gaudio.* Ps. *Eructavit.* Ant: *Deus noster refugia — dans virtute et gratia — Heliae supplicibus, — nobis succurre precibus.* Ps. *Deus noster.* Ant. *De te dicta gratiosa — Carmeli collegium — tua probant spatiosa — fundamenta montium.* Ps. *Fundamenta.* ℣ *Justum deduxit.*

Lect. IV. *Cumque sacerdotes* 37ᵇ. ℟ *Heliae clamis candidus* (Supra P. 303).

Lect. V. *Deinde dixit* [38ᵃ. ℟ *O prophetarum filii* (supra P. 304) ℣ *Ut post passam famem gratiae — fruamini fruge veniae.*

Lect. VI. *Helias vero* 38ᵇ. ℟ *O Helia pater bone* (supra P. 304) ℣ *Audi pater postulantes — cunctos tibi famulantes, — qui se subdunt gratiae.* **Ut in. Gloria Patri.* **Salvi.*

In III noct. Ant. *Vox sonet* (Supra P. 294). Ant. *Laetentur in ecclesia — cultores Sophiae, — nam vident omnes populi — gratiam Heliae.* Ps. *Dominus regnavit* (Cf. ibidem). Ant. *Cum cantico novo, rite — psalmis jubilate, — Heliaeque Carmelitae — Domino cantate.* Ps. *Cantate* (IIᵘˢ). ℣ *Justus ut palma.* Evangelium secundum Matthaeum. *Scripturae enim duos* 39ᵇ. ℟ *Admiranda sanctitas* (supra P. 302). ℣ *Nomen Dei admirabile — forti Heliae demonstratur.* * *Dum gestorum.*

Lect. VIII. *Cumque redissent* 40ᵃ. ℟ *O Carmeli princeps* (supra, P. 304).

Lect. IX. *Tunc Helias* [40ᵇ]. ℟ *O decor prophetarum, — gemma Carmelitarum, — protege ordinem sacrum ; —* * *Tu levamen pauperum, — reparator hominum, — suscipe vota tuorum.* ℣ *Praecelsi meriti — propheta nobilis, — defensor servuli — O praeco Virginis.* * *Tu levamen. Gloria Patri. Suscipe. Te Deum.* Sacerdot. ℣ *Ora pro nobis sacratissime pater Helias.* ℟ *Ut post viae miseriam transferamur* [41ᵃ] *ad patriam.* In Laudibus. Ant. *Almi patris psallite — laudes Redemptori, — quem pro humano genere — pater misit mori.* Ps. *Dominus regnavit* etc. Ant. *Cujus misericordia — vobis confirmata, — et in Helia primitus — erat foecundata.* Ant. *Jerusalem in atriis — laus adsit specialis, — cui de Syon filiis — flos nitet prophetalis.* Ant. *Dispersiones colliget — Helias Israelis, — Heliseus jam praesidet — praelatus et in coelis.* Ant. *Occasum solis rite — psalmis jubilate, — Heliae Carmelitae — Dominum laudate.* Capit. *Helias homo erat* etc.

Hymnus.

Dator legis mosaicae
Pater gubernans omnia,
Fili Spiritus unice
Unus Deus in gloria.

Tu convocasti populum
Cum mystico spiramine,
Admirans omne saeculum
De patris Abrae semine.

De quo processit Daniel
Heliasque idoneus,
Heliseus, Ezechiel,
Et prophetarum cuneus.

Quos septiformis spiritus
Septem donis repleverat,

Sed Helias divinitus
Miraculis floruerat.

Jesu tuorum gratia
Perennis auctor luminis,
Tu per Heliae merita
Parce servorum debitis.

[41ᵇ] *Ut grex Carmeli positus*
In hujus vallis heremo,
Te pastorem inveniat
Ad vitam sine termino.

Honor et jubilatio
Sit trino Deo pariter,
Qui coelorum palatio
Nos collocet finaliter. Amen.

℣ *Justus germinabit.* Ad Bened. ant. *Pater tu propheta — Altissimi vocaris — plurima secreta — pandisse praedicaris, — duc nos ad Dei faciem — hostiumque verte aciem, — da gratiae scientiam — peccati indulgentiam.* Oratio *Deus qui*, ut supra.

Ad Primam et ad alias horas antiphonae Laudum. Ad Tertiam capit. *Surrexit Helias propheta.* ℟ ut in communi unius confessoris non episcopi.

Ad Sextam, capit. *Verbo Domini continuit.*

Ad Nonam, capit. *Beati sunt qui te audierunt.*

Ad secundas Vesperas ant. *Almi patris,* Ps. *Dixit Dominus,* ceterae ad ceteros. Capit. *Helias dum zelat.* ℟ *O decor prophetarum,* ut supra. Hymnus. *Orbis quadrata,* ut supra, P. 293. ℣ *Amavit.* Ad Magnif. ant. *Salve pater cultor justitiae, — custos legis, tutor ecclesiae — sacrae, Helia, robur fidei, — fac nos caros amoris ignei — frui luce candoris nivei — tuisque* [42ᵃ] *gratiosis precibus — nos conjungi devotis cuneis.* Oratio *Deus qui sacratissimum.*

Missa de sancto Helia propheta ordinis Carmeli. Officium. *Os justi meditabitur.* Non dicatur *Gloria in excelsis.* Oratio *Deus qui sacratissimum.* Epistola. *Lectio libri Sapientiae. In diebus illis Surrexit* [42ᵇ]. Graduale. *Constitues eos principes.* Non dicatur Allel., sed in loco scilicet Allel. dicatur *Laus Tibi Christe.* ℣ *Veneremur laude digna — prophetas praeconiis, — hic Helias fecit signa — majora prae ceteris. — Forma vitae stat benigna — Carmelitis incolis. Laus Tibi* etc.

Evangel. *In illo tempore interrogaverunt Jesum.*

Offertor. *Helias repperit Heliseum arantem in duodecim jugis boum et misit pallium suum super illum, qui statim relictis bobus cuccurrit post Heliam et ait : Osculer, oro te, patrem meum et matrem meam, et sic sequar te.*

Secreta. *Deus qui per antiquorum sacrificiorum figuram veritatem praesignasti praesentium hostiarum, concede propitius intercedente propheta tuo sacratissimo Helia, ut haec sacrosancta commercia quae in ejus honore prosequimur, sempiterna praemia consequamur. Per Dominum.*

Communio. *Omnis qui reliquerit patrem aut matrem, domum aut agros propter nomen meum centuplum accipiet et vitam aeternam possidebit.*

Postcommunio. *Deus qui nos spiritualibus alimentis mirifice satiasti, concede nobis propitius interventu et meritis prophetae tui sacratissimi Heliae sic temporalibus uti bonis ut perfruamur aeternis. Per Dominum.*

Missa votiva sancti Eliae
(ex missalibus annis 1551 et 1574 editis).

Introitus. *Respexit Elias.* ℣ *Reversus est angelus Domini et tetigit eum et dixit : surge, comede.*

Oratio. *Deus qui beatum Eliam prophetam per turbinem mirabiliter curru igneo sublevasti ad coelum, quique beato Elisaeo spiritum duplum petenti tribuisti interveniente magistro, da nobis ita vivere ut ad eandem requiem mereamur pervenire. Per Dominum.*

Epistola. *In diebus illis Dixit Elias.*

Graduale. *Elias homo erat.* ℣ *Et rursum oravit. Allel. Propheta venerande obsecra omnipotentem -- ut pluviam nobis tribuat congruentem. Allel.*

Evangelium. *Quanta audivimus.* Offertorium. *Factum est dum tolleret.*

Secreta. *Praesta nobis quaesumus omnipotens Deus, ut nostrae humilitatis oblatio et pro tuorum Tibi grata sit honore sanctorum, et intercedente beato Elia propheta tuo nos corpore pariter et mente purificet. Per Dominum.*

Communio. *Obsecro Domine, ait Elias, ut revertatur anima pueri hujus in viscera ejus ; et surrexit, et dedit illum matri suae.*

Postcommunio. *Clementissime Deus, nostra ignosce delicta, qui beato Elia orante coelum tribus annis mensibusque sex ut non plueret clausisti, et sicut ad illius preces polum aperuisti, pluviamque illico dedisti, ita eodem interveniente superni roris nos gratia irrigare digneris. Per Dominum.*

Praefatio duplex in honorem S. Eliae
a S. R. C. iterato improbata.

I. ... aeterne Deus. Quia contra Nominis tui contemptores beatum Eliam gloriae tuae zelatorem suscitasti; atque ipsi in Carmeli vertice sub parvae nubis figura gratiae tuae mysteria praesignasti. Hic enim est, qui de Incarnato Verbo testimonium Patris audit in Thabor; et de impiis in Horeb judicia districtionis ; qui regum consecrator ac vindex alios e thronis dejicit, alios exaltat ; qui pluviae ac ignis arbiter oris sui verbo tenet ac laxat ; qui tandem super currum igneum magnifice in coelum evectus iram Domini leniturus ascendit. Et ideo.

II. ....aeterne Deus. Qui contra legis tuae sacrilegos desertores beatum Eliam zeli tui ministrum excitasti, atque ipsi e Carmeli vertice proficuae mundo nubis figuram designando gratiae tuae mysteria revelasti ; hic nempe est, qui de Incarnato Verbo testimonium Patris audit in Thabor, et ab iniquis in Horeb judicia perditionis. Qui regum sacrator ac vindex impios e throno dejicit, justos exaltat ; qui pluviae ac ignis arbiter, imperio verbi tenet ac laxat ; qui demum super currum igneum magnifice in cœlum evectus iram Domini leniturus ascendit. Et ideo.

(Cf. Decreta S. R. C. die 12 Sept. 1840).

TABLE DES MATIÈRES

Rubrica capitulorum 1

1. De pulsationibus et modo pulsandi ad divinum Officium et ad alios actus solemnes. . . 3
2. De modo officiandi chorum in generali 4
3. De officio prioris in choro et ipsius hebdomadarii. . . . 5
4. De officio sacristæ sive secretarii 6
5. De officio cantoris sive succensoris 7
6. De officio lectoris in choro, versicularii et ministrorum . . 8
7. De prostrationibus in choro faciendis 9
8. De inclinationibus. 10
9. Qualiter et quando standum sit in choro et quando sedendum 12
10. De XV psalmis ante matutinas dicendis 13
11. De horis cotidianis beatae Virginis Mariae 14
12. De Matutinis diei in generali . 16
13. De disciplinis post Matutinum recipiendis 20
14. De Prima et ad ipsam pertinentibus 20
15. De Tertia, Sexta et Nona et ad ipsas pertinentibus 24
16. De Vesperis 25
17. De Completorio et ad ipsum pertinentibus 26
18. De memoriis communibus in dominicis et festis IX lectionum dicendis, scilicet de Resurrectione, de Beata Virgine et de Angelis 28
19. De memoriis seu suffragiis ferialibus per totum annum . 30
20. De memoriis aliis specialiter supervenientibus tam de tempore quam de aliis 32
21. De commemoratione Beatae Virginis cum IX lectionibus in sabbatis faciendis 33
22. De officio Defunctorum . . . 35
23. De officio commemorationis Dominicae Resurrectionis . . . 37
24. De « In anno », qualiter scilicet a Commemoratione resurrectionis Dominicae usque ad Nativitatem Domini secundum diversa tempora officium sit dicendum 39
25. Qualiter officia dominicalia post octavam Epiphaniae et ante Adventum secundum diversa tempora sint dicenda . . . 49
26. De translatione festivitatum per totum annum. 51
27. De concomitantia festivitatum ad invicem et cum dominicis. 53
28. De diverso modo diversas festivitates celebrandi. 54
29. De thurificationibus 56
30. De octavis solemnibus . . . 57
31. De festivitatibus et translationibus extraordinariis 58
32. De homiliis concurrentibus . 59
33. De officio Dedicationis . . . 60
    De dedicatione ecclesiae . . . 60
34. De missis conventualibus et de orationibus earum in communi. 62
35. De quo et cum quibus orationibus missa conventualis ab Adventu usque ad Pascha sit singulis diebus celebranda . . . 64
36. De quo et cum quibus orationibus missa conventualis a festo Paschae usque ad Adventum sit singulis diebus celebranda. 66
37. De missis et orationibus pro defunctis specialiter. 68
38. De Gloria in excelsis, Credo in unum et Ite missa est . . . 69
39. De Introitu, Graduali, Alleluia, Tractu et Prosa in missis dicendis 70
40. De Praefationibus totius anni . 73
41. De modo celebrandi missam conventualem et officio ministrorum altaris. 75
42. De aqua benedicta et ejus aspersione. 85
43. De Deus venerunt, quando et quomodo est dicendum . . 86

44 De conservatione Sacramenti Eucharistiae	86
45 De modo in communione Fratrum observando	87
46 De missis privatis	89
47 De fratribus itinerantibus	90
48 De modo recipiendi ad beneficia	92
49 De processionibus, quando et quomodo faciendis	94
50 De solemni receptione legatorum sive episcoporum sive secularium	95
51 De benedictione mensae et gratiarum actionibus	96
52 De communione infirmi	98
53 De officio Unctionis infirmi	99
54 De obitu fratris et commendatione dicenda	101
55 De receptione corporum extraneorum ad sepulturam	104
56 De sepultura facienda	105

PROPRIUM DE TEMPORE

In Primo sabbato Adventus	109
Dominica secunda Adventus	112
— tertia Adventus	113
— quarta Adventus	114
In Nativitate Domini	117
In die S. Stephani	120
In die S. Johannis	121
In Natali Innocentium	122
In Natali S. Thomae	123
In Natali S. Silvestri	125
In Circumcisione Domini	126
In Octava SS. Stephani etc.	127
In Vigilia Epiphaniae	128
In die Epiphaniae	129
In octava Epiphaniae	131
In die S. Felicis	132
Dominica prima post octavam Epiphaniae	133
Officium feriale	135
Dominica in Septuagesima	138
Dominica in Sexagesima	140
Dominica in Quinquagesima	141
Feria IV Cinerum	141
Dominica I Quadragesimae	144
— II —	148
— III —	150
— IV —	152
— in Passione	154
— in Ramis Palmarum	157
Feria V in Coena Domini	162
Feria VI Parasceve Paschae	166
Sabbato Sancto	170
In die Sancto Paschae	173
Dominica I post Pascha	177
Dominica II post Pascha	180
— III post Pascha	181
— IV et V post Pascha	182
Feria II in Rogationibus	183
In die Ascensionis	184
In Vigilia Pentecostes	187
In die Pentecostes	188
In festo Trinitatis	192
In festo Corporis Christi	194
In dominicis post Trinitatem	195
Dominica prima Augusti	197
— Septembris	198
— Octobris	199
— Novembris	200
— post Oct. Pentecostes	200

INCIPIT SANCTORALE SEU OFFICIUM DE SANCTIS.

In die S. Mauri	206
S. Marcelli p. et m.	206
S. Antonii abb.	206
S. Priscae v. et m.	206
SS. Fabiani et Sebastiani mm.	206
S. Agnetis v. et m.	207
S. Vincentii m.	208
S. Timothei e. et m.	209
In Conversione S. Pauli	209
S. Juliani e. et c.	210
S. Agnetis secundo	210
Jerusalem Mathiae e. et c.	210
S. Ignatii e. et m.	211
In Purificatione gloriosae Virginis Mariae	211
S. Blasii e. et m.	213
In Natali S. Agathae v. et m.	213
SS. Vedasti et Amandi epp.	214
S. Scholasticae v.	214
S. Valentini m.	214
Jerosolymis S. Symeonis e. et m.	214
In Cathedra S. Petri	214
S. Mathiae Apostoli	215
S. Albini e. et c.	216
SS. Perpetuae et Felicitatis vv. et mm.	216
SS. XL Martyrum	216
S. Gregorii p.	216
S. Patricii archiep. et c.	216
Jerusalem Alexandri e. et m.	217
S. Benedicti Abb.	217
In Annuntiatione gloriosae Virg. Mariae	217
S. Ambrosii	219
Officium trium lectionum in paschali tempore	219
SS. Tiburtii et Valeriani mm.	220
S. Georgii m.	221
S. Marci evangelistae	221

S. Vitalis m.	222
SS. Philippi et Jacobi.	222
S Athanasii e. et c.	223
In Inventione S. Crucis.	223
Jerusalem s. Quiriaci e. et m.	224
S. Johannis ante portam latinam.	225
SS. Gordiani et Epimachi mm.	225
SS. Nerei et Achillei mm.	225
S. Urbani p. et m.	225
S. Nicomedis m.	225
SS. Marcellini et Petri mm.	225
SS. Medardi et Gildardi epp.	226
SS. Primi et Feliciani mm.	226
S. Barnabae apostoli	226
SS. Basilidis, Cyrini et Naboris, Nazarii et Celsi mm.	226
SS. Viti et Modesti et Crescentiae.	226
SS. Marci et Marcelliani mm.	226
SS. Gervasi et Protasi mm.	226
S. Paulini ep. et c.	227
Vigilia S. Johannis Baptistae.	227
In Nativitate S. Johannis Baptistae.	227
SS. Johannis et Pauli mm.	228
S. Leonis Papae.	230
In Vigilia apostolorum Petri et Pauli.	230
SS. Petri et Pauli apostolorum	230
In commemoratione S. Pauli apostoli	231
In octava S. Johannis Baptistae.	232
In translatione et ordinatione S. Martini.	233
In octava apostolorum	234
Septem Fratrum	234
Sanctae Margaritae v. et m.	234
S. Praxedis v. non m.	234
S. Mariae Magdalenae	234
S. Apollinaris e. et m.	235
In vigilia S. Jacobi.	236
S. Jacobi apostoli	236
S. Annae matris gloriosae Virginis.	236
S. Marthae v. hospitae Christi.	236
In octava S. Mariae Magdalenae	236
SS. Abdon et Sennes mm.	237
S. Germani e. et c.	237
S. Petri ad Vincula	237
S. Stephani p et m	237
In Inventione S. Stephani sociorumque ejus	237
S. Dominici c. primi magistri Praedicatorum	238
In Transfiguratione Domini	238
S. Donati e. et m.	239
S. Cyriaci sociorumque ejus mm.	239
In vigilia S. Laurentii.	239
S. Laurentii m.	239
S. Tiburtii m.	240
S. Hippolyti sociorumque ejus mm.	240
S. Eusebii c.	241
In vigilia Assumptionis gloriosae Virg. Mariae	241
In octava S. Laurentii	244
S. Agapiti m.	244
S. Bernardi abbatis	244
In octava gloriosae Virginis Mariae.	245
In vigilia S. Bartholomaei.	245
In natali S. Bartholomaei apostoli.	245
S. Ludovici regis et c.	246
B. Rufi	246
In natali S. Augustini e. et doct.	246
In decollatione S. Johannis Baptistae.	247
SS. Felicis et Adaucti mm.	247
S. Aegidii abb.	247
In Nativitate gloriosae Virginis Mariae	248
S. Gorgonii m.	249
Octava Nativitatis S. Virginis	249
SS. Proti et Hyacinthi	249
S. Mauritii e. et c.	249
In Exaltatione S. Crucis.	249
In octava gloriosae Virginis Mariae	250
S. Euphemiae v. et m.	251
S. Lamberti e. et m.	251
In vigilia S. Matthaei.	251
In natali S. Matthaei apostoli	251
In natali S. Mauritii sociorumque ejus	252
S. Cleophae discipuli Domini	253
SS. Cosmae et Damiani	253
In veneratione S. Michaelis.	253
S. Hieronymi presbyteri et doctoris	254
SS. Remigii, Germani, Vedasti et Bavonis epp.	255
S. Leodegarii e. et m.	255
S. Francisci c.	255
In festo SS. patriarcharum Abraham, Isaac et Jacobi.	255
SS. Marci, Sergii et Bacchi, Marcelli et Apuleji mm.	256
SS. Dionysii, Rustici et Eleutherii mm.	256
S. Calixti p. et m.	257
S. Lucae evangelistae.	257
SS. Undecim MM. Virginum et mm.	257
Jerusalem S. Marci e. et m.	257
SS. Martyrum Crispini et Crispiniani.	257
In vigilia apostolorum Simonis et Judae.	257
SS. Simonis et Judae apostolorum	257
Jerusalem S. Narcissi e. et c.	258
In vigilia Omnium Sanctorum.	258
In festivitate Omnium Sanctorum	258
In commemoratione Animarum.	260
S. Leonardi abb.	260

Quatuor Coronatorum 260
S. Theodori m. 260
S. Martini p. et m. 260
InTransituS.MartiniTuronensis ep. 261
S. Brictii e. et c. 262
In octava S. Martini . . . 262
S. Edmundi regis et m. . . . 262
S. Caeciliae v. et m. 262
S. Clementis p. et m. . . . 263
S. Chrysogoni m. 264
S. Katherinae v. et m. . . . 264
S Lini p. et m. 265
In vigilia S. Andreae 265
S. Andreae ap. 265
S. Eligii ep. et c 266
S. Barbarae v. et m. 266
S. Sabbae abb. 266
S. Nicolai e. et c. 266
In octava S. Andreae. . . . 267
In Conceptione vel potius Veneratione Sanctificationis beatae Virginis 267
S. Luciae v. et m. 268
S. Lazarii e. et c. 269
S. Thomae ap 269

INCIPIT COMMUNE OFFICIUM DE SANCTIS
EXTRA TEMPUS PASCHALE.

In Vigilia unius vel plurimorum
  Apostolorum 271
In communi unius Evangelistae . 272
In natali unius martyris IX lect. 272
  — unius martyris III lect. 274
  — unius ep. et mart. . . 274
  — plurimorum martyrum
     IX lect. 274
  — plurimorum martyrum
     III lect. 276
  — unius ep. et conf. IX lect. 276
  — unius ep. et conf. III lect. 277
  — unius confess. non ep.
     IX lect. 278
  — unius confess. non ep.
     III lect. 279
  — plurimorum confess. IX
     lect. 279
  — plurimorum confess. III
     lect. 280
  — unius virginis et martyris IX lect. . . . 280
  — unius virginis non martyris IX lect. . . . 281
  — unius virginis sive mart.
     sive non III lect. . . 281
  — unius matronae IX lect. 281
  — plurimarum virg. IX lect. 282
  — plurimarum virg. III lect. 283

EXPLICIT COMMUNE SANCTORUM.

Officia de quibusdam missis communibus et consuetis . . . 284
De tonis Hymnorum 288
Oratio Sanctarum Undecim Millium Virginum et Martyrum. 288

APPENDIX

Officium S. Cyrilli conf. e breviario Andegavensi (Cheltenh. 6985) 289
Officium S. Helisei prophetae MS.
  Musaei Britannici Add. 12195
  a. 1478 292
Oratio S. Alberti e brev. Andegavensi 297
Officium Comm. Solemn. B.V. Mariae e MS. Add. 12195. 297
  — S. Alberti ex eodem MS. 299
  — S. Helisei e Brev. impresso
     a. 1480 302
  — S. Alberti ex eodem . 305
  — S. Angeli ex eodem . 305
  — S. Helisei e Brev. impresso
     a. 1504 305
  — Comm. Solemn. B.V. Mariae ex eodem . . 309
  — S. Alberti ex eodem . 309
Hymnus de S. Alberto e MS. Harley
  1819 309
Officium S. Simonis Stock ex eod. 310
  — S. Angeli ex eodem . 314
Oratio S. Simonis Stock ex eodem. 317
Hymnus S. Alberti ex eodem . 317
Officium S. Alberti ex Annalibus
  J. B. de Lezana 319
Suffragia Sanctorum e libro Horarum. Lugduni 1516 . . . 320
Oratio de sanctis prophetis e MS.
  Add. 12195 321
Missa S. Angeli e missali a. 1574
  impresso 321
Missa S. Alberti ex eodem . . 322
Libellus officiorum Johannis Balaei
  MS. Cantab. Ff 6. 28 . . 322
Officium Comm. Solemn. B.V. Mariae 323
  — S. Cyrilli 329
  — S. Bertholdi . . . 332
  — S. Angeli 332
  — S. Alberti 338
  — Raptus S. Eliae . . 341
Missa S. Eliae ex missalibus aa. 1551
  et 1574 impressis . . . 346
Praefatio duplex in honorem. S.
  Eliae a S. R. C. improbata . 346

II

TABLE SYNOPTIQUE

On a négligé ici les tropes, proses, versets d'offertoire et autres formules propres au MS. Barberini, de même que les divergences purement verbales comme les *incipit* des évangiles.

Page	Ligne	Sujet	MS de Sibert		MS Barberini	
7	26		lire : sive psalmum.			
15	note	Ant. *Praedicaverunt*.	Le brév. *de Camera* 1490 ajoute : *Prout ordinatum fuit in cap. Bruxellen*. Les actes des deux chapitres de Bruxelles (1336 et 1462) n'y font pas allusion.			
23	5	Confession générale.	lire : *Dominus*.			
26	24		lire : *Pater noster*.			
29	24	Mem. de Beata.	lire : *Anima*.	9ᶜ		
	29	Ib.	lire : *Descendi*.			
		Commemorationes				
31	6	De resurrect.	*Surrexit Dominus de sepulcro.*	10ᵃ	In resurrectione.	79ᵇ
	14	De sancta Cruce.	*Dicite in nationibus.*		*Surrexit Dominus de hoc sepulcro.*	80ᵃ
	21	De omnibus sanctis.	*Sancti tui Domine.*		*Sancti et justi in domino.*	
	30	De sancta Cruce.			Les Mss. de Florence et l'Ordinal imprimé ont *Unigeniti*.	
35	15	Vesp. Defunct. Ant.	*Heu mihi*	11ᵃ	*Heu me*. De même le Ms. II. IX. 68 et l'Edition de 1544.	115ᵃ
		Commemoratio Dominicae Resurrectionis.				
37	35	Or. ad Vesperas.	*Praesta quaesumus.*	11ᵈ	Collecta qualis placuerit sacerdoti.	18ᵇ
38	12	Lectt. I et II noct.	de aliquo sermone vel de hom. evang. *Maria stabat*.		super: *Stetit Jesus* : *Gloriam suae resurrectionis*, vel : *Cum adhuc tenebrae essent*.	
	24	Ant. ad *Bened*.	*Et valde.*		*Sedit angelus.*	19ᵃ
		Or. ad Laudes.	*Deus qui per Unigenitum.*		*Deus qui hodierna.*	
	32	Missa matut. epist.	*Ecce dies veniunt.*	12ᵃ	*Non cessamus pro vobis.*	19ᵇ
	33	℣.	*In domino.*		Ms. II. IX. 68 et Missel de 1509 : *In Deo*.	
		Ibidem. evangel.	*Cum sublevasset.*		*Loquente Jesu.*	19ᵇ
	36	Or. ad Tertiam.	*Deus qui per Unigenitum.*		*Praesta quaesumus omnipotens.*	
39	1	Or. ad magnam missam.	*Ut supra.*		*Deus qui hodierna.*	
	2	Versic. post *all*.	*Surrexit Dominus.*		*Xpistus resurgens.*	
	5	Cap. ad Sextam.	*Xpistus semel.*		*Xpistus resurrexit.*	19ᵃ
	6	Or. ad Sextam.	*Praesta quaesumus.*		*Concede.*	
	7	Cap. ad Nonam.	*Mortui estis.*		*Xpistus semel.*	
	8	Or. ad Nonam.	*Praesta quaesumus.*		*Deus qui pro nobis.*	
	10	Cap. ad II Vesp.	*Xpistus resurgens.*		*Expurgate.*	19ᵇ
57	18				Ms. II. IX. 68 in sacristia.	

Page	Ligne	Sujet	MS de Sibert		MS Barberini	
60		Office et messe de la Dédicace. Dès avant 1157, la fête de la Libération de Jérusalem, 15 juillet, fut remplacée par celle de la Dédicace de l'église du S.-Sépulcre. L'arrangement de l'office diffère si complètement de celui de Sibert qu'il ne servirait à rien d'en faire la comparaison, à moins de les mettre en face l'un de l'autre. Notons cependant :				
61	3	Hymnus ad Vesp.	*Angulare*.	17ᶜ	*Angularis*.	102ᵃ
	15	Evangel.	*Ingressus Jesus*.		*Egressus Jesus perambulabat Jerico*.	102ᵇ
	26		lire : *Rex Salomon*.	17ᵈ		
65	28	Missa.	*Salve sanctissima*.	18ᵈ	Ms. II. IX. 68 *Salve sancta*.	
74	18	Praef. Ascens.	*Qui post resurrectionem*.	21ᵃ	*Qui post passionem vel resurrectionem*.	127ᵃ
75	5	Praefat. de B. V. M.	Les missels imprimés ont : *Et Te in veneratione* (etc.) *beatae Mariae semper virginis exultantibus animis laudare, benedicere et praedicare ; quae et* etc. *huic mundo lumen æternum effudit*.			
82	3	Consecratio.	*Hoc est enim corpus*.	23ᵇ	Les Mss. de Florence ont : *Hoc est corpus*.	
100	17	Extrem. Unct.	*Per istam* etc.	28ᵃ	*Per istam sacri olei unctionem et Dei benedictionem remittat tibi Dominus quicquid deliquisti per visum, per auditum, per olfactum, per gustum, per tactum, per incessum*. Point d'onction pour la poitrine, aucune distinction entre prêtres et laïques.	10ᵇ
			Aucune distinction n'est faite dans l'onction des mains entre prêtres et laïques.			
109	17	Dom. I Adv. Invit.	*Ecce veniet*.	31ᵇ	*Ecce venit*, de même dans les Mss. de Florence.	27ᵃ
110	27	Cap. ad Tertiam.	*In diebus illis*.	31ᶜ	*Qui venturus est*.	28ᵃ
111	8	Cap. ad Nonam.	*Erit in novissimis*.	31ᵉ	*Rorate*.	28ᵇ
	12	Cap. ad II Vesp.	*Venite ascendamus*.		*Ecce dies venient*.	
	14	Hymn. ad Complet.	*Te lucis*.		*Salvator mundi*.	
	23	Feria II ad Laud.	*Ecce dies veniunt*.		*Venite ascendamus*.	
112	1	Cap. ad Vesp.	*Venite ascendamus*.	32ᵃ	*Qui venturus est*.	29ᵃ
	30	Dom. II Adv. Resp. V ad matut.	lire : *Ecce dominator*.	32ᵇ		
	35	IV ant Laudum.	*Montes et colles*.		*Montes et omnes colles*.	29ᵇ
113	6	Offertor. (et ailleurs).	*Deus tu conver..... L'Ordinal de 1542 met conversus*.		*Deus tu convertens* ; de même aux missels de 1509, 1552 et 1560, les Mss. de Florence sont indécis.	
	30	Dom. III Adv. ant. ad Bened.	*Johannes cum audisset*.	32ᶜ	*Johannes autem*.	30ᵃ
	37	Cap. ad Vesp.	*Venite ascendamus*.		*Ecce dies veniunt*.	30ᵇ
114	7	Sabb. Cap. ad Vesp.	*Qui venturus*.		*Venite ascendamus*.	
	19	Cap. ad Laudes.	*Gaudete in Domino*.	32ᵈ	*Prope est ut veniat*.	
	24	Epist. ad missam.	*Ad Ephesios*, de même les Mss. de Florence.		*Ad Philippenses*, de même le brév. de 1490 et les missels de 1509, 1560.	
	27	Cap. ad Vesp.	*Venite ascendamus*.		*Qui venturus est*.	31ᵃ
115	19	Fer. IV Grad.	*Prope esto*, de même les Mss. de Florence.	33ᵃ	*Prope est Dominus*.	31ᵇ
	21	Resp. ad Vesp.	lire : *festina*.			
	24	Fer. V. Resp. ad matut.	*Praecursori* probablem' erreur de plume.		*Praecursor*.	

Page	Ligne	Sujet	MS de Sibert		MS Barberini	
116	18	Sabb. Lec. ad missam.	Dicit Isaias, gratture, l'écrivain voulut sans doute corriger en *Lectio Isaiae* comme l'ont aussi les Mss. de Florence.	33ᵇ	Lectio Isaiae.	32ᵃ
117	34	Vig. Nativ. Cap. ad Tertiam.	Propter Syon.	33ᶜ	Videbunt gentes.	33ᵃ
	36	Cap. ad Sextam.	Videbunt gentes.		Propter hoc sciet.	
118	4	Nativ. Cap. ad Vesp.	Populus gentium.		Paulus servus.	
	27	Matut. ṽ post IX Psal.	Notum fecit Dominus.	33ᵈ	Verbum caro.	33ᵇ
119	25	II Missa introitus.	Domin. regn. exullet.	34ᵃ	Domin. regn. de coelo.	34ᵃ
	35	Cap. ad Tertiam.	Apparuit gratia.		Parvulus enim natus est.	34ᵇ
	37	Cap. ad Sextam.	Parvulus.	34ᵇ	Apparuit gratia.	
120	7	Cap. ad Nonam.	Multiplicabitur.		Apparuit benignitas.	
	14	Resp. ad II Vesp.	In principio.		Descendit de coelis.]	35ᵃ
	35	S. Steph. Lect. Super Evangel.	Dixit Jesus turbis.	34ᶜ	Dicebat Jesus turbis.	35ᵇ
121	14	Cap. ad Sextam.	Cum esset Stephanus.		Intuens in coelum.	
	19	Cap. ad Nonam.	Lapidaverunt.		Surrexerunt autem.	36ᵃ
	20	Cap. ad Vesp.	Positis autem genibus.		Stephanus vidit. Les commem. des octaves diffèrent presque partout, les antiennes étant moins nombreuses qu'au Ms. de Sibert.	
	29	S. Joh. II ant. ad matut.	lire : *Supra pectus.*	34ᵈ	In illam diem.	
	32	II Resp.	In illo die.		Iste est Johannes.	36ᵇ
122	7	Ant. ad *Bened.*	In medio.		In medio ecclesiae.	
	23	Ant. ad *Magnif.*	Iste est Johannes.		Cum invocarem, Verba mea, Domine Dominus noster.	37ᵃ
	34	SS. Innocentium pss. II noct.	Domine quis habitabit. Conserva, Domini est terra.	35ᵃ		
	37	Resp. VI.	Cantabant.		Cantabunt.	
123	33	S. Thom. III ant. ad matut.	lire : *agri.*	35ᵇ		
	34	I Resp.	Studens de même les Mss. de Florence.			
125	12	In die vacante, ant. ad *Bened.*	Gaudeamus.	35ᵈ	Nesciens mater.	38ᵃ
	37	S. Silvest. Missa.	Sacerdotes ejus		Sacerdotes tui Domine.	39ᵃ
126	21	Circumcis. VII Resp.	Nesciens virgo.	36ᵃ	Nesciens mater virgo, de même les Mss. de Florence.	38ᵃ
		VIII Resp.	℟ Beata Dei genitrix. ℣ Beata et venerabilis.		℟ Beata et venerabilis. ℣ Domine audivi.	
	26	In Laud. ℣.	Verbum caro.		Benedictus qui venit.	
127	3	Commem. S. Steph.	Intuens.		Ave senior.	40ᵃ
	22	— B. V.	lire : *Rubum quem viderat.*			
128	31	Epiph. I Vesp. ant.	Tecum principium.	36ᶜ	O admirabile (2nda manu) Pss. *Dixit Dominus*, cet. a ceteros.	41ᵃ
129	7	Resp III.	Stellam quam.	36ᵇ	Stella quam.	41ᵇ
	14	Resp. VII	Magi venerunt.		Magi veniunt.	
	22	Cap. ad Laudes.	Magi videntes.		Surge illuminare.	
	27	Cap. ad Tertiam.	Ambulabunt.		Surge illuminare.	42ᵃ
	29	Capit. ad Sextam.	Filii tui.		Inundatio camelorum.	
	36	Capit. ad Nonam.	Inundatio.		Leva Jerusalem.	
130	8	Ant. per Octav.	Magi videntes.		Magi viderunt.	
	18	Sermo per octavam.	Herodes audiens.	37ᵃ	Qualis evenerit.	42ᵇ
131	4	Dominica, evangel.	Vidit Johannes.	37ᵇ	Cum esset Jesus.	
	7	Ant. ad *Bened.*	Hodie.		Descendit Spiritus sanctus.	

Page	Ligne	Sujet	MS de Sibert		MS Barberini	
	26	Octav. Lectt. sex.	Licet fratres dilectissimi.		De evangel. vel de homilia *Venit Jesus a Galilaea*. Sic incipit : *Prima hominis vita ita fuit immortalis*. In III noct. lectt. de eodem evangelio.	43ᵃ
	29	IV ant. ad Laudes.	Draconis. Mss. de Florence : *Caput draconis*.		Magnum mysterium.	
		V. ant. ad Laudes.	Magnum.		Caput draconis.	
132	3	Evang. ad missam.	Venit Jesus a Galilaea.	37ᶜ	Vidit Johannes Jesum.	
	26	S. Felicis, epist.	Doctrinis variis.		Justas cor suum.	47ᵃ
133	27	Dom. I post oct. Evangel.	Cum factus esset Jesus.	37ᵈ	Cum esset Jesus annorum.	44ᵇ
	30	IX Resp. ad matut.	Quoniam iniquitates.		Quoniam iniquitatem.	
	33	Ad Laudes III ant.	Benedicam te.		Benedicant te.	
134	12	Capit. ad Sextam.	Omnia probate.	38ᵃ	Alter alterius.	45ᵃ
	22	Orat. ad Vesp.	Vota.		Benedictionem tuam.	
135	28	In feriis. Cap. ad Sextam.	Omnia probate.	38ᵇ	Alter alterius.	45ᵇ
	30	Capit. ad Nonam.	Omnis quicumque.		Omnia autem probate.	
136	6	Fer. III Resp. III.	Domine in pro Domine ne in comme l'ont aussi les Mss. de Florence.	38ᶜ		
	20	Feria IV, ant. I ad matut.	Avertet.		Avertit.	
138	31	Sabb. ante LXXᵐᵃᵐ.	Ps. Benedictus etc.	39ᵇ	Ad Vesp. ant. *allel*. Ad unumquemque ps.*all*.	54ᵇ
	34		Benedicamus D. cum duplici allel.		Benedic. Domino allel.	
139	12	Septuag. Resp VIII.	Dum ambularet.		Dum deambularet.	
	14	Sacerdot. ỹ.	Excelsus super.		Fiat misericordia.	
	39	Capit. ad Sextam.	Omnia probate.	39ᶜ	Alter alterius.	55ᵃ
140	1	Cap. ad Nonam.	Omnis quicumque.		Omnia autem probate.	
141	5	Sabb.ant. ad *Magnif*.	Si culmen.	39ᵈ	Semen est verbum Dei.	56ᵃ
	14	Quinquag. I ant. Laudum.	Secundum magnam.		Secundum multitudinem.	
	27	Collecta ad Vesp.	Preces nostras.		Collecta de multitudine misericordiae, vel de dominica.	56ᵇ
142	5	Fer. IV Ciner. Coll. ad Laudes.	Praesta Domine fidelibus.	40ᵃ	Concede nobis Domine praesidium.	
	22	Cap. ad Tertiam.	Convertimini ad Dominum Deum.	40ᵇ	Convertimini ad me.	
	29	Ant. ad bened. Cinerum.	Exaudi Domine.		Exaudi nos Domine.	57ᵃ
	38	Ant.	lire : Immutemur.			
143	14	Praefat. Quadrag.	usque ad domin. Pass.	40ᶜ	usque ad Coenam Domini.	
	33	Fer. V. Offertor.	Ad Te levavi.		Ad Te Domine.	57ᵇ
144	32	Sabb. ant. ad Completor.	O rex gloriose.	40ᵈ	O rex gloriae. Il y a plusieurs versets.	58ᵃ
146	15	Feria II ad. Laudes ỹ post hymnum.	Scuto circumdabit.	41ᵇ	Dicet Domino.	59ᵃ
147	2	Fer. III ant ad *Magnif*.	Abiit foras.	41ᶜ	Abiit Jesus foras.	
	13	Fer. IV or. ad Vesp.	Adesto.		Mentes nostras.	
	14	Fer. V ant. ad Bened.	Si manseritis in me.		Si vos manseritis.	
	16	Evangel.	Dicebat Jesus ad eos.		Egressus Jesus.	59ᵇ
	17	Offertor.	Immittit angelus.		Immittit angelum.	
	19	Fer. VI Coll. ad Laudes.	Adesto Domine propitius.		Esto Domine plebi.	
	21	Coll. ad missam.	Adesto.		Esto Domine propitius.	
	37	Sabb. Tractus.	Benedictus in firmamento.	41ᵈ	Benedictus es.	
148	17	Dom. II ad matut. ỹ ad VI Resp.	Si Dominus.		Si reversus fuero.	60ᵃ

Page	Ligne	Sujet	MS de Sibert		MS Barberini	
	19	Resp. VIII.	Dixit angelus.		Dixit Dominus ad Jacobum.	
149	6	Fer. II Grad.	Adjutor meus.	42ª	Adjutor in opportunitat.	
	7	Evangel.	lire : quaeritis.			
	13	Fer. III offert.	Miserere mei.		Miserere mihi, de même Ms. II. IX. 68.	
	37	Sabbat. Respp. ad matutinum.	℟ Dum iret Jacob. ℣ Aedificavit altare. ℟ Minor sum. ℣ Ne forte. ℟ Pater peccavi. ℣ Quanti mercenarii.	42ᵇ	℟ Pater peccavi in. ℣ Quanti mercenarii. ℟ Dixit angelus ad Jacob. ℣ Benedicens benedicam. ℟ Vidi Dominum facie. ℣ Et dixi nequa...	60ᵇ
150	16	℟ Media vita.	lire : Sancte.			
	22	Dominica III Sermo.	Mittitur a Jacob.		Mittitur Jacob.	61ª
	27	Sacerdot. ℣	Ipse liberavit.		Dicet Domino.	
151	14	Fer. II Evangel.	Dixerunt Pharisaei ad Jesum : Quanta audivimus.... Ait autem Amen. etc. Ainsi les Ms. B. 9.1793 de Florence et les missels de 1509, 1552 et 1560, tandis que les missels actuels ont : Dixit Jesus ad Pharisaeos.	42ᶜ	Quanta audivimus.	61ᵇ
	21	Fer. III Epist.	Mulier quaedam clamabat		Mulier quaedam Sunamitis.	
	31	Fer.V or. ad Laudes.	Concede quaesumus omnipotens.	42ᵈ	Concede ut jejuniorum. La coll. de la messe est celle de Sibert.	
	34	Graduale.	Oculi omnium.		Oculi hominum.	
		Evangelium.	Operamini.		Surgens Jesus.	
	36	Ant. ad Magnif.	Panis quem.		Panis enim.	
152	36	Dom. IV Evang.	Abiit Jesus.	43ª	Abiens Jesus.	62ᵇ
153	1	Ant. ad Nonam.	lire : Cum vidissent.			
	4	Ant. ad Magnif.	Accepit autem.		Accepit ergo.	
	16	Fer. III Commun.	Laetabimur.		Laetabitur.	
	32	Fer V or. ad Vesp.	lire : Populi tui Deus.	43ᵇ		
154	33	Domin. in Passione. IV Resp. matut.	℟ Deus meus es. ℣ Deus meus.	43ᶜ	℟ Deus meus es tu. ℣ Tu autem.	63ᵇ
155	3	℣ ad Laudes, et ailleurs	Eripe me Domine ab homine.		Eripe me de inimicis.	
156	1	Fer. II Ad missam.	Miserere mei.	43ᵈ	Miserere mihi.	64ª
	3	Graduale.	Deus exaudi.		Domine exaudi.	
	28	Feria IV Commun.	Voir la note	44ª	Lavabo inter, de même Ms. II, IX. 68 et imprimés de 1490, 1509 et 1560.	64ᵇ
	35	Feria V or. ad Vesp.	Esto quaesumus.		Esto Domine propitius.	
157	5	Sabb. ant. ad Bened.	Nemo tollet.		Nemo tollit.	
	17	Dom. Palmar. Lectt. de Sermone.	Psalmi vicesimi. L'écrivain paraît ne pas avoir compris.		Psalmi vicesimi primi.	
	28	Ant. ad Primam.	Occurrant turbae.	44ᵇ	Occurrerunt.	65ª
158	10	Procession. de même				
159	21	Ad missam.	Domine ne longe.	44ᵈ	Domine ne elonge...	66ᵇ
160	11	Resp. ad Sextam.	Attende Domine.	45ª	Salvum me fac.	66ᵇ
	14	Resp. ad Nonam.	Salvum me fac.		Noli esse mihi Domine.	
	26	Fer. II Cap. ad Laudes.	Dominus Deus aperuit		Dominus Deus auxiliator.	
161	11	Fer. III Offert.	Custodi Domine.	45ᵇ	Custodi me.	67ª
	17	Fer. IV Ant. admatut.	Avertet Dominus.		Avertet Dominus.	
	30	Prophetia.	Dicitur filiae Syon.		Dicite filiae Syon, de même Ms. II. IX. 68.	
163	2	Tenebr. Resp. VII.	℣ Cogitaverunt.	45ᵈ	Congregaverunt. In fine pss. horarum pro Gloria Patri dicatur Laus tibi Domine.	68ª

Page	Ligne	Sujet	MS de Sibert		MS Barberini	
	19	Ad tropos in fine Laudum.	Qui expansis		Qui prophetice.	
	22		Qui prophetice.		Qui expansis.	
164	21	In Coena Dom. Evangelium.	Ante diem Paschae.	46ᵃ	Ante diem festum.	69ᵃ
	22	Praefatio.	Qui salutem humani.		Quam in hac nocte.	
166	25	Parasc. Ultima ant. ad matut.	Captabant.	46ᵈ	Captabunt.	71ᵇ
170	20	Sabb. Sancto. Lament. Lectt. III noct.	Quomodo obscuratum. Quapropter intermittentes.	47ᵈ 48ᵃ	Reddet eis in vicem (eaedem) vel de homilia evangel.	73ᵃ
	30	IX Resp.	℣ In pace in idipsum.		℣ In pace factus est.	
172	23	Ad missam.	Credo non dicatur.	48ᶜ	Credo.	75ᵃ
174	12	In die Paschae, or. ad horas.	Praesta quaes. omnipot. Deus ut qui resurrectionis.	48ᵈ	Praesta quaes. omnipot. Deus ut qui gratiam dominicae. Agnus Dei qui surrexisti a mortuis.	76ᵇ 124ᵇ
	22	Ad missam.				
	25	Ad Vesp.	Quinque psalmi.	49ᵃ	Tres psalmi, et duo ad processionem.	76ᵇ
175	27	Fer. III ad missam.	℣ Christus resurgens.	49ᵇ	Surrexit Dominus et occurrit.	125ᵃ
	37	Fer. IV Ps. ad Introitum.	Confitemini.		Cantate (primus).	
176	2	℣ ad Allel.	Surrexit Dominus.		Christus resurgens.	
	13	Fer. V. ℣ ad Allel.	Angelus.	49ᶜ	Surrexit altissimus.	
	17	Or. ad Vesp.	Praesta quaes. omnipot. Deus ut ecclesia.		Da quaes. omnipot. Deus ut ecclesia.	78ᵃ
	25	Fer. VI ad horas.	Deus in adjutorium.		Incip. Feria V.	76ᵇ
	28	Offert.	Erit vobis.		Erit nobis.	125ᵃ
177	11	Sabb. in Albis.	Jesu Salvator.		Jesus redemptor omnium.	78ᵇ
	30	Dom. in Albis, or. ad Laudes.	Praesta quaes. etc. ut qui festa.		Praesta quaes. etc. ut qui pascha...	
178	15	Resp. ad Sextam.	Surrexit Dominus de sepulcro.	50ᵃ	Surrexit Dominus de hoc sepulcro; ainsi partout.	79ᵃ
	18	Coll. ad Nonam.	Ut supra ad Laudes.		Depelle Domine conscriptum peccatum.	
	22	Cap. ad Vesp.	Xpistus resurgens.		Xpistus semel pro peccatis.	
	38	Memor. per hebdom.	In Galilaea.		In Galilaeam. Per XV dies legantur Actus apostolorum et cantetur ℟ Dignus es Domine; per alios XV epist. Canon. et cantetur ℟ Si oblitus fuero; mais en réalité l'ordre est le même que chez Sibert.	79ᵇ
179	13	Fer. II Sacerdot. ℣.	In resurrectione.	50ᵇ	Surrexit Dominus vere.	
180	29	Domin. II. Resp. II.	℣ In me omnis.	50ᶜ	In me gratia.	80ᵇ
181	16	Ad missam introit.	Ps. Exultate Deo.	50ᵈ	Exultate justi.	
	3	Feria II Resp.	Vidi sanctam.		Vidi civitatem.	125ᵇ
	26	Lectiones per hebdomadam.	De Actibus Apostolor.		De Act. App., quibus finitis leguntur Epistolae canonicae usque ad Feriam II ante Ascens.	
182	12	Dom. IV. Hom. super	Vado ad eum.	51ᵃ	Vado ad patrem meum.	81ᵃ
	21	Introit. ad miss.	Ps. Salvavit sibi.		Salvabit sibi.	125ᵇ
183	34	Fer. III Rogat. Or. ad Vesp.	Deus a quo bona.	51ᵇ	Deus refugium.	86ᵇ
184	27	In Ascens. ant. III ad matut.	A summo coeli.	51ᶜ	A summo coelo.	87ᵃ
185	33	Or. ad Sextam.	Da quaesumus omnipotens.	51ᵈ	(Deus cujus Filius.)	87ᵇ
186	7	Or. ad Vesp.	Concede.		Adesto Domine.	

Page	Ligne	Sujet	MS de Sibert		MS Barberini	
	20	Dom. infra octav. Lectiones.	Tres de Apocal. tres de sermone, tres de evang. Cum venerit.	52ª	Sex de Apocal. vel de serm. Post beatam, tres de ev. Dum venerit.	88ª
		Ant. ad *Bened.*	*Cum venerit.*		*Dum venerit.*	
	29	Commun.	*Pater cum essem.*		*Non vos relinquam.*	127ª
		Fer. VI post octavam, ad matut.			Pss. *Domine Dominus*, vel dieta secundum quosdam. Missa propria.	88ª
187	8	Vigil. Pentec. ad matut.	Pss. de Ascensione.		Dieta *Cantate Domino*.	
		Respp.	*Tempus est. Si enim. Ego rogabo.* *Te Deum.*		*Non relinquam vos. Tempus est. Ego rogabo.* *Non dicitur propter observant. jejunii.*	88ᵇ
	10	Sacerdot. ℣.	*(Ascendit Deus.)*		*Ascendo ad Patrem.*	
	11	Ant. ad *Benedict.*	*Si diligitis.*		*Non vos relinquam.*	
	17	Lectt. ante missam.	Lect. I. *Temptavit.*	52ᵇ	*Temptavit.*	
			Or. *Deus qui in Abrahae.*		*Deus qui in Abrahae.*	
			II. *Scripsit Moyses.*		*Factum est in vigilia.*	
			Tract. *Attende.*		*Cantemus.*	
			Or. *Deus qui nobis.*		*Deus qui nos per prophetas.*	
			III. *Apprehendent.*		*Scripsit Moyses.*	
			Tractus *Vinea facta.*		*Attende coelum.*	
			Or. *Deus qui nos ad cel.*		*Deus qui nos ad.*	
			IV. *Audi Israel*		*Apprehendent.*	
					Tr. *Vinea facta est.*	
			Or. *Deus incommutabilis.*		*Deus incommutabilis.*	
					℣ *Audi Israel.*	
			Tract. *Sicut cervus.*		*Sicut cervus.*	
			Or. *Concede quaesumus.*		*Concede quaesumus.*	
			Letania.		Letania septena.	
	32	In missa.	Praefat. cotid. *Communicantes. Hanc igitur.*		*Credo in unum.* *De his nihil.*	
188	2	Pentec. cap. ad I Vesp.	*Dum complerentur.*		*Cum complerentur.*	90ª
			Toujours ainsi.		*Toujours ainsi.*	
	9	Ant. ad *Magnif.*	*Non vos relinquam.*		*Si diligitis me.*	
189	15	℣ ad Sextam.	*Repleti sunt.*	52ᶜ	*Loquebantur.*	90ᵇ
	28	Fer. II ℣ ad matutinum.	*Spiritus Domini replevit.*	52ᵈ	*Repleti sunt.*	
190	14	Or. ad Vesper.	*Deus qui apostolis.*		*Deus qui discipulis.*	91ª
191	1	Fer. IV Epist.	*Diligite justitiam.*	53ª	*Dixit Salomon.*	127ᵇ
	7	Or. ad Vesp.	*Mentes nostras.*		*Praesta nobis quaes. omnipot. et misericors Deus ut Spiritus Sanctus.*	91ª
	15	Fer. V Or. ad Vesp.	*Mentibus nostris.*		*Praesta quaes. Domine ut.*	
	23	Feria VI Or. ad Vesp.	*Da quaesumus ecclesiae*	53ᵇ	*Omnipot. sempit. Deus, deduc nos.*	91ᵇ
	27	Sabb. IV Tempp. or. ad Laudes.	*Mentibus nostris.*		*Mentes nostras.*	127ᵇ
192	2	Coll. post lect. IV.	*Praesta quaes. omnipot.*		*Praesta quaes. sicut nos.*	
	12	SS. Trinit. Cap. ad Vesp.	*O altitudo divitiarum.*		*Benedictus Deus et Pater.*	91ᵇ
	14	Hymnus ad Vesp.	*Adesto sancta.*		*O lux beata.*	
	18	Hymnus ad matut.	*O Pater sancte.*		*Nocte surgentes.*	
	30	Resp. VII ad mat.	*Summae Trinitati.*	53ᶜ	*Summae Trinitatis.*	92ª
	35	III ant. ad Laudes.	*O vere summa.*		*O vera summa.*	
	37	Hymn. ad Laudes.	*Adesto sancta.*		*Ecce jam noctis.*	
193	15	Or. ad Nonam.	*Domine Deus Pater.*	53ᵈ	*Domine Deus omnipotens.*	
	21	Hymn. ad Vesp.	*Adesto sancta.*		*Lucis creator.*	
	22	Or. ad Vesperas.	*Omnipotens sempiterne Deus.*		*Domine Deus Pater omnipotens nos famulos.*	
195	3	Prosa.	MS. B. 9. 1795 manu sequiori, II. IX. 68 omittit eam.			

Page	Ligne	Sujet	MS de Sibert		MS Barberini	
	35	Sabbatis ant.ad *Nunc dimittis*.	*Allel. Resurrexit Dominus.*	54ᵇ	Salva nos (sur une gratture).	93ᵃ
196	11	Dominicis Resp. VI ad matut.	*Parate.*		*Praeparate.*	
	22	Resp. VII.	*Domine qui custodis.*	54ᶜ	*Domine qui custodit.*	
	26	Sacerdot. ꝟ.	*Excelsus super omnes.*		*In resurrectione tua.*	
197	9	Cap. ad Vesperas.	*Dominus dirigat.*		*Dominus autem dirigat.*	94ᵃ
200	21	Mense Novem. Resp.	*Fluctus tui.*	55ᶜ	*Fructus tui.*	96ᵃ
	29	Dominicae	Post octavam Pentecostes. Toute la série a été avancée sans changement ni du numérotage des dimanches ni des pièces constituantes.		Post Pentecosten.	128ᵃ
201	15	Dom. IV. ant ad.*Bened*.	*Estote misericordes.*	55ᵈ	*Estote ergo misericordes.*	
	21	Dom. V. Or. ad Laudes et missam.	*Da nobis quaesumus.*		*Da nobis Domine quaes.*	96ᵃ-128ᵇ
	36	Dom. VII. Evang.	*Cum turba plurima.*		*Cum turba multa*	128ᵇ
	37	Ant. ad *Magnif*.	*Et accipiens.*		*Accipiens Jesus.*	96ᵃ
202	21	Dom. XI. Offert.	*Exultabo te.*	56ᵃ	*Exaltabo te.*	129
	29	Dom. XIII. Or.	*Omnipotens et misericors. Omnipot. sempiterne.*		*Omnipotens sempiterne Deus de cujus*	96ᵃ-129ᵇ
	33	Offertor.	*In te Domine.*		*In te speravi.*	
203	16	Dom. XVII. ant. ad. Bened.	*Dixit Dominus ad legisperitos.*	56ᵇ	*Dixit Jesus ad legisperitos.*	96ᵇ
	19	Evangel.	*Cum intrasset Jesus.*		*Cum intraret Jesus.*	129ᵇ
	35	Feria VI Quat.Tem. Or.	*Praesta omnipot. Deus.*		*Praesta quaesumus omnipotens Deus ut obser.*	130ᵃ
204	24	Dom. XVIII. Grad.	*Allel. Qui timent.*	56ᶜ	*Allel. Paratum.*	
	27	Dom. XIX. ant. ad Bened.	*Dixit paralytico.*		*Dixit Dominus paralytico.*	96ᵇ
	29	Grad.	*Allel. Laudate Deum.*		*Allel. Qui timent.*	130ᵃ
	33	Dom. XX. Or.	*Omnipotens et misericors.*		*Omnipotens sempiterne Deus qui universa.*	96ᵇ-130ᵇ
	36	Grad.	*Allel. Qui confidunt.*		*Allel. Laudate Dominum.*	
205	4	Dom. XXI. Grad.	*Allel. De profundis.*		*Allel. Qui confidunt.*	
	10	Dom. XXII. Grad.	*Allel. Lauda anima.*		*Allel. De profundis.*	
	16	Dom. XXIII. Grad.	*Allel. Lauda Jerusalem.*	56ᵈ	*Allel. Lauda anima.*	
					Pour les XXIVᵉ et XXVᵉ dimanches, le MS n'indique que les collectes, les épîtres et les évangiles qui concordent avec ceux de Sibert.	
		Proprium Sanctorum.				
206	16	S. Marcelli, epistola.	*Justus cor suum.*	57ᵃ	*Doctrinis variis.*	47
207	8	Ss. Fabiani et Sebastiani, pss. II nocturni.	*Domine quis. Conserva. Domini est terra.*		*Cum invocarem Verba mea. Domine Dominus noster.*	47ᵇ
		Ant. V.	*Clarissimis.*		*Clarissimus.*	
		Pss. III noct.	*Beati quorum. Exultate. Deus venerunt.*	57ᵇ	*Conserva. Exultate. Deus venerunt.*	
	37	S. Agnetis. ant. III ad matut.	*Dexteram meam.*		*Dextra mea.*	
208	5	ant. VI ad mat.	*Xpistus circumdedit.*		*Ipsi sum desponsata.*	48ᵃ
	8	ant. IX ad mat.	*Ipsi soli. Ps. Eructavit.*	57ᶜ	*Xpistus circumdedit. Ps. Domini est terra.*	
	25	S. Vincentii, ant. ad *Magnif*. I Vesp.	*Sacram praesentis.*		*Sacram hujus diei.*	
		Mem. S. Agnetis.	*Ecce quod concupivi.*		*Ecce quod cupivi.*	
	33	Resp. I ad mat.	ꝟ *Tanto igitur.*		*Peracto igitur.*	48
209	12	Epist.	*Beatus vir qui inventus.*	57ᵈ	*Qui parce seminat.*	

Page	Ligne	Sujet	MS de Sibert		MS Barberini	
210	1	Convers. S. Pauli. IV ant. ad matut.	Saulus adhuc.		Saulus autem.	49ª
211	2	S. Ignatii. Epist.	Justum deduxit.	58ª	Justus cor suum.	50ª
	4	Offertor.	Inveni David.		Veritas mea.	
214	1	S. Agathae. IX Resp.	℣ Agathes.	59ª	Agatha ingr[essa].	51ª
	21	S. Valentini. ℣.	Beatus vir qui invenit.		MS. II. IX. 68 Beatus vir qui timet.	
215	15	Cathedra S. Petri. Capit. ad Sextam.	Ecce sacerdos magnus qui in vita sua.	59ᵇ	Magnificavit.	52ª
	19	Cap. ad II Vesp.	Dedit illi Dominus.		Non est inventus.	
216	26	S. Gregorii. Lectt.	Gregorius urbis Romae.	59ᶜ	Gregorius urbe Roma.	53ª
	33	Resp. ad II Vesp.	Iste sanctus digne.		Ecce vir prudens.	
	34	V. post hymnum. ant ad Magnif.	Amavit. Iste est qui ante.		Ecce sacerdos. Amavit eum.	
217	4	S. Benedicti. Hymn. ad Vesp.	Hic pius.	59ᵈ	Iste confessor.	
	6	Invitator.	Justus florebit.		Regem confessorum.	
	10	Hymn. ad Laudes.	Jesu redemptor omnium.		Ad sacrum.	
	14	Epist.	Dilectus Deo.		Dilectus a Deo.	53ᵇ
	19	Ant. ad Magnif. II Vesp.	Iste est qui.		Justum deduxit.	
218	2	Annuntiat. VI. ant ad matut.	Dabit illi.		Dabit ei Dominus. Arnulphus patriarcha praecepit per obedientiam cantare Te Deum. Gloria in excelsis et Credo in unum.	54ª
221	21	S. Marci. Resp. I ad matut.	℣ Repleti sunt.	60ª	Repleti quidem.	82ᵇ
222	23	SS. Philippi et Jacobi. Resp. VII ad matut.	Ego sum vitis.	61ª	Candidi facti.	83ᵇ
		VIII Resp.	Candidi.		Ego sum vitis.	
223	21	In festo S. Crucis. mem. Ss. Alex.	℣ Laetamini.	61ᵇ	Vox laetitiae.	84ª
224	3	Ant. IV ad Laudes.	Orabat Judaeas.	61²	Orabat Judas.	84ᵇ
	5	Ant. ad Bened.	Crux benedicta.		O crux benedicta.	
	24	Orat. ad Sextam.	Perpetua nos Domine.		Perpetua quaesumus Domine.	85ª
	25	Cap. ad Nonam	Verbum crucis.		Mihi autem absit gloriari.	
		S. Quiriaci. Or. ad missam.	Da quaes. omnipot. Deus.	61³	Da quaes. ut qui beati.	126ᵇ
		Allel. post. epist.	Allel. Laetabitur. Allel. Angelus.		Allel. Gaudete. Allel. Laetabitur.	
225	12	S. Johann. ante Portam latinam.	Dicta ut unius apostoli. Cetera ut in festo S. Marci.		Dicta secundum feriam. Resp. ad matut. Virtute magna. Audivi vocem. Vidi portam. Ant. ad Laudes Allel. Capit. Jam non estis; vel In medio ecclesiae. Ant. ad Bened. Si manseritis in me.	85ᵇ
	15	In missa.	Allel. Primus ad Syon.		Allel. Gaudete.	
	23	SS. Gordiani et Epimachi. Or. ad Laudes.	Praesta quaesumus.		Da quaes. omnipot. Deus.	
	27	SS. Nerei et Achill. Or. ad missam.	Praesta quaes. omnip. Deus.		Semper nos Domine.	126ᵇ
	28	Evangel.	Descendens Jesus.		Accesserunt ad Jesum Pharisaei.	
	31	S. Urbani. Missa.	Sacerdotes Dei.		Sacerdotes tui.	
	32	Epist.	Dedit Dominus confess. Allel. Posuisti.		Plures facti sunt. Allel. Invèni David. Allel. Posui adjutorium. Allel. Gaudete.	

Page	Ligne	Sujet	MS de Sibert		MS Barberini	
226	20	S. Barnabae. Missa.	Allel. Per manus autem.	62ᵃ	Allel. Cum sederet.	131b
	21	Evangelium.	Hoc est praeceptum.		Haec mando vobis.	
	33	SS. Marci et Marcell. Ad missam. orat.	Praesta quaes. omnipot.		Sanctorum martyrum.	
	35	Evangel.	Haec mando.		Hoc est praeceptum.	
	39	SS Gervasii et Prot. Or. ad missam.	Deus qui nos.	62b	Sanctor. Gervas. et Prot.	
		Allel.	Sancti tui.		Sancti et justi.	
229	7	SS Johann. et Pauli. Capit ad Laudes.	Sancti ludibria.	62ᵈ	Sancti per fidem.	98ᵃ
231	4	SS. Petri et Pauli. Resp. VIII ad mat.	Tu es vas. Le MS est certainement fautif.	63ᵃ	Tu es pastor.	99ᵃ
	9	Cap. ad Laudes.	Dixit angelus.		Dixit Jesus Petro.	
	17	Ad missam. Ps. ad introitum.	Domine probasti.		Et Petrus ad se.	132ᵃ
	19	Allel.	Tu es Petrus.		Tu es Symon.	
232	9	Comm. S. Pauli. ℣ ad Ant. II ad Laudes.	Quando enim.	63ᶜ	Quando autem.	100ᵃ
	15	Mem. S. Johannis.	℣ Fuit homo.		Justus ut palma.	
	16	Mem. S. Petri.	℣ Tu es Petrus.		In omnem terram.	
	17	Or.	Deus qui beato Petro.		Protege.	
	22	Ad missam.	Allel. Tu es vas.		Allel. Magnus sanctus.	132ᵃ
	29	Hymn. ad Vesp.	Aurea luce.		Exultet coelum.	100ᵃ
	30	Or.	Deus qui hodiernam.		Deus qui multitudinem.	
233	2	Oct. S. Johannis. Mem. app. ad Laudes. Or.	Protege Domine populum.	63ᵈ	Deus qui nos annua.	100b
	10	Mem. app. ad. Vesp.	Gloriosi principes.		Petrus apostolus.	
234	11	Oct. Apostolorum. Cap. ad Laudes.	Per manus autem.	64ᵃ	Estote fortes.	101b
	24	Septem fratrum. Ad missam or. Epist.	Praesta quaes. omnipot. Deus. Qui timent Dominum.		Praesta ut qui gloriosos. Qui timet Dominum.	132ᵃ
	33	S. Praxedis. Or.	Praesta quaes. omnipot.		Praesta quaes. ut qui.	132b
	38	S. Mariae Magdal. Cap. ad Vesp.	Mulierem fortem.		Liberasti me.	103ᵃ
		Resp. ad Vesp.	Felix Maria.		Dum transisset.	
	39	Hymnus.	Lauda mater ecclesia.		Ista Maria.	
		Versus.	Optimam partem.		Diffusa est.	
235	2	Ad matut. Hymnus.	Aeterni patris.		Hujus obtentu.	
	5	Lectiones sex.	de vita Fuit secundum.		de homilia Cogitanti mihi.	
	17	Cap. ad Laudes.	Mulierem fortem.	64b	Deus meus exaltasti.	
	18	Hymn. ad Laudes.	Lauda mater.		Ista Maria Domini sacrata.	
		Versus.	Dimissa sunt ei.		Adjuvabit eam.	
	26	Ad missam.	Allel. Maria haec est.		Allel. Optimam partem.	132b
	30	Cap. ad Vesp.	Ut supra. ad I Vesp.		Qui gloriatur.	103ᵃ
		Hymnus.	Ut supra.		Hujus obtentu.	
		Versus.	Ut supra.		Optimam partem.	
	39	S. Apollinar. Or.	Clementiam.		Deus fidelium.	132b
236	11	S. Jacobi. Mem. de sanctis ad Vesp.	Adjuvent nos.	64ᶜ	Deus qui nos concedis.	103b
	15	Ad missam.	Adjuvet, de même dans les éditions.			
237	13	S. Petri ad Vinc. Resp. ad Vesp.	Petre amas.	64ᵈ	Cornelius centurio.	
	14	Ant. ad Magnif.	Beatus Petrus.		Tu es pastor.	
	20	Resp. ad matut.	Symon Petrus. Erreur pour Petre.			
238	20	Transfigur. Sermo.	Transfigurationis.	65ᵃ	Credimus S. Trinitatem.	104ᵃ
	18	Resp. IX.	Assumens. ℣ Ne videntes.		In principio. ℣ Quod factum.	
	22	Ant. ad Laudes.	Propriae.		De Trinitate.	
	24	Ant. ad Bened.	Ante duos vates.		Assumpsit Jesus.	
239	33	S. Laurentii. ℣ ad Ant. V ad matut.	Auferens. Probablement erreur.	65b	Afferens.	105ᵃ

Page	Ligne	Sujet	MS de Sibert		MS Barberini	
240	1	IX Resp.	Accusatus.		Probasti Domine.	
	11	Ad Missam. Grad.	Probasti cor.	65ᵉ	Probasti Domine.	133ᵇ
241	6	S. Hippolyti, or. ad missam.	Da quaes. omnip. Deus.		Sancti martyris.	
	26	Vigil. Assumptio. Comm. S. Eusebii ad Laudes.	Deus qui nos beati.	65ᵈ	Deus qui nos annua.	105ᵇ
	38	Assumpt⁰ⁿ. In Vesp. v (et ailleurs).	Exaltata es.		Exaltata est.	
242	15	Ant. ad Laudes (et ailleurs).	Assumpta est.	66ᵃ	Assumpta es.	106ᵃ
			In odore.		In odorem.	
	23	Cap. ad Tertiam.	In Syon.		In omnibus.	106ᵇ
243	12	Prosa (et ailleurs).	Aurea virga.	66ᵇ	Aurea virga.	133ᵇ
	16	Cap. ad Nonam.	Sicut cynnamomum.		In plateis sicut cynnamomum.	106ᵇ
	17	Or.	Famulorum.		Concede misericors.	
244	3	Dominica infra octav. Ant. ad mat.	Paradisi janua.		Paradisi januae.	
243	28	Per oct. ad Bened.	Tota pulcra es.		Ecce tu pulcra es.	107ᵃ
245	5	In oct. Ant. ad Magnif.	Paradisi por[ta], de même les imprimés	66ᶜ	Paradisi portas.	
		Mem. SS. Timoth. or.	Auxilium tuum,		Deus qui es sanctorum.	
	35	S. Barthol. Homil. de evangel.	Facta est contentio.	66ᵈ	Hoc est praeceptum. Cependant l'év. de la messe est Facta est contentio.	107ᵇ
246	16	S. Augustini, cap. ad Vesp.	In medio ecclesiae.	67ᵃ	Ecce sacerdos.	
	23	Resp. II ad matut.	Propter veritatem.		Propter iniquitatem.	108ᵃ
	28	Resp. VI.	Displicuit		Displicebat.	
247	8	Or. ad II Vesp.	Adesto.		Deus qui ecclesiae tuae.	
	18	In decoll. S. Joh. Bapt. Sacerd. r.	Posuisti Domine.	67ᵇ	Gloria et honore.	108ᵇ
	21	Ant. V ad Laudes.	Misit Herodes.		Misit rex.	
	31	Ad Magnif. II Vesp.	Perpetuis nos q.		Perpetuis nos Domine ; de même les imprimés.	
	36	SS. Felicis et Adaucti Communio.	Dico vobis.		Quod dico vobis in.	109ᵃ
248	22	Nativ. B. V. M Resp. VII.	Nativitas gloriosae.	67ᶜ	Nativitas est.	109ᵇ
	30	Prosa.	Alle coelestis.		Alle coeleste.	134ᵇ
249	2	Cap. ad Sextam.	In omnibus requiem.		Et radicavi.	109ᵇ
	4	Cap. ad Nonam.	Ego quasi vitis.		Sicut cynnamomum.	
		Or. ad Nonam.	Concede misericors.		Ut supra (i. e. Beatae et gloriosae).	
	8	Cap. ad Vesp.	Beata es Maria.		Beata es virgo.	
	9	Or. ad Vesp.	Supplicationem.		Adjuvet nos quaesumus.	110ᵃ
250	10	In Exalt. S. Crucis Ant. VI ad matut.	Crucem tuam.	67ᵈ	Tuam crucem.	
	14	Ant. VIII.	Tuam crucem.		Crucem tuam.	
	15	Sacerdot v.	Hoc signum.		Omnis terra adoret.	110ᵇ
252	2	S. Matthaei. Ant. VIII ad matut.	Sapientia. Probablement par erreur.	68ᵃ	Sapientiam.	111ᵃ
	9	Capit. ad Laudes.	In medio ecclesiae.	68ᵇ	Cibavit illum, vel Non vos me.	
	24	Ad II Vesp.	Dilecti Deo.	68ᶜ	Juravit.	
	28	Memor. SS Mauritii et soc. ant. Oratio.	Isti sunt sancti. Deus qui es sanctorum tuorum.		Gaudent in coelis. Deus qui es omnium sanctorum	
253	5	S. Cleophae. ant. ad Benedictus.	Tu solus peregrinus.		Nonne cor nostrum.	111ᵇ
	29	S. Michaelis. Resp. VI ad matut.	Archangelus.	68ᵈ	Archangele.	

Page	Ligne	Sujet	MS de Sibert		MS Barberini	
	30	Ant. VIII.	Data est ei.		Data sunt ei.	
254	18	In Vesp. mem. S. Hieronymi. ɾ.	Amavit.	69ᵃ	Justum deduxit.	112ᵃ
255	7	S. Leodegarii. Or.	Exaudi Domine.		Exaudi nos Deus salutaris.	135ᵇ
	15	SS. Abraham etc. Ant. ad Magnif.	Fulgebunt justi.	69ᵇ	Abraham.	112ᵇ
	25	Resp. V.	Deus meus.		Deus in cujus.	
	30	Resp. VII.	Dum iret.		Dum exiret.	
	35	Ant ad Bened.	Abraham pater.		Fulgebunt justi.	
256	3	Hymn. ad Vesp.	Exultet coelum laudibus.		Devota sanctorum fides.	
	10	SS.Marci, Sergii etc. Communio.	Ego elegi.		Justorum animae.	136ᵃ
	16	SS. Dionysii etc. I ant. ad matut.	Sancti Dionysii.	69ᶜ	Sanctus Dionysius, de même tous les imprimés.	113ᵃ
	22	Resp. V.	Mecum enim.		Mecum est maxima.	
	26	Resp. VII.	Tantas per illum.		Tanta per illum.	
	36	Communio.	Multitudo.		Posuerunt, sur une gratture.	136ᵃ
	38	Ant. ad Magnif.	O bone Dionysi.		O beate Dyonisi.	113ᵇ
257	10	S. Lucae. Ad missam offic.	In medio ecclesiae.	69ᵈ	Os justi.	136ᵃ
	11	Grad.	Inveni David.		Beatus vir.	
	13	Offertor.	Veritas mea.		Posuisti Domine.	
	14	Communio.	Beatus servus.		Magna est gloria.	
	29	SS. Crispi et Crispiniani, Communio.	Posuerunt.		Amen dico vobis.	
258	31	OmniumSanctt.Ant. I ad matut.	Adesto nobis.	70ᵃ	Adesto Deus unus.	114ᵇ
259	10	Ant. III Laudum.	Vos amici.		Angeli archangeli, sur une gratture.	
	11	Ant. IV Laudum.	Benedicite.		Vos amici, sur une gratture.	
	25	Ad Nonam ɾ. Oratio.	Justorum animae. Exaudi quaesumus.	70ᵇ	Mirabilis Deus. Clamantes ad Te.	115ᵃ
	31	Ant. Ad Magnif.	Salvator mundi.		O quam gloriosum est.	
261	16	S. Martini episc. V. Resp.	Dum sacramentum.	70ᵈ	Dum sacramenta.	116ᵇ
	23	Ad Laudes ɾ.	Justus germinabit.		Ecce sacerdos magnus.	
	31	Ad missam grad.	Juravit.		Ecce sacerdos.	137ᵃ
263	23	S.Caeciliae.Me.de ea in IIVesp.Versus.	O beata Caecilia. Diffusa est.	71ᵇ	Triduanas a Domino. Ad juvabit eam.	118ᵃ
264	1	S. Clementis. Cap.	Beatus vir qui.		Iste cognovit.	
	6	In missa. Allel.	Posui adjutorium.		Elegit te.	137ᵃ
265	13	VigiliaS.AndreaeOr.	Quaesumus omnipotens Deus.	71ᶜ	Omnipotens Deus.	137ᵃ
	33	S. Andreae. Resp. I ad matut.	Dum deambularet.	71ᵈ	Dum perambularet.	118ᵇ
266	6	Sacerdot. ɾ.	Dedisti haereditatem.		Annuntiaverunt opera.	119ᵃ
	21	In missa offertor.	Constitues.	72ᵃ	Mihi autem.	137ᵃ
	34	S. Nicolai, Resp. ad Vesp.	Dum adhuc.		Dum vero adhuc.	119ᵃ
	37	Ant. I ad matut.	Nobilissimus, probablement par erreur.		Nobilissimis.	
267	4	Resp. I ad matut.	Confessor Domini.		Confessor Dei.	
269	2	S. Luciae. Ant. I ad matut.	Ante thorum	72ᵉ	Ante thronum erreur de plume.	119
	9	Resp. V ad mat.	Veni electa.		Pulcra facie.	
	10	Ant. VII.	Cum esset.		Dum esset.	120ᵃ
	12	Resp. VII.	Et sicut.		Sicut enim per me.	
	33	S. Lazari. Missa Grad.	Juravit. Allel. Inveni David	72ᵈ	Domine praevenisti. Allel. Justus germinabit.	137ᵇ
270	13	S. Thomae Evang.	Thomas unus.		Thomas autem	137ᵇ
		COMMUNE SANCTORUM.				
271	31	Ss. Apostolorum. Capit. ad Laudes.	Per manus autem.	73ᵇ	Jam non estis.	120ᵇ

Page	Ligne	Sujet	MS de Sibert		MS Barberini	
272	1	Or. ad Tertiam.	Protege.	73ᵇ	Quaesumus omnipotens Deus.	
	2	Or. ad missam.	Deus qui nos.		Exaudi nos Deus salutaris.	138ᵃ
	10	Communio.			Ego vos elegi. Ce MS a beaucoup de formules qui ne se trouvent pas dans celui de Sibert.	
	20	Or. ad II Vesp.	Deus qui nos annua.		Da nobis quaes. Domine beati apostoli tui ill. solemnitatibus.	121ᵃ
		Unius martyris.				
	30	Cap. ad I Vesp.	Beatus vir qui suffert.	73ᶜ	Iste sanctus pro lege.	121ᵇ
273	5	Resp. IV ad matut.	Posuisti Domine.		Posuisti in capite.	
	9	Resp. VII.	Domine praevenisti.		Quoniam praevenisti.	122ᵃ
	11	Sacerdot. v.	Posuisti Domine.		Justus ut palma.	
	13	Cap. ad Laudes.	Iste sanctus.		Beatus vir qui suffert.	
274	1	Cap. ad Tertiam.	Iste cognovit.	73ᵈ	Iste sanctus pro lege.	
	15	Unius mart. III lect. Ant. ad Magnif.	Hic est martyr.		Hic est vere.	
	33	Plurimorum martt. Or. ad Vesp.	Deus qui nos concedis.	73ᵈ	Sanctorum nos quaesumus.	
275	9	Resp. VII ad matut.	Sancti qui inter.	74ᵃ	Sancti mei	
	12	Sacerdot. v.	Exultent.		Exultabunt.	
	14	Capit. ad Laudes.	Reddat Deus.		Istorum est enim.	
	15	Ant. ad Bened.	Quatre différentes.		Fulgebunt justi (pas d'autres).	
276	13	Cap. ad Tertiam.	Justorum (lire Istorum) est enim.		Justi in perpetuum.	121ᵇ
	15	Cap. ad Sextam.	Sancti et justi.	74ᵇ	Isti sunt qui pro testamento.	
	17	Cap. ad Nonam.	Fulgebunt justi.		Sancti et Justi.	
	19	Cap. ad Vesperas.	Sancti ludibria.		Fulgebunt justi.	
278	7	Unius conf. non episcopi, Hymn.	Hic pius prudens.	74ᵈ	Qui pius prudens.	122ᵃ
	9	Oratio ad Vesp.	Concede quaes. omnip. Deus ut.		Concede ut ad meliorem.	123ᵃ
	15	Resp. IV ad matut.	Desiderium.		Justum deduxit.	
	19	Sacerdot. v.	Ora pro nobis.		Justus germinabit.	
	21	Ant. IV ad Laudes.	Ecce vere.		Serve bone sur une gratture.	
		Ant. V ad Laudes.	Serve bone.		Ecce vere sur une gratture	
	34	Or. ad Sextam.	Exaudi Domine preces.	75ᵃ	Concede ut ad meliorem.	
279	4	Unius conf. III lect. Ad Magnif.	Similabo.		Justum deduxit.	124ᵇ
	9	Plurim.conf.Hymn. ad Vesp.	Sanctorum meritis.		Devota sanctorum.	123ᵃ
	13	Ant. II ad matut.	Praedicans. Les imprimés ont Praedicantes.		Tamquam aurum.	
	22	Ant. VII ad matut.	Sancti qui in terra.		Sanctis qui in terra.	123ᵇ
	25	Sacerdot. v.	Exultent justi.		Justi autem.	
	29	Hymn. ad Laudes.	Devota sanctorum.		Vos saecli.	
280	6	Ant. ad Vesp. Unius Virginis Martyris.	Justorum animae.	75ᵇ	Justorum autem animae.	
	14	Cap. ad Vesp.	Liberasti me.		Qui gloriatur.	
		Resp. ad Vesp.	Regnum mundi.		Audivi.	
	28	Ant. VII ad mat.	Cum esset rex.		Dum esset rex.	
	31	Resp. VIII.	Veni electa. v. Specie.		Induit me Dominus. v. Quasi sponsam.	124ᵃ
		Resp. IX.	Regnum mundi. v. Eructavit.		Audivi vocem. v. Media nocte.	
	32	Sacerdot. v.	Specie tua.		Adjuvabit eam.	
	35	In Laud. v.	Elegit eam.		Adducentur.	
281	17	Cap. ad Tertiam.	Liberasti.	75ᶜ	Aemulor enim.	
	19	Capit. ad Sextam.	Qui gloriatur.		Sapientia vincit.	
	21	Capit. ad Nonam.	Aemulor.		Domine Deus meus exaltasti.	

Page	Ligne	Sujet	MS de Sibert	MS Barberini
		℣ ad Nonam.	Elegit eam Deus.	Adducentur.
	28	Unius Virg. III lect. Cap. ad Vesp.	Liberasti me.	Qui gloriatur.
285	10	Missa votiva B: V. M. Officium.	Salve sancta. ℣ Post partum. 76b	Salve sancta. ℣ Virgo Dei. 131*
	13	Grad.	Benedicta. ℣ Virgo. Allel. ℣ Virga Jesse.	Benedicta. Allel. ℣ Post partum.

Le MS. Barberini n'a pas l'office des saintes matrones.

III

CALENDRIER COMPARATIF

			Sibert		S. Sépulcre	
126	Janvier	1	Circumcisio. dupl.	35ᵈ	Circumcisio ¹. Octava Domini, IX lect.	39ᵃ
127		2	Oct. S. Stephani, IX lect.	36ᵃ	III lc. secundum novam institutionem, IX lect.	40ᵃ
		3	Oct. S. Johannis, IX lect.	36ᵇ		
		4	Oct. Innocentium, IX lect.			
128		5	Vigil. Epiphaniae.	36ᶜ	Vigilia.	41ᵃ
129		6	Epiphania. Totum duplex.		IX lect.	
131		13	Oct. Epiphaniae, IX lect. Mem. SS. Hilarii et Remigii	37ᵇ	Octava IX lect. Mem. Ss. Hilarii et Remigii.	43ᵃ
132		14	Felicis in Pincis, III lect.	37ᶜ	III lect.	
206		15	Mauri abbat. III lect.	57ᵃ	III lect.	46ᵇ
		16	Marcelli, III lect.		III lect.	
		17	Antonii abbat. IX lect.		Vacat.	
		18	Priscae, III lect.		III lect.	
		20	Fabiani et Sebast. IX lect.		IX lect.	47ᵃ
207		21	Agnetis, IX lect.	57ᵇ	IX lect.	47ᵇ
208		22	Vincentii, IX lect.	57ᶜ	IX lect.	48ᵃ
209		24	Timothei, III lect.	57ᵈ	III lect.	49ᵃ
		25	Convers. S. Pauli S-dpx. Prejecti memoria.		IX lect. Memoria.	
210		27	Juliani, III lect.	58ᵃ	Cenomannis III lect. (sur une gratture).	49ᵇ
		28	Agnetis secundo, III lect.		Octavae S. Agnetis (III lect. ?).	
		30	Jerus. Mathiae, III lect.		III lect.	
211	Février	1.	Ignatii, III lect.		III lect.	
		2	Purific. B. V. M. tot. dpx.		IX lect.	50ᵃ
213		3	Blasii, IX lect.	58ᵈ	III lect.	51ᵃ
		5	Agathae, IX lect.		IX lect.	
214		6	Vedasti et Amandi, III lect.	59ᵃ	III lect.	51ᵇ
		10	Scholasticae, III lect.		III lect.	
		14	Valentini, III lect.		III lect.	
		18	Jeros. Symeonis, III lect.		IX lect. (sur une gratture).	
		22	Cathedra S. Petri, S.-dpx.		IX lect.	
		23			Vigilia.	
215		24	Mathiae. duplex.	59ᵇ	IX lect.	52ᵇ
216	Mars	1	Albini, III lect.	59ᶜ	Andegavis S. Albini, III lect.	
		7	Perpetuae et Felicit., III lect.		III lect.	
		11	XL Martt., IX lect.		(Seconde main, IX lect.)	
		12	Gregorii, duplex.		IX lect.	
		17	Patricii. Le nombre des leçons n'est pas indiqué.		Vacat.	
217		18	Jerusal. Alexandri, IX lect.	59ᵈ	III lect. (changé après coup en IX l.)	53ᵃ
		21	Benedicti, IX lect.		IX lect.	
		25	Annuntiat., Duplex.		IX lect.	53ᵇ
219	Avril	4	Ambrosii, duplex.	60ᵇ	Vacat.	
220		14	Tiburtii et Valer., III lect.	60ᶜ	III lect.	81ᵇ
221		23	Georgii, IX lect.	60ᵈ	IX lect.	82ᵃ
		25	Marci duplex.		IX lect.	
222		28	Vitalis, III lect.	61ᵃ	Vacat.	
	Mai	1	Philippi et Jacobi, duplex.		Duplex.	83ᵇ

1. Le Calendrier du Ms. Barberini ayant des ajoutes de plusieurs mains et ne s'accordant pas, du reste, avec le corps du livre, nous avons suivi les indications du Sanctoral. Aucune distinction n'y est faite entre les fêtes de IX leçons, les semi-doubles, doubles et totum doubles.

			Sibert		S. Sépulcre	
223		2	Athanasii, III lect.	61b	III lect.	84b
		3	Invent. S. Crucis, duplex. Mem. Ss. Alexandri, Eventii et Theoduli.		IX lect. Memor. SS.	
224		4	Jerus. Quiriaci, IX lect.	61ᵈ	IX lect.	85ᵃ
225		6	Joh. ante portam Lat. S.-dpx.		III lect.	
		10	Gordiani et Epimachi, III lect.		III lect.	85b
		12	Nerei et Achill. III. lect.		Nerei et Achillei et Vancracii III lect.	
		25	Urbani, III lect.		III lect.	
	Juin	1	Nicomedis, III lect.	62ᵃ	Vacat.	
		2	Marcellini et Petri, III lect.		III lect.	
226		8	Medardi et Gildardi, III lect.		III lect.	96b
		9	Primi et Feliciani, III lect.		III lect.	
		11	Barnabae, duplex.		IX lect.	
		12	Basilidis, Cyrini, Naboris, Nazarii et Celsi, III lect.		III lect.	97ᵃ
		15	Viti, Modesti et Crescentiae, III lect.		III lect.	
		16	Cyrici et Julitae (MS. B. 9. 1795 secunda manu).		Vacat.	
		18	Marci et Marcelliani, III lect.		III lect.	
		19	Gervasii et Protasii, III lect.		III lect.	
227		22	Paulini, III lect.	62b	III lect.	
		23	Vigilia.		Vigilia.	
		24	Nativ. S Joh. Bapt., Dupl.		IX lect.	
228		26	Joh. et Pauli, III lect.	62ᶜ	III lect.	98ᵃ
230		28	Leonis, memor. Vigil.	63ᵃ	De oct. comm. Vigilie et s. Leonis.	99ᵃ
		29	Petri et Pauli, duplex.		IX lect.	
231		30	Comm. S. Pauli, S.-dupl.	63b	IX lect.	99b
232	Juillet	1	Oct. S. Joh., IX lect.	63ᵈ	IX lect.	100ᵃ
233		2	Processi et Martin. Mem.		Memor.	100b
		4	Translat. et ordin. S. Martini, memoria.		Memor.	
234		6	Oct. apostolorum, IX lec.	64ᵃ	IX lect.	
		10	Septem fratrum, III lect.		III lect.	101ᵃ
		15			In liberatione s. civitatis Jerusalem de manibus Turchorum.	101ᵃ
					Eodem die dedicatio ecclesiae dominici Sepulcbri quam solemniter celebramus juxta voluntatem et praeceptum D. Fulcherii patriarchae.	102ᵃ
		20	Margaritae, IX lect.		IX lect. (in margine).	103ᵃ
		21	Praxedis, III lect.		III lect.	
		22	Mariae Magdalenae, Duplex cum octava.		IX lect.	
235		23	Apollinaris, memo.	64b	III lect.	
236		24	Vigilia.		Vigilia.	
		25	Jacobi Duplex. Memo. Christophori et Cucufatis.	64ᶜ	IX lect. Memo. SS.	103b
		26	Annae, Duplex.		Vacat.	
		27	Marthae. IX lect.		Vacat.	
		29	Octava Mariae Magd. Memor. Felicis, Simpl. Faust. Beatricis.		Felicis, Simplicii, Faustini et Beatricis. III lect.	
237		30	Abdon et Sennes, III lect.	64ᵈ	III lect.	
		31	Germani, III lect.		III lect. Sanctissimi Germani.	
	Août	1	Petri ad Vinc. S.-Dupl. Memo. de Machabaeis.		IX lect. Memo. Machabaeor.	
		2	Stephani papae, III lect.		III lect.	104ᵃ

			Sibert		S. Sépulcre	
238		3	Invent. S. Stephani, IX lect.		IX lect.	
		5	Dominici, IX lect.	65ᵃ	Vacat.	
		6	Transfigur. S. Dupl. Memo. Sixti, Felicissimi et Agapiti		Transfig. IX lect. Memo Sixti, Feliciss. et Agapiti.	
239		7	Donati, III lect.		III lect.	104ᵇ
		8	Cyriaci et soc., III lect.	65ᵇ	III lect.	
		9	Vigilia.		Vigilia.	
		10	Laurentii, Duplex.		IX lect.	
240		11	Tiburtii, Memo.	65ᶜ	III lect.	105ᵃ
		13	Hippolyti et soc., III lect.		III lect.	
241		14	Vigilia, Memo. Eusebii.	65ᵈ	Vigilia, Memo.	105ᵇ
		15	Assumptio. Tot Duplex.		IX lect.	
244		17	Oct Laurent. IX lect.	66ᶜ	Oct. Laurent. Memo.	107ᵃ
		18	Agapiti, Memo.		III lect.	
245		20	Octava, S.-Dupl. Memo. Timothei et Symphoriani.		IX lect. Memo.	
		23	Vigilia. Memo. Zachaei.	66ᵈ	III lect. comm. Vigil.	107ᵇ
		24	Bartholomaei, Duplex.		IX lect.	
246		25	Ludovici, IX lect.		Vacat.	
244		26	Bernardi (transl.), IX lect. Rufi memo.	66ᵉ	Rufi, III lect. *	
246		28	Augustini, Dupl. Memo. Hermetis.	66ᵈ	Augustini patris nostri, IX. lect. Hermet. missa mat. tantum.	
247		29	Decoll. S. Joh. S.-Dupl. Memo Sabinae.	67ᵃ	IX lect. Memo.	108ᵇ
		30	Felicis et Adaucti, III lect.	67ᵇ	III lect. (Audacti).	
	Septembre	1	Egidii abb., IX lect.		IX lect.	109ᵃ
		4			Oct. S. Augustini. IX lect.	
248		8	Nativ. B. V. M. Tot.-Dupl. Memo. Adriani.		IX lect. Memo. Adriani privatim. Dedicatio eccl. Inventionis S. Crucis.	109ᵇ
249		9	Gorgonii, Memo.	67ᶜ	III lect.	110ᵃ
		10	Proti et Hyac., Memo	67ᵈ	III lect.	
		13	Maurilii, Memo.		III lect.	
		14	Exalt. Crucis, Dupl. Memo. Cornelii et Cypriani.		IX lect. Memo. sanctorum privatim.	
250		15	Oct. S.-Dupl. Memo. Nicomedis.	68ᵃ	Nicomedis, III lect.	110ᵇ
251		16	Enfemiae, III lect.		IX lect.	
		17	Lamberti, III lect.		III lect.	
		20	Vigilia.	66ᵇ	Vigilia.	
		21	Mathaei, Duplex.		IX lect.	
252		22	Mauritii et soc. IX lect.	68ᶜ	IX lect.	111ᵃ
253		25	Cleophae, III lect.		III lect.	111ᵇ
		27	Cosmae et Damiani, III lect.		III lect.	
		29	Michaelis, Duplex.		IX lect. Duplex.	
254		30	Hieronymi, Duplex.	69ᵃ	Betlehem Yeronimi episcopi, IX lect.	112ᵃ
255	Octobre	1	Remigii, Germani, Vedasti et Bavonis, III lect.		Germani Remigii Vedasti, III lect.	
		2	Leodegarii, III lect.		III lect.	
		3	Francisci, IX lect.		Vacat.	112ᵇ
		6	Abraham, Isaac et Jacob, IX lect.		IX lect.	
256		7	Marci, Sergii, Bachi, Marcelli et Apuleji, III lect	69ᵇ	III lect.	
		9	Dionysii, Rustici et Eleutherii, IX lect.		IX lect.	113ᵃ
257		14	Calixti, III lect.	69ᶜ	III lect.	113ᵇ
		18	Lucae, Duplex.		IX lect.	
		19			(In marg. secunda manu: Fredewidae virginis, III lect.)	
		21	XI Mill. Virgg. IX lect.	69ᵈ	Vacat.	

			Sibert		S. Sépulcre	
		22	Marci, IX lect.		Jerusalem Marci. IX lect. (sur une gratture).	
		25	Crispini et Crispiniani, III lect.		III lect.	
		27	Vigilia.		Vigilia.	
		28	Simonis et Judae, Dupl.		IX lect.	
258		29	Narcisci, III lect.		III lect.	114ª
		31	Vigilia. Quintini Memo.		Vigilia. Memo.	
	Novembre	1	Omnium Sanctorum, Totum Duplex.	70ª	IX lect. dupliciter. Memo. S. Caesaris.	114b
260		2	Commem. Animarum.	70b	Comm. Defunctor. (secunda manu : Eustachii et sociorum, III lect.)	115ª
		6	Leonardi abb., IX lect.	70c	III lect.	116ª
		8	Quatuor Coronat. III lect.		III lect.	
		9	Theodori, III lect.		III lect.	
		10	Martini papae, IX lect.		III lect.	
261		11	Martini ep. Dupl. Memo Mennae.		IX lect. dupliciter. Memo.	
262		13	Briccii, III lect.	70d	III lect. (Fere per universum mundum IX lect. faciunt de sco Brictio.)	117
		18	Oct. S. Martini.		Octava.	
		20	Eadmundi, IX lect.	71ª	Vacat.	
		22	Caeciliae, IX lect.		IX lect.	
263		23	Clementis, IX lect.	71b	IX lect.	118ª
264		24	Chrysogoni, III lect.		III lect.	118b
		25	Catharinae, Duplex. Memo. S. Petri.		Petri Alexandr. (gratture). (secunda manu infra lineas Catharinae. IX lect.)	
265		26	Lini.		Vacat.	
		29	Vigilia, Memo. Saturnini.		Vigilia. Memo.	
		30	Andreae, Duplex.	71d	IX lect.	
266	Décembre	1	Eligii, IX lect.	72ª	Vacat.	
		4	Barbarae, Memo.		IX lect.	119ª
		5	Sabae, Memo.		Jerusalem. IX lect.	
		6	Nicolai, Duplex.		IX lect.	
267		7	Oct. Andreae, Memo.	72b	Octava.	
		8	Conceptio B. V. M. Tot. Duplex.		Vacat.	
268		13	Luciae, IX lect.	72c	IX lect.	119b
269		17	Lazari ep. et conf. IX lect.	72d	IX lect. sur une gratture où il y avait eu probablement « commemoratio ».	120ª
		21	Thomae, Duplex.		IX lect.	
117		24	Vigilia.	33b	Vigilia.	32ª
		25	Nativitas D. N. J. C. totum dupl. Memo. Anastasiae.	33	IX lect. Anastasiae memo.	33ª
120		26	Stephani, totum dupl.	34b	IX lect.	35ª
121		27	Johannis, duplex.	34	IX lect.	36ª
122		28	Innocentium, S. dupl.	35ª	IX lect.	37ª
123		29	Thomae, IX lect.	35b	Vacat.	
125		31	Silvestri, IX lect.	35	IX lect.	39ª

IV

TABLE ALPHABÉTIQUE
DES FORMULES LITURGIQUES

Les nombres non précédés d'une lettre désignent les Antiennes.

a indique les versets alléluiatiques ; — *b* les bénédictions ; — *c* les capitules ; — *co* les communions ; — *g* les graduels ; — *h* les hymnes ; — *i* les introïts ; — *inv.* les invitatoires ; — *l* les leçons ; — *o* les offertoires ; — *p* les proses ; — *r* les répons ; — *t* les traits ; — *v* les versets ; — *v ad ant.* les versets des antiennes.

A bimatu, 123.
— dextris, r133.
— facie furoris, r200.
— fructu, 194.
— Patre Unigenitus, h130.
— porta inferi, v14, 35, 103, 105 sqq.
— 36, 170.
- rea virga, p243.
—. saeculo, 153.
— solis ortu, h119.
— summo coeli, 184.
— summo coelo, g116.
— timore, 136.
— viro, 137.
— Xpisto, 210.
Ab homine, 164.
— hoste maligno, b18.
— initio, c15.
— insurgentibus, 166, v166.
— occultis, r139, g151, co153.
— omni, r145.
— oriente, 130.
Abiit Ananias, *v ad ant.* 210.
— foras, 147.
Abraham pater, 155, 255.
Abscondite, r145.
Absolve, t287.
Absterget, r275.
Accedentes, r247.
Accepit autem, 153, 203.
— Jesus, r194.
Accepta, r246.
Acceptabis, co143, 202.
Accinxit, 281, c282.
— fortitudine, c235 — 280.
Accipiens Symeon, 211, v211, c212.
Accipite jucunditatem, i190.
— spiritum, 188.
Ad aquas Tabellitanas, l238.
— celebres rex, p254.
— coenam agni, h39, 178.
— coenam vitae, b98.

Ad Dominum, g149, 201, 204.
— hanc vocem, 207.
— hoc tantum, 207.
— manus, 210.
— nutum, r248.
— omnia, 227.
- societatem, b17.
— te de luce, 136, 141.
— te Domine, 115, o111, r133, o149, 202.
— te levavi, i110, o143, t150.
— Thomae, 124.
Adaperiat, 199, ✝199.
Adducentur, a210, 281, v282.
Adduxi, r154.
Adest, 261.
— dies, 246.
— namque, 256, r256.
— nobis, l245.
— nobis dilectissimi, l248.
Adesto, Deus, 192.
— nobis, 258.
— sancta, h192.
Adhaesit, 240.
— anima, 120.
Adhuc, 184, 238.
— loquente, 215, 231.
— multa, 182, 188.
— tamen, l259.
Adjunctus, 246.
Adjutor, 136, r136, g139, r154.
—, meus, g149.
Adjutorium, 136.
— nostrum, v13, 23, 26.
Adjuva nos, v24.
Adjuvabit, 211, 244, v280, 280, r281, g282.
— eam, v211.
Admoniti, 130.
Adonai, 199, r199.
Adorabo, a61, 213.
Adoramus te, v223, r223. — 250.
Adorate, 135.

Adorate Deum, i134.
— Dominum, 129, 131, v129, 253, r129, 254.
Adoraverunt, r122.
Adoremus crucis, 250.
— Dominum. inv.136.
— Dominum qui nos, inv.155.
— regem, inv.121, 266.
Adoretur virginum, inv.264.
Adorna, 212, r211.
Advenerunt nobis, 146.
Adveniente, 214, 230.
Advenit, r190.
Adversum me, co161.
Aedificavit, r141.
Aegypte noli, r113.
Aemulor enim, a281, c281.
Aestimatus sum, r170.
Aeterna coeli, h137.
— Xpisti, h121.
— Xpisti munera, h274.
Aeterne rerum, h133.
— rex, h184.
Aeterni Patris, h235.
Aeternum trinumque, inv.235.
Afferte, 129.
Affirmans, v ad ant.210.
Agatha sancta, 213.
Agathes, r213.
— laetissime, 213.
Agnosce, 209, r209.
Agnum sponsum, inv.207, 213, 269.
Agnus Dei, r170.
Ait autem villicus, 202.
— latro, 166.
— Petrus, 214, 230.
Ales diei, h136.
Alias oves, 181.
Alieni, r111-166.
Alle celestis, p248.
Alleluja (antiphona), 138, 172, 177 sqq.
Alliga, 161.
Alma chorus, h et p189.
— Redemptoris, 29, 34, 132.
— virgo virginum, b15, 17.
Amavit, 277, r277.
— eum, v276.
Ambrosius servus, l208.
Ambulabunt, c129.
— mecum, r123.
Ambulans, 265.
Amen amen, 190.
— dico, co232, 272, 276, 285.
— dico vobis, 151, 182, 201, co205.
Amica mea cf Anima mea.
Amicus, 267.
— meus, r162.
Amo Xpistum, r208.

Amplius, 136.
Ancilla, 213.
Andrea pie, h265.
Andreas, 266.
Angeli archangeli, 253.
Angeli Domini, 253.
Angelis suis, v144, r145, g145.
Angelorum, 194.
— quippe, l253.
Angelus, 111, o175, a176, 200.
— ad pastores, 119.
— archangelus, 253.
— autem Domini, 38, 39, 173, 197, a284.
— Domini, 15n, 147, 218, o39, 178, 200, 235, 284, r141, 255.
— Domini descendit, r38, 173, 181.
— Domini locutus, r38, 173, 181.
Angulare, h61.
Angustiae, r200.
Anima mea, 29.
— nostra, g123, o123, g275, o276.
— quae peccaverit, c145, 151.
Animae impiorum, 155.
Annue Xpiste, h255, 271.
Annulo suo, 207.
Annuntiate, 115.
Annuntiaverunt, 271, v271.
Ante duos vates, 238.
— luciferum, 126.
— me non est 113.
Ante thorum, 269, 280.
Antequam, 112.
— comedam, r198.
— nascerer, r106.
Antra deserti, h227.
Anxiatus est, 166.
Aperiens Petrus, 215, 231.
Apertis thesauris, 129.
Apertum est, 228.
Aperuit, 246.
Apparuerunt, r189.
— apostolis, c189.
Apparuit, 121.
— benignitas, c127.
— gratia, c119.
Appenderunt, 160.
Appropinquabat, 154, 155.
Apud Dominum, 120.
Aqua quam ego, 152.
— sapientiae, i175.
— Thomae, 124.
Archadio vero, l262.
Archangele, 253.
Archangeli, 254.
Ardens est cor, 178.
Argentum, 231.
Arguebat, 247.

Arridebat, 122.
Artus febre, 261.
Ascendens, r184, a185 201.
-- Xpistus, inv.186.
— Xpistus in altum, 184, v184, r184, a285.
Ascendente Jesu, 135.
Ascendit, r185, a185.
   Deus, o185.
— Deus in jubilatione, 184, v184, r185.
— fumus, 253, v253, r254.
— Xpistus (in Assumptione B. V. M.), 243.
Ascendo ad Patrem, v184-185, r185.
Asperges me, 85, 98.
Aspice, 200
— Domine, r200 ; aliud, 200.
Aspiciebam, r109, 111.
Aspiciens, r109.
Assumens, r238.
Assumpsit Jesus, 147.
Assumpta est, 15, 34, 242, a243.
Assumptus, 209, r209.
Assunt Thomae, in123.
Astiterunt, 166.
At ille, 246.
Attende, r157.
— coelum, t72, 187.
Attendite, 170, 201, a202.
Audi benigne, h145.
— Domine, r196.
— fabulam, l127.
— filia, g281, r282.
— Israel, r152.
Audiam Domine, r133.
Audiebam sonum, r252.
Audiens Xpisti, r267.
Audita cf Audi Domine.
Audite, r110.
— et intelligite, 151.
— insulae, c228.
Audivi, 35, r269, 283.
— vocem, r180, 259, 282.
Audivimus, r182.
Audivit Dominus, i144.
Aufer a me, co203.
Auferens, v ad ant.239.
Auferte ista, 153.
Aurea luce, h230.
Auribus, 136.
— percipe, r136.
Auro virginum, 267.
Aurora, h138.
   lucis, h38, 177.
Auxilium, 135, 196.
Ave gratia, 212.
— Maria, inv.217, o218, 284. — 30, 217, r110, 217, o115, t218.

Ave Maria gratia (Salut. angel.), 14, 91.
— maris stella, h15, 33, 217.
— regina coelorum, 29, 33, 267.
— rex gentis Anglorum, 262.
— rex noster, 158.
— senior, 120.
— stella matutina, 29, 34.
Avertantur, 162.
Avertet, 136.
— Dominus, 115.

Baptista, 131.
Baptizat miles, 131.
Barabbas, r166.
Bartholomaee, h245.
Beata, r242.
— Agatha, r214.
— Agnes, 207.
— Caecilia, 263, r263.
— Dei, 217.
— Dei genitrix, 29, r118, 126.
— es, 113, 218.
— es Maria, r15, c15, 33, 213.
— es virgo, r33, o241.
— gens, g153, 193, 203, 284.
— mater, 15.
— nimium, 256.
— nobis, h188.
— quoque genitrix, l258.
— viscera, r118, co241, 268, 285.
Beatae, 283.
Beatam, 114.
— me, 218, r242.
-- me dicent, r268.
Beate Symon, h257.
Beati eritis, 230, 272.
— estis, 258.
— martyres, r229.
— omnes, 136.
— pacifici, 271.
— qui habitant, v61, r61.
Beatissimae, 248, r248.
Beatissimus, r240, 256.
Beatorum Apostolorum Petri et Pauli, l230.
Beatum Thomam, l270.
Beatus, 276.
— Andreas, 266.
— Dei, r209.
— Dionysius, r256.
-- es, 207, r207.
— ille, 277 (pro conf. Pont.) ; 278 (pro Conf. non Pont.).
— Laurentius, 239, r, et v ad ant.239, necnon aliae antt.
— Martinus, r261.
— Nicolaus, 267, r267, l267.
— Petrus, 230.

Beatus Servus, *co*217.
— Sixtus, *v ad ant.* 239.
— Stephanus, 120, 122.
— venter, 120, 121.
— Vincentius, 209.
— vir, 136, 276, *r*219.
— vir qui, *co*273, *t*277.
— vir qui in sapientia, *c*274.
— vir qui inventus, *c*274.
— vir qui suffert, *c*272.
— vir qui timet, *a*273.
Bene fundata, 61.
Benedic, 138, *o*203.
— anima, *o*147.
— anima.... et noli, *v*22.
— anima.... et omnia, *v*22.
— Domine, *r*61.
Benedicam, *r*135, *o*149, 201, *g*202.
— Domino, *v*97.
— Dominum, *r*135.
— te, 133.
Benedicamus, *v*192, 238.
— Domino, *v*19, 23, 27.
— Patrem, *v*27, *r*192.
Benedicat, 152.
— et custodiat, *v*27.
— nos, *r*192.
Benedicimus, *co*193, 284.
Benedicite, *o*153, 182.—259, *i*285, *r*199, *g*254, 285, *co*285.
— Dominum, *i*254.
— omnes, *co*254.
Benedico, 208, 214, 263, 269.
Benedicta, 192, 248, 268, *g*241, 248, 285, *i*284.
— es coelorum, *p*268.
— et venerabilis, *g*268.
— sit, *i*193, *p*193, 238, 285.
— tu, 14, 112, 114, 211, 242, 258.
Benedictio Dei omnipotentis, *b*27.
— et claritas, *c*133, 192.
Benedictione perpetua, *b*17.
Benedictionem, *c*261, 277.
Benedictionis, 120.
Benedictus, 109, 135, 137, 195, *a*192, *g*134, 193, *o*157, 176, 193.
— Deus et Pater, *c*138.
— Deus in donis, *b*98.
— Deus Pater, *c*133, 195.
— Dominus, 264.
— Dominus Deus Israel, *r*192.
— Dominus die quotidie, *v*91.
— es, 60, *t*116-139, *o*141, *a*193, 284, *g*284, *r*193.
— es Domine, *v*27, 192.
— .... in firmamento coeli, *t*147.
— qui, *g*119.
— qui venit, *v*119, 121, *r*126.

Benedictus sit, *o*284.
Benediximus, 136.
Benedixisti, *o*113-137.
Benedixit, *r*199.
Benefac, 136.
Benigne fac, 138.
Bethlehem, *r*113-115.
Biduo, 266.
Bina coelestis, *h*225.
Bonorum, 133.
Bonum, *r*182.
— certamen, *r*209, 231.
— est, 138, 152, *o*139, *g*150, 153, 203.
— mihi, *r*150.
Caecilia, 262, 263.
— me, *r*263.
— virgo, *l*263.
Caeciliam, *r*263.
Caecus magis, 141.
— sedebat, 141, *r*141.
Caeduntur, *h*123.
Caesar, 264.
— dixit, 240.
Calicem, 164, 194.
Caligaverunt, *r*166.
Calix benedictionis, *r*194.
Candidi, *r*220.
— facti, *r*181.
Canite tuba, 114, *r*114.
Cantabant, *r*122-123.
Cantabo, *co*201.
Cantantibus organis, 263, *r*262.
Cantate, 113, 137, *i*182, *r*182, *co*182.
Cantemus, *r*152, *t*172.
Captabant, 166.
Caput draconis, 131.
Caritas, 192.
Carnifices, *v ad ant.*239.
Caro mea, 170, *a*195.
Castitatem, *b*18.
Celebrato proximo, *l*129.
Celebremus, 209.
Celsi meriti, 235.
Centum quadraginta, *r*123.
Chorus angelorum, 103, 106.
— novae, *h*37, 177.
Cibavit, 194, *c*252.
Cibavit eos, *i*190, 194, *v*194, *r*195.
Cilicio, 262, *r*263.
Cinctus, 256.
Circuibo, *co*201.
Circumdantes, 157.
Circumdederunt, *i*139, *r*154, 165.
Circumfulsit, *v ad ant.*209.
Cives, *r*271.
— apostolorum, *r*95.
Civitas, *r*112.

Civitatem, 200.
Clama, r115.
— ne cesses c142.
Clamant, 122.
Clamaverunt, 271, i275.
— justi g275.
Clamavi, 135.
— in toto r134.
Clamor, 138.
Clarifica me, 157, 183.
Clarissimis, 207.
Claro paschali, h221.
Clementissime Domine, 107, 108.
Coeli aperti, 130.
— coelorum, 136.
— Deus, h136.
— enarrant, t272.
— solem, p222, 272.
Coelica resonent, p120.
Coenantibus, 164, r194.
Coeperunt omnes, 160.
Coepit, r240.
Cogitaverunt, 162.
Cogitis me, l242.
Cognoverunt, 195.
Cognovi, g281.
Cognovit, 205.
Collegerunt, o157-158.
Colligite, 135.
Collocet, 272.
Columna, 269.
Comedetis, r194.
Comedi, 242.
Comedite pinguia, co203.
Commemoratio fratrum, v23.
Commendemus, 146.
Commovisti, t140.
Comperta, 246.
Complaceat, 35.
Completi sunt, 118.
Concede r275.
— nobis, r255, 259-266.
Conclusit, r157.
Concussum est, 253.
Conditor alme, h109, 111.
Confessio, i147, 240, o240.
Confessor Domini, 276, r267.
Confido, 262.
Confirma hoc, 188, o189, 284.
Confirmatum, r126.
Confiteantur tibi, 97, v97.
Confitebimur (pro Confitebuntur ?) a273.
Confitebor, r137-138, o155, 183.
— tibi c239.
Confitebuntur cf confitebimur. — o276.
Confitemini, a172, 183, 187, 203.
— alterutrum, c183.

Confiteor Deo, 22, 26, 75, 99, 100.
Conforta me, r199.
Confortamini, o114.
Confortatus est, 272.
Confundantur, 157, 166, c160, co281.
— qui c155.
Congaudentes, p267.
Congaudete, 208.
Congratulamini, r88, 126, 175, 235.
Congregatae sunt, r200.
Congregati r199.
Considerabam, 164.
Consilium fecerunt, 161.
Consolamini, 110, 114.
Consors paterni, h135.
Constantes, 115, r117.
Constitues, 271, v271, r272, g et o272.
Constitutus, 120.
Consurge, 109, 114.
Contendebant, l232.
Continet, r126.
Contritum est, 163.
Contumelias, b161, r161.
Conventione, 139.
Conversus est, 135.
Converte nos v12, 26.
Convertere, 35, 115, g147, 203.
— Domine v24, 90, g201.
Convertimini c142.
Convocatis, 251.
— Jesus, 191.
Cooperante v ad ant.232.
Copiosae, 267.
Cor mundum, 145.
— crea v22.
Corde et animo, 248, 268, r268.
— ore inv.248
Cornelius, 215, 231, r230.
Corona, r273.
Corpora sanctorum, 275, r275.
Cotidie, 162.
Crastina die, 117, v117, a117.
— erit 117, v117.
Credidi, 135.
Credimus sanctam Trinitatem, l192.
— Xpistum, 263.
Credo (in Communione infirmorum), 99.
— quod redemptor, r35.
— videre v35, 36-35-170.
Crucem sanctam, 31, 38, 179, 223.
— tuam, 168, 250.
Crucifixus, 179, 223.
— surrexit, 31, 38.
Crux alma, 250.
— benedicta, 224, 250.
Cujus pulchritudinem, 208.
Cultor agri, 123.
Cum accepisset, 170.

Cum Angelis, 157.
— appropinquaret, 202.
— aspicerem, r252.
— audisset Job, 198.
— autem, 210,
— autem descendisset, 134.
— autem venerit, 182, 187.
— coetu 264.
— discubuisset, 235.
— esset, 264.
— esset desponsata, 117.
— esset rex, 280.
— esset sero, 177.
— esset Stephanus, c121.
— evenerit, 186.
- evigilasset, 61.
— facis, 144.
— his, 164.
— immundus spiritus, 151.
— inducerent, 211, r211.
— invitatus, 203.
— invocarem, co147.
— jejunatis, 142.
— jucunditate, 15, 248.
— orasset, 224.
— palma, 275.
— pervenisset, 266.
— repente, 261.
— sublevasset, 152, 205.
— transfiguraretur, 238.
— turba, 140.
— venerit, 188.
— venissent Romam, l231.
— vidisse[n]t, 153.
Cumque, 185, c185.
Cuncta agmina, inv.253.
Cunctis, 136.
Cupientes, l124.
Currebant duo, 176.
Custodi Domine o161.
— me g147, 202-164.
— nos, v27, 38.
Custodiebant, 271.

Da mercedem, 114.
— mihi r198-247.
— nobis, 136.
— pacem, 199, i204.
— pacem Domine, 30.
Dabit, 114.
— illi, 218.
Dabo in Syon, 113.
Dabo sanctis, 255, 275.
Damasci, r231-232.
— præpositus r210.
Dansque illi, 256.
Dantur ergo, 209.
Data est, co176.

Data est ei, 253.
Datum est, 252.
De cetero, v ad ant.231.
— coelo, 113.
— fructu, 120, co202.
— necessitatibus, i147, t147.
— ore leonis, v154, r155.
— ore prudentis, r175, 219.
— profundis, 136. o205, t139, 260, a205.
— qua vox, 238.
— quinque, 152.
— quinque panibus, 205.
— reliquo, v ad ant.231.
-- sub cujus, 263.
— Syon, 112, 115.
— ventre matris, i228.
Decantabat, r181.
Decius dixit, 241.
Declara, r145.
Dederunt, 252.
— in escam, v154.
Dedicatur novus, l127.
Dedisti, 271.
— Domine r263-264.
— haereditatem v230, 271.
Dedit illi Dominus, c269.
Deduc, r182.
— me, r138.
Deficiente vino, 134.
Delectare, r135.
Delicta, 35.
Deo nostro, 109.
Deposuit, 137.
Descendet Dominus, r113, 218.
Descendi in hortum (cf. Introd.), 29, 268
Descendit, r118-130.
— angelus, r227.
Desiderii mei, l139.
Desiderio desideravi, 156.
Desiderium, r273, o278, t273.
Det tibi Deus, r148.
Deum time, r192.
— verum, Inv, 192, 195.
Deus a Libano, 115.
— adjuva, 170.
— canticum, r182.
— deorum, 136.
— Deus, 135.
- Deus meus, t159, o181.
-- domini, r141, 235.
— dum egredereris, i190.
— enim firmavit, o119, 238.
— et Pater, v ad ant., 232.
— exaudi, 135, g156.
— in adjutorium, v 17, 20, 22, 23, 26, i149, 202.
— in loco, i202.
- in nomine, i153.

Deus in te, r137.
— Israel, r161.
— judex, a201.
— meus, 162.
— meus eripe, r154, v155, 162.
— meus es, 141, r154
— misereatur (psalm ad Lavabo), 80, Ant. 150.
— omnium, r196.
— pater omnipotens, b17.
— qui sedes, r133
— tu conversus (convertens), o113, 116.
—˙ tuorum, h120, 272
— vitam, v136, g151.
Devota sanctorum, h279.
Dextera Domini, o134, 151, 164-148.
Dexteram meam, 207, r207.
Dicebat enim, 205.
Dicet Domino, v144.
Dicit Dominus, i205, co134-110 sqq.
— Dominus sermones, i264.
Dicite in nationibus, v31.
— invitatis, 204.
— pusillanimes, 113; co113.
Dico vobis, co205.
— vobis gaudium, co276.
Dicunt infantes, 122.
Diem festum, r208.
Dies Domini, 110, 114.
— sanctificatus, a120, 238, r130.
Diffusa est, v15, 33, 280, -118, g210, 285, o281, a281, r280.
Dignare, 244, 268.
— Domine, die v22.
— Domine, nocte v27.
Dignitas humanae, l139.
Dignum namque, 248, 268.
— sibi, 265.
Dignus a dignis, 122.
— es, r180.
Dilecti Deo, 252.
Dilexisti, r280, co282.
— justitiam, i281, g281.
Dilexit, a266.
— Andream, 265, r265.
Diligam te, r133, a201.
Diligamus, 165.
Diligebat, r121.
Dimissa sunt, 165.
— sunt ei, v235.
Dirigatur, r146, g147, 204.
— Domine, v134.
Dirige, 35, 260.
Dirupuisti, 272.
Discede a me, 207.
Discerne, g156-161.
Disciplinam, r189.

Dispersit, i239, g239.
— dedit pauperibus, v97.
Distulit tamen, 246.
Divinum auxilium, v23, 98.
Diviserunt, 166.
— sibi, v166.
Dixerunt, 261, r261.
— impii, 161, r160.
Dixi iniquis, 162.
Dixit, r141.
— Andreas, co265.
— angelus, r148, 231, c231.
— autem, 140, v ad ant. 210.
— autem dominus, 205.
— autem pater, 150.
— Caesar, 241.
— Dominus, r139-149, 202, i230.
— Dominus ad legisperitos, 203.
— Dominus mulieri, t148.
— Jesus, 176.
— Joseph, r151.
— Judas, r150, 200.
— paralytico, 204.
— pater familias, 140.
— Romanus, 239.
Ruben, r150.
Doceam iniquos, r155.
Doceat nos Dominus, b17.
Docebit nos, r112.
Docete filios, r181.
Doctor bonus, r265.
— egregie, h209
Doleo, super te, 195.
Dominator, r199.
Domine abstraxisti, 170.
— audivi, 137, t167.
- averte faciem, v22.
- clamavi, 137.
— convertere, o156, 201.
— Deus, 133, 137, 199, o148, 204, co148, r199, a201, 202.
— Deus meus, c280.
— Deus in simplicitate, o61.
— Deus in salutis, o192.
— Deus virtutum, v22, 24, 27, g116.
— dilexi, v61.
— Dominus, g202-277.
— Dominus noster, co149.
— exaudi, v138, r138, o161, a203.
— exaudi orationem, t161.
— fac, o151.
— in auxilium, o149, 153, 203.
— in coelo misericordia, v135, 186.
— in tua, i200.
— in virtute, 133, a201.
— iste, 277.
— jam, 261.
— Jesu, 263, r263.

Domine Jesu Xpiste, o260, 287.
— labia, v14, 17-148.
— memorabor, co153, 203.
— mi rex, 247.
— miserere, c20, 110, 134.
— ne in ira, r133.
— ne longe, i159.
— non secundum, t143.
— nonne bonum, 135.
— omnes qui te derelinquunt, c155.
— ostende, 222.
— Pater, r198.
— praevenisti, r273, g273, 277.
— probasti, 137.
— puer meus, 134, r143.
— quando, r35.
— quinque, co277.
— quis habitabit, co151.
— refugium, 137, v139, g205, i146, a202.
— rex, r199.
— salva, 135.
— salvos fac reges v13, 24, 96.
— salvum fac regem, v13, 24, 96.
— secundum, r35.
— si adhuc, 261, r261.
— si conversus, r197.
— si fuisses, 153.
— si fuisses hic, 269.
— si tu es, 230.
— suscipe, 121.
— tu, 165.
— vim patior, 161.
— virtus, 120.
— vivifica, o144.
Domini est terra r133.
Dominum Deum inv. 137-145.
— qui fecit inv. 137.
— qui fecit nos inv. 133, 200.
Dominus ab utero, 227, c228.
— autem dirigat. c134.
— custodit, 35.
— dabit, co111.
— defensor, 111, 135.
— Deus, 157.
— Deus aperuit, c155.
— dirigat, c135.
— dixit, 118, i119. a119.
— firmamentum, 133, co201.
— fortitudo, i201.
— illuminatio, i201.
— in coelo, 184.
— in Syon, 184.
— in templo, 184.
— Jesus, co164-165, c194-262.
— judicavit, 136.
— legifer, 115, c218.
— mecum, r157, 161.

Dominus mihi, 150.
— possedit, r198.
— qui eripuit, r195.
— quidem, 186.
— regit, co154.
— regnavit, a119, 134, v133.
— secus, i265.
— tamquam, 163.
— veniet, 114.
— virtutum, co156.
Domum istam, 61.
- tuam, v60, 61-61.
— tuam Domine, r61.
Domus, co61.
— haec, 60.
— mea. 61, 146, r146, v146, t61.
Draconis [vide Caput draconis].
Ductus est Jesus, 145, r145.
Dulce lignum, r223, a224, 250, 284.
Dum (in festo S. Martini) r261.
— adhuc, r266.
— ambularet, r139.
— aurora, 263, r263.
— autem irent, 283.
— clamarem, i143, 202.
— committeret, 253.
— complerentur, r188, c188, r188, a192.
— conturbata, 166.
— deambularet, r265.
— esset summus, 230, 277.
- exiret, r148.
— fortis, 150.
— ingrederetur, 202, r213.
— iret Jacob, r149, 255.
— medium, 124, i124.
— ortus, 118.
— praeliaretur, 253.
— sacrum, 253, 256, r256.
— sanctificatus, i153, 284.
— staret, r141.
— staret Abraham, r255.
— steteritis, 230, 272, r271.
— transiret Dominus, 202.
— transisset, r37, 38, 173, 196, 235.
— tribularer, 161.
— venerit, 114, co182.
Ecce Adam, r140.
— advenit, i129.
— agnus, r126.
— ancilla, v15-115, 116, 217.
— apparebit, v30 112, 113, r113.
— ascendimus, 141, 149.
— completa, 118, 211.
— completa sunt, 33.
— crucem, 223.
— crucem Domini, 250.
— dedi, 227.
— Deus, i202.

TABLE ALPHABÉTIQUE

Ecce Deus meus, 115.
— dies, r109, c111.
— Dominus, r112, co116.
— Dominus noster, 112, 113.
— Dominus veniet, 30, 110, 111.
— ego, 121, 272, r215, 271.
— ego Johannes, 251.
— ego mitto, c211.
— in nubibus, 112, 113.
— jam, 114, 209, r209, 120, 121, 208.
— jam noctis, h196.
— lignum, 168.
— Maria, 16, 126, 211.
— mitto, 113, r152.
— nomen Domini, 109.
— nunc, r144.
— nunc tempus, 144, c145.
— oculi, i275.
— odor, r148.
— puer, 122.
— quam bonum. 137, g205, 229, 275.
— quod concupivi. 208.
— quomodo, r170.
— radix, r113, 218.
— rex, 113.
— sacerdos, c276, r276, -277, g277.
— sacerdos magnus qui in vita sua suffulsit, c215.
— Salomon (vide Rex Salomon).
— tabernaculum, c61.
— tu pulchra, 242, 267.
— veniet, inv.109, r112-110 sqq.
— venit. inv.114, 211.
— vere. 278.
— vicit. r175.
— video. 121.
— vidimus, r162, 164.
— vir prudens, r277.
— virgo, c16, 217, r110, 218, co114, 115, 218, 285.
Ecclesia, 256.
Ecclesiae, 267.
Ecclesiarum principes, h255.
Edent pauperes, b98.
Educ de carcere, r151.
Educas panem, v194, r195.
Eduxit, i176.
Eduxit Dominus. i176.
Effuderunt. r122.
Ego autem. 115, i149, 151, 271, g161, r213.
— clamavi. i151. co201.
— daemonium. 155.
— dixi r136, g200.
— dixi Domine, v24.
— dormivi, 38, 173.
— enim, 147.
— gloriam, 155.

Ego in altissimis, 198.
— non ab homine, 149.
— plantavi, 232.
— principium, 149.
— quasi c248.
— quasi vitis, c267.
— rogabo, r187.
— si patibulum, 266.
— sicut, r180.
— signo, 262.
— sum, 36.
— sum lux, 154.
— sum ostium, 190.
— sum panis, 191, 194.
— sum pastor. 181, a181, c181.
— sum qui, 154.
— sum qui sum, 38, 173.
— sum vitis, r220(et aliud, 220),co221, 273.
— te tuli, r196.
— veritatem, 182, 184.
— vos elegi co276.
Egredietur, c15, 218, r112, 115—114, a218, 284.
Egredietur Dominus, v110, 218.
— virga, v30, 110, 218-114, a268.
Egregie, r207.
— Dei, 207.
Egregius, 209.
Egressi duodecim, 191.
Egressus Jesus, 148.
Electi sunt, 252.
Elegerunt, 0121.
Elegit Dominus, 206, r207.
— eam, v15, 34, 280.
— eos, 251.
— eos Dominus, a279.
Elevamini, 126, 170.
Elevare, 109, 114.
Elevata est, 184, v185.
Elevatis, 185.
Elizabeth, 227.
— Zachariae, r227.
Emendemus, r144.
Emissiones, 242, 268.
Emitte, 0187, a190, r197.
— agnum, 114, r115.
— agnum Domine, v110, sqq. 218.
— spiritum, 188, v188.
Empti estis, c134.
Eodem. 246.
Epiphaniam, p129.
Epulemur, a174.
Eram quasi, r162.
Erant duo, l251.
Erat autem, 39, 173.
— enim, 207.
— Jesus, 150.

Erat namque, r207.
— quidam regulus, 205.
Erexit, 61.
— Dominus, 136.
Erigitur, 122.
Eripe me, g155, o160, t167, a201.
— me de, v154. r155, o156.
— me Domine ab homine, v22, 155.
— me Domine de inimicis, v22.
— me Domine de operantibus, v22.
Erit in novissimis, c111.
— mihi, 61, r148.
— vobis o176.
Erravi sicut ovis, v22.
Erubescant, co147, 160.
Eructavit, 136.
Erue a framea, v154.
Erunt prava, 114.
— primi, 140.
Est secretum, 263.
Esto, 137.
— ei v99, 100.
— mihi, i141, g153, 202.
— nobis, v24, r146.
Estote fortes, 230, 271.
— misericordes, 201.
Et accipiens, 201.
— conversus, 235.
— cum iter v ad ant209.
— ecce, 38, 173.
— ego ad te, v22.
— facta, 256.
— in servis, 138.
— intravit, 178.
— omnes angeli, 259.
— omnis mansuetudinis, 137.
— qui praeibant, 141.
— radicavi, c15, 243.
— recordatae, 178.
— respice Domine, v23.
— respicientes, 39, 174, 179.
— respondens, 235.
— si coram, co229.
— si coram hominibus, co276.
— sit splendor, v23.
— valde mane, 28, 38, 173. r38, 178, 196, 235.
— veniat super nos, v23.
Etenim sederunt, i121.
Euge (de conf. non Pont.), 278.
— serve (de conf. non Pont.), 278.
— serve bone, r276.
Euntes, 272.
— in mundum, c185-186.
Ex Aegypto, 112.
— altari, 194.
— ejus tumba, r267.
— more, h144.

Ex omni, 252.
— ore infantium, i123.
— quo facta, 115, 218.
— quo omnia, 134, 192.
— summa, r123.
— Syon, g113.
— Syon species, v109, 111, 217.
— utero senectutis, 228.
Exaltabo, o143, g156.
— te, 184.
Exaltabuntur, 271.
Exaltare, 184, r184.
— Domine, v133, 196.
Exaltata es, v241-244.
Exaltate, 185.
Exaltent, g215.
— eum in ecclesia, v214.
Exaudi, 36.
— Deus, o151.
— Deus orationem, i153.
— Domine, v24-b142 (in bened. cine rum), i186, 201.
Exaudi nos Deus, v22.
Exaudiat, 199.
— Dominus, r199.
— te, 133.
Exaudisti, r196.
Exaudivit de templo, i183.
Excelsi regis, 29.
Excelsus super omnes gentes, v133.
Excita, a113. g116.
Exclamaverunt, i222.
Exemplum, 241.
Exequiae, 261.
Exhortatus, 163
Exi cito, 201.
Exiens Petrus, c231.
Exiit, g122.
Exivi a Patre, 183.
Exortum est. 120.
Expandens. 121.
Expandi, r266.
Expansis, 262.
Expecta, i156.
Expectabo, 112.
Expectans, o153, 203.
Expectetur, 116.
Expecto, 264.
Expugna, 135.
Expurgate, r38, 175.
Extollens, 151.
Extrahentes, r152.
Exulantis, 123
Exulat vir, 123.
Exulta, co119.
— satis, o116.
Exultabo, o202.
Exultabunt, 36, 126, 275, g275, o279.

Exultabunt sancti, *o*276.
Exultate, 137, *a*202, *i*203.
Exultavit ut gygas, *co*116.
Exultemus, *i*61.
Exultent, *inv.*220, *v*275, *r*276.
— justi, *v*207.
— virgines, *l*211.
Exultet, *h*271.
— coelum, *h*122.
— jam angelica, 171.
— spiritus, 136.
Exurgat Deus, *v*86.
Exurge, *i*140, *g*153, 160, *v*162-162.
— Domine, *v*21, 22, 24, *g*150.
Exurgens Petrus, *l*215.

Fac benigne, 150.
— mecum, *i*152
Faciem meam, 160, *c*154.
Facies et pennas, *r*251.
Facta autem, *r*190.
— est, 119.
Facti sumus, 136.
Factum est, 191, 214, 230, *r*197.
— est proelium, 253, *c*253.
— est silentium, *r*253, *c*254.
Factus ergo, 246.
— est, *r*137, *o*154, *a*191.
— est adjutor, 148.
— est Dominus, *i*201.
— est repente, 188, *c*188, *co*189, 284.
— sum, 170.
Favus, 242.
— distillans, 267.
Fecit mihi, 136.
Feliciter, *r*283.
Felix Maria, *r*234.
— namque, *c*15-248.
— namque es, *r*15, 242, 268, *o*243, 268, 285.
Femina (Festina), *r*115.
Fiat Domine, 263.
— misericordia, *v*22, 24, 27, 135.
— pax, *v*24, 30.
Fidelia, 134.
Fidelis, 277.
— sermo, *r*253.
— servus, *co*277.
Fidelium animae, *v*5, 12, 19, 23.
Fides est, *l*141.
Fili quid fecisti, 133, *co*134.
Filiae Jerusalem, 219, *r*220.
— regum, *o*281.
Filii, 273.
— tui, *c*129.
Filius virginis Mariae, *b*17.
Firmabit[ur], *c*252.
Flebant autem, 246.

Fluctus tui, *r*200.
Fluminis, 129.
Fons evangelii, *b*17, 118.
— hortorum, 242, 268.
Fontes aquarum, 132.
— et omnia, 188.
Formans me, 227.
Formavit, *r*139.
Framea, 160.
Frange esurienti, *c*143.
Fratres confortamini, 132.
— dilectissimi, jam adveniunt, *l*110.
— existimo, 132.
— Karissimi. Hesterna, *l*127.
— mei, *r*157.
— sobrii, *l*8, 26.
Fructum salutiferum, 194.
Fuerunt, *r*271
Fuit autem, *v* ad *ant*.210.
— homo, *g*227, *v*227, *r*227.
— secundum saeculi fastum, *l*235.
— vir vita, *l*217.
Fulgebunt, 258
— justi, 255, *c*259, 276, *a*275.
Fundamenta, *r*61-137.
Fundamentum, *c*61.
Fundata, 61.

Gabriel, *r*227.
Gaude Maria, 14, 211, 244, *r*211, *l*213, 285.
Gaudeamus, 120, *i*124, 214, 235, 243, 248, 255, 259, 265, 268, 281, *r*214.
Gaudeat ecclesia, *p*259.
Gaudebunt, *r*137.
— labia, *v*137.
Gaudent in coelis, 258, 274.
Gaudeo, *r*239.
Gaudete, *i*113.
— in Domino, *c*114.
— justi, *a*275, *co*276.
Gavisi sunt discipuli, 178, *v*38, 177, 221.
Generatio haec prava, 147.
Genti peccatrici, *r*200.
Genuit puerpera, 119.
Germinaverunt, *r*115.
Germinavit radix, 30, 126, 211.
Gloria, *i*273.
Gloria et honore, *v*120, 272, *r*273, 274, *o*227, 271, 273.
— in excelsis, 119.
— laudis, 134, 192.
— laus, *h*159.
— Patri, 192.
— tibi, 134, 192.
Gloriabuntur, *o*229, 276.
Gloriam, 267.
Glorificatio Domini, *l*184.
Gloriosae, 248, *r*248.

Gloriosam, 264.
Gloriosi martyris, *l*123.
— principes, 231.
Gloriosissimos christianae, *l*234.
Gloriosum, 60.
Gloriosus apparuisti, 253.
— Dei, *r*209.
— Deus, *g*275.
Granum cadit, 124.
Grata facta. *r*269.
Gratia Dei, 232, *v ad anf*.232.
— Domini nostri, *l*8, 23, *c*193.
Gratias tibi, 214, *v ad ant*..239, *r*256.
— tibi Deus, 192.
Gregorius urbis Romae, *l*216.
Gressus meos, *o*152.
Gustate, *co*202.
Gyrum coeli, *r*198.

Habete vinculum, 83.
Habitabit, 170, 273.
Habitabunt, 279.
Hac clara die, *p*213.
Haec autem, 178.
— dicit Dominus Deus, conclus. *ll*109, 129.
— dies, *g*39, 173, 200, 284, *a*284.
— est domus, 61, *v*61, *r*61.
— est Jerusalem, *r*181.
— est quae, 211.
— est regina, 217.
— est vera, 229, 275, *r*275.
— est virgo sapiens, 280 (plures antt.), *r*280.
— quinquagenos, *r*264.
— rite mundi, *h*282.
Has virgines, *r*283.
Haurietis, 114.
Helena Constantini, 224 (ibidem etiam alia).
Heri celebravimus, *l*120.
Herodes, 122, 123.
— audiens, *l*130.
— enim, 247.
Heu me (vide Heu mihi).
Heu mihi, 35, *r*35.
Hi empti sunt, *c*123.
— novissimi, 140.
— qui linguis, 191.
— sancti, 256.
— sunt qui cum mulieribus, 123, *v*122.
Hic accipiet, 277.
— est beatissimus, *r*121.
— est discipulus, 122, *r*121, *a*122.
— est fratrum, *r*200.
— est Martinus. *r*261.
— est martyr, 272.

Hic est Michael, *r*253.
— est vere, 274.
— Martinus, *a*261.
— pius prudens, *h*278.
— praecursor, *r*227.
— vir, 273.
— vir despiciens, 274, 278, *c*279.
Hieronymus, *l*254.
Hinc horrendo, 209.
His subjectum, *l*259.
Hoc corpus, *co*155.
— est praeceptum, 271.
— est testimonium, 114.
— sentite, *c*157.
— signum crucis, 223, *Inv.* — *v*, *r*223.
Hodie, *r*242.
— beata Virgo, 212.
— coelesti, 129.
— completi, 189.
— dilectissimi, *l*259.
— Dominus, 239.
— fratres, *l*247.
— fratres, Karissimi, *l*128.
— gloriosus, 247.
— in Jordane, *r*129.
— intacta, 120.
— Maria, *a*243.
— nata, 248, *r*248.
— nobis *r*118.
— scietis, 117, *Inv.*.117, *i*117, *g*117, *v*117.
Hodie si vocem, *inv.*152.
— Xpistus natus, 120.
Hodiernae *p*285.
— festivitatis, *l*214.
Homo Dei, *r*265.
— erat, 213.
— natus, 126
— pacis meae, *v*162.
— quidam erat, 196, *r*194.
— quidam fecit, 201, 202.
Honor virtus, *r*192.
Honora Dominum, *co*202.
Horrendo, *r*264.
Hortamur vos, *c*144.
Hosti pandit, 124.
Hostis Herodes, *h*128.
Huic athletae, *l*259.
Hujus mater, 246.
— obtentu, *h*281.
Hymnum, 137, 141, *r*182.
Hymnus omnibus, 259.

Ibant apostoli, *c*222, 232, 271.
Ibat igitur, 209.
— Jesus, 203.
Igitur, *r*140.

Igitur Joseph, r152.
    Martinus, l261.
Igne me, 239.
Ignem sui amoris, b17.
Illa Deo, 264.
Ille me, 182, 184, 188.
— nos benedicat, b17.
Illi autem profecti, 186.
    homines, 152.
Illo quoque, 262.
Illumina, 137, co139, o150, 201.
Illuminare, r129.
Immensa divinae, l194.
Immense coeli, h135.
Immisit, r139.
Immittit, o203.
Immittit Angelus, o147.
Immola Domino, v136.
Immolabit hoedum, r194.
Immutemini (Immutemur), 142.
Impetum, r120, 199.
Impii, r120.
Impius, r264.
Impleta gaudent, h188.
Implevit eos, 252.
Improperium, o160.
In æternum, 109, 137, r134.
— circuitu, r279.
— coelestibus, 220.
— coelestibus regnis, 31.
— coelis gaudent, 259, r281.
— columbae, r129.
— communione calicis, 194.
— conspectu, 137, a254, 285, v253, r253.
— conspectu angelorum, v29.
— conspectu gentium, r253.
— craticula, 240, r240.
— cymbalis, 138.
— Dedicatione, 60, r61.
— Deo g202.
— Deo laudabo, i151.
— Deo speravi, g152.
— diademate, r181, 220.
— die 162, a176.
— die illa, 111.
— die magno, 155.
— die qua invocavi, r157.
— die solemnitatis, o176.
— diebus ejus, 246.
— Diebus illis, 165, c110.
— Domino, 120.
— Domino laudabitur, v97.
— domum Domini, 136, 180.
— ecclesiis, 136, r182.
— excelsis, 136.
— excelso throno, i134.
— ferventis, 121.

In ferventis olei, 225.
— Galilaea, 178.
— hac ergo, 256.
— hoc cognoscent, 165.
— honore, inv. 33. 267.
— hymnis, 199, r199.
— illa die, 110.
— illo die, r121.
— Israel, 137.
— isto loco, r207.
— jejunio, r145.
— lege, 272.
— loco, 35.
— mandatis, 134.
— manu tua, inv. 136.
— mari, r152.
— matutinis, 137, v135.
— medio, 122, 252, i252, r252, c272.
— memoria aeterna, v35, 108.
— monte Oliveti, r162, 163, 165.
— nomine Domini, i161.
— odore (odorem), 15, 242, 268.
— omnem, 226.
— omnem terram, 271, v209, 271, r271, g272, a272, o272.
— omni tribulatione, b17, 18.
— omnibus, r144, c145, —198.
— omnibus exhibeamus, c150.
— omnibus requiem, c15, 34, 241.
— pace, r217.
— pace factus, 170, v170.
— pace in idipsum, v27, 170, —170.
— patientia vestra, 271.
— plateis, 214, 230.
— principio, 126, 138, r118, 120, 139, 198, Ev, 89.
— proximo est, r154.
— regeneratione, 216, v ad ant.210, 231.
— resurrectione tua, v31, 38, 173.
— salutari, co205.
— sanctis, 137.
— sanctitate, 137.
— sole posuit, 126, g116.
— spiritu, r145.
— splendoribus, co119, 239.
— sudore, r140.
— Syon firmata, c15, 242.
— te Domine, a201, o202.
— te jactatus, r154.
— te speravi, o147.
— tempore, r253.
— toto corde, r182.
— tribulatione, 120, 123, 155.
— tua, 135.
— tua patientia, 268.
— tuo adventu, 111.
— tympano, 137.

In universa, 273.
— velamento, 220.
— veritate, 137.
— viam pacis, 91, 138.
— virtute, o273.
— virtute tua, i273.
— visione, r251.
— voce exultationis, 194.
— voluntate, i205.
Inclina, 133, co201, i203.
Inclina cor, r134.
Inclinavit, 111, 135, 152.
Inclyta sanctae, 264.
Inclytus, 240.
Inde ubi, 246.
Indiae tres, l245.
Indicabo, r200.
Induit me, 208, r208, 281.
Indulgentiam, 23.
Induta est, r198.
Ingenua, 213.
Ingrediente Domino, r157.
Ingressa, 208.
Ingresso, 227.
Ingressus, 210, 217.
— angelus, l217.
Initium, r198.
Innocenter, 267.
Innocentes, 122.
Innuebant, 227, r227.
Innumerabilis, r281.
Insignes, 256.
Insinuavit, 246.
Insurrexerunt, r160, v166, —166.
Intellige, 135, co147.
Intende, o152, 200.
— voci deprecationis, v22.
Inter natos mulierum 228, 258, r227, 259, a228.
Interrogabat, r129.
Interrogatus, 239.
Intonuit, o175, 190.
Intrepidus, 209.
Intret, i275.
— oratio, v137, i147.
Introduxit, i175.
Introibo, 194, co140.
Intuemini, 116.
Intuens, 121, 127, r120.
Inundatio, c129.
Inundaverunt, 160.
Invenerunt, 264.
Inveni David, g274, 277, a277, o277.
Invenit, r246.
Inventus igitur, 246.
Invocantem, 277.
Invocavit, i145.
Ipse invocavit me, 118, v118, r119.

Ipse liberavit, v145.
— me, r213.
— praeibit, 228.
Ipsi soli, 208.
— sum, 208, r208.
— vero, 161, Inv.157.
Iratus rex, 195.
Irrigabat, 235.
Ista est, r242.
— speciosa, 248, r268.
Istae sunt, 283.
Iste cognovit, r273, c274.
— confessor, h276.
— est frater, r151.
— est Johannes, 122, c122, r122.
— est qui ante, 277.
— puer, 228.
— sanctus, 272, r273, 278, c273.
— sanctus digne, r216.
Isti sunt, r122, 271.
— sunt agni, r175, 221.
— sunt dies, r154.
— sunt duae olivae, 228, a229, r229.
— sunt duo, r229.
— sunt qui non inquinaverunt, c123.
— sunt sancti, 274, c256.
— sunt sancti, qui pro testamento, c276
— sunt triumphatores, r271.
— sunt viri, 230, 272.
— sunt viri sancti, c228, r279.
— viventes, r271.
Istorum est, 275.
— est enim, c276.
Itaque avidissime, r246.
Ite dicite, 113.
— et vos in vineam, 139.
— in orbem, r190.
Iterum, 182, a181.

Jacet granum, r123.
Jacta, g143.
— cogitatum, g149, 201.
Jam bone pastor, h237.
— corpus, r208.
— lucis, h20, 24, 110.
— non dicam, r188.
— non estis, c272.
— tibi, 208.
— Xpistus astra, h188.
Jerusalem, 112, 113, co113, r112 (duo Respp.), 170.
— quae aedificatur, co152.
Jesu bone, r124.
— corona, h280.
— nostra redemptio, h184, 188, 223.
— redemptor, h277
— redemptor omnium (de Conf. non Pontifice), h278.

Jesu salvator, *h*33, 177, 223, 258.
— Xpiste, *r*21.
— Xpisti, 251.
Jesum quem quaeritis, 178.
— qui crucifixus, 178.
— tradidit, *r*166.
Jesus autem, 145.
— autem transiens, 151.
— haec dicens, 140.
Johannes, 227, *r*247.
— apostolus, 121, 123.
— cum audisset, 113.
— est, 228.
— et Paulus, 229 (diversae *antt.*).
Joseph dum intraret, *r*150.
Jubilate, 138, *i*181, *a*134, *o*134, *t*141.
— Deo, *o*153, 182
Jubilemus, *Inv.*135.
Jucundare, 110, *p*122, 225.
Jucunditatem, *c*252.
Judaea, 117.
— et Jerusalem, *r*118.
Judica, *i*160.
— causam, 157.
— me Deus, *i*155.
Judicabunt nationes, *a*275.
Judicasti, 155.
— Domine, *c*155.
Jugum enim, 215.
Juravi dicit Dominus, *r*114.
Juravit, 272, *g*278.
— Dominus, *r*277, *g*277, *a*277.
Juste, 136, 267.
— Deus, 196.
— et pie, 113.
Justi, 255.
— autem, 275, *v*255, 275.
— autem in perpetuum, *r*276, *c*279.
— epulentur, *i*275, *a*275.
Justificeris Domine, 163.
Justitiae, *o*202.
— Domini, *o*151.
Justorum animae, *c*259, *g*275, *co*276, *a*280.
— autem, 255.
Justum deduxit, 278, *v*277, *r*277, 278, *c*278.
Justus, 273, *g*271.
— cor suum, *c*278.
— Dominus, *co*149.
— es, *i*203.
— florebit, *inv.*278.
— germinavit, *r*273, *a*273, *v*277.
— ut palma, *i*273, *g*273, *v*120, 273, *o*122, *r*277, 274, *a*273.
Juxta eloquium, *r*35.
— vestibulum, 142.

Karitas Dei, *i*191.
Kyrie (Vesp. Pasch.), 174.

Labia, 160.
— eorum, 251.
— mea, 136.
Laetabimur, *co*153.
Laetabitur, *i*273, *a*219, *r*219.
— justus, *co*273.
Laetabundus, *p*119, 285
Laetamini, 109, 114, 275, 279, *v*274, *r*276.
— in Domino, *a*276, *o*276, *v*30, 276.
Laetare Jerusalem, *i*152.
— mater, 246.
Laetatus, *a*113, *g*152.
— sum, *g*204.
Laetemur omnes, *i*210.
Laetentur, 277.
Laetentur coeli, 118, *r*110, 111, *o*119.
Laetetur, *i*153, *r*235
— cor, *i*203.
Laetitia quanta, *l*114.
Laeva ejus, 280.
Lapidabant, *r*120.
Lapidaverunt, 120, *c*121.
Lapides, 61, *r*61.
— torrentis, 120.
Lapis iste, *r*123.
Largitor omnium bonorum, *b*98.
Lauda anima, *a*205.
— anima mea, *o*181, 191.
— Jerusalem, 109, *a*205.
— mater ecclesia, *h*234.
— Syon, *p*195.
Laudabit usque, *c*240.
Laudabo, 109.
— in (cf. Lavabo inter), *co*156.
Laudate, 135, 139, 145, *o*152, *a*192, *r*199.
— Deum, *a*204.
— Dominum, *a*134, *i*148, *t*204.
— Dominum omnes gentes, *t*172, 187.
— pueri, *i*234, 275, *a*176, 276.
Laudem dicite, 259.
Laudemus, *inv.*198.
— Dominum, 29, 253, 258, *inv.*209.
Laudes crucis, *p*224.
Laudibus, 235.
Laurentius, 240 (plures antt.)
Laus Deo, 192.
— et honor, 283.
— et perennis, 134, 179, 192.
— tibi Domine rex aeternae gloriae, *v*17.
— tibi Xpiste, *p*235.
Lavabo inter innocentes (ps. in missa), 80, *co*156.
Lavamini, *c*145, 151.
Lazarus, 153.
— amicus, 269.
Legimus in ecclesiasticis historiis, *l*258.
— sanctum Moysen, *l*113.

Leva Jerusalem, 109.
Levabit, 109.
— Dominus, 113.
Levabo, o146.
Levate, 117.
— capita, 118.
Levita, r239, a240.
— Vincentius, 208, r208.
Lex Domini irreprehensibilis, i150.
Lex per Moysen, 114.
Libenter gloriabor, 232.
Liber generationis, l119, 129.
Libera me, r36, 102, 103, 105, 106, 161.
— nos, 192.
Liberasti, 137.
— me, c269.
— me a perditione, c280.
— nos, g205.
Liberator meus, i156.
Liberavit Dominus, 162.
Licet fratres karissimi, l131.
— nobis l145.
Licuit, 122.
Locus iste, g61.
Locutus, r180.
— est, r141.
— est Dominus, r152.
— est Dominus ad Abraham, r255.
Longe fecisti, 166.
Loquamur aliquid, l33.
Loquebantur, 188. r189, a190.
Loquebar de testimoniis, i281.
Loquens Joseph, r151.
Loquente Jesu, 205.
Loquere Domine, 195.
Loquetur (Loquitur) Dominus, i275.
Lucas gloriosus evangelista, l257.
Lucia, 269.
— virgo, r269.
Lucis Creator, h134.
Lumen ad revelationem, 212.
Lumine, 123.
— vultus, 120.
Lustra sex, h155.
Lutum, co153.
Lux aeterna, co260, 287.
— de luce, 130.
— ecce, h137.
— fulgebit, i119.
— orta, 120, 271.
— perpetua, 219. 220. r220.

Magi venerunt, r129.
— videntes, 130, c129.
Magister dicit, 156.
— quod est, 204
— scimus, 205.
Magna, co271.

Magna enim, r198.
— est, v228, 247.
— est gloria, v121, 273, co227, 273.
Magnae (Magne) Deus, h137.
Magnificat, 135.
Magnificate, v97.
Magnificatus est, 118.
Magnificavit, r215, 277, c277.
Magnum, 127, 131.
— Jeremiae, l134.
Magnus Dominus, r192, a201, inv.246.
— sanctus, 210, 231. r231, 232, a210.
Majorem charitatem, 271.
Malos male perdet, 149.
Mandatum novum, 165.
Manducaverunt, co141.
Mane nobiscum, 178, r39, 177.
— surgens, 61, r61.
Maria, 165.
— autem conservabat, 15n, 218.
— ergo, 235.
— et flumine, 129.
— haec est illa, a235.
Maria Magdalena, r38, 175, 235.
— stabat, 176, 235.
— virgo, 15, 242.
Martinus, 261, r261.
— adhuc, 261.
Martinus ecce migrat, inv 261.
Martyr Dei, h240, 273.
Martyres Domini, 275.
Martyrium, r264.
Mathia juste, h215.
Matthaee, h251.
Maxentius, 264.
Maximilla, 266.
Me etenim, 143.
— expectaverunt, i208, g281.
— oportet, r114.
— suscepit, 36
Mecum enim, 208, r256.
Media nocte, v133, 196, 280−261, 280, r283.
— vita, 150.
Medicinam, 214.
Meditabor, 6147, 191.
— in, 6203.
Meditatio, i153.
Mel et lac, 208, r208.
Melchisedec, r194.
Memento, i114, r198, aliud 199, co156, 204 − 166.
— mei, r150.
— mei Deus, r106.
— nostri Domine, v13.
— salutis, h15.
Memor esto, v13, 25, r199.
— fui nocte, v133, 196.

Memor sit, 194.
Memoriam, v98.
Mens mea, 213.
Mensae cœlestis, b97.
Mense septimo, co204.
Mercenarius, 181.
Merito haec patimur, r150.
Metuant, 138.
Metuebat, r247.
Michael archangele, 253.
— praepositus, 253.
Mihi, o272.
— autem, i272, c224.
— autem nimis, i226, o226.
— vivere, r210, 231 — 231.
Miles Xpisti, r272.
Minor sum, r149.
Mirabantur, co134.
Mirabile, 126.
Mirabilis, v224, 255, 275, o276.
— Deus, v123.
Miroque modo, 256.
Miserator, 194.
Misereatur tui omnipotens, 22.
Misereor super, 201.
Miserere, 26, 38, 111, 135, 141, v ad ant. 192, g143, 151.
— mei, i156, 203, o149.
— mihi, i156, 203, o149.
— nostri, v22, 27.
Misereris, i142.
Misericordia, r137, i181.
Misericordiam, r138.
Misi digitum, 178.
Misit, 240.
— Dominus, r200, g134   227, 231.
— Dominus angelum, c231.
— ergo, r246.
— Herodes, 247, r247, c247.
Misso Herodes, 247, r247, a247.
Missus est, 115, r109, 111.
— est Gabriel, 217, r217.
— Gabriel, p218, 284.
— sum, 148.
Mitte ei (eis), Domine, v24, 90, 92, 99, 100, 102.
— manum, 178, co178, 270.
Mittens Dominus, 251.
— haec, 160.
Mittite, 175.
Mittitur a Jacob, l150.
Modicum, 181, co182.
Modo veniet, r115.
Monachus sub, 123.
Montes, 113.
— et colles, 112.
— Gelboe, 195.
— Israel, r116.

Mortui estis, c39, 178.
Mox ut, r265.
Moyses famulus, r152.
Mulier timens, c282.
Mulierem fortem, c281.
Mulieres, 170.
Multa bona, 156.
— quidem, 178.
Multae filiae, c282.
— tribulationes, i275.
Multi enim, 140.
Multifarie, c120.
Multiplicabitur, c120.
Multiplicati, r154.
Multitudo, co276.
Mundi florem, r124.
Muneribus, 267.
Muro tuo, 200, r200.

Nam virtus, v ad ant.232.
Narrabo, co149, 200, r182.
Nascetur, r114, 218.
Nativitas, 248.
— gloriosae, 248, r248.
— tua, 249, r248.
Nativitatem, 248.
— S. Johannis, l227.
Nato canunt, p119.
— Domino, 120.
Naturae, 196.
Natus est nobis, 120.
Ne abscondas, r198.
— avertas, r155, g161.
— derelinquas, i149, r198.
— magnitudo, 232.
— perdas, r155.
— perdas cum impiis, v154.
— perdideris me, r136.
— projicias, v22.
— recorderis, r35.
— reminiscaris, 142, 199.
— timeas, 111, 218, 227.
— timeas Zacharia, i227.
— tradas bestiis, v36.
— tradideris, co157.
Nec in agnos, 123.
— satiabatur, 246.
Nefarium, 209.
Nemini dixeritis, 148.
Nemo cum prophetas, l109.
— est qui nesciat, l140.
— in eum, 153.
Nemo te condemnavit, 152, co152.
— tollet, 157.
Nequando, 35.
Nesciens mater, 16, 120.
— virgo, r126.
Nigra sum, 280.

Nigra sum sed formosa, 268.
Nihil proficiat, v90, 92, 99 sqq.
Nimis exaltatus, 184.
— honorati, v271, g226, 272, r272.
Nisi diligenter, 213.
— ego, 184.
— granum, 273.
Nobilis, r264.
Nobilissimus, 266.
Nocte, r198.
— surgentes, h196.
Noctem quietam, b26.
Noli esse, r157.
— flere, 179.
— me, 239, r239.
Nolite judicare, 201.
— solliciti, 203.
— timere, 207.
Non auferetur, 114, r114.
— confundas, 135.
— conturbetur, r184.
— dico tibi, 151.
— discedimus, r114.
— ego, 239.
— enim, 182, 190.
— est hic aliud, 61.
— est inventus, c277.
— est Martha, 235.
— haberes, 160.
— in solo, 145.
— intres in judicium, v107.
— licet, 140.
— lotis manibus, 151.
— meis meritis, 263.
— potest, 202.
— pro his, 186.
— relinquam, r185.
— sit vobis, inv.144.
— sum missus, 148.
— sunt loquelae, 133.
— turbetur, 222.
— veritus, 256.
— vos me, c210.
— vos me elegistis, c271, a272.
— vos relinquam, 186, 188, a186, co192.
Nonne cor, 179, a175, 221.
— decem, 203.
— iste, 195.
Norunt infantes, 122.
Nos alium, r199.
— autem, 250, i161, 164, 224, 284, r222, c224.
— autem gloriari, 31.
— cum prole, b15, 17.
— qui vivimus, 134.
— scientes, 263.
Nostis fratres karissimi, l131.

Notandum fratres karissimi, l237.
Notas mihi, r133, co151.
Notum fecit, 118, 131, v118, r120.
Novem vero ordines, l258.
Novissime, 283.
Nox atra, h136.
— et tenebrae, h136.
Nubes, 238.
Nudata pendent, h122.
Numquid Dominus, r198.
— redditur, 155.
Nunc facta est, c254.
— sancte nobis, h24.
— scimus, 183.
— scimus quia, 186.
— scio vere, i231.
Nuntiaverunt, r150.
Nuptiae factae, 134.
— quidem, 204.

O admirabile, 16, 34, 126, 211.
— Adonai, 117.
— altitudo, c192.
— beata, 192, r263.
— beata Caecilia, 263.
— beata et benedicta, 192, 259.
— beatum virum, r261.
— bona crux, r265.
— bone Dionysi, 256.
— bone Laurenti, 240.
— Clavis David, 117.
— constantia, r259, 275.
— crux, 250.
— crux benedicta, 223, 250, r223.
— crux gloriosa, r223.
— crux splendidior, 224.
— crux viride, r223.
— Domine, 145.
— Emmanuel, 117.
— gloriosa, h15, 34, 218.
— gloriosa Dei, 15.
— gratiarum balsamo, a268.
— Hippolyte, r240.
— ineffabilem, 262.
— Juda, r163.
— lux, h133, 138, 195.
— magnum, 250, r118.
— Martine, 261.
— Martine, o pie, 223.
— mater nostra, r264, 281.
— mors, 170.
— mulier, 148.
— nimis felix, h228.
— Oriens, 117.
— pastor, 266.
— pater sancte, h192.
— per omnia, 267.
— quam, 120, r61, 264.

O quam glorifica, *h*241.
— quam metuendus, 60.
— quam pulchra, 269, 282, *c*282.
— quam suavis, 194.
— quantus, 261, *r*261.
— quantus luctus, 234.
— Radix Jesse, 117.
— regem, *r*126.
— rex gentium, 117.
— rex gloriae, 185.
— rex gloriose, 144.
— sacrum convivium, 195.
— Sapientia, 116.
— Thoma, 270.
— Thoma Xpisti, *h*270.
— vera, 192.
— vere summa, 192.
— virgo virginum, 218.
— virum, 261.
— vos, *r*170.
— vos omnes, 170.
— Xpisti pietas, 267.
Oblatus, 163.
Obsecro Domine, *r*110.
Obtulerunt, 211, *r*211.
Occurrit, 121.
Occurrunt turbae, 157.
Octava decima, *r*114.
Oculi, *g*204.
— mei semper, *i*150.
— omnium, 97, *g*151, 195.
Oculis, 261, *r*261.
Offerentur, *o*281, *r*283.
Omne quod natum, *c*177.
Omnes, 141.
— amici, *r*166.
— de Saba, 128, 130, *c*131, *g*129, *r*129, *v*129.
- electi, 30, 259.
— gentes, 129, 264, *v*264, *i*184, 201, *a*184.
— inimici, 161.
— nationes, 130.
— qui in Xpisto, *co*176.
— sancti, 275
— sitientes, 110.
Omni tempore, *r*199.
Omnia, 137.
— probate, *c*134, 135, 139.
— quae fecisti, *i*156, 204.
Omnipotens, *r*208.
— sermo, 114.
Omnipotentem, *t*204.
Omnis creatura, 133.
— enim qui se, 202.
— plebs, 141.
— pulchritudo, *r*184.
— qui petit, 183.

Omnis quicumque, *c*135.
— sapientia, 197.
— spiritus, 36.
— terra, 129, *i*134, *v*224.
— terra adoret, *v*31.
— vallis, 109, 116.
Omnium quidem bonorum, *l*272.
Opem nobis, 124.
Opera, 35.
— manuum tuarum, *v*165.
— quae ego, 149.
Operamini, 151.
Operibus, *r*267.
Oportet fratres karissimi, *l*183.
— te fili, *co*150.
Optimam partem, *v*234, *r*235, *a*235.
Ora pro nobis, *v*15, 25, *r*15, 263.
— pro nobis Sancte N. *v*278.
Orabat Judaeas, 224.
Orante, *r*263.
-- (S. Lucia), 269.
Orantibus, *r*61.
Orate fratres, *v*13, 80.
— pro nobis, *v*30.
— pro nobis virgines, *v*283.
Oratio mea, 0239.
Oravi Deum, *o*203.
Oravit (S. Andreas), *r*266.
— Jacob, *r*148, 255.
— sanctus, 241.
Orbis factor (Kyrie), 110.
Ordines angelorum, 130.
Oremus, 263, *r*263.
— pro fidelibus, *v*24, 25.
Orietur 15*n*, 218, *r*115.
— in diebus, 118.
Ornatam, *r*242, 268.
Ornaverunt, *r*199.
Os justi, *i*278, *g*278.
Osanna, 160.
Ostende, *a*111, 285, *g*115.
— nobis, *r*111, 218.
— nobis Domine, *v*23, 28, 86, 100, 165.
Ostendens quia, *v ad ant.*210, 232.
Ostendit, *r*180.
Oves meae, 156.

Pacem meam, 31, *co*191.
Pacifice, *g*157.
— loquebantur, *r*156.
Paganorum, 214.
Panem, *co*202.
— coeli, *v*194, *r*194.
— de coelo, *v*194.
Pangamus, 282.
Pange lingua.... corporis, *h*194.
— lingua.... lauream, *h*154, 168.
Panis, *co*203.

Panis quem, 151, co147, r194.
Paraclytus, a189.
Paradisi, r145, -241.
— januam, 244.
Parate, r196.
Paratum, r136.
Paratur, 194.
Paratus esto, 116, r116.
Participem fac, r145.
Parvulus, 119, 120, c119.
Pascha nostrum, a174, co174.
Paschasius, l269.
Passer, co151.
Passionem, 264.
Pastor bonus, 181.
— caesus, 123.
Pastores, 120.
Patefactae, r120, -121.
Pater Abraham, 197, 201, 256.
— cum essem, r185, co184.
— diligit, 153.
— manifestavi, 184.
— peccavi, r150.
Pater si non, co160.
Patris verbum, r283.
Paucitas, r198.
Paulus et Johannes 229 (etiam alia).
— servus, c117.
Pax huic domui, 92, 98, 99.
— vobis, 31, 178.
Peccantem me, r36.
Peccata mea, 132, r133.
Peccavi, r196.
Pectora nostra, 196.
Pectore sincero, 235, r235.
Per arma, 146.
— evangelica dicta, b118.
— istam s. unctionem, 100.
— lignum, co224, 284.
— manus autem, a226, 272, c271.
— memetipsum, r141.
— quem, v ad ant 210.
— quem mihi v ad ant.231.
— quem omnes v ad ant.231.
— signum crucis, 250.
— te Dei Genitrix, a285.
— te Lucia, 269.
— totam Judaeam, v ad ant.209.
— tuam crucem, r223.
— viscera, 137.
Percussa, r264.
Perfice, o201.
— gressus, o140.
Perpetuis, 228.
— nos quaesumus, 247.
Perpetuum nobis, v29.
Perrexit beata Helena, l223.
Petite, 182, co183.

Peto, r199.
Petre amas, r214, 230.
Petrus ad se reversus, c230.
— apostolus, 214, 230, 233.
— et Johannes, 231.
Philippe, 222.
Pinguis est, 194.
Placebo, 35, 259.
Placentes, 252.
Plange, r170.
Plangent, 170.
Plantaverat r139.
Plasmator, h137.
Plateae, r181.
Ponam arcum, r141.
— in Syon, 114.
Ponens Petrus, 214, 230.
Ponent Domino, 114.
Ponis, r184.
Pontifices, 267.
Popule meus, 155, r154 (Improp.), 168.
Populis autem, 262.
Populum humilem, o153, 202, 285.
Populus, co176.
— Domini, inv.150.
— gentium, c118, 119, 126.
— Syon, i113.
Portabat Rebecca, l148.
Portas coeli, o176, 190.
Portio 137.
Positis autem genibus, c121.
Post beatam et gloriosam, l186.
— dies octo, 177, a178.
— excessum, 262, l262.
— mortem, 246.
— partum, v30, 31 -211, a285.
— partum virgo, r15.
— passionem, r38, 184, 256.
— passionem Domini, 178.
— plurima, 264.
— sex annos, r123.
Postquam, 165, r211.
— domi, 267.
Postulavi, 38, 173.
Posuerunt, 166, co276.
Posui adjutorium, r277, a277.
Posuisti, a225
— Domine, 273, r274, v120, 247, 273, g et a273, o et co273.
Posuit, 208.
— finem, v194.
— os, 227.
Potens es, 152.
Potestatem habeo, 161.
Potum meum, co161.
Prae timore, 173.
Praebe fili, r198.
Praeceptor, 201.

Praecursor, 131, r227.
Praecursori, r115.
Praedicans, 272, 279.
Praedicantes, 279.
Praeoccupemus, inv.141.
Praevaluit David, 195.
Precatus, o202.
— est Moyses, o149, 256.
Precibus suae matris, b17.
Preciosa, v8, 10, 12, 23, r219.
Primo dierum, h133.
Primum quaerite, co202.
— quidem, c184.
Primus ad Syon, a221, 272.
Principes, r155 255, 258, co281.
— populorum, 271.
— sacerdotum, 154, 157.
Prius quam te formarem, 227, r227, c227, g228.
Pro afflictis et captivis, v24.
— amicis et benefactoribus, v24.
— eo, 228.
— fidei meritis, 196.
— fratribus nostris, v24.
— iter agentibus, v24.
— peccatis et negligentiis, v24.
— priore, v24.
Probabile satis est, l208.
Probasti, v ad ant.239.
— cor, g240.
Proconsul Aegeas, l265.
Profitemur, 209.
Proni rogamus, h222.
Prope est, r113, i115.
— est jam Dominus, inv.115.
— est ut veniat, c111.
— esto, g115.
Prophetae praedicaverunt, 15n, 115, 218.
Propitius, 137, g147, 201, 204, 285.
— esto, g149.
Proprio Filio, 166.
Propter fidem, 213.
— insuperabilem, 121.
— quod et Deus, v284.
— Syon, 115, c117.
— testamentum, r275.
— veritatem, r280, g243, 281.
Prosperum iter faciat, v91.
Prostratus, v ad ant.210.
Protector, i202, g146, 204.
— noster, g147, 201.
Protege, o224, 284.
Protexisti me, i273.
Prudens et vigilans, 265.
Prudentes, 283.
Prudentes vero, 282.
— virgines, 280, v283.
Psallite, 129, co185.

Pudore bono, 267.
Puellae saltanti, 247, r247.
Puer Jesus, 134 (ant. Alleluia, 138).
— meus, r239.
— natus, r119, i120, v124.
— qui natus, 228.
Pueri Hebraeorum, 157 (alia 160).
Pulchra es, 15, 242, 268.
— facie, r208, 280.

Quadam die, r267.
Quadraginta, r141.
— annis, inv.154.
Quae est, r242.
— est ista quae processit, 242, r268.
— fuit necessitas, l117.
— mulier habens, 201.
— sunt, r198.
Quaecumque scripta, c112.
Quaerentes eum, 149.
Quaerite, 203.
— Dominum, 112.
Quam magna, r135.
— pulchra, 29, 35.
— pulchra es, 249.
Quamquam non dubitem, l126.
Quando enim, v ad ant.232.
— nata, 248.
— natus, 16, 126, 211.
Quanto eis, 202.
Quare detraxistis, r198.
Quare jejunavimus, 143.
Quasi modo, i178.
— unus, 121.
Quatuor facies, r251, 272.
Quem dicunt, r231.
— quaeris, 179.
— terra, h14.
— vidistis, v119, r118.
Qui biberit, co152.
— coelorum, 200, r200.
— confidunt, i152, a204.
— cum, r267.
— custodiebant, r154.
— de terra, 126.
— gloriatur, c281.
— habitas, 136.
— habitat, 61, l145.
— Lazarum, r35.
— major est vestrum, 149.
— manducat, co149, 203.
— manet, 225.
— manet in me, 220.
— me, 214, co214.
— me confessus, 273.
— me dignatus est, r213.
— me misit, 149.
— me sanum, 147.

Qui me segregavit, *v ad ant.*231.
— meditabitur, *co*143.
— mihi, *co*240.
— mihi ministrat, 273, *co*273.
— non colligit, 151.
— operatus, *r*209, 231, *g*210–231.
— pacem, 194.
— parce, *c*240.
— persequebantur, *r*152–266.
— post, 113, 114.
— posuit, *a*205.
— propitiatur, *v*22.
— redimit, *v*22.
— regis, *t*116.
— replet, *v*22.
— sanat, *a*205.
— sedes, *g*113.
— seminant, *t*276.
— sequitur, 273.
— sunt, *r*226, 259.
— sunt hi, 175, 253.
— sunt isti, *r*215, 271.
— timent, *a*204.
— timet Deum, *c*122.
— venturus, *r*113, *c*109, 114, 218.
— verbum, 140.
— vicerit, *r*121.
— vult venire, *co*239, 273.
Quia accusatus, *v ad ant.*239.
— devotis, 264.
— ipse, *v ad ant.*239.
— mirabilia, 137.
— vidisti, 178, 270.
Quicumque fecerit, *co*234, 276.
— manducaverit, *c*195.
Quid est hoc quod, 182.
— hic, 139.
— in me, *v ad ant.*239.
— me quaeritis, 153.
— molesti, 156.
— vobis videtur, 204.
Quinctianus, *l*213.
Quinquaginta, 155.
Quinque autem, 282.
— prudentes, *r*283, *co*283.
— prudentes virgines, 281.
Quis dabit, *co*151.
— Deus, *r*192.
— enim, 195.
— es, *r*213.
— es tu, 214.
— ex vobis, 201.
— mihi, *r*198.
— sicut, *g*203.
— tibi, 202.
— vestrum, 183.
Quo amplius, 256.
— progrederis, 239, *r*239.

Quo tecum, 235.
Quod autem, 141.
— chorus, *h*211.
— dico vobis, *co*276.
— factum, *v*118.
— mortuus est, *l*126.
— uni ex, 146.
Quodam tempore, *l*263.
Quodcumque, 215, 231.
Quomodo fiet, 114.
Quoniam, 136.
— ad te orabo, *v*22.
— Deus, *a*203.
— Deus magnus, *inv.*148.
— in aeternum, 137.
— multum, 235.
Quotiescumque, *co*195, *c*195.

Rabbi quis peccavit, 153.
Radix Jesse, *r*115, 218.
Recessit, *r*170.
Recordare, *r*197, *o*205, 285.
Rector potens, *h*24.
Rectos, 135.
Recumbente, 234.
Reddat Deus, *c*275.
Redde mihi laetitiam, *v*22.
Reddit ergo, 205.
Redemisti nos, 259.
Redemit, *r*200.
Redemptionem misit, 120.
Redime me, *r*135, *i*149, *c*156.
Refulsit sol, *r*199.
Regali, 248.
Regem apostolorum, *inv.*226, 271.
— confessorum, *inv.*276.
— evangelistarum, *inv.*251.
— martyrum, *inv.*272.
— patriarcharum, *inv.*255.
— praecursoris, *inv.*227.
— regum, *inv.*258.
— regum Dominum, *inv.*207.
— sempiternum, *inv.*239.
— venturum, *inv.*111.
— virginum, *inv.*280.
Reges terrae, 152.
— Tharsis, 129, *r*128, 129, *v*128, *o*129.
— videbunt, 227, *c*228.
Regi autem saeculorum, *c*193.
Regina coeli, 29, 34.
— mundi, *co*243, 285.
Regnavit, 133, 196.
Regnum mundi, *r*269, 280.
Regressus itaque, *l*240.
Relictis, 265.
Reminiscere, *i*147, 148.
Repleatur, *r*137, *i*191.
— os meum, *v*22.

Replebitur, v192.
Repleti. 188, r188, inv. 189.
— sumus, o273.
Reposita. r209, 231.
— est. 232.
Requiem, r36.
— aeternam, i260, 287, g260, 287.
Requiescant in pace. v14, 23, 24, 25, 108.
Rerum. h136.
— Deus, h24.
Respexit Elias, r194.
Respice, 133, g153. i202.
— in me, i201.
— in me Domine. g202.
Respondens, 39, 173, 262, 283.
Responderunt, 283.
Responsum, v211, r211.
— accepit, 211, c212, co213.
Resurrexi, i38. 174. 200, 284.
Resurrexit, 38, 177, 195.
— Dominus. v38, 173, r38, 178.
Revela. 135.
Revelabitur, c117.
Revelabunt, r163.
Revertere, 128, 211, 282.
Rex autem David, 195.
— gloriose, h256, 275.
— magnus, r130.
-- noster, r112, 113, inv.112.
— omnipotens. p185.
- pacificus, 118.
— Salomon, p61.
Rex sine, 196.
— splendens (bonus), 174.
Rogabo, 186, 187.
Rogavi, r268, 269
Rorate, 114, i110, 115, 218, 284, r116.
— coeli, v109, 111, 217, c16.
Rubum quem, 16, 30, 126, 211.

Sacerdos, 194.
— Dei, 262.
— Dei Martinus apertum, 262.
Sacerdotes, 194, i277, o195.
— Dei, 277, i274, 277.
— ejus, g277.
— tui, v24, i277.
Sacram praesentis. 208, r208.
Sacris solemniis, h194.
Saepe expugnaverunt, t155.
Salus autem, i279.
— autem justorum, i275.
— nostra, r152.
— populi, i151, 204, 285.
Salutare, 136.
Salutem. 136.
Salva nos, 27, 31, 192, 250, a224.

Salvator mundi, h27, 33, 38, 192, 195—250, 259.
Salvatorem, r110.
Salve crux, h223, 266.
— regina, 5, 6, 10, 11, 12, 28, 166.
— salus mundi, 83.
— sancta parens, i10. 241, 285.
— Thoma, 124.
Salvos fac servos tuos, v13, 35, 90, 92, 95, 99, 100, 102.
Salvum, g149.
— fac populum, v24, 95.
— fac servum tuum, v13, 35, 90, 92, 95, 99, 100, 102.
— me fac, r157, g147.
Sana animam, r135.
— Domine. 35.
— me, c134.
Sancta Dei, 242.
— Dei genitrix, b15. 17; h15-245, 267, v15, r15-30, 31, 33.
— et immaculata, r15, 118.
— Maria, 217.
— Maria mater, r15.
— Maria non est tibi, 30, 31.
— Maria piarum. l15.
— Maria succurre, 15, 30, 31.
— Maria virgo, l15.
Sanctae Mariae virginis, b17.
— Trinitatis, 262.
Sancte Dei, h121.
— Lazare, r269.
— N. Xpisti, r276.
— Paule, r209, 232, — 232.
Sancti Baptistae, p228.
— Dei omnes, 30, 258.
— Dionysii, 256.
— et justi, 220, a276, c276.
— evangelii, b17, 118.
— ludibria, c276.
— mei, r279
— per fidem, 258, 275, 276, c259, 274.
— qui in terra, 279.
— qui inter. r275.
— qui sperant, 255, 275.
— Spiritus, p189.
— tui, 220
— tui Domine, r275, i275, a275.
— tui Domine florebunt, 31.
Sanctificamini, r117.
Sanctificavit, 60.
— Moyses, o204.
Sanctis, 275.
— qui, 255.
Sanctitate, 208, r282.
Sanctorum meritis, h274.
Sanctum et verum, 258, 275.
Sanctus, 246.

Sanctus Brictius, 262.
— Deus (ad aquam benedictam), 85, 139.
— Deus, sanctus fortis, v22.
— Martinus, 261.
— quidem, 267.
— Sebastianus, 207.
— Vincentius, 208, r208.
Sanguis Sanctorum, 258, 275.
Sapientia, 194, 251.
— aedificavit, 198.
— clamitat, 198.
— vincit, c263, 283.
Sapientiam, 255, 279, i279.
— sanctorum, i234, 275.
Satagebat, 235.
Satanae, 124.
Satiavit, 152.
Saule frater, 210.
— Saule, 209.
Saulus, 210.
— adhuc, 209, 210.
— autem multo magis, c209.
— qui, 210, 232.
Scapulis suis, v145, o145, co145.
Sciamus omnes, 133.
Sciant, g140.
Scientes quia hora, c110.
Scimus, 261.
— quoniam, c272.
Scio, 231.
— cui, r210, 232, i232.
Scitote, 118.
Scriptum est, 202
— est quoniam, c255.
Scuto bonae, 273.
— circumdabit, v145.
Sebastianus, r207 (etiam aliud), 207.
— Dei, 207.
— dixit, 207.
— Mediolanensium, 207.
— vir, r206.
Secundam post Neronem, l121.
Secundum magnam, 136, 141.
Secus decursus, 274.
— pedes, 235.
Sede a dextris, 134.
Sedere autem mecum, 149.
Sederunt, g121.
Semel juravi, co273.
Semen cecidit, 140.
— est verbum, 140.
Senex, r211.
— puerum, 211.
Seniores, r163.
Sensit igitur, r246.
Septies, r151.
Sepulto Domino, r170.

Sermone blando, h38, 177.
Serve bone, 277.
— nequam, 205.
Servite, 133, co144.
Servus Dei, r267.
— tuus, r151.
Si ambulavero, o151, 204.
— ambulem, g152.
— bona, r198.
— cognovissetis, 222.
— consurrexistis, co175.
— coram, 274.
— culmen, 141.
— diligeretis, 222.
— diligeretis me, 222.
— diligis me, r230.
— diligitis, 187.
— Dominus Deus meus, r148.
— ego Dominus, 165.
— ego verus, 207.
— enim, r187.
— ignem, 213.
— in digito, 150.
— iniquitates, 35n, i205.
— manseritis, 147, 220, 223.
— oblitus, r182.
— offers, 201.
— quis mihi, 273.
— quis sitit, 156.
— vere fratres, 141.
Sic benedicam, 145.
— Deus dilexit, 189.
— erunt novissimi, 140.
— eum, 122, r122.
— nos existimet, c113.
— psalmum dicam, v22.
— veniet, 186.
Sicut cedrus, r33, 242.
— cervus, l172, 187, 287.
— cinnamomum, c15, 243, 268.
— fuit Jonas, 147
— in holocaustum, o201.
— laetantium, 244.
— lilium, 30, 31, 242, 267.
— malum, 282.
— mater, r112.
— myrrha, 211, 244, 268.
— novellae, 194.
— novit, 181.
— oculi, i146.
— ovis, r170.
— pater, 153.
Signa eos, co276.
Significavit, c253.
Signum crucis, h223.
Silvester episcopus, l125.
Similabo, 278.
Simile est, 139.

Simile est regnum, r283.
— est regnum coelorum. 282.
— est regnum coelorum decem, 280.
— est regnum coelorum hom. neg., 282, co285.
— est regnum coelorum sagenae, 280.
Similitudo, r251.
Sine macula, 120.
Sinite, 261.
Sint lumbi, 259, 279, r279.
Sit nomen Domini, v23, 97, 192 — 134.
Sitientes, i154.
Sitivit, 35.
Sol et luna, 150.
Solem justitiae, r248.
Solve jubente, 215, a237.
Solvite, 153.
Somno refectis, h135.
Soror, 269.
Specie, 264.
— tua, 14, 211, 280, v211, 280, r280, g281.
Speciosa, 211, 244, 249, 268.
— facta es, v30, 31.
Speciosus, 126, g124.
Spem in alium, r199.
Sperent, o156, 201.
Speret, 136.
Spes mea, r140.
— nostra, 192.
Spiritu principali, 137.
Spiritus, 133.
Spiritus Domini, 115, 188, r189, i189, 284, a191.
— Domini replevit, v188.
— enim meus, c248.
— et animae, 222, 229, 279.
— meus super, c268.
— Paraclytus, 188.
— qui, 186.
— qui a Patre, co190.
— Sancti gratia, b17.
— Sanctus, 30, 110, 186, 218, a190, r189, 190, co190.
— ubi vult, co191.
Splendida, r152.
Splendor, h135.
Sponsus, 196.
Stabat Moyses, l152.
Stabunt justi, a222, 275.
Stans a longe, 202.
— autem, 141.
— beata Agnes, 208.
Statuit, r136.
— ea, 148.
— ei, i277.
Statura erat, r252.
Stella ista, 130.

Stellam quam, r129.
Stephanus autem, r120.
— plenus, c121.
— servus, r120.
— vidit, 121.
Stetit angelus, 253, v253, r253, o254, 285.
— Jesus, 175.
— Moyses, r152.
Stirps Jesse, r248, 268.
Stola, r273.
Strictis, 124.
Stridens livor, r123.
Strinxerunt, 239, r239.
Studens livor (cf. Stridens livor).
Stupebant, v ad ant.210.
Sub altare, r122.
— manu, 210.
— throno, 123, a123, r122.
— tuum praesidium, 15, 33, 217.
Subvenite, r102, 106, 260.
Sufficiebat, r199.
Summa ingenuitas, 213.
Summae Deus, h137.
— Trinitati, r192.
Summe Dei, r267.
— Deus (cf. Summae Deus).
— sacerdos (oratio), 78.
Summi largitor, h144.
Summo sacerdotio, 123.
Sunt de hic, 122.
Super flumina, o156, 204.
— montem excelsum, c117.
— muros, r200.
— omnia, 169.
— salutem, r198, 242, 268.
Super solium, 112, 218.
— te Jerusalem, r111, 218 - 113.
Supernae, p272.
— matris, p121, 123.
Supra pectus (super pectus), 121, 123.
Surge, 196.
— aquilo, 280.
— illuminare, c128.
— Petre, r230.
Surgens, 246.
— Jesus, 28, 38, 178, r38, 175.
Surgite vigilemus, inv.113.
Surrexerunt, c121.
Surrexit autem, v ad ant.210.
— Dominus, co39, 175, 178, 200, 284.
— Dominus de sepulchro, v28, 31, 37, 38 — 31, 38 (cf. 179), r39, 178.
— Dominus et occurrens, a39, 176, 222, 285.
— Dominus vere, inv.38, 173, v38, r39, 178.
— Xpistus, 31, 38.
— Xpistus et illuxit, 179.

Suscepimus, *i*202.
— Deus, 92, 118, 211, *v*165, *i*213, *g*213.
Suscepit, 137.
Suscipe verbum, *r*113, 217.
Suscipiat te Xpistus qui vocavit te, 102.
Suscipiens, *r*211.
Sustinuimus, *r*200.
Sustolle, 235.
Symeon, *r*211.
— justus, 211, *c*211.
Symon, 235.
— Chananaeus, *l*258.
— dormis, 161.
— Johannis, *co*230.
— Petre, *r*230.
Synagogae, *r*161.
Syon, 112, 113.

Tali namque, 256.
Talis est, 242.
Tamquam ad latronem, *r*166.
— aurum, 274.
— sponsus, 118, *v*118, 120.
Tantas per, 256, *r*256.
Tanto namque, 208.
— pondere, 269.
— tempore, 222, *r* et *co*222.
Te decet, 136, *a*202.
— decus, 217.
— Deum, 193
— gloriosus, 259.
— invocamus, 192.
— jure laudant, 192.
— lucis, *h*27, 34.
— martyrum candidatus, *a*276.
— qui, 131.
— sanctum Dominum, *r*253.
— semper, 192.
— unum, 192.
Tecum principium, 120, *g*119, 238.
Telluris, *h*136.
Tempore illo postquam, *l*250.
Temporibus beati Mamerti, *l*183.
Temptavit, *r*141, 255.
Tempus est, *r*187, 199.
— meum, 156.
Tenebrae factae, *r*166.
Tenuisti, *r*60, 61, *g*159.
Terra tremuit, 162.
Terribilis, *o*174.
Tetradius, 262.
Thesaurizate, 143.
Thoma infer, 178, 270.
Thomas manus, *r*123.
Tibi dixit, *i*149.
— Domine, *g*154.
— laus, *r*192, *v ad ant*.192.
— laus tibi gloria, 84.

Tibi soli, 137.
— Xpiste, *h*253.
Timebunt, *g*203.
— gentes, *g*134.
Timete Dominum, *i*275, *g*275.
Tolle arma, *r*148.
— puerum, *co*125.
— quod tuum, 140.
Tollite, *g*114, 115, 117, 218, 284, *co*204.
— hinc, *r*150.
— hostias, *g*156.
— jugum, 215, *r*271.
Tota die, *r*154.
— pulchra, 29, 243, 259, 282.
Totus orbis, 124.
Tradent enim, 230, 271.
— enim vos, 226.
Tradetur enim, 141.
Tradiderunt, *r*166, 274.
Traditor, 163.
Traditur, 264.
Trahe, 282.
Tres sunt qui testimonium, *c*193.
Tria sunt, 129, *r*129.
Tribularer, *r*145.
Tribulationes, *r*199, *g*147.
Tricesimo, 262.
Tristes erant, *h*221.
Tristis est, *r*162, 164.
Tristitia, 182, *r*219.
Trium puerorum, 148.
Tu autem, 144.
— autem Domine Sabaoth, *c*155.
— Bethlehem, 114.
— Domine, *r*200, *co*149.
— es, 137, 210, 276, *g*141, *co*215.
— es pastor, 214, *c*231, *inv*.231, *r*215.
— es Petrus, 231, *r*214, 230, *t* et *o*215, *a* et *co*231.
— es qui, 113.
— es vas, 231, *r*210, 231, *t*210, *a*232.
— exurgens, *r*112.
— in nobis, *c*27, 28.
— lavasti, *v*165.
— mandasti, *v*165, *co*151, 204.
— per Thomae, 124.
— populum, 196.
— puer, 228, *co*228.
— solus, 137, 175.
— solus peregrinus, 253.
— Trinitatis, *h*137.
— Xpiste, *h*185.
Tua est potentia, 30, 199, *r*96, 199.
— sunt haec, 252.
— sunt haec Xpiste, 256.
Tuam crucem, 250, *r* et *v*223.
— Domine, 111.
Tui sunt, *o*120.

Tulerunt, r76.
— Dominum, r38, 175, 235.
— lapides, 155.
Tulit, r139.
Tumba sancti, a267.
Tunc acceptabis, 152.
— assumpsit, 145.
— invocabis, 144.
— Petrus, 238.
— praecepit, 224.
— surrexerunt, 280, v283, r283.
— Valerianus 241, 263.
— vero, r246.
Turba multa, 157.

Ubi duo, 151.
— est, r139.
— est charitas, 165.
Ultimo, co187.
Una hora, r162.
— igitur, 192.
Unam petii, g144, co201.
Undecim, 176.
Unguentum, 269.
Unigenitus Dei, b17.
Universi, g111.
Unus Dominus, c193.
— enim, 149.
— ex duobus, 265.
— panis, r194.
Unusquisque, c61, v ad ant.232.
Urbs beata, h60, 61.
— fortitudinis, 112.
Usque modo, r182, a182.
Usquequo, r156.
Ut cognoscamus, 114.
— digni v ad ant. 232.
— non delinquam, 135.
— queant laxis, h227.
— vidit, 207.
Utinam, r198.

Vadam ad patrem, 150.
Vade Anania, 210.
— mulier, 148.
— Satana, 145.
Vado ad eum, 182, 184, a182.
— parare, 186.
Valde honorandus, r121, v121, 122.
Valerianus, 263.
Valerius, 208.
Velociter, r138.
Velum templi, r166.
Venerandae estis, 283.
Venerandam, p265.
Veni, 109, 242, a191.
— ad liberandum, r110, 218.
— Creator, 80, h7, 10, 24, 188.

Veni Domine, 115, r113, a114.
— Domine et noli, 112.
— electa, 282, r269, 280, a281.
— et libera, 111.
— et ostende, i116.
— hodie, r141, 255.
— redemptor, h118, 120.
— sancte, a189, 284, 285, v284.
— sancte Spiritus, a10.
— sponsa, 280, r280.
Veniant, 135.
Veniat dilectus, 268.
Veniens a Libano, r181.
Venient ad te, 130.
Veniet Dominus, 113.
— fortior, 112.
Venit dilectus, 242.
— lumen, 128.
— Michael, r253.
Venite, 265 inv. (Epiph.), 129, i175, 204, g153, 201, a203.
— adoremus, inv.122, 244, 250.
— ascendamus, c111, 112, 113.
— benedicti, 146.
— exultemus, inv.135.
— filii, g203.
— póst me, co266.
Verax est, 192.
Verba mea, i152, a200.
— mea auribus, v22.
— Redemptoris, b17.
Verbera carnificum, r275.
Verbo Domini, v192, r193.
Verbum bonum, p243.
— caro, 120, r126.
— caro factum est, v119
— crucis, c224.
— Dei, r246.
— iniquum, r198.
— supernum, h109, 111, 117, 194.
Veri adoratores, 152.
Veritas, 0274.
— de terra, 118.
Versa est in luctum, r198.
Verumtamen, 246.
Vespere autem, 172, 191.
— autem sabbati, 28, 37.
Vespertina oratio, v133, 195.
Veterem hominem, 131.
Vexilla regis, h154.
Victimae, p39, 174.
Victricem, i176.
Vide Domine, 154, 161.
— quia tribulor, r156.
Videbant, r120.
Videbunt gentes, r 115, c117.
Videns Dominus, co153, 269.
— Jacob, r150.

Videntes, 129, r130.
— autem, 204.
— Joseph, r150.
Videntibus, 185.
Video, a121, co121.
Viderunt, r182, g120, co120.
Videte, r211.
— manus, 175.
Vidi aquam, 85, 174.
— civitatem, c60, 61.
— conjunctos, r271.
— Dominum, 200, r148, 200.
— Jerusalem, r181.
— portam, r181, 221.
— speciosam, r242.
— supra, 263, c123.
— turbam, 259, c258.
Vidimus, a129, co129.
- stellam, 130.
Vidisti Domine, 213, r213.
Vidit Dominus, 265.
- Jacob, 61.
Vigilate, 154, c135.
— animo, 116
Vim faciebant, 166.
— virtutis, 150.
Vincentem mundum, inv.208.
Vincenti, 194.
Vindica Domine, g275.
Vinea, r166. t172, 187.
Vir erat, o205.
— inclytus, r256.
— Israelita, r277.
iste, r266.
Virga Jesse, a218, 285.
Virgines Domini, 283.
— sanctae, 283
Virginis Mariae, p285.
— proles, h280.
Virgo Dei genitrix, 120.
— flagellatur, r264.
— gloriosa, 262, r263.
— hodie, 120.
— Israel, r114.
— sancta, 264.
— singularis, h15.
— verbo, 16, 120.
Viri autem, v ad ant.210.
— Galilaei, 185, r et c185, i185, o184.
— impii, r160.
— sancti, r275.
Virtute magna, r175, 221.
Visionem, 238.
Visita nos, 138.
Vitam, 277.

Vivet anima mea, v22.
Vivo ego, 146.
Vobis datum, 140.
Voca operarios, 140.
Voce mea, 272, co146.
Vocem jucunditatis, i182.
Voces igitur, 246.
Volebat autem, r246.
Volo pater, 273.
Vos amici, 259, 271.
— ascendite, 156.
— qui, r199.
— qui secuti, 210, co226, 272.
— qui transituri, r154.
— saecli justi, h255.
Vovete, co203.
Vox clamantis, 113, v110, 111, 218.
— clara, h110, 111, 117.
— de coelis, 264.
— in Rama, 123, co123.
— laetitiae, v31.
— s Bartholomaei, a246.
Vulneraverat, r246.
— autem, r246.
Vulpes foveas, 154.
Vultum tuum, i126, 281, 283, 285.

Xpiste Jesu, r124.
— qui lux es, h144.
— redemptor, h118, 258.
— sanctorum, h253.
Xpisti miles, h209, r209.
— virgo, r165, 217, 267.
Xpisto cotidie, 207, r207.
Xpistum Dominum ascendentem, inv 184
— natum, inv.120.
— regem, inv.194, 230, 281.
— regem regum, inv.265.
Xpistus apparuit, inv.130.
— circumdedit, 208.
— factus, g164, 250.
- factus est, c223.
— infans, 122.
- me, 266
— natus, inv.118.
— passus est, c178.
— perpetuae, b17.
— resurgens, c37, 38, 39, 177, a175, co176.
— semel, c39, 178.

Zachaee, 62.
Zelus domus, 162.
— quo tendat, l122
Zoe uxor, 207, r207.

APPENDIX

Abnegavit semetipsum, r316.
Achab regis peccata, r308.
Actu firmus et mente, r301.
Ad Alberti sitientes, o320.
Ad sumendum, 313.
Adest natalis celebris, h300.
— nobis dies celebris, r308.
Admiranda sanctitas, r302, 343.
Adoremus Dominum, inv.315.
— regem regum, inv.303.
Adveniente tempore, r341.
Aeternitatis principem, inv.339.
Aeterno regi Domino, h311.
Agminibus coelestium, 295.
Agminis angelici, 336.
Alberti jam pro meritis, h318.
Almi patris filium, o322.
— patris psallite, 344.
Angele Carmeli, 317, r337.
— compar, a321, 338.
— sancte, v335.
Angelorum gaudent, h314.
Angelus cruore, inv.333.
— martyr inclytus, h334.
— martyr pietatis, h336.
— rectus, 332.
Ardor benignus pulsitet, h315.
Asperitate vitae, g322, r335.
Audite sermones, c331.
Auferetur laetitia, c337.
Auribus pater percipe, 303.
Austro flante floridus, 328.
Ave maris, h298.
— regina, 298.
— sancta Hierosolyma, o322, 337.

Beata es Maria, c297, 323.
Beati sunt qui te audierunt, c345.
Beatus Symon in timore, 312.
Beatus vir iste, 289.
— vir qui suffert, c314.
Benedicendum esse, 308.
Benedictus Dominus Deus, 308.
— et justus, 316.
— rex coelestis, 296.
Bonitatem Dei, r310.
Bonum certamen, c332.

Carmeli cultor Helisee, 305.
— cultor, o Helia, 342.
Cedrus alta Siculina, h309.

Certa salus et spes, 328.
Chorus Carmeli carmina, 332.
Christum regem adoremus, inv.300.
Clamat Angelus, 316.
Claritate divini luminis, r300.
Coeli stupent in Maria, 324.
Collocavit sanctum, 319.
Confessor Domini Helisee, 321.
Congratulatur curia, h306.
Cordis cum laetitia, 301.
— desiderium, 341.
Coronam pretiosam, 290.
Crescit ardor, r301.
Cujus misericordia, 344.
Cum cantico novo, 343.
Cyrillus vir religiosus, r290.

Daemonis ut praesentiit, r313.
Dator legis mosaicae, h344.
De te dicta gloriosa, 294.
— te dicta gratiosa, 343.
Decor detur huic, 291.
Decorem Carmeli, 291 (cf. Magnum decorem Carmeli).
— et fortitudinem, 313.
Dedit Dominus confessionem, c338.
— mihi Dominus, c331.
Desiderium cordis, 313.
Det novum Deo canticum, 294.
Deum omnis spiritus, 302.
Deus noster refugia, 343.
— nostrum refugium, 294.
Diebus illustrissimi, 338.
Digne Deus designavit, r290.
Dilectus Domino, r294.
Dispersiones colligit, 344.
Disrupit hic vincula, 340.
Doctores quidam, 289.
Doctrina ejus salutifera, 290.
Domine qui es gloria, 312.
— scuto protectionis, 312.
Dominus admirabilis, 293.
— carum filium, 304.
— mirificat, 334.
Dulcis benedictio, 304.
Dum in coelum rapitur, 342.
— sacrum mysterium, r312.

Ecce ego mittam, c342.
— lux surgit, h319.
— sacerdos magnus, c289.

Elevasti Domine, 312.
Enarrant coeli gloriam, 293.
Erit desertum, c336.
Evangelicae legis, 315.
Evangelici praecepti, r315.
Ex modico cibo, r307.
Excellentem Dominum, 302.
Exemplum accipite, c296.
Exortum est in ecclesia, 319.
Exultavit Angelus, 333.
Exultemus in sanctorum, 319.
Exultet terra propere, 326.

Factum est dum tolleret, o346.
Famem repulit, 308.
Fecundat viduam, r295.
Ferax est terra, 324.
Festa patris insignia, h339.
Fidelitatis scuto, 301.
Filii hominum hoc scitote, 303.
Filiorum hominum, 315.
Flos Carmeli, 323, r327.
Fluxa saecli, p320.
Fons et mater gratiae, 328.
Fragrat jam odoribus, 329.
Fremuit insania, 334.
Fulget ecclesia, r295.
Funeri dum traditur, g322.

Gaudeamus omnes, inv.321, intr.296.
Gaudeat ordo celsisonus (coeli sonus), h329.
Germanus sancti, r312.
Germina Carmeli, a296.
Gloriam generis, r315.
Gloriosa dicta, r324.
Gregem sibi commissum, r313.
Gressus nostros dirige, 302.

Haec est regina, 297.
Heliae clamis candidus, r303.
— discipulus, r343.
Helias dum zelat, c345.
— homo erat, c344, g346.
— in turbine, v308, 342.
— pater inclytus, r303.
— reperit, o297, 345.
Helisee Carmelita, r303.
— pater bone, r304.
Helisei anima, 306.
Heliseum habuit, 342.
— non superavit, c296.
Heliseus ad Heliam, 307.
— filius Saphat, c309.
— in aquam, 308.
— in vita, c308.
— vir beatus, 303.

Herba surgit in stipitem, r326.
Hic ad montem Domini, 341.
— Carmeli flosculus, 334.
— est Heliseus, c292.
— est rector fratrum, c305.
— pius, h302.
— sanctus variis, r294.
— sua ab infantia, 341.
— uxorem duxerat, 338.
Hodie magnus pater, 309.
Homo Dei concupivit, 304.
Hortus es aromatum, 328.
Hostis pravus, r301.
Hujus erat magnus, 336.
Hunc fratres orant, 336.

Immaculati candoris, 316.
In Carmeli monticulo, r290, h330.
— Carmeli montis, r290.
— Carmeli vertice, 329.
— Carmelo primitus, 342.
— Deo laeti, h317.
— festivitate, r289.
— hac die laetabunda, 319.
— Heliseo completus, c296, r308.
— lege Dei vir Sanctus, r312.
— medio Carmeli, c337.
— monte sancto requiescet, 304.
— olla missa colloquintida, r307.
— omnibus requiem, c328.
— opere deifico, 291, 304.
— pace conscientiae, 312.
— pastorali regimine, r313.
— sanctitatis proposito, 300.
— servitute, 331 (cf. servitute laeta).
— te Jacob situla, 328.
— velamento, 313.
Induit decorem, 302.
Ingressus sine macula, 341.
Inopis viduae, r307.
Intenderunt gladios, 335.
Inter quos sanctus Albertus, 338.
Introduxi vos, c337.
Iste confessor, h289.
— sanctus, c317.
— sanctus benedictus, 295.

Jam non estis hospites, c309.
Jerusalem in atriis, 344.
Jesu dulcis, Alberti meritis, r301.
— miles fulgens, r335.
Jesus dux in acie, 334.
Johanna inquit natus, r340.
Jubar mundo nitet, r332.
Judaea gente procreatus, 332.
Justorum viam, 307.
Justus pater Symon, r312.
Juvenes et virgines, 295, 308.

Labentem mundum, r316.
Laeta mente, inv.289.
— voce, corde toto inv 330.
Laetabitur deserta. c331.
Laetabunda religio, h340.
Laetentur in ecclesia, 294, 343.
Languidas, r316.
Laudes dulces Carmelitae, h342.
Leprae contagium, r294.
Lilio candidior, 316.
Linguis suis dolose, 307.
Lucis aeternae vigiles, 295.
Luxit et elanguit terra, c337.

Magistrum sequitur, r294.
Magna est gloria, v317.
— fecit potens Deus, 302.
— mirabilia, 326.
— virtus Dei, 304.
Magnificatus in sancta, 313.
Magnum decorem Carmeli, 331 (cf. Decorem Carmeli).
Mane et vespere, 316.
— in missa, 290.
Maria mater Domini, h323.
— viventium, r323.
Martyr absque macula. 335.
— Christi qui fuisti. h333.
Mater Christi, decus, r334.
Matutinarum modula, r341.
Medium dum silentium, h318.
Memor fuit Dominus, 329.
Messana quondam proelia, 320.
Mirabilis in altis, 308.
Mirificavit sanctum, 307.
Monte Carmelo meritis, h337.

Naaman Syrum, r308.
— Syrus cum peculio, r303.
Nascitur a Sabacha, 341.
Ne foedetur corpus, r300.
Nescia virgo, 323.
Nobili prosapia, r340.
Nobis propitia, pia, 323.
Nomen tuum admirabile, 303.
Non est mundanus, 332.
— in rebus terrenis, 316.
Nos Cyrillo in patribus, v330.
— virgo munda, 323.
Nostri Helisee memor, 321.
Nova Christo carmina, 338.
Novitiatus tempore, r341.
Novum tibi canticum, 326.
Nubes levis bajula, 328.
Nunc exultet plebs fidelis; Sequ., 296.

O Alberte, 299, 320.
— Bertholde Carmelita, 332.

O canale mundissimum, r326.
— Carmeli princeps, r304.
— celsi meriti, r329.
— Cyrille heremita, 291.
— decor prophetarum, r344.
— dilecta civitas, 325.
— gloriosa Domina, h328.
— gloriosum lumen, 289.
— Helia pater bone, r343.
— Helisee pater pie, 321.
— insignis praedicator, co322, r335.
— prophetarum flos, r295.
— prophetarum filii, r304, 343.
— quam admirabile, 290.
— quam felix est illa civitas, r331.
— quam felix religio, r292.
— rex admirabilis, 316.
— stella praeradians, r291.
Obsecro Domine, co346.
Obsidetur Messana, r301.
Occasum solis, 344.
Omnis qui reliquerit, co297, 345.
— terra serviat, 308.
Ora pro nobis sacratissime pater Helia, v344.
Os justi, intr.322.

Pacem pacifici, r316.
Pangat ordo Carmelinus, h331.
Pater sancte Cyrille, r291.
— sanctus invocavit, 290.
— somno deditus, 342.
— tu propheta, 304, 344.
Patriarcharum dum mori, r335.
Paulo minus suis angelis, 307.
Paupertatis evangelicae, 311.
Per angelicos, 316.
— Helisei festum, 304.
— sacri Heliae festum, 343.
Percussit Heliseus, c309.
Perpetua luce, 317.
Pientissimo Christo, inv.311.
Plenos annos mox ut, r334.
Plorans mater, r335.
Populus et omnis, 313.
Postula a me, 307.
Posuisti, v316.
Praecinxit fortem, 335.
Praedicando cadit, r335.
Praedicationis dono, 315.
Pravorum in concilio, 340.
Presbyter hic dignus, 336.
Pro patre proles, 294.
Proles necatur, 332.
Prope torrentem fluminis, 304.
Puro corde jubilet, 302.

Quam gloriosam, 323.

Quasi nubes lucida, 3o1.
— stella matutina, c331.
Qui contra legis, *Praef.* 347.
— contra nominis, *Praef.* 346.
— in praeceptis, 316.
— permanentem, r315.
Quodam die clarissimo, r340.

Regem prophetarum. *inv.*293, 306.
Regina gloriae, r328.
Regnum decoris Domini, 295.
Respexit Elias, *intr.* 346.
Rex et plebes, r3o1.

Salve gemma confessorum, 321.
— Maria gemma, r324.
— pater cultor justitiae, 345.
— praeclarissima, 296.
— virgo porta justitiae. 323.
Sancte Angele martyr, v333.
— Cyrille heremita. v330.
Sancti sacerdotii, 301.
Sanctissime pater Alberte, v339.
Sancto sumpto habitu, 3oo.
Sanctum religionis propositum, r312.
Sanctus martyr Angelus, 334.
— pater Carmelita, 289.
— pater diluculo. 291.
— Symon, 313.
Sapientia aperuit, c296.
Scitote omnes populi, 341.
Scuto bonae voluntatis. 341.
Secus decursus, 312.
Seipsum et proximum, r316.
Senectutis profectus. r334.
Servitute laeta, 291 (cf. In servitute).
Si quis fuerit inter vos, c295.
Sicut cedrus, r297.
— cedrus Libani, 335.
— rosa inter spinas, r325.
Signis atque miraculis. 293, 343.
Sine cordis macula, 301.
— macula religionem. 312.
Sis lumen mentis, 323.
Specie tua, v325.
Speciosa mellis stilla. 328.
Spiritus spiritui, 291.
Sponsum virgo Patris, r327.
Stella Maria maris, 323.
Sub fide Dei promissorum, 303.
Summi Dei sacro collegio, r343.
Sunamitem ventre sterilem, r307.
Surrexit Helias propheta, c345.
Suscitavit inopem, 329.

Syon et Jerusalem, 329.
Syriae regis, 303.

Te rogamus, a322.
Terrae linquens corpusculum, r301.
— sulcos, 293.
Terram sterilem fecundavit, r305.
Terrenae vanitati, r314.
Torrens exundat subito, r294.
— sacrati fluminis, 325.
Toto corde Angelus, 315.
Tribulatus acriter, 3oo.
Trigenorum spatio, r338.
Tristabatur Angelus, 316.
Tu Alberte pater, 3o2.
— amoenus paradisus, r325.
Tua sancta dextera, 302.

Umbra nocturna defluit, h295.
Urtis pestiferae, r294.
Ut lingua carnis, h3o5.
— possint claris, h292.
— terris ostendatur, 308.

Vacant aegri; co322.
Vale suavis musica, 328.
Vatem ab hoste, 308.
Veneremur laude digna, g345.
Verbo Domini continuit coelum, c345.
Verbum bonum, 325.
Vergente mundi vespere, r291.
Veritatem fidei, 315.
Vestitus innocentiae, r312.
Videns daemonis astutam, 313.
Vidi Angelum, c329.
Vir miro, r290.
— stirpe quidem nobilis, 338.
Virga Jesse genus duxit, r326.
— regularis, 313.
Virgo decus virginum, 328.
— flos pudoris, 328.
— parens Christi, 328.
— super omnes mitis, 328.
Virtutem crucis gloriosae, r303.
— mirabilium, 319.
Vitam ducens innocentem, 290.
— sibi placitam, 3o1.
Vocavit eum Dominus, c331.
Voce serena, h310.
— sua saepius, 340.
— vocat Dominum, 334.
Vota tunc humilium, 339.
Votis voce piae, *inv.*323.
Vox sonet votum jubilet, 294.

Valence. — Imprimerie Valentinoise. — 9-10.